代代读作文馆

小学课本中的

XIAOXUE KEBEN
ZHONG DE
MINGJIA ZUOPIN
SHANGXI
DAQUAN

# 名家作品赏析

## 大全

王 莉 ◎ 主编

北京工业大学出版社

图书在版编目(CIP)数据

小学课本中的名家作品赏析大全 / 王莉主编. — 北京：北京工业大学出版社，2013.7
ISBN 978-7-5639-3563-5

Ⅰ. ①小… Ⅱ. ①王… Ⅲ. ①作文课－小学－教学参考资料 Ⅳ. ①G624.243

中国版本图书馆 CIP 数据核字(2013)第 129909 号

## 小学课本中的名家作品赏析大全

| | |
|---|---|
| 主　　编： | 王　莉 |
| 责任编辑： | 李　华 |
| 封面设计： | 翼之扬设计 |
| 出版发行： | 北京工业大学出版社 |
| | （北京市朝阳区平乐园 100 号　100124） |
| | 010－67391722（传真）　bgdcbs@sina.com |
| 出 版 人： | 郝　勇 |
| 经销单位： | 全国各地新华书店 |
| 承印单位： | 大厂回族自治县正兴印务有限公司 |
| 开　　本： | 787 mm×1092 mm　1/16 |
| 印　　张： | 26.75 |
| 字　　数： | 611 千字 |
| 版　　次： | 2013 年 8 月第 1 版 |
| 印　　次： | 2013 年 8 月第 1 次印刷 |
| 标准书号： | ISBN 978-7-5639-3563-5 |
| 定　　价： | 28.00 元 |

版权所有　翻印必究
（如发现印装质量问题，请寄回本社发行部调换 010－67391106）

# 编委会

**总审订：** 霍忠义（全国中小学生创新作文大赛全国总决赛评委）

**主　编：** 王　莉

**编　委：**（排名不分先后）

| | | | | |
|---|---|---|---|---|
| 邢艳梅 | 罗小军 | 黄　琼 | 陈玉中 | 刘晓平 |
| 王元生 | 丁振宇 | 田　辉 | 王红运 | 李志强 |
| 郭　锞 | 郭凯旋 | 卢媛媛 | 王　仙 | 丁梦珂 |
| 黄明长 | 杜昌艳 | 赵　磊 | 刘向果 | 丁艳丽 |
| 陈二平 | 李　塁 | 颜俊芳 | 汪建民 | 魏　华 |
| 李冬梅 | 王玉琴 | 宋娟娟 | 刘　伟 | 孙志军 |
| 王丹桔 | 李冬梅 | 邱　婕 | 韩中华 | 付嘉梅 |
| 张　政 | 李汝良 | 叶明海 | 邓艳丽 | 孙连成 |
| 王新荣 | 王金阔 | 于　莉 | 胡伟玲 | 赵志远 |

# 前言

　　一年之计在于春，一日之计在于晨。青少年就是那春天里的花朵，就是那八九点钟的太阳，更是祖国的未来，家庭的希望，父母眼中的明珠。哪个父母不望子成龙，哪个家长不望女成凤。然而，成龙成凤却是有条件的，而学习好科学文化知识则是其中的重中之重。良好的习惯在于从小养成，优秀的品德依靠点滴积累。为了全面培养小朋友的优秀品德，增长社会知识，使其成为一名优秀的小学生，我们精心编著了《小学课本中的名家作品赏析大全》一书，以期带给小学生非同一般的阅读体验，相信此书必将成为小学生学习和生活中的良师益友。

　　何谓美文？季羡林先生曾给出这样的答案："所谓美文，就是指那些诉诸读者之理智，且足以打动读者心灵的篇章。"这些篇章不仅可以净化我们的情感，陶冶我们的性灵，而且对提高学生的语文素养也是有很大帮助的。

　　《小学课本中的名家作品赏析大全》一书分现当代诗歌、童话、散文、小说、古典诗词和其他六个章节，精选了上百位古今中外名家的数百篇名作，以小学生喜欢的美文阅读的形式向读者传播知识，以名家思想启迪读者智慧，更附以精到的点评，有助于提高小学生的审美情趣和文化修养。

　　尽管我们精心选择，细心评点，力求尽善尽美，但由于时间仓促，必定还存在一定的不足之处，恳请读者朋友们多提宝贵意见，以便修正。谢谢！

# 第一章 现当代诗歌

**郭沫若** ·················· 1
  白鹭 ···················· 1
  天上的街市 ············· 2
  银杏 ···················· 3
  芭蕉花(节选) ·········· 4

**叶圣陶** ·················· 5
  小小的船 ················ 6
  瀑布 ···················· 6
  牵牛花 ·················· 7
  看月 ···················· 8
  爬山虎的脚 ············· 9
  小蚬的回家 ············· 9

**戴望舒** ·················· 11
  在天晴了的时候 ······· 11
  狱中题壁 ··············· 12
  游子谣 ·················· 12
  雨巷 ···················· 13

**金波** ···················· 14
  阳光 ···················· 14
  绿色的太阳 ············· 14
  百泉村 ·················· 15
  雨 ······················ 16

  花的梦 ·················· 17
  盲孩子和他的影子 ···· 18

**樊发稼** ·················· 20
  爱什么颜色 ············· 21
  早上,多美好的时光 ··· 21
  猴子戴手套 ············· 22
  呆子磨杆 ··············· 23

**林焕彰** ·················· 23
  影子 ···················· 24
  春天怎么来 ············· 24
  童话 ···················· 25
  蝉 ······················ 25
  造桥 ···················· 25
  小猫走路没有声音 ···· 26
  雾 ······················ 26
  妹妹的红雨鞋 ·········· 27

**高洪波** ·················· 27
  和我们一样享受春天 ·· 28
  鹅鹅鹅 ·················· 29
  懒的辩护 ··············· 29
  我想 ···················· 30

# 第二章 童　话

**张秋生** ·················· 31
  称赞 ···················· 31

  一朵红玫瑰 ············· 32
  一串快乐的音符 ······· 33

**安徒生** ·················· 34
 丑小鸭 ················ 34
 一个豆荚里的五粒豆 ······· 35
 豌豆上的公主 ············ 36
 谁最幸福 ··············· 37
 笨汉汉斯 ··············· 40

**王尔德** ·················· 42
 巨人的花园 ············· 43
 快乐王子 ··············· 44
 忠实的朋友 ············· 49
 夜莺与玫瑰 ············· 55
 星星的孩子 ············· 59

**新美南吉** ················ 67
 去年的树 ··············· 67
 白蝴蝶 ················· 68
 小狐狸买手套 ············ 69
 狐狸阿权 ··············· 71

**姜尼·罗达里** ············· 74
 不愿长大的小姑娘 ········ 74
 给仙人的信 ············· 75
 雀儿 ··················· 76
 不会汪汪叫的小狗 ········ 77

**列夫·托尔斯泰** ··········· 79
 七颗钻石 ··············· 80
 天鹅 ··················· 81
 好心的客店主人 ·········· 81
 穷人 ··················· 82

## 第三章 散 文

**许地山** ·················· 85
 落花生 ················· 85
 再会 ··················· 86
 补破衣的老妇人 ·········· 87

**茅盾** ···················· 88
 天窗 ··················· 89
 白杨礼赞 ··············· 89
 森林中的绅士 ············ 91
 风景谈 ················· 92

**丰子恺** ·················· 95
 白鹅 ··················· 95
 给我的孩子们 ············ 96
 竹影 ··················· 98
 山中避雨 ··············· 100
 杨柳 ··················· 101

**朱自清** ·················· 103
 匆匆 ··················· 103
 歌声 ··················· 104
 绿 ····················· 105
 冬天 ··················· 106

**老舍** ···················· 107
 猫 ····················· 108
 草原 ··················· 109
 五月的青岛 ············· 110
 吃莲花的 ··············· 111
 济南的冬天 ············· 112

**巴金** ···················· 113
 鸟的天堂 ··············· 113
 狗 ····················· 115
 繁星 ··················· 115
 灯 ····················· 116
 木匠老陈 ··············· 118

**萧红** ···················· 120
 火烧云 ················· 120
 梧桐 ··················· 121
 感情的碎片 ············· 122
 春意挂上了树梢 ·········· 123

**季羡林** ·················· 124
 自己的花是让别人看的 ····· 125
 神奇的丝瓜 ············· 125
 月是故乡明 ············· 127
 希望在你们身上 ·········· 128

## 林海音 ……………………………… 129
　窃读记 …………………………… 130
　迟到 ……………………………… 132
　活玩意儿 ………………………… 134
　秋的气味 ………………………… 134

## 琦君 ……………………………… 136
　桂花雨 …………………………… 136
　想念荷花 ………………………… 138
　下雨天,真好 …………………… 139
　春酒 ……………………………… 141

## 牛汉 ……………………………… 142
　父亲和鸟 ………………………… 143
　一窠八哥的谜 …………………… 143
　祖母的呼唤 ……………………… 144

## 袁鹰 ……………………………… 146
　白杨 ……………………………… 146
　归帆 ……………………………… 147
　井冈翠竹 ………………………… 148
　小站 ……………………………… 150

## 刘湛秋 …………………………… 151
　我爱你,中国的汉字 …………… 151
　三月桃花水 ……………………… 153
　雪 ………………………………… 153

## 张晓风 …………………………… 154
　有些人 …………………………… 155
　光阴的故事 ……………………… 156
　春之怀古 ………………………… 157
　幸亏 ……………………………… 158

## 冯骥才 …………………………… 160
　花的勇气 ………………………… 161
　黄山绝壁松 ……………………… 162
　失去了的书桌 …………………… 163
　珍珠鸟 …………………………… 165
　时光 ……………………………… 166
　捅马蜂窝 ………………………… 168

## 肖复兴 …………………………… 169
　那片绿绿的爬山虎 ……………… 170
　花边饺里的母爱 ………………… 171

　母亲的月饼 ……………………… 172
　继母 ……………………………… 173
　拥你入睡 ………………………… 175

## 张抗抗 …………………………… 176
　海市 ……………………………… 177
　雪山向日葵 ……………………… 179
　窗前的树 ………………………… 180

## 赵丽宏 …………………………… 182
　与象共舞 ………………………… 182
　童年的小步舞曲 ………………… 183
　母亲和书 ………………………… 184

## 贾平凹 …………………………… 186
　风筝 ……………………………… 186
　地平线 …………………………… 187
　我的小桃树 ……………………… 188
　月迹 ……………………………… 190
　丑石 ……………………………… 192

## 林清玄 …………………………… 193
　和时间赛跑 ……………………… 193
　故乡的水土 ……………………… 194
　梅香 ……………………………… 195

## 李雪峰 …………………………… 196
　尊严 ……………………………… 196
　生命的林子 ……………………… 197
　高贵的秘密 ……………………… 199
　给每一棵草以开花的机会 ……… 200
　沙漠之树 ………………………… 201
　母亲的贺卡 ……………………… 202

## 苏霍姆林斯基 …………………… 204
　我不是最弱小的 ………………… 205
　因为我是人 ……………………… 205
　失去的一天 ……………………… 206

## 普里什文 ………………………… 207
　金色的草地 ……………………… 207
　春天的转变 ……………………… 208
　杨花 ……………………………… 209
　人类的镜子 ……………………… 210
　林中小溪 ………………………… 211

## 第四章 小　说

鲁迅 ……………………………… 214
　少年闰土 ………………………… 214
　一件小事 ………………………… 216
　阿长与《山海经》 ………………… 217
　风筝 ……………………………… 220
　雪 ………………………………… 221
孙犁 ……………………………… 222
　报纸的故事 ……………………… 222
　父亲的记忆 ……………………… 224
　火炉 ……………………………… 226
　青春余梦 ………………………… 226
　锁门 ……………………………… 228
王愿坚 …………………………… 229
　灯光 ……………………………… 229
　草 ………………………………… 230
　三人行 …………………………… 233

梁晓声 …………………………… 236
　慈母情深 ………………………… 236
　我的第一支钢笔 ………………… 238
　我和橘皮的往事 ………………… 240
沈石溪 …………………………… 242
　最后一头战象 …………………… 242
　红奶羊 …………………………… 245
　狼妻 ……………………………… 249
　第七条猎狗 ……………………… 258
屠格涅夫 ………………………… 265
　麻雀 ……………………………… 266
　蔚蓝的王国 ……………………… 267
　蔷薇花,多美丽,多鲜艳 ………… 268
　门槛 ……………………………… 269
　乞丐 ……………………………… 269

## 第五章 古典诗词

王维 ……………………………… 271
　送元二使安西 …………………… 271
　红牡丹 …………………………… 272
　竹里馆 …………………………… 273
　鹿柴 ……………………………… 274
　田园乐 …………………………… 275
　使至塞上 ………………………… 275
　鸟鸣涧 …………………………… 277
　相思 ……………………………… 277
　山中 ……………………………… 278
　观猎 ……………………………… 279
李白 ……………………………… 280
　独坐敬亭山 ……………………… 281
　山中问答 ………………………… 281
　送友人 …………………………… 282
　秋浦歌(其十五) ………………… 283

　客中作 …………………………… 284
　月下独酌(其一) ………………… 285
　峨眉山月歌 ……………………… 286
　夜泊牛渚怀古 …………………… 286
　把酒问月 ………………………… 287
杜甫 ……………………………… 289
　绝句四首(其三) ………………… 289
　春望 ……………………………… 290
　绝句二首(其一) ………………… 291
　绝句二首(其二) ………………… 292
　望岳 ……………………………… 293
　恨别 ……………………………… 294
　登高 ……………………………… 295
　江畔独步寻花七绝句(其六) …… 296
　闻官军收河南河北 ……………… 297
　江南逢李龟年 …………………… 298

蜀相 ································ 299
**白居易** ································ 301
　　忆江南 ······························ 301
　　南浦别 ······························ 302
　　鸟 ·································· 303
　　白云泉 ······························ 304
　　与梦得沽酒闲饮且约后期 ············ 305
　　秋雨夜眠 ···························· 306
　　杭州春望 ···························· 307
　　村夜 ································ 308
　　卖炭翁 ······························ 308
**刘禹锡** ································ 310
　　望洞庭 ······························ 310
　　石头城 ······························ 311
　　台城 ································ 312
　　秋风引 ······························ 313
　　望夫石 ······························ 314
　　西塞山怀古 ·························· 315
　　和乐天《春词》 ······················ 316
　　始闻秋风 ···························· 317
　　乌衣巷 ······························ 318
　　竹枝词二首(其一) ···················· 319
　　浪淘沙九首(其一) ···················· 320
**李商隐** ································ 321
　　嫦娥 ································ 321
　　晚晴 ································ 322
　　忆梅 ································ 323
　　乐游原 ······························ 324
　　春雨 ································ 325
　　无题二首(其一) ······················ 326
　　无题(相见时难) ······················ 327
　　隋宫(紫泉宫殿) ······················ 328
　　蝉 ·································· 329
　　代赠二首(其一) ······················ 330
**苏轼** ·································· 331
　　赠刘景文 ···························· 332
　　中秋月 ······························ 332
　　花影 ································ 333

　　海棠 ································ 334
　　惠崇春江晚景二首(其一) ·············· 335
　　题西林壁 ···························· 336
　　饮湖上初晴后雨(其二) ················ 337
　　春夜 ································ 337
　　蝶恋花·花褪残红青杏小 ·············· 338
　　江城子·密州出猎 ···················· 339
　　水调歌头·明月几时有 ················ 341
**陆游** ·································· 343
　　游山西村 ···························· 343
　　梅花绝句(一) ························ 344
　　梅花绝句(二) ························ 345
　　书愤(其一) ·························· 346
　　卜算子·咏梅 ························ 347
　　沈园(一) ···························· 348
　　沈园(二) ···························· 349
　　示儿 ································ 350
　　剑门道中遇微雨 ······················ 350
**辛弃疾** ································ 352
　　清平乐·村居 ························ 352
　　永遇乐·京口北固亭怀古 ·············· 353
　　西江月·夜行黄沙道中 ················ 354
　　鹧鸪天·送人 ························ 356
　　摸鱼儿·更能消几番风雨 ·············· 357
　　满江红·暮春 ························ 359
　　青玉案·元夕 ························ 360
　　南乡子·登京口北固亭有怀 ············ 361
　　破阵子·为陈同甫赋壮词以寄 ·········· 363
**毛泽东** ································ 364
　　长征 ································ 364
　　为女民兵题照 ························ 365
　　卜算子·咏梅 ························ 366
　　人民解放军占领南京 ·················· 367
　　清平乐·会昌 ························ 368
　　念奴娇·昆仑 ························ 369
　　浪淘沙·北戴河 ······················ 371
　　忆秦娥·娄山关 ······················ 371
　　沁园春·雪 ·························· 373

水调歌头·游泳……………………… 375

## 第六章 其他

冰心 ………………………………… 377
  再寄小读者 ……………………… 377
  纸船——寄母亲 ………………… 379
  寄小读者(通讯十七) …………… 379
  往事七 …………………………… 380
  笑 ………………………………… 381
  闲情 ……………………………… 382
何其芳 ……………………………… 383
  一夜的工作 ……………………… 383
  雨前 ……………………………… 384
  黄昏 ……………………………… 386
  独语 ……………………………… 386
布丰 ………………………………… 388
  松鼠 ……………………………… 388
  马 ………………………………… 389
  天鹅 ……………………………… 391
  莺 ………………………………… 393
法布尔 ……………………………… 394
  蟋蟀的住宅 ……………………… 395
  绿色蝈蝈 ………………………… 396
  螳螂打猎 ………………………… 398
  蜣螂滚球 ………………………… 402
亚米契斯 …………………………… 403
  卡罗纳 …………………………… 404
  爱的教育(节选) ………………… 405

# 第一章 现当代诗歌

## 郭沫若

**作者简介**

郭沫若(1892—1978),原名郭开贞,笔名沫若、麦克昂等。中国现代著名的无产阶级文学家、诗人、学者、剧作家、考古学家、古文字学家、历史学家,是我国新诗的奠基人。文学著作有诗集《女神》《星空》《潮汐集》等,历史剧本《屈原》《虎符》《棠棣之花》《王昭君》等。

**课文回顾**

《白鹭》是六年级下册(苏教版)语文课本中的一首现代诗,这首诗风格恬淡,用自然清新的语言、和谐优美的韵律,表达了诗人对白鹭美的感受,激发了学生对鸟类、对大自然的热爱。

## 白　　鹭

白鹭是一首精巧的诗。

色素的配合,身段的大小,一切都很适宜。

白鹤太大而嫌生硬,即如粉红的朱鹭或灰色的苍鹭,也觉得大了一些,而且太不寻常了。

然而白鹭却因为它的常见,而被人忘却了它的美。

那雪白的蓑毛,那全身的流线型结构,那铁色的长喙,那青色的脚,增之一分则嫌长,减之一分则嫌短,素之一忽则嫌白,黛之一忽则嫌黑。

在清水田里时有一只两只站着钓鱼,整个的田便成了一幅嵌在琉璃框里的画面。田的大小好像是有心人为白鹭设计出的镜匣。

晴天的清晨每每看见它孤独地站立在小树的绝顶,看来像是不安稳,而它却很悠然。这是别的鸟很难表现的一种嗜好。人们说它是在望哨,可它真是在望哨吗?

1

黄昏的空中偶见白鹭的低飞,更是乡居生活中的一种恩惠。那是清澄的形象化,而且具有了生命了。

或许有人会感着美中不足,白鹭不会唱歌。但是白鹭的本身不就是一首很优美的歌吗?——不,歌未免太铿锵了。

白鹭实在是一首诗,一首韵在骨子里的散文的诗。

## 作品简析

本文以"白鹭是一首精巧的诗"一句开篇,又以"白鹭实在是一首诗,一首韵在骨子里的散文的诗"一句结尾,既生动表现了白鹭优雅的情状,又首尾照应,使文章结构更加完整。"增之一分则嫌长,减之一分则嫌短,素之一忽则嫌白,黛之一忽则嫌黑"的夸张手法的运用,又把作者对白鹭的喜爱和赞美之情表现得淋漓尽致,给文章增添了情趣。

## 拓展阅读

# 天上的街市

远远的街灯明了,
好像闪着无数的明星。
天上的明星现了,
好像点着无数的街灯。

我想那缥缈的空中,
定然有美丽的街市。
街市上陈列的一些物品,
定然是世上没有的珍奇。

你看,那浅浅的天河,
定然是不甚宽广。
那隔着河的牛郎织女,
定能够骑着牛儿来往。

我想他们此刻,
定然在天街闲游。
不信,请看那朵流星,
是他们提着灯笼在走。

## 作品简析

诗人借助我国古代有关牛郎织女的传说故事,展开丰富、奇特的想象,生动描绘了美丽的天街景象,表现了牛郎和织女自由幸福的生活情景,表达了诗人摆脱封建束缚、追求理想、向往自由、幸福生活的美好愿望。

# 银　杏

银杏,我思念你,我不知道你为什么又叫公孙树。但一般人叫你是白果,那是容易了解的。

我知道,你的特征并不专在于你有着和杏相仿的果实,核皮是纯白如银,核仁是富于营养——这不用说已经就足以为你的特征了。但一般人并不知道你是有花植物中最古老的先进,你的花粉和胚珠具有动物般的性态,你是完全由人力保存下来的奇珍。

自然界中已经是不能有你的存在了,但你依然挺立着,在太空中高唱着人间胜利的凯歌。你这东方的圣者,你这中国人文的有生命的纪念塔,你是只有在中国才有呀,一般人似乎也并不知道。

我到过日本,日本也有你,但你分明是日本的华侨,你侨居在日本大约已有中国的文化侨居在日本的那样久远吧。

你是真应该称为中国的国树的呀,我是喜欢你,我特别的喜欢你。但也并不是因为你是中国的特产,我才特别的喜欢,是因为你美,你真,你善。

你的株干是多么的端直,你的枝条是多么的蓬勃,你那折扇形的叶片是多么的青翠,多么的莹洁,多么的精巧呀!

在暑天你为多少的庙宇戴上了巍峨的云冠,你也为多少的劳苦人撑出了清凉的华盖。

梧桐虽有你的端直而没有你的坚牢;

白杨虽有你的葱茏而没有你的庄重。

熏风会媚妩你,群鸟时来为你欢歌;上帝百神——假如是有上帝百神,我相信每当皓月流空,他们会在你脚下来聚会。

秋天到来,蝴蝶已经死了的时候,你的碧叶要翻成金黄,而且又会飞出满园的蝴蝶。

你不是一位巧妙的魔术师吗?但你丝毫也没有令人掩鼻的那种江湖气息。

当你那解脱了一切,你那槎枒的枝干挺撑在太空中的时候,你对于寒风霜雪毫不避易。

那是多么的嶙峋而又洒脱呀,恐怕自有佛法以来再也不曾产生过像你这样的高僧。

你没有丝毫依阿取容的姿态,但你也并不荒伧;你的美德像音乐一样洋溢八荒,但你也并不骄傲;你的名讳似乎就是"超然",你超在乎一切的草木之上,你超在乎一切之上,但你并不隐遁。

你的果实不是可以滋养人,你的木质不是坚实的器材,就是你的落叶不也是绝好的引火的燃料吗?

可是我真有点奇怪了:奇怪的是中国人似乎都忘记了你,而且忘记得很久远,似乎是从古以来。我在中国的经典中找不出你的名字,我很少看到中国的诗人咏赞你的诗,也很少看到中国的画家描写你的画。

这究竟是怎么一回事呀,你是随中国文化俱来的亘古的证人,你不也是以为奇怪吗?

银杏,中国人是忘记了你呀,大家虽然都在吃你的白果,都喜欢吃你的白果,但的确是忘记了你呀。

世间上也尽有不辨菽麦的人,但把你忘记得这样普遍,这样久远的例子,从来也不曾有过。

真的啦,陪都不是首善之区吗?但我就很少看见你的影子;为什么遍街都是洋槐,满园都是幽加里树呢?

我是怎样的思念你呀,银杏!我可希望你不要把中国忘记吧。

这事情是有点危险的,我怕你一不高兴,会从中国的地面上隐遁下去。

在中国的领空中会永远听不着你赞美生命的欢歌。

银杏,我真希望呀,希望中国人单为能更多吃你的白果,总有能更加爱慕你的一天。

### 作品简析

这是一篇咏物的散文。全文通过对银杏真、善、美性格的赞赏,歌颂我们民族的悠久历史,丰富多彩的民族文化,以及刚毅正直、坚忍不拔、不骄不躁、不畏强暴的民族性格和气节,启发人们抛弃"依阿取容"、"江湖习气"、"隐遁避世"的恶习,振奋民族精神。作者用托物言志的手法,把自己对国家民族的热爱,对民族性格、民族气节的礼赞,寄托于银杏含蓄地表达出来,委婉而贴切。

# 芭蕉花(节选)

在我们四川的乡下,相传这芭蕉花是治晕病的良药。母亲发了病时,我们便要四处托人去购买芭蕉花。但这芭蕉花是不容易购买的。因为芭蕉在我们四川很不容易开花,开了花时乡里人都视为祥瑞,不肯轻易摘卖。好容易买得了一朵芭蕉花了,在我们小的时候,要管两只肥鸡的价钱呢。

芭蕉花买来了,但是花瓣是没有用的,可用的只是瓣里的蕉子。蕉子在已经形成了果实的时候也是没有用的,中用的只是蕉子几乎还是雌蕊的阶段。一朵花上实在是采不出许多的这样的蕉子来。

这样的蕉子是一点也不好吃的,我吃过香蕉的人,如以为吃那蕉子怕会和吃香蕉一样,那是大错而特错了。有一回母亲吃蕉子的时候,在床边上挟过一箸给我,简直是涩得不能入口。

芭蕉花的故事便是和我母亲的晕病关联着的。

我们的祖宗原是福建的人,在汀州府的宁化县,听说还有我们的同族住在那里。我们的祖宗正是在清初时分入了四川的,卜居在峨眉山下一个小小的村里。我们福建人的会馆是天后宫,供的是一位女神叫做"天后圣母"。这天后宫在我们村里也有一座。

那是我五六岁时候的事了。我们的母亲又发了晕病。我同我的二哥,他比我要大四岁,同到天后宫去。那天后宫离我们家里不过半里路光景,里面有一座散馆,是福建人子弟读书的地方。我们去的时候散馆已经放了假,大概是中秋前后了。我们隔着窗看见散馆园内的一簇芭蕉,其中有一株刚好开着一朵大黄花,就像尖瓣的莲花一样。我们是欢喜极了。那时候我们家里正在找芭蕉花,但在四处都找不出。我们商量着便翻过窗去摘取那朵芭蕉花。窗子也不过三四尺高的光景,但我那时还不能翻过,是我二哥擎我过去的。我们两人好容易把花苞摘了下来,二哥怕人看见，把它藏在衣袂下同路回去。回到家里了，二哥叫我把花苞拿去献给母亲。我捧着跑到母亲的床前，母亲问我是从甚么地方拿来的，我便直说是在天后宫掐来的。我母亲听了便大大地生气，她立地叫我们跪在床前，只是连连叹气地说："啊，娘生下了你们这样不争气的孩子，为娘的倒不如病死的好了！"我们都哭了，但我也不知为甚么事情要哭。不一会父亲晓得了，他又把我们拉去跪在大堂上的祖宗面前打了我们一阵。我挨掌心是这一回才开始的，我至今也还记得。

我们一面挨打，一面伤心。但我不知为甚么该讨我父亲、母亲的气。母亲病了要吃芭蕉花，在别处园子里掐了一朵回来，为甚么就犯了这样大的过错呢？

芭蕉花没有用，抱去奉还了天后圣母，大约是在圣母的神座前干掉了吧？

这样的一段故事，我现在一想到母亲，无端地便涌上了心来。我现在离家已十二三年，值此新秋，又是风雨飘摇的深夜，天涯羁客不胜落寞的情怀，思念着母亲，我一阵阵鼻酸眼胀。

啊，母亲，我慈爱的母亲哟！你儿子已经到了中年，在海外已自娶妻生子了。幼年时摘取芭蕉花的故事，为甚么使我父亲、母亲那样的伤心，我现在是早已知道了。但是，我正因为知道了，竟失掉了我摘取芭蕉花的自信和勇气。这难道是进步吗？

## 作品简析

传神的动作描写是本文的一个突出特点："擎"、"摘"、"藏"等动词表现了兄弟二人采摘芭蕉花时付出的努力；"捧"、"跑"则表现了作者对母亲的关爱和尊重。反问句结尾，给读者留下了深深的思索。

# 叶 圣 陶

## 作者简介

叶圣陶(1894—1988)，原名叶绍钧，曾用名秉丞等，原籍安徽，生于苏州，卒于北京。著名作家、教育家。新中国成立前，他发表了许多反映人民痛苦生活和悲惨命运的作品，歌颂了在民族解放斗争中坚强不屈的普通群众。出版了童话集《古代英雄的石像》、《稻草人》以及小说集《隔膜》、《火灾》等。

## 课文回顾

叶圣陶是深受孩子们喜爱的儿童文学作家，同学们一定读过不少他写的童话故事，但对叶圣陶本人却了解不多。就让我们通过下面一首精巧美妙的儿童诗,走近现实生活中的叶圣陶先生,去了解他细腻的情感。这就是一年级上册(人教版)语文课本中的《小小的船》。

## 小小的船

弯弯的月儿小小的船。
小小的船儿两头尖。

我在小小的船里坐,
只看见闪闪的星星蓝蓝的天。

### 作品简析

这首诗歌描述了一个小朋友在晴朗的夜晚,仰望一弯明月所看到的情景,展现了孩子飞上月亮、遨游太空的美好愿望。全诗形象优美,韵律和谐,充满童趣。

### 拓展阅读

## 瀑 布

还没看见瀑布,
先听见瀑布的声音,
好像叠叠的浪涌上岸滩,
又像阵阵的风吹过松林。

山路忽然一转,
啊!望见了瀑布的全身!

这般景象没法比喻,
千丈青山衬着一道白银。

站在瀑布脚下仰望,
好伟大呀,一座珍珠的屏!
时时来一阵风,
把它吹得如烟,如雾,如尘。

### 作品简析

这篇是写黄果树瀑布的诗歌,侧重写听,未见其形,先闻其声,让人浮想联翩;然后把看到的情景和听到的声音通过联想奇妙地连接了起来,既有连接,又有呼应。诗人采用移步换景的写法使瀑布有变化、有美感,从而表达出作者对大自然美的赞叹和对大自然的热爱之情。

# 牵 牛 花

手种牵牛花，接连有三四年了。水门汀地没法下种，种在十来个瓦盆里。泥是今年又明年反复用着的，无从取得新的泥来加入，曾与铁路轨道旁种地的那个北方人商量，愿出钱向他买一点儿，他不肯。从城隍庙的花店里买了一包过磷酸骨粉，掺和在每一盆泥里，这算代替了新泥。

瓦盆排列在墙脚，从墙头垂下十条麻线，每两条距离七八寸，让牵牛的藤蔓缠绕上去。这是今年的新计划，往年是把瓦盆摆在三尺光景高的木架子上的。这样，藤蔓很容易爬到了墙头，随后长出来的互相纠缠着，因自身的重量倒垂下来，但末梢的嫩条便又蛇头一般仰起，向上伸，与别组的嫩条纠缠，待不胜重量时重演那老把戏；因此墙头往往堆积着繁密的叶和花，与墙腰的部分不相称。今年从墙脚爬起，沿墙多了三尺光景的路程，或者会好一点儿。而且，这就将有一堵完全是叶和花的墙。

藤蔓从两瓣子叶中间引伸出来以后，不到一个月工夫，爬得最快的几株将要齐墙头了，每一个叶柄处生一个花蕾，像谷粒那么大，便转黄萎去。据几年来的经验，知道起头的一批花蕾是开不出来的；到后来发育更见旺盛，新的叶蔓比近根部的肥大，那时的花蕾才开得成。

今年的叶格外绿，绿得鲜明；又格外厚，仿佛丝绒剪成的。这自然是过磷酸骨粉的功效。他日花开，可以推知将比往年的盛大。

但兴趣并不专在看花，种了这小东西，庭中就成为系人心情的所在，早上才起，工毕回来，不觉总要在那里小立一会儿。那藤蔓缠着麻线卷上去，嫩绿的头看似静止的，并不动弹；实际却无时不回旋向上，先朝这边，停一歇再看，它便朝那边了。前一晚只是绿豆般大一粒嫩头，早起看时，便已透出二三寸长的新条，缀一两张长满细白茸毛的小叶子，叶柄处是仅能辨认形状的小花蕾，而末梢又有了绿豆般大一粒嫩头。有时认着墙上斑驳痕想，明天未必便爬到那里吧；但出乎意外，明晨竟爬到了斑驳痕之上，好努力的一夜功夫！"生之力"不可得见；在这样小立静观的当儿，却默契了"生之力"了。渐渐地，浑忘意想，复何言说，只呆对着这一墙绿叶。

即使没有花，兴趣未尝短少。何况他日花开，将比往年盛大呢。

## 作品简析

全文条理清晰，思路流畅。作者在这篇文章中，先写了自己种花的情况，然后按照时间顺序再现了牵牛花的生长过程，最后抒发生活感悟。描写牵牛花的时候，多处运用了形象的比喻，如"末梢的嫩条便又蛇头一般仰起"一句，生动写出了牵牛花拼命生长的情状；"仿佛丝绒剪成的"一句，写出了花叶绿而鲜明的特点，更表达了作者对牵牛花的喜爱之情。

# 看 月

住在上海"弄堂房子"里的人对于月亮的圆缺隐现是不甚关心的。所谓"天井",不到一丈见方的面积。至少十六瓦的电灯每间里总得挂一盏。环境限定,不容你有关心到月亮的便利。走到路上,还没"断黑"已经一连串地亮了街灯。有月亮吧,就像多了一盏灯。没有月亮吧,犹如一盏街灯损坏了,没有亮起来。谁留意这些呢?

去年夏天,我曾经说过不大听到蝉声,现在说起月亮,我又觉得许久不看见月亮了。只记得某夜夜半醒来,对窗的收音机已经沉寂,隔壁的"麻将"也歇了手,各家的电灯都已熄灭。一道象牙色的光从南窗透进来,把窗棂印在我的被袱上,我略微感到惊异,随即想到原来是月亮光。好奇地要看看月亮本身,我向窗外望。但是,一会儿月亮被云遮没了。

从北平来的人往往说在上海这地方怎么"呆"得住。一切都这样紧张,空气是这样龌龊,走出去很难得看见树木,诸如此类,他们可以举出一大堆。我想,月亮仿佛失掉了这一点,也该列入他们认为上海"呆"不住的理由吧。假若如此,我倒并不同意。在生活的诸般条件里列入必须看月亮一项,那是没有理由的。清旷的襟怀和高远的想象力未必定须由对月而养成。把仰望的双眼移到地面,同样可以收到修养上的效益,而且更见切实。可是我并非反对看月亮,只是说即使不看也没有什么关系罢了。

最好的月色我也曾看过。那时在福州的乡下,地当闽江一折的那个角上。某夜,靠着楼栏直望。闽江正在上潮,受着月光,成为水银的洪流。江岸诸山略微笼罩着雾气,好像不是平日看惯的那几座山了。月亮高高停在天空,非常舒泰的样子。从江岸直到我的楼下是一大片沙坪,月光照着,茫然一白,但带点儿青的意味。不知什么地方送来晚香玉的香气。也许是月亮的香气吧,我这么想。我心中不起一切杂念,大约历一刻钟之久,才回转身来。看见蛎粉墙上印着我的身影,我于是重又意识到了我。

那样的月色如果能得再看几回,自然是愉悦的事,虽然前面我说过"即使不看也没有什么关系"。

## 作品简析

生动的景物描写是本文的一个突出特点,例如对福州乡下月色的描写:水银的洪流、笼罩着雾气的诸山、茫然一白的沙坪……一幅迷人的月下美景图清晰地展现在读者眼前,读者也通过这样生动的景物描写,感受到了作者对生活、对自然的热爱。另外,作者在文中还借助景物描写,抒发了自己独特的人生感悟。例如:当人们抱怨看不到月光的上海"呆"不住时,作者却发出了"清旷的襟怀和高远的想象力未必定须由对月而养成"的感慨,表达了高雅脱俗的生活情趣,升华了文章的中心。

## 爬山虎的脚

学校操场北边墙上满是爬山虎。我家也有爬山虎，从小院的西墙爬上去，在房顶上占了一大片地方。

爬山虎刚长出来的叶子是嫩红的，不几天叶子长大，就变成嫩绿的。爬山虎的嫩叶不大引人注意，引人注意的是长大了的叶子。那些叶子绿得那么新鲜，看着非常舒服，叶尖一顺儿朝下，在墙上铺得那么均匀，没有重叠起来的，也不留一点儿空隙。一阵风拂过，一墙的叶子就漾起波纹，好看得很。

以前我只知道这种植物叫爬山虎，可不知道它怎么能爬。今年我注意了，原来爬山虎是有脚的。爬山虎的脚长在茎上。茎上长叶柄地方，反面伸出枝状的六七根细丝，每根细丝像蜗牛的触角。细丝跟新叶子一样，也是嫩红的。这就是爬山虎的脚。

爬山虎的脚步触着墙的时候，六七根细丝的头上就变成小圆片，巴住墙。细丝原先是直的，现在弯曲了，把爬山虎的嫩茎拉一把，使它紧贴在墙上。爬山虎就是这样一脚一脚地往上爬。如果你仔细观察那些细小的脚，你会想起图画上蛟龙的爪子。

爬山虎的脚要是没触着墙，不几天就萎了，后来连痕迹也没有了。触着墙的，细丝和小圆片逐渐变成灰色。不要瞧不起那些灰色的脚，那些脚巴在墙上相当牢固，要是你的手指不费一点儿劲，休想拉下爬山虎的一根茎。

### 作品简析

作品按照从整体到部分再到细节的顺序，介绍了爬山虎的叶子、爬山虎的脚的形状、特点以及是怎样用脚在爬的，启发人们留心和细致地观察周围的事物。

## 小蚬的回家

厨刀剖开鱼肚的事情，孩子看得惯了。他看清楚刀锋到处，白的肚皮便破裂开来，脏腑随即溢出；又看清楚向上一面那只茫然瞪视的眼睛，一动不动；也看清楚尾巴的努力拨动，拍着砧板，表示最后的无力的抵抗。

他也尝试了，虾儿替代了鱼，小钱是厨刀的代用品。要对分地剖开虾的肚皮，本不是容易的事，更兼小钱没有厨刀那么锋利。他于是改换方法，将虾儿切成了几段。这是勉强割断的，断处没有刀切的那样平准；只见几小粒半透明的肉微微地颤动着。他庆幸成功似的说："我也杀鱼，我把它打了段了！"

我说："你这样，它的母亲在家里哭了。叫它怎能再回去见母亲呢？"

"虾儿也有母亲么？"孩子张大着乌黑有光的眼睛，好奇地问。

"你有母亲,它当然也有母亲。什么东西都有母亲:虾儿有,鱼儿有,螃蟹有,蟛蜞有,杨梅有,桃子有,荸荠有,甘蔗有。它们的母亲同你的母亲一样,非常喜欢它们呢。"

孩子仿佛被催眠了,沉静笼罩着他,使他默不作声。

"你想,虾儿偶然出来游耍,是它的母亲叫它出来的。她说:'你在水中玩得厌了,今天到陆上去走走罢。但是,要早点儿归来,不要累我等待,使我焦心。'它于是到了陆上,到了我们的篮子里,到了你的手里。现在,它不能回去了。它的母亲等待它不见到家,将要怎样地难过?她要懊悔,叫它出去游耍,反把它丢了。她再没有'好孩子,好宝贝'这么叫,再没有心爱的孩子抱在怀里,一定会哭出许多眼泪来。你看,明天河里的水要涨到齐岸了。"

孩子很不高兴,头向左略侧,同情的忧愁的眼光看着我。"你又想,它被你切断的时候将怎样地难过?它想念家里的母亲,从此不得再见,它的心先破碎了。它希望母亲来救了它,希望你放了它,但是都不得成功!它只得默默地远远地告诉它的母亲说:'母亲呀,你叫我出来游耍,如今不得归家了。我遇见了个凶狠的小孩子,他把我,你的好宝贝,杀死了!'你……"

孩子流泪了,但不放声哭,随即侧首,枕在我的臂上,面孔紧贴着我的身体。

隔了几天,我携着他的手从田岸上走去,将要到眠羊泾旁看小鱼。他手里玩弄着一个小蚬,刚才来的一个渔妇给他的。两旁田里的油菜尽已刈去,泥土经农人翻转,预备作稻田了。初出的粉蝶还很力弱,只在田岸旁的小紫花附近飞飞歇歇,引得孩子的脚步徐缓了。四望村树云物,都沉在清明静穆的空翠里。我想:"近,远,这边,那边,都不像正有纷纭的人事在那里炉水一般沸腾起来。这外象何等安恬呵!"

我们到了眠羊泾旁,孩子首先注意对岸的两条小黄牛。这一条还没透角的额角,凑近那一条的,轻轻地互相摩擦。它们很舒服的样子,徐徐阖眼,又徐徐张开来,面孔似乎作笑意。孩子问:"它们做什么?"

我正代两条小牛感受到肉体上的不可说的舒适,随口答道:"它们相好呢。"

孩子忽然问:"要不要让小蚬回去,看它的母亲?"他低头看河水潜隐地流动,面上现出趣味和笑容。他的小心里不知正做什么幼稚的玄想呢。"很好,让它去看母亲。"

河面发出一个轻悄的声音"咚",小蚬回家去了。

### 作品简析

叶圣陶是中国现代童话创作的拓荒者,他的童话构思新颖独特,描写细腻逼真,富于现实色彩。《小蚬的回家》讲了令人感动的孩童的善良:因为出于杀了一只有母亲的虾的忏悔,他把一个别人送的小蚬投回河中,让它去见妈妈。全文洋溢着源于生命本能的童心与爱心。

# 戴望舒

## 作者简介

戴望舒(1905—1950),原名戴梦欧,笔名有戴望舒、艾昂甫、江思等,浙江杭县人。中国现代著名诗人,现代派象征主义诗歌代表人物,在中国新诗发展史上占有重要地位。他的《雨巷》《狱中题壁》《我用残损的手掌》等诗篇,堪称中国新诗的杰作。

## 课文回顾

戴望舒的《在天晴了的时候》是四年级下册(人教版)的课文,诗中希望人们都能到雨后的小路上走一走,去感受自然清新的空气。但在特殊情况下,诗人自己却无法实现这个小小的愿望。

## 在天晴了的时候

在天晴了的时候,
请到小径中去走走:
给雨润过的泥路,
一定是凉爽又温柔;
炫耀着新绿的小草,
一下子洗净了尘垢;
不再胆怯的小白菊,
慢慢地抬起它们的头,
试试寒,试试暖,
然后一瓣瓣地绽透;
抖去水珠的凤蝶儿
在木叶间自在闲游,

把它五彩的智慧书页
曝着阳光一开一收。

到小径中去走走吧,
在天晴了的时候;
赤着脚,携着手,
踏着新泥,涉过溪流。

新阳推开了阴霾了,
溪水在温风中晕皱,
看山间移动的暗绿——
云的脚迹——它也在闲游。

## 作品简析

这是一首生动、活泼、情趣盎然的儿童诗,诗人通过对小径雨后美丽景象的生动描写,引导人们到雨后的小径上走一走,去感受亲近自然的自由和欢乐。诗歌也表达了诗人对大自然的热爱和赞美之情。

**拓展阅读**

## 狱中题壁

如果我死在这里，
朋友啊，不要悲伤，
我会永远地生存在你们的心上。
你们之中的一个死了，
在日本占领地的牢里，
他怀着的深深仇恨，
你们应该永远地记忆。

当你们回来，
从泥土掘起他伤损的肢体，
用你们胜利的欢呼把他的灵魂高高扬起，
然后把他的白骨放在山峰，
曝着太阳，沐着飘风：
在那暗黑潮湿的土牢，
这曾是他唯一的美梦。

**作品简析**

　　关押在日本占领地的牢里，面对随时可能到来的死亡，诗人对朋友和战友充满了深情的怀念，同时也充满了对日本侵略者深深的仇恨。这两种情感形成鲜明对比，从而突出了本诗的主旨。在这首诗的最后，诗人希望朋友们能够把自己的白骨放在山峰上，"曝着太阳，沐着飘风"，这种大胆的想象，不仅显示了诗人视死如归的豪迈情怀，同时也寄托着诗人对抗战胜利、对美好生活的强烈渴望。

## 游子谣

海上微风起来的时候，
暗水上开遍青色的蔷薇。
——游子的家园呢？
篱门是蜘蛛的家，
土墙是薜荔的家，
枝繁叶茂的果树是鸟雀的家。
游子却连乡愁也没有，
他沉浮在鲸鱼海蟒间：

让家园寂寞的花自开自落吧。
因为海上有青色的蔷薇，
游子要萦系他冷落的家园吗？
还有比蔷薇更清丽的旅伴呢。
清丽的小旅伴是更甜蜜的家园，
游子的乡愁在那里徘徊踯躅。
唔，永远沉浮在鲸鱼海蟒间吧。

**作品简析**

　　"篱门是蜘蛛的家，土墙是薜荔的家，枝繁叶茂的果树是鸟雀的家"，而游子却只能在"鲸鱼海蟒间"沉浮，这种鲜明的对比，生动反映了诗人孤独、无助的心境。"海上微风起来的时候，暗水上开遍青色的蔷薇。"苍茫的大海烘托出作者惆怅的心理，眼前的景象引发了诗人的思乡之情。这种由情入景的手法，使感情抒发得更加自然、强烈。

# 雨　　巷

撑着油纸伞,独自
彷徨在悠长、悠长
又寂寥的雨巷
我希望逢着
一个丁香一样地
结着愁怨的姑娘

她是有
丁香一样的颜色
丁香一样的芬芳
丁香一样的忧愁
在雨中哀怨
哀怨又彷徨

她彷徨在这寂寥的雨巷
撑着油纸伞
像我一样
像我一样地
默默彳亍着
寒漠、凄清,又惆怅

她默默地走近
走近,又投出
太息一般的眼光

她飘过
像梦一般地
像梦一般地凄婉迷茫

像梦中飘过
一枝丁香地
我身旁飘过这女郎
她静默地远了、远了
到了颓圮的篱墙
走尽这雨巷

在雨的哀曲里
消了她的颜色
散了她的芬芳
消散了,甚至她的
太息般的眼光
丁香般的惆怅

撑着油纸伞,独自
彷徨在悠长、悠长
又寂寥的雨巷
我希望飘过
一个丁香一样地
结着愁怨的姑娘

## 作品简析

　　诗歌描绘了一幅梅雨时节江南小巷的阴沉图景,借此构成了一个富有浓重象征色彩的抒情意境。在这里,诗人把当时黑暗阴沉的社会现实暗喻为悠长狭窄而寂寥的"雨巷",没有阳光,也没有生机和活气。而抒情主人公"我"就是在这样的雨巷中孤独地行着的彷徨者,但"我"在孤寂中仍怀着对美好理想和希望的憧憬与追求。诗中"丁香一样的姑娘"就是这种美好理想的象征。但是,这种美好的理想又是渺茫的、难以实现的。这种心态,正是大革命失败后一部分有所追求的青年知识分子在政治低压下因找不到出路而陷于惶惑、迷惘心境的真实反映。

# 金 波

## 作者简介

金波(1935— ),原名王金波,中国著名儿童文学作家。1957年开始发表作品。先后出版诗集《回声》《我的雪人》等十余部,童话集《小树叶童话》《金海螺小屋》《苹果小人儿的奇遇》以及长篇童话《乌丢丢的奇遇》等。选集有《金波儿童诗选》《金波作品精选》以及《金波诗词歌曲集》等。其多篇作品被收入中小学语文和音乐课本。

## 课文回顾

金波在他的儿童诗中,常以儿童的眼光观察世界,用天真烂漫的童心去思考人生,《阳光》是一年级上册(人教版)语文课本中的一首小诗歌,诗歌中作者用生动优美的文字,让我们重温了童年生活的情趣。

## 阳 光

阳光像金子,洒满田野、高山和小河。
田里的禾苗,因为有了阳光,更绿了。
山上的小树,因为有了阳光,更高了。
河面闪着阳光,小河就像长长的锦缎了。

早晨,我拉开窗帘,阳光就跳进了我的家。
谁也捉不住阳光,阳光是大家的。
阳光像金子,阳光比金子更宝贵。

## 作品简析

本诗中作者生动描写了田野、高山和小河在阳光下的美丽景象,突出了阳光对自然万物的重要作用,赞美了阳光给人们带来的光明和温暖。

## 拓展阅读

### 绿色的太阳

从双手抱着的奶瓶,
我认识了洁白。
从熟透的苹果,

我认识了鲜红。
从我仰望的晴空,
我认识了蔚蓝。

当我三岁的生日,
爸爸送我一盒蜡笔。
我觉得我是这样富足,
我得到了一切色彩。
于是,我画:
一道蓝色的直线,
那是解冻的小溪;
画绿色的波纹,
那是连绵起伏的远山;

再画一个大大的橙色的圆,
是中秋的明月挂在天边。
然而,现在,
我画彩色的棉花,
为了给小妹妹们去做花衣裳;
我画透明的海洋,
为了看清海底的宝藏。
再画一个绿色的太阳,
为了让夏天凉爽。

### 作品简析

全诗借三岁孩子手中的蜡笔,写出了儿童爱美、爱自然的天性,最后,"再画一个绿色的太阳,为了让夏天凉爽"这一句更是点睛之笔,不仅使全诗情趣盎然,而且淋漓尽致地表现了孩子的可爱和稚气,刻画出了孩子那种纯真的美。

# 百 泉 村

### 山

你爱我们这里的山吗?

你看这四周的群山,你会发现,南山像一把怒刺云霄的剑,北山像猴儿捧着蜜桃,东山像两座驼峰,西山像雄鹰展翅。

你不觉得你是生活在童话世界里吗?

这儿,山高谷狭,阳光和月光,常把山影儿描画在对峙的山峰上。

你走在这峡谷道上,仰望青蓝的天,像一条带子;两面的高山,像碧绿的屏障。

我们这儿的每一座山,都包含着一个美丽的故事,那是储存在我们心底的财富。

我想,你会爱我们的山的。

### 泉

你爱我们山中的泉吗?

山涧里流着小溪。当春天来到的时候,桃花瓣儿、杏花瓣儿会随风飘洒在水面上,让小溪流带着它们,像载着一只只小船,漂到山外去。

冬天里,山中静得很,但你可以听见泉水一滴、一滴,滴落在深潭里的声音。

是的,这儿山崖的石缝里,有涓涓的细流;山脚的深潭里,有暖暖的泉水;泉边,即使是在冬天,也长着青青的小草。

我想,你会爱我们这山中的泉的。

### 小 小 山 村

你爱我们这山环水绕的小山村吗?

它那么小,即使你走进群山的怀抱,你也不容易发现它。它坐落在深深的山谷里。

当你在峡谷里行走时,你会听见鸡的鸣叫、狗的吠声,还有孩子们的歌声和山村小学的铃声。你走进那山道口,你就能看见它——我们美丽的百泉村。

村里,路面是用石头铺的,房屋是用石头盖的,围墙是用石头砌的,猪窝、鸡舍也是用石头垒的。

家家户户像贴在半山腰上,一层房子一层楼。那儿,牛羊在山上散步,清泉在檐下流淌。

我们小小的山村,像一颗珍珠,别在大山的衣襟上。

我想,你会爱我们这小小山村的。

### 家

你爱我们的家吗?

走进我家的院子,你会看到坐北朝南的一排新房,房檩、房柱都是一色儿新的,散发着树脂的香味。阳光照在窗棂、门楣和玻璃上,白得耀眼。

在我家小院的西头,你迈下几级石阶,就会看见一眼泉水。它离地面只有一尺深,灿然如一块明镜。泉边铺着一圈石头,脚常踩的地方,磨得光光的;水常浸的地方,长着厚厚的青苔。

我总喜欢伏在泉边,照个影儿,清清亮亮的;喊几声儿,嘤嘤嗡嗡的。

泉边汲水方便极了。泉边长着一棵桃树,树上挂着爷爷用树杈削成的一根拐棒儿,我就用它钩住小桶汲水。每次,桶底儿刚轻轻碰到泉水,泉里就发出叮叮咚咚的响声,那声音是深沉的、遥远的,好像空谷传音。

每当听到这泉水中的声响,我就这样想,那深山里一定藏着鸟儿的歌声,那歌声就顺着山泉流进了我家的泉眼吧!

我家的这眼泉水是温泉。当隆冬时节,山涧的清流都结了冰,群山也覆盖着白雪,我家这泉水还蒸腾着温暖的水汽,它的四周还是绿草丛生。

我好客的爷爷,总喜欢给我们讲这个有趣的故事,他说:春天的小女儿,爱上了我们这小小的山村,冬天的时候,她就住在我家的这眼泉水里……

不用问,你也会爱我们的家的。

### 作品简析

这篇散文由四章组成,每章的开头均以一个问句起始,再以"我想,你会爱我们的山(泉、山村、家)的"结尾,让文章在精彩处戛然而止。这四章看似独立,其实相互交错:泉是山中的泉,小山村是山环水绕着的,而家是小山村中的一排新房,家中小院的西头则有一眼泉水,四处美景相互交错自成一种回旋之美!而在这回旋反复中随着作者视野的逐渐拉近,山的多姿、泉的柔顺、山村的宁静、家中泉水的神奇如画卷般一一展现在我们眼前,同时也让我们欣赏到了作者构思的完整和新巧,这也构成了本文一条完整清晰的线索,当然隐藏在这条线索中的则是作者对家乡的爱,对家乡美的礼赞!

### 雨

窗外,已经下起了雨。可是,妈妈,你不要阻拦我呀,我要到雨中去。

我戴上草帽。我跑到雨里。我变成一把伞。伞在风雨里飞着,给没带伞的行人遮雨。

当雨停了,我就又飞走了,飞进雨后翠绿的树林里。

妈妈,也许你不见了女儿,你很着急,你怕我淋湿了雨。

你跑到街上,问雨后的风,问天上的虹,问每个行人:我的女儿,她在哪里?

你来到林中,问小鸟,问花朵,问叶子上滴落的雨滴:我的女儿,她在哪里?

它们都说:那可是个淘气的小姑娘呀,她又在和我们捉迷藏吧,谁知道她会藏到哪儿呢!

雨后。林中。蘑菇洒了一地。它们最喜欢在雨后游戏。妈妈,当你伸手刚要采下那个最白、最胖的蘑菇时,忽然,它变了,变成了你的女儿,她眨巴着眼睛,笑眯眯地望着你。

——妈妈,我又回来了!你看,我仍戴着草帽呀,草帽上还挂着彩色的雨滴。

### 作品简析

在这篇短文中,作者以一个小女孩的口吻,想象了母女俩嬉戏的情景,表现了小女孩天真、顽皮的性格特点。尤其是小女孩突然出现在妈妈面前的情景,非常符合儿童的心理,充满了情趣。

## 花 的 梦

我从植物园归来,带回一个彩色缤纷的梦,我梦见,在我们的土地上,到处鲜花盛开、万紫千红。

我家的台阶前,一直伸展到远远的天边,有一群簇拥着的姐妹,那是一片紫色的玫瑰。

路的两旁白得像落满了雪,那里是玉兰花的世界;山上闪着明亮的火星,那是蒲公英开遍了山野。

吊钟花在微风里轻轻地摇,鸡冠花把头昂得很高,泉边有天鹅绒般的青苔,茑萝花攀上了树梢。

还有世界上最大的花朵,大王莲能做小妹妹的摇篮;小小的花朵是珍珠梅,它穿着月光一样的衣衫。

在镜子般的池塘里,有绿的浮萍,粉的荷花。就是那放牧的小弟弟,也喜欢戴着花环玩耍。

好像一年四季的花朵,忽然在这一夜开放,又像天上的彩虹,纷扬着落在我们的土地上……

当我从这梦中醒来,我又编织着另一个梦境:我要像领着小弟弟、小妹妹那样,领着这些花朵开始春天的旅行。

去给山冈披一件花的衣衫,去给小河镶两行彩色的花边,再给养蜂场周围的田野,铺上无边的鲜花的地毯。

在这里闻着花香,听着鸟语,把生活打扮得更加美丽;养蜂老爷爷会夸奖我们——送来的是花,也是蜜!

### 作品简析

在本文中,作者借助"我"奇特的梦境,把不同季节的鲜花巧妙地组合在一起,生动描写了百花盛开的美丽景象,抒发了作者对鲜花、对自然、对生活的热爱之情,也反映了儿童对快乐的追求。与直接描写现实中的鲜花相比,这种构思使文章更曲折,更富情趣。

## 盲孩子和他的影子

他是一个盲孩子。

在他的世界里,没有光亮,没有色彩。

他是一个永远生活在黑夜里的孩子。

他无法亲近别的小伙伴,只能静静地坐在一旁,听他们说笑嬉戏。

他还喜欢听鸟儿黎明时的叫声,春风从耳边吹过的声音,连蜜蜂扇动翅膀的声音他也很喜欢。

他的日子过得很寂寞。

他常常自言自语:"谁跟我玩儿呢?"

"我跟你玩儿呀!"这一天,忽然有谁在他耳边轻轻地这样说。

"你是谁呀?"他扭过头惊奇地问。

"我是你的影子。"那声音很好听,也很和气。

盲孩子从没见过影子,他想象不出影子是什么样儿的。

影子向他解释着:"我永远跟你在一起,你走到哪里,我就跟到哪里。"

"你长得什么样儿呢?"盲孩子又问。

"我长得和你一样。"影子高兴地回答。

它觉得这样回答太简单了,又补充道:"我像黑夜一样黑。我还有一双黑眼睛。"

它怕自己仍没有说清楚,接着又问道:"你知道黑颜色吗?"

盲孩子赶紧回答:"我知道。我每天看到的都是黑颜色。"

从此,影子常常牵着盲孩子的手,带着他去牧场听牛儿哞哞地叫,羊儿咩咩地叫,还攀上山坡去采摘野花野果,走过小木桥去听潺潺的流水声。

盲孩子似乎感受到了光明,看到了色彩。他很快乐。

有一天,他问影子:"请告诉我,你从哪里来?"

影子回答:"我从阳光里来,也从月光里来,还从灯光里来……"

"那么说,只要有亮光就有你了,是吗?"盲孩子觉得又新奇,又兴奋。

"是的。光明是我的母亲。是她让我来到你身边陪伴着你的。"影子说这话的时候,觉得无比幸福。

盲孩子很受感动。他觉得影子的话带给他友情,带给他温暖。快乐的日子就这样开始了。

无论他们走到哪里,人们都会对盲孩子这样说:"看,你有一个多么好的影子啊!"

每当听到人们这样夸赞他的影子,他总是告诉人们:"它不只是我的影子,它还是我的朋友。"

人们常常看到他俩在阳光下、月光下,像好朋友似的说说笑笑;在没有阳光,没有月光的夜晚,盲孩子就点起一盏灯。有了光明,影子就来了,它陪着他唱歌,讲故事。

夏天的一个夜晚,天气阴沉沉的,没有月光。盲孩子提着一盏灯,有影子陪伴着他走出家门。他们去一个宁静的小树林里散步。

微风送来阵阵花香。还有鸟儿的叫声。

影子告诉他,今夜虽然没有月光,但天上的星星又多又亮。这时候,从附近的丛林里飞来一只萤火虫,飘飘忽忽地,闪着幽幽的光。它朝着盲孩子飞来,在他的眼前缓缓地飞着。

"是什么在飞?"盲孩子停下脚步仔细听着,"我听见翅膀扇动的声音。"

影子告诉他,是一只萤火虫,一只小小的

萤火虫。

盲孩子从来没见过萤火虫。

"萤火虫？就像很烫很烫的小火星吗？"盲孩子好奇地问。

"不，不。萤火虫是很美丽的闪着光的小虫子。它不烫人的。"影子给他解释着。

盲孩子仰起头来望着夜空，他什么也看不见，茫然地摇摇头。

影子把手伸出来，它想接住那只美丽的萤火虫。

这时候，萤火虫真的落在它的手上了。

"啊，萤火虫就在我的手上。"影子兴奋地告诉盲孩子，"你把它接过去，它一点儿也不烫手，真的不烫手。"

盲孩子伸出一只手，接过那只萤火虫。他只觉得手心里痒酥酥的，是一只小虫子在爬。

他情不自禁地把手掌挨近自己的眼睛。仔仔细细地看着，不停地眨巴着眼睛。他多么希望看见这只会发光的萤火虫啊！

他注视着他那一片漆黑的世界，就像深不见底的黑洞。忽然，在他的"黑洞"里，他第一次看见一个淡淡的光点在他的手心里移动着。同时，他手心也感到痒酥酥的。

那光点渐渐地变亮了。他从没见过这样美丽的光。他分辨不清那是幽蓝的光，还是翠绿的光，他只知道，在他这永久的黑夜里，此时此刻有了一颗米粒儿大小的光点了。

他永久的黑夜消失了。

"啊，我看见它了，萤火虫，小小的萤火虫！它像一盏小小的灯。"盲孩子几乎是在大声喊叫着，他从来没这样快乐过。

影子也高兴地笑了。

那一夜，萤火虫陪伴他们玩了很久很久，一会儿从手掌上飞起，给他们带路，走近一丛蔷薇花；一会儿又落在手掌上，闪闪发光。

夜深了，萤火虫向他们告别，飞进了一片寂静的树林。

当盲孩子提着他的灯，灯光里有他的影子陪伴他往家走的时候，他的心情好极了。因为今天他看见了萤火虫的光，虽然那光模模糊糊，小得像小米粒儿，但毕竟是他亲眼看到的啊！

耳边的风越来越大了。他感觉到手里提的灯晃来晃去。

影子说："天要下雨了，我们快些走吧！"

话音刚落，一声霹雳炸响，风夹着雨，雨带着风来了。

盲孩子手中的灯突然灭了。随后，影子也不见了。

盲孩子孤零零地一个人站在旷野上。

他呼唤他的影子，没有回应，听到的只有风声和雨声。他跟跟跄跄、跌跌爬爬地往家走，没走多远，他就跌倒在水坑里。

他坐在风雨里想：只有等到风停了，雨停了，太阳出来的时候，影子才会赶来吧？

过了很久很久，他感觉风小了，雨也小了。他似乎又听见了翅膀扇动的声音。声音越来越大。

"是你吗？萤火虫？"盲孩子向夜空大声问着。

"是我。"一只萤火虫在回答。

"是我们。"有几只萤火虫在回答。

"是我们一群萤火虫来了！"有好多好多萤火虫在回答。

在夏夜的微风细雨中，无数只萤火虫组合成一盏美丽明亮的灯，一会儿闪着幽蓝的光，一会儿又闪着翠绿的光。

在这美丽明亮的灯光里，影子又回来了。

盲孩子望着他的影子惊喜地叫起来："啊！我的影子，是你吗？我好像看见你了！真的，我看见你了！"

他伸出双手,拉住了他这位黑色的好朋友,他们久久地拥抱在一起。

他身旁有那盏萤火虫组合的灯,还有他的影子伴随着他。

他看见了周围的一切!他们走过泥泞的旷野,踏上小路,走向家中。

风停了,雨停了,天晴了。

月亮出来了。今天的月亮特别亮。

又过了一会儿,太阳出来了。今天太阳出来得格外早。

月亮和太阳同时悬挂在天上。

还有那盏萤火虫灯。

这世间所有的光亮一齐照耀着盲孩子和他的影子。

他眼睛里的那个黑夜的世界,渐渐地泛起淡淡的光,像银亮的雾笼罩着周围的一切。

不大工夫,那雾也消退了。

他看见了周围的一切!

他用惊奇的目光张望着这陌生而美丽的世界。他不但看见了太阳、月亮,还看见了那么多萤火虫组合的灯。

他还看见了天上出现了弯弯的彩虹。

他还看见了各种颜色的花朵。

还有绿草。还有草叶上明亮的露珠。

他的影子就站在他身边,和他手拉着手。

他转过脸,亲切地望着他这位朋友,它也微笑着望着他。

他发现,他的影子慢慢褪去了黑色,变成了一个衣着美丽的孩子,也有着一样红润的圆脸、油亮的头发和大大的黑眼睛。

人们说,他们像一对孪生兄弟。

他俩说,我们都是光明的孩子。

### 作品简析

文章写了一个孤独的盲孩子在影子、萤火虫、月亮、太阳等的关爱和帮助下感受到了生活的光明和美好的故事。语言优美简洁、凝练,有较强的表现力,而且有诗的特点,抓住盲孩子心情变化,表达了盲孩子对生活的热爱和对光明的渴望,意在呼唤人间真情,把爱给身边需要帮助的人们,提升自己的生命价值。

# 樊 发 稼

### 作者简介

樊发稼(1937— ),上海人,当代诗人、文学评论家。曾任中国作家协会全国委员会委员、儿童文学委员会副主任,中国文学研究会会长等职务。出版有《儿童文学的春天》等10本评论集,《春雨的悄悄话》等41本作品集。诗集《小娃娃的歌》、《春雨的悄悄话》等获中国作家协会全国优秀儿童文学奖、全国优秀少儿读物奖等。

# 第一章 现当代诗歌

## 课文回顾

樊发稼是我国著名的儿童文学作家,他不仅通过清新、活泼的语言展示了儿童丰富多彩的精神世界,也通过浅显易懂的故事,告诉了我们一个个深刻的道理。三年级上册(北师大版)语文课本中《爱什么颜色》一文就是他的作品。

## 爱什么颜色

我爱碧绿的颜色,
因为——
禾苗是碧绿的,
小草是碧绿的,
我生活在农村,
连我的梦
也是碧绿的。

我爱火红的颜色,
因为——
朝阳是火红的,
枫叶是火红的,

我是一个少先队员,
我们的队旗,我们的心,
也是火红的。

我爱蔚蓝的颜色,
因为——
辽阔的天空是蔚蓝的,
无边的大海是蔚蓝的,
将来我要当一名海军战士,
乘风破浪,保卫海疆。
我穿的那身威武的军装
也将是蔚蓝的。

## 作品简析

这是一首儿童诗,诗人以清新凝练的语言和相同的结构方式,分别勾勒出了绿色的农村、火红的队旗和蔚蓝的大海这三幅色彩明丽的画面,抒发了作者对家乡、对生活的热爱,以及对自己远大理想的追求。

## 拓展阅读

### 早上,多美好的时光

月落星隐。甜梦醒来是早上。
哦,早上,多美好的时光——
面对灿烂的旭日,

我们神清气爽精神昂扬。

看每一片鲜嫩的树叶,

都辉耀着蓝色的天光；
辽阔原野的草丛间，
繁星般闪烁的露珠晶莹透亮。

听林中的小鸟儿，
像一群开心的小姑娘，
迎着朝霞快乐地歌唱，
歌声是如此清脆悠扬。

在那柔和的晨风里，
我们高声朗诵理想的诗章，
金色的憧憬像动人的春雷，
在我们火热的心中久久激荡……

星隐月落。甜梦醒来是早上。
啊，早上，多美好的时光——
我们抓紧晨光努力学习奋发向上，
明天满怀信心投入生活的广阔海洋。

### 作品简析

这是一首儿童诗，诗人以清新的语气和凝练的语言，通过一天中景物的描写，为我们呈现了一幅色彩明丽的画面，寓情于景，借景抒情，抒发了作者对自然、对生活的热爱，表达了诗人乐观向上的心态和对美好明天的渴望之情，同时也告诉大家，要珍惜现在，努力学习，不要辜负我们所拥有的幸福生活。

## 猴子戴手套

一只猴子进城玩儿，看见男男女女都戴着手套，挺好看的。猴子进商店，也给自己买了一副手套。

回到山林里，猴子戴上那副花花绿绿的手套到处炫耀："大伙都来瞧呀，我的手套多漂亮！"八哥鸟随声附和地道："是啊是啊，多漂亮！多漂亮！"喜欢拍马屁的小猩猩说："嘿，猴哥！今儿个你戴了手套显得格外精神，既有风度也很潇洒！"

只有上了点年纪的驴子不以为然地说："手套是人的专用品，我们动物不宜生搬硬套地使用。猴子戴手套，我看有点不伦不类。"

猴子听了驴子的话，骂道："你这蠢驴知道个啥！我看你是妒忌心太重了。"

没过几天，猴子摔成重伤住进了医院，原因是他戴了手套上树，握不住树枝，从树上跌了下来。

### 作品简析

对于猴子戴手套这件事情，山林里的动物们可谓是众说纷纭，小动物们赞不绝口，甚至有的动物争相拍马屁。这种庸俗的表现更加反衬出驴子的冷静和睿智，使驴子的智者形象更加鲜明和突出。作者以猴子摔伤这一惨痛教训结束本文，虽然只是三言两语，却足以引发读者深思。

## 呆子磨杆

身强力壮的呆子每天清早起来,不干别的,就做一件事:抱起一根二三十斤重的铁杆,在一块大石头上磨呀,磨呀……

就这样,呆子已经磨了不知多少天了。

好心的邻居看着呆子每天这么白白地消耗体力,就忍不住对他说:"我劝你别再磨下去了吧,你有力气干点什么活儿不好呀!"

呆子理直气壮地道:"有句老话说得好:只要功夫深,铁杵也能磨成针。我就是要把这根大铁杵磨成一根细细的缝衣针!"

邻居说:"到市上买一根缝衣针只要几分钱,犯得着你死气白赖花费牛劲无休无止地磨吗?"

呆子说:"钱不钱的,我不管。市上的针,是人家造的。我要的是自己磨成的针。"

邻居又道:"再说,照你这样磨法,恐怕即使再磨三十年、五十年,也未必能够把这根铁杆磨成一根细细的缝衣针呀!"

呆子不以为然地说:"不,不。我还相信'有志者事竟成'这句古训。我死了还有儿子,儿子死了还有孙子。这样,子子孙孙一代一代磨下去,再粗再大的铁杆也一定会磨成针的!"

邻居听了呆子的话,竟一时语塞,半响,才摇头慨叹道:"不会审时度势,不从实际出发,绝对固执地只认一种死理儿,一味傻干蛮干,实在太可笑了!"

### 作品简析

在这篇文章中,不管邻居怎样好言相劝,呆子总能找到应对的理由,或理直气壮,或强词夺理,或故作高深……个性鲜明的语言描写,生动刻画了呆子固执、死板的性格特点。面对如此固执的呆子,作者以"不会审时度势,不从实际出发,绝对固执地只认一种死理儿,一味傻干蛮干,实在太可笑了"的慨叹结尾,既表现了邻居无奈的心情,又巧妙揭示了本文的中心思想,使读者深受启发。

# 林 焕 彰

### 作者简介

林焕彰(1939— ),中国台湾宜兰县人。20世纪60年代初开始发表作品,与同辈诗友发起成立过"龙族诗社"。曾任《布谷鸟儿童诗学季刊》总编辑,现为台湾《联合报》副刊编辑。出版有《牧云初集》《斑鸠与陷阱》《童年的梦》《小河有一首诗》《妹妹的红雨鞋》等40余种新诗集、儿童诗集和诗论集。

## 课文回顾

林焕彰的诗是真正属于儿童的诗,他善于以儿童的眼睛去观察世界,以儿童特有的方式去体认世界,捕捉日常生活中儿童们一瞬间对某种事物和景物的感受,刹那间产生的思想闪光,用儿童惯用的语言,凝成简明清静的词句,展现出那只属于儿童的独有的新鲜活泼的想象。一年级上册(人教版)语文课本中收录了他的诗歌《影子》。

## 影 子

影子在前,影子在后,
影子常常跟着我,
就像一条小黑狗。

影子在左,影子在右,
影子常常陪着我,
它是我的好朋友。

### 作品简析

《影子》这首小诗以简洁、生动、形象的语言,向孩子们介绍了"影子"和"人"总是"形影不离"这一重要特点,活泼俏皮的语言写出了儿童生活的情趣。

## 拓展阅读

## 春天怎么来

春天怎么来?
花开了,春天就从花朵里跑出来。
春天怎么来?
草绿了,春天就从绿色里跳出来。

春天怎么来?
我高兴了,
春天就从我的心窝里飞出来!

### 作品简析

在这首小诗中,作者选取了"花开了"、"草绿了"、"我高兴了"这三个角度,去描写春天的行踪,表现了儿童对春天的独特理解。这种选材抓住了春天的特征,表达了孩子们对春天的热爱之情。为了回答"春天怎么来"这个疑问,作者连续运用了"跑、跳、飞"三个动词,在作者的笔下,春天不只是一个抽象的季节,而且是一个活泼可爱的伙伴,传神的动作描写反映了儿童天真的心理,突出了春天带给孩子们的喜悦心情。

# 童　话

### 一

下雨了，
走走走……
走到爸爸的口袋里，
变成一个小铜币；
不会淋雨，
又可以买东西。

### 二

爸爸,天黑黑，
要下雨了，
雨的脚很长，
它会踩到我们的，
我们赶快跑!

**作品简析**

　　好的儿童诗应该是明朗的、亲切的、快乐的、抒情的、热爱生活的、充满童年情趣的、动人心魄的。《童话》以一个天真无邪的幼儿的口吻来写,想象是儿童的,语言是儿童的,生活也是儿童的,但奇妙的是经过诗人这样的组合,真切的表现,显示了一种无法言说的童真的有趣与美好。

# 蝉

蝉的歌儿很好听，
可是要到夏天才唱；
它们喜欢赞美，
金色的阳光。

蝉的歌儿很好听，
可是它们只爱在树上唱；
所以,一到了夏天，
树都变成了会歌唱的伞。

**作品简析**

　　本来蝉的鸣叫是很让人心烦的,但在儿童的世界中,蝉是喜欢赞美阳光的,蝉的歌声是好听的,蝉和树的关系是和谐的,作者通过富有表现力的语言,使"树都变成了,会唱歌的伞"这样的想象不仅贴切,而且一下子有了诗意!

# 造　桥

有一种桥，
用木板做的，
中间有两根柱子，

像一个人，
站在河里，
背着一块大木板，

让人们从他身上走过，
桥的精神是伟大的；

我也要弯着腰，
造一座桥。

**作品简析**

这首诗歌亲切、真诚，由桥的模样想到人的一种付出与牺牲的精神，将道理通过一种形象自然而然地传递给孩子，让孩子在阅读的同时明白成长过程不能只有快乐与轻松，还应有对未来的希望与责任。

## 小猫走路没有声音

小猫走路没有声音，
小猫穿的鞋子是妈妈用最好的皮做的。

小猫走路没有声音，
小猫知道它的鞋子是妈妈用最好的皮做的。

小猫走路没有声音，
小猫知道它的鞋子是妈妈用最好的皮做的。
小猫爱惜它的鞋子。

小猫走路没有声音，
小猫知道它的鞋子是妈妈用最好的皮做的。
小猫爱惜它的鞋子，
小猫走路轻轻地轻轻地。

小猫走路没有声音，
小猫知道它的鞋子是妈妈用最好的皮做的。
小猫爱惜它的鞋子，
小猫走路就轻轻地轻轻地——没有声音。

**作品简析**

这首小诗共有五节，从第三节开始，每一节都是前一节内容的重复和扩展，从而造成语句的多次重复。独特的结构方式既增强了诗歌的节奏感，也突出了"小猫走路没有声音"这一中心。"走路没有声音"是小猫独特的生理特点。但在作者的想象里，这种特点成了妈妈的杰作，是妈妈用最好的皮给小猫做了一双特殊的鞋子，小猫因爱惜鞋子，才走路这么轻。这种奇特的想象反映了儿童天真、可爱的心理，也给诗歌增添了情趣。

## 雾

妈说我最好玩，
其实，
雾才更好玩呢！

他一大早就跑出来，
一看到人，
就塞给一条手帕，

不分大人或小孩，
通通蒙住眼睛，
然后把你推开，
又团团把你围住；
叫你跟他玩捉迷藏。
可是，你要是捉住了他，
他还会耍赖，
叫你不可以把手帕拿开，
要你继续当鬼，

继续跟他玩儿；
你要是说，不玩啦！
他还是会缠着你，
把你团团围住；
直到太阳公公出来了，
拿着金色的拐杖，
敲敲他的头，
他才会乖乖地背着书包上学去。

### 作品简析

　　本诗富有情节，语言自然贴切，浅显易懂。这首诗歌的特点在于丰富的想象力。作者用神奇的想象能力，在平凡的生活现象中创造出童话的境界。这里的雾不再是一种自然现象了，而是一个活泼的、爱动的，甚至还耍点赖的顽皮孩子，从而使本诗具有了童话般的效果。

## 妹妹的红雨鞋

妹妹的红雨鞋，
是新买的。
下雨天，
她最喜欢穿着
到屋外去游戏，

我喜欢躲在屋子里，
隔着玻璃窗看它们
游来游去，
像鱼缸里的一对
红金鱼。

### 作品简析

　　这首诗中的"妹妹"是我们都见过的，可是她在诗人笔下，是那么的稚朴，那么的爱美，那么的可爱。在末尾诗人用了一个别出心裁的比喻——像鱼缸里的一对红金鱼，不但写出了"妹妹"的活泼，更使整首诗充溢着动感。有了这样的"妹妹"，有了这样的"红雨鞋"，童年就不再是抽象的，诗也就有了盎然的儿童情趣。

# 高　洪　波

### 作者简介

　　高洪波(1951—　)，笔名向川，中国当代儿童文学作家，诗人，散文家。现任中国作协党组成员、副主席、书记处书记,《诗刊》主编,中国作协儿童文学委员会主任。先后出版《大象法官》、《吃石头的鳄鱼》等14部儿童诗集;《波斯猫》、《高洪波军旅散文选》等30余部散文随笔集;《鸟石的秘密》、《遇见不不兔》等11部幼儿童话。

### 课文回顾

当我们沐浴着春光,尽享和平欢乐的时候,我们可曾想到,世界上还有多少地方正面临着战争,有多少人渴望能和我们一样享受春天,享受春天般温暖和平的世界!从四年级下册(人教版)语文课本中高洪波的诗——《和我们一样享受春天》,就能看出作者对和平的渴望。

## 和我们一样享受春天

蔚蓝色的大海,
本来是海鸥的乐园,
可是巡弋的战舰和水雷
成了不速之客,
这究竟是为什么?

金黄色的沙漠,
本来是蜥蜴和甲虫的天下,
可是轰隆隆的坦克和大炮
打破了它们的梦幻,
这究竟是为什么?

蓝得发黑的夜空,
本来属于星星和月亮,
可是如今频频发射的导弹
把星星的家园搅得很不安宁,

这究竟是为什么?

绿茵茵的草地,
本该滚动着欢乐的足球,
可是如今散落着的地雷碎片
阻挡着孩子们奔跑的脚步,
这究竟是为什么?

我们希望,我们祈盼——
让战火中的孩子
有一张课桌,平稳的课桌,
不被导弹的气浪掀翻!
有一间教室,洁白的教室,
免遭炸弹的弹片击穿!
和我们一样在鲜花中读书,
和我们一样享受春天……

### 作品简析

文中诗人以一个孩子的视角,抓住自然界人们熟知的景物——大海、沙漠、夜空、草地,将其原有的美好与宁静的景象,与因遭战争破坏的景象加以对比,揭示了战争给自然世界带来的种种不安宁,从而发出了对和平的呼唤。

## 拓展阅读

## 鹅 鹅 鹅

最近,妈妈总爱捉住我,
逼我背一首古怪的儿歌:
"鹅,鹅,鹅,曲项向天歌。
白毛浮绿水,红掌拨清波。"
听说这是一位古代的神童,
七岁时写下的"大作"。
可我却背得结结巴巴,
气得妈妈说我"笨脑壳"。
我只好背得滚瓜烂熟,
妈妈显得特别快活。
从此,每当家里来了客人,
我都要牵出这只倒霉的"鹅"。

听到了一声声的夸奖,
妈妈就奖我美味的糖果。
好像这是我写的诗篇,
其实,我从来没有见过白鹅。
我家小小的阳台上,
连只小鸟都不曾飞落;
更别说从那"曲项"里,
向天唱出的美妙的歌!
真的,我不愿当什么"神童",
更不想靠"白鹅"啄来糖果。
如果妈妈带我去趟动物园,
那才是我最大的快乐!

### 作品简析

　　为了表达儿童对枯燥学习方式的厌弃,诗人主要选取了两个典型事例。一是妈妈逼迫"我"背古诗;二是妈妈让我在客人面前炫耀。通过这两个事例不难看出,妈妈对孩子的教育既没有合理态度,又缺乏科学方法,也难怪"我"如此抵触。另外,诗中多处运用了对比手法,如"神童"与"笨脑壳"形成对比;"我"和妈妈对背诵古诗的态度形成对比;枯燥的学习与快乐的动物园形成对比……诗人通过这些对比,突出了儿童对自由、快乐生活的向往。

## 懒 的 辩 护

我最不愿洗碗,
妈妈说我手懒;
我顶害怕珠算,
爸爸说我心懒。
可是他们不明白,
懒,是一切发明之源。
为了当名发明家,
这才故意这般懒!
懒得挑水的人,

发明了自来水管;
懒得点蜡烛的人,
发明了电灯电线。
懒得上楼梯的人,
把电梯装进高楼;
懒得扇扇子的人,
叫电扇不停地旋转。
肯定最怕洗衣服的人,
才使得洗衣机来到世间;

最懒得迈步的人，
发明了汽车、火车和轮船。
我拿懒的种种好处，
向亲爱的爸爸申辩。
他却用勤快的巴掌，
对我的屁股进行磨练！
看来，懒并不受人欢迎，
至少在我的家庭里面。
也许我的理解有点偏差，
朋友，你可有正确的答案？

### 作品简析

在这首诗中，作者以儿童的眼光去观察世界，以儿童的视角去思考问题，表达了儿童对"懒"的生动理解，从而表现了儿童天真、顽皮的特点。虽然"我"有充足的理由为"懒"辩护，却拗不过爸爸"勤快的巴掌"，所以在本诗结尾，"我"不得不重新评价自己的行为，这样的结尾使得本诗更富有教育意义，并充满情趣，以疑问方式结尾，也引发了读者的思索。

## 我　　想

我想把小手
安在桃树枝上。
带着一串花苞，
牵着万缕阳光，
悠呀，悠——
悠出声声春的歌唱。

我想把脚丫
接在柳树根上。
伸进湿软的土地，
汲取甜美的营养，
长呀，长——
长成一座绿色的篷帐。

我想把眼睛
装在风筝上。

看白云多柔软，
瞧太阳多明亮，
望呀，望——
蓝天是我的课堂。

我想把自己
种在春天的土地上。
变小草，绿得生辉，
变小花，开得漂亮。
成为柳絮和蒲公英，
更是我最大的愿望。
我会飞呀，飞——
飞到遥远的地方。

不过，飞向遥远的地方，
要和爸爸妈妈商量商量……

### 作品简析

本诗是一首富有儿童情趣、充满幻想和想象的诗歌。结构基本相同的四小节描绘了四幅画面，表现了美好的意境，表达了作者的愿望，最后两句巧妙结尾，浓浓童趣跃然纸上。诗歌语言生动、活泼，情趣盎然。

# 第二章 童话

## 张秋生

### 作者简介

张秋生(1939— ),生于上海市,现任《少年报》社副社长、副总编,《好儿童画报》主编,《童话报》主编。出版有儿歌、儿童抒情诗、童话诗、科学诗、寓言诗、讽刺诗等诗集20余部。20世纪80年代开始童话创作,先后出版的作品有《小巴掌童话百篇》《新编小巴掌童话百篇》《森林里的红鬼和蓝鬼》《傻瓜魔法师》《骑在扫帚上听歌的巫婆》等。

### 课文回顾

在二年级上册(人教版)语文课本中,有其《称赞》一文,文中森林里的小动物、一串动听的音符……都具有鲜明的形象和丰富的情感,让我们走进童话世界,看看作者笔下这些可爱的小家伙演绎了怎样的有趣故事。

## 称赞

清晨,小刺猬去森林里采果子。

在小路边,他看见一只小獾在学做木工。小獾已经做成了三个小板凳。板凳做得很粗糙,但是看得出,他做得很认真。

小刺猬走到小獾身边,拿起板凳仔细地看了看。他对小獾说:"你真能干,小板凳做得一个比一个好!"

"真的吗?"小獾高兴极了。

傍晚,小刺猬背着几个红红的大苹果,往家里走。

小獾见小刺猬来了,高兴地迎上去。他送给小刺猬一把椅子。小刺猬不好意思地说:"我怎么能要你的椅子呢?我可没干什么呀!"

小獾拉着小刺猬的手,说:"在我有点儿泄气的时候,是你称赞了我,让我有了自信。瞧,我已经会做椅子了。这是我的一点儿心意,收下吧。"

小刺猬连忙从背上取下两个大苹果,对小獾说:"留下吧,这也是我的一点儿心意!"

小獾接过苹果闻了闻,说:"你的苹果香极了,我从来没有见过这么好的苹果。"

小刺猬也高兴极了,说:"谢谢你,你的称赞消除了我一天的疲劳!"

### 作品简析

《称赞》一文作者通过小刺猬和小獾互相称赞,从而带给对方自信和力量的故事,突出了称赞的神奇功能。故事启发我们:在与他人交往的过程中,要学会称赞他人,因为只有这样,才能获得他人的称赞,并与他人建立融洽的关系。

### 拓展阅读

## 一朵红玫瑰

雾来了。白白的雾在森林里。

小猴不敢下树,小鹿不敢出门,松鼠把头探出洞外,又缩了回去。尽管他们的肚子饿得咕咕叫了,也不敢出门找一顿早餐。

因为这太危险了。

说不定在雾里,会绊倒,会迷路,还会碰上老虎、狼和蟒蛇……

终于,雾散了,太阳露出了笑脸。奇怪的是,小猴的树下放着一堆黄瓜;松鼠的树下有一串蘑菇;小鹿家的门口,放着几个苹果……

是谁干的好事呢?谁也不知道。

小猴搔搔头皮,找来了松鼠、小鹿、小羊、小兔、豪猪、刺猬和小黑熊。

小猴说:"是谁干了好事,给我们大伙儿送来了蘑菇和瓜果,我们应该感谢他。"

大伙儿都同意,可是没有谁出来承认。

小猴朝大伙儿看了一眼,继续往下说:"其实我早就知道是谁干的了,就在他干好事的时候,我偷偷在他胸前别上了一朵红玫瑰,可他还不知道呢!"

大伙儿立刻东张西望,找别人胸前的红玫瑰,只有小黑熊慌忙低头看自己的胸前。

小猴拍着巴掌笑了。他说:"我知道是谁干的好事了,我代表大伙儿感谢他。"说着,小猴从身后拿出一朵红玫瑰,别在了小黑熊的胸前。

大伙儿鼓掌了。

这次,轮到小黑熊搔自己的头皮了,他不好意思地笑了……

## 作品简析

传神的动作刻画是本文的重要特点,如"小黑熊慌忙低头看自己的胸前""搔自己的头皮""不好意思地笑了"等语句,把小黑熊憨厚、可爱的样子生动地刻画了出来,给读者留下了深刻印象。另外,在作者的笔下,森林不再是一个弱肉强食的世界,小黑熊不但不欺负小动物,还把很多好吃的东西偷偷放在小动物们的家门口,这种独特的构思,反映了儿童美好、善良的心灵。

# 一串快乐的音符

有一串快乐的音符。

他们是从哪里来的,连他们自己也搞不清楚。

也许是一位音乐家用提琴奏出了他们;也许是个初学钢琴的女孩子在键盘上弹出了他们;也许是骑在牛背上的小牧童用短笛吹出了他们;也可能是个小男孩走在田埂上,用轻快的口哨吹出了他们……

反正,他们刚一获得生命,就串联在一起,快乐地飞跑在田野上。他们甚至来不及回头看一看,是谁奏出了他们。

他们从快乐的小鸟身边跑过,小鸟没有他们唱得好听;

他们从奔流的小溪身边跑过,小溪没有他们唱得深情;

他们跑过森林,跑过草丛,跑过群山间的峡谷……

小音符们不愿意停留下来,他们到处飞跑,多么高兴。

在城市的一幢小楼上,有一扇小窗开着,对着星星闪烁的夜空。小音符们感到很好奇,就钻了进去。

哦,里面有个白头发的老奶奶。她的老伴——一个挺温和、挺幽默的老爷爷去世了,老奶奶感到很孤独,她在思念老爷爷。

突然,她听到了从窗外飞进来的小音符们的歌。啊,多么熟悉的歌,这是老爷爷在年轻时就爱哼唱的歌。还在老爷爷和老奶奶初次相识时,老爷爷就为老奶奶哼过这支快乐的曲子。后来这曲子陪伴老爷爷和老奶奶生活了很长的岁月……

老爷爷虽然离去了,可这段快乐的歌还在。如今歌声又飞进来了,就像当年老爷爷在轻柔的月光下,轻轻地哼唱着。

老奶奶含着晶莹的泪花,她笑了,笑得很动情。

不知为什么,小音符们再也跑不动了,他们也不想跑了。小音符们手拉手地钻进了老奶奶的心里,他们愿意留在那里。

当老奶奶寂寞时,他们就轻轻地哼唱着。

唱着这支老奶奶熟悉的、老爷爷年轻时曾经哼唱过的曲子……

### 作品简析

文中作者通过想象,让小音符们不再是没有生命的声音,而是一群快乐的生灵,有着美好的心灵,会主动为老人赶走孤独和寂寞。拟人手法的运用使小音符的形象更加生动,表达了作者对音乐的喜爱和赞美之情。另外,本文多处运用了排比手法,展现了美好的生活图景,表现了音乐带给人们的无穷欢乐。

# 安 徒 生

### 作者简介

安徒生(1805—1875),全名为汉斯·克里斯蒂安·安徒生,是丹麦19世纪著名的童话作家。这位童话大师一生共写了160多篇童话和故事。其中《皇帝的新装》、《卖火柴的小女孩》、《丑小鸭》、《拇指姑娘》等名篇为世界人民所喜爱。

### 课文回顾

《丑小鸭》是二年级下册(人教版)语文课本中的一篇童话,下面让我们一起再来看一下丑小鸭变成白天鹅的故事吧。

# 丑 小 鸭

太阳暖烘烘的。鸭妈妈卧在草堆里,等她的孩子出世。

一只只小鸭子都从蛋壳里钻出来了,就剩下一个特别大的蛋。过了好几天,这个蛋才慢慢裂开,钻出一只又大又丑的鸭子。他的毛灰灰的,嘴巴大大的,身子瘦瘦的,大家都叫他"丑小鸭"。

丑小鸭来到世界上,除了鸭妈妈,谁都欺负他。哥哥、姐姐咬他,公鸡啄他,连养鸭的小姑娘也讨厌他。丑小鸭感到非常孤单,就钻出篱笆,离开了家。

丑小鸭来到树林里,小鸟讥笑他,猎狗追赶他。他白天只好躲起来,到了晚上才敢出来找吃的。

秋天到了,树叶黄了,丑小鸭来到湖边的芦苇里,悄悄地过日子。一天傍晚,一群天鹅从空中飞过。丑小鸭望着洁白美丽的天鹅,又惊奇又羡慕。

天越来越冷,湖面结了厚厚的冰。丑小鸭趴在冰上冻僵了。幸亏一位农夫看见了,把他带回家。

一天,丑小鸭出来散步,看见丁香开花

了,知道春天来了。他扑扑翅膀,向湖边飞去,忽然看见镜子似的湖面上,映出一个漂亮的影子,雪白的羽毛,长长的脖子,美丽极了。这难道是自己的影子?啊,原来我不是丑小鸭,是一只漂亮的天鹅呀!

## 作品简析

　　本文是一篇带有自传色彩的童话故事。文中讲述了一只处处受排挤、受嘲笑、受打击的丑小鸭,他心中一直怀有一个梦想,因为这个梦想,他在困难面前没有绝望,也没有消沉,而是通过不懈的奋斗,最终蜕变成一只美丽高贵的天鹅。故事告诉我们,只要有坚定的信念,并且坚持不懈地去奋斗,就能最终实现自己的梦想。

## 拓展阅读

### 一个豆荚里的五粒豆

　　有一个豆荚,里面有五粒豌豆。许多星期过去了,这几粒豌豆变黄了,豆荚也变黄了。

　　忽然它们觉得豆荚震动了一下。它被摘下来了,落到人的手上,跟许多别的丰满的豆荚在一起,溜到一件马甲的口袋里去。

　　"我们不久就要被打开了!"它们说。于是它们就等待这件事情的到来。

　　"我倒想要知道,我们之中谁会走得最远!"最小的一粒豆说。

　　"是的,事情马上就要揭晓了。"

　　"该怎么办就怎么办!"最大的那一粒说。

　　"啪!"豆荚突然裂开来了。那五粒豆子全都滚到太阳光里来了。它们躺在一个孩子的手中。这个孩子紧紧地捏着它们,说它们正好可以当作豆枪的子弹用。他马上安一粒进去,把它射了出来。

　　"现在我要飞向广大的世界里去了!如果你能捉住我,那么就请你来吧!"于是它就飞走了。

　　"我,"第二粒说,"我将直接飞进太阳里去。这才像一个豆荚呢,而且与我的身份非常相称!"于是它也飞走了。

　　"我们到了什么地方,就在什么地方睡。"其余的两粒说,"不过我们仍得向前滚。"因此它们在没有到达豆枪以前,就先在地上滚起来,但是它们终于被装进去了。"我们才会射得最远呢!"

　　"该怎么办就怎么办!"最后的那一粒说。它射到空中去了。它射到顶楼窗子下面的一块旧板子上,正好钻进了一个长满青苔和霉菌的裂缝里去。青苔把它裹起来。它躺在那儿不见了,可是我们的上帝并没忘记它。

　　在这个小小的顶楼里住着一个穷苦的女人。她白天到外面去擦炉子,锯木材,并且做许多类似的粗活,因为她很强壮,而且也很勤俭,不过她仍然是很穷。她有一个发育不全的独生女儿,躺在这顶楼上的家里。

她安静地、耐心地整天在家里躺着,她的母亲到外面去挣点生活的费用。这正是春天。一大早,当母亲正要出去工作的时候,太阳温和地、愉快地从那个小窗子射进来,一直射到地上。这个病孩子望着最低的那块窗玻璃。

"从窗玻璃旁边探出头来的那个绿东西是什么呢?它在风里摆动!"

母亲走到窗子那儿去,把窗打开一半。"啊!"她说,"我的天,这原来是一粒小豌豆。它还长出小叶子来了。它怎样钻进这个缝隙里去的?你现在可有一个小花园来供你欣赏了!"病孩子的床搬得更挨近窗子,好让她看到这粒正在生长着的豌豆。

"妈妈,我觉得我好多了!"这个小姑娘在晚间说,"我将爬起床来,走到温暖的太阳光中去。"

母亲并不相信事情会这样。但一星期后,这个病孩子第一次能够坐一整个钟头。她快乐地坐在温暖的太阳光里。窗子打开了,它面前是一朵盛开的、粉红色的豌豆花。小姑娘低下头来,把它柔嫩的叶子轻轻地吻了一下。这一天简直像一个节日。

但是其余的几粒豌豆呢?嗯,那一粒曾经飞到广大的世界上去,并且还说过"如果你能捉住我,那么就请你来吧!"它落到屋顶的水笕里去了,在一个鸽子的嗉囊里躺下来。那两粒懒惰的豆子也被鸽子吃掉了。那第四粒呢,它本来想飞进太阳里去,但是却落到了水沟里,在脏水里躺了好几个星期,而且涨大得相当可观。

"我胖得够美了!"这粒豌豆说,"我胖得要爆裂开来。我想,任何豆子从来不曾、也永远不会达到这种地步的。我是五粒豆子中最了不起的一粒。"

水沟说它讲得很有道理。可顶楼窗子旁那个年轻的女孩子——她脸上射出健康的光彩,她的眼睛发着亮光——在豌豆花上面交叉着一双小手,感谢上帝。

### 作品简析

在作者的笔下,五粒豌豆都具有了丰富的情感和鲜明的性格。文中生动的语言和心理描写,给读者留下深刻的印象,这些都显示了作者丰富的想象力。作者借助想象为五粒豌豆安排了不同的命运,通过它们截然不同的遭遇,突出了窗外那颗豌豆的重要价值,从而启发读者去思考人生的价值。

## 豌豆上的公主

从前有一位王子,他想找一位公主结婚;但是她必须是一位真正的公主。所以他就走遍了全世界,想要寻到这样一位公主。可是无论他到什么地方,他总是碰到一些障碍。公主倒有的是,不过他没有办法断定她们究竟是不是真正的公主。她们总是有些地方不大对头。结果他只好回家来,心中很不快活,因为他是那么渴望得到一位真正的公主。

有一天晚上,忽然起了一阵可怕的暴风雨。天空在掣电,在打雷,在下着大雨。这真有点使人害怕!这时有人在敲着城门。老国王就走过去开门。

站在城门外的是一位公主。可是,天哪!经过了风吹雨打以后,她的样子是多么难看啊！水沿着她的头发和衣服向下面流,流进鞋尖,又从脚跟流出来。她说她是一个真正的公主。是的,这点我们马上就可以考查出来,老皇后心里想,可是她什么也没有说。她走进卧房,把所有的被褥都搬开。在床榻上放了一粒豌豆。于是她取出二十床垫子,把它们压在豌豆上;随后她又在这些垫子上放了二十床鸭绒被。

这位公主夜里就睡在这些东西上面。早晨大家问她昨晚睡得怎样。啊,不舒服极了!公主说。我差不多整夜没有合上眼!天晓得我床上有件什么东西?有一粒很硬的东西硌着我,弄得我全身发青发紫。这真怕人!

现在大家就看出来了,她是一位真正的公主,因为压在这二十床垫子和二十床鸭绒被下面的一粒豌豆,她居然还能感觉出来,除了真正的公主以外,任何人都不会有这么嫩的皮肤的。因此那位王子就选她为妻子了,因为现在他知道他得到了一位真正的公主。这粒豌豆因此也就送进了博物馆。如果没有人把它拿走的话,人们现在还可以在那儿看到它呢。

请注意,这是一个真的故事。

### 作品简析

为了考察前来避雨的女孩是不是真正的公主,老皇后把一粒豌豆放在二十床垫子和二十床鸭绒被下面,即便如此,公主仍然抱怨不舒服极了。语言描写很生动,如"啊,不舒服极了……这真怕人"一句,既突出了公主的皮肤非常娇嫩,也流露出了公主对主人的抱怨,这种娇惯的语气,非常符合公主的身份。夸张手法的运用给本文增添了情趣。

## 谁最幸福

"多漂亮的玫瑰啊!"阳光说道,"每朵花骨朵都绽开得同样美丽。它们都是我的孩子!是我用吻给予它们生命!"

"是我的孩子!"露水说道,"是我用我的泪水把它们养大的。"

"可是我认为我才是它们的母亲!"玫瑰篱笆说道,"你们不过是教父教母,不过是在取名的时候,尽你们的能力和好意送了点礼物罢了。"

"我的可爱的玫瑰花孩子!"三位一起说道,同时祝愿每朵花得到最大的幸福。但是只有一朵花是最幸福的,而有一朵必定只能得到最少的幸福。那么是谁呢?

"我会弄明白的!"和风说道,"我天南地北无处不去,就连最小的缝我都钻得进去,对什么事都知道得一清二楚。"每朵绽开了的玫瑰都听到了这些话,每朵含苞待放的花苞也都感觉到了这些话。

这时有一位满含哀伤和爱心、身穿黑衣的母亲穿过花园。她摘了一朵半开的玫瑰花。花新鲜丰满,她觉得这是玫瑰花中最美丽的一朵。她把花拿进那间安宁、寂静的小屋。几天以前,那个天真活泼的小女儿还在这里跑来跑去,可是现在已经像一尊熟睡的大理石像,躺在黑色的棺材里了。母亲吻了吻死者,又吻了吻那朵半开的玫瑰花,把它放在死去的女孩的胸口上,好像它的清新和母亲的吻可以使那颗心脏再跳动起来。

这朵玫瑰花似乎酝酿了一股力量;每一片花瓣儿因为美好的回忆和欢乐而颤抖:"人们给了我一条什么样的爱的途径啊!我好像成了人类的一个孩子,得到了一位母亲的吻,得到了祝福,我将走进一个未知的王国,在死者的胸口上做梦!很明显,我成了诸位姊妹中最幸福的了!"

在花园里玫瑰树生长的地方,那位为花铲除野草的老妇人走了过来。她凝望了玫瑰花树的美景,她把眼光落到了盛开着的那朵最大的花上。再有一次露水,再一天的温暖,花瓣便会脱落;妇人看到了这一点,发现它已经完成了美的使命,现在可以派点别的用场了。于是她把它摘下,把它包在一张报纸里,它要被带到家里和其他脱落的花瓣一起制成百花香;然后再把它们和那种叫作熏衣草的小男孩们掺在一起,加上盐制成香膏,制成只有玫瑰和国王才能涂到的香膏。"我是最光荣的了!"当铲草的妇人拿上这朵玫瑰的时候,它这样说道,"我是最幸福的!我要变成香膏。"

有两个年轻人来到花园里,一位是画家,一位是诗人。他们每人摘了一朵很好看的玫瑰。

画家在画布上画了一朵怒放的玫瑰,那朵玫瑰以为那是它在镜中的影像。

"就这个样!"画家说道,"它便可以在一代代人中间活着,这期间其他亿万朵玫瑰花都要凋谢死掉!"

"我是最受宠爱的了!"玫瑰说道,"我得到了最大的幸福!"

诗人望着自己的玫瑰,写了一首赞美它的诗,极其神奇。这是他从一片又一片的玫瑰花瓣上读到的:《爱的画册》,那是一首不朽的诗。

"我随着它永垂不朽了,"玫瑰说道,"我是最幸福的!"

然而,在这一片繁茂的玫瑰花中,却有一朵花儿几乎被其他的花遮掩住。偶然地或许是很幸运地,它有一个缺陷,它歪长在茎上,这一边的花瓣和那一边的花瓣不相称;而在花的中心还长出一片绿瓣般的东西。玫瑰有时会发生这种情形。"可怜的孩子!"风说道,在它的面颊上亲吻了一下。玫瑰以为这是一种问候,一种赞扬;它有一种与众不同的感觉,觉得自己的中心长出了一片绿瓣,它把它看成是一种荣誉。一只蝴蝶飞来落在上面,吻了吻它的花瓣,这是一种求婚的表示;它让她飞走了。又来了一只很粗野的蚂蚱,它四平八稳地坐在另一朵玫瑰上,满怀深情地搓了搓自己的长腿,这是蚂蚱表示爱情的方式,它坐着的那朵玫瑰不懂这点。但是这朵独特的、长着一片绿瓣的玫瑰却明白,因为蚂蚱用眼看着它,好像在说:"我爱你爱得可以把你一口吞了!"爱情都深厚到这种程度了:一个进到另一个的肚子里!但是玫瑰不愿进到一个会蹦跳的东西的肚子里。

夜莺在满天星斗的夜里歌唱。

"这是专为我唱的!"这朵有缺陷或者说有某种独特之处的玫瑰说道,"为什么我在各方面都与其他姊妹不同,为什么我会有这种特点,成为最幸福最奇特的花呢?"

两位抽雪茄的先生来到花园里。他们在谈论着玫瑰和烟草。玫瑰是经不起烟熏的,让它们改变颜色,变成绿色,这倒应该试一试。他们不忍心把最漂亮的玫瑰摘掉,他们摘下了那朵有缺陷的玫瑰。

"又是一种新的荣誉啊!"它说道,"我真是分外地幸福了!是最最幸福的!"

它被有意地用烟草熏成了绿色。

一朵含苞待放的玫瑰,也许是玫瑰树上最好看的,它在园艺工人手扎的花束上占了一个荣耀的地位。它被拿到这家那位神气十足的年轻主人的手里，随着他坐进了马车。它在其他的花和一片碧绿中显得最艳丽，它被带去参加一次欢宴和集会。在无数明亮的灯火中，男男女女盛装艳服地坐着，音乐声缭绕，在剧场里的灯海照耀下。接着在暴风雨般的欢呼声中，最受人推崇的年轻女舞蹈家轻盈地跳着上了舞台，一束又一束的鲜花像花雨似的抛落到她的脚下。像宝石一样被扎在花束上的那朵美丽的玫瑰也落下来了，玫瑰花感觉到不可名状的幸福、荣耀和光彩。它一落到地上，便舞了起来。它跳着，跳到了舞台的后边，落了下来，跌断了自己的花梗。它没被送到那位受到欢呼崇拜的人的手里，而是滚到了幕后。一个布置舞台的工人把它拾了起来，看到它那么漂亮，那么芬芳，却已经没有花梗了。他把它放到衣袋里，晚上回到家里的时候，它被放进了一个烧酒杯里，在水里泡了一整夜。第二天早晨它被带到了祖母的跟前，年迈的她无力地坐在一张摇椅上。她望着那朵折断了梗的美丽的玫瑰，很高兴，她很欣赏它的芳香。

"是啊，你没有走到那富丽美貌的小姐的桌子上，而是来到贫寒的老妇人跟前。然而，你在这里就像是一整棵玫瑰树一样，你是多么美丽啊！"

她怀着童稚的欢乐看着这朵花，显然是在想着自己那早已逝去了的青春年华。

"窗子上有一个洞，"和风说道，"我很容易便钻了进去，看了看那老妇人焕发青春的眼睛，看了看烧酒杯里那美丽的玫瑰。它是最幸福的！我知道！我看得出来！"

花园里的每一朵玫瑰花都有自己的一段故事。每一朵玫瑰都相信自己是最幸福的，这种信心真的使它们很幸福。不过最后的那朵是最幸福的，它这样认为。

"我比大家都活得长久！我是最后的一朵，母亲最喜爱的、唯一的孩子！"

"我是他们的母亲！"玫瑰篱笆说道。

"我是！"阳光说道。

"我是！"雾露天气说道。

"各自都有一份！"和风说道，"各自应该有一份！"于是风便把叶子吹翻过篱笆，到露水能滴上、阳光能照射的地方。"我也有我的一份，"和风说道，"我知道每朵玫瑰的故事，这些故事我要讲给整个世界听！那么，告诉我，谁是它们当中最幸福的？是啊，该你说了，我说够了！"

## 作品简析

每一朵玫瑰都想知道谁最幸福，被忧伤的母亲拿去祭奠夭折孩子的玫瑰感觉自己最幸福，因为她觉得能够得到一个母亲的吻；被老妇人摘去做香膏的玫瑰认为自己最幸福，因为她就要变成受人喜爱的香膏了；被画家、诗人摘去的玫瑰也认为自己最幸福，因为她们永远留在了画布里、诗歌里，就连最不起眼的被烟鬼当作实验品的玫瑰也认为自己最幸福，因为她觉得别人爱她；含苞待放的玫瑰使贫穷老妇人显出青春的眼睛，她也认为自己是最幸福的。

这篇童话告诉我们：幸福是一种感觉，只要有了这种感觉，我们就会愿意为别人付出，愿意为别人牺牲，我们就会成为有用的人，我们就是最幸福的。

## 笨汉汉斯

乡下有一幢古老的房子,里面住着一位年老的乡绅。他有两个儿子。这两个人是那么聪明,他们只需用一半聪明就够了,还剩下一半是多余的。他们想去向国王的女儿求婚,之所以敢于这样做,因为她宣布过,说她要找一个她认为最能表现自己的人做丈夫。

这两个人做了整整一星期的准备——这是他们所能花的最长的时间。但是这也够了。因为他们有许多学问,而这些学问都是有用的。一位已经把整个拉丁文字典和这个城市出的三年的报纸,从头到尾、从尾到头,都背得烂熟。另一位精通公司法和每个市府议员所应知道的东西,因此他就以为自己能够谈论国家大事。此外他还会在裤子的吊带上绣花,因为他是一个文雅和手指灵巧的人。

"我要得到这位公主!"他们两人齐声说。

于是他们的父亲就给他们两人每人一匹漂亮的马。那个能背诵整部字典和三年报纸的兄弟得到一匹漆黑的马;那个懂得公司法和会绣花的兄弟得到一匹乳白色的马。然后他们就在自己的嘴角上抹了一些鱼肝油,以便能够说话圆滑流利。所有的仆人们都站在院子里,观看他们上马。这时忽然第三位少爷来了,因为他们兄弟有三个人,虽然谁也不把他当作一个兄弟——因为他不像其他两个那样有学问。一般人都把他叫作"笨汉汉斯"。

"你们穿得这么漂亮,要到什么地方去呀?"他问。

"到宫里去,向国王的女儿求婚去!你不知道全国各地都贴了布告了吗?"

于是他们就把事情原原本本地都告诉了他。

"我的天!我也应该去!"笨汉汉斯说。他的两个兄弟对他大笑了一通以后,便骑着马儿走了。

"爸爸,我也得有一匹马。"笨汉汉斯大声说,"我现在非常想结婚!如果她要我,她就可以得到我。她不要我,我还是要她的!"

"这完全是胡说八道!"父亲说,"我什么马也不给你。你连话都不会讲!你的两个兄弟才算得是聪明人呢!"

"如果我不配有一匹马,"笨汉汉斯说,"那么就给我一只公山羊吧,它本来就是我的,它驮得起我!"

因此他就骑上了公山羊。他把两腿一夹,就在公路上跑起来了。

"嗨,嗬!骑得真够劲!我来了!"笨汉汉斯说,同时唱起歌来,他的声音引起一片回音。

但是他的两个哥哥在他前面却骑得非常斯文,他们一句话也不说,他们正在考虑如何讲出那些美丽的词句,因为这些东西都非在事先想好不可。

"喂!"笨汉汉斯喊着,"我来了!瞧瞧我在路上拾到的东西吧!"于是他就把他拾到的一只死乌鸦拿给他们看。

"你这个笨虫!"他们说,"你把它带着做什么?"

"我要把它送给公主!"

"好吧,你这样做吧!"他们说,大笑一通,骑着马走了。

"喂,我来了!瞧瞧我现在找到了什么东西!这并不是你可以每天在公路上找得到的呀!"

这两兄弟掉转头来,看他现在又找到了

什么东西。

"笨汉!"他们说,"这不过是一只旧木鞋,而且上面一部分已经没有了!难道你把这也拿去送给公主不成?"

"当然要送给她的!"笨汉汉斯说。于是两位兄弟又大笑了一通,继续骑马前进。他们走了很远。但是——

"喂,我来了!"笨汉汉斯又在喊,"嗨,事情越来越好了! 好哇! 真是好哇!"

"你又找到了什么东西?"两兄弟问。

"啊,"笨汉汉斯说,"这个很难说! 公主将会多么高兴啊!"

"呸!"这两个兄弟说,"那不过是沟里的一点泥巴罢了。"

"是的,一点也不错,"笨汉汉斯说,"而且是一种最好的泥巴。看,这么湿,你连捏都捏不住。"于是他把袋子里装满了泥巴。

这两兄弟现在尽快地向前飞奔,所以他们来到城门口时,足足比汉斯早一个钟头。他们一到来就马上拿到一个求婚者的登记号码。大家排成几排,每排有六个人。他们挤得那么紧,连手臂都无法动一下。这是非常好的,否则他们因为你站在我的面前,就会把彼此的背撕得稀烂。

城里所有的居民都挤到宫殿的周围来,一直挤到窗子上去,他们要看公主怎样接待她的求婚者。每个人一走进大厅里去,马上就失去说话的能力。

"一点用也没有!"公主说,"滚开!"

现在轮到了那位能背诵整个字典的兄弟,但是他在排队的时候把字典全忘记了。地板在他脚下发出格格的响声。大殿的天花板是镜子做的,所以他看到自己是头在地上倒立着。窗子旁边站着三个秘书和一位秘书长。他们把人们所讲出的话全都记了下来,以便马上在报纸上发表,拿到街上去卖两

个铜板。这真是可怕得很。此外,火炉里还烧着旺盛的火,把烟囱管子都烧红了。

"这块地方真热得要命!"这位求婚者说。

"一点也不错,因为我的父亲今天要烤几只子鸡呀!"公主说。

糟糕! 他呆呆地站在那儿。他没有料想到会碰到这类的话;正当他应该想讲句风趣话的时候,却一句话也讲不出来。糟糕!

"一点用也没有!"公主说,"滚开!"

于是他也只好走开了。现在第二个兄弟进来了。

"这儿真是热得可怕!"他说。

"是的,我们今天要烤几只子鸡。"公主说。

"什么——什么? 你——你喜欢要什——"他结结巴巴地说,同时那几位秘书全都一齐写着:"什么——什么?"

"一点用也没有!"公主说,"滚开!"

现在轮到笨汉汉斯了。他骑着山羊一直走到大厅里来。

"这儿真热得厉害!"他说。

"是的,因为我正在烤子鸡呀,"公主说。

"啊,那真是好极了!"笨汉汉斯说,"那么我也可以烤一只乌鸦了!"

"欢迎你烤,"公主说,"不过你用什么家什烤呢? 因为我既没有罐子,也没有锅呀。"

"但是我有!"笨汉汉斯说,"这儿有一个锅,上面还有一个洋铁把手。"

于是他就取出一只旧木鞋来,把那只乌鸦放进去。

"这道菜真不错!"公主说,"不过我们从哪里去找酱油呢?"

"我衣袋里有的是!"笨汉汉斯说,"我有那么多,我还可以扔掉一些呢!"他就从衣袋里倒出一点泥巴来。

"这真叫我高兴!"公主说,"你能够回答

问题!你很会讲话,我愿意要你做我的丈夫。不过,你知道不知道,我们所讲的和已经讲过了的每句话都被记下来了,而且明天就要在报纸上发表?你看每个窗子旁站着三个秘书和一个秘书长。这位老秘书长最糟,因为他什么也不懂!"

不过她说这句话的目的无非是要吓他一下。这些秘书都傻笑起来,每个人的笔还都洒了一滴墨水到地板上去。

"乖乖!这就是所谓绅士!"笨汉汉斯说,"那么我得把我最好的东西送给这位秘书长了。"

于是他就把衣袋翻转来,对着秘书长的脸撒了一大把泥巴。

"这真是做得聪明,"公主说,"我自己就做不出来,不过很快我也可以学会的。"

笨汉汉斯就这样成了一个国王,得到了一个妻子和一顶王冠,高高地坐在王位上面。这个故事是我们直接从秘书长办的报纸上读到的——不过它并不完全可靠!

### 作品简析

这篇故事中所谓的有文化的人愚蠢、教条、迂腐,而且还喜欢卖弄,自以为聪明,笨汉汉斯尽管貌似粗笨,但实际上要比他们聪明得多,脑子也比他们灵活得多。本文在貌似荒唐但实际有趣的情节中道出了社会中的某些真相,讽刺了"上流人",歌颂了简单质朴的普通人。

# 王 尔 德

### 作者简介

王尔德(1854—1900),全名奥斯卡·王尔德,英国著名剧作家、诗人、散文家,出生于爱尔兰的都柏林市。在他短短的创作生涯中,曾创作并出版童话集《快乐王子及其他》《石榴之屋》等。他的童话故事,语言华丽唯美,无处不是智趣横生;情节纯真生动,堪称完美世界的化身,深受人们特别是青少年朋友的喜爱,被誉为"童话王子"。细细地研读,我们可以从中体会到人间的冷暖,领悟到人生的哲理。

### 课文回顾

王尔德的童话《巨人的花园》是四年级上册(人教版)中的课文,收录在其童话集《快乐王子及其他》中,原名《自私的巨人》。正如其名,我们可以在文中领略到巨人的自私,更能看到巨人从自私到无私的转变。

## 巨人的花园

从前,一个小村子里有座漂亮的花园。那里,春天鲜花盛开,夏天绿树成荫,秋天鲜果飘香,冬天白雪一片。村里的孩子都喜欢到那里玩。

花园的主人是个巨人,他外出旅行已有好久了。花园里常年洋溢着孩子们欢乐的笑声。

有一年秋天,巨人突然回来了。他见到孩子们在花园里玩耍,很生气:"谁允许你们到这儿来玩的!都滚出去!"

孩子们吓坏了,四处逃散。

赶走孩子以后,巨人在花园周围砌起围墙,而且竖起一块"禁止入内"的告示牌。

不久,北风呼啸,隆冬来临,刺骨的寒风吹起雪花。巨人孤独地度过了漫长的严冬。春天终于来了,村子里又开出了美丽的鲜花,不时传来小鸟的欢叫。但不知为什么,巨人的花园里仍然是冬天,天天狂风大作,雪花飞舞。巨人裹着毯子,还瑟瑟发抖。他想:"今年的春天为什么这么冷,这么荒凉呀……"

一天早晨,巨人被喧闹声吵醒了。他抬头望去,一缕阳光从窗外射进来。好几个月没见过这么明媚的阳光了。巨人激动地跑到花园里,他看到花园里草翠花开,有许多孩子在欢快地游戏,他们大概是从围墙的破损处钻进来的。孩子们的欢笑使花园增添了春意。

可是巨人又发脾气了:"好容易才盼来春天,你们又来胡闹。滚出去!"孩子们听到可怕的训斥,纷纷逃窜。与此同时,鲜花凋谢,树叶飘落,花园又被冰雪覆盖了。巨人不解地看看四周,突然发现桃树底下站着个小男孩。

"喂!你赶快滚出去!"巨人大声叱责。小男孩没有拔腿逃跑,却用他那会说话的眼睛凝视着巨人。不知怎么,巨人看着他的眼神,心里感到火辣辣的。这个小男孩在树下一伸手,桃树马上绽出绿芽,开出许多美丽的花朵。

"噢!是这么回事呀!"巨人终于明白,没有孩子的地方就没有春天。他不禁抱住了那个孩子:"唤来寒冬的,是我那颗任性、冷酷的心啊!要不是你提醒,春天将永远被我赶走了。谢谢你!"

小男孩在巨人宽大的脸颊上亲了一下。巨人第一次感到了温暖和愉快。于是,他立刻拆除围墙,把花园给了孩子们。

从那以后,巨人的花园又成了孩子们的乐园。孩子们站在巨人的脚下,爬上巨人的肩膀,尽情地玩耍。巨人生活在漂亮的花园和孩子们中间,感到无比的幸福。

### 作品简析

这篇课文主要讲了巨人游玩回来赶走了孩子们,不让他们进入花园。可是,春天来到村子的时候,花园里仍是冬天。一个小男孩用他那会说话的眼睛直视巨人,顿时,巨人明白了,没有孩子的地方就没有春天。最后,巨人拆除围墙,把花园给了孩子们,他生活在漂亮的花园和活泼的孩子们中间,感到十分幸福。这篇童话告诉了大家快乐与奉献的真正含义。

## 拓展阅读

# 快乐王子

快乐王子的雕像高高地耸立在城市上空一根高大的石柱上面。他浑身上下镶满了薄薄的黄金叶片,明亮的蓝宝石做成他的双眼,剑柄上还嵌着一颗硕大的灿灿发光的红色宝石。

世人对他真是称羡不已。"他像风标一样漂亮。"一位想表现自己有艺术品位的市参议员说了一句,接着又因担心人们将他视为不务实际的人,其实他倒是怪务实的,便补充道:"只是不如风标那么实用。"

"你为什么不能像快乐王子一样呢?"一位明智的母亲对自己那哭喊着要月亮的小男孩说,"快乐王子做梦时都从没有想过哭着要东西。"

"世上还有如此快乐的人真让我高兴。"一位沮丧的汉子凝视着这座非凡的雕像喃喃自语地说着。

"他看上去就像位天使。"孤儿院的孩子们说。他们正从教堂走出来,身上披着鲜红夺目的斗篷,胸前挂着干净雪白的围嘴儿。

"你们是怎么知道的?"数学教师问道,"你们又没见过天使的模样。"

"啊!可我们见过,是在梦里见到的。"孩子们答道。数学教师皱皱眉头并绷起了面孔,因为他不赞成孩子们做梦。

有天夜里,一只小燕子从城市上空飞过。他的朋友们早在六个星期前就飞往埃及去了,可他却留在了后面,因为他太留恋那美丽无比的芦苇小姐。他是在早春时节遇上她的,当时他正顺河而下去追逐一只黄色的大飞蛾。他为她那纤细的腰身着了迷,便停下身来同她说话。

"我可以爱你吗?"燕子问道,他喜欢一下子就谈到正题上。芦苇向他弯下了腰,于是他就绕着她飞了一圈又一圈,并用羽翅轻抚着水面,泛起层层银色的涟漪。这是燕子的求爱方式,他就这样地进行了整个夏天。

"这种恋情实在可笑,"其他燕子吃吃地笑着说,"她既没钱财,又有那么多亲戚。"的确,河里到处都是芦苇。

等秋天一到,燕子们就飞走了。

大伙走后,他觉得很孤独,并开始讨厌起自己的恋人。"她不会说话,"他说,"况且我担心她是个荡妇,你看她老是跟风调情。"这可不假,一旦起风,芦苇便行起最优雅的屈膝礼。"我承认她是个居家过日子的人,"燕子继续说,"可我喜爱旅行,而我的妻子,当然也应该喜爱旅行才对。"

"你愿意跟我走吗?"他最后问道。然而芦苇却摇摇头,她太舍不得自己的家了。

"原来你跟我是闹着玩的,"他吼叫着,"我要去金字塔了,再见吧!"说完他就飞走了。

他飞了整整一天,夜晚时才来到这座城市。"我去哪儿过夜呢?"他说,"我希望城里已做好了准备。"

这时,他看见了高大圆柱上的雕像。

"我就在那儿过夜,"他高声说,"这是个

好地方,充满了新鲜空气。"于是,他就在快乐王子两脚之间落了窝。

"我有黄金做的卧室。"他朝四周看看后轻声地对自己说,随之准备入睡了。但就在他把头放在羽翅下面的时候,一颗大大的水珠落在他身上。"真是不可思议!"他叫了起来,"天上没有一丝云彩,繁星清晰又明亮,却偏偏下起了雨。北欧的天气真是可怕。芦苇是喜欢雨水的,可那只是她自私罢了。"

紧接着又落下来一滴。

"一座雕像连雨都遮挡不住,还有什么用处?"他说,"我得去找一个好烟囱做窝。"他决定飞离此处。

可是还没等他张开羽翼,第三滴水又掉了下来,他抬头望去,看见了——啊!他看见了什么呢?

快乐王子的双眼充满了泪水,泪珠顺着他金黄的脸颊淌了下来。王子的脸在月光下美丽无比,小燕子顿生怜悯之心。

"你是谁?"他问对方。

"我是快乐王子。"

"那么你为什么哭呢?"燕子又问,"你把我的身上都打湿了。"

"以前在我有颗人心而活着的时候,"雕像开口说道,"我并不知道眼泪是什么东西,因为那时我住在逍遥自在的王宫里,那是个哀愁无法进去的地方。白天人们伴着我在花园里玩,晚上我在大厅里领头跳舞。沿着花园有一堵高高的围墙,可我从没想到围墙那边有什么东西,我身边的一切太美好了。我的臣仆们都叫我快乐王子,的确,如果欢愉就是快乐的话,那我真是快乐无比。我就这么活着,也这么死去。而眼下我死了,他们把我这么高高地立在这儿,使我能看见自己城市中所有的丑恶和贫苦,尽管我的心是铅做的,可我还是忍不住要哭。"

"啊!难道他不是铁石心肠的金像?"燕子对自己说。他很讲礼貌,不愿大声议论别人的私事。

"远处,"雕像用低缓而悦耳的声音继续说,"远处的一条小街上住着一户穷人。一扇窗户开着,透过窗户我能看见一个女人坐在桌旁。她那瘦削的脸上布满了倦意,一双粗糙发红的手上到处是针眼,因为她是一个裁缝。她正在给缎子衣服绣上西番莲花,这是皇后最喜爱的宫女准备在下一次宫廷舞会上穿的。在房间角落里的一张床上躺着她生病的孩子。孩子在发烧,嚷着要吃橘子。他的妈妈除给他喂几口河水外什么也没有,因此孩子老是哭个不停。燕子,燕子,小燕子,你愿意把我剑柄上的红宝石取下来送给她吗?我的双脚被固定在这基座上,不能动弹。"

"伙伴们在埃及等我,"燕子说,"他们正在尼罗河上飞来飞去,同朵朵大莲花说着儿,不久就要到伟大法老的墓穴里去过夜。法老本人就睡在自己彩色的棺材中。他的身体被裹在黄色的亚麻布里,还填满了防腐的香料。他的脖子上系着一圈浅绿色翡翠项链,他的双手像是枯萎的树叶。"

"燕子,燕子,小燕子,"王子又说,"你不肯陪我过一夜,做我的信使吗?那个孩子太饥渴了,他的母亲伤心极了。"

"我觉得自己不喜欢小孩,"燕子回答说,"去年夏天,我到过一条河边,有两个顽皮的孩子,是磨坊主的儿子,他们老是扔石头打我。当然,他们永远也别想打中我,我们燕子飞得多快呀,再说,我出身于一个以快捷出了名的家庭;可不管怎么说,这是不礼貌的行为。"

可是快乐王子的满脸愁容叫小燕子的心里很不好受。"这儿太冷了,"他说,"不过我愿意陪你过上一夜,并做你的信使。"

"谢谢你,小燕子,"王子说。

于是燕子从王子的宝剑上取下那颗硕大的红宝石,用嘴衔着,越过城里一座连一座的屋顶,朝远方飞去。

他飞过大教堂的塔顶,看见了上面白色大理石雕刻的天使像。他飞过王宫,听见了跳舞的歌曲声。一位美丽的姑娘同她的心上人走上了天台。"多么奇妙的星星啊,"他对她说,"多么美妙的爱情啊。"

"我希望我的衣服能按时做好,赶得上盛大舞会,"她回答说,"我已要求绣上西番莲花,只是那些女裁缝们都太懒了。"

他飞过了河流,看见了高挂在船桅上的无数灯笼。他飞过了犹太区,看见犹太老人们在彼此讨价还价地做生意,还把钱币放在铜制的天平上称重量。最后他来到了那个穷人的屋舍,朝里面望去。发烧的孩子在床上辗转反侧,母亲已经睡熟了,因为她太疲倦了。他跳进屋里,将硕大的红宝石放在那女人顶针旁的桌子上。随后他又轻轻地绕着床飞了一圈,用羽翅扇着孩子的前额。"我觉得好凉爽,"孩子说,"我一定是好起来了。"说完就沉沉地进入了甜蜜的梦乡。

然后,燕子回到快乐王子的身边,告诉他自己做过的一切。"你说怪不怪,"他接着说,"虽然天气很冷,可我现在觉得好暖和。"

"那是因为你做了一件好事,"王子说。于是小燕子开始想王子的话,不过没多久便睡着了。对他来说,一思考问题就老想睡觉。

黎明时分他飞下河去洗了个澡。"真是不可思议的现象,"一位鸟禽学教授从桥上走过时开口说道,"冬天竟会有燕子!"于是他给当地的报社关于此事写去了一封长信。每个人都引用他信中的话,尽管信中的很多词语是人们理解不了的。

"今晚我要到埃及去,"燕子说,一想到远方,他就精神百倍。他走访了城里所有的公共纪念物,还在教堂的顶端上坐了好一阵子。每到一处,麻雀们就叽叽喳喳地相互说:"多么难得的贵客啊!"所以他玩得很开心。

月亮升起的时候他飞回到快乐王子的身边。"你在埃及有什么事要办吗?"他高声问道,"我就要动身了。"

"燕子,燕子,小燕子,"王子说,"你愿意陪我再过一夜吗?"

"伙伴们在埃及等我呀,"燕子回答说,"明天我的朋友们要飞往第二瀑布,那儿的河马在纸莎草丛中过夜。古埃及的门农神安坐在巨大的花岗岩宝座上,他整夜守望着星星,每当星星闪烁的时候,他就发出欢快的叫声,随后便沉默不语。中午时,黄色的狮群下山来到河边饮水,他们的眼睛像绿色的宝石,咆哮起来比瀑布的怒吼还要响亮。"

"燕子,燕子,小燕子,"王子说,"远处,在城市的那一头,我看见住在阁楼中的一个年轻男子。他在一张铺满纸张的书桌上埋头用功,旁边的玻璃杯中放着一束干枯的紫罗兰。他有一头棕色的卷发,嘴唇红得像石榴,他还有一双睡意蒙眬的大眼睛。他正力争为剧院经理写出一个剧本,但是他已经给冻得写不下去了。壁炉里没有柴火,饥饿又弄得他头昏眼花。"

"我愿意陪你再过一夜,"燕子说,他的确有颗善良的心,"我是不是再送他一块红宝石?"

"唉!我现在没有红宝石了。"王子说,"所剩的只有我的双眼。它们由稀有的蓝宝石做成,是一千多年前从印度出产的。取出一颗给他送去。他会将它卖给珠宝商,好买回食物和木柴,完成他写的剧本。"

"亲爱的王子,"燕子说,"我不能这样做。"说完就哭了起来。

"燕子,燕子,小燕子,"王子说,"就照我说的话去做吧。"

因此燕子取下了王子的一只眼睛,朝年轻人住的阁楼飞去了。由于屋顶上有一个洞,燕子很容易进去。就这样燕子穿过洞来到屋里。年轻人双手捂着脸,没有听见燕子翅膀的扇动声,等他抬起头时,正看见那颗美丽的蓝宝石放在干枯的紫罗兰上面。

"我开始受人欣赏了,"他叫道,"这准是某个极其钦佩我的人送来的。现在我可以完成我的剧本了。"他脸上露出了幸福的笑容。

第二天燕子飞到下面的海港,他坐在一条大船的桅杆上,望着水手们用绳索把大箱子拖出船舱。随着他们"嘿哟!嘿哟"的声声号子,一个个大箱子给拖了上来。"我要去埃及了!"燕子说道,但是没有人理会他。等月亮升起后,他又飞回到快乐王子的身边。

"我是来向你道别的,"他叫着说。

"燕子,燕子,小燕子,"王子说,"你不愿再陪我过一夜吗?"

"冬天到了,"燕子回答说,"寒冷的雪就要来了。而在埃及,太阳挂在葱绿的棕榈树上,暖和极了,还有躺在泥塘中的鳄鱼懒洋洋地环顾着四周。我的朋友们正在巴尔贝克古城的神庙里建筑巢穴,那些粉红和银白色的鸽子们一边望着他们干活,一边相互倾诉着情话。亲爱的王子,我不得不离你而去了,只是我永远也不会忘记你的,明年春天我要给你带回两颗美丽的宝石,弥补你因送给别人而失掉的那两颗,红宝石会比一朵红玫瑰还红,蓝宝石也比大海更蓝。"

"在下面的广场上,"快乐王子说,"站着一个卖火柴的小女孩。她的火柴都掉在阴沟里了,它们都不能用了。如果她不带钱回家,她的父亲会打她的,她正在哭着呢。她既没

穿鞋,也没有穿袜子,头上什么也没戴。请把我的另一只眼睛取下来,给她送去,这样她父亲就不会揍她了。"

"我愿意陪你再过一夜,"燕子说,"但我不能取下你的眼睛,否则你就变成个瞎子了。"

"燕子,燕子,小燕子,"王子说,"就照我说的话去做吧。"

于是他又取下了王子的另一只眼珠,带着它朝下飞去。他一下子落在小女孩的面前,把宝石悄悄地放在她的手掌心上。"一块多么美丽的玻璃呀!"小女孩高声叫着,她笑着朝家里跑去。

这时,燕子回到王子身旁。"你现在瞎了,"燕子说,"我要永远陪着你。"

"不,小燕子,"可怜的王子说,"你得到埃及去。"

"我要一直陪着你。"燕子说着就睡在了王子的脚下。

第二天他整日坐在王子的肩头上,给他讲自己在异国他乡的所见所闻和种种经历。他还给王子讲那些红色的朱鹭,它们排成长长的一行站在尼罗河的岸边,用它们的尖嘴去捕捉金鱼;还讲到斯芬克斯,它的岁数跟世界一样长久,住在沙漠中,通晓世间的一切;他讲到那些商人,跟着自己的驼队缓缓而行,手中摸着狼骨做的念珠;他讲到月亮山的国王,他皮肤黑得像乌木,崇拜一块巨大的水晶;他讲到那条睡在棕榈树上的绿色大蟒蛇,要20个僧侣用蜜糖做的糕点来喂它;他又讲到那些小矮人,他们乘坐扁平的大树叶在湖泊中往来横渡,还老与蝴蝶发生战争。

"亲爱的小燕子,"王子说,"你为我讲了好多稀奇的事情,可是更稀奇的还要算那些男男女女们所遭受的苦难。没有什么比苦难更不可思议的了。小燕子,你就到我城市的

上空去飞一圈吧,告诉我你在上面都看见了些什么。"于是燕子飞过了城市上空,看见富人们在自己漂亮的洋楼里寻欢作乐,而乞丐们却坐在大门口忍饥挨饿。他飞进阴暗的小巷,看见饥饿的孩子们露出苍白的小脸没精打采地望着昏暗的街道,就在一座桥的桥洞里面两个孩子相互搂抱着想使彼此温暖一些。"我们好饿呀!"他俩说。"你们不准躺在这儿。"看守高声叹道,两个孩子又蹒跚着朝雨中走去。随后他飞了回来,把所见的一切告诉给了王子。

"我浑身贴满了上好的黄金片,"王子说,"你把它们一片片地取下来,给我的穷人们送去。活着的人都相信黄金会使他们幸福的。"

燕子将足赤的黄金叶子一片一片地啄了下来,直到快乐王子变得灰暗无光。他又把这些纯金叶片一一送给了穷人,孩子们的脸上泛起了红晕,他们在大街上欢欣无比地玩着游戏。

"我们现在有面包了!"孩子们喊叫着。

随后下起了雪,白雪过后又迎来了严寒。街道看上去白花花的,像是银子做成的,又明亮又耀眼;长长的冰柱如同水晶做的宝剑垂悬在屋檐下。人人都穿上了皮衣,小孩子们也戴上了红帽子去户外溜冰。

可怜的小燕子觉得越来越冷了,但是他却不愿离开王子,他太爱这位王子了。他只好趁面包师不注意的时候,从面包店门口弄点面包屑充饥,并扑扇着翅膀为自己取暖。

然而最后他也知道自己快要死了。他剩下的力气只够再飞到王子的肩上一回。"再见了,亲爱的王子!"他喃喃地说,"你愿意让我亲吻你的手吗?"

"我真高兴你终于要飞往埃及去了,小燕子,"王子说,"你在这儿待得太长了。不过你得亲我的嘴唇,因为我爱你。"

"我要去的地方不是埃及,"燕子说,"我要去死亡之家。死亡是长眠的兄弟,不是吗?"

接着他亲吻了快乐王子的嘴唇,然后就跌落在王子的脚下,死去了。

就在此刻,雕像体内传出一声奇特的爆裂声,好像有什么东西破碎了。其实是王子的那颗铅做的心已裂成了两半。这的确是一个可怕的寒冷冬日,第二天一早,市长由市参议员们陪同着散步来到下面的广场。他们走过圆柱的时候,市长抬头看了一眼雕像,"我的天啊!快乐王子怎么如此难看!"他说。

"真是难看极了!"市参议员们异口同声地叫道,他们平时总跟市长一个腔调。说完大家纷纷走上前去细看个明白。

"他剑柄上的红宝石已经掉了,蓝宝石眼珠也不见了,他也不再是黄金的了,"市长说,"实际上,他比一个要饭的乞丐强不了多少!"

"的确比要饭的强不了多少,"市参议员们附和着说。

"还有在他的脚下躺着一只死鸟!"市长继续说,"我们真应该发布一个声明,禁止鸟类死在这个地方。"于是市书记员把这个建议记录了下来。

后来他们就把快乐王子的雕像给推倒了。"既然他已不再美丽,那么也就不再有用了。"大学的美术教授说。

接着他们把雕像放在炉里熔化了,市长还召集了一次市级的会议来决定如何处理这些金属,"当然,我们必须再铸一个雕像。"他说,"那应该就是我的雕像。"

"我的雕像。"每一位市参议员都争着说,他们还吵了起来。我最后听到人们说起他们时,他们的争吵仍未结束。

"多么稀奇古怪的事!"铸像厂的工头说,"这颗破裂的铅心在炉子里熔化不了。我们只好把它扔掉。"他们便把它扔到了垃圾堆里,死去的那只燕子也躺在那儿。

"把城市里最珍贵的两件东西给我拿来,"上帝对他的一位天使说。于是天使就把铅心和死鸟给上帝带了回来。

"你的选择对极了,"上帝说,"因为在我这天堂的花园里,小鸟可以永远地放声歌唱,而在我那黄金的城堡中,快乐王子可以尽情地赞美我。"

### 作品简析

文学是比鸟飞得还远的梦想、比花开得还美的情感、比星星还闪亮的智慧,是我们永远忘不掉的信念,它永远闪耀在人们心中!《快乐王子》这篇脍炙人口的童话,正是众多星星中最亮的一颗,王子牺牲了自己美丽的容貌换取穷苦人的幸福,最终被推倒送至铸造厂……此篇意在告诉读者:要想得到真正的幸福,首先要做一个勤劳、善良、胸怀宽广、拥有爱心的人。

## 忠实的朋友

一天早晨,老河鼠从自己的洞中探出头来。他长着明亮的小眼睛和硬挺的灰色胡须,尾巴长得像一条长长的黑色橡胶。小鸭子们在池塘里游着水,看上去就像是一大群金丝鸟。他们的母亲浑身纯白如雪,再配上一对赤红的腿,正尽力教他们如何头朝下地在水中倒立。

"除非你们学会倒立,否则你们永远不会进入上流社会,"她老爱这么对他们说,并不停地做给他们看。但是小鸭子们并未对她的话引起重视。他们太年轻了,一点也不知道在上流社会的好处是什么。

"多么顽皮的孩子呀!"老河鼠高声喊道,"他们真该被淹死。"

"不是那么回事,"鸭妈妈回答说,"万事开头难嘛,做父母的要多一点耐心。"

"啊,我完全不了解做父母的情感,"河鼠说,"我不是个养家带口的人。事实上,我从未结过婚,也决不打算结婚。爱情本身倒是挺好的,但友情比它的价值更高。说实在的,我不知道在这世上还有什么比忠实的友谊更崇高和更珍贵的了。"

"那么,请问,你认为一个忠实的朋友的责任是什么呢?"一只绿色的红雀开口问道,此时他正坐在旁边一棵柳树上,偷听到他们的谈话。

"是啊,这正是我想知道的,"鸭妈妈说。接着她就游到了池塘的另一头,头朝下倒立起来,为的是给孩子们做一个好榜样。

"这问题问得多笨!"河鼠吼道,"当然,我肯定我忠实的朋友对我是忠实的。"

"那么你又用什么报答呢?"小鸟说着,跳上了一根银色的枝头,并扑打着他的小翅膀。

"我不明白你的意思。"河鼠回答说。

"那就让我给你讲一个这方面的故事吧。"红雀说。

"是关于我的故事吗?"河鼠问道,"如果是这样的话,我很愿意听,因为我特别喜欢听故事。"

"它也适合你,"红雀回答说。他飞了下来,站立在河岸边,讲述起那个《忠实的朋友》的故事。

"很久很久以前,"红雀说,"有一个诚实的小伙子名叫汉斯。"

"他是非常出色的吗?"河鼠问道。

"不,"红雀答道,"我认为他一点也不出色,只是心肠好罢了,还长着一张滑稽而友善的圆脸。他独自一人住在小村舍里,每天都在自己的花园里干活。整个乡下没有谁家的花园像他的花园那样可爱。里面长着美国石竹,还有紫罗兰、有荠,以及法国的松雪草。有粉红色的玫瑰、金黄色的玫瑰,还有番红花,紫罗兰有金色的、紫色的和白色的。随着季节的更迭,耧斗菜和碎米荠,牛膝草和野兰香,莲香花和鸢尾草,水仙和丁香都争相开放。一种花刚凋谢,另一种便怒放开来,花园中一直都有美丽的花朵供人观赏,始终都有怡人的芳香可闻。

"小汉斯有许多朋友,但是最忠实的朋友只有磨坊主大休。的确,有钱的磨坊主对小汉斯是非常忠实的,每次他从小汉斯的花园经过总要从围墙上俯过身去摘上一大束鲜花,或者摘上一把香草。遇到硕果累累的季节,他就会往口袋里装满李子和樱桃。

"磨坊主时常对小汉斯说:'真正的朋友应该共享一切。'小汉斯微笑着点点头,他为自己有一位思想如此崇高的朋友而深感骄傲。

"的确,有时候邻居们也感到奇怪,有钱的磨坊主从来没有给过小汉斯任何东西作为回报,尽管他在自己的磨坊里存放了一百袋面粉,还有六头奶牛和一大群绵羊。不过,小汉斯从没有为这些事而动过脑筋,再说经常听磨坊主对他谈起那些不自私的真正友谊的美妙故事,对小汉斯来说,没有比听到这些更让他快乐的了。

"就这样小汉斯一直在花园中干着活。在春、夏、秋三季中他都很快乐,可冬天一到,他没有水果和鲜花拿到市场上去卖,就要过饥寒交迫的日子,还常常吃不上晚饭,只吃点干梨和核桃就上床睡觉了。在冬天的日子里,他觉得特别的孤单,因为这时磨坊主从来不会去看望他。

"磨坊主常常对自己的妻子说,'只要雪没有停,就没有必要去看小汉斯,因为人在困难的时候,就应该让他们独处,不要让外人去打搅他们。这至少是我对友谊的看法,我相信自己是对的,所以我要等到春天到来,那时我会去看望他,他还会送我一大篮樱草,这会使他非常愉快的。'

"'你的确为别人想得很周到,'他的妻子答道。她此刻正安坐在舒适的沙发椅上,旁边燃着一大炉柴火,'的确很周到。你谈论起友谊可真有一套,我敢说就是牧师本人也说不出这么美丽的话语,尽管他能住在三层楼的房子里,小手指头上还戴着金戒指。'

"'不过我们就不能请小汉斯来这里吗?'磨坊主的小儿子说,'如果可怜的汉斯遇到困难的话,我会把我的粥分一半给他,还会把我那些小白兔给他看。'

"'你真是个傻孩子!'磨坊主大声嚷道,'我真不知道送你上学有什么用处。你好像什么也没有学会。噢,假如小汉斯来这里的话,看见我们暖和的炉火,看见我们丰盛的晚餐,以及大桶的红酒,他可能会妒忌的,而妒忌是一件非常可怕的事情,它会毁了一个人的品性。我当然不愿意把小汉斯的品性给毁了,我是他最要好的朋友,我要一直照顾他,并留心他不受任何诱惑的欺骗。再说,如果小汉斯来到我家,他也许会要我赊点面粉给他,这我可办不到。面粉是一件事,友谊又是另一件事,两者不能混为一谈。对呀,这两个词拼写起来差别很大,意思也大不一样。每个人都清楚这一点。'

"'你讲得真好'!磨坊主的妻子说,给自己倒了一大杯温暖的淡啤酒,'我真的感到很困了,就像是坐在教堂里听讲道一样。'

"'很多人都做得不错,'磨坊主回答说,'可说得好的人却寥寥无几,可见在两件事中讲话更难一些,也更加迷人一些。'他用严厉的目光望着桌子另一头的小儿子,小儿子感到很不好意思,低下了头,涨红着脸,泪水也忍不住地掉进了茶杯中。不过,他年纪这么小,你们还是要原谅他。"

"故事就这么完了吗?"河鼠问。

"当然没有,"红雀回答说,"这只是个开头。"

"那么你就太落后了,"河鼠说,"当今那些故事高手们都是从结尾讲起,然后到开头,最后才讲到中间。这是新方法。这些话是我那天从一位评论家那儿听来的,当时他正同一位年轻人在池塘边散步。对这个问题他作了好一番高谈阔论,我相信他是正确的,因他戴着一副蓝色的眼镜,头也全秃了,而且只要年轻人一开口讲话,他就总回答说,'呸!'不过,还是请你把故事讲下去吧。我尤其喜欢那个磨坊主。我自己也有各种美丽的情感,所以我与他是同病相怜。"

"呵,"红雀说,他时而用这一只脚跳,时而又用另一只脚跳,"冬天刚一过去,樱草开始开放它们的浅黄色星花的时候,磨坊主便对他的妻子说,他准备下山去看望一下小汉斯。

"'啊,你的心肠真好!'他的妻子大声喊道,'你总是想着别人。别忘了带上装花朵的大篮子。'

"于是磨坊主用一根坚实的铁链把风车的翼板固定在一起,随后将篮子挎在手臂上就下山去了。

"'早上好,小汉斯,'磨坊主说。

"'早上好,'汉斯回答道,把身体靠在铁铲上,满脸堆着笑容。

"'整个冬天你都过得好吗?'磨坊主又开口问道。

"'啊,是啊,'汉斯大声说,'蒙你相问,你真是太好了,太好了。我要说我过得是有些困难,不过现在春天已经到了,我好快活呀,我的花都长得很好。'

"'今年冬天我们常提起你,'磨坊主说,'还关心你过得怎么样了。'

"'太感谢你了,'汉斯说,'我真有点担心你会把我给忘了。'

"'汉斯,你说的话让我吃惊,'磨坊主说;'友谊从不会让人忘记,这就是友谊的非凡所在,但是只恐怕你还不懂得生活的诗意。啊,对了,你的樱草长得多可爱呀!'

"'它们长得确实可爱,'汉斯说,'我的运气太好了,会有这么多的樱草。我要把它们拿到市场上去卖,卖给市长的女儿,有了钱就去赎回我的小推车。'

"'赎回你的小推车?你的意思是说你卖掉了它?这事你做得有多么傻呀!'

"'噢,事实上,'汉斯说,'我不得不那样做。你知道冬天对我来说是很困难的,我也的确没钱买面包。所以我先是卖掉星期日制服上的银纽扣,然后又卖掉银链条,接着卖掉了我的大烟斗,最后才卖掉了我的小推车。不过,我现在要把它们都再买回来。'

"'汉斯,'磨坊主说,'我愿意把我的小推车送给你。它还没有完全修好,其实,它有一边已掉了,轮缘也有些毛病,但不管怎么说,我还是要把它送给你。我知道我这个人非常慷慨，而且很多人会认为我送掉小车是很愚蠢的举动，但是我是与众不同的人。我认为慷慨是友谊的核心。再说，我还给自己弄了一辆新的小推车。好了，你就放宽心吧，我要把我的小推车给你的。'

"'啊，你太慷慨了，'小汉斯说着，那张滑稽有趣的圆脸上洋溢着喜气，'我会毫不费力地把它修好，因为我屋里就有一块木板。'

"'一块木板！'磨坊主说，'对了，我正好想要一块木板来修补我的仓顶。那上面有一个大洞，如果我不堵住它，麦子就会被淋湿。多亏你提到这事：一件好事总会产生另一件好事，这真是不可思议。我已经把我的小推车给了你，现在你要把木板给我了。其实，小车比木板要值钱得多，不过真正的友谊从来不会留意这种事的。请快把木板拿来，我今天就动手去修我的仓房。'

"'当然了，'小汉斯大声说，随即跑进他的小屋，把木板拖了出来。

"'这木板不太大，'磨坊主望着木板说，'恐怕等我修完仓顶后就没有剩下来给你修补小推车的了，不过这当然不是我的错。而且现在我已经把我的小推车给了你，我相信你一定乐意给我一些花作回报的。给你篮子，注意请给我的篮子装满了。'

"'要装满吗？'小汉斯问着，脸上显得很不安，因为这可真是一个大篮子，他心里明白，要是把这只篮子装满的话，他就不会有鲜花剩下来拿到集市上去卖了，再说他又非常想把银纽扣赎回来。

"'噢，对了，'磨坊主回答说，'既然我已经把自己的小推车给了你，我觉得向你要一些花也算不了什么。也许我是错了，但是我认为友谊，真正的友谊，是不会夹带任何私心的。'

"'我亲爱的朋友，我最好的朋友，'小汉斯喊了起来，'我这花园里所有的花都供你享用。我宁愿早一点听到你的美言，至于银纽扣哪一天去赎都可以。'说完他就跑去把花园里所有的美丽樱草都摘了下来，装满了磨坊主的篮子。

"'再见了，小汉斯，'磨坊主说。他肩上扛着木板，手里提着大篮子朝山上走去了。

"'再见，'小汉斯说，然后他又开始高高兴兴地挖起土来，那辆小推车使他兴奋不已。

"第二天，小汉斯正往门廊上钉忍冬的时候，听见磨坊主在马路上喊叫他的声音。他一下子从梯子上跳下来，跑到花园里，朝墙外望去。

"只见磨坊主扛着一大袋面粉站在外面。

"'亲爱的小汉斯，'磨坊主说，'你愿意帮我把这袋面粉背到集市上去吗？'

"'大休，实在对不起，'汉斯说，'我今天真的太忙了。我要把所有的藤子全钉好，还得把所有的花浇上水，所有的草都剪平。'

"'啊，不错，'磨坊主说，'我想是的。可你要考虑我将把我的小推车送给你，你要是拒绝我就太不够朋友了。'

"'啊，不要这么说，'小汉斯大声叫道，'无论如何我也不会对不起朋友的。'他跑进小屋去取帽子，然后扛上那大袋面粉，步履艰难地朝集市走去。

"这一天天气炎热，路上尘土飞扬，汉斯还没有走到六英里，就累得不行了，只好坐下来歇歇脚。不过，他又继续勇敢地上路了，最后终于到达了集市。在那儿他没有等多长时间，就把那袋面粉卖掉了，还卖了个好价钱。他立即动身回家，因为他担心在集市上待得太晚，回去的路上可能会遇上强盗的。

"'今天的确太辛苦了，'小汉斯上床睡觉时这样对自己说，'不过我很高兴没有拒绝磨坊主，因为他是我最好的朋友，再说，他还要把他的小推车送给我。'

"第二天一大早,磨坊主就下山来取他那袋面粉的钱,可是小汉斯太累了,这时还躺在床上睡觉呢。

"'我得说,'磨坊主说,'你实在是很懒,想一想我就要把我的小推车送给你,你本该工作得更勤奋才对。懒惰是一件大罪,我当然不喜欢我的朋友是个懒汉了。你当然不会怪我对你讲了这一番直言,假如我不是你的朋友,我自然也不会这么做的。但是如果人们不能坦诚地说出自己的心里话,那么友谊还有什么意思可言。任何人都可以说漂亮话,可以取悦人,也可以讨好人,然而真正的朋友才总是说逆耳的话,而且不怕给人找苦头吃。的确,只要一位真正的忠实的朋友乐意这么做的话,那么原因就在于他知道他正在做好事。'

"'很对不起,'小汉斯一面说,一面揉着自己的眼睛,脱下了他的睡帽,'不过我真是太累了,我想的只是再睡一小会儿,听听鸟儿的歌声。你知道吗,每当我听过鸟儿的歌声我会干得更起劲的。'

"'好,这让我很高兴,'磨坊主拍拍小汉斯的肩膀说,'我只想让你穿好衣服立即到我的磨房来,给我修补一下仓房顶。'

"可怜的小汉斯当时很想到自己的花园里去干活,因为他的花草已有两天没浇过水了,可他又不想拒绝磨坊主,磨坊主是他的好朋友唯。

"'如果我说我很忙,你会认为我不够朋友吗?'他又害羞又担心地问道。

"'噢,说实在的,'磨坊主回答说,'我觉得我对你的要求并不过分,你想我就要把我的小推车给你,不过当然如果你不想干,我就回去自己动手干。'

"'啊!那怎么行,'小汉斯嚷着说。他从床上跳下来,穿上衣服,往仓房去了。

"他在那儿干了整整一天,直到夕阳西下,日落时分磨坊主来看他干得怎么样了。

"'小汉斯,你把仓顶上的洞补好了吗?'磨坊主乐不可支地高声问道。

"'全补好了,'小汉斯说着,从梯子上走了下来。

"'啊!'磨坊主说,'没有什么比替别人干活更让人快乐的了。'

"'听你说话真是莫大的荣幸,'小汉斯坐下身来,一边擦去前额的汗水,一边回答说,'莫大的荣幸,不过我担心我永远也不会有你这么美好的想法。'

"'啊!你也会有的,'磨坊主说,'不过你必须得更努力些才行。现在你仅仅完成了友谊的实践,今后有一天你也会具备理论的。'

"'你真的认为我会吗?'小汉斯问。

"'我对此毫不怀疑,'磨坊主回答说,'不过既然你已经修补好了仓顶,你最好还是回去休息,因为我明天还要你帮我赶山羊到山上去。'

"'可怜的小汉斯对这件事什么也不敢说,第二天一大早磨坊主就赶着他的羊群来到了小屋旁,汉斯便赶着它们上山去了。他花了整整一天工夫才走了一个来回。回到家时他已经累坏了,就坐在椅子上睡着了,一觉醒来已经是大天亮了。

"'今天能待在自己的花园里我会是多么快乐呀。'说着,他就马上去干活了。

"然而他永远也不能够全身心地去照料好自己的花,因为他的朋友磨坊主老是不停地跑来给他派些差事,或叫他到磨坊去帮忙。有时小汉斯也很苦恼,他担心自己的花会认为他已经把它们给忘了,但是他却用磨坊主是自己最好的朋友这种想法来安慰自己。'再说,'他经常对自己说,'他还要把自己的小推车送给我,那是真正慷慨大方的举动。'

"就这样小汉斯不停地为磨坊主干事,而磨坊主也讲了各种各样关于友谊的美妙语句,汉斯把这些话都记在笔记本上,晚上经常拿出来阅读,因为他还是个爱读书的人。

"有一天晚上,小汉斯正坐在炉旁烤火,忽然传来了响亮的敲门声。这是个气候恶劣的夜晚,风一个劲地在小屋周围狂欢乱叫。起初他还以为听到的只是风暴声呢,可是又传来了第二次敲门声,接着是第三次,而且比前两次更响亮。

"'这是个可怜的行路人,'小汉斯对自己说,而且朝门口跑去。

"原来门口站着的是磨坊主,他一只手里提着一个马灯,另一只手中拿着一根大拐杖。

"'亲爱的小汉斯,'磨坊主大声叫道,'我遇到大麻烦了。我的小儿子从梯子上掉下来了,受了伤,我准备去请医生。可是医生住的地方太远,今晚的天气又如此恶劣,我刚才突然觉得要是你替我去请医生,会好得多。你知道我将要把我的小推车送给你,所以你应该为我做些事来作为回报,才算是公平的。'

"'当然罗,'小汉斯大声说道,'我觉得你能来找我是我的荣幸,我这就动身。不过你得把马灯借给我,今夜太黑了,我担心自己跌到水沟里去。'

"'很对不起,'磨坊主回答说,'这可是我的新马灯,如果它出了什么毛病,那对我的损失可就大了。'

"'噢,没关系,我不用它也行。'小汉斯高声说,他取下自己的皮大衣和暖和的红礼帽,又在自己的脖子上围上一条围巾,就动身了。

"那可真是个可怕的风暴之夜,黑得伸手不见五指,小汉斯什么也看不见。风刮得很猛,他连站都站不稳。不过,小汉斯非常勇敢,他走了大约三个钟头,来到了医生的屋前,敲响了门。

"'是谁呀?'医生从卧室伸出头来大声问道。

"'医生,我是小汉斯。'

"'什么事,小汉斯?'

"'磨坊主的儿子从梯子上跌下来摔伤了,磨坊主请你马上去。'

"'好的!'医生说,并且叫人去备马。他取来大靴子,提上马灯,从楼上走了下来,骑上马朝磨坊主的家奔去,而小汉斯却步履艰难地跟在后头。

"然而风暴却越来越大,雨下得像小河的流水,小汉斯看不清他面前的路面,也赶不上马了。最后他迷了路,在一片沼泽地上徘徊着。这是一块非常危险的地方,到处有深深的水坑,可怜的小汉斯就在那里给淹死了。第二天几位牧羊人发现了他的尸首,漂浮在一个大池塘的水面上。这几位牧羊人把尸体抬回到他的小屋中。

"'既然我是他最好的朋友,'磨坊主说,'那么就应该让我站最好的位置。'所以他穿一身黑色的长袍走在送葬队伍的最前边,还时不时地用一块大手帕抹着眼泪。

"'小汉斯的死的确对每一个人都是个大损失,'铁匠开口说。这时葬礼已经结束,大家都舒适地坐在小酒店里,喝着香料酒,吃着甜点心。

"'无论如何对我是个大损失,'磨坊主回答说,'对了,我都快把我的小推车送给他了,现在我真不知怎么处理它了。放在我家里对我是个大妨碍,它已经破烂不堪,就是卖掉它我又能得到什么? 我今后更要留心不再送人任何东西。大方总让人吃苦头。'"

"后来呢?"过了好一会儿河鼠说。

"什么,我讲完了,"红雀说。

"可是磨坊主后来又怎样了呢?"河鼠问道。

"噢! 我真的不清楚,"红雀回答说,"我觉得我不关心这个。"

"很显然你的本性中没有同情的成分,"河鼠说。

"我恐怕你还没有弄明白这故事中的教

义。"红雀反驳说。

"什么?"河鼠大声喊道。

"教义。"

"你的意思是说这故事里还有一个教义?"

"当然了。"红雀说。

"噢,说真的,"河鼠气呼呼地说,"我认为你在讲故事之前就该告诉我那个。如果你那样做了,我肯定不会听你的了。其实,我该像批评家那样说一声'呸!'但是,我现在可以这么说了。"于是他就大喊了一声"呸!",并挥舞了一下自己的尾巴,就回到了山洞中去。

"你觉得河鼠怎么样?"母鸭开口问道,她用了好几分钟才拍打着水走上岸来。"他也有好些优点,不过就我而言,我有一个母亲的情怀,只要看见那些铁了心不结婚的单身汉总忍不住要掉下眼泪来。"

"我真担心我把他给得罪了,"红雀回答说,"事实是我给他讲了一个带教义的故事。"

"啊,这事总是很危险的。"母鸭说。

我完全同意她的话。

### 作品简析

本篇讲述的是穷苦的花匠小汉斯的故事。小汉斯是一个诚实快乐的小伙子,他在花园里干活,有很多的收获。他忠诚无私,助人为乐,但他的朋友磨坊主却阴险狡猾,经常高谈阔论友谊,目的是为了占小汉斯的便宜,不是摘小汉斯的鲜花,就是拔汉斯的香草。后来,在一个寒冷的暴风雨夜,小汉斯为了帮助磨坊主,被淹死在沼泽中。这个故事告诉我们:生活有它复杂的一面,在我们的一生中,会结识许许多多的人,但一定要辨清,谁才是真正的朋友。真正的朋友应该是无私的——"真正的朋友应该共享一切"。

## 夜莺与玫瑰

"她说过只要我送给她一些红玫瑰,她就愿意与我跳舞,"一位年轻的学生大声说道,"可是在我的花园里,连一朵红玫瑰也没有。"

这番话给在圣栎树上自己巢中的夜莺听见了,她从绿叶丛中探出头来,四处张望着。

"我的花园里哪儿都找不到红玫瑰,"他哭着说,一双美丽的眼睛充满了泪水。"唉,难道幸福竟依赖于这么细小的东西!我读过智者们写的所有文章,知识的一切奥秘也都装在我的头脑中,然而就因缺少一朵红玫瑰我却要过痛苦的生活。"

"这儿总算有一位真正的恋人了,"夜莺对自己说,"虽然我不认识他,但我会每夜每夜地为他歌唱,我还会每夜每夜地把他的故事讲给星星听。现在我总算看见他了,他的头发黑得像风信子花,他的嘴唇就像他想要的玫瑰那样红;但是感情的折磨使他脸色苍白如象牙,忧伤的印迹也爬上了他的眉梢。"

"王子明天晚上要开舞会,"年轻学生喃喃自语地说,"我所爱的人将要前往。假如我送她一朵红玫瑰,她就会同我跳舞到天明;假如我送她一朵红玫瑰,我就能搂着她的腰,她也会把头靠在我的肩上,她的手将捏在我的手心里。可是我的花园里却没有红玫瑰,我只能孤零零地坐在那边,看着她从身旁经过。她不会注意到我,我的心会碎的。"

"这的确是位真正的恋人,"夜莺说,"我所为之歌唱的正是他遭受的痛苦,我所为之快乐的东西,对他却是痛苦。爱情真是一件奇妙无比的事情,它比绿宝石更珍贵,比猫眼石更稀奇。用珍珠和石榴石都换不来,是市场上买不到的,是从商人那儿购不来的,更无法用黄金来称出它的重量。"

"乐师们会坐在他们的廊厅中,"年轻的学生说,"弹奏起他们的弦乐器。我心爱的人将在竖琴和小提琴的音乐声中翩翩起舞。她跳得那么轻松欢快,连脚跟都不蹭地板似的。那些身着华丽服装的臣仆们将她围在中间。然而她就是不会同我跳舞,因为我没有红色的玫瑰献给她。"于是他扑倒在草地上,双手捂着脸放声痛哭起来。

"他为什么哭呢?"一条绿色的小蜥蜴高高地翘起尾巴从他身旁跑过时,这样问道。

"是啊,到底为什么?"一只蝴蝶说,她正追着一缕阳光在跳舞。

"是啊,到底为什么?"一朵雏菊用低缓的声音对自己的邻居轻声说道。

"他为一朵红玫瑰而哭泣。"夜莺告诉大家。

"为了一朵红玫瑰?"他们叫了起来。"真是好笑!"小蜥蜴说,他是个爱嘲讽别人的人,忍不住笑了起来。

可只有夜莺了解学生忧伤的原因,她默默无声地坐在橡树上,想象着爱情的神秘莫测。突然她伸开自己棕色的翅膀,朝空中飞去。她像个影子似的飞过了小树林,又像个影子似的飞越了花园。

在一块草地的中央长着一棵美丽的玫瑰树,她看见那棵树后就朝它飞过去,落在一根小枝上。

"给我一朵红玫瑰,"她高声喊道,"我会为你唱我最甜美的歌。"

可是树儿摇了摇头。

"我的玫瑰是白色的,"它回答说,"白得就像大海的浪花沫,白得超过山顶上的积雪。你可以去找我那长在古日晷器旁的兄弟,或许他能满足你的需要。"

于是夜莺就朝那棵生长在古日晷器旁的玫瑰树飞去了。

"给我一朵红玫瑰,"她大声说,"我会为你唱我最甜美的歌。"

可是树儿摇了摇头。

"我的玫瑰是黄色的,"它回答说,"黄得就像坐在琥珀宝座上的美人鱼的头发,黄得超过拿着镰刀的割草人来之前在草地上盛开的水仙花。但你可以去找我那长在学生窗下的兄弟,或许他能满足你的需要。"

于是夜莺就朝那棵生长在学生窗下的玫瑰树飞去了。

"给我一朵红玫瑰,"她大声说,"我会为你唱我最甜美的歌。"

可是树儿摇了摇头。

"我的玫瑰是红色的,"它回答说,"红得就像鸽子的脚,红得超过在海洋洞穴中飘动的珊瑚大扇。但是冬天已经冻僵了我的血管,霜雪已经摧残了我的花蕾,风暴已经吹折了我的枝叶,今年我不会再有玫瑰花了。"

"我只要一朵玫瑰花,"夜莺大声叫道,"只要一朵红玫瑰!难道就没有办法让我得到它吗?"

"有一个办法,"树回答说,"但就是太可怕了,我都不敢对你说。"

"告诉我,"夜莺说,"我不怕。"

"如果你想要一朵红玫瑰,"树儿说,"你就必须借助月光用音乐来造出它,并且要用你胸中的鲜血来染红它。你一定要用你的胸膛顶住我的一根刺来唱歌。你要为我唱上整整一夜,那根刺一定要穿透你的胸膛,你的鲜血一定要流进我的血管,并变成我的血。"

"拿死亡来换一朵玫瑰,这代价实在很高,"夜莺大声叫道,"生命对每一个人都是非常宝贵的。坐在绿树上看太阳驾驶着她的金马车,看月亮开着她的珍珠马车,是一件愉快的事情。山楂散发出香味,躲藏在山谷中的风铃草以及盛开在山头的石南花也是香的。然而爱情胜过生命,再说鸟的心怎么比得过人的心呢?"

于是她便张开自己棕色的翅膀朝天空中飞去了。她像影子似的飞过花园,又像影子似的穿越了小树林。

年轻的学生仍躺在草地上,跟她离开时的情景一样,他那双美丽的眼睛还挂着泪水。

"快乐起来吧,"夜莺大声说,"快乐起来吧,你就要得到你的红玫瑰了。我要在月光下把它用音乐造成,献出我胸膛中的鲜血把它染红。我要求你报答我的只有一件事,就是你要做一个真正的恋人,因为尽管哲学很聪明,然而爱情比她更聪明,尽管权力很伟大,可是爱情比他更伟大。火焰映红了爱情的翅膀,使他的身躯像火焰一样火红。他的嘴唇像蜜一样甜;他的气息跟乳香一样芬芳。"

学生从草地上抬头仰望着,并侧耳倾听,但是他不懂夜莺在对他讲什么,因为他只知道那些写在书本上的东西。

可是橡树心里是明白的,他感到很难受,因为他十分喜爱这只在自己树枝上做巢的小夜莺。

"给我唱最后一支歌吧,"他轻声说,"你这一走我会觉得很孤独的。"

于是夜莺给橡树唱起了歌,她的声音就像是银罐子里沸腾的水声。

等她的歌声一停,学生便从草地上站起来,从他的口袋中拿出一个笔记本和一支铅笔。"她的样子真好看,"他对自己说,说着就穿过小树林走开了——"这是不能否认的;但是她有情感吗?我想她恐怕没有。事实上,她像大多数艺术家一样,只讲究形式,没有任何诚意。她不会为别人做出牺牲的。她只想着音乐,人人都知道艺术是自私的。不过我不得不承认她

的歌声中也有些美丽的调子。只可惜它们没有一点意义,也没有任何实际的好处。"他走进屋子,躺在自己那张简陋的小床上,想起他那心爱的人儿,不一会儿就进入了梦乡。

等到月亮挂上了天际的时候,夜莺就朝玫瑰树飞去,用自己的胸膛顶住花刺。她用胸膛顶着刺整整唱了一夜,就连冰凉如水晶的明月也俯下身来倾听。整整一夜她唱个不停,刺在她的胸口上越刺越深,她身上的鲜血也快要流光了。

她开始唱起少男少女的心中萌发的爱情。在玫瑰树最高的枝头上开放出一朵异常的玫瑰,歌儿唱了一首又一首,花瓣也一片片地开放了。起初,花儿是乳白色的,就像悬在河上的雾霭——白得就如同早晨的足履,白得就像黎明的翅膀。在最高枝头上盛开的那朵玫瑰花,如同一朵在银镜中,在水池里照出的玫瑰花影。

然而这时树大声叫夜莺把刺顶得更紧一些。"顶紧些,小夜莺,"树大叫着,"不然玫瑰还没有完成天就要亮了。"

于是夜莺把刺顶得更紧了,她的歌声也越来越响亮了,因为她歌唱着一对成年男女心中诞生的激情。

一层淡淡的红晕爬上了玫瑰花瓣,就跟新郎亲吻新娘时脸上泛起的红晕一样。但是花刺还没有达到夜莺的心脏,所以玫瑰的心还是白色的,因为只有夜莺心里的血才能染红玫瑰的花心。

这时树又大声叫夜莺顶得更紧些,"再紧些,小夜莺,"树儿高声喊着,"不然,玫瑰还没完成天就要亮了。"

于是夜莺就把玫瑰刺顶得更紧了,刺着了自己的心脏,一阵剧烈的痛楚袭遍了她的全身。痛得越来越厉害,歌声也越来越激烈,因为她歌唱着由死亡完成的爱情,歌唱着在

坟墓中也不朽的爱情。

最后这朵非凡的玫瑰变成了深红色,就像东方天际的红霞,花瓣的外环是深红色的,花心更红得好似一块红宝石。

不过夜莺的歌声却越来越弱了,她的一双小翅膀开始扑打起来,一层雾膜爬上了她的双目。她的歌声变得更弱了,她觉得喉咙给什么东西堵住了。

这时她唱出了最后一曲。明月听着歌声,竟然忘记了黎明,只顾在天空中徘徊。红玫瑰听到歌声,更是欣喜若狂,张开了所有的花瓣去迎接凉凉的晨风。回声把歌声带回自己山中的紫色洞穴中,把酣睡的牧童从梦乡中唤醒。歌声飘越过河中的芦苇,芦苇又把声音传给了大海。

"快看,快看!"树叫了起来,"玫瑰已长好了。"可是夜莺没有回答,因为她已经躺在长长的草丛中死去了,心口上还扎着那根刺。

中午时分,学生打开窗户朝外看去。

"啊,多好的运气呀!"他大声嚷道,"这儿竟有一朵红玫瑰!这样的玫瑰我一生也不曾见过。它太美了,我敢说它有一个好长的拉丁名字。"他俯下身去把它摘了下来。

随即他戴上帽子,拿起玫瑰,朝教授的家跑去。

教授的女儿正坐在门口,在纺车上纺着蓝色的丝线,她的小狗躺在她的脚旁。

"你说过只要我送你一朵红玫瑰,你就会同我跳舞,"学生高声说道,"这是全世界最红的一朵玫瑰。你今晚就把它戴在你的胸口上,我们一起跳舞的时候,它会告诉你我是多么爱你。"

然而少女却皱起眉头。

"我担心它与我的衣服不相配,"她回答说,"再说,宫廷大臣的侄儿已经送给我一些珍贵的珠宝,人人都知道珠宝比花更加值钱。"

"噢,我要说,你是个忘恩负义的人!"学生愤怒地说。一下把玫瑰扔到了大街上,玫瑰落入阴沟里,一辆马车从它身上碾了过去。

"忘恩负义!"少女说,"我告诉你吧,你太无礼;再说,你是什么?只是个学生。啊,我敢说你不会像宫廷大臣侄儿那样,鞋上钉有银扣子。"说完她就从椅子上站起来朝屋里走去。

"爱情是多么愚昧啊!"学生一边走一边说,"它不及逻辑一半管用,因为它什么都证明不了,而它总是告诉人们一些不会发生的事,并且还让人相信一些不真实的事。说实话,它一点也不实用,在那个年代,一切都要讲实际。我要回到哲学中去,去学形而上学的东西。"于是他便回到自己的屋子里,拿出满是尘土的大书,读了起来。

## 作品简析

这是一篇脍炙人口、充满想象的童话,有着众多的意象、丰富的色彩和诗一般的韵律,文中散发着美的气息。在这篇童话中,夜莺为了让学生获得爱情,甘愿顶在玫瑰花的尖刺上,用生命之血染红玫瑰,然而最终夜莺用生命换来的爱情玫瑰却被无情地扔到了大街上,落入阴沟里,一辆马车从它身上碾了过去。王尔德用童话表达自己的情感,用五彩缤纷的语言讲述动人的故事,营造了一个极美而又忧伤的氛围,用故事中人物强烈的献身精神,让读者切实地感到强大的道德力量。

## 星星的孩子

很久以前，一个寒冷的冬夜，两个贫穷的樵夫正穿过一个大片松树林，艰难地朝家的方向走去。地上是厚厚的积雪，松树的枝枒上也裹满了雪。伐木工人所经之处，被霜冻的细小树枝马上就折断了。他们遇到了山间小溪流，溪水静静地纹丝不动，冰雪之王刚刚亲吻了她。

天气如此寒冷，动物和鸟儿们简直都不知道该怎么挨过这个冬天了。

一只狼正夹着尾巴，一瘸一拐地穿过灌木丛。"啊！"他厌恶地叫道，"天气真是太恶劣了，政府为什么不来管管？"

"我知道！我知道！我知道！"绿朱雀叽叽喳喳地叫着，"大地老人去世了，天空在为她做寿衣。"

"大地要结婚了，这可是她的嫁衣！"两只斑鸠窃窃私语。他们小小的粉色脚趾已经冻伤了，但是依然觉得有义务见证一下这浪漫时刻。

"胡说八道！"狼吼道，"我告诉你们，这都是政府的错，如果你们胆敢不相信我，我就吃了你们。"

"那么，就我个人而言，"啄木鸟说，他是天生的哲学家，"我不介意用原子学说来解释这些。如果真是这样，真是这样的话，那么现在也太冷了。"

天气确实冷得可怕。小松鼠们住在高大的枞树里，他们不停地互相揉着鼻子取暖，兔子们蜷缩在洞里面，根本就不想冒险出来看看门外的情况。唯一享受这天气的就是大角猫头鹰了。尽管翅膀上结着白霜，已经冻僵了，但他们一点也不在意，骨碌碌地转着大大的黄眼珠，相互叫唤着结伴飞过森林。"快点啊，快点啊，多么让人高兴的天气啊！"

两个樵夫走啊走，冷冽的风狠狠地吹着，冻僵了他们的手指。他们不停地跺着脚，铁包头的大靴子上沾满了厚厚的一层雪。他们陷进了漂浮的雪中，出来时白得像磨石工人一样；沼泽已经结冰，他们不小心滑倒在坚硬湿滑的冰上，柴捆散落一地。他们不得不捡起来，重新捆扎好；有时候，他们觉得已经迷路了，非常恐惧，他们知道雪对待睡着的人是非常残酷的。但是，他们相信圣马丁会一直关注着他们，会带着他们谨慎前行。最终，他们走出了森林，远远看到了下方的山谷，还有村子里的灯光。

终于摆脱了险境，他们高兴极了，大声地笑着。大地此时宛若银色的花朵，而月亮则是金色的花朵。

然而，大笑之后他们又开始伤心了，因为他们又想到了自己的贫穷，其中一个就对另一个说："我们有什么可高兴的，看吧，生活就是为富人准备的，哪里管我们这些穷人了？也许冻死在森林里更好些，这样还免遭野兽攻击再被撕碎。"

"是啊。"他的同伴答道，"有些人得到很多，而有些人得到的却少得可怜。这个世界到处都是不公平啊，连痛苦也不能平均分配。"

正当他们对贫穷的生活自艾自叹的时候，奇怪的事情发生了。一颗闪闪发亮而又美丽的星星从天空坠落，他穿过群星，滑落到了天边。看到这一切的两个樵夫感觉，好像星星就掉在了柳树丛后面，柳树旁是一个小小的羊圈，似乎距他们只有一步之遥的距离。

"哎呀！有金子掉那儿啦，看谁能找到。"他们边喊边向那边跑，是如此渴望得到金子。

其中一个跑得很快，超过了同伴。他穿过柳树丛，到了另一边。瞧啊！果然有东西躺在洁白的雪地里。他快速走过去，弯下腰拿住了这个东西。这是个金色的斗篷，层层包裹，斗篷上绣着星星图案，闪闪发亮。他大喊着同伴，告诉他发现了从天而降的宝藏。他的同伴过来后，俩人坐在雪地上，打开了外面罩着的斗篷，他们也许可以分掉那些金子。但是，可惜什么也没有！没有金子，也没有银子，事实上，什么珠宝也没有，只看到一个睡得香香的小小婴孩儿。

一个樵夫对另一个说："希望破灭，真是糟糕透了，看来我们没什么运气，一个孩子能带来什么好处？就把他留在这儿吧。要知道，我们是穷人，还要养活自己的孩子们，不能有人再来分他们的面包啦。"

但他的同伴却说："不行，把孩子留在雪地里死掉可不是什么积德的事！虽然我和你一样穷，要养活一大家子几乎无米下炊，但我还是要把他带回家，我妻子会照顾他的。"

他小心翼翼地将孩子抱起来，重新裹好，免得他被寒风吹着了。然后，他开始朝山下的村子里走去，他的愚蠢和他对孩子的温柔都让同伴十分惊讶。

回到村子后，他的同伴对他说："你得到了孩子，所以应该把那个斗篷给我，我们俩捡到的，所以应该一起分享。"

但是他回答说："不，斗篷不是你的，也不是我的，它是孩子的。"与同伴道别后，他回到自己家的房子外，开始敲门。

他的妻子开了门，看见丈夫平安回家，激动地搂着他的脖子，亲了亲。然后帮他卸下了背上的柴捆，弹掉靴子上的雪，然后妻子将他让进了屋里。

但是他站在门口没动，而是对妻子说："我在森林里捡到了一样东西，给你带回来了，你会喜欢的。"

"是什么？"她问，"快给我看看，家里什么都没有了，我们需要很多东西。"他掀开斗篷，给妻子看了那个熟睡的婴儿。

"天哪，你这个老好人！"她低声抱怨道，"难道我们自己没孩子？为什么要带个毫不相干的孩子回来？谁知道他会不会给我们带来厄运？而且，拿什么养他？"妻子很生气地问他。

"我知道，不过这可是星星的孩子哦。"他回答道，并告诉了妻子自己是以怎样奇怪的方式发现这个孩子的。

但是妻子的怒气并未平息，反而开始嘲弄他。她生气地叫道："我们的孩子还没的吃，又拿什么养活另一个？谁会来关心我们？谁会给我们食物？"

"我知道，但是上帝会给小小的麻雀食物，又怎么会遗忘了孩子。"樵夫答道。

"难道麻雀不是在冬天饿死了？"妻子问，"现在不是冬天吗？"

男人无话可说，依然站在门口没动。

森林里吹来的刺骨寒风钻进了敞开着的门，女人冻得瑟瑟发抖。她哆嗦着对丈夫说："为什么不关上门？冷风都进来了，冻死了。"

"若房子里的人铁石心肠，不就等于寒风一样吗？"他问道。女人什么也没说，只是慢慢靠近了火。

过了会儿，她转过身，看了男人一眼，眼里噙着泪水。男人马上走进来，将孩子放在了妻子的臂弯里。女人亲了亲孩子，将他放在了一张小小的床上，床上还躺着他们最小的孩子。第二天，樵夫拿起那件奇妙的金色斗篷，将它放进了一个大箱子里。孩子的脖子上还贴身挂着一串琥珀，女人把它摘下来，也放进了箱子里。

樵夫对星星小孩和自己的孩子一视同仁，让他们一同吃住，一起玩耍。每过一年，星星小孩都会变得更加漂亮。对此村民们都非常好奇。这里的人都有着黝黑的皮肤和黑头发，而星星小孩却皮肤白皙柔嫩，有着象牙般的光泽。他卷曲的头发像水仙一样，而双唇又像红色花瓣般娇艳。他的眼睛像一汪清澈的泉水，倒映着紫罗兰。他小小的身体又像一畦自然地生长着的水仙花。

然而漂亮却使他变得邪恶起来。他骄傲、残忍并且自私。樵夫的孩子以及村里其他的孩子，一律遭到了他的鄙视，他说那些孩子都出身低贱卑微，只有他出身高贵，因为他是从星星上来的。他把自己当成了所有孩子的主人，称呼他们为自己的仆人。他对穷人毫无怜悯之心，对那些盲人、残疾人或遭受任何疾病折磨的人，他会朝他们扔石头，将他们驱赶到路上，命令他们去别的地方乞讨。所以根本没有人援助那些来村子里寻求帮助的逃犯。他醉心于自己的美貌，而嘲笑和愚弄那些屡弱丑陋的人；他爱上了自己，夏日里，风平浪静的时候，他会躺在牧师的果园里，低头看井中的倒影，常常惊叹于自己的美丽。看着自己白皙的皮肤，金色的头发，他常常会愉悦地大笑起来。

樵夫和妻子经常责备他不该如此。他们对他说："我们对你可不像你对那些孤苦无依的人一样，他们需要的时候没人帮助他们。为什么你对需要同情的人这么残忍？"牧师也常常把他叫来加以规劝，希望能教导他爱护一切生命。牧师对他说："苍蝇也是你的兄弟，不要伤害他。飞越森林的野鸟自由自在，抓捕他们并不能为你带来快乐。上帝创造出盲虫和鼹鼠，他们就都有一席之地。谁允许你给上帝的世界带来痛苦了？即使是田里的牛也要赞美他。"

但是星星小孩根本不想听这样的话，皱着眉头，一副蔑视的样子。他回到同伴那里，继续对他们颐指气使。他的同伴们之所以追随着他，是因为他太漂亮了，还因为他跑得很快，能歌善舞，既会吹笛子，又会作曲。无论星星小孩到哪里，他们都会跟着；无论星星小孩命令他们做什么，他们都会照做无误；当他用尖细的芦苇刺伤鼹鼠那弱视的眼睛时，他们会在一旁大笑；当他将石子扔向麻风病人时，他们也会在一旁看着笑。星星小孩在一切方面都控制着他们。结果，他们也变得像他那样铁石心肠。

有一天，村子里来了个贫穷的女乞丐，她衣衫褴褛，走在高低不平的路上，磨破了双脚，看起来十分可怜。走得太累了，她就坐到一棵栗树下休息。

当星星小孩看见她的时候，他对同伴喊道："看哪，那里坐着个脏兮兮的女乞丐，就在那棵漂亮的绿叶树下。来啊，让我们赶走她，她真是太丑了。"

他走近那个女人，又是朝她扔石子，又是嘲笑她。女人的眼里流露出惊恐，一动不动地盯着他。此时樵夫正在附近劈一捆干柴，看见了星星小孩的胡作非为，就跑过来训斥了他一顿。樵夫责备他说："你怎么这样铁石心肠，一点同情心也没有。这个可怜的女人哪里惹了你，你要这样对她？"

星星小孩气得满脸通红，他跺着脚说道："你是谁呀，凭什么来管我做什么？我不是你的儿子，不需要听你的指令。"

"你说得对，"樵夫答道，"你是在森林里捡到的，因为我可怜你才把你带回来。"

听到樵夫这番话，那个女人放声大哭，且

昏了过去。樵夫将她带回自己的家里,让他的妻子照顾这个女人。当女人从昏厥中醒过来时,他们又给她提供了食物和水,还安慰了她一番。

但是她不吃也不喝,而是问樵夫说:"你不是说那孩子是在森林里捡到的吗?是不是十年前?"

樵夫答道:"是呀,我是在森林里发现他的,确实是十年前。"

"孩子随身有什么信物吗?"她哭着问道,"他脖子上是不是有串琥珀?身上是不是裹着金色丝绸斗篷,上面绣着星星?"

"是呀,"樵夫答道,"真和你说的一样。"随后他从箱子里拿出了斗篷和琥珀,给这个女人看。

女人看到这些,喜极而泣。她说道:"他是我的小儿子,不小心在森林里弄丢了。我请求你快点把他叫来,为了找他,我已经走遍了千山万水。"

樵夫和妻子出去叫回了星星小孩,并对他说:"进屋里去吧,里面是你的母亲,她在等你。"

星星小孩跑了进去,满心憧憬和欢喜。但当看清了是谁在等他的时候,他轻蔑地笑了一下,说:"哎,我母亲在哪里?我没看见什么人啊,除了这个下贱的女乞丐。"

于是,女人回答道:"我就是你的母亲。"

"你这么说真是疯了,"星星小孩叫道,"我才不是你的儿子,你这个丑陋的破烂的乞丐。我要赶走你,再也不要看见你这张脏脸了。"

"不,孩子,你真是我的小儿子。我在森林里把你弄丢了。"她哭道,并且跪下来抱住了星星小孩,"是强盗把你偷走的,他们把你留在那里等死,"女人恨恨地说,"但是我看见你的时候,一下子就认出了你。我也认得

那些东西,金色丝绸斗篷和琥珀项链。所以我乞求你到我这里来,我为了找你,几乎走遍了所有的地方。来吧,我的儿子,我需要你的爱。"

但是星星小孩站在原地一动不动,他关上了面向女人的那扇心门,也没有说任何话来安慰那因为痛苦而哭泣的女人。

终于,他开口说话了,声音冰冷残酷。"如果你真是我母亲,"他说,"那你最好离开,不要到这儿来让我感到羞辱。我认为自己是星星的孩子,而不是乞丐的孩子,你最好也这么认为。所以,离开这里,不要让我再看到你。"

"哎呀!我的孩子。"她哭道,"走之前,你都不亲吻我一下吗?我找你找得好苦啊。"

"不,"星星小孩说道,"你看起来太脏了,我宁愿亲吻一条蛇或者一只蛤蟆。"

所以,女人站起身,痛哭着走进了森林。星星小孩看见她离开了,很是开心,又跑回去和同伴们一起玩耍。但是当他们看见他回来时,嘲弄地说道:"哎呀,你简直像蛤蟆一样脏,像蛇一样讨厌。离开这里,我们不要和你一起玩了。"然后,他们将他赶出了果园。

星星小孩皱皱眉头,自言自语道:"他们怎么对我说这种话?我要去井边照照怎么回事,井水会告诉我我很漂亮。"

星星小孩走到水井边去照自己。上帝呀!他的脸丑得像蛤蟆,身体像蒙上了一层蛇皮。他滚到草地上哭起来,对自己说:"肯定是因为我的罪过才这样的。我不认自己的母亲,还把她赶走了,我太傲慢,对她又那么狠心。天涯海角我也要去找她,找不到绝对不会停下来。"

樵夫的小女儿来到他身旁,扶着他的肩膀说:"失去美貌没有什么可怕的,和我们在

一起,我们不会嘲笑你的。"

星星小孩对她说:"不,一定是我对自己的母亲太无情了,丑陋是对我的惩罚。我必须离开,一定到找到她,哪怕走遍所有的地方,她会原谅我的。"

就这样,他跑进了森林里,大声地呼喊着母亲,但是没有任何回应。整个白天,他都在呼唤着母亲,夜晚则会躺到地上的树叶上安眠。鸟儿和动物们都远远地躲着他,他们记得他的残忍。他是如此的孤独,只有蛤蟆和缓缓爬过的蛇才会看他一眼。

清早,他起来后,会以树上的苦草莓充饥,然后开始在大森林四处寻找,常常会因痛苦而哭泣。他会向碰到的每一个东西打探母亲的下落,询问他们是否曾遇到过她。

他问鼹鼠说:"你不是在地底下生活吗,我母亲可在那儿?"

鼹鼠答道:"你弄瞎了我的眼睛,我怎么能知道呢?"

他问红雀说:"你从高高的树梢飞过,整个世界一览无余,告诉我,你可曾看见我的母亲?"

红雀答道:"你为了自己的快乐,已折断了我的双翅,我又怎么能飞翔呢?"

他问独自住在松枞树上的小松鼠说:"我母亲在哪儿呢?"

小松鼠答道:"你已经杀死了我们的妈妈,是不是也要来杀死我们呀?"

星星小孩痛哭流涕,他低着头祈求上帝万物的宽恕。接着,继续在森林里寻找那个女乞丐。第三天,他来到了森林的另一边,眼前是一片旷野。

他穿过一个又一个村庄,村里的孩子们都会取笑他,向他扔石头。

农场主们甚至不允许他在牛棚里过夜,担心给储藏的谷物带来霉运。他看起来是那么的丑陋,所以雇工们都将他赶走了。没有任何人同情他。尽管3年来他一直在到处寻找母亲的踪迹,却没有得到母亲的任何消息。他常常会有种错觉,似乎母亲就在前方的路上召唤着他,他在后面追着跑,但直到尖锐的石头磨破了双脚他也无法追赶上母亲。路上遇到的人们并没有否认遇到过他的母亲或像她的女人,但他们嘲弄着他的痛苦。

3年的时间里,他走遍了各处,在经过的任何地方,既没有感受到爱和仁慈,也没有得到一丁点儿的同情。但这就是他的世界,在过去飞扬跋扈的日子里他为自己建造的那个世界。

一天傍晚,他来到了一座城门下,这个城市有着高大的城墙,旁边还有一条河。现在,尽管他十分疲惫,脚丫子也磨得很痛,但还是努力想进去。入口处站立的卫兵放下了戟,粗暴地问他:"你进城干什么?"

"我要去找我母亲,"他答道,"求你让我进去吧,她可能就在城里。"

但却招来了卫兵的耻笑,一个有小胡子的卫兵放下盾牌,叫道:"说实话,你的母亲见到你,恐怕不会高兴吧,你真是比湿地里蟾蜍还要丑,比沼泽地的爬蛇还要恶心。走吧,走吧,你母亲不在城里。"

手里拿着黄色旗子的另一个士兵问他:"谁是你母亲?你为什么要找他?"

他回答道:"我母亲是个像我一样的乞丐,以前我对她太恶毒了,所以求你放我过去吧,如果她在城里的话,也许我会得到她的原谅。"但卫兵们用矛尖抵着他,不让他过去。

当他转身哭泣的时候,一位身穿镶着金花的盔甲、头盔上有双翼狮子图案的人走过来,问卫兵们是谁要进城。卫兵们告诉他:"是个乞丐,一个乞丐的孩子,我们已经把他赶走了。"

"不许这样，"他笑着说，"我们可以把那个丑怪卖了当奴隶，他可抵得上一碗美酒的价钱呢。"

一位看起来很邪恶的老男人恰巧经过，他说："这个价钱我买了。"付了钱之后，他拉着星星小孩，把他带进了城里。

穿过了一条又一条街道之后，他们来到了一堵高墙下，墙上有个小门，完全掩映在石榴树下。老男人用手上雕刻的指环叩了叩门，门开了。他们走下五步铜台阶，进入一座长满罂粟的花园，里面还有一些绿色的陶罐。老人取出一条丝绸方格子长巾，蒙上了星星小孩的眼睛，赶着他往前走。当长巾摘下来露出眼睛时，他发现自己已经身处一个地窖中，里面亮着喇叭形的灯笼。

老男人放了块发霉的面包在他面前的盘子里，告诉他："吃吧，"然后又给了他一杯令人恶心的水："喝吧。"星星小孩吃喝的时候，老男人出去了，在他身后锁上了门，并用铁链拴牢。

第二天，那个老男人，利比亚最难以捉摸的巫师之一，从住在尼罗河墓地里的一个人那里了解到了星星小孩的事情。他回来后，对星星小孩皱了皱眉头，说："在这个伊斯兰城城门左边的树林里，有三块金子，第一块是白色的，第二块是黄色的，还有一块是红色的。今天你要把那块白色的给我带回来，如果不照做，小心我抽你一百鞭子。快点去，太阳落山之前我在花园门口等你。看看你能否带回那块白色金子，否则有你好看的，因为你可是我的奴隶，是我用一碗美酒的价钱买回来的。"他又蒙上了星星小孩的眼睛，上了那五级铜台阶。用戒指打开小门之后，就将他推到了街上。

星星小孩走出了城门，来到了巫师指给他的树林里。

现在，这个树林看起来非常美丽，到处是歌唱的鸟儿，开满了散发着幽香的鲜花。星星小孩愉快地走进去。以前，他几乎未曾感受到过这种美丽，无论他走到哪里，地上长出的都是丑陋的石楠和荆棘，阻碍他前进。可恶的荨麻会刺伤他，蓟的短刺会刺破他的皮肤，所以他总是悲痛万分。他找来找去，从早上找到中午，又从中午找到日落时分，但是并没有发现巫师所说的白色金子。看着太阳下山，他面朝家的方向，伤心地哭了，因为他知道前方是什么样的命运在等着他。

但是走到森林边缘的时候，他听到了灌木丛里传来痛苦的声音。忘记了自己的伤心事，他跑过去看怎么回事，原来是一只小兔子陷入了猎人的陷阱里。

星星小孩可怜他，就把它放了，并对它说："虽然我自己是个奴隶，但是却可以给你自由。"

小兔子回答他："确实是你给了我自由，我拿什么回报你呢？"

星星小孩告诉他："我正在找一块白色的金子，哪里都找不到，如果不能拿回去给主人，他就会打我的。"

"跟我来，"兔子说，"我带你去找，我知道藏在哪里，也知道为什么要藏起来。"

所以星星小孩就跟着兔子走了。看那！在那棵大橡树的树洞里，他看见了自己正找的那块白色金子。满心欢喜地拿起金子后，他对兔子说："你已经加倍报答了我的恩情，你给我的仁慈顶得上我给你的百倍啊。"

"不，"兔子答道，"我对你正像你对我一样。"然后一溜烟就不见了。星星小孩回到了城里。

城门口坐着个麻风病人，脸上盖着一块灰色的麻布，露出的眼睛，闪着亮光，像烧红的煤炭。当他看见星星小孩过来的时候,敲打着木碗,摇响了铃铛,叫他过来,对他说:"给我一点钱吧,我快要饿死了,他们把我赶出了城,没人可怜我。"

"哎呀!"星星小孩叫道,"我兜里是有点钱,但是如果不带给主人,他会打我的,我是个奴隶。"

但是麻风病人一直乞求他,向他祈祷。最终,星星小孩可怜他,就把那块白色的金子给了他。

回到巫师的房前时,巫师为他打开了门,把他带了进去。然后问他:"你找到白色金子了吧?"星星小孩答道:"没找到。"所以巫师将他推倒,打了他,还在他面前放了一只空盘子,说:"吃吧。"又放了一只空杯子,说:"喝吧。"之后,又将他丢进了地窖里。

第二天,巫师过来对他说:"如果今天你不把那块黄色的金子带回来,我就要你继续做我的奴隶,抽你三百鞭子。"

所以星星小孩又去了树林里,一整天里他都在寻找那块黄色的金子,但是找遍了各处都没有。日落时,他坐下来开始哭泣。当他正哭的时候,那只被他从陷阱里救出的小兔子又来到了他的身边。

兔子问他:"你为什么哭呢?你又在树林里找什么?"

星星小孩回答说:"我找一块黄色的金子,它就藏在树林里。如果找不到,主人会打我的,还会要我一直做奴隶。"

"跟我来。"兔子喊道。它跑过树林,来到了一个水塘边。那块黄色的金子就躺在水底。

"我该怎么谢你呢?"星星小孩说,"哎呀,你已经帮我两次啦。"

"不用谢,因为是你先同情我的。"兔子说道,一溜烟又跑了。

星星小孩拿起黄色的金子,放进钱包里,急急往城里赶去。但是麻风病人又看见了他,跑过来问候他,跪下来乞求道:"给我一点钱吧,我要饿死了。"

星星小孩对他说:"我钱包里有一块黄色的金子,但如果不给主人带回去,他会打我,还要让我一直做他的奴隶。"

但是麻风病人还是一个劲儿地恳求他,所以星星小孩可怜他,又把黄色的金子给了他。

回到巫师房前时,巫师打开门,把他带进去,问他:"找到黄色金子了吧?"星星小孩答道:"还没有。"所以巫师又把他推倒在地,打了他,然后用铁链捆住他,再次把他丢回到了地窖里。

第二天,巫师过来对他说:"如果今天带回红色金子,我就放了你,要是带不回的话,我肯定会宰了你。"

星星小孩进了树林,白天一直在寻找那块红色金子,但是哪里都没有。傍晚,他坐下来哭,当他正哭的时候,那只兔子又出现了。

兔子对他说:"你要找的那块红色金子就在你下方的那个大洞里,所以别哭了,高兴起来。"

"我拿什么回报你呢?"星星小孩说,"你已经是第三次帮我了。"

"不用谢我,因为是你先同情我的。"兔子说完,又很快不见了。

星星小孩走进洞里,在远处的一个角落里,他找到了那块红色的金子。他拿起金子放进自己的钱袋里,匆匆忙忙往城里走去。看见他来了,麻风病人站在马路中间,大声地叫他,对他说:"把红色的金子给我吧,不然我肯定会死的。"星星小孩依旧同情他,就把金子给了他,说:"你比我更需要。"然而他的心非常沉重,他知道有什么样的噩运在等着他。

但是,奇怪啊!当他经过城门的时候,卫兵们都向他弯腰致敬,并赞美道:"我们的国王是多么英俊啊!"众多市民跟着他,喊道:"世上再没有比他更漂亮的人!"听到这些,星星小孩哭了,心想:"他们这是在嘲笑我,讥讽我的痛苦。"人潮汹涌中,他迷失了方向,最后发现自己到了一个巨大的广场上,那里有座国王的宫殿。

宫殿的门打开了,神父和高级官员们都跑过来迎接他,在他面前,他们毕恭毕敬,对他说:"你就是我们等待的国王,我们老国王的儿子。"

星星小孩回答说:"我不是国王的儿子,我只是一个乞丐女人的孩子。为什么你们说我很漂亮,因为我知道自己看起来很邪恶。"

然后那个士兵,那个盔甲上镶着金色的花、头盔上有长着双翼的狮子图案的士兵,举着盾牌大声地说:"我们的王子殿下怎么会认为自己长得不漂亮?"

星星小孩看起来,天哪!他的脸又恢复了从前的模样,他的美丽又回来了,他从卫兵的眼睛里看到了以前未曾看到的样子。

牧师和高级官员们跪下来,对他说:"有个古老的预言说,你来的这一天就要开始统治我们,所以,请我们的国王戴上王冠,拿起权杖,请以你的正义和仁慈来统治我们吧。"

但是星星小孩对他们说:"我不配这些,我曾拒绝与寻找我的母亲相认,我说过不找到她,不得到她的原谅,我就不会停下来。所以,让我走吧,我必须四处去找她,不能停在这里,请拿走王冠和权杖吧。"说完,他就转身走上了通向城门的路。在穿过士兵阻挡的人群时,他看见了他的母亲,那个乞丐女人,她就站在那个坐在路上的麻风病人旁边。

他快乐地叫起来,跑了过去,跪下双膝,亲吻着母亲伤痕累累的脚,眼泪又弄湿了它们。他在尘埃里一边抽泣,一边磕着头,心都要碎了。他对母亲说:"母亲,过去我太骄傲了,我拒绝认你,请你接受我悔恨的歉意吧。母亲,我给你的是憎恨,你却给了我爱。母亲,我以前拒绝了你,现在,请你接受我这个孩子吧。"但乞丐女人却一言未发。

他伸出双手,紧紧抱住那个麻风病人的脚,对他说:"看在我帮了你三次的份上,只求你让我的母亲说话吧。"但是麻风病人并未回答他。

他又哭泣着说:"母亲,我已经无法忍受这样的痛苦了,请求你原谅我吧,让我回到森林里去。"乞丐女人抚摸着他的头,说:"起来吧。"麻风病人也摸着他的头说:"起来吧。"

他站起来,看着他们,上帝呀!原来他们就是国王和王后。

王后对她说:"这是你父亲,你帮助过他。"

国王对他说:"这是你的母亲,你已经用眼泪清洗了她的双脚。"他们搂着他的脖子,亲吻着他,然后把他带回了宫中,给他换上了漂亮的衣服,为他戴上了王冠,交给他权杖。在他统治的那座河边城市中,他就是君主。对待臣民们,他正义而仁慈,他惩罚了那个邪恶的巫师,而送给樵夫和他的妻子大量贵重的礼物。至于他们的孩子,他也赐予了他们享用不尽的荣华富贵。他不再对鸟儿和野兽那么残忍,学会了爱、仁慈和善心。他施给穷人面包吃,赠给衣不蔽体的人衣服穿,他给这片土地带来了和平和富饶。

然后,他统治的时间并不长。他经受过的苦难如此巨大,他经受的烈火般考验是如此的痛苦,所以3年之后,他就死了。在他死后,邪恶的统治开始了。

## 作品简析

这一篇脍炙人口的童话作品,故事极其富有传奇色彩,一波未平,一波又起,起伏跌宕、变化莫测,高潮紧扣读者的心弦。文中讲述了一个孩子从嫌母丑陋到知错寻母的故事。其实,善良是一种美德,是发自内心的真诚,即使是一个铁石心肠的人,只要愿意接受善良的感化,也必将成为一个善良的人。

# 新美南吉

## 作者简介

新美南吉(1913—1943),本名渡边正八,日本爱知县知多郡半田町人,曾经是与小川未明、坪田让治等人齐名的童话作家,被誉为"日本的安徒生"。虽然他仅活了29岁,但他创作了很多儿童文学作品,其中很多是在逝世后出版的。他的童话非常强调故事性,起承转合,曲折有致。善意和幽默使南吉童话具有了民间艺术的亲切和美感。主要作品有《毛毯和钵之子》、《爷爷和玻璃罩煤油灯》、《新美南吉全集》、《校定新美南吉全集》等。

## 课文回顾

《去年的树》是四年级上册(人教版)语文课本中的一篇童话,更是日本童话作家新美南吉的名作。作家在极为精短的篇幅内,给我们讲述了一个十分凄楚动人的故事。文中虽然写的是一只小鸟和一棵树,实际上表现的是生活中的人,揭示的是人的思想、感情和品德。其中小鸟的那种诚信守诺,以及通过执着的追踪寻找表现出来的她对朋友的笃厚深情,十分感人。

## 去年的树

一棵树和一只鸟儿是好朋友。鸟儿坐在树枝上,天天给树唱歌,树呢,天天听着鸟儿唱。

日子一天天过去,寒冷的冬天就要来到了。鸟儿必须离开树,飞到很远很远的地方去。

树对鸟儿说:"再见了,小鸟!明年请你再回来,还唱歌给我听。"

鸟儿说:"好的,我明年一定回来,给你唱歌,请等着我吧!"鸟儿说完,就向南方飞去了。

春天又来了。原野上、森林里的雪都融化了。鸟儿又回到这里,找她的好朋友树来了。

可是,树不见了,只剩下树根留在那里。

"立在这儿的那棵树,到什么地方去了呀?"鸟儿问树根说。

树根回答:"伐木人用斧子把他砍倒,拉

到山谷里去了。"

鸟儿向山谷里飞去。

山谷里有个很大的工厂，锯木头的声音"沙——沙——"地响着。鸟儿落在工厂的大门上。她问大门说："门先生，我的好朋友树在哪儿，您知道吗？"

门回答说："树么，在厂子里给切成细条条儿，做成火柴，运到那边的村子里卖掉了。"

鸟儿向村子里飞去。

在一盏煤油灯旁，坐着个小女孩儿。鸟儿问女孩儿："小姑娘，请告诉我，你知道火柴在哪儿吗？"

小女孩儿回答说："火柴已经用光了。可是，火柴点燃的火，还在这盏灯里亮着。"

鸟儿睁大眼睛，盯着灯火看了一会儿。

接着，她就唱起去年唱过的歌儿给灯火听。

唱完了歌儿，鸟儿又对着灯火看了一会儿，就飞走了。

## 作品简析

这篇童话朴实无华，情深意浓，带着些许伤感色彩，赞美了高尚的、令人荡气回肠的友情。全文一共有四次对话，分别是鸟儿和树、树根、门先生，还有小姑娘之间的对话，每一次都不一样，随着小鸟寻找朋友的一步步接近，小鸟的着急程度也越来越深。"明年我再来"，小鸟为了坚守自己的承诺，即使大树已经面目全非了，它依然在它的面前唱完去年唱过的歌。故事在为我们留下淡淡愁绪的同时，也让我们深刻地体会到了小鸟与大树深厚的情谊。

## 拓展阅读

# 白 蝴 蝶

一个老爷爷在街角卖气球。这束气球，有红的、有蓝的、有黄的、有紫的，还有别的颜色的。它们脸儿贴着脸儿，随着风在空中飘动。

一只白色的蝴蝶，每天都飞到这束气球这儿来，跟它们在一起玩儿。

这束气球里有个很小的红气球，白蝴蝶跟它最好啦！

有一天，一个背着娃娃的阿姨走过来，用一分钱买走了那个小红气球。

在走的时候，小红气球说："再见啦，蝴蝶！"

可是，白蝴蝶说："不，我要跟你走！"

白蝴蝶扇动着翅膀，跟在红气球的后边。

那个背娃娃的阿姨穿过一条林荫路，走向公园。红气球给一根细线牵着，跟在她背后。在红气球的后边，又跟着白蝴蝶。

阿姨一走进公园，就在长椅子上坐下来，

唱起哄娃娃睡觉的催眠曲：

"噢——噢——睡觉喽——噢——噢——睡觉喽——"

还没等小娃娃睡呢，她自己倒先"呼呼"地睡着了。

白蝴蝶不放心地问红气球："这以后，你要到什么地方去呢？"

红气球说："我也不知道。"

这个时候，阿姨不知不觉地松开了手，细线滑了出去，红气球开始飘向天空。

白蝴蝶也跟着红气球，向天空飞去。

"我不知道会飞到什么地方，蝴蝶，你快回家去吧……"红气球说。

"不，我跟着你。"白蝴蝶说。

红气球越飞越高，白蝴蝶也越飞越高。往下看去，城市变小了，房子跟玩具积木似的。

"别再跟着我了，好蝴蝶，我还不知道会飞到什么地方去呢！"红气球说。

可是，白蝴蝶还是扇动着翅膀，跟着他走。

不一会儿，红气球和白蝴蝶都看不见了。

### 作品简析

《白蝴蝶》这则小故事，内容简单，情节清淡，却内涵深远。阿姨弄飞了气球，气球飘向天空，白蝴蝶一直跟着。红气球说："别再跟着我了，好蝴蝶，我也不知道自己会飞到什么地方去呢！"白蝴蝶说："不，我跟着你。"他们越飞越高，越变越小。不一会儿，小红气球和白蝴蝶都看不见了……故事"清凉包着温暖，简单蕴涵着丰盈，伤感融着甜蜜"。而我们的生活正是有了这样不弃不离的友谊，才会如此美好，大家说是不是？

## 小狐狸买手套

寒冷的冬天从北方来到小狐狸一家居住的森林。

清晨，小狐狸钻出洞，往外一瞧，大声叫起来："啾，下雪啦，下雪啦，妈妈，你快来看啊。"狐狸妈妈往外一瞧，说道："啊，好大的雪啊，外面一定很冷很冷，要是你有一副小手套，那就暖和多啦。"小狐狸连忙问："妈妈，哪儿有卖手套啊？"狐狸妈妈想了想说："镇上有个帽子店，那里就有卖手套的，可是，你千万不能去啊，因为那儿有人，他们看到你，就会把你关起来的。"小狐狸一听，垂头丧气地说："唉，真没劲。"

一整天，小狐狸都无精打采的，一个劲地唠叨着："要是我有一副手套该有多好啊。"狐狸妈妈看到了，心疼极了。终于狐狸妈妈想出了个办法，她摸着小狐狸的脑袋说："宝贝啊，今天晚上我让你悄悄地去镇上买手套，好吗？"小狐狸一听，高兴极了，拍着手说："太好啦，太好啦，我去买手套喽！"

漆黑的夜幕，就像抖开的大被子，把森林和原野都包裹了起来。夜晚终于降临了，狐狸妈妈带着小狐狸从洞里钻了出来。他们小心翼翼地向有灯光的地方跑去。快到小镇了，狐狸妈妈停住了脚步，她对小狐狸说："孩子啊，把你的一只手伸过来。"小狐狸乖乖地伸出了一只手，狐狸妈妈对着小狐狸的手轻轻地吹了口气，奇怪的事发生了，小狐狸的手瞬间变成了一只可爱的宝宝手。

小狐狸惊讶地看着那只手,一句话也说不出来了。这时,一旁的狐狸妈妈说:"孩子啊,一会儿你到镇上找找帽子店,找到了以后,你就敲敲门,然后说'晚上好,我想买副手套',这时候,就会有人打开一条门缝儿,你就把这只宝宝一样的手伸进去,然后说请给我一双这只手戴着合适的手套吧!听明白了吗?千万不能把那只狐狸手伸进去哦!不然就危险啦。"小狐狸使劲地点点头,说:"我记住了,妈妈。"这时狐狸妈妈把带来的两个硬币放在了小狐狸的手里,让它握紧。小狐狸转身向小镇跑去。

不一会儿,小狐狸来到了小镇上,家家户户都已经关上了大门,高高的窗户里,射出温暖的光,洒在路边的雪地上。很快,小狐狸找到了帽子店,他照着妈妈说的,轻轻地敲了敲门,说"晚上好",于是,屋里的灯亮了,门被打开了一寸宽的缝儿,一束光从门缝里射了出来,照在雪地上,晃得小狐狸睁不开眼睛,他慌了神,把那只妈妈千叮咛万嘱咐不能伸进去的狐狸手伸进了门缝里"请……请卖给我一双这只手戴着合适的手套,好吗?"小狐狸说。帽子店的老爷爷看了看那只狐狸手,觉得好奇怪,这不是一只狐狸爪子吗,难道狐狸也想买手套吗?老爷爷并没有打开门,而是轻声说道:"请把钱交给我吧。"小狐狸乖乖地把两个硬币递了过去,老爷爷接过硬币,看了又看,然后,从货架上拿下了一双非常漂亮的儿童毛线手套,递到了小狐狸的手中,小狐狸总算松了口气,他连忙向老板道了谢,然后踏上了回家的路。等他缩回手时才发现,原来他伸出去的是自己的小爪子。

回家的路上,小狐狸一边跑一边想:"妈妈说人是最可怕的,可是帽子店的老板一点儿也不可怕,老爷爷看见我的爪子,也没有伤害我啊,人到底是什么样子的啊?"小狐狸想看个究竟,当路过一户人家的窗下时,他听到了里面有说话的声音,多温柔多动听的声音啊,原来是一位妈妈正在哄她的孩子睡觉呢。小狐狸小心翼翼地爬上窗台往里瞧,啊,一个小妹妹搂着妈妈的脖子说:"妈妈,天气这么冷,住在森林里的小狐狸一定冻坏了吧?"妈妈听了,说道:"是啊,森林里的小狐狸,一定很冷吧,不过它一定会钻进狐狸妈妈怀里,听着狐狸妈妈的歌声甜甜地睡着的。你快睡吧,明天我们去给森林里的狐狸宝宝送棉被。"小妹妹笑了,很快就睡着了。这时候,小狐狸想起了狐狸妈妈,他立刻朝着妈妈等待她的地方飞奔而去。

狐狸妈妈正提心吊胆地等着小狐狸回来。她浑身颤抖,嘴里不停地念叨:"我的宝贝,你该回来了,你一定要回来啊。"小狐狸回来了,狐狸妈妈把他紧紧地搂在怀里,高兴得直流眼泪。小狐狸钻进妈妈怀里,说:"瞧,妈妈,我买到手套了,刚才发生的事我要慢慢讲给你听。"妈妈笑了……

## 作品简析

《小狐狸买手套》讲的是在寒冷的冬天小狐狸到镇上去买手套的故事。我们从故事中看到动物和我们人类一样,也有亲情,也有母子情;看到了小狐狸的勇敢。故事告诉我们,面对困难不要退缩,要有勇气去认识外面的世界,做一个勇敢、自强、自立的好孩子,同时也告诫人们要爱护动物,不要滥杀动物;不要把自己的幸福建立在别人的痛苦之上。

# 狐狸阿权

## 一

这是我小时候听村里的茂平大爷讲的故事。

从前,在我们村子附近一个叫作中山的地方有一座小城堡,据说这里住着一位姓中山的老爷。

离这中山城堡不远的山里,住着一只名叫阿权的小狐狸。阿权没有亲人,在那长满羊齿草的森林中打了一个地洞当自己的家。不管是夜晚还是白天,它都常跑到附近一带的村子里,有时将地里的山芋刨得乱七八糟,有时在晒着的油菜秸秆上放把火,有时又将农民家后门口挂的辣椒揪下来。总之,它尽干各种淘气的事。

这年秋天,有一次接连下了两三天雨,弄得阿权没法出去玩,只好在洞里蹲着。天一晴它就像得救似的爬出洞口。洞外万里碧空,不时传来伯劳鸟一阵阵唧唧的叫声。

阿权一直跑到村里的小河堤上。四周的狗尾巴草上还挂着晶莹闪亮的雨珠。河边的狗尾巴草和胡枝子的茎秆平时从来是浸不到水的,现在却也被浊黄的积水冲得倒向一起,显得零乱不堪。

阿权沿着泥泞的小路朝小河的下游走去,突然看见有个人站在河里正干着什么。阿权怕他发现,便悄悄钻进草地,一动不动地躲在那里窥视着外面的动静。

噢,是兵十呀!阿权想道。兵十将身上那件黑色破和服的下摆朝上卷起,浸在齐腰深的水中,晃动着一张捕鱼用的网。他头上缠着布巾,一片圆圆的胡枝子叶儿贴在一边脸上,就像一粒大大的黑痣。

过了一会儿,兵十将渔网最后端一个像口袋似的东西从水中提了起来,里面塞着草根草叶和烂木片等乱七八糟的玩意儿,但也能看到东一块西一块白花花的东西——噢,那是大鳗鱼和大鲫鱼的肚皮在闪闪发亮呢。兵十将这些鳗鱼和鲫鱼连同乱七八糟的东西一起扔进了鱼篮,接着把袋口扎紧又放进了水中。

兵十提着鱼篮从河里上了岸,将鱼篮放在河堤上,自己像是要找什么似的朝小河上游方向跑去。

兵十一走,阿权又有点想搞恶作剧了。它嗖地一下从草丛中站了出来,跑到鱼篮跟前,把篮中的鱼抓了出来,一条条地朝张渔网处的下游河里扔去。所有的鱼都扑通扑通地钻进了混浊的水中。

最后剩下一条大鳗鱼,阿权伸爪子去抓,可是这鱼溜滑溜滑的,用爪子怎么也抓不住。阿权急了,将脑袋伸进鱼篮里,一口叼住鳗鱼头。那鳗鱼呼啦一下朝阿权的颈脖裹去。正在这当儿,迎面传来兵十的叫骂声:"哼!你这贼狐狸!"

阿权吓得蹦了起来,那鳗鱼却紧缠着它的脖子不放。阿权只好飞快地往旁边一闪,没命地逃到自己洞穴附近的赤杨树下,回头一看,兵十并没追上来。

阿权松了口气,将鳗鱼头咬碎,才总算解脱开来,然后便将鳗鱼丢在了洞口的草地上。

## 二

过了十来天,阿权走过农民弥助家的屋后时,看见弥助的妻子正在无花果树下染牙齿①；它又走过铁匠新兵卫家的屋后时，看见新兵卫的妻子正在梳头。

嗯，村里有什么事了吗？阿权思忖道：是什么呢？是秋祭②吗？那应该听到大鼓和笛子声呀，更何况店铺还应挂旗子呢。

阿权边想边走，不知不觉间已来到门口有个红色井台的兵十家的门前，看见许多人聚在那又小又破的屋里。一些穿着日本式礼服，腰间挂着布手巾的妇女在门口的灶前烧火。大锅里咕嘟咕嘟地煮着什么。

啊，是葬礼呀！阿权想道：兵十家谁死了呢？天一过响午，阿权便跑到村上的墓地，躲在地藏菩萨塑像的背后。今天天气真好，远处城堡的顶瓦在阳光下闪闪发光。墓地上，石蒜花竞相开放，恰似给地上铺了一层红布。这时，村子那边传来了钟声，这是出殡的信号。

不一会儿，开始看到身穿白衣的送葬队伍过来，说话声也近了。队伍进了墓地，人们走过的地方，石蒜花都被踩倒了。

阿权踮起脚来，看到兵十穿着一身白色的孝服，手捧灵牌。那张平时好似山芋一样红彤彤、显得精神抖擞的脸庞儿今天不知怎的也变得无精打采的了。

啊，死的是兵十的妈妈呀！阿权边想边将头缩了回来。

这天夜里，阿权在洞中想道：兵十的妈妈睡在床上的时候，一定很想吃鳗鱼，所以兵十将渔网带出去了，可是我却恶作剧地将鳗鱼拿了来，弄得兵十的妈妈没吃上鱼。他妈妈肯定就这样死去了，临死时还一心念着吃鳗鱼、吃鳗鱼的。唉，我不该开那种玩笑！

三

兵十正在红色的井台上淘小麦。

兵十以前一直和母亲两人一块儿过着穷日子。妈妈一死，只剩下了他一个人。

兵十也和我一样孤苦伶仃了！阿权从仓房后面看着兵十，这样想道。

阿权刚离开仓房边，要向兵十那边跑去时，不知什么地方传来了叫卖沙丁鱼的吆喝声："沙丁鱼便宜卖喽！新鲜的沙丁鱼哟！"

阿权又朝那吆喝声的方向奔去。这时，弥助的妻子在房门口招呼道："拿点沙丁鱼来！"

卖沙丁鱼的将载有沙丁鱼筐的车子停在路旁，两手抓着白花花的沙丁鱼走进了弥助家。阿权趁这空子，从鱼篮中抓出了五六条沙丁鱼，又忙朝刚才来的方向跑去，并将鱼从兵十家的后门口扔了进去，然后便奔回自己的洞穴，半路上从一个坡顶上回首眺望，看得见还在井边淘小麦的兵十那小小的身影。

阿权觉得自己已为赔偿兵十的鳗鱼做了头一件好事。

第二天，阿权在山上采了很多栗子，捧着来到兵十家。它从后门往里一看，兵十正在吃中饭。只见他捧着碗，怔怔地在想着什么。奇怪的是兵十的腮帮子上还带着点伤。正在阿权猜想他受伤的原因时，只听兵十喃喃嘀咕道："到底是谁把沙丁鱼扔进我家来的呢？结果让我被鱼贩子当贼好揍了一顿。"

阿权一听，心想：这下可糟了，可怜的兵十准是被鱼贩子揍得落下伤来的吧？它边想边悄悄绕到仓房那边，将栗子放在门口，便回去了。

后来，阿权又接连两天采了栗子送到兵

---

①旧时日本妇女盛行将牙齿染黑，以此为美。
②秋后举行的一种祭礼，用以答谢神明赐给的谷物收成。

十家去。再后来,它不但送栗子,每天还送两三个蘑菇去。

## 四

这天晚上,明月当空,阿权又出去闲逛了。它走过中山老爷的城堡不远,就听见金琵琶①的叫声中夹着说话声,像有人顺小路迎面走来了。

阿权躲到路旁,屏息静气地听着说话声渐渐近了。

"噢,我想起来了,弥助!"这是兵十的声音。

"啊?"

"我最近碰到了很怪很怪的事情。"

"什么事?"

"自从妈妈死后,不知是谁,每天都把栗子和蘑菇送到我家来。"

"噢?那是谁干的呢?"

"就是搞不清楚呀!是趁我不知道的时候,把东西放下就走的。"

阿权悄悄地跟在两人后面走。只听弥助又问道:"是真的吧?"

"当然是真的。你要认为我是说谎,明天来看看好了——我把那栗子拿给你瞧!"

"嘿,真有这种怪事呀!"

说到这儿,两人便再没说话,只顾走着。过了一会儿,弥助无意中回头看看。阿权连忙站住,将身子蜷了起来。弥助没注意到它,仍快步向前走着。两人到了一个名叫吉兵卫的农民家门口,便走了进去。屋里传来敲木鱼的笃笃声,灯光将和尚那晃动着的大光头影子映在窗户纸上。

噢,是在念经呀。阿权边想边在井台上蹲了下来。过了一会儿,又有三个人一块儿进了吉兵卫家。

屋里传来念经的声音。

## 五

阿权一直蹲在井台边上,直到念经结束。兵十和弥助又一起回家去。阿权想听听他俩的话,便又跟了上去,借着兵十的影子隐蔽着自己。

到了城堡前,弥助开口了:"刚才说的那事儿肯定是神仙干的。"

"啊?"兵十惊讶地看着弥助的脸。

"我刚才一直在想:这不会是人,肯定是神仙。神仙觉得你一人孤单单的怪可怜,便施舍了各种各样的东西给你。"

"是吧?"

"当然喽!所以你最好每天都要敬敬神仙。"

"嗯。"

阿权这时想到:嗨,这家伙真是扯淡!我给他送去栗子和蘑菇,可他不敬我,却要去敬什么神仙。我可不上算啦!

## 六

第二天,阿权又带着栗子往兵十家来。兵十正在仓房搓草绳,于是阿权便从后门偷偷地溜进了他家。这时,兵十一抬头:呀,家里跑进一只狐狸!上次偷我鳗鱼的狐狸阿权又来捣蛋了!

"好啊!"兵十站起身,拿下挂在库房的火绳枪,装上火药,然后蹑手蹑脚地靠上前去,一枪打中了正要跑出门来的阿权。

兵十跑了过来,一下看到进门处放着一堆栗子,不禁吃惊地将目光落在阿权身上。

"呀,一直给我送栗子来的是你吧,阿权?"

阿权闭着眼睛,无力地点点头。

兵十手中的火绳枪哐当一声掉到地上,那枪口还冒着缕缕青烟。

---

①传说中的一种怪物。

### 作品简析

小狐狸阿权无父无母,独自生活着,作为一个没有家长教养的孩子,虽然本性是善良的,但因为无聊孤单而想做点什么聊以慰藉的它选择了恶作剧,然而,却给别人带去困扰。虽然自己没有意识到,但是这些恶作剧总是会引起别人对于它的憎恶。于是,只是单纯地做恶作剧的它,因此而被当成一个敌人。以悲剧开篇,预示着以悲剧结束。

阿权的命运不禁让我们联想到生命的短暂和无常,以及一生中说不尽的命运规则:人毕竟是人,人的眼中动物终归是动物,在人与动物的世界里,人类总是最后生存的一方,其他的生物都是因为人类的臆断而灭亡。所以,人和动物和睦共处绝不是喊喊口号那么简单的。

# 姜尼·罗达里

### 作者简介

姜尼·罗达里(1920—1980),意大利儿童文学作家,曾任教师、编辑、记者等职。20世纪40年代开始写童谣和童话故事,是世界儿童文学泰斗。主要作品有长篇童话《洋葱头历险记》、《假话国历险记》,童话集《蓝箭》、《电话里的故事》等,儿童小说《3个小流浪儿》等。

### 课文回顾

姜尼·罗达里是著名的儿童文学作家,他那些欢快活泼、童趣盎然的作品,不仅带给孩子们无尽的欢乐,更启发了孩子们对人生的深深思索。在三年级上册(北师大版)语文课本中就有他的文章——《不愿长大的小姑娘》。

## 不愿长大的小姑娘

有个小姑娘聪明伶俐,爸爸妈妈都很爱她。

但是,她的爸爸妈妈每天上班,天不亮就出门了,星期日也经常不在家。

小姑娘问妈妈:"别人的妈妈都能带他们上动物园,你为什么不带我去呢?"

妈妈说:"爸爸是司机,妈妈是送奶员,工作离不开身呀!"

"为什么工作离不开身呢?"

"等你长大就明白了,那时候你就不缠着妈妈了。"妈妈说。

小姑娘不高兴了,说:"我不愿意长大!"

但是,小姑娘心疼妈妈呀!她对妈妈说:"好吧,我就不上动物园吧。每天早晨您上班前,不要照顾我了,我的事情我自己做吧!"

小姑娘每天早晨自己洗脸、叠被、吃早饭。可是她梳小辫子时,因为胳膊太短,够不着后边。她想:要是我能长大一点就好了!她每天都这样想,果然就长高了一些,胳膊也长长了。

有一天,妈妈得了重病,只能卧床休养。小姑娘对妈妈说:"您放心吧,我会让大家过得很好。"她买菜,洗碗,做粥。可是她的个子太小,洗碗够不着水池。她想:要是我能再长大一点就好了!她每天都这样想,果然又长高了一些,能洗碗、洗衣服,还能晒衣服。

妈妈病好了,但是还比较虚弱。小姑娘对妈妈说:"你出去晒晒太阳吧,或者去公园散散步,我来做家务事。"她擦玻璃,刷厨房,收拾衣柜,还帮妈妈送奶。

看到镜子里自己变得高大起来的身体,小姑娘自言自语:"唉!没办法,我还得再长大一些,这不是为了我,而是为了妈妈。"她每天都这样想,果然又长高了一些。

不知不觉,小姑娘长成了一个高个子的漂亮姑娘。人们赞美她善良、能干,她微笑着心里想:长大的感觉也不错!

## 作品简析

《不愿长大的小姑娘》讲述了一个小姑娘起初不愿长大,但是当她看到妈妈工作辛苦、生病卧床休息需要人关心照顾时,又渴望自己赶快长大的事情。文章表现了小姑娘对妈妈的体贴和关爱,生动反映了儿童身心一步步成长的过程。

## 拓展阅读

## 给仙人的信

不知道是真是假,
说是夜里,
仙人把礼物放进毛袜;
不知道是真是假,
说是过节,
仙人把玩具放在好孩子的枕头底下。
我不顽皮,
一举一动都好,
就是在袜子里什么也没找到。

亲爱的仙人,

今天是除夕,
你的火车一定开过这里。
我心里就怕一件事情,
就怕你的火车开过我们这儿不停,
就怕你走过了穷人们的破房土窑,
把我们这些好而穷的孩子漏掉。

仙人呐,
我们要感谢得了不得,
如果你坐上一辆慢车,
在有孩子等你的每家门口停上一刻。

**作品简析**

在这首小诗中,作者以儿童的语气给仙人写信,在儿童看来,仙人总是坐着火车来,又坐着火车走的,因此才显得那样行色匆匆。这种奇特的想象反映了儿童丰富的心理世界。在本诗中,浅显易懂的语言中包含着深刻的寓意。尤其"就怕你走过了穷人们的破房土窑,把我们这些好而穷的孩子漏掉"一句,诗人借助孩子之口,表达了对贫穷孩子命运的关注。

# 雀 儿

开开窗户吧,外头真冷呀,
幼儿园的小朋友哟,快开窗!
我是一无所有的可怜雀儿呀,
身上没有暖和的皮袄穿。
我昨儿个就看见了呀,
看见你们把枞树抬进了屋,
我看见你们在幼儿园里,
围着枞树跳跃又拍手。
我数呀,数呀,数呀,
总数不清有多少点亮光!就像童话里讲到的彩虹,
那般神奇呵,那般灿烂。
请让我飞进你们的幼儿园,
我把雀窝儿做在枞树里,
做在你们完全看不见的地方。
你们好玩儿的玩具真多哇!
挂满了枞树的上上下下,
但是,要是你们只管自个儿,

把我这黑眼珠的雀儿关在门外,
你们总也不会玩得痛快!
我不是你们枞树上那透明的红鸟,
我是活生生的鸟儿呀,
我的心儿砰砰地在胸中跳荡,
我是真真真的鸟儿呀。
我是一只懂事的雀儿啊,
我一点儿也不会贪心的,
我只想暖和暖和我的身子,
随你们的心给我吃点东西。
喂我的东西不用成堆成堆儿的,
我只是要一点饼干也就满足了呀,
就为这一点儿充饥的食物哟,
我多少次飞到你们窗外屋檐下。
开开窗户吧,外头真冷呀,
幼儿园的小朋友哟,快开窗,
我是一无所有的可怜雀儿呀,
身上没有暖和的皮袄穿。

**作品简析**

这首诗的构思非常巧妙。诗人借助奇特想象化身为一只雀儿,借助小鸟的眼睛观察人类,通过对小鸟心理世界的详细刻画,展现了儿童快乐、幸福的生活,欢乐的场面令读者如临其境。在这首诗中,孩子们的幸福生活与小鸟可怜的处境形成鲜明的对比,这种对比既巧妙衬托出儿童欢乐、幸福的生活情景,又突出了诗人对小鸟的关爱与同情。

# 不会汪汪叫的小狗

从前,有一只不会汪汪叫的小狗。不会汪汪叫,不会喵喵叫,不会哞哞叫,也不会嘶嘶叫,什么调儿也叫不出来。它是一只孤零零的小公狗,谁也不晓得它是怎么跑到这个一只狗也没有的镇子上来的。它自己倒不在乎,一点儿也没发现它还缺少点什么,还是别的动物向它指出说:"怎么,你不会汪汪叫?"

"不会呀……我是从外乡来的……"

"听听它是怎么回答的!你不知道狗都会汪汪叫吗?"

"干吗要汪汪叫呀?"

"它们汪汪叫,因为它们是狗呗。朝过路的流浪汉叫,朝不怀好意的猫叫,朝圆圆的月亮叫。高兴的时候汪汪叫,神经紧张的时候汪汪叫,愤怒的时候汪汪叫。白天叫得凶,夜晚叫得也很勤。"

"是吗,可我……"

"可你什么?你是一只怪狗,靠边站,总有一天你的名字会上报纸的。"

小狗不知道怎么回答这一顿劈头盖脸的指责才好。它不会汪汪叫,也不知道怎么才能学会汪汪叫。

"学我的样子叫。"有一次,一只很同情它的小公鸡对它说。小公鸡伸长脖子嘹亮地啼了两三声:"喔喔喔——"

"好像很难。"小狗说。

"瞧你说的,简单极了。你好好听着,注意看我的嘴。"

小公鸡又喔喔喔啼了几声。

小狗试着同样叫了一声,可是打它嗓子眼儿里冲出来的是一声粗鲁的"咯咯"声,吓得小母鸡们四散逃跑了。

"没关系,"小公鸡安慰它说,"对于第一次来说,你叫得也许太棒了。再试试,再试试。"

小狗又试着叫了一次、两次、三次。每天它都试着打鸣,从早到晚躲在一个角落里苦练。为了不惊动别人,更自由自在地练习,有几次它跑到树林子里去练。一天早晨,它在树林子里练习的时候,竟啼出了喔喔喔的声音,啼得太像了,一声真正的鸡啼,好听极了,洪亮极了,以至于当狐狸听到这一声啼叫时,心里想:"公鸡到底找我来了。我得赶紧跑去谢谢它的探望……"它猛地蹿了起来,飞快跑去,随身还带上了叉子、刀子和餐巾,因为对于一只狐狸来说,没有比一只小公鸡的肉更鲜嫩更开胃口的了。等到它看清楚那不是一只公鸡,而是一只身子蹲在尾巴上,一声连一声喔喔喔地啼着的小狗时,是多么失望啊!

"嘿,"狐狸说,"原来是这么回事,你搞阴谋想害死我啊!"

"阴谋?"

"不错。你让我相信有一只在树林里迷了路的公鸡,你却埋伏在这儿等着冷不丁逮住我。幸亏我及时看清了你,险些中了你的诡计。可你这是不守信义的捕猎,狗通常是用汪汪的叫声通知我:猎人来了。"

"我向你保证,我……这么说吧,我连想都没有想到过什么打猎。我到这儿来是为了练习的。"

"练习?练习什么?"

"我是要练会汪汪叫。我差不多会了,你听,我叫得多好哇!"

它极响亮地啼了几声:"喔喔喔——"

狐狸差一点没笑破肚子,它笑得倒在地上直打滚儿,使劲捂住肚皮,又是咬胡须又是叼尾巴。小狗满面羞惭,低垂着头,眼睛里噙满了泪水,悄悄地溜走了。

附近停着一只斑鸠,看见小狗走过,很可怜它。

"它对你怎么啦?"

"没什么。"

"那你的样子怎么挺伤心的?"

"那……是因为……是因为……我不会汪汪叫。没有谁教我。"

"如果光是为了这个,那我来教你。好好听着,听我是怎么叫的,你想法学我的样子叫:咕咕……咕咕……咕咕……明白了吗?"

"好像还容易。"

"容易极了。我很小的时候就会叫。试试:咕咕……咕咕……"

"咕……"小狗叫起来,"咕……"

那一天它试着叫,第二天又试着叫。一个星期内叫得已相当不错了。它高兴得不得了,心想:"我终于开始会叫了。现在谁也甭想拿我取笑了。"

正是在那几天,打猎开始了。村林里来了许多猎人,他们是一些听到啥看见啥就朝啥乱放枪的猎人,甚至会对准夜莺开枪。一个猎人听到从一片矮树林子里传出一阵咕咕……咕咕……的啼叫声,忙端起枪瞄准,"砰!砰"开了两枪。

幸好,弹丸没击中小狗,只是掠着它的耳朵皮嗖嗖地飞了过去,小狗拔腿就跑。它心里很纳闷儿:"这个猎人准是疯了,连汪汪叫的狗也开枪打。"

这当儿,猎人跑去寻找他的猎物,他确信击中了目标。

"准是那只小狗给叼走了。"他喃喃地说。为了出气,他朝一只刚把小脑壳探出洞口的小耗子开了一枪。

小狗拼命地跑着,跑着……

第一个结尾

小狗跑呀,跑呀,跑到一片草地上。一头小奶牛正在草地上安安静静地啃着青草。

"你住哪儿跑?"

"不知道。"

"那么停下来,这儿水肥草美。"

"嗯,青草治不好我。"

"你病了?"

"不是,我不会汪汪叫。"

"那是世界上最简单不过的事!听我叫两声:哞……哞……哞……难道不是一首美丽的诗吗?"

"不坏。可我不敢担保是不是一首正确的诗。你是一头奶牛啊……"

"我当然是奶牛。"

"可我不是,我是狗。"

"当然,你是狗,这又怎么啦?没有什么东西阻止你学我的语言呀。"

"好主意!好主意!"小狗突然喊起来。

"什么主意?"

"这会儿我脑子里正在酝酿一个主意。我将学习各种动物的语言,我让一个马戏班子雇佣我,我会成功的,变成大富狗,娶一个国王的女儿。国王也好,狗也好,成为一家子,彼此沟通感情。"

"好样的,想得真美。那好吧,我这就叫,你好好听着:哞……哞……哞……"

"哞……"小狗也叫起来。

这是一只不会汪汪叫的狗,却是一位语言大师,精通各种语言。

第二个结尾

小狗跑呀,跑呀,遇到一个农民。

"你往哪里跑?"

"连我自己也不清楚。"

"那么到我家去,我正缺一只狗给我守鸡笼子哩。"

"好,我去。可我告诉你,我不会汪汪叫。"

"这样更好,汪汪叫的狗会吓跑小偷的。而你呢,他们不知道你在那儿,他们走近笼子,你冷不防扑上去咬伤他们,这样,他们就会得到应有的惩罚。"

"那我去。"狗说。

这样,不会汪汪叫的狗找到了职业,被一条铁链子拴着,每天喝一盘子稀粥。

第三个结尾

小狗跑啊,跑啊,突然停了下来。它听到一种奇怪的叫声:"汪汪,汪汪。"

"这声音是什么动物叫的?"小狗想。

"汪汪,汪汪。"

"长颈鹿吗? 不是。也许是鳄鱼,鳄鱼可是极凶恶的动物。我必须小心翼翼地走近它。"

小狗在树林里匍匐前进,一步一步朝传出汪汪叫声的那个方向爬了过去,不知怎么的,这个声音使它那颗藏在毛皮下面的小心脏突突地乱跳。

"汪汪,汪汪。"

"呀,是另一只狗。"

它正是刚才听到咕咕声开了一枪的那个猎人的猎犬。

"你好哇,狗。"

"你好哇,狗。"

"你能告诉我,你正在吟的是什么诗吗?"

"诗? 我不是吟诗,我是在汪汪叫。"

"汪汪叫? 你会汪汪叫吗?"

"当然会。你可别异想天开地希望我学大象的哼哼或学狮子的吼叫。"

"那么你教我,好吗?"

"你不会汪汪叫吗?"

"不会。"

"听着,好好听着。就这么叫:汪汪,汪汪……"

"汪汪,汪汪。"小狗马上叫起来。它沉浸在幸福和激动中,心里想:"嗨,我终于找到了我的正确的老师啦!"

### 作品简析

这是一只不会汪汪叫的小狗,不会汪汪叫,不会喵喵叫,不会哞哞叫,什么调也叫不出来,它去跟公鸡学叫,又跟斑鸠学叫,结果它都不学了,因为学的都不是狗的叫声。随着故事的三个不同的结尾,小狗的命运也有不同的变化。这个故事的第三个结尾告诉我们:不要去跟不正确的老师学习,就算学会了,也是错误的。

# 列夫·托尔斯泰

### 作者简介

列夫·托尔斯泰(1828—1910),19世纪末20世纪初俄国最伟大的文学家,也是世界文学史上最杰出的作家之一。代表作有长篇小说《战争与和平》、《安娜·卡列尼娜》、《复活》以及自传体小说三部曲《童年》、《少年》、《青年》。列宁曾称颂他为具有"最清醒的现实主义"的"天才艺术家"。

### 课文回顾

阅读童话故事,我们不能只把兴趣停留在曲折的故事情节上,还要通过这些生动的故事,去探求作家告诉我们的深刻道理。《七颗钻石》是三年级下册(人教版)语文课本中的一篇童话故事,不知你是否从中得到了一些人生的启迪?

## 七颗钻石

很久很久以前,在地球上发生过一次大旱灾,所有的河流和水井都干涸了,草木丛林也都干枯了,许多人及动物都焦渴而死。

一天夜里,一个小姑娘拿着水罐走出家门,为她生病的母亲去找水。小姑娘哪儿也找不到水,累得倒在沙地上睡着了。当她醒来的时候,拿起罐子一看,罐子里竟装满了清澈新鲜的水。小姑娘喜出望外,真想喝个够,但又一想,这些水给妈妈还不够呢,就赶紧抱着水罐跑回家去。她匆匆忙忙,没有注意到脚底下有一条狗,一下子绊倒在它身上,水罐也掉在了地下。小狗哀哀地尖叫起来。小姑娘赶紧去捡水罐。

她以为,水一定都洒了,但是没有,罐子端端正正地在地上放着,罐子里的水还满满的。小姑娘把水倒在手掌里一点,小狗把它都舔净了,变得欢喜起来。当小姑娘再拿水罐时,木头做的水罐竟变成了银的。小姑娘回到家,把水罐交给了母亲。母亲说:"我反正就要死了,还是你自己喝吧。"她又把水罐递给小姑娘。就在这一瞬间,水罐又从银的变成了金的。这时,小姑娘再也忍不住,正想凑上水罐去喝的时候,突然从门外走进来一个过路人,要讨水喝。小姑娘咽了一口唾沫,把水罐递给了这过路人。这时突然从水罐里跳出了七颗很大的钻石,接着从里面涌出了一股巨大的清澈而新鲜的水流。

而那七颗钻石越升越高,升到了天上,变成了七颗星星。

### 作品简析

故事讲述了地球上发生了大旱灾,许多人和动物都焦渴而死,一个小姑娘抱着水罐为生病的母亲找水,爱心使水罐一次又一次地发生着神奇的变化,最后水罐里涌出了一股巨大的清澈又新鲜的水流,从水罐里跳出的七颗钻石升到了天上,变成了七颗星星。这个故事启发我们要懂得关心别人,要用爱心对待生活。

## 拓展阅读

## 天　鹅

　　一群天鹅排着队从寒冷的北方飞向温暖的南方。它们白天连着黑夜，黑夜连着白天地在汪洋大海上飞呀，飞呀，一刻也不停歇：天空挂着一轮明月，下面是一望无际的湛蓝海水。它们都累得精疲力竭了，还是不肯休息，仍然鼓动翅膀，继续飞着。那些身强力壮的老天鹅在前面带路，年小体弱的天鹅跟在后面。

　　飞在队伍最后面的一只小天鹅，它的体力已经耗尽了，尽管它还想鼓动翅膀，可再也飞不动了。只见它的翅膀一耷拉，就从天空坠落下来，而它的同伴们飞得越来越远，在朦胧的月色中，就像一片片洁白的云朵。小天鹅终于掉在水面上，它收起了翅膀，海水在它身下翻滚着，把它摇来摇去。天鹅群在皎洁的夜空中变成隐隐约约的一条线，等天鹅群消失得无影无踪了，小天鹅才把脖子弯回来，闭上了眼睛。它一动也不动，任凭波涛翻滚的海水把它抬起来，又抛下去。拂晓前，海面上刮起了一阵阵小风，浪花溅到小天鹅雪白的胸脯上。它睁眼一看，东方已经升起火红的霞光，星星和月亮都黯然失色了。小天鹅深深吸了一口气，伸出脖子，鼓动起翅膀，擦着水面腾空而起。它飞得越来越高，在它下面的大海渐渐变得模糊了；它一往无前，飞呀，飞呀，向着温暖的地方飞去；它独自在神秘莫测的大海上一再飞着，飞向同伴们所去的地方。

## 作品简析

　　本文对小天鹅的动作描写尤为生动，通过一连串的动作，生动再现了小天鹅起飞的情景，表现了它不屈的精神。作者以小天鹅独自飞翔的画面结束了全文，仿佛是一个特写镜头，给读者留下深刻印象。我们不禁会想——小天鹅能赶上它的同伴吗？它能否顺利飞到温暖的地方？这种充满悬念的结尾，留给了读者很多想象空间。

## 好心的客店主人

　　从前有一个好心人，想尽可能多地为人们做善事，便开始琢磨怎么做才能不使任何人受委屈，让每一个人都受益，让每一个人都感到平等。

　　后来这个好心人想出了一个主意，在人来人往的地方建了一座客店，客店里置办齐了所有能让人们感到舒适和高兴的设施，在客店里造好了暖和的客房、上好的炉灶、木柴、灯火，库房里装满了各种粮食，地窖里储藏着蔬菜，还备有各种水果、饮料、床、被褥，里外的服装、靴子，把尽可能多的东西装备好。

　　好心人做完这一切之后就离开了，等着看结果怎么样。于是陆续有些善良的人来借住，吃点东西，喝点水，住上一夜，要不就待上一两天或者个把星期。有时谁需要就拿些衣服、靴子。用完了就收拾好，保持来之前的样子，以便别的旅客接着用。走的时候心里直感激那个不知道名字的好心人。

但有一次，却来了一伙大胆而粗鲁的恶人。他们随心所欲地抢光了店里所有的东西，而且为了这些财物起了纷争。开始是互相谩骂，接下来就是拳脚相向，直至互相争抢，故意地毁坏财物，只要别人拿不到就好。一直闹到把所有东西都毁坏完，这时，他们才感到又冷又饿，又开始互相埋怨起来，接着就骂起这客店的主人来，这里为什么搞得这么糟糕，连看门的人也不安排一个，准备的东西又这么少，为什么把形形色色的坏人都放了进来。而另一些人则说这客店根本就没什么主人，客店本身也造得不好。

这些人离开了客店，又冷、又饿、怒气冲冲，只是一味地骂着建造这个客店的主人。

当世上的人们不为灵魂而只为肉体而生的时候，他们也是这样做的，他们毁坏着自己和他人的生活，却不知自责，只知互相指责，如果他们承认上帝，就连上帝一起指责，如果不承认上帝，而认为世界是自我建造的，那么就指责这个世界。

**作品简析**

在这篇短文中，作者分别刻画了两类旅客。善良人在客店得到了方便，心存感恩；而恶人却毁坏所有设施后，因饥寒交迫而迁怒于主人。鲜明的对比突出了恶人粗鲁、野蛮无礼的特点。本文最后一段可谓是点睛之笔，作者由前文的故事得出了发人深省的结论，指出了恶人之所以以怨报德，是因为他们为肉体而不是为灵魂而生。这个结论启发读者：人不能只顾个人的利益得失，而要追求高尚的灵魂。

# 穷　人

渔家小屋的炉火旁，坐着打鱼人的妻子冉娜，她正在缝破旧的船帆。风在门外尖叫咆哮，海浪在岸边飞溅、摔碎、嚎叫……外面又黑又冷，海上肆虐着风暴，可在这间渔家的小屋里舒服又温暖。夯土的地面扫得干干净净，炉火还未熄灭，碗架上的餐具闪着亮光。在怒海的呼啸声中，五个孩子在放下的床帐中熟睡。打鱼人早起驾着自家小船迟迟不归，渔家女听着海浪轰鸣风在号啕，冉娜心中害怕。

年久的木钟喑哑地敲出十点、十一点……丈夫仍未归来。冉娜在沉思。丈夫不惜力，在寒冷风暴中打鱼；她也从早到晚做着活。可又怎样？勉勉强强能糊口。可孩子们还是没有鞋穿；不论冬夏都光着脚。他们吃的不是小麦面包，有黑麦面包够吃就不错了。菜可只有鱼。"唉。感谢上帝，孩子们倒还健康，没有什么可抱怨的。"冉娜想着又倾听着风暴的声响。"他现在在哪儿呢？保佑他吧，上帝啊，发发慈悲吧！"她一边说一边画着十字。

睡觉还早，冉娜站起身，往头上披一条厚披巾，点起风灯走出家门，她要看看海是不是静了点，天是不是亮了点，灯塔是不是亮着，丈夫船上的灯是不是看得见了。可海上什么也不见。风撕扯着她的披巾,又用断落的什么东西敲击着女邻居家木屋的门。于是冉娜记起她昨晚就打算去看看病倒的女邻居。"也没个人照看照看她。"冉娜想着,敲敲门。她仔细听着……没人应门。

"寡妇真难啊!"冉娜站在台阶上想,"孩子倒不算多,两个,可全要一个人想办法。这会儿又生起病!唉,寡妇真难啊。我进去看看她。""喂,大嫂子!"冉娜叫道。"不会出什么事吧?"她想着推开门。

屋子里又潮又冷。冉娜举起灯,想看清病人躺在哪里。可最先投入她眼帘的是正对着门的床,床上是她,女邻居,那样寂然不动地仰躺着,只有死去的人才会这样。冉娜把灯再拿近些。是的,这是她。头向后仰着,冰冷发紫的脸上留着死的安宁,苍白无生气的手似乎伸出去要拿什么,从褥草上垂落下来。

就在这儿,离死去的母亲不远,两个卷发胖颊的小孩盖着条旧连衫裙睡着了,他们蜷缩着身体。金发的小脑袋紧靠在一起。显然。母亲在临死前还最后用旧头巾包好他们的小腿,拿自己的连衫裙盖好他们的身子。他们的呼吸平稳安宁,他们睡得又甜又沉。

冉娜取下睡着孩子们的摇篮,用披巾裹紧他们抱回家去。她的心跳得很厉害;她自己也不知道,她怎样并为什么做了这件事,可她知道她不能不这样做。

回到家她把睡熟的孩子放到自己孩子身边,忙忙地拉上床帐。她脸色苍白而激动,好像受着良心的折磨。"他会说什么呢?"她自言自语说,"五个孩子可不是开玩笑,为他们他还折腾得不够吗?……这是他来……了?……不,还不是他!……可我为什么抱回来?……他会揍我的!也揍得在理,我也

该揍。这是他了!不是!……唉,也好!"

门响了一声,像是有人进来,冉娜颤抖一下从椅子上欠起身来。"不是。又没人!主啊,我为什么这样做?……现在我还怎么敢看他的眼睛?……"冉娜陷入了沉思,久久坐在床边。

雨停了,天亮了,可风依旧在呼啸,海依旧在号啕。

突然房门大开,屋里撞进来一股新鲜的大海气息和一个肤色黝黑的高个子渔夫,身后拖着水淋淋的撕破了的渔网,他走进来幸福地说:"瞧,我回来了,冉娜!"

"啊呀,是你!"冉娜说着又停下,不敢抬眼看他。

"吓,这一夜真够受的!真可怕!"

"是的,是的,天气太可怕了!捕鱼怎样?"

"糟透了,彻底糟糕!什么也没捕着,只撕破了网。坏透了!坏透了!……对了,告诉你,这天气真够厉害的!我好像想不起经过这样子的夜晚。哪还顾得上捕什么鱼!上帝保佑,能回家已经不容易了……喂,我不在,你干了些什么?"

渔夫把网拖进屋,坐在火炉旁。

"我?"冉娜说着脸发白了,"那我还……我坐在家忙针线活……风号叫得那么凶,我害怕起来,为你担心。"

"是啊,是啊。"丈夫咕哝着说,"这天气是鬼得很,真糟透了!你还会有什么办法!"

"你知道吗?"冉娜说,"女邻居西蒙娜死了。"

"真的?"

"我都不知道,什么时候死的;多半是,昨天。她死得痛苦,光为孩子,就够她痛心的了!俩孩子——可还是小不点呢!……一个还不会说话,一个刚学会点爬……"

冉娜不吭声了,渔夫皱紧眉头,他脸上流露出严肃、关切的神情。

"嗯,这是个事儿!"他说着搔搔头,"嗨,能做些什么呢!只好领回来,不然醒过来,怎能让他们和死人在一块?嗨,还能怎样,总有法子熬过来的!你倒是快去呀!"

可冉娜一动也不动。

"你怎么啦?你不愿意?你出什么事儿啦,冉娜?"

"他们已经在这儿了。"冉娜说着拉开床帐。

### 作品简析

列夫·托尔斯泰虽然出身于贵族家庭,却总是把目光投向那些贫苦民众。他同情他们,也尊敬他们,这些平凡人身上体现出来的坚韧和善良总会深深地打动读者,《穷人》描绘的"穷人们"就是如此。他们在恶劣的环境中努力挣扎,谦卑而渺小的生命却充满着人性的光辉和崇高的人格魅力,与周遭的环境对比,是那么的耀眼和伟大!当孤苦无依、疾病缠身的西蒙娜在临死的时候,仍不忘把自己的衣服盖在两个孩子身上,并细心地用旧头巾包住他们的小脚。她给予孩子的不仅是温暖和生的希望,更是深深的母爱。当冉娜毫不犹豫把失去母亲的两个孩子抱回家的那一刻,平凡的她一下子高大起来。生活窘迫,已经有五个孩子还要收养两个孤儿的渔夫,则让我们看到了他那颗善良、充满爱的心。真正伟大的文学作品就是这样:平淡、真实、令人感动。

# 第三章 散文

## 许 地 山

### 作者简介

许地山(1893—1941),名赞堃,字地山,曾用笔名"落华生",现代作家、学者。出生于中国台湾一个爱国志士的家庭。主要著作有《空山灵雨》、《缀网劳蛛》、《危巢坠简》、《道学史》、《印度文学》;译著有《二十夜问》、《太阳底下降》、《孟加拉民间故事》等。

### 课文回顾

许地山有一篇叙事散文,名为《落花生》,是五年级上册(人教版)语文课本中的课文。文中,许地山通过对日常生活的讲述,表现出深刻的人生哲理。

## 落 花 生

我们家的后园有半亩空地。母亲说:"让它荒着怪可惜的,你们那么爱吃花生,就开辟出来种花生吧。"我们姐弟几个都很高兴,买种,翻地,播种,浇水,没过几个月,居然收获了。

母亲说:"今晚我们过一个收获节,请你们的父亲也来尝尝我们的新花生,好不好?"母亲把花生做成了好几样食品,还吩咐就在后园的茅亭里过这个节。

那晚上天色不大好。可是父亲也来了,实在很难得。

父亲说:"你们爱吃花生吗?"

我们争着答应:"爱!"

"谁能把花生的好处说出来?"

姐姐说:"花生的味儿美。"

哥哥说:"花生可以榨油。"

我说:"花生的价钱便宜,谁都可以买来吃,都喜欢吃。这就是它的好处。"

父亲说:"花生的好处很多,有一样最可贵:它的果实埋在地里,不像桃子、石榴、苹果那样,把鲜红嫩绿的果实高高地挂在枝头上,使人一见就生爱慕之心。你们看它矮矮地长在地上,等到成熟了,也不能立刻分辨出来它有没有果实,必须挖起来才知道。"

我们都说是，母亲也点点头。

父亲接下去说："所以你们要像花生，它虽然不好看，可是很有用。"

我说："那么，人要做有用的人，不要做只讲体面、而对别人没有好处的人。"

父亲说："对。这是我对你们的希望。"

我们谈到深夜才散。花生做的食品都吃完了，父亲的话却深深地印在我的心上。

### 作品简析

文中作者讲述了一家人过花生收获节的情景。通过谈论花生的好处，揭示了花生不图虚名、默默奉献的崇高品格。文章表达了作者不为名利，只求有益于社会的人生理想和价值观，同时启示我们，不要做只讲体面而对别人没有好处的人。

### 拓展阅读

## 再 会

靠窗根坐着的那位老人家是一位航海者，刚从海外归来。他和萧老太太是少年时代的朋友，彼此虽别离了那么些年，然而他们会面时，直像忘了当中经过的日子。现在他们正谈起少年时代的旧话。

"蔚明哥，你不是二十岁的时候出海的吗？"她屈着自己的指头，数了一数，才用那双被阅历染浊了的眼睛看着她的朋友说，"呀，四十五年就像我现在数着指头一样地过去了！"

老人家把手捋一捋胡子，很得意地说："可不是！……记得我到你家辞行那一天，你正在园里饲你那只小鹿，我站在你身边一棵正开着花的枇杷树下，花香和你头上的油香杂窜入我的鼻中。当时，我的别绪也不晓得要从哪里说起，但你只低头抚着小鹿。我想你那时也不能多说什么，你竟然先问一句'要等到什么时候我们再能相见呢'，我就慢答道：'无须多少时候。'那时，你……"

老太太接着说："那时候的光景我也记得很清楚，当你说这句的时候，我不是说'要等再相见时，除非是黑墨有洗得白的时节'。哈哈！你去时，那缕漆黑的头发现在岂不是已被海水洗白了吗？"

老人家摸摸自己的头顶，说："对啦！这也算应验哪！可惜我见不着芳哥，他过去多少年了？"

"唉，久了！你看我已经抱过四个孙儿了。"她说时，看着窗外几个孩子在瓜棚下玩，就指着那最高的孩子说，"你看鼎儿已经十二岁了，他公公就在他弥月后去世的。"

他们谈话时，丫头端了一盘牡蛎煎饼来。老太太举手让着蔚明哥说："我定知道你的嗜好还没有改变，所以特地为你做这东西。"

"你记得我们少时，你母亲有一天做这样的饼给我们吃。你拿一块，吃完了才嫌饼里的牡蛎少，助料也不及我的多，闹着要把我的饼抢去。当时，你母亲说了一句话，教我常常

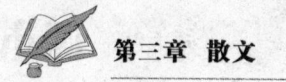

忆起,就是'好孩子,算了罢。助料都是搁在一起渗匀的。做的时候,谁有工夫把分量细细去分配呢?这自然是免不了有些多,有些少的,只要饼的气味好就够了。你所吃的原不定就是为你做的,可是你已经吃过,就不能再要了'。蔚明哥,你说末了这话多么感动我呢!拿这个来比我们的境遇吧:境遇虽然一个一个排列在面前,容我们有机会选择,有人选得好,有人选得歹,可是选定以后,就不能再选了。"

老人家拿起饼来吃,慢慢地说:"对啦!你看我这一生净在海面生活,生活极其简单,不像你这么繁复,然而我还是像当时吃那饼一样——也就饱了。"

"我想我老是多得便宜。我的'境遇的饼'虽然多一些助料,也许好吃一些,但是我的饱足是和你一样的?"

谈旧事是多么开心的事!看这光景,他们像要把少年时代的事迹一一回溯一遍似的。但外面的孩子们不晓得因什么事闹起来,老太太先出去做判官;这里留着一位矍铄的航海者静静地坐着吃他的饼。

### 作品简析

本文动作描写虽然不多,但却非常传神。另外,作者把深刻的哲理蕴藏在两位老人平淡的对话中。尤其"境遇虽然……有人选得好,有人选得歹,可是选定以后,就不能再选了"一句,启发我们选择人生道路时一定要慎重,因为一旦选错方向,便很难回头。

## 补破衣的老妇人

补破衣的老妇人她坐在檐前,微微的雨丝飘摇下来,多半聚在她脸庞的皱纹上头。她一点也不理会,尽管收拾她的筐子。

在她的筐子里有很美丽的零剪绸缎;也有很粗陋的麻头、布尾。她从没有理会雨丝在她头、面、身体之上乱扑,只提防着筐里那些好看的材料沾湿了。

那边来了两个小弟兄,也许他们是学校回来。小弟弟管她叫作"衣服的外科医生",现在见她坐在檐前,就叫了一声。

她抬起头来,望着这两个孩子笑一笑。那脸上的皱纹虽皱得更厉害,然而生的痛苦可以从那里挤出许多,更能表明她是一个享乐天年的老婆子。

小弟弟说:"医生,你只用筐里的材料在别人的衣服上,怎么自己的衣服却不管了?你看你肩膀补的那一块又该掉下来了?"

老婆子摸一摸自己的肩膀,果然随手取下一块小方布来。她笑着对小弟弟说:"你的眼睛实在精明!我这块原没有用线缝住,因为早晨忙着要出来,只用浆子暂时糊着,盼望晚上回去弥补,不提防雨丝替我揭起来了!这揭得也不错。我,既如你所说,是一个衣服的外科医生,那么,我是不怕自己的衣服害病的。"

她仍整理筐里的零剪绸缎,没理会雨丝零落在她身上。

哥哥说:"我看爸爸的手册里夹着许多的零碎文件,他也是像你一样;不时地翻来翻去。他……"

弟弟插嘴说："他也是另一样的外科医生。"

老婆子把眼光射在他们身上，说："哥儿们，你们说得对了。你们的爸爸爱惜小册里的零碎文件，也和我爱惜筐里的零剪绸缎一般。他凑合多少地方的好意思，等用得着时，就把它们编连起来，成为一种新的理解。所不同的，就是他用的头脑，我用的只是指头便了。你们叫他做……"

说到这里，父亲从里面出来，问起事由，便点头说："老婆子，你的话很中肯。我们所为，原就和你一样，东搜西罗，无非是些绸头、布尾，只配用来补补破衲袄罢了。"

父亲说完，就下了石阶，要在微雨中到葡萄园里，看看他的葡萄长芽了没有。这里孩子们还和老婆子争论着要学他们的爸爸做什么样的医生。

## 作品简析

本文以对老妇人的肖像和神态的刻画，生动反映了她愁苦的人生。另外，生动有趣的语言描写是本文的突出特点，如孩子称老妇人为"衣服的外科医生"，形象揭示了她的工作内容；"你只用筐里的材料在别人的衣服上，怎么自己的衣服却不管了"一句，以孩子的视角指出问题，既表现了老妇人苦难的境遇，也巧妙抒发了作者对社会底层劳动者的同情。

# 茅　盾

## 作者简介

茅盾（1896－1981），原名沈德鸿，字雁冰。汉族，浙江嘉兴桐乡人。中国现代著名作家、文学评论家、文化活动家以及社会活动家，五四新文化运动先驱者之一，我国革命文艺奠基人之一。代表作有长篇小说《子夜》《霜叶红似二月花》，短篇小说《林家铺子》，散文《白杨礼赞》等。茅盾文学奖是根据茅盾先生生前遗愿，为鼓励优秀长篇小说的创作，推动我国社会主义文学的发展而设立的，是我国具有最高荣誉的文学奖项之一。

## 课文回顾

《天窗》是北京市义务教育课程改革实验教材第九册课文，本文是文学大师茅盾以30年代的童年生活为题材撰写的抒情散文。文章描写的是乡下人在屋顶开天窗，引起孩子们无限的遐想，展现了小小天窗的神奇！可以说，小小的天窗不仅给乡下的房子带来了光明，还放飞了乡下孩子的心灵。

# 天　窗

乡下的房子只有前面一排木板窗。暖和的晴天,木板窗扇扇开直,光线和空气都有了。

碰着大风大雨,或者北风虎虎地叫的冬天,木板窗只好关起来,屋子里就黑得地洞里似的。

于是乡下人在屋面开一个小方洞,装一块玻璃,叫作天窗。

夏天阵雨来了时,孩子们顶喜欢在雨里跑跳,仰着脸看闪电,然而大人们偏就不许:"到屋里来呀!"孩子们跟着木板窗的关闭也就被关在地洞似的屋里了;这时候,小小的天窗是唯一的慰藉。

从那小小的玻璃,你会看见雨脚在那里卜落卜落跳,你会看见带子似的闪电一瞥;你想象到这雨,这风,这雷,这电,怎样猛厉地扫荡了这世界,你想象它们的威力比你在露天真实感到的要大这么十倍百倍。小小的天窗会使你的想象锐利起来!

晚上,当你被逼着上床去"休息"的时候,也许你还忘不了月光下的草地河滩,你偷偷地从帐子里伸出头来,你仰起了脸,这时候,小小的天窗又是你唯一的慰藉!

你会从那小玻璃上面的一粒星、一朵云,想象到无数闪闪烁烁可爱的星,无数象山似的,马似的,巨人似的,奇幻的云彩;你会从那小玻璃上面掠过的一条黑影想象到这也许是灰色的蝙蝠,也许是会唱的夜莺,也许是恶霸似的猫头鹰——总之,美丽的神奇的夜的世界的一切,立刻会在你的想象中展开。

## 作品简析

课文分三部分:第一部分写乡下人在屋顶开天窗;第二部分写孩子们透过天窗看景象引起了无限遐想,小小天窗是神奇的;第三部分则是赞扬了发明天窗人们的创新及对他们的感谢之情。文章表达了孩子们对大自然奥秘的向往与追求,表现了孩子们丰富的想象力和创造力。

## 拓展阅读

# 白杨礼赞

白杨树实在不是平凡的,我赞美白杨树!

汽车在望不到边际的高原上奔驰,扑入你的视野的,是黄绿错综的一条大毡子;黄的是土,未开垦的荒地,几十万年前由伟大的自然力堆积成功的黄土高原的外壳;绿的呢,是人类劳力战胜自然的成果,是麦田。和风吹送,翻起了一轮一轮的绿波,——这时你会真心佩服昔人所造的两个字"麦浪",若不是妙手偶得,便确是经过锤炼的语言的精华。黄与绿主宰着,无边无垠,坦荡如砥,这时如果不是宛若并肩的远山的连峰提醒了你（这些山峰凭你的肉眼来判断，就知道是在你脚底下的），你会忘记了汽车是在高原上行驶，这时你涌起来的感想也许是"雄壮"，也许是"伟大"，诸如此类的形容词，然而同时你的眼睛也许觉得有点倦怠，你对当前的"雄壮"或"伟大"闭了眼，而另一种味儿在你心头潜滋暗长了——"单调"。可不是，单调，有一点儿吧？

然而刹那间，要是你猛抬眼看见了前面远远地有一排，——不，或者甚至只是三五株，一二株，傲然地耸立，像哨兵似的树木的话，那你的恹恹欲睡的情绪又将如何？我那时是惊奇地叫了一声的！

那就是白杨树，西北极普通的一种树，然而实在是不平凡的一种树！

那是力争上游的一种树，笔直的干，笔直的枝。它的干通常是丈把高，像加过人工似的，一丈以内，绝无旁枝。它所有的丫枝一律向上，而且紧紧靠拢，也像加过人工似的，成为一束，绝不旁逸斜出。它的宽大的叶子也是片片向上，几乎没有斜生的，更不用说倒垂了；它的皮光滑而有银色的晕圈，微微泛出淡青色。这是虽在北方风雪的压迫下却保持着倔强挺立的一种树。哪怕只有碗那样粗细，它却努力向上发展，高到丈许，两丈，参天耸立，不折不挠，对抗着西北风。

这就是白杨树，西北极普通的一种树，然而绝不是平凡的树！

它没有婆娑的姿态，没有屈曲盘旋的虬枝。也许你要说它不美，如果美是专指"婆娑"或"旁逸斜出"之类而言，那么，白杨树算不得树中的好女子；但是它伟岸，正直，朴质，严肃，也不缺乏温和，更不用提它的坚强不屈与挺拔，它是树中的伟丈夫！当你在积雪初融的高原上走过，看见平坦的大地上傲然挺立这么一株或一排白杨树，难道你就只觉得它只是树？难道你就不想到它的朴质，严肃，坚强不屈，至少也象征了北方的农民？难道你竟一点也不联想到，在敌后的广大土地上，到处有坚强不屈，就像这白杨树一样傲然挺立的守卫他们家乡的哨兵？难道你又不更远一点想到这样枝枝叶叶靠紧团结，力求上进的白杨树，宛然象征了今天在华北平原纵横决荡，用血写出新中国历史的那种精神和意志？

白杨不是平凡的树。它在西北极普遍，不被人重视，就跟北方的农民相似；它有极强的生命力，磨折不了，压迫不倒，也跟北方的农民相似。我赞美白杨树，就因为它不但象征了北方的农民，尤其象征了今天我们民族解放斗争中所不可缺的朴质，坚强，力求上进的精神。

让那些看不起民众，贱视民众，顽固的倒退的人们去赞美那贵族化的楠木（那也是直挺秀颀的），去鄙视这极常见，极易生长的白杨吧，我要高声赞美白杨树！

## 作品简析

本文是我国现代作家茅盾的一篇著名散文，写于1941年3月。作品成功地塑造了白杨树这个艺术形象，使读者也从白杨树的形象联想到当时中国的现实，联想到中国共产党领导下的广大军民保卫祖国的英雄气概和团结向上的精神。通过对白杨树的赞美，歌颂了正在坚持抗日战争的北方农民及其所代表的我们民族的质朴、坚强、力求上进的精神。

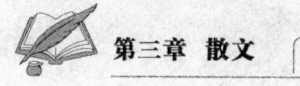

## 森林中的绅士

据说北美洲的森林中有一种"得天独厚"的野兽,这就是豪猪,这是"森林中的绅士"!

这是在头部,背部,尾巴上,都长着钢针似的刺毛的四足兽,所谓绅士相处,应如豪猪与豪猪,中间保持相当的距离,就因为太靠近了彼此都没有好处。不过豪猪的刺还是有形的,绅士之刺则无形,有形则长短有定,要保持相当的距离总比无形者好办些,而这也是模仿豪猪的绅士们"青出于蓝"的地方。

但豪猪的"绅士风度"之可贵,尚不在那一身的钢针似的刺毛。它是矮胖胖的,一张方正而持重的面孔,老是踱着方步,不慌不忙。它的潇洒悠闲,实在也到了殊堪钦佩的地步:可以在一些滋味不坏的灌木丛中玩上一个整天,很有教养似的边走边哼,逍遥自得,无所用心,宛然是一位乐天派。它不喜群居的生活,但也并非完全孤独,由此可见它在"待人接物"上多么有分寸。

若非万不得已,它决不旅行,整年整季,它的活动范围不出三四里地。一连几星期,它只在三四棵树上爬来爬去;它躺在树枝间,从容自在地啃着树皮,啃得倦了,就打个瞌睡;要是睡中一个不小心倒栽下来,那也不要紧,它那件特别的长毛大衣会保护它的尊躯。

它也不怕跌落水里去,它全身的二万刺毛都是中空的,它好比穿了件救生衣,一到水里,自会浮起来的。

而这些空心针似的刺毛又是绝妙的自卫武器,别的野兽身上要是刺进了几十枚这样的空心针,当然会有性命之忧,因为这些空心针是角质的,刺进了温湿的肌肉,立刻就会发胀,而且针上又遍布了倒钩,倒钩也跟着胀大,倒钩的斜度会使得那针愈陷愈深。因此,遇到外来的攻击时,豪猪的战术是等在那里"挨打",让敌人自己碰伤,知难而退。因为它那些刺毛只要轻轻一碰就会掉落,而又因其尖利非凡,故一碰之下未有不刺进皮肉的。

然而具有这样头等的自卫武器的它,却有老大的弱点:肚皮底下没刺毛,这是不设防地带,小小的老鼠只要能够设法钻到豪猪的肚皮底下,就是胜利者了。但尤其脆弱者,是豪猪的鼻子。一根棍子在这鼻尖上轻轻敲一下,就是致命的。这些弱点,豪猪自己知道得很清楚;所以遇到敌人的时候,它就把脑袋塞在一根木头下面,这样先保护好它那脆弱的鼻子,然后四脚收拢,仆伏地面,掩蔽它那不设防的腹部,末了,就耸起浑身的刺毛,摆好了"挨打"的姿势。当然,它还有一根不太长然而也还强壮有力的尾巴(和它身长比较,约为五与一之比),真是一根狼牙棒,它可以左右挥动,敌人要是挨着一下,大概受不住;可是这根尾巴的挥动因为缺乏一双眼睛来指示目标,也只是守势防御而已。

敌人也许很狡猾,并不进攻,却悄悄地守在旁边静候机会,那时候,豪猪不能不改变战术了。它从掩蔽部抽出了鼻子,拼命低着头(还是为的保护鼻子),倒退着走,同时猛烈挥动尾巴,这样"背进"到了最近一棵树,它就笨拙地往上爬,爬到了相当高度,自觉已无危险,便又安安逸逸躺在那里啃起嫩枝来,好像根本没有发生过什么事情似的。

这真是典型的绅士式的"镇静"。的的确确,它的一切生活方式——连它的战术在内,都是典型的绅士式的。但正像我们的可敬的绅士们尽管"得天独厚",优游自在,却也常常要无病呻吟一样,豪猪也喜欢这调门。好好地它会忽然发出了声音摇曳而凄凉的哀号,单听那声音,你以为这位"森林中的绅士"一定是碰到绝大的危险,性命就在顷刻间了;然而不然。它这时安安逸逸坐在树梢上,方正而持重的脸部照常一点表情也没有,可是它独自在哀啼,往往持续至一小时之久,它这样无病而呻吟是玩玩的。

据说向来盛产豪猪的安地郎达克山脉,现在也很少看见豪猪了,以至美国地方政府不得不用法令来保护它了。为什么这样"得天独厚",具有这样巧妙自卫武器的豪猪会渐有绝种之忧呢?是不是它那种太懒散而悠闲的生活方式使之然呢?还是因为它那"得天独厚"之处存在着绝大的矛盾,——几乎无敌的刺毛以及毫无抵抗力的暴露着的鼻子,——所以结果仍然于它不利呢?

我不打算在这里来下结论,可是我因此更觉得豪猪的"生活方式"叫人看了寒心。

**作品简析**

文章从豪猪"待人接物"的方式,对敌人的战术和无病呻吟等几方面突出表现豪猪的"绅士"风度。而这过度的懒散悠闲也最终导致了豪猪种族灭绝的悲剧。文章含沙射影地讽刺了那些社会上自称为绅士的无所事事、只懂得享乐的人。

## 风 景 谈

前夜看了《塞上风云》的预告片,便又回忆起猩猩峡外的沙漠来了。那还不能被称为"戈壁",那在普通地图上,还不过是无名的小点,但是人类的肉眼已经不能望到它的边际,如果在中午阳光正射的时候,那单纯而强烈的反光会使你的眼睛不舒服,没有隆起的沙丘,也不见有半间泥房,四顾只是茫茫一片,那样的平坦,连一个"坎儿井"也找不到,那样的纯然一色,就使偶尔有些驼马的枯骨,它那微小的白光,也早融入了周围的苍茫,又是那样的寂静,似乎只有热空气在作哄哄的火响。然而,你不能说,这里就没有"风景"。当地平线上出现了第一个黑点,当更多的黑点成为线,成为队,而且当微风把铃铛的柔声,丁当丁当,送到你的耳鼓,而最后,当那些昂然高步的骆驼,排成整齐的方阵,安详然而坚定地愈行愈近,当骆驼队中领队驼所掌的那一杆长方形猩红大旗耀入你眼帘,而且大小丁当的谐和的合奏充满了你耳管,这时间,也许你不出声,但是你的心里会涌上了这样的感想的:多么庄严,多么妩媚呀!这里是大自然的最单调最平板的一面,然而加上了人的活动,就完全改观,难道这不是"风景"吗?自然是伟大的,然而人类更伟大。

于是我又回忆起另一个画面,这就在所谓"黄土高原"!那边的山多数是秃顶的,然而层层的梯田,将秃顶装扮成稀稀落落有些黄毛的癞头,特别是那些高秆植物颀长而整齐,等待检阅的队伍似的,在晚风中摇曳,别有一种惹人怜爱的姿态。可是更妙的是三五月明之夜,天是那样的蓝,几乎透明似的,月亮离山顶,似乎不过几尺,远看山顶的谷子丛密挺立,宛如人头上的怒发,这时候忽然从山脊上长出两支牛角来,随即牛的全身也出现,掮着犁的人形也出现,并不多,只有三两个,也许还跟着个小孩,他们姗姗而下,在蓝的天,黑的山,银色的月光的背景上,成就了一幅剪影,如果给田园诗人见了,必将赞叹为绝妙的题材。可是没有完。这几位晚归的种地人,还把他们那粗朴的短歌,用愉快的旋律,从山顶上飘下来,直到他们没入了山坳,依旧只有蓝天明月黑魆魆的山,歌声可是缭绕不散。

另一个时间。另一个场面。夕阳在山,干坼的黄土正吐出它在一天内所吸收的热,河水汤汤急流,似乎能把浅浅河床中的鹅卵石都冲走了似的。这时候,沿河的山坳里有一队人,从"生产"归来,兴奋的谈话中,至少有七八种不同的方音。忽然间,他们又用同一的音调,唱起雄壮的歌曲来了,他们的爽朗的笑声,落到水上,使得河水也似在笑。看他们的手,这是惯拿调色板的,那是昨天还拉着提琴的弓子伴奏着《生产曲》的,这是经常不离木刻刀的,那又是洋洋洒洒下笔如有神的,但现在,一律都被锄锹的木柄磨起了老茧了。他们在山坡下,被另一群所迎住。这里正燃起熊熊的野火,多少曾调朱弄粉的手儿,已经将金黄的小米饭,翠绿的油菜,准备齐全。这时候,太阳已经下山,却将它的余辉幻成了满天的彩霞,河水渲哗得更响了,跌在石上的便喷出了雪白的泡沫,人们把沾着黄土的脚伸在水里,任它冲刷,或者掬起水来,洗一把脸。在背山面水这样一个所在,静穆的自然和弥漫着生命力的人,就织成了美妙的图画。

在这里,蓝天明月,秃顶的川,单调的黄土,浅濑的水,似乎都是最恰当不过的背景,无可更换。自然是伟大的,人类是伟大的,然而充满了崇高精神的人类的活动,乃是伟大中之尤其伟大者!

我们都曾见过西装革履烫发旗袍高跟鞋的一对儿,在公园的角落,绿荫下长椅上,悄悄儿说话,但是试想一想,如果在一个下雨天,你经过一边是黄褐色的浊水,一边是怪石峭壁的崖岸,马蹄很小心地探入泥浆里,有时还不免打了一下跌撞,四面是静寂灰黄,没有一般所谓的生动鲜艳,然而,你忽然抬头看见高高的山壁上有几个天然的石洞,三层楼的亭子间似的,一对人儿促膝而坐,只凭剪发式样的不同,你方能辨认出一个是女的,他们被雨赶到了那里,大概聊天也聊够了,现在是摊开一本札记簿,头凑在一处,一同在看,试想一想,这样一个场面到了你眼前时,总该和在什么公园里看见了长椅上有一对儿在偎倚低语,颇有点味儿不同罢?如果在公园时你一眼瞥见,首先第一会是"这里有一对恋人",那么,此时此际,倒是先感到那样一个沉闷的雨天,寂寞的荒山,原始的石洞,安上这么两个人,是一个"奇迹",使大自然顿时生色!他们之是否恋人,落在问题之外。你所见的,是两个生命力旺盛的人,是两个清楚明白生活意义的人,在任何情形之下,他们不倦怠,也不会百无聊赖,更不至于从胡闹中求刺激,他们能够在任何情况之下,拿出他们那一套来,怡然自得。但是什么能使他们这样呢?

不过仍旧回到"风景"罢;在这里,人依然是"风景"的构成者,没有了人,还有什么可以称道的? 再者,如果不是内生活极其充满的人作为这里的主宰,那又有什么值得怀念?

再有一个例子:如果你同意,二三十棵桃树可以称为林,那么这里要说的,正是这样一个桃林。花时已过,现在绿叶满株,却没有一个桃子。半盘旧石磨,是最漂亮的圆桌面,几尺断碑，或是一截旧阶石，那又是难得的几案。现成的大小石块作为凳子，而这样的石凳也还是以奢侈品的姿态出现。这些怪样的家具之所以成为必要，是因为这里有一个茶社。桃林前面，有老百姓种的荞麦，也有大麻和玉米这一类高秆植物。荞麦正当开花，远望去就像一张粉红色的地毯，大麻和玉米就像是屏风，靠着地毯的边缘。太阳光从树叶的空隙落下来，在泥地上，石家具上，一抹一抹的金黄色。偶尔也听得有草虫在叫，带住在林边树上的马儿伸长了脖子就树干搔痒，也许是乐了，便长嘶起来。"这就不坏！"你也许要这样说。可不是，这里是有一般所谓"风景"的一些条件的！然而，未必尽然。在高原的强烈阳光下，人们喜欢把这一片树荫作为户外的休息地点，因而添上了什么茶社，这是这个"风景区"成立的因缘，但如果把那二三十棵桃树，半盘磨石，几尺断碣，还有荞麦和大麻玉米，这些其实到处可遇的东西，看成了此所谓风景区的主要条件，那或者是会贻笑大方的。中国之大，比这美得多的所谓风景区，数也数不完，这个值得什么？所以应当从另一方面去看。现在请你坐下，来一杯清茶，两毛钱的枣子，也作一次桃园的茶客罢。如果你愿意先看女的，好，那边就有三四个，大概其中有一位刚接到家里寄给她的一点钱，今天来请请同伴。那边又有几位，也围着一个石桌子，但只把随身带来的书籍代替了枣子和茶了。更有两位虎头虎脑的青年，他们走过"天下最难走的路"，现在却静静地坐着，温雅得和闺女一般。男女混合的一群，有坐的，也有蹲的，争论着一个哲学上的问题，时时哗然大笑，就在他们近边，长石条上躺着一位，一本书掩住了脸。这就够了，不用再多

看。总之，这里有特别的氛围，但并不古怪。人们来这里，只为恢复工作后的疲劳，随便喝点，要是袋里有钱；或不喝，随便谈谈天；在有闲的只想找一点什么来消磨时间的人们看来，这里坐的不舒服，吃的喝的也太粗糙简单，也没有什么可以供赏玩，至多来一次，第二次保管厌倦。但是不知道消磨时间为何物的人们却把这一片简陋的绿荫看得很可爱，因此，这桃林就很出名了。

因此，这里的"风景"也就值得留恋，人类的高贵精神的辐射，填补了自然界的贫乏，增添了景色，形式的和内容的。人创造了第二自然！

最后一段回忆是五月的北国。清晨，窗纸微微透白，万籁俱静，嘹亮的喇叭声，破空而来。我忽然想起了白天在一本贴照簿上所见的第一张，银白色的背景前一个淡黑的侧影，一个号兵举起了喇叭在吹，严肃，坚决，勇敢和高度的警觉，都表现在小号兵的挺直的胸膛和高高的眉棱上边。我赞美这摄影家的艺术，我回味着，我从当前的喇叭声中也听出了严肃、坚决、勇敢和高度的警觉来，于是我披衣出去，打算看一看。空气非常清冽，朝霞笼住了左面的山，我看见山峰上的小号兵了。霞光射住他，只觉得他的额角异常发亮，然而，使我惊叹叫出声来的，是离他不远有一位荷枪的战士，面向着东方，严肃地站在那里，犹如雕像一般。晨风吹着喇叭的红绸子，只这是动的，战士枪尖的刺刀闪着寒光，在粉红的霞色中，只这是刚性的。我看得呆了，我仿佛看见了民族的精神化身而为他们两个。

如果你也当它是"风景"，那便是真的风景，是伟大中之最伟大者！

## 作品简析

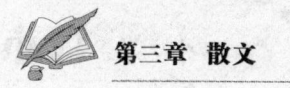

《风景谈》就是谈风景,这里的"风景",不仅包括自然景观,而且包括人们的活动。表面上谈的是自然"风景",实际上是在写主宰"风景"的人。文章通过描绘沙漠驼铃、高原晚归、延河夕照、石洞雨景、桃林小憩、北国晨号六个场景内容不同而相互联系的风景画,深深地表达了作者对解放区和谐生活的热爱、向往和追求,讴歌了延安军民为创造和谐生活表现出的崇高精神。

# 丰子恺

## 作者简介

丰子恺(1898—1975)现代画家、文学家、艺术教育家。早年曾从李叔同学习绘画、音乐,深受其佛学思想影响。五四运动后,开始进行漫画创作。早期漫画作品多取自现实题材,带有"温情的讽刺",后期常作古诗新画,特别喜爱取材儿童题材。他的漫画风格简易朴实、意境隽永含蓄,是沟通文学与绘画的一座桥梁。

## 课文回顾

《白鹅》又名《沙坪小屋的鹅》,四年级上册(人教版)语文课本中的课文,文中丰子恺不但把白鹅描写得栩栩如生,而且还融入了自己的情感。现在我们来回顾一下《白鹅》一文,再次体会一下这位老人的情感,感受他语言的魅力。

## 白 鹅

这白鹅,是一位即将远行的朋友送给我的。我抱着这雪白的"大鸟"回家,放在院子里。它伸长了头颈,左顾右盼,我一看这姿态,想道:"好一个高傲的动物!"

鹅的高傲,更表现在它的叫声、步态和吃相中。

鹅的叫声,音调严肃郑重,似厉声呵斥。它的旧主人告诉我:养鹅等于养狗,它也能看守门户。后来我看到果然如此:凡有生客进来,鹅必然厉声叫嚣;甚至篱笆外有人走路,它也要引吭大叫,不亚于狗的狂吠。

鹅的步态,更是傲慢了。大体上与鸭相似,但鸭的步调急速,有局促不安之相;鹅的步调从容,大模大样的,颇像京剧里的净角出场。它常傲然地站着,看见人走来也毫不相让;有时非但不让,竟伸过颈子来咬你一口。

鹅的吃饭,常常使我们发笑。我们的鹅是吃冷饭的,一日三餐。它需要三样东西下饭：一样是水，一样是泥，一样是草。先吃一口冷饭，再喝一口水，然后再到别处去吃一口泥和草。大约这些泥和草也有各种可口的滋味。这些食料并不奢侈；但它的吃法，三眼一板，一丝不苟。譬如吃了一口饭，倘若水盆放在远处，它一定从容不迫地大踏步走上前去，饮一口水，再大踏步走去吃泥，吃草，吃过泥和草再回来吃饭。

这样从容不迫地吃饭，必须有一个人在旁侍候，像饭馆里的堂倌一样。因为附近的狗，都知道我们这位鹅老爷的脾气，每逢它吃饭的时候，狗就躲在篱边窥伺。等它吃过一口饭，踏着方步去喝水、吃泥、吃草的当儿，狗就敏捷地跑过来，努力地吃它的饭。鹅老爷偶然早归，伸颈去咬狗，并且厉声叫骂，狗立刻逃往篱边，蹲着静候；看它再吃了一口饭，再走开去喝水、吃草、吃泥的时候，狗又敏捷地跑上来，把它的饭吃完，扬长而去。等到鹅再来吃饭的时候，饭罐已经空空如也。鹅便昂首大叫，似乎责备人们供养不周。这时我们便替它添饭，并且站着侍候。因为邻近狗很多，一狗方去，一狗又来蹲着窥伺了。

我们不胜其烦，以后便将饭罐和水盆放在一起，免得它走远去，让鸡、狗偷饭吃。然而它所必需的泥和草，所在的地点远近无定。为了找这些食物，它仍是要走远去的。因此鹅吃饭时，非有一个人侍候不可，真是架子十足！

### 作品简析

在《白鹅》这篇课文中，作者重点表现的则是白鹅的性格特点。刚把这只鹅抱回家时，从"伸长了头颈"、"左顾右盼"的姿态中，留下了最初的"高傲"的印象，继而从白鹅的叫声、步态、吃相进行细致刻画，表现鹅的个性，从中流露出作者对鹅的喜爱之情。

### 拓展阅读

## 给我的孩子们

我的孩子们！

我憧憬于你们的生活，每天不止一次！我想委曲地说出来，使你们自己晓得。可惜到你们懂得我的话的意思的时候，你们将不复是可以使我憧憬的人了。这是何等可悲哀的事啊！

瞻瞻！你尤其可佩服。你是身心全部公开的真人。你甚么事体都想拼命地用全副精力去对付。小小的失意，像花生米翻落地了，自己嚼了舌头了，小猫不肯吃糕了，你都要哭得嘴唇翻白，昏去一两分钟。外婆普陀去烧香买回来给你的泥人，你何等鞠躬尽瘁地抱他，喂他；有一天你自己失手把他打破了，你的号哭的悲哀，比大人们的破产、失恋、丧考妣、全军覆没的悲哀都要真切。两把芭蕉扇做的脚踏车，麻雀牌堆成的火车、汽车，你何等认真地看待，挺直了嗓子叫"汪——"、"咕咕咕……"，来代替汽油。宝姊姊讲故事给你听,说到"月亮姊姊挂下一只篮来,宝姊姊坐在篮里吊了上去,瞻瞻在下面看"的时候,你何等激昂地同她争,说:"瞻瞻要上去,宝姊姊在下面看!"甚至哭到漫姑面前去求审判。我每次剃了头,你真心地疑我变了和尚,好几时不要我抱。最是今年夏天,你坐在我膝上发现了我腋下的长毛,当作黄鼠狼的时候,你何等伤心,你立刻从我身上爬下去,起初眼瞪瞪地对我端相,继而大失所望地号哭,看看,哭哭,如同对被判定了死罪的亲友一样。你要我抱你到车站里去,多多益善地要买香蕉,满满地擒了两手回来,回到门口你已经熟睡在我的肩上,手里的香蕉不知落在哪里去了。这是何等可佩服的真率、自然与热情!大人间的所谓"沉默"、"含蓄"、"深刻"的美德,比起你来,全是不自然的、病的、伪的!

你们每天做火车、做汽车、办酒、请菩萨、堆六面画、唱歌、全是自动的,创造创作的生活。大人们的呼号"归自然!""生活的艺术化!""劳动的艺术化!"在你们面前真是出丑得很了!依样画几笔画、写几篇文的人称为艺术家、创作家,对你们更要愧死!你们的创作力,比大人真是强盛得多哩:瞻瞻!你的身体不及椅子的一半,却常常要搬动它,与它一同翻倒在地上;你又要把一杯茶横转来藏在抽斗里,要皮球停在壁上,要拉住火车的尾巴,要月亮出来,要天停止下雨。在这等小小的事件中,明明表示着你们的弱小的体力与智力不足以应付强盛的创作欲、表现欲的驱使,因而遭逢失败。然而你们是不受大自然的支配、不受人类社会的束缚的创造者,所以你的遭逢失败,例如火车尾巴拉不住,月亮呼不出来的时候,你们决不承认是事实的不可能,总以为是爹爹妈妈不肯帮你们办到,同不许你们弄自鸣钟同例,所以愤愤地哭了,你们的世界何等广大!

你们一定想:终天无聊地伏在案上弄笔的爸爸,终天闷闷地坐在窗下弄引线的妈妈,是何等无气性的奇怪的动物!你们所视为奇怪动物的我与你们的母亲,有时确实难为了你们,摧残了你们,回想起来,真是不安心得很!

阿宝!有一晚你拿软软的新鞋子,和自己脚上脱下来的鞋子,给凳子的脚穿了,划袜立在地上,得意地叫"阿宝两只脚,凳子四只脚"的时候,你母亲喊着"龌龊了袜子!"立刻擒你到藤榻上,动手毁坏你的创作。当你蹲在榻上注视你母亲动手毁坏的时候,你的小心里一定感到"母亲这种人,何等杀风景而野蛮"罢!

瞻瞻!有一天开明书店送了几册新出版的毛边的《音乐入门》来。我用小刀把书页一张一张地裁开来,你侧着头,站在桌边默默地看。后来我从学校回来,你已经在我的书架上拿了一本连史纸印的中国装的《楚辞》,把它裁破了十几页,得意地对我说:"爸爸!瞻瞻也会裁了!"瞻瞻!这在你原是何等成功的欢喜,何等得意的作品!却被我一个惊骇的"哼!"字喊得你哭了。那时候你也一定抱怨"爸爸何等不明"罢!

软软!你常常要弄我的长锋羊毫,我看见了总是无情地夺脱你。现在你一定轻视我,想道:"你终于要我画你的画集的封面!"最不安心的,是有时我还要拉一个你们所最怕的陆露沙医生来,教他用他的大手来摸你们的肚子,甚至用刀来在你们臂上割几下,还要教妈妈和漫姑擒住了你们的手脚,捏住了你们的鼻子,把很苦的水灌到你们的嘴里去。这在你们一定认为是太无人道的野蛮举动罢!

孩子们!你们果真抱怨我,我倒欢喜;到你们的抱怨变为感激的时候,我的悲哀来了!

我在世间,永没有逢到像你们这样出肺肝相示的人。世间的人群结合,永没有像你们样的彻底地真实而纯洁。最是我到上海去干了无聊的所谓"事"回来,或者去同不相干的人们做了叫作"上课"的一种把戏回来,你们在门口或车站旁等我的时候,我心中何等惭愧又欢喜!惭愧我为什么去做这等无聊的事,欢喜我又得暂时放怀一切地加入你们的真生活的团体。但是,你们的黄金时代有限,现实终于要暴露的。这是我经验过来的情形,也是大人们谁也经验过的情形。我眼看见儿时的伴侣中的英雄、好汉,一个个退缩、顺从、妥协、屈服起来,到像绵羊的地步。我自己也是如此。"后之视今,亦犹今之视昔",你们不久也要走这条路呢?

我的孩子们!憧憬于你们的生活的我,痴心要为你们永远挽留这黄金时代在这册子里。

然这真不过像"蜘蛛网落花",略微保留一点春的痕迹而已。且到你们懂得我这片心情的时候,你们早已不是这样的人,我的画在世间已无可印证了!这是何等可悲哀的事啊!

### 作品简析

每个人都有童年,童年是好奇的,对任何事情都充满热情;童年是天真的,总充满美好的回忆……《给我的孩子们》这篇文章,作者通过对孩子心理的传神刻画,用诙谐幽默的语言,用真挚的情感,突现了童年世界的美丽、纯真……看了让人仿佛身临其境,有时会伤感,有时会捧腹,有时又会联想翩翩,本文体现了作者对童年生活的留恋与向往。

# 竹　影

吃过晚饭后,天气还是闷热。窗子完全打开了,房间里还坐不牢。太阳虽已落山,天还没有黑。一种幽暗的光弥漫在窗际,仿佛电影中的一幕。我和弟弟就搬了藤椅子,到屋后的院子里去乘凉。

天空好像一盏乏了油的灯,红光渐渐地减弱。我把眼睛守定西天看了一会儿,看见那光一跳一跳地沉下去,非常微细,但又非常迅速而不可挽救。正在看得出神,似觉眼梢头另有一种微光,渐渐地在那里强起来。回头一看,原来月亮已在东天的竹叶中间放出她的清光。院子里的光景已由暖色变成寒色,由长音阶变成短音阶了。门口一个黑影出现,好像一只立起的青蛙,向我们跳将过来。来的是弟弟的同学华明。

"唉,你们惬意得很!这椅子给我坐的?"他不待我们回答,一屁股坐在藤椅上,剧烈地摇他的两脚。椅子背所靠的那根竹,跟了他的动作而发抖,上面的竹叶作出萧萧的声音来。这引起了三人的注意,大家仰起头来向天空看。月亮已经升得很高,隐在一丛竹叶中。竹叶的摇动把她切成许多不规则的小块,闪烁地映入我们的眼中。大家赞美了一番之后,我说:"我们今晚干些什么呢?"弟弟说:"我们谈天吧。我先有一个问题给你们猜:细看月亮光底下的人影,头上出烟气。这是什么道理?"我和华明都不相信,于是大家走出竹林外,蹲下来看水门汀上的人影。我看了好久,果然看见头上有一缕一缕的细烟,好像漫画里所描写的动怒的人。"是口里的热气吧?""是头上的汗水在那里蒸发吧?"大家蹲在地上争论了一会儿,没有解决。华明的注意力却转向了别处,他从身边摸出一枝半寸长的铅笔来,在水门汀上热心地描写自己的影。描好了,立起来一看,真像一只青蛙,他自己看了也要笑。徘徊之间,我们同时发现了映在水门汀上的竹叶的影子,同声地叫起来:"啊!好看啊!中国画!"华明就拿半寸长的铅笔去描。弟弟手痒起来,连忙跑进屋里去拿铅笔。我学他的口头禅喊他:"对起,对起,给我也带一枝来!"不久他拿了一把木炭来分送我们。华明就收藏了他那半寸长的法宝,改用木炭来描。大家蹲下去,用木炭在水门汀上参参差差地描出许多竹叶来。一面谈着:"这一枝很像校长先生房间里的横幅呢!""这一丛很像我家堂前的立轴呢!""这是《芥子园画谱》里的!""这是吴昌硕的!"忽然一个大人的声音在我们头上慢慢地响出来:"这是管夫人的!"大家吃了一惊,立起身来,看见爸爸反背着手立在水门汀旁的草地上看我们描竹,他明明是来得很久了。华明难为情似的站了起来,把拿木炭的手藏在背后,似乎害怕爸爸责备他弄脏了我家的水门汀。爸爸似乎很理解他的意思,立刻对着他说道:"谁想出来的? 这画法真好玩呢! 我也来描几瓣看。"弟弟连忙拣木炭给他。爸爸也蹲在地上描竹叶了,这时候华明方才放心,我们也更加高兴,一边描,一边拿许多话问爸爸:

"管夫人是谁?""她是一位善于画竹的女画家。她的丈夫名叫赵子昂,是一位善于画马的男画家。他们是元朝人,是中国很有名的两大夫妻画家。"

"马的确难画,竹有什么难画呢? 照我们现在这种描法,岂不很容易又很好看吗?""容易固然容易;但是这么'依样画葫芦',终究缺乏画意,不过好玩罢了。画竹不是照真竹一样描,须经过选择和布置。画家选择竹的最好看的姿态,巧妙地布置在纸上,然后成为竹的名画。这选择和布置很困难,并不比画马容易。画马的困难在于马本身上,画竹的困难在于竹叶的结合上。粗看竹画,好像只是墨笔的乱撇,其实竹叶的方向、疏密、浓淡、肥瘦,以及集合的形体,都要讲究。所以在中国画法上,竹是一专门部分。平生专门研究画竹的画家也有。"

"竹为什么不用绿颜料来画,而常用墨笔来画呢? 用绿颜料撇竹叶,不更像吗?""中国画不注重'像不像',不像西洋画那样画得同真物一样。凡画一物,只要能表现出像我们闭目回想时所见的一种神气,就是佳作了。所以西洋画像照相,中国画像符号。符号只要用墨笔就够了。原来墨是很好的一种颜料,它是红黄蓝三原色等量混合而成的。故墨画中看似只有一色,其实包罗三原色,即包罗世界上所有的颜色。故墨画在中国画中是很高贵的一种画法。故用墨来画竹,是最正当的。倘然用了绿颜料,就因为太像实物,反而失却神气。所以中国画家不喜欢用绿颜料画竹;反之,却喜欢用与绿相反的红色来画竹。这叫做'朱竹',是用笔蘸了朱砂来撇的。你想,世界上哪有红色的竹? 但这时候画家所描的,实在已经不是竹,而是竹的一种美的姿势,一种活的神气,所以不妨用红色来描。"爸爸说到这里,丢了手中的木炭,立起身来结束说,"中国画大都如此。我们对中国画应该都取这样的看法。"

月亮渐渐升高了,竹影渐渐与地上描着的木炭线相分离,现出参差不齐的样子来,好像脱了版的印刷。夜渐深了,华明就告辞。"明天白天来看这地上描着的影子,一定更好看。但希望天不要落雨,洗去了我们的'墨竹',大家明天会!"他说着就出去了。我们送他出门。

我回到堂前,看见中堂挂着的立轴——吴昌硕描的墨竹,似觉更有意味。那些竹叶的方向、疏密、浓淡、肥瘦,以及集合的形体,似乎都有意义,表现着一种美的姿态,一种活的神气。

### 作品简析

本文讲的是几个天真烂漫的小孩在月光下参参差差地画竹影,并通过爸爸的教导,领悟到了艺术的美,提高了鉴赏艺术的能力。他们在朦胧的月光下猜问题、描人影、绘竹影,洋溢着天真烂漫的童趣,描写了小孩的童心并叙述获得艺术教育的经过。写"我"受到艺术教育后的感受,意在告诉我们:一去不返的童年是美好的,只要拥有一颗童心,就能拥有阳光般的快乐;只要拥有一双敏锐的眼睛,就会发现在平凡的生活中,美无处不在。

# 山中避雨

前天同两个女孩到西湖山中游玩,天忽下雨。我们仓皇奔走,看见前方有一小庙,庙门口有三家村,其中一家是开小茶店而带卖香烟的。我们趋之如归。茶店虽小,茶也要一角钱一壶。但在这时候,即使两角钱一壶,我们也不嫌贵了。

茶越冲越淡,雨越落越大。最初因游山遇雨,觉得扫兴;这时候山中阻雨的一种寂寥而深沉的趣味牵引了我的感兴,反觉得比晴天游山趣味更好。所谓"山色空蒙雨亦奇",我于此体会了这种境界的好处。然而两个女孩子不解这种趣味,她们坐在这小茶店里躲雨,只是怨天尤人,苦闷万状。我无法把我所体验的境界为她们说明,也不愿使她们"大人化"而体验我所感的趣味。

茶博士坐在门口拉胡琴。除雨声外,这是我们当时所闻的唯一的声音。拉的是《梅花三弄》,虽然声音摸得不大正确,拍子还拉得不错。这好像是因为顾客稀少,他坐在门口拉这曲胡琴来代替收音机作广告的。可惜

他拉了一会就罢,使我们所闻的只是嘈杂而冗长的雨声。为了安慰两个女孩子,我就去向茶博士借胡琴。"你的胡琴借我弄弄好不好?"他很客气地把胡琴递给我。

我借了胡琴回茶店,两个女孩很欢喜。"你会拉的?你会拉的?"我就拉给她们看。手法虽生,音阶还摸得准。因为我小时候曾经请我家邻近的柴主人阿庆教过《梅花三弄》,又请对面弄内一个裁缝司务大汉教过胡琴上的工尺。阿庆的教法很特别,他只是拉《梅花三弄》给你听,却不教你工尺的曲谱。他拉得很熟,但他不知工尺。我对他的拉奏望洋兴叹,始终学他不来。后来知道大汉识字,就请教他。他把小工调、正工调的音阶位置写了一张纸给我,我的胡琴拉奏由此入门。现在所以能够摸出正确的音者,一半由于以前略有摸小提琴的经验,一半仍是根基于大汉的教授的。在山中小茶店里的雨窗下,我用胡琴从容地(因为快了要拉错)拉了种种西洋小曲。两女孩和着了歌唱,好像是西湖

上卖唱的，引得三家村里的人都来看。一个女孩唱着《渔光曲》，要我用胡琴去和她。我和着她拉，三家村里的青年们也齐唱起来，一时把这苦雨荒山闹得十分温暖。我曾经吃过七八年音乐教师饭，曾经用钢琴伴奏过混声四部合唱，曾经弹过贝多芬的鸣奏曲。但是有生以来，没有尝过今日般的音乐的趣味。

两部空黄包车拉过，被我们雇定了。我付了茶钱，还了胡琴，辞别三家村的青年们，坐上车子。油布遮盖我面前，看不见雨景。我回味刚才的经验，觉得胡琴这种乐器很有意思。钢琴笨重如棺材，小提琴要数十百元一具，制造虽精，世间有几人能够享用呢？胡琴只要两三角钱一把，虽然音域没有小提琴之广，也尽够演奏寻常小曲。虽然音色不比小提琴优美，装配得法，其发音也还可听。这种乐器在我国民间很流行，剃头店里有之，裁缝店里有之，江北船上有之，三家村里有之。倘能多造几个简易而高尚的胡琴曲，使像《渔光曲》一般流行于民间，其艺术陶冶的效果，恐比学校的音乐课广大得多呢。我离去三家村时，村里的青年们都送我上车，表示惜别。我也觉得有些儿依依。（曾经搪塞他们说："下星期再来！"其实恐怕我此生不会再到这三家村里去吃茶且拉胡琴了。）若没有胡琴的因缘，三家村里的青年对于我这路人有何惜别之情，而我又有何依依于这些萍水相逢的人呢？古语云："乐以教和。"我做了七八年音乐教师没有实证过这句话，不料这天在这荒村中实证了。

## 作品简析

　　《山中避雨》选自《丰子恺随笔精编》，是丰子恺先生的一篇意趣幽远的散文。文章写作者和两个女孩在西湖游山，忽然遇雨。在避雨过程中作者体会到了"山中阻雨的一种寂寥而深沉的趣味"，"反觉得比晴天游山趣味更好"，而两个女孩却"苦闷万状"。后来作者借来了胡琴拉了起来，不仅女孩唱起了歌，连三家村的青年们也唱了起来。作者以自身的经历和感触，告诉我们音乐可以调节人的心情，可以拉近人与人之间的距离，使彼此相处更和谐。

# 杨　　柳

　　因为我的画中多杨柳，就有人说我喜欢杨柳；因为有人说我喜欢杨柳，我似觉自己真与杨柳有缘。但我也曾问心，为甚么喜欢杨柳？到底与杨柳树有甚么深缘？其答案了不可得。原来这完全是偶然的：昔年我住在白马湖上，看见人们在湖边种柳，我向他们讨了一小株，种在寓屋的墙角里。因此给这屋取名为"小杨柳屋"，因此常取见惯的杨柳为画材，因此就有人说我喜欢杨柳，因此我自己似觉与杨柳有缘。假如当时人们在湖边种荆棘，也许我会给屋取名为"小荆棘屋"，而专画荆棘，成为与荆棘有缘，亦未可知。天下事往往如此。但假如我存心要和杨柳结缘，就不说上面的话，而可以附会种种的理由上去。或者说我爱它的鹅黄嫩绿，或者说我爱它的如醉如舞，或者说我爱它像小蛮的腰，或者说我爱它是陶渊明的宅边所种，或者还可引援"客舍青青"的诗，"树犹如此"的话，以及"王恭之貌"、"张绪之神"等种种古典来,作为自己爱柳的理由。即使要找三百个冠冕堂皇、高雅深刻的理由,也是很容易的。天下事又往往如此。

也许我曾经对人说过"我爱杨柳"的话。但这话也是随缘的。仿佛我偶然买一双黑袜穿在脚上,逢人问我"为甚么穿黑袜"时,就对他说"我喜欢穿黑袜"一样。实际,我向来对于花木无所爱好;即有之,亦无所执着。这是因为我生长穷乡,只见桑麻、禾黍、烟片、棉花、小麦、大豆,不曾亲近过万花如绣的园林。只在几本旧书里看见过"紫薇"、"红杏"、"芍药"、"牡丹"等美丽的名称,但难得亲近这等名称的所有者。并非完全没有见过,只因见时它们往往使我失望,不相信这便是曾对紫薇郎的紫薇花,曾使尚书出名的红杏,曾傍美人醉卧的芍药,或者象征富贵的牡丹。我觉得它们也只是植物中的几种,不过少见而名贵些,实在也没有甚么特别可爱的地方,似乎不配在诗词中那样地受人称赞,更不配在花木中占据那样高尚的地位。因此我似觉诗词中所赞叹的名花是另外一种,不是我现在所看见的这种植物。我也曾偶游富丽的花园,但终于不曾见过十足地配称"万花如绣"的景象。

假如我现在要赞美一种植物,我仍是要赞美杨柳。但这与前缘无关,只是我这几天的所感,一时兴到,随便谈谈,也不会像信仰宗教或崇拜主义地毕生皈依它。为的是昨日天气佳,埋头写作到傍晚,不免走到西湖边的长椅子里去坐了一会。看见湖岸的杨柳树上,好像挂着几万串嫩绿的珠子,在温暖的春风中飘来飘去,飘出许多弯度微微的S线来,觉得这一种植物实在美丽可爱,非赞它一下不可。

听人说,这种植物是最贱的。剪一根枝条来插在地上,它也会活起来,后来变成一株大杨柳树。它不需要高贵的肥料或工深的壅培,只要有阳光、泥土和水,便会生活,而且生得非常强健而美丽。牡丹花要吃猪肚肠,葡萄藤要吃肉汤,许多花木要吃豆饼;但杨柳树不要吃人家的东西,因此人们说它是"贱"的。大概"贵"是要吃的意思。越要吃得多,越要吃得好,就是越"贵"。吃得很多很好而没有用处,只供观赏的,似乎更贵。例如牡丹比葡萄贵,是为了牡丹吃了猪肚肠只供观赏,而葡萄吃了肉汤有结果的原故。杨柳不要吃人的东西,且有木材供人用,因此被人看作"贱"的。

我赞杨柳美丽,但其美与牡丹不同,与别的一切花木都不同。杨柳的主要的美点,是其下垂。花木大都是向上发展的,红杏能长到"出墙",古木能长到"参天"。向上原是好的,但我往往看见枝叶花果蒸蒸日上,似乎忘记了下面的根,觉得其样子可恶;你们是靠它养活的,怎么只管高踞在上面,绝不理睬它呢?你们的生命建设在它上面,怎么只管贪图自己的光荣,而绝不回顾处在泥土中的根本呢?花木大都如此。甚至下面的根已经被斫,而上面的花叶还是欣欣向荣,在那里作最后一刻的威福,真是可恶而又可怜!杨柳没有这般可恶可怜的样子:它不是不会向上生长。它长得很快,而且很高;但是越长得高,越垂得低。千万条陌头细柳,条条不忘记根本,常常俯首顾着下面,时时借了春风之力,向处在泥土中的根本拜舞,或者和它亲吻。好像一群活泼的孩子环绕着他们的慈母而游戏,但时时依傍到慈母的身边去,或者扑进慈母的怀里去,使人看了觉得非常可爱。杨柳树也有高出墙头的,但我不嫌它高,为了它高而能下,为了它高而不忘木。

自古以来,诗文常以杨柳为春的一种主要题材。写春景曰"万树垂杨",写春色曰"陌头杨柳",或竟称春天为"柳条春"。我以为这

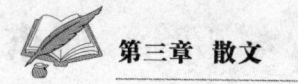

并非仅为杨柳当春抽条的原故,实因其树有一种特殊的姿态,与和平美丽的春光十分调和的原故。这种姿态的特点,便是"下垂"。不然,当春发芽的树木不知凡几,何以专让柳条作春的主人呢?只为别的树木都凭仗了东君的势力而拼命向上,一味好高,忘记了自己的根本,其贪婪之相不合于春的精神。最能象征春的神意的,只有垂杨。这是我昨天看了西湖边上的杨柳而一时兴起的感想。但我所赞美的不仅是西湖上的杨柳。在这几天的春光之下,乡村处处的杨柳都有这般可赞美的姿态。西湖似乎太高贵了,反而不适于栽植这种"贱"的垂杨呢。

## 作品简析

杨柳,是一种平凡的树。它没有松树的挺拔,也没有白杨的伟岸。更没有百花的娇媚。但古往今来它却成为文人笔下不衰的颂歌。作者由杨柳下垂的姿态想到了不忘记根本的精神,由树及人,使主题得到深化。饮水思源,知恩图报乃是为人之道,但生活中的许多人却过河拆桥,甚至落井下石,作者在叙写中蕴涵着对这些现象的指斥。作者赋予杨柳以主观情感,以杨柳喻人,讽刺现实生活中某些作威作福,趾高气扬,不可一世的人。

# 朱 自 清

## 作者简介

朱自清(1898—1948),原名朱自华,号秋实,后改为自清,字佩弦,笔名余捷、柏香、白水、知白等。祖籍浙江绍兴,生于江苏东海,后移居扬州,故自称扬州人。中国现代著名散文家、语文教育家、文学家、诗人、学者、民主战士。他的散文语言洗练,文笔清丽,充满真情实感。代表作有《荷塘月色》《背影》《桨声灯影里的秦淮河》等。

## 课文回顾

《匆匆》是六年级下册(人教版)语文课本中一篇脍炙人口的散文。作者通过一组日常画面,生动表现了时光"匆匆"流逝的特点,问而不答显出它的含蓄美,又符合作者情绪的飞快流动。

# 匆 匆

燕子去了,有再来的时候;杨柳枯了,有再青的时候;桃花谢了,有再开的时候。但是,聪明的,你告诉我,我们的日子为什么一去不复返呢?——是有人偷了他们罢:那是谁？又藏在何处呢？是他们自己逃走了罢：现在又到了哪里呢？

我不知道他们给了我多少日子；但我的手确乎是渐渐空虚了。在默默里算着，八千多日子已经从我手中溜去；像针尖上一滴水滴在大海里，我的日子滴在时间的流里，没有声音，也没有影子。我不禁头涔涔而泪潸潸了。

去的尽管去了，来的尽管来着；去来的中间，又怎样地匆匆呢？早上我起来的时候，小屋里射进两三方斜斜的太阳。太阳他有脚啊，轻轻悄悄地挪移了；我也茫茫然跟着旋转。于是——洗手的时候，日子从水盆里过去；吃饭的时候，日子从饭碗里过去；默默时，便从凝然的双眼前过去。我觉察他去的匆匆了，伸出手遮挽时，他又从遮挽着的手边过去，天黑时，我躺在床上，他便伶伶俐俐地从我身上跨过，从我脚边飞去了。等我睁开眼和太阳再见，这算又溜走了一日。我掩着面叹息。但是新来的日子的影儿又开始在叹息里闪过了。

在逃去如飞的日子里，在千门万户的世界里的我能做些什么呢？只有徘徊罢了，只有匆匆罢了；在八千多日的匆匆里，除徘徊外，又剩些什么呢？过去的日子如轻烟，被微风吹散了，如薄雾，被初阳蒸融了；我留着些什么痕迹呢？我何曾留着像游丝样的痕迹呢？我赤裸裸来到这世界，转眼间也将赤裸裸地回去罢？但不能平的，为什么偏要白白走这一遭啊？

你聪明的，告诉我，我们的日子为什么一去不复返呢？

## 作品简析

《匆匆》由眼前的春景，引动自己情绪的俄然激发，诗人借助想象把它表现出来。表现作者追寻时间踪迹而引起情绪的飞快流动。另外，作者运用了一系列排比句："洗手的时候，日子从水盆里过去；吃饭的时候，日子从饭碗里过去；默默时……"相同的句式成流线型，一缕情思牵动活跃而又恬静的画面迅速展开，使我们仿佛看到时间的流。全文结构也十分单纯，十一个问句是情绪消长的线索。问而不作答，而答意隐含之中，这既可启迪读者想象，引起深思，表达了作者对时光流逝的无奈和惋惜，也启发我们要珍惜宝贵的时光。

## 拓展阅读

## 歌　声

昨晚中西音乐歌舞大会里"中西丝竹合唱"的三曲清歌，真令我神迷心醉了。

仿佛一个暮春的早晨。霏霏的毛雨默然洒在我脸上，引起润泽、轻松的感觉。新鲜的微风吹动我的衣袂，像爱人的鼻息吹着我的手一样。我立的一条白矾石的甬道上，经了那细雨,正如涂了一层薄薄的乳油,踏着只觉越发滑腻可爱了。

这是在花园里。群花都还做她们的清梦。那微雨偷偷洗去她们的尘垢,她们的甜软的光泽便自焕发了。在那被洗去的浮艳下,我能看到她们在有日光时所深藏着的恬静的红、冷落的紫,和苦笑的白与绿。以前锦绣般在我面前的,现在都带了黯淡的颜色。——是愁着芳春的销歇么?是感着芳春的困倦么?

大约也因那蒙蒙的雨,园里没了穠郁的香气。滑滑的东风只吹来一缕缕饿了似的花香;夹带着些潮湿的气息和泥土的滋味。园外田亩和沼泽里,又时时送过些新插的秧,少壮的麦,和成荫的柳树的清新的蒸气。这些虽非甜美,却能强烈地刺激我的鼻观,使我有愉快的倦怠之感。

看啊,那都是歌中所有的:我用耳,也用眼,鼻舌,身,听着;也用心唱着。我终于被一种健康的麻痹袭取了,于是为歌所有。此后只由歌独自唱着,听着,世界上便只有歌声了。

### 作品简析

这篇散文清新自然、质朴流畅的语言风格,亦如作者其他名篇一样。赏读之时,我们的思绪,似山涧竹隐之清泉,汩汩涌出;似欣赏一幅山水卷轴,徐徐展开。文中作者取清丽的笔调,运用生动形象的移觉手法,融入丰富的想象,引领我们进入了一个美妙的歌声境界。

## 绿

我第二次到仙岩的时候,我惊诧于梅雨潭的绿了。

梅雨潭是一个瀑布潭。仙岩有三个瀑布,梅雨瀑最低。走到山边,便听见哗哗哗哗的声音;抬起头,镶在两条湿湿的黑边儿里的,一带白而发亮的水便呈现于眼前了。我们先到梅雨亭。梅雨亭正对着那条瀑布;坐在亭边,不必仰头,便可见它的全体。亭下深深的便是梅雨潭。这个亭踞在突出的一角的岩石上,上下都空空儿的;仿佛一只苍鹰展着翼翅浮在天宇中一般。三面都是山,像半个环儿拥着;人如在井底了。这是一个秋季的薄阴的天气。微微的云在我们顶上流着;岩面与草丛都从润湿中透出几分油油的绿意。而瀑布也似乎分外的响了。那瀑布从上面冲下,仿佛已被扯成大小的几绺;不复是一幅整齐而平滑的布。岩上有许多棱角;瀑流经过时,作急剧的撞击,便飞花碎玉般乱溅着了。那溅着的水花,晶莹而多芒;远望去,像一朵朵小小的白梅,微雨似的纷纷落着。据说,这就是梅雨潭之所以得名。但我觉得像杨花,格外确切些。轻风起来时,点点随风飘散,那更是杨花了。这时偶然有几点送入我们温暖的怀里,便倏的钻了进去,再也寻它不着。

梅雨潭闪闪的绿色招引着我们;我们开始追捉她那离合的神光了。揪着草,攀着乱石,小心探身下去,又鞠躬过了一个石穹门,便到了汪汪一碧的潭边了。瀑布在襟袖之间;但我的心中已没有瀑布了。我的心随潭水的绿而摇荡。那醉人的绿呀,仿佛一张极大极大的荷叶铺着,满是奇异的绿呀。我想张开两臂抱住她;但这是怎样一个妄想呀。——站在水边,望到那面,居然觉着有些远呢!这平铺着,厚积着的绿,着实可爱。她松松的皱缬着,像少妇拖着的裙幅;她轻轻的摆弄着,像跳动的初恋的处女的心;她滑滑的明亮着,像涂了"明油"一般,有鸡蛋清那样软,那样嫩,令人想着所曾触过的最嫩的皮肤;她又不杂些儿渣滓,宛然一块温润的碧玉,只清清的一色但你却看不透她!我曾见过北京什刹海指地的绿杨,脱不了鹅黄的底子,似乎太淡了。我又曾见过杭州虎跑寺旁高峻而深密的"绿壁",重叠着无穷的碧草与绿叶的,那又似乎太浓了。其余呢,西湖的波太明了,秦淮河的又太暗了。可爱的,我将什么来比拟你呢?我怎么比拟得出呢?大约潭是很深的,故能蕴蓄着这样奇异的绿;仿佛蔚蓝的天融了一块在里面似的,这才这般的鲜润呀。那醉人的绿呀!我若能裁你以为带,我将赠给那轻盈的舞女;她必能临风飘举了。我若能挹你以为眼,我将赠给那善歌的盲妹;她必明眸善睐了。我舍不得你;我怎舍得你呢?我用手拍着你,抚摩着你,如同一个十二三岁的小姑娘。我又掬你入口,便是吻着她了。我送你一个名字,我从此叫你"女儿绿",好么?

我第二次到仙岩的时候,我不禁惊诧于梅雨潭的绿了。

### 作品简析

比喻、对比等修辞手法在本文运用极为普遍。如把亭子比喻成"苍鹰",形象地写出了亭子踞在岩角的情形;把水花比喻成"白梅",突出了水花晶莹、洁白的特点……这些生动的比喻既形象写出了事物的突出特点,也流露出作者对美景的喜爱之情。而作者在最后把梅雨潭的绿分别与北京什刹海指地的绿杨、杭州虎跑寺的"绿壁"、西湖和秦淮河的水进行对比,则突出了梅雨潭温润的特点,给读者留下鲜明的印象。

## 冬 天

说起冬天,忽然想到豆腐。是"小洋锅"(铝锅)白煮豆腐,热腾腾的。水滚着,像好些鱼眼睛。一小块一小块豆腐养在里面,嫩而滑,仿佛反穿的白狐大衣。锅在"洋炉子"(煤油不打气炉)上,和炉子都熏得乌黑乌黑,越显出豆腐的白。这是晚上,屋子老了,虽点着"洋灯",也还是阴暗。围着桌子坐的是父亲跟我们哥儿三个。"洋炉子"太高了,父亲得常常站起来,微微地仰着脸,觑着眼睛,从氤氲的热气里伸进筷子,夹起豆腐,一一地放在我们的酱油碟里。我们有时也自己动手,但炉子实在太高了,总还是坐享其成的多。这并不是吃饭,只是玩儿。父亲说晚上冷,吃了暖和些。我们都喜欢这种白水豆腐;一上桌就眼巴巴望着那锅,等着那热气,等着热气里从父亲筷子上掉下来的豆腐。

又是冬天,记得是阴历十一月十六晚上。跟S君P君在西湖里坐小划子,S君刚到杭州教书,事先来信说:"我们要游西湖,不管它是冬天。"那晚月色真好;现在想起来还像照在身上。本来前一晚是"月当头";也许十一月的月亮真有些特别吧。那时九点多了,湖上似乎只有我们一只划子。有点风,月光照着软软的水波;当间那一溜儿反光,像新砑的银子。湖上的山只剩了淡淡的影子。山下偶尔有一两星灯光。S君口占两句诗道:"数星灯火认渔村,淡墨轻描远黛痕。"我们都不大说话,只有均匀的桨声。我渐渐地快睡了。P君"喂"了一下,才抬起眼皮,看见他在微笑。船夫问要不要上静慈寺;是阿弥陀佛生日,那边热闹的。到了寺里,殿上灯烛辉煌,满是佛婆念佛的声音,好像醒了一场梦。这已是十多年前的事了,S君还常常通信,P君听说转变了好几次,前年是在一个特税局里收特税了,以后便没有消息。

在台州过了一个冬天,一家四口子。台州是个山城,可以说在一个大谷里。只有一条二里长的大街。别的路上白天简直不大见人;晚上一片漆黑。偶尔人家窗户里透出一点灯光,还有走路的拿着火把;但那是少极了。我们住在山脚下。有的是山上松林里的风声,跟天上一只两只的鸟影。夏末到那里,春初便走,却好像老在过着冬天似的;可是即便真冬天也并不冷。我们住在楼上,书房临着大路;路上有人说话,可以清清楚楚地听见。但因为走路的人太少了,间或有点说话的声音,听起来都只当远风送来的,想不到就在窗外。我们是外路人,除上学校去之外,常只在家里坐着。妻也惯了那寂寞,只和我们爷儿们守着。外边虽老是冬天,家里却老是春天。有一回我上街去,回来的时候,楼下厨房的大方窗开着,并排地挨着他们母子三个;三张脸都带着天真微笑的向着我。似乎台州空空的,只有我们四人;天地空空的,也只有我们四人。那时是民国十年,妻刚从家里出来,满自在。现在她死了快四年了,我却还老记着她那微笑的影子。无论怎么冷,大风大雪,想到那些,我心上总是温暖的。

## 作品简析

本文选取了儿时、青年和中年三个阶段的事情,儿时重点表现父亲对自己的关爱,青年时期重点表现友情,中年则写一家四口在一起享受温情。在这些事情中,"暖"有着双重含义,既指火炉、灯光和微笑的温暖,又指人情的温暖。从选材到立意,无不显示着作者巧妙的构思。另外,"站"、"仰"、"觑"、"伸"、"夹"、"放"等一连串动作,生动再现了父亲为孩子们煮豆腐的情景,表现了父亲对孩子们的关爱之情。

# 老 舍

## 作者简介

老舍(1899—1966),原名舒庆春,字舍予,中国现代小说家、文学家、戏剧家。老舍的一生,总是在忘我地工作,他是文艺界当之无愧的"劳动模范",发表了大量影响后人的文学作品,获得了"人民艺术家"的称号。代表作有长篇小说《骆驼祥子》、《老张的哲学》、《四世同堂》;话剧《龙须沟》、《茶馆》等。

### 课文回顾

《猫》是著名作家老舍笔下的一篇状物散文,四年级上册(人教版)语文课本中收录了此文。猫,可以说大家都见过,可是在老舍先生的笔下,却是那么淘气可爱,栩栩如生。

## 猫

猫的性格实在有些古怪。说它老实吧,它的确有时候很乖。它会找个暖和的地方,成天睡大觉,无忧无虑,什么事也不过问。可是,它决定要出去玩玩,就会出走一天一夜,任凭谁怎么呼唤,它也不肯回来。说它贪玩吧,的确是呀,要不怎么会一天一夜不回家呢?可是,它听到老鼠的一点响动,又多么尽职。它屏息凝视,一连就是几个钟头,非把老鼠等出来不可!

它要是高兴,能比谁都温柔可亲:用身子蹭你的腿,把脖儿伸出来让你给它抓痒,或是在你写作的时候,跳上桌来,在稿纸上踩印几朵小梅花。它还会丰富多腔地叫唤,长短不同,粗细各异,变化多端。在不叫的时候,它还会咕噜咕噜地给自己解闷。这可都凭它的高兴。它若是不高兴啊,无论谁说多少好话,它也一声也不出。

它什么都怕,总想藏起来。可是它又那么勇猛,不要说见着小虫和老鼠,就是遇上蛇也敢斗一斗。

小猫满月的时候更可爱,腿脚还不稳,可是已经学会淘气。一根鸡毛,一个线团,都是它的好玩具,要个没完没了。一玩起来,它不知要摔多少跟头,但是跌倒了马上起来,再跑再跌。它的头撞在门上,桌腿上,撞疼了也不哭。它的胆子越来越大,逐渐开辟新的游戏场所。它到院子里来了。院中的花草可遭了殃。它在花盆里摔跤,抱着花枝打秋千,所到之处,枝折花落。你见了,绝不会责打它,它是那样生气勃勃,天真可爱!

### 作品简析

文中作者以精细独到的观察、充实饱满的内容、生动有趣的语言,把猫的古怪性格和满月小猫淘气的特点鲜活地展现在读者面前,使猫的形象越来越丰满,性格越来越鲜明,展现了猫与人之间互相信任、和谐相处的情景,字里行间流露出作者对猫的喜爱之情。

## 拓展阅读

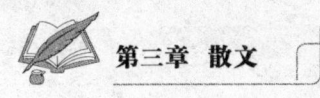

## 草 原

这次,我看到了草原。那里的天比别处的更可爱,空气是那么清鲜,天空是那么明朗,使我总想高歌一曲,表示我满心的愉快。在天底下,一碧千里,而并不茫茫。四面都有小丘,平地是绿的,小丘也是绿的。羊群一会儿上了小丘,一会儿又下来,走在哪里都像给无边的绿毯绣上了白色的大花。那些小丘的线条是那么柔美,就像只用绿色渲染,不用墨线勾勒的中国画那样,到处翠色欲流,轻轻流入云际。这种境界,既使人惊叹,又叫人舒服,既愿久立四望,又想坐下低吟一道奇丽的小诗。在这境界里,连骏马和大牛都有时候静立不动,好像回味着草原的无限乐趣。

我们访问的是陈巴尔虎旗。汽车走了一百五十里,才到达目的地。一百五十里全是草原。再走一百五十里,也还是草原。草原上行车十分洒脱,只要方向不错,怎么走都可以。初入草原,听不见一点声音,也看不见什么东西,除了些忽飞忽落的小鸟。走了许久,远远地望见了一条迂回明如玻璃的带子——河!牛羊多起来,也看到了马群,隐隐有鞭子的轻响。快了,快到了。忽然,像被一阵风吹来的,远处的小丘上出现了一群马,马上的男女老少穿着各色的衣裳,群马疾驰,襟飘带舞,像一条彩虹向我们飞过来。这是主人来到几十里外欢迎远客。见到我们,主人们立刻拨转马头,欢呼着,飞驰着,在汽车左右与前面引路。静寂的草原热闹起来:欢呼声,车声,马蹄声,响成一片。车跟着马飞过小丘,看见了几座蒙古包。

蒙古包外,许多匹马,许多辆车。人很多,都是从几十里外乘马或坐车来看我们的。主人们下了马,我们下了车。也不知道是谁的手,总是热乎乎地握着,握住不散。大家的语言不同,心可是一样。握手再握手,笑了再笑。你说你的,我说我的,总的意思是民族团结互助。

也不知怎的,就进了蒙古包。奶茶倒上了,奶豆腐摆上了。主客都盘腿坐下,谁都有礼貌,谁都又那么亲热,一点儿不拘束。不大会儿,好客的主人端进来大盘的手抓羊肉。干部向我们敬酒,七十岁的老翁向我们敬酒。我们回敬,主要人举杯,我们再回敬。这时候鄂温克姑娘戴着尖尖的帽子,既大方,又稍有点儿羞涩,来给客人们唱民歌。我们同行的歌手也赶紧唱起来,歌声似乎比什么语言都更响亮,都更感人,不管唱的是什么,听者总会露出会心的微笑。

饭后,小伙子们表演套马、摔跤,姑娘们表演了民族舞蹈,客人们也舞的舞,唱的唱,并且要骑一骑蒙古马。太阳已经偏西。谁也不肯走。是呀!蒙汉情深何忍别,天涯碧草话斜阳!

> **作品简析**
>
> 这篇散文记叙了老舍第一次访问内蒙古大草原时的所见、所闻、所感,字里行间浸润着浓郁的草原风情:一碧千里的草原风光、骑马迎客、把酒联欢、依依话别的动人情景,赞美了草原的美丽风光,表现了蒙古族同胞的纯朴、热情好客,以及蒙汉两族人民团结互助的深情厚谊。

## 五月的青岛

因为青岛的节气晚,所以樱花照例是在四月下旬才能盛开。樱花一开,青岛的风雾也挡不住草木的生长了。海棠,丁香,桃,梨,苹果,藤萝,杜鹃,都争着开放,墙角路边也都有了嫩绿的叶儿。五月的岛上,到处花香,一清早便听见卖花声。公园里自然无须说了,小蝴蝶花与桂竹香们都在绿草地上用它们的娇艳的颜色结成十字,或绣成几团;那短短的绿树篱上也开着一层白花,似绿枝上挂了一层春雪。就是路上两旁的人家也少不得有些花草;围墙既矮,藤萝往往顺着墙把花穗儿悬在院外,散出一街的香气;那双樱,丁香,都能在墙外看到,双樱的明艳与丁香的素丽,真是足以使人眼明神爽。

山上有了绿色,嫩绿,所以把松柏们比得发黑了一些。谷中不但填满了绿色,而且颇有些野花,有一种似紫荆而色儿略略发蓝的,折来很好插瓶。

青岛的人怎能忘下海呢。不过,说也奇怪,五月的海就仿佛特别的绿,特别的可爱,也许是因为人们心里痛快吧?看一眼路旁的绿叶,再看一眼海,真的,这才明白了什么叫做"春深似海"。绿,鲜绿,浅绿,深绿,黄绿,灰绿,各种的绿色,连接着,交错着,变化着,波动着,一直绿到天边,绿到山脚,绿到渔帆的外边去。风不凉,浪不高,船缓缓地走,燕低低地飞,街上的花香与海上的咸味混到一处,浪漾在空中,水在面前,而绿意无限,可不是,春深似海!欢喜,要狂歌,要跳入水中去,可是只能默默无言,心好像飞到天边上那将能看到的小岛上去,一闭眼仿佛还看见一些桃花。人面桃花相映红,必定是在那小岛上。

这时候,遇上风与雾便还须穿上棉衣,可是有一天忽然响晴,夹衣就正合适。但无论怎说吧,人们反正都放了心——不会太冷了,不会。妇女们最先知道这个,早早的就穿出利落的新装,而且决定不再脱下去。海岸上,微风吹动少女们的发与衣,何必再去到电影院中找那有画意的景儿呢!这里是初春浅夏的合响,风里带着春寒,而花草山水又似初夏,意在春而景如夏,姑娘们总先走一步,迎上前去,跟花们竞争一下,女性的伟大几乎不是颓废诗人所能明白的。

人似乎随着花草都复活了,学生们特别的忙:换制服,开运动会,到崂山、丹山旅行,服劳役。本地的学生忙,别处的学生也来参观,几个,几十,几百,打着旗子来了,又成着队走开,男的,女的,先生,学生,都累得满头是汗,而仍不住地向那大海丢眼。学生以外,该数小孩最快活,笨重的衣服脱去,可以到公园跑跑了;一冬天不见猴子了,现在又带着花生去喂猴子,看鹿。拾花瓣,在草地上打滚;

妈妈说了,过几天还有大红樱桃吃呢!

马车都新油饰过,马虽依然清瘦,而车辆体面了许多,好作一夏天的买卖呀。新油过的马车穿过街心,那专作夏天的生意的咖啡馆,酒馆,旅社,饮冰室,也找来油漆匠,扫去灰尘,油饰一新。油漆匠在交手上忙,路旁也增多了由各处来的舞女。预备呀,忙碌呀,都红着眼等着那避暑的外国战舰与各处的阔人。多咱浴场上有了人影与小艇,生意便比花草还茂盛呀。到那时候,青岛几乎不属于青岛的人了,谁的钱多谁更威风,汽车的眼是不会看山水的。

那么,且让我们自己尽量的欣赏五月的青岛吧!

### 作品简析

这是一篇充满诗情画意、情景交融的优美散文。作者通过两幅自然风景画和三幅社会风俗画的精彩描写,尽情赞美了青岛的美丽,字里行间渗透着作者深沉的爱国主义情感。文章不仅立意深湛、意境壮阔、语言优美,而且构思非常精巧,五幅画面的逐层展现,极具匠心。

## 吃莲花的

今年我种了两盆白莲。盆是由北平搜寻来的,里外包着绿苔,至少有五六十岁。泥是由黄河托来的。水用趵突泉的。只是藕差点事,吃剩下来的菜藕。好盆好泥好水敢情有妙用,菜藕也不好意思了,长吧,开花吧,不然太对不起人!居然,拔了梗,放了叶,而且开了花:一盆里七八朵,白的!只有两朵,瓣尖上有点红,我细细地用檀香粉给涂了涂,于是全白。作诗吧,除了作诗还有什么办法?专说"亭亭玉立"这四个字就被我用了七十五次,请想我作了多少首诗吧!

这且不提。好几天了,天天门口卖菜的带着几把儿白莲。最初,我心里很难过。好好的莲花和茄子冬瓜放在一块儿,真!继而一想,若有所悟。啊,济南名士多,不能自己"种"莲,还不"买"些用古瓶清水养起来,放在书斋?是的,一定是这样。

这且不提。友人约游大明湖,"去买点莲花来!"他说。"何必去买,我的两盆还不可观?"我有点不痛快,心里说:"我自种的难道比不上湖里的? 真!"况且,天这么热,游湖更受罪,不如在家里,煮点毛豆角,喝点莲花白,作两首诗,以自种白莲为题,岂不雅妙?友人看着那两盆花,点了点头。我心里不用提多么痛快了。友人也很雅哟!除了作新诗向来不肯用这"哟",可是此刻非用不可了!我忙着吩咐家中煮毛豆角,看看能买到鲜核桃不。然后到书房去找我的诗稿。友人静立花前,欣赏着哟!

这且不提。及至我从书房回来一看,盆中的花全在友人手里握着呢,只剩下两朵快要开败的还在原地未动。我似乎忽然中了暑,天旋地转,说不出话。友人可是很高兴。他说:"这几朵也对付了,不必到湖中买去了。其实门口卖菜的也有,不过没有湖上的新鲜便宜。你这些不很嫩了,还能对付。"他一边说着,一边奔了厨房。"老田,"他叫着我的总管事兼厨子:"把这用好香油炸炸。外边的老瓣不要,炸里边那嫩的。"老田是我由北平请来的,和我一样不懂济南的典故,他以为香油炸莲瓣是什么偏方呢。"这治什么病,烫伤?"他问。友人笑了。"治烫伤?吃!美极了!没看见菜挑子上一把一把儿的卖吗?"

这且不提。还提什么呢,诗稿全烧了,所以不能附录在这里。

### 作品简析

在本文中,作者以四个"这且不提",自然引出四个不同的生活场景,最终引出友人上演的闹剧,层层深入,结构巧妙。当作者忙着找自己的诗稿时,我们料定接下来肯定会是一个赏花、作诗的高雅场景,充满了期待。谁料友人居然把作者心爱的白莲全部"对付"了。这种急转直下的结构,大大出乎读者的意料,充满情趣。最后以"还提什么呢"一句收尾,作者懊恼、无奈的心情跃然纸上,也给读者留下了悠长的回味。

## 济南的冬天

对于一个在北平住惯的人,像我,冬天要是不刮风,便觉得是奇迹;济南的冬天是没有风声的。对于一个刚由伦敦回来的人,像我,冬天要能看得见日光,便觉得是怪事;济南的冬天是响晴的。自然,在热带的地方,日光是永远那么毒,响亮的天气,反有点叫人害怕。可是,在北中国的冬天,而能有温晴的天气,济南真得算个宝地。

设若单单是有阳光,那也算不了出奇。请闭上眼睛想:一个老城,有山有水,全在天底下晒着阳光,暖和安适地睡着,只等春风来把它们唤醒,这是不是个理想的境界?

小山整把济南围了个圈儿,只有北边缺着点口儿。这一圈小山在冬天特别可爱,好像是把济南放在一个小摇篮里,它们安静不动地低声地说:"你们放心吧,这儿准保暖和。"真的,济南的人们在冬天是面上含笑的。他们一看那些小山,心中便觉得有了着落,有了依靠。他们由天上看到山上,便不知不觉地想起:"明天也许就是春天了吧?这样的温暖,今天夜里山草也许就绿起来了吧?"就是这点幻想不能一时实现,他们也并不着急,因为有这样慈善的冬天,干啥还希望别的呢!

最妙的是下点小雪呀。看吧,山上的矮松越发的青黑,树尖上顶着一些儿白花,好像日本看护妇。山尖全白了,给蓝天镶上一道银边。山坡上,有的地方雪厚点,有的地方草色还露着;这样,一道儿白,一道儿暗黄,给山们穿上一件带水纹的花衣;看着看着,这件花衣好像被风儿吹动,叫你希望看见一点更美的山的肌肤。等到快日落的时候,微黄的阳光斜射在山腰上,那点薄雪好像忽然害了羞,微微露出点粉色。就是下小雪吧,济南是受不住大雪的,那些小山太秀气!

古老的济南,城里那么狭窄,城外又那么宽敞,山坡上卧着些小村庄,小村庄的房顶上卧着点雪,对,这是张小水墨画,也许是唐代的名手画的吧。

那水呢,不但不结冰,倒反在绿萍上冒着点热气,水藻真绿,把终年贮蓄的绿色全拿出来了。天儿越晴,水藻越绿,就凭这些绿的精神,水也不忍得冻上,况且那些长枝的垂柳还要在水里照个影儿呢!看吧,由澄清的河水慢慢往上看吧,空中,半空中,天上,自上而下全是那么清亮,那么蓝汪汪的,整个的是块空灵的蓝水晶。这块水晶里,包着红屋顶,黄草山,像地毯上的小团花的小灰色树影;这就是冬天的济南。

### 作品简析

在作者眼里,北平的冬天风太多,伦敦的冬天雾太大,热带地区的冬天日光太毒,而济南的冬天不但没有风声,而且经常能见到阳光。这种对比手法的运用,突出了济南冬天温晴的特点。另外,本文多处运用了拟人的修辞手法,如在作者笔下,小山雪后的矮松成了日本看护妇,山坡成了穿花衣的女子……拟人手法的运用,不仅生动表现了小山雪景秀气的特点,也传达出作者对济南冬天的喜爱。

# 巴 金

### 作者简介

巴金(1904—2005),原名李尧棠,现代文学家、出版家、翻译家,被誉为五四新文化运动以来最有影响的作家之一,是20世纪中国杰出的文学大师、中国当代文坛的巨匠。巴金代表作有"激流三部曲"《家》、《春》、《秋》,散文集《随想录》等。

### 课文回顾

四年级上册(人教版)语文课本《鸟的天堂》就是巴金的作品,文中记叙了他和朋友两次经过"鸟的天堂"的所见所闻,具体描写了傍晚静态的大榕树和第二天早晨群鸟活动的景象。

## 鸟 的 天 堂

我们吃过晚饭,热气已经退了。太阳落下了山坡,只留下一段灿烂的红霞在天边。

我们走过一条石子路,很快就到了河边。在河边大树下,我们发现了几只小船。

我们陆续跳上一只船。一个朋友解开绳,拿起竹竿一拨,船缓缓地动了,向河中心移去。

河面很宽,白茫茫的水上没有一点波浪。

船平静地在水面移动。三支桨有规律地在水里划,那声音就像一支乐曲。

在一个地方,河面变窄了。一簇簇树叶伸到水面上。树叶真绿得可爱。那是许多茂盛的榕树,看不见主干在什么地方。

当我说许多株榕树的时候,朋友们马上纠正我的错误。一个朋友说那只有一株榕树,另一个朋友说是两株。我见过不少榕树,这样大的还是第一次看见。

我们的船渐渐逼近榕树了。我有机会看清它的真面目,真是一株大树,枝干的数目不可计数。枝上又生根,有许多根直垂到地上,伸进泥土里。一部分树枝垂到水面。从远处看,就像一株大树卧在水面上。

榕树正在茂盛的时期,好像把它的全部生命力展示给我们看。那么多的绿叶,一簇堆在另一簇上面,不留一点缝隙。那翠绿的颜色,明亮地照耀着我们的眼睛,似乎每一片绿叶上都有一个新的生命在颤动。这美丽的南国的树!

船在树下泊了片刻。岸上很湿,我们没有上去。朋友说这里是"鸟的天堂",有许多鸟在这树上做巢,农民不许人去捉它们。我仿佛听见几只鸟扑翅的声音,等我注意去看,却不见一只鸟的影儿。只有无数的树根立在地上,像许多根木桩。土地是湿的,大概涨潮的时候河水会冲上岸去。"鸟的天堂"里没有一只鸟,我不禁这样想。于是船开了。一个朋友拨着桨,船缓缓地移向河中心。

第二天,我们划着船到一个朋友的家乡去。那是个有山有塔的地方。从学校出发,我们又经过那"鸟的天堂"。

这一次是在早晨。阳光照耀在水面,在树梢,一切都显得更加光明了。我们又把船在树下泊了片刻。起初周围是静寂的。后来忽然起了一声鸟叫。我们把手一拍,便看见一只大鸟飞了起来。接着又看见第二只,第三只。我们继续拍掌,树上就变得热闹了,到处都是鸟声,到处都是鸟影。大的,水的,花的,黑的,有的站在树枝上叫,有的飞起来,有的在扑翅膀。

我注意地看着,眼睛应接不暇,看清楚了这只,又错过了那只,看见了那只,另一只又飞起来了。一只画眉鸟飞了出来,被我们的掌声一吓,又飞进了叶丛,站在一根小枝上兴奋地叫着,那歌声真好听。

当小船向着高塔下面的乡村划去的时候,我回头看那被抛在后面的茂盛的榕树。我感到一点儿留恋。昨天是我的眼睛骗了我,那"鸟的天堂"的确是鸟的天堂啊!

### 作品简析

巴金在文中着重描写了宽阔清澈的河流、充满生机的大榕树、活泼可爱的小鸟,构成了一幅高雅清幽的风景画,展示了一派美丽动人的南国风光,表达了作者对大自然生命力的热爱和赞美。

## 拓展阅读

## 狗

小时候我害怕狗。记得有一回在新年里，我到二伯父家去玩。在他那个花园内，一条大黑狗追赶我，跑过几块花圃。后来我上了洋楼，才躲过这一场灾难，没有让狗嘴咬坏我的腿。

以后见着狗，我总是逃，它也总是追，而且屡屡望着我的影子猖猖狂吠。我愈怕，狗愈凶。

怕狗成了我的一种病。

我渐渐地长大起来。有一天不知道因为什么，我忽然觉得怕狗是很可耻的事情。看见狗我便站住，不再逃避。

我站住，狗也就站住。它望着我狂吠，它张大嘴，它做出要扑过来的样子。但是它并不朝着我前进一步。

它用怒目看我，我便也用怒目看它。它始终保持着我和它中间的距离。

这样地过了一阵子，我便转身走了。狗立刻追上来。

我回过头。狗马上站住了。它望着我恶叫，却不敢朝我扑过来。

"你的本事不过这一点点。"我这样想着，觉得胆子更大了。我用轻蔑的眼光看它，我顿脚，我对它吐出骂语。

它后退两步，这次倒是它露出了害怕的表情。它仍然汪汪地叫，可是叫声却不像先前那样地"恶"了。

我讨厌这种纠缠不清的叫声。我在地上拾起一块石子，就对准狗打过去。

石子打在狗的身上，狗哀叫一声，似乎什么地方痛了。它马上掉转身子夹着尾巴就跑，并不等我的第二块石子落到它的头上。

我望着逃去了的狗影，轻蔑地冷笑两声，从此狗碰到我的石子就逃。

### 作品简析

本文故事始终围绕"我"与狗的故事展开，起初是"我"怕狗，后来再到"我"和狗相互对峙，再到最后则变成了狗怕"我"，而贯穿故事其中的，则是作者不断增强的勇气。作者通过这一变化过程，生动表现了狗外强中干的特点，寓意深刻。作者与狗相持不下的场面，是本文的重点内容。作者通过这一部分的动作和神态描写，表现了狗"看人脸色"的特点，也反映了作者一步步增强的自信心。生动的场面描写扣人心弦，也使本文充满童趣。

## 繁 星

我爱月夜，但我也爱星天。从前在家乡七八月的夜晚在庭院里纳凉的时候，我最爱看天上密密麻麻的繁星。望着星天，我就会忘记一切，仿佛回到了母亲的怀里似的。

三年前在南京我住的地方有一道后门,每晚我打开后门,便看见一个静寂的夜。下面是一片菜园,上面是星群密布的蓝天。星光在我们的肉眼里虽然微小,然而它使我们觉得光明无处不在。那时候我正在读一些关于天文学的书,也认得一些星星,好像它们就是我的朋友,它们常常在和我谈话一样。

如今在海上,每晚和繁星相对,我把它们认得很熟了。我躺在舱面上,仰望天空。深蓝色的天空里悬着无数半明半昧的星。船在动,星也在动,它们是这样低,真是摇摇欲坠呢!

渐渐地我的眼睛模糊了,我好像看见无数萤火虫在我的周围飞舞。海上的夜是柔和的,是静寂的,是梦幻的。我望着那许多认识的星,我仿佛看见它们在对我眨眼,我仿佛听见它们在小声说话。这时我忘记了一切。在星的怀抱中我微笑着,我沉睡着。我觉得自己是一个小孩子,现在睡在母亲的怀里了。

有一夜,那个在哥伦波上船的英国人指给我看天上的巨人。他用手指着:那四颗明亮的星是头,下面的几颗是身子,这几颗是手,那几颗是腿和脚,还有三颗星算是腰带。经他这一番指点,我果然看清楚了那个天上的巨人。看,那个巨人还在跑呢!

### 作品简析

这篇文章选自巴金的《海上杂记》。文中作者把星天比作母亲,是为了突出看繁星时温馨甜美的感受;把星天比作朋友,是为了突出看繁星时亲密和谐的感受。它们表述了作者对星空、繁星的热爱,对美好生活的向往,童心、童趣不减。

## 灯

我半夜从噩梦中惊醒,感觉到室闷,便起来到廊上去呼吸寒夜的空气。

夜是漆黑的一片,在我的脚下仿佛横着沉睡的大海,但是渐渐地像浪花似的浮起来灰白色的马路。然后夜的黑色逐渐减淡。哪里是山,哪里是房屋,哪里是菜园,我终于分辨出来了。

在右边,傍山建筑的几处平房里射出来几点灯光,它们给我扫淡了黑暗的颜色。

我望着这些灯,灯光带着昏黄色,似乎还在寒气的袭击中微微颤抖。有一两次我以为灯会灭了。但是一转眼昏黄色的光又在前面亮起来。这些深夜还燃着的灯,它们(似乎只有它们)默默地在散布一点点的光和热,不仅给我,而且还给那些寒夜里不能睡眠的人,和那些这时候还在黑暗中摸索的行路人。是的,那边不是起了一阵急促的脚步声吗?谁从城里走回乡下来了?过了一会儿,一个黑影在我眼前晃一下。影子走得极快,好像在跑,又像在溜,我了解这个人急忙赶回家去的心情。那么,我想,在这个人的眼里、心上,前面那些灯光会显得更明亮、更温暖吧。

我自己也有过这样的经验。只有一点微弱的灯光,就是那一点仿佛随时都会被黑暗扑灭的灯光也可以鼓舞我多走一段长长的路。大片的飞雪飘打在我的脸上,我的皮鞋不时陷在泥泞的土路中，风几次要把我摔倒在污泥里。我似乎走进了一个迷阵，永远找不到出口，看不见路的尽头。但是我始终挺起身子向前迈步，因为我看见了一点豆大的灯光。灯光，不管是哪个人家的灯光，都可以给行人——甚至像我这样的一个异乡人——指路。

这已经是许多年前的事了。我的生活中有过了好些大的变化。现在我站在廊上望山脚的灯光，那灯光跟好些年前的灯光不是同样的么？我看不出一点分别！为什么？我现在不是安安静静地站在自己楼房前的廊上么？我并没有在雨中摸夜路。但是看见灯光，我却忽然感到安慰，得到鼓舞。难道是我的心在黑夜里徘徊；它被噩梦引入了迷阵，到这时才找到归路？

我对自己的这个疑问不能够给一个确定的回答。但是我知道我的心渐渐地安定了，呼吸也畅快了许多。我应该感谢这些我不知道姓名的人家的灯光。

他们点灯不是为我，在他们的梦寐中也不会出现我的影子。但是我的心仍然得到了益处。我爱这样的灯光。几盏灯甚或一盏灯的微光固然不能照彻黑暗，可是它也会给寒夜里一些不眠的人带来一点勇气，一点温暖。

孤寂的海上的灯塔挽救了许多船只的沉没，任何航行的船只都可以得到那灯光的指引。哈里希岛上的姐姐为着弟弟点在窗前的长夜孤灯，虽然不曾唤回那个航海远去的弟弟，可是不少捕鱼归来的邻人都得到了它的帮助。

再回溯到远古的年代去。古希腊女教士希洛点燃的火炬照亮了每夜泅过海峡来的利安得尔的眼睛。有一个夜晚暴风雨把火炬弄灭了，让那个勇敢的情人溺死在海里。但是熊熊的火光至今还隐约地亮在我们的眼前，似乎那火炬并没有跟着殉情的古美人永沉海底。

这些光都不是为我燃着的，可是连我也分到了它们的一点恩泽——一点光，一点热。光驱散了我心灵里的黑暗，热促成它的发育。一个朋友说："我们不是单靠吃米活着。"我自然也是如此。我的心常常在黑暗的海上漂浮，要不是得着灯光的指引，它有一天也会永沉海底。

我想起了另一位友人的故事：他怀着满心难治的伤痛和必死之心，投到江南的一条河里。到了水中，他听见一声叫喊（"救人啊！"），看见一点灯光，模糊中他还听见一阵喧闹，以后便失去知觉。醒过来时他发觉自己躺在一个陌生人的家中，桌上一盏油灯，眼前几张诚恳、亲切的脸。"这人间毕竟还有温暖。"他感激地想着，从此他改变了生活态度。"绝望"没有了，"悲观"消失了，他成了一个热爱生命的积极的人。这已经是二三十年前的事了。我最近还见到这位朋友。那一点灯光居然鼓舞一个出门求死的人多活了这许多年，而且使他到现在还活得健壮。我没有跟他重谈起灯光的话。但是我想，那一点微光一定还在他的心灵中摇晃。

在这人间，灯光是不会灭的——我想着，想着，不觉对着山那边微笑了。

### 作品简析

文章开篇就用"噩梦"、"窒闷"、"漆黑"这些词写自己的心情及周围的环境，然后话锋一转，分辨出了"哪里是山，哪里是房屋，哪里是菜园"，表现了作者当时真实的心态，因为这时正是抗日战争最艰难的阶段,大片国土沦陷,人民流离失所,整个民族陷入了巨大的灾难之中。作者此时此刻,为民族、为国家、为他挚爱的人民遭受的巨大的灾难感到痛苦,甚至感到失望、苦闷、彷徨,这是可以理解的。但是作者并没有消沉下去,因为他看到了"扫淡黑暗颜色"的灯光,看到了光明和希望,这就为全文的写作奠定了感情基调,也为下文的联想作了铺垫,文中对光明的追求,对未来的希望,对爱的讴歌,使得这篇散文具有撼人心魄的感染力。

## 木匠老陈

生活的经验固然会叫人忘记许多事情,但是有些记忆经过了多少时间的磨洗也不会消灭。

故乡里那些房屋,那些街道至今还印在我的脑子里。我还记得我每天到学堂去总要走过木匠老陈的铺子。

木匠老陈那时不过四十岁光景,脸长得像驴子脸,左眼下面有块伤疤,嘴唇上略有几根胡须。大家都说他的相貌丑,但是同时人人称赞他的脾气好。

他平日在店里。但是他也常常到相熟的公馆里去做活,或者做包工,或者做零工。我们家里需要木匠的时候,总是去找他。我就在这时候认识他。他在我们家里做活,我只要有空,就跑去看他工作。

我那时注意的,并不是他本人,倒是他的那些工具:什么有轮齿的锯子啦,有两个耳朵的刨子啦,会旋转的钻子啦,像图画里板斧一般的斧子啦。这些奇怪的东西我以前全没有看见过,一块粗糙的木头经过了斧子劈,锯子锯,刨子刨,就变成了一方或者一条光滑整齐的木板,再经过钻子、凿子等等工具以后,又变成了各种各样的东西;像美丽的窗格,镂花的壁板等等细致的物件,都是这样制成的。

老陈和他的徒弟的工作使我的眼界宽了不少。那时我还在家里读书,祖父聘请了一位前清的老秀才来管教我们。老秀才不知道教授的方法,他只教我们认一些字,呆板地读一些书。此外他就把我们关在书房里,端端正正地坐在凳子上,让时间白白地过去。过惯了这种单调的生活以后,无怪乎我特别喜欢老陈了。

老陈常常弯着腰,拿了尺子和墨线盒在木板上面画什么东西。我便安静地站在旁边专心地望着,连眼珠也不转一下。他画好了墨线,便拿起锯子或者凿子来。我有时候觉得有些地方很奇怪,不明白,就问他,他很和气地对我一一说明。他的态度比那个老秀才的好得多。

家里的人看见我对老陈的工作感到这么大的兴趣,并不来干涉我,却嘲笑地唤我做老陈的徒弟,父亲甚至开玩笑地说要把我送到老陈那里学做木匠。但这些嘲笑都是好意的,父亲的确喜欢我,因此有一个时候我居然相信父亲真有这样的想法,而且我对老陈说过要跟他学做木匠的活。

"你要学做木匠?真笑话!有钱的少爷应该读书,将来好做官!穷人的小孩才学做木匠。"老陈听见我的话,马上就笑起来。

"为什么不该学做木匠?做官有什么好?修房子,做家具,才有趣啊!我做木匠,我要给自己修房子,爬到上面去,爬得高高的。"我看见他不相信我的话，把它只当做小孩子的胡说，我有些生气，就起劲地争论道。

"爬得高，会跌下来。"老陈随口说了这一句，他的笑容渐渐地收起来了。

"跌下来，你骗我！我就没有见过木匠跌下来！"

老陈看我一眼，依旧温和地说，"做木匠修房子，常常拿自己性命来拼。一个不当心在上面滑了脚，跌下来，不跌成肉酱，也会得一辈子的残疾。"他说到这里就埋下头，用力在木板上推他的刨子，木板查查地响着，一卷一起的刨花接连落在地上。他过了半晌又加了一句："我爹就是这样子跌死的。"

我不相信他的话。一个人会活活地跌死！我没有看见过，也没有听见人说过。既然他父亲做木匠跌死了，为什么他现在还做木匠呢？我简直想不通。

"你骗我，我不信！那么你为什么还要做木匠？难道你就不怕死！"

"做木匠的人这样多，不见得个个都遭横死。我学的是这行手艺，不靠它吃饭又靠什么？"他苦恼地说。然后他抬起头来看我，他的眼角上嵌着泪珠。他哭了！

我看见他流眼泪。不知道要怎么办才好，就跑开了。

不久祖父生病死了，我也进了学堂，不再受那个老秀才的管束了。祖父死后木匠老陈不曾到我们家里来过。但是我每天到学堂去都要经过他那个小小的铺子。

有时候他在店里招呼我；有时候他不在，只有一两个徒弟在那里钉凳子或者制造别的物件。他的店起初还能够维持下去，但是不久省城里发生了巷战，一连打了三天，然后这两位军阀因为别人的调解又握手言欢了。老陈的店在这个时期遭到士兵的光顾，他的一点点积蓄都给抢光了，只剩下一个空铺子。这以后他虽然勉强开店，生意却很萧条。我常常看见他哭丧着脸在店里做工。他的精神颓丧，但是他仍然不停手地做活。我听说他晚上时常到小酒馆里喝酒。

又过了几个月，他的店终于关了门。我也就看不见他的踪迹了。有人说他去吃粮当了兵，有人说他到外县谋生去了，然而有一天我在街上碰见了他。他手里提着一个篮子，里面装了几件木匠用的工具。

"老陈，你还在省城！人家说你吃粮去了！"我快活地大声叫起来。

"我只会做木匠，我就只会做木匠！一个人应该安分守己。"他摇摇头微微笑道。他的笑容里带了一点悲哀，他没有什么大改变，只是人瘦了些，脸黑了些，衣服脏了些。

"少爷，你好好读书。你将来做了官，我来给你修房子。"他继续含笑说。

我抓住他的袖子，再也说不出一句话来。他告辞走了。他还告诉我他在他从前一个徒弟的店里帮忙。这个徒弟如今发达了，他却在那里做一个匠人。

以后我就没有再看见老陈。我虽然喜欢他。但是过了不几天我又把他忘记了。等到公馆里的轿夫告诉我一个消息的时候，我才记起他来。

那个轿夫报告的是什么消息呢？

他告诉我：老陈同别的木匠一起在南门一家大公馆里修楼房，工程快要完了，但是不晓得怎样，老陈竟然从楼上跌下来，跌死了。

在那么多的木匠里面，偏偏是他跟着他父亲落进了横死的命运圈里。这似乎是偶然，似乎又不是偶然。总之，一个安分守己的人就这样地消灭了。

### 作品简析

作者在文中主要是通过与老陈的对话,塑造木匠老陈这一人物形象的。尤其"我学的是这行手艺,不靠它吃饭又靠什么"、"一个人应该安分守己"等语句,把老陈朴实、善良、和蔼的特点,生动地表现了出来。作者在文末以轿夫的报告,讲述了木匠老陈的悲惨遭遇。这么一个朴实、善良的人,为什么却跌进了同他父亲一样横死的命运圈?作者通过这种结局,意在说明通过自己的劳动得到幸福这种极其平常的事情,在黑暗的旧社会却很难成为现实。

# 萧 红

### 作者简介

萧红(1911—1942),原名张乃莹,中国现代著名女作家。黑龙江省呼兰县(现哈尔滨市呼兰区)人,1933年与萧军自费出版第一本作品合集《跋涉》。在鲁迅的帮助和支持下,1935年发表了成名作《生死场》。1936年,为摆脱精神上的苦恼东渡日本,在东京写下了散文《孤独的生活》、长篇组诗《砂粒》等。代表作为著名长篇小说《呼兰河传》。

### 课文回顾

《火烧云》是四年级上册(人教版)的一篇课文,这是一篇写景的文章,本文通过描写火烧云从上来到下去的过程中颜色形状的变化,使我们感受到晚霞的美景,全文以"变"字统领全篇,且节节有"变"使自然之美、人与动物之美在"变"中表现得淋漓尽致。

## 火 烧 云

晚饭过后,火烧云上来了。霞光照得小孩子的脸红红的。大白狗变成红的了,红公鸡变成金的了,黑母鸡变成紫檀色的了。喂猪的老头儿在墙根靠着,笑盈盈地看着他的两头小白猪变成小金猪了。他刚想说:"你们也变了……"旁边走来个乘凉的人对他说:"您老人家必要高寿,您老是金胡子了。"

天上的云从西边一直烧到东边,红彤彤的,好像是天空着了火。

这地方的火烧云变化极多,一会儿红彤彤的,一会儿金灿灿的,一会儿半紫半黄,一会儿半灰半百合色。葡萄灰、梨黄、茄子紫,这些颜色天空都有,还有些说也说不出来、见也没见过的颜色。

一会儿,天空出现一匹马,马头向南,马尾向西。马是跪着的,像等人骑上它的背,它才站起来似的。过了两三秒钟,那匹马大起来了,腿伸开了,脖子也长了,尾巴可不见了。看的人正在寻找马尾巴,那匹马变模糊了。

忽然又来了一条大狗。那条狗十分凶猛,在向前跑,后边似乎还跟着好几条小狗。跑着跑着,小狗不知哪里去了,大狗也不见了。

接着又来了一头大狮子,跟庙门前的石头狮子一模一样,也那么大,也那样蹲着,很威武很镇静地蹲着。可是一转眼就变了,再也找不着了。

一时恍恍惚惚的,天空里又像这个,又像那个,其实什么也不像,什么也看不清了。必须低下头,揉一揉眼睛,沉静一会儿再看。可是天空偏偏不等待那些爱好它的孩子。一会儿工夫,火烧云下去了。

### 作品简析

本文以"变"字统领全文,以生动的语言,详细描写了乡村傍晚火烧云从上来到下去的过程中色彩和形状的变化,表现了大自然景象的瑰丽和变幻无穷,表达了作者对火烧云的赞叹之情。

### 拓展阅读

## 梧　　桐

张家老太太缝着一件小袄,越缝越懊丧,拿起水烟袋来抽烟了。一口烟还没有抽进去,她就骂起来:"这是什么年头,这烟我没抽过,我活了这么大岁数,还跑到四川这地方……"她拔出烟管来,对着那烟管吹了一口。

"唾……好辣呀,我又喝了一口汤。"她把水烟袋一蹾就蹾在桌边上。

手里的纸火捻可仍旧没有灭,就用手指甲一弹,巧妙地就把火弹灭了。

"这叫什么房子呢,没有见过,四面露天,冬天我看……这还没过八月节呢,我这寒腿就有点疼了,看冬天可怎么过,不饿死,也会冻死……"

张家老太太是从关外逃来的,逃到上海,逃到汉口,现在是逃到重庆的乡下来了。

她正在缝着的那件小袄,是清朝做的,团花匣缎面,古铜雨绸里,现在是旧了,破了,经过几次的洗染,那团花都起毛了。

就又缝了几针,她越缝越生气,眼睛也老花了,屋子又黑,手也哆嗦,若是线从针孔脱掉,她费了三五分钟也穿不起,因为这房子没有窗子,只有两个小天窗。下雨的时候,那天窗的玻璃被打得啪啦啪啦地响。

夜里她想着一些过去的事情,睡不熟时,翻转的就总听着玻璃上是落着雨点。因为已经是秋天了,四川一到秋天是天天下雨的。

还有门外的两棵梧桐,也总是欺骗着那老太太,总是像落雨似的滴答滴答地滴着夜里的露水。从高处树叶掉到低处树叶上的水滴,是啪啪的,水滴落在地上,扑扑的,简直和落雨一样;夜里她常常起来看看外边是否有东西在院子里,其实她是一半寂寞,一半对这雨声的厌烦而起来的。偏偏她起来推开门去看的那几次,又都是露水。

过了这一阴雨的天,冬天就来了,冬天仍旧是下着雨,而且那梧桐叶子也一片一片地落了。又像下雨一样,因为有风才能落叶,风一来,那干枯的叶子彼此磕碰的声音,简直和下雨一样。那老太太又睡不着了。她的思乡的情绪,因为异地的风雨,时时波动着她。

但是竟有这么一天,她从街上回来了,抱着她的孙儿,一开门她就说:"打胜仗了,就要打胜仗了。"她还没来得及说:"这回可能回家了。"

她的眼睛发亮了,她的心跳着,她说满街的茶馆都在闹嚷嚷地谈论。说苏联出兵了。她的儿子告诉她:"妈,没有的事,那是谣言。您老擦一擦头发上的雨吧。"

她想,怎么,下雨了吗?她伸手一摸,手就湿了。摸摸小孙儿,那小头顶也湿了。她骂着:"王八旦的……可不是真的吗!"

她推开房门,看一看那两丈多高的梧树,的确,这回不是露水或落叶,而是真真的雨点了。

### 作品简析

文中的老太太总爱发牢骚,房子、梧桐树都成了她不满的对象,有时候她还会说"王八旦的"这句粗话,这种个性鲜明的语言描写,塑造了老太太爽朗的性格特点,反映了她对因战争而流离失所的生活状况的强烈不满。作者以惊奇的巧合结束全文,既照应了标题,也引发了读者丰富的联想。

# 感情的碎片

近来觉得眼泪常常充满着眼睛,热的,它们常常会使我的眼圈发烧。然而它们一次也没有滚落下来。有时候它们站到了眼毛的尖端,闪耀着玻璃似的液体,每每在镜子里面看到。

一看到这样的眼睛,又好像回到了母亲死的时候。母亲并不十分爱我,但也总算是母亲。她病了三天了,是七月的末梢,许多医生来过了,他们骑着白马,坐着三轮车,但那最高的一个,他用银针在母亲的腿上刺了一下,他说:"血流则生,不流则亡。"

我确确实实看到那针孔是没有流血,只是母亲的腿上凭空多了一个黑点。医生和别人都退了出去,他们在堂屋里议论着。我背向了母亲,我不再看她腿上的黑点。我站着。

"母亲就要没有了吗?"我想。

大概就是她极短的清醒的时候:"……你哭了吗?不怕,妈死不了!"

我垂下头去,扯住了衣襟,母亲也哭了。

而后我站到房后摆着花盆的木架旁边去。我从衣袋取出来母亲买给我的小洋刀。

"小洋刀丢了就从此没有了吧?"于是眼泪又来了。

花盆里的金百合映着我的眼睛,小洋

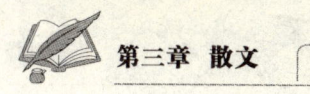

刀的闪光映着我的眼睛。眼泪就再没有流落下来,然而那是热的,是发炎的。但那是孩子的时候。

而今则不应该了。

> **作品简析**
>
> 这篇文章也是萧红性格的一种体现,她坚强、隐忍,从不向命运投降,在苦难中艰难前行。作者在文章中描写细腻,而"闪耀着玻璃似的液体","花盆里的金百合映着我的眼睛",这些优美的字句都体现了她那痛苦的往事、点滴的感情碎片。另外,文中最后"而今则不应该了"既有对自己软弱的一种苦恼,又有坚强的决心,表达了作者与命运抗争的顽强意志。

## 春意挂上了树梢

三月花还没有开,人们嗅不到花香,只是马路上融化了积雪的泥泞干起来。天空打起朦胧的多有春意的云彩;暖风和轻纱一一般浮动在街道上、院子里。春末了,关外的人们才知道春来。春是来了,街头的白杨树蹿着芽,拖马车的马冒着气,马车夫们的大毡靴也不见了,行人道上外国女人的脚又从长统套鞋里显现出来。笑声、见面打招呼声又复活在行人道上。商店为着快快地传播春天的感觉,橱窗里的花已经开了,草也绿了,那是布置着公园的夏景。我看得很凝神的时候,有人撞了我一下,是汪林,她也戴着那样小沿的帽子。

"天真暖啦!走路都有点热。"

看着她转过"商市街",我们才来到另一家店铺,并不是买什么,只是看看,同时晒晒太阳。这样好的行人道,有树,也有椅子,坐在椅子上,把眼睛闭起,一切春的梦、春的谜、春的暖力……这一切把自己完全陷进去?听着,听着吧!春在歌唱……

"大爷,大奶奶……帮帮吧……"这是什么歌呢,从背后来的?这不是春天的歌吧!

那个叫化子嘴里吃着个烂梨,一只脚肿得把另一只显得好像不存在似的。"我的腿冻坏啦!大爷,帮帮吧!唉唉……"

有谁还记得冬天?阳光这样暖了!街树蹿着芽!

手风琴在隔道唱起来,这也不是春天的调,只要一看那个瞎人为着拉琴而挪歪的头,就觉得很残忍。瞎人他摸不到春天,但没有。坏了腿的人,他走不到春天,他有腿也等于无腿。

世界上这一些不幸的人,存在着也等于不存在,倒不如赶早把他们消灭掉,免得在春天他们会唱这样难听的歌。

汪林在院心吸着一支烟卷,她又换一套衣裳。那是淡绿色的,和树枝发出的芽一样的颜色。她腋下夹着一封信,看见我们,赶忙把信送进衣袋去。

"大概又是情书吧!"郎华随便说着玩笑话。

她跑进屋去了。香烟的烟缕在门外打了一下旋卷才消灭。

夜,春夜,中央大街充满了音乐的夜,流浪人的音乐,日本舞场的音乐,外国饭店的音乐……七点钟以后,中央大街的中段,在一条横口,那个很响的扩音机哇哇地叫起来,这歌声差不多响彻全街。若站在商店的玻璃窗前,会疑心是从玻璃发着震响。一条完全在风雪里寂寞的大街,今天第一次又号叫起来。

外国人!绅士样的,流氓样的,老婆子,少女们,跑了满街……有的连起人排来封闭住商店的窗子,但这只限于年轻人,也有的同唱机一样唱起来,但这也只限于年轻人。这好像特有的年轻人的集会。他们和姑娘们一道说笑,和姑娘们连起排来走。中国人来混在这些卷发人中间,少得只有七分之一,或八分之一。但是汪林在其中,我们又遇到她。她和另一个也和她同样打扮漂亮的、白脸的女人同走……卷发的人用俄国话说她漂亮。她也用俄国话和他们笑了一阵。

中央大街的南端,人渐渐稀疏了。

墙根,转角,都发现着哀哭,老头子,孩子,母亲们……哀哭着的是永久被人间遗弃的人们!那边,还望得见那边快乐的人群。还听得见那边快乐的声音。

三月,花还没有,人们嗅不到花香。

夜的街,树枝上嫩绿的芽子看不见,是冬天吧?是秋天吧?但快乐的人们,不问四季总是快乐;哀哭的人们,不问四季也总是哀哭!

### 作品简析

本文以"春意"为线索,以时间为顺序把众多的材料组织起来,并多用对比、反复等手法,思路清晰,结构谨严。透过暖暖的自然之春,向我们展示了生活在这个春天、这个时代的不同人的生存状态,不仅表现了作者对自然、春天的喜爱之情,更有对不同人的不同生存状态的厚重感悟:有无奈,有思索,有批判,也有遥远的希冀。

# 季羡林

### 作者简介

季羡林(1911—2009),字希逋,又字齐奘。中国著名的古文字学家、历史学家、东方学家、思想家、翻译家、佛学家、作家。曾任中国科学院哲学社会科学学部委员、北京大学副校长等职。他精通12国语言,著有论文集《中印文化关系史论文集》、《〈罗摩衍那〉初探》等,散文集《天竺心影》、《朗润集》、《季羡林散文集》等。

### 课文回顾

季羡林以其渊博的知识和对民族文化的浓厚情结,被誉为中国当代的"国学大师",备受世人敬仰。五年级下册(人教版)语文课本中,《自己的花是让别人看的》就是他的作品,下面我们通过回顾这篇作品,去感受他丰富、细腻的情感世界。

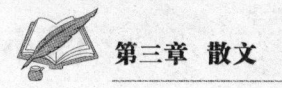

## 自己的花是让别人看的

爱美大概也算是人的天性吧。宇宙间美的东西很多，花在其中占重要的地位。爱花的民族也很多，德国在其中占重要的地位。

四五十年以前我在德国留学的时候，曾多次对德国人爱花之真切感到吃惊。家家户户都在养花。他们的花不像在中国那样，养在屋子里，他们是把花都栽种在临街窗户的外面。花朵都朝外开，在屋子里只能看到花的脊梁。我曾问过我的女房东：你这样养花是给别人看的吧！她莞尔一笑，说："正是这样！"

正是这样，也确实不错。走过任何一条街，抬头向上看，家家户户的窗子前都是花团锦簇、姹紫嫣红。许多窗子连接在一起，汇成了一个花的海洋，让我们看的人如入山阴道上，应接不暇。每一家都是这样，在屋子里的时候，自己的花是让别人看的；走在街上的时候，自己又看别人的花。人人为我，我为人人。我觉得这一种境界是颇耐人寻味的。

今天我又到了德国，刚一下火车，迎接我们的主人问我："你离开德国这样久，有什么变化没有？"我说："变化是有的，但是美丽并没有改变。"我说"美丽"指的东西很多，其中也包含着美丽的花。我走在街上，抬头一看，又是家家户户的窗口上都开满了鲜花。多么奇丽的景色！多么奇特的民族！我仿佛又回到了四五十年前，我做了一个花的梦，做了一个思乡的梦。

### 作品简析

文中作者通过自己早年在德国留学和多年后旧地重游看到的景象，展现了德国迷人的异国风情和与众不同的风俗习惯，赞扬了人们质朴、纯真的美好心灵，揭示出"我为人人"才可换来"人人为我"的人生真谛。

### 拓展阅读

## 神奇的丝瓜

今年春天，孩子们在房前空地上，斩草挖土，开辟出来了一个一丈见方的小花园。周围用竹竿扎了一个篱笆，移来了一棵玉兰花树，栽上了几株月季花，又在竹篱下面随意种上了几棵扁豆和两棵丝瓜。土壤并不肥沃，虽然也铺上了一层河泥，但估计不会起很大的作用，大家不过是玩玩而已。

过了不久，丝瓜竟然长了出来，而且日益苗壮、长大。这当然增加了我们的兴趣。但是我们也并没有过高的期望。我自己每天早晨工作疲倦了，常到屋旁的小土山上走一走，站一站，看看墙外马路上的车水马龙和亚运会招展的彩旗,顾而乐之,只不过顺便看一看丝瓜罢了。

丝瓜是普通的植物,我也并没有想到会有什么神奇之处。可是忽然有一天,我发现丝瓜秧爬出了篱笆,爬上了楼墙。以后,每天看丝瓜,总比前一天向楼上爬了一大段;最后竟从一楼爬上了二楼,又从二楼爬上了三楼。说它每天长出半尺,决非夸大之词。丝瓜的秧不过像细绳一般粗,如不注意,连它的根在什么地方,都找不到。这样细的一根秧竟能在一夜之间输送这样多的水分和养料,供应前方,使得上面的叶子长得又肥又绿,爬在灰白色的墙上,一片浓绿,给土墙增添无量活力与生机。

这当然让我感到很惊奇,我的兴趣随之大大地提高。每天早晨看丝瓜成了我的主要任务,爬小山反而成为次要的了。我往往注视着细细的瓜秧和浓绿的瓜叶,陷入沉思,想得很远,很远……

又过了几天,丝瓜开出了黄花。再过几天,有的黄花就变成了小小的绿色的瓜。瓜越长越长,越长越长,重量当然也越来越增加,最初长出的那一个小瓜竟把瓜秧坠下来了一点,直挺挺地悬垂在空中,随风摇摆。我真是替它担心,生怕它经不住这一份重量,会整个地从楼上坠了下来落到地上。

然而不久就证明了,我这种担心是多余的。最初长出来了的瓜不再长大,仿佛得到命令停止了生长。在上面,在三楼一位一百零二岁的老太太的窗外窗台上,却长出两个瓜。这两个瓜后来居上,发疯似的猛长,不久就长成了小孩胳膊一般粗了。这两个瓜加起来恐怕有五六斤重,那一根细秧怎么能承担得住呢?我又担心起来。

没过几天,事实又证明了我是杞人忧天。两个瓜不知从什么时候忽然弯了起来,把躯体放在老太太的窗台上,从下面看上去,活像两个粗大弯曲的绿色牛角。

不知道从哪一天起,我忽然又发现,在两个大瓜的下面,在二三楼之间,在一根细秧的顶端,又长出来了一个瓜,垂直地悬在那里。我又犯了担心病:这个瓜上面够不到窗台,下面也是空空的;总有一天,它越长越大,会把上面的两个大瓜也坠了下来,一起坠到地上,落叶归根,同它的根部聚合在一起。

然而今天早晨,我却看到了奇迹。同往日一样,我习惯地抬头看瓜:下面最小的那一个早已停止生长,孤零零地悬在空中,似乎一点分量都没有;上面老太太窗台上那两个大的,似乎长得更大了,威武雄壮地压在窗台上;中间的那一个却不见了。我看看地上,没有看到掉下来的瓜。等我倒退几步抬头再看时,却看到那一个我认为失踪了的瓜,平着身子躺在抗震加固时筑上的紧靠楼墙凸出的一个台子上。这真让我大吃一惊。这样一个原来垂直悬在空中的瓜怎么忽然平身躺在那里了呢?这个凸出的台子无论是从上面还是从下面都是无法上去的,决不会有人把丝瓜摆平的。

我百思不得其解,徘徊在丝瓜下面,像达摩老祖一样,面壁参禅。我仿佛觉得这棵丝瓜有了思想,它能考虑问题,而且还有行动,它能让无法承担重量的瓜停止生长;它能给处在有利地形的大瓜找到承担重量的地方,给这样的瓜特殊待遇,让它们疯狂地长;它能让悬垂的瓜平身躺下。如果不是这样的话,无论如何也无法解释我上面谈到的现象。但是,如果真是这样的话,又实在令人难以置信。丝瓜用什么来思想呢?丝瓜靠什么来指导自己的行动呢?上下数千年,纵横几万里,从来也没有人说过,丝瓜会有思想。我左考虑,右考虑,越考虑越糊涂。我无法同丝瓜对

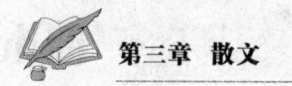

话,这是一个沉默的奇迹。瓜秧仿佛成了一根神秘的绳子,绿叶上照旧浓翠扑人眉宇。我站在丝瓜下面,陷入梦幻。而丝瓜则似乎心中有数,无言静观,它怡然泰然悠然坦然,仿佛含笑面对秋阳。

### 作品简析

作者在文中大量穿插了自己的心理描写,如种丝瓜时的不屑心情,觉得丝瓜藤会坠落楼下时的忧虑,丝瓜转危为安后的欣慰和沉思……生动的心理描写既突出了作者对丝瓜的赞叹,也给读者留下一个个悬念。另外,本文过渡自然,文章思路格外流畅。

## 月是故乡明

每个人都有个故乡,人人的故乡都有个月亮。人人都爱自己的故乡的月亮。事情大概就是这个样子。

但是,如果只有孤零零一个月亮,未免显得有点孤单。因此,在中国古代诗文中,月亮总有什么东西当陪衬,最多的是山和水,什么"山高月小"、"三潭印月"等等,不可胜数。

我的故乡是在山东西北部大平原上。我小的时候,从来没有见过山,也不知山为何物。我曾幻想,山大概是一个圆而粗的柱子吧,顶天立地,好不威风。以后到了济南,才见到山,恍然大悟:山原来是这个样子呀!因此,我在故乡望月,从来不同山联系。像苏东坡说的"月出于东山之上,徘徊于斗牛之间",完全是我无法想象的。

至于水,我的故乡小村却大大地有。几个大苇坑占了小村面积一多半。在我这个小孩子眼中,虽不能像洞庭湖"八月湖水平"那样有气派,但也颇有一点烟波浩渺之势。到了夏天,黄昏以后,我在坑边的场院里躺在地上,数天上的星星。有时候在古柳下面点起篝火,然后上树一摇,成群的知了飞落下来,比白天用嚼烂的麦粒去粘要容易得多。我天晚上乐此不疲,天天盼望黄昏早早来临。

到了更晚的时候,我走到坑边,抬头看到晴空一轮明月,清光四溢,与水里的那个月亮相映成趣。我当时虽然还不懂什么叫诗兴,但也顾而乐之,心中油然有什么东西在萌动。有时候在坑边玩很久,才回家睡觉。在梦中见到两个月亮叠在一起,清光更加晶莹澄澈。第二天一早起来,到坑边苇子丛里去捡鸭子下的蛋,白白地一闪光,手伸向水中,一摸就是一个蛋。此时更是乐不可支了。

我只在故乡待了六年,以后就离乡背井,漂泊天涯。在济南住了十多年,在北京度过四年,又回到济南待了一年,然后在欧洲住了近十一年,重又回到北京,到现在已经四十多年了。在这期间,我曾到过世界上将近三十个国家,我看过许许多多的月亮。在风光旖旎的瑞士莱芒湖上,在平沙无垠的非洲大沙漠中,在碧波万顷的大海中,在巍峨雄奇的高山上,我都看到过月亮,这些月亮应该说都是美妙绝伦的,我都异常喜欢。但是,看到它们,我立刻就想到我故乡那苇坑上面和水中的那个小月亮。对比之下,无论如何我也感到,这些广阔世界的大月亮,万万比不上我那心爱的小月亮。不管我离开我的故乡多少万里,我的心立刻就飞来了。我的小月亮,我永远忘不掉你!

我现在已经年近耄耋,住的朗润园是燕园胜地。夸大一点说,此地有茂林修竹,绿水环流,还有几座土山,点缀其间。风光无疑是绝妙的。前几年,我从庐山休养回来,一个同在庐山休养的老朋友来看我。他看到这样的风光,慨然说:"你住在这样的好地方,还到庐山干嘛呢!"可见朗润园给人印象之深。此地既然有山,有水,有树,有竹,有花,有鸟,每逢望夜,一轮当空,月光闪耀于碧波之上,上下空,一碧数顷,而且荷香远溢,宿鸟幽鸣,真不能不说是赏月胜地。荷塘月色的奇景,就在我的窗外。不管是谁来到这里,难道还能不顾而乐之吗?

然而,每值这样的良辰美景,我想到的却仍然是故乡苇坑里的那个平凡的小月亮。见月思乡,已经成为我经常的经历。思乡之病,说不上是苦是乐,其中有追忆,有惆怅,有留恋,有惋惜。流光如逝,时不再来。在微苦中实有甜美在。

月是故乡明,我什么时候能够再看到我故乡的月亮呀!我怅望南天,心飞向故里。

### 作品简析

本文多处运用了对比手法,突出了作者对故乡的热爱。在把朗润园与故乡进行对比之后,作者把笔触自然转移到故乡的月亮上来,与题目照应,以"怅望南天,心飞向故里"一句,表达了作者对故乡的思念之情,点明了文章的中心,可谓是全文的点睛之笔。

## 希望在你们身上

人类社会的进步,有如运动场上的接力赛。老年人跑第一棒,中年人跑第二棒,青年人跑第三棒。各有各的长度,各有各的任务,互相协调,共同努力,以期获得最后胜利。这里面并没有高低之分,而只有前后之别。老年人不必"倚老卖老",青年人也不必"倚少卖少"。老年人当然先走,青年人也会变老。如此循环往复,流转不息。这是宇宙和人世间的永恒规律,谁也改变不了一丝一毫。所谓社会的进步,就寓于其中。

中国古话说:"长江后浪推前浪,世上新人换旧人。"像我这样年届耄耋的老朽,当然已是"旧人"。我们可以说是已经交了棒,看你们年轻人奋勇向前了。但是我们虽无棒在手,也绝不会停下不走,"坐以待毙";我们仍然要焚膏继晷,献上自己的余力,跟中青年人同心协力,把我们国家的事情办好。

我说的这一番道理,几近老生常谈,然而却是真理。人世间的真理都是明白易懂的。可是,芸芸众生,花花世界,浑浑噩噩者居多,而明明白白者实少。你们青年人感觉锐敏,英气蓬勃,首先应该认识这个真理。要想树立正确的人生观和价值观,也必须从这里开始。换句话说就是,要认清自己在人类社会进化的漫漫长河中的地位。人类的前途要由你们来决定,祖国的前途要由你们来创造。这就是你们青年人的责任。千万不要把人生观和价值观当做一个哲学命题来讨论,徒托空谈,无补实际。一切人生观和价值观,离开了这个责任感,都是空谈。

那么,我作为一个老人,要对你们说些什么座右铭呢?你们想要从我这里学些什么经验呢?我没有多少哲理,我也讨厌说些空话、废话、假话、大话。我一无灵丹妙药,二无锦囊妙计。我只有一点明白易懂、简单朴素、几近老生常谈又确实是真理的道理。我引一首宋代大儒朱子的诗:

少年易老学难成,一寸光阴不可轻。

未觉池塘春草梦,阶前梧叶已秋声。

明白易懂,这首诗的关键有二:一是要学习,二是要惜寸阴。朱子心目中的"学",同我们的当然不会完全一样。这个道理也用不着多加解释,只要心里明白就行。至于爱惜光阴,更是易懂。然而真正能实行者,却不多见。

这就是一个耄耋老人对你们的肺腑之谈。

青年们,好自为之。世界是你们的。

### 作品简析

这篇散文意在告诉我们:生命因珍惜而美丽,因创造而精彩。我们怀揣着求知的渴望惬意地跋涉在人生的旅途,唯有马不停蹄,才能收获一个又一个怡人的风景;唯有不断用独特的视角去审视,才能创造一个又一个横看成岭侧成峰的极佳意境。这样,我们便拥有了整个世界。

# 林 海 音

### 作者简介

林海音(1918—2001),原名林含英,小名英子,原籍台湾省苗栗县。林海音的创作丰厚,迄今已出版了多部长篇小说、中短篇小说集、散文集、童话集等。以北平为题材的小说名篇《城南旧事》深得读者喜爱,被译成多种文字,后被拍成电影。

### 课文回顾

对于后来定居台湾的林海音来说,北平的那段童年生活,成了她永久的快乐回忆。让我们通过五年级上册(人教版)语文课本中《窃读记》一文,回顾一下作者在北平生活的情景,感受一下她童年的喜怒哀乐。

# 窃 读 记

转过街角,看见三阳春的冲天招牌,闻见炒菜的香味,听见锅勺敲打的声音,我松了一口气,放慢了脚步。下课从学校急急赶到这里,身上已经汗涔涔的,总算到达目的地——目的地可不是三阳春,而是紧邻它的一家书店。

我趁着漫步给脑子一个思索的机会:"昨天读到什么地方了?那女孩不知以后嫁给谁?那本书放在哪里?左角第三排,不错。……"走到三阳春的门口,便可以看见书店里仍像往日样地挤满了顾客,我可以安心了。但是我又担忧那本书会不会卖光了,因为一连几天都看见有人买,昨天好像只剩下一两本了。

我跨进书店门,暗喜没人注意。我踮起脚尖,使矮小的身体挨蹭过别的顾客和书柜的夹缝,从大人的腋下钻过去,哟,把头发弄乱了,没关系,我到底挤到里边来了。在一片花绿封面的排列队里,我的眼睛过于急忙地寻找,反而看不到那本书的所在。从头来,再数一遍,啊!它在这里,原来不是在昨天那位置了。

我庆幸它居然没有被卖出去,仍四平八稳地躺在书架上,专候我的光临。我多么高兴,又多么渴望伸手去拿,但我的同时抵达的,还有一双巨掌,十个手指大大地分开来,压住了那本书的整个:"你到底买不买?"

声音不算小,惊动了其他顾客,他们全部回过头来,面向着我。我像一个被捉到的小偷,羞惭而尴尬,涨红了脸。我抬起头,难堪地望着他——那书店的老板,他威风凛凛地俯视着我。店是他的,他有全部的理由用这种声气对待我。我用几乎要哭出来的声音,悲愤地反抗了一句:"看看都不行吗?"其实我的声音是多么软弱无力!

在众目睽睽下,我几乎是狼狈地跨出了店门,脚跟后面紧跟着的是老板的冷笑:"不是一回了!"不是一回了?那口气对我还算是宽容的,仿佛我是一个不可以再原谅的惯贼。但我是偷窃了什么吗?我不过是一个无力购买而又渴望读到那本书的穷学生!

曾经有一天,我偶然走过书店的窗前,窗前刚好摆了几本慕名很久而无缘一读的名著,欲望推动着我,不由得走进书店,想打听一下它的价钱。也许是我太矮小了,不引人注意,竟没有人过来招呼,我就随便翻开一本摆在长桌上的书,慢慢读下去,读了一会儿仍没有人理会,而书中的故事已使我全神贯注,舍不得放下了。直到好大工夫,才过来一位店员,我赶忙合起书来递给他看,煞有其事似的问他价钱,我明知道,任何便宜价钱对于我都是枉然的,我绝没有多余的钱去买。

但是自此以后,我得了一条不费一文钱读书的门径。下课后急忙赶到这条"文化街",这里书店林立,使我有更多的机会。

一页,两页,我如饥饿的瘦狼,贪婪地吞读下去,我很快乐,也很惧怕,这种窃读的滋味!有时一本书我要分别到几家书店去读完,比如当我觉得当时的环境已不适宜我再在这家书店站下去的话,我便要知趣地放下书,若无其事地走出去,然后再走入另一家。

我希望到顾客正多着的书店,就是因为那样可以把矮小的我挤进去,而不致被人注意。偶然进来看书的人虽然很多,但是像我

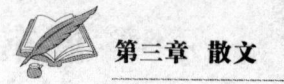

这样常常光顾而从不买一本的,实在没有。因此我要把自己隐藏起来,真是像个小偷似的。有时我贴在一个大人的身边,仿佛我是与他同来的小妹妹或者女儿。

最令人开心的是下雨天,感谢雨水的灌溉,越是倾盆大雨我越高兴,因为那时我便有充足的理由在书店待下去。好像躲雨人偶然避雨到人家的屋檐下,你总不好意思赶走吧?我有时还要装着皱着眉头不时望着街心,好像说:"这雨,害得我回不去了。"其实,我的心里是怎样高兴地喊着:"大些!再大些!"

但我也不是读书能够废寝忘食的人,当三阳春正上座,飘来一阵阵炒菜香时,我也饿得饥肠辘辘,那时我也不免要做个白日梦:如果袋中有钱该多么好?到三阳春吃碗热热的排骨大面,回来这里已经有人给摆上一张弹簧沙发,坐上去舒舒服服地接着看。我的腿真够酸了,交替着用一条腿支持另一条,有时忘形地撅着屁股依赖在书柜旁,以求暂时的休息。明明知道回家还有一段路程要走,可是求知的欲望这么迫切,使我舍不得放弃任何捉住的窃读机会。

为了解决肚子的饥饿,我又想出了一个好办法:临时买上两个铜板(两个铜板或许有)的花生米放在制服口袋里,当智慧之田丰收,而胃袋求救的时候,我便从口袋里掏出花生米来救急。要注意的是花生皮必须留在口袋里,回到家把口袋翻过来,细碎的花生皮便像雪花样地飞落下来。

但在这次屈辱之后,我的小心灵确受了创伤,我的因贫苦而引起的自卑感再次地犯发,而且产生了对人类的仇恨。有一次刚好读到一首真像为我写照的小诗时,更增加了我的悲愤。那小诗是一个外国女诗人的手笔,我曾抄录下来,贴在床前,伤心地一遍遍读着。小诗说:

我看见一个眼睛充满热烈希望的小孩,
在书摊上翻开一本书来,
读时好似想一口气念完。
摆书摊的人看见这样,
我看见他很快地向小孩招呼:
"你从来没有买过书,
所以请你不要在这里看书。"
小孩慢慢地踱着叹口气,
他真希望自己从来没有认过字母,
他就不会看这老东西的书了。
穷人有好多苦痛,
富的永远没有尝过。
我不久又看见一个小孩,
他脸上老是有菜色,
那天最少是没有吃过东西——
他对酒店的冻肉用眼睛去享受。
我想着这个小孩情形必定更苦,
这么饿着,想着,这样一个便士也没有。
对着烹得精美的好肉空望,
他免不了希望他生来没有学会吃东西。

我不再去书店,许多次我经过文化街都狠心咬牙地走过去。但一次,两次,我下意识地走向那熟悉的街,终于有一天,求知的欲望迫使我再度停下来,我仍愿一试,因为一本新书的出版广告,我从报上知道好多天了。

我再施惯技,又把自己藏在书店的一角。当我翻开第一页时,心中不禁轻轻呼道:"啊!终于和你相见!"这是一本畅销书,那么厚厚的一册,拿在手里,看在眼里,多够分量!受了前次的教训,我更小心地不敢贪婪,多串几家书店更妥当些,免得再遭遇到前次的难堪。

每次从书店出来,我都像喝醉了酒似的,脑子被书中的人物所扰,跟跟跄跄,走路失去控制的能力。"明天早些来,可以全部看完了。"我告诉自己。想到明天仍可以占有书店的一角时,被快乐激动的忘形之躯,便险些撞到树干上去。

可是第二天走过几家书店都看不见那本书时,像在手中正看得起劲的书被人抢去一样,我暗暗焦急,并且诅咒地想:皆因没有钱,我不能占有读书的全部快乐,世上有钱的人这样多,他们把书买光了。

我惨淡无神地提着书包,抱着绝望的心情走进最末一家书店。昨天在这里看书时,已经剩下最后一册了,可不是,看见书架上那本书的位置换了另外的书,心整个沉下了。

正在这时,一个耳朵架着铅笔的店员走过来了,看那样子是来招呼我的(我多么怕受人招待),我慌忙把眼睛送上了书架,装作没看见。但是一本书触着我的胳膊,轻轻地送到我的面前:"请看吧,我多留了一天没有卖。"

啊,我接过书害羞得不知应当如何对他表示我的感激,他却若无其事地走开了。被冲动的情感,使我的眼光久久不能集中在书本上。

当书店的日光灯忽地亮了起来,我才觉出站在这里读了两个钟点了。我合上最后一页——咽了一口唾沫,好像所有的智慧都被我吞食下去了。然后抬头找寻那耳朵上架着铅笔的人,好交还他这本书。在远远的柜台旁,他向我轻轻地点点头,表示他已经知道我看完了,我默默地把书放回书架上。

我低着头走出去,黑色多皱的布裙被风吹开来,像一把支不开的破伞,可是我浑身都松快了。摸摸口袋里是一包忘记吃的花生米,我拿一粒花生米送进嘴里,忽然想起有一次国文先生鼓励我们用功的话:"记住,你是吃饭长大,也是读书长大的!"

但是今天我发现这句话还不够用,它应当这么说:"记住,你是吃饭长大,读书长大,也是在爱里长大的!"

### 作品简析

本文以"窃读"为线索,以放学后"我"急匆匆地赶到书店,到晚上依依不舍离开的时间顺序,和藏身于众多顾客之中、借雨天读书两个场景的插入,细腻生动地描绘了"窃读"的独特感受与复杂滋味,表现了"我"对读书的热爱和对知识的渴望。

### 拓展阅读

## 迟 到

我的父亲很疼我,但是他管教我很严,很严很严。有一件事我永远忘不了……

当我在一年级的时候,就有早晨赖在床上不起来的毛病。每天早晨醒来,看到阳光照到玻璃窗上了,我的心里就是一阵愁。心想,已经这么晚了,等起来,洗脸、扎辫子、换制服,再走到学校去,准又是一进教室就被罚站在门边,同学们的眼光,会一个个向你投过来。我虽然很懒惰,可是也知道害羞呀!所以又愁又怕,常常都是怀着恐惧的心情,奔向学校去。最糟的是,爸爸不许小孩子上学乘车的,他不管你晚不晚。

有一天,从早晨起下大雨,我醒来就知道不早了,我听着不停的大雨,心里愁得不得了。我上学不但要迟到了,而且在这夏天的时候,还要被妈妈打扮得穿着肥大的夹袄,一路走到学校去,想到这么不舒服的上学,我竟很勇敢地赖在床上不起来了。

等一下,妈妈进来了。她看我还没有起来,吓了一跳,催促着我,但是我皱紧了眉头,低声向妈哀求说:"妈,今天已经晚了,我就不要去上学了吧?"

妈妈就是做不了爸爸的主,当她转身出去,爸爸就进来了,他站到床前,瞪着我:"怎么不起来?快起!快起!"

"晚了,爸!"我硬着头皮说。

"晚也得去,怎么可以逃学?起!"

一个字的命令最可怕,但是我怎么啦?居然有勇气不挪动。

爸气极了,一下把我从床上拖起来,爸左看右看,结果从桌上抄起一把鸡毛掸子,倒转来拿,藤鞭子在空中一抡,我挨打了!

爸把我从床头打到床尾,外面的雨声混合着我的哭声。我哭后,躲避,最后还是冒着大雨上学去了,我像是一只狼狈的小狗,被宋妈抱上了洋车。第一次花五大枚坐车去上学。

我坐在放下雨篷的洋车里,一边抽抽搭搭地哭着,一边检查我的伤痕。那一条条鼓起的鞭痕,红肿的,而且发着热。我把裙子向下拉了拉,想遮盖住最下面的一条伤痕,我是怕同学看见了要耻笑我。

虽然迟到了,但是,老师并没有罚我站,这是因为下雨天可以原谅的缘故。

老师教我们先静默再读书,坐直身子,手背在身后,闭上眼睛,静静地想五分钟。老师说:想想看,你是不是听爸妈和老师的话?昨天留的功课有没有没做好?今天功课全带来了吗?早晨跟爸妈有礼貌地道别了吗?……我听到这儿,鼻子不禁抽搭了一大下,幸好我的眼睛是闭着的,泪水不至于流出来。

正在静默的当中,有人拍了我的肩头一下,我急忙睁开了眼,原来是老师站在我的位子边。他用眼神告诉我,让我向教室的窗外看去,我猛一转头看,是爸爸那瘦高的影子!

我刚安静下来的心,又害怕起来了!爸爸为什么追到学校来?爸爸点头招我出去了,我看看老师,征求他的同意,老师微笑地点点头,表示答应我出去。

我走出了教室,站在爸面前。爸没说什么,打开了手中的包袱,拿出来的是我的花夹袄。他递给我,看着我穿上,又拿出两个铜板递给我。

后来怎么样了,我已经不记得。只记得从那以后,每天早晨我都是第一个就站在学校门口,等待着校工开门。由于这件事,我从此一生做一个守时守信的人。

## 作品简析

本文语言描写的内容不多,但却非常生动。如:"怎么不起来?快起!快起"一句,连用两个"快起"表现了爸爸焦急的心情;"晚也得去,怎么可以逃学?起!"这句更是让作者没有回旋的余地,也把爸爸严厉的形象生动地表现了出来。另外,文中作者对自己的心理描写很生动,突出了作者对往事的深刻记忆。

## 活玩意儿

小姑娘和年幼的男孩,到了春天养蚕,也可以算"玩"的一种吧!到了春天,孩子们来索求去年甩在纸上的蚕卵,眼看着它出了黑点,并且动着,渐渐变白,变大。于是开始找桑叶,洗桑叶,擦干,撕成小块喂蚕吃,要吐丝了,用墨盒盖,包上纸,把几条蚕放上去,让它吐丝,仔细铲除蚕屎。吐够了做成墨盒里泡墨汁用的芯子,用它写毛笔字时,心中也很亲切,因为整个的过程,都是自己做的。

最意想不到的,北平住家的孩子,还有玩"吊死鬼儿"的。吊死鬼儿,是槐树虫的别名,到了夏季,大槐树上的虫子像蚕一样,一根丝,从树上吊下来,一条条的,浅绿色。我们有时拿一个空瓶,一双筷子,就到树下去一条条地夹下来放进瓶里,待夹了满满一瓶,看它们在瓶里蠕动,是很肉麻的,但不知为什么不怕。玩够了怎么处理,现在已经忘了。

雨后院子白墙上,爬着一个浅灰色的小蜗牛,它爬过的地方,因为黏液的经过,而变成一条银亮的白线路了。你要拿下来。谁知轻轻一碰,蜗牛敏感的触角就会缩回到壳里,掉落到地上,不出来了。这时,我们就会拉出了声音唱念着:"水牛儿——水牛儿,先出犄角后出头。你妈——你爹,给你买烧饼羊肉吃呀!……"

又在春天的市声中,有卖金鱼和蝌蚪的,蝌蚪北平人俗叫"蛤蟆骨朵儿"。花含苞未开时叫"骨朵儿",此言青蛙尚未长成之意。北平人活吞蝌蚪,认为清火。小孩子也常在卖金鱼挑子上买蝌蚪来养,以为可以变成青蛙,其实玻璃瓶中养蝌蚪,是从来没有变成过青蛙的,但是玩活东西,总是很有意思的。

### 作品简析

在这篇短文中,作者围绕自己儿时玩过的几种"活玩意儿"进行选材,养蚕、捉"吊死鬼儿"、观察蜗牛、买小蝌蚪……这些生动有趣的材料,既表现了作者童年生活的乐趣,又反映出了儿童天真、活泼的年龄特点。作者在文中对小动物们的刻画非常细致,这些细腻的描写反映了作者对童年往事的深刻记忆。

## 秋的气味

秋天来了,很自然地想起那条街——西单牌楼。

无论从哪个方向来,到了西单牌楼,秋天,黄昏,先闻见的是街上的气味。炒栗子的香味弥漫在繁盛的行人群中,赶快朝向那熟悉的地方看去,和兰号的伙计正在门前炒栗子。和兰号是卖西点的,炒栗子也并不出名,但是因为它在街的转角上,首当其冲,就不由得就近去买。

来一斤吧!热栗子刚炒出来,要等一等,倒在笋中筛去裹糖汁的砂子。在等待秤包的时候,另有一种清香的味儿从身边飘过,原来眼前街角摆的几个水果摊子上,啊!枣、葡萄、海棠、柿子、梨、石榴……全都上市了。香味多半是梨和葡萄散发出来的。沙营的葡萄,黄而透明,一出两截,水都不流,所以有"冰糖包"的外号。京白梨,细而嫩,一点儿渣儿都没有。"鸭儿广"柔软得赛豆腐。枣是最普通的水果,郎家园是最出名的产地,于是无枣不成郎家园了。老虎眼、葫芦枣、酸枣,各有各的形状和味道。"喝了蜜的柿子"要等到冬季,秋天上市的是青皮的脆柿子,脆柿子要高桩儿的才更甜。海棠红着半个脸,石榴笑得露出一排粉红色的牙齿。这些都是秋之果。

抱着一包热栗子和一些水果,从西单向宣武门走去,想着回到家里在窗前的方桌上,就着暮色中的一点光亮,家人围坐着剥食这些好吃的东西的快乐,脚步不由得加快了。身后响起了当当的电车声,五路车快到宣武门的终点了。过了绒线胡同,空气中又传来了烤肉的香味,是安儿胡同口儿上,那间低矮窄狭的烤肉宛上人了。

门前挂着清真的记号,他们是北平许多著名的回教馆中的一个,秋天开始,北平就是回教馆子的天下了。矮而胖的老五,在案子上切牛羊肉。他的哥哥老大,在门口招呼座儿,他的两个身体健康、眼睛明亮、充分表现出回教青年精神的儿子,在一旁帮着和学习着剔肉和切肉。炙子上烟雾弥漫,使原来就不明的灯更暗了些,但是在这间低矮、烟雾的小屋里,却另有一股温暖而亲切的感觉,使人很想进去,站在炙子边举起那两根大筷子。

老五是公平的,所以给人格外亲切的感觉。这烤肉店原来只是一间包子铺,供卖附近居民和路过的劳动者一些羊肉包子。渐渐的,烤肉出了名,但它并不因此改变对主顾的态度。比如说,他们只有两个炙子,总共也不过能围上一二十人,但是一到黄昏,一批批的客人来了,坐也没地方坐,一时也轮不上吃,老五会告诉客人,再等二十几位,或者三十几位,那么客人就会到西单牌楼去绕个弯儿,再回来就差不多了。没有登记簿,他们却是丝毫不差地记住了前来后到的次序。没有争先,不可能插队,一切听凭老大的安排,他并没有因为来客是坐汽车的或是拉洋车的,而有什么区别,这就是他的公平和亲切。

一边手里切肉一边嘴里算账,是老五的本事,也是艺术。一碗肉,一碟葱,一条黄瓜,他都一一唱着钱数加上去,没有虚报,价钱公道。在那里,房子虽然狭小,却吃得舒服。老五的笑容并不多,但他给你的是诚朴的感觉,在那儿不会有吃得惹气这种事发生。

秋天在北方的故都,足以代表季节变换的气味的,就是牛羊肉的膻和炒栗子的香了!

### 作品简析

林海音少年至青年都是在北京度过的,对于生长了几十年的老北京,她无时无刻不充满着感怀和思念。这份剪不断的情结,让林海音的文学作品充满了乡情。文中所描绘的老北京的秋天的气味,浓浓的家乡气息扑鼻而来:炒栗子的香味弥漫人群中,各式各样的水果全都上市,回教馆的羊肉包子的吸引人以及老板的诚朴……都浓缩着对北京挥之不去的爱。

# 琦　君

## 作者简介

琦君(1917— ),原名潘希真,浙江永嘉人,当代女作家。曾任台湾"中国文化学院"、"中央大学"中文系教授,后定居美国。主要作品有《红纱灯》《细雨灯花落》《桂花雨》《七月的哀伤》、《泪珠与珍珠》以及《琦君自选集》等。她的散文多写童年记忆、母女之情、友伴之谊。

## 课文回顾

《桂花雨》是五年级上册(人教版)语文课本中的文章。通过《桂花雨》一文的回顾,我们再来体会一下琦君对故乡的深切思念之情。

## 桂　花　雨

中秋节前后,就是故乡的桂花季节。一提到桂花,那股子香味就仿佛闻到了。桂花有两种,月月开的称木樨,花朵较细小,呈淡黄色,台湾好像也有,我曾在走过人家围墙外时闻到这股香味,一闻到就会引起乡愁。另一种称金桂,只有秋天才开,花朵较大,呈金黄色。我家的大宅院中,前后两大片旷场,沿着围墙,种的全是金桂。惟有正屋大厅前的庭院中,种着两株木樨、两株绣球。还有父亲书房的廊檐下,是几盆茶花与木樨相间。

小时候,我对无论甚么花,都不懂得欣赏。尽管父亲指指点点地告诉我,这是凌霄花,这是叮咚花,这是木碧花……我除了记些名称外,最喜欢的还是桂花。桂花树不像梅花那么有姿态,笨笨拙拙的,不开花时,只是满树茂密的叶子,开花季节也得仔细地从绿叶丛里找细花,它不与繁花斗艳。可是桂花的香气味,真是迷人。迷人的原因,是它不但可以闻,还可以吃。"吃花"在诗人看来是多么俗气,但我宁可俗,就是爱桂花。

故乡是近海县份,八月正是台风季节。母亲称之为"风水忌"。桂花一开放,母亲就开始担心了,"可别做风水啊。"(就是台风来的意思。)她担心的第一是将收成的稻谷,第二就是将收成的桂花。桂花也像桃梅李果,也有收成呢。母亲每天都要在前后院子走一遭,嘴里念着,"只要不做风水,我可以收几大箩,送一斗给胡宅老爷爷,一斗给毛宅二婶婆,他们两家糕饼做得多。"原来桂花是糕饼的香料。桂花开得最茂盛时,不说香闻十里,至少前后左右十几家邻居,没有不浸在桂花香里的。桂花成熟时,就应当"摇",摇下来的桂花,朵朵完整、新鲜,如任它开过谢落在泥土里,尤其是被风雨吹落,那就湿漉漉的,香味差太多了。

"摇桂花"对于我是件大事,所以老是盯着母亲问:"妈,怎么还不摇桂花嘛?"母亲说:"还早呢,没开足,摇不下来的。"可是母亲一看天空阴云密布,云脚长毛,就知道要"做风水"了,赶紧吩咐长工提前"摇桂花",这下,我可乐了。帮着在桂花树下铺篾簟,帮着抱住桂花树使劲地摇,桂花纷纷落下来,落得我们满头满身,我就喊:"啊!真像下雨,好香的雨啊。"母亲洗净双手,撮一撮桂花放在水晶盘中,送到佛堂供佛。父亲点上檀香,炉烟袅袅,两种香混合在一起,佛堂就像神仙世界。于是父亲诗兴发了,实时口占一绝:"细细香风淡淡烟,竟收桂子庆丰年。儿童解得摇花乐,花雨缤纷入梦甜。"诗虽不见得高明,但在我心目中,父亲确实是才高八斗,出口成诗呢。

桂花摇落以后,全家动员,拣去小枝小叶,铺开在簟子里,晒上好几天太阳,晒干了,收在铁罐子里,和在茶叶中泡茶、做桂花卤,过年时做糕饼。全年,整个村庄,都沉浸在桂花香中。

念中学时到了杭州,杭州有一处名胜满觉垄,一座小小山坞,全是桂花,花开时那才是香闻十里。我们秋季远足,一定去满觉垄赏桂花。"赏花"是借口,主要的是饱餐"桂花栗子羹"。因满觉垄除桂花以外,还有栗子。花季栗子正成熟,软软的新剥栗子,和着西湖白莲藕粉一起煮,面上撒几朵桂花,那股子雅淡清香是无论如何没有字眼形容的。即使不撒桂花也一样清香,因为栗子长在桂花丛中,本身就带有桂花香。

我们边走边摇,桂花飘落如雨,地上不见泥土,铺满桂花,踩在花上软绵绵的,心中有点不忍。这大概就是母亲说的"金沙铺地,西方极乐世界"吧。母亲一生辛劳,无怨无艾,就是因为她心中有一个金沙铺地、玻璃琉璃的西方极乐世界。

我回家时,总捧一大袋桂花回来给母亲,可是母亲常常说:"杭州的桂花再香,还是比不得家乡旧宅院子里的金桂。"

于是我也想起了在故乡童年时代的"摇花乐"和那阵阵的桂花雨。

### 作品简析

在《桂花雨》中,作者深情回忆了童年时在故乡帮大人摇桂花、收桂花的快乐情景,表现了桂花香气迷人的特点和家乡淳朴的民风,通过深情的文字突显了作者浓浓的乡情,表达了作者对故乡的思念和对童年生活的无限追忆。

## 拓展阅读

## 想念荷花

我在四五岁时，那时想象不出西湖的银浪烟波究竟有多美，只觉得父亲敲着膝头，高声朗吟的神情很快乐，音调也很好听。

父亲的生日是农历六月初六日，正是荷花含苞待放的时候。到两个星期后的六月二十四日，便是荷花生日。母亲说荷花盛开，象征父亲身体健康。所以在六月初六那天，她总要托城里的杨伯伯，千方百计地采购来一束满是花蕾的荷花，插在瓶中供佛。等待花瓣渐渐开放，散发出淡淡的清香，与香炉里的檀香味混合在一起，给人一份沉静安详的感觉。

到了杭州这个十里荷花的天堂，才真正看到那么多新鲜荷花。我们的家，正靠近西子湖边，步行只需半小时就可到湖滨公园。那条街名叫"花市路"。父亲为此作了一首得意的诗，其中最得意的句子是："门临花市占春早，居近湖滨归钓迟。"其实父亲很少钓鱼。他带我去湖滨散步，冬天为赏雪，夏天为赏荷。赏雪的时候少，因为天气太冷了，赏荷却是夏天傍晚常常去的。夜晚，荡着船儿，听桨声欸乃，看淡月疏星，闻荷花阵阵清香，毕竟是人间天上的享受。

六月二十四既然是荷花生日，杭州人的游湖赏花就从六月十八开始，到二十四这一天是最高潮，整个里外湖都放起荷花灯来。大小画舫，来往穿梭，谈笑声中，丝竹满耳。这种游湖，杭州人称之为"落夜湖"，欢乐可通宵达旦。我不是个懂得赏花的雅人，也体会不到周濂溪爱莲的那份高洁情操。我喜欢"落夜湖"，只是为了赶热闹。父亲却不爱这种热闹。母亲呢？只要是住在杭州的日子，倒是每年都去"落夜湖"一番。她不是赶热闹，而是替父亲放荷花灯。放一百盏荷花灯，祈求上天保佑父亲长命百岁。所以她坐在船上，总是手拨念佛珠，嘴里低低地念着《心经》。因为外公说过的，父亲和荷花同生日，照佛家说法，是有一段善缘的。

记得有一天，父亲忽然问我："'新着荷衣人未识，年年江海客'是什么意思，你懂吗？"我说："是退隐的意思吧？"父亲笑笑说："就是我现在的心境，摆脱了官职，一身轻快。"但我觉得他脸上似有一丝蓦然回首的落寞神情。难道父亲仍有用世之心，只是叹知遇难求吗？

抗战兵兴，我们举家避寇回乡。父亲竟因肺病不治，于翌年溘然长逝。那不幸的一天，正是他的生日六月初六，如此悲痛的巧合，使我们对一向喜爱的荷花，也无心欣赏了。

在兵荒马乱中，我又鼓起勇气，到上海完成大学学业。中文系主任夏老师非常喜爱荷花。有一天，和系里几位同学在街上购物，遇上滂沱大雨，我们就在一间茶楼品茗谈天。俯视马路积水盈尺，老师就作了一首律诗描绘当时情景。最后两句是："一笑横流容并涉，安知明日我非鱼。"他想象西湖此时，一定也是大雨滴落在荷叶上，形成千万水珠跳跃的壮观吧。

那时杭州陷于日寇，老师慨叹有家归不得，因而格外思念杭州的荷花。

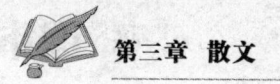

胜利后回到杭州,浙江大学暂借西湖罗苑复校。我去拜谒老师,从书斋窗户向外眺望,远近一片风荷环绕,爱荷的夏老师心情一定是非常愉悦的。他提笔蘸饱了墨,信手画了一幅荷花,由师母题上姜白石的名句"冷香飞上诗句",老师随即落款送给了我。这幅墨荷幸已随身带来台湾,一直悬系壁间。

不管是"墨团"也好,是"玉槎枒"也好,那总是吟诗作画、自由自在的好时光啊。

夏老师与师母都在祖国大陆。不久前海外友人来信告知,夏老师已年迈体衰。他已垂老之年,一定是更思念杭州、思念西湖无主的荷花吧。他怎能想得到当年在上海时所作的诗"安知明日我非鱼"呢?

仰望壁上的墨荷,我好想念故乡的荷花。

### 作品简析

在这篇短文中,作者以荷花为线索,深情回忆了父亲生前的几个生活画面以及与老师的交往情况,看似写花,实则写人,荷花典雅的形态与人物高洁的品格互相映衬,寄托了作者对往事和父亲、老师的怀念之情。生动的场面描写再现了人们欣赏荷花的盛况,反映了作者对往事的深刻记忆,也流露出了作者对往事的怀念之情。

## 下雨天,真好

一清早,拉开窗帘看看,窗上已布满了水珠。啊,好极了,又是个下雨天。雨连下十天半月,甚至一个月,屋里挂满万国旗似的湿衣服,墙壁地板都冒着湿气,我也不抱怨。雨天总是把我带到另一个处所,在那儿,我又可以重享欢乐的童年。

那是在浙江永嘉老家,我才6岁,睡在母亲暖和的手臂弯里。天亮了,听到瓦楞上哗哗的雨声,我就放了心。因为下雨天长工不下田,母亲不用老早起来做饭,可以在热被窝里多躺一会儿。我舍不得再睡,也不让母亲睡,吵着要她讲故事。母亲闭着眼给我讲雨天的故事:有个盲人,雨天没打伞,一个过路人见他可怜,就打着伞送他回家。盲人到了家,却说那把伞是他的。他说他的伞有两根伞骨用麻线绑住,伞柄上有一个窟窿。说得一点也不错,原来他一边走一边用手摸过了。

伞主笑了笑,就把伞让给他了。

我说这盲人好坏啊!母亲说,不是坏。是因为他太穷了。伞主想他实在应当有把伞,才把伞给他的。在熹微的晨光中,我望着母亲的脸,她的额角方方正正,眉毛细细长长,眼睛眯成一条线。我的启蒙老师说菩萨慈眉善目,母亲的长相一定就跟菩萨一样。

雨下得越来越大。母亲一起床,我也跟着起来,顾不得吃早饭,就套上叔叔的旧皮靴,顶着雨在院子里玩。我把伯公给我雕的小木船漂在水沟里,中间坐着母亲给我缝的大红"布姑娘"。绣球花瓣绕着小木船打转,一起向前流。

天下雨,长工们不下田,都蹲在大谷仓后面推牌九。我把小花猫抱在怀里,自己再坐在伯公怀里,等着伯公把一粒粒又香又脆的炒胡豆剥了壳送进我嘴里。胡豆吃够了再吃芝麻糖,嘴巴干了吃柑子。大把的铜子儿一会儿推到东边,一会儿推到西边。谁赢谁输都一样有趣,我只要雨下得大就好。下雨天老师就来得晚,他有脚气病,穿钉鞋走田埂路不方便。老师喊我去习大字,伯公就会去告诉他:"小春肚子痛,睡觉了。"老师不会撑着伞来找我。母亲只要我不缠她就好。

五月黄梅天,到处黏糊糊的,父亲却端着宜兴茶壶,坐在廊下赏雨。院子里各种花木,经雨一淋,新绿的枝子顽皮地张开翅膀,托着娇艳的花朵,父亲用旱烟袋点着它们告诉我这是丁香花,那是一丈红。大理花与剑兰抢着开,木樨花散发着淡淡的幽香。墙边那株高大的玉兰花开了满树,下雨天谢得快,我得赶紧爬上去采,采了满篮子送左右邻居。玉兰树叶上的水珠都是香的。

唱鼓儿词的总在下雨天从我家后门摸索进来,坐在厨房的条凳上,唱一段《秦雪梅吊孝》、《郑元和学丐》。母亲一边做饭,一边听。晚上就在大厅里唱,请左邻右舍都来听。宽敞的大厅正中央燃起了亮晃晃的煤气灯,发出嘶嘶的声音。煤气灯一亮,我就有做喜事的感觉,心里说不出的开心。雨哗哗地越下越大,盲人先生的鼓咚咚咚地也敲得越起劲。

唱孟丽君,唱秦雪梅,母亲和五叔婆听了眼圈儿都哭得红红的,我就只顾吃炒米糕、花生糖,父亲却悄悄地溜进书房作他的"唐诗"去了。

八九月台风季节,雨水最多。走廊下堆积如山的谷子,几天不晒就要发霉,发霉的谷子一粒粒绿色的。母亲叫我和小帮工把绿谷一粒粒拣出来,不然就会越来越多。这活真好玩,所以我盼望天一直不要晴起来,绿谷会越来越多,我就可以天天滚在谷子里,不用读书了。

如果我一直不长大,就可以永远沉浸在雨的欢乐中。然而谁能不长大呢?到杭州念中学了,下雨天,我有一股凄凉寂寞之感。

有一次在雨中徘徊于西子湖畔。我驻足凝望着碧蓝如玉的湖水和低斜低斜的梅花,却听到放鹤亭中响起了悠扬的笛声。弄笛人向我慢慢走来,低声对我说:"一生知己是梅花。"

我也笑指湖上说:"看,梅花也在等待知己呢。"衣衫渐湿,我们才同撑一把伞归来。

那是许多年前的事了,笛声低沉而遥远,然而我却仍能依稀听见,在雨中……

> ### 作品简析
>
> 　　这是一篇优美的抒情散文,更是作者的一曲美妙故乡恋歌。作者倾注着满腔的真情去写故乡的风物,追忆当年的似水年华,写得动人心弦,醇味绵长。本文融写景、叙事、抒情于一体,由随意叙说的旧时琐事贯穿思念与温情,"下雨天,真好",每逢下雨天,心头就荡漾起童年的温馨欢乐,于是便牵引出诸多难忘的事,难忘的人,从而构成一种既灰朦又宁静的情绪氛围。"下雨天,真好"看似云淡风轻,却能够表述出那份内心的悸动。

# 春　酒

农村的新年,是非常长的。过了元宵灯节,年景尚未完全落幕。还有个家家邀饮春酒的节日,再度引起高潮。在我的感觉里,其气氛之热闹,有时还超过初一至初五那五天新年呢。原因是:新年时,注重迎神拜佛,小孩子们玩儿不许在大厅上、厨房里,生怕撞来撞去,碰碎碗盏。尤其我是女孩子,蒸糕时,脚都不许搁住灶孔边,吃东西不许随便抓,因为许多都是要先供佛与祖先的。说话尤其要小心,要多讨吉利,因此觉得很受拘束。过了元宵,大人们觉得我们都乖乖的,没闯什么祸,佛堂与神位前的供品换下来的堆得满满一大缸,都分给我们撒开地吃了。尤其是家家户户轮流地邀喝春酒,我是母亲的代表,总是一马当先,不请自到,肚子吃得鼓鼓的跟蜜蜂似的,手里还捧一大包回家。

可是说实在的,我家吃的东西多,连北平寄来的金丝蜜枣、巧克力糖都吃过,对于花生、桂圆、松糖等等,已经不稀罕了——那么我最喜欢的是什么呢?乃是母亲在冬至那天就泡的八宝酒,到了喝春酒时,就开出来请大家尝尝。"补气、健脾、明目的哟!"母亲总是得意地说。她又转向我说:"但是你呀,就只能舔一指甲缝,小孩子喝多了会流鼻血,太补了。"其实我没等她说完,早已偷偷把手指头伸在杯子里好几回,已经不知舔了多少个指甲缝的八宝酒了。

八宝酒,顾名思义,是八样东西泡的酒,那就是黑枣(不知是南枣还是北枣)、荔枝、桂圆、杏仁、陈皮、枸杞子、薏仁米,再加两粒橄榄。要泡一个月,打开来,酒香加药香,恨不得一口气喝它三大杯。母亲给我在小酒杯底

里只倒一点点,我端着、闻着,走来走去,有一次一不小心,跨门槛时跌了一跤,杯子捏在手里,酒却全洒在衣襟上了。抱着小花猫时,它一直舔,舔完了就呼呼地睡觉。原来我的小花猫也是个酒仙呢!

我喝完春酒回来,母亲总要闻闻我的嘴巴,问我喝了几杯酒。我总是说:"只喝一杯,因为里面没有八宝,不甜呀。"母亲听了很高兴。她自己请邻居来吃春酒,一定给他们每人斟一杯八宝酒。我呢,就在每个人怀里靠一下,用筷子点一下酒,舔一舔,才过瘾。

春酒以外,我家还有一项特别节目,就是喝会酒。凡是村子里有人急需钱用,要起个会,凑齐十二个人,正月里,会首总要请那十一位喝春酒表示酬谢,地点一定借我家的大花厅。酒席是从城里叫来的,和乡下所谓的八筒五、八盘八(就是八个冷盘,五道或八道大碗的热菜)不同,城里酒席称之为"十二碟"(大概是四冷盘四热炒、四大碗煨炖大菜),是最最讲究的酒席了。所以乡下人如果对人表示感谢,口头话就是"我请你吃十二碟"。因此,我每年正月里,喝完左邻右舍的春酒,就眼巴巴地盼着大花厅里那桌十二碟的大酒席了。

母亲是从不上会的,但总是很乐意把花厅给大家请客,可以添点新春喜气。花匠阿标叔也巴结地把煤气灯玻璃罩擦得亮晶晶的,呼呼呼地点燃了,挂在花厅正中,让大家吃酒时划拳吆喝,格外的兴高采烈。我呢,一定有份坐在会首旁边,得吃得喝。这时,母亲就会捧一瓶她自己泡的八宝酒给大家尝尝助兴。

席散时,会首给每个人分一条印花手帕。母亲和我也各有一条,我就等于得了两条,开心得要命。大家喝了甜美的八宝酒,都问母亲里面泡的是什么宝贝。母亲得意地说了一遍又一遍,高兴得两颊红红的,跟喝过酒似的。其实母亲是滴酒不沾唇的。

不仅是酒,母亲终年勤勤快快的,做这做那,做出新鲜别致的东西,总是分给别人吃,自己却很少吃。人家问她每种材料要放多少,她总是笑眯眯地说:"大约摸差不多就是了,我也没有一定分量的。"但她还是一样一样仔细地告诉别人。可见她做什么事,都有个尺度在心中的。她常常说:"鞋差分、衣差寸,分寸寸要留神。"

今年,我也如法炮制,泡了八宝酒,用以供祖后,倒一杯给儿子,告诉他是"分岁酒",喝下去又长大一岁了。他挑剔地说:"你用的是美国货葡萄酒,不是你小时候家乡自己酿的酒呀。"

一句话提醒了我,究竟不是道地家乡味啊。可是叫我到哪儿去找真正的家醅呢?

## 作品简析

本文动作描写极为传神。如"早已偷偷把手指头伸在杯子里好几回"、"我端着、闻着、走来走去"、"我呢,就在每个人怀里靠一下,用筷子点一下酒,舔一舔,才过瘾"等语句,把作者对八宝酒的喜爱之情表现得淋漓尽致,富有童趣。反问句结束全文,既巧妙抒发了对童年往事、对童年生活的怀念之情,又给读者留下了悠长的回味。

# 牛 汉

## 作者简介

牛汉(1923— ),原名史成汉,现当代著名诗人、文学家和作家,曾用笔名谷风。山西省定襄县人,蒙古族。1940年开始发表文学作品,主要写诗,近20年来同时写散文。曾任《新文学史料》主编、《中国》执行副主编。诗歌代表作有《悼念一棵枫树》、《半棵树》等,另有散文集《牛汉散文》、《萤火集》、《童年牧歌》等。

## 课文回顾

每个人的童年故事各不相同,但相同的是,这些童年故事都那样令人怀念。让我们一起阅读二年级上册(人教版)语文课本中《父亲和鸟》一文,看看作家牛汉有哪些难忘的童年故事。

## 父亲和鸟

父亲一生最喜欢树林,还有爱唱歌的鸟。

童年的时候,一天清晨,父亲带着我从一片树林边走过。

父亲突然站定,朝雾蒙蒙的树林,上上下下望了又望,用鼻子闻了又闻。他喃喃地说:"林子里有不少鸟。"

我并没有看见一只鸟,也没有听见一声鸟叫。

父亲指着一根树枝说:"看那里,没有风,叶子为什么在动?嗯,还有鸟味。"父亲的话音很轻,生怕惊动了鸟。

我只闻到浓浓的草木气味,没有闻到鸟的气味。

"鸟也有气味?"

"有,在树林里过夜的鸟总是一群一群的,羽毛焐得热腾腾的。"

父亲又说:"听,鸟要唱歌了。"

我们刚坐下,鸟就唱了起来。

父亲说:"这是树林和鸟最快活的时刻。"

我知道父亲这时也最快活。

父亲又对我说:"在鸟最快活的时刻,在鸟飞离树枝的那一瞬间,最容易被猎人打中。"

我奇怪地问:"为什么?"

父亲说:"黎明时的鸟,翅膀潮湿,飞起来重。"

我真高兴,父亲不是猎人。

### 作品简析

作者回忆了童年与父亲经过一片树林时的情景,通过与父亲之间的对话,表现了父亲对鸟生活习性的了解,反映了作者和父亲对鸟的关爱。

## 一窠八哥的谜

小时候,我不会养鸟,却有探险和猎取神秘事物的野性。

有一年的麦收季节,听说城墙上出现了一窠八哥,我在城墙下绕来绕去寻找。果然,听到了一丝儿很稚嫩而清脆的声音,似出壳不久的雏鸡的叫声。顺着细微的声音找去,终于望见了在高高城墙上的一孔洞穴里,四五张鲜红的小嘴正张着,像一束喇叭花悬挂在崖畔上,好看极了。我当下就想把它们掏下来。但壁立的城墙太高太陡,无法攀登。八哥的窠在城墙的上方,用梯子够不着,从城墙上用绳子缒下来一定可以掏着,但我不敢。我只能立在城墙跟前,仰起头望着那一窠神秘的八哥。

记得父亲曾对我说过,县城墙最早是隋朝时筑的土城,明朝时包的青砖。墙面上已经有一些砖朽烂成窟窿,我异想天开,想攀登上去掏这窠八哥。

全村的孩子中,我最会爬墙上树,我相信自己会手扣着脚登着那些孔洞往上攀登,总有一天能把这窠八哥掏到手。

我天天练攀登,苦练了一二十天,一天比一天攀登得高。小八哥的爹妈从天空嗖的一声回到窠里喂食,翅膀又黑又亮,在我眼前一闪而过,随后从窠里伸出头,朝下望着我,吱吱地叫,我知道它们在咒骂我。有几次,我头发上落了雨点似的鸟粪,还有脏土。我心里明白,这是大八哥在对我进行反抗。

小八哥抖动着茸茸的羽毛,我闻到了奇异的鸟的气味,再往上攀登三五尺,就能够着八哥了。

一天清早,我来到城墙下,感到有点异样——没有听到小八哥的声息。前几天,我已听出小八哥的声音变得洪亮了起来,不再是嗷嗷待哺,而是牙牙学语,已经很像在歌唱。八哥的歌,一定不同于鸽子那种柔媚而混浊的声音,更不是麻雀粗糙的吵叫,也不同于村里八音会上的任何一种乐器声。

整个城墙显得铁青铁青,千疮百孔,像死了一样。我顿然明白,八哥一家已经飞走了,已经移居到不可知的远方。

叫卖黄酒的小栽根告诉我,天亮前后,他看见有一朵黑亮的云彩,向滹沱河那个方向飞走了,那一定就是八哥一家。我伤心地扒在城墙上哭了半天。我知道小八哥还没长到该出飞的时候,它们如何在大鸟翅羽的扶托下逃到了远方,真是一个猜不透的谜。我为它们担忧。

我曾在村子上空看见成千上万只蜜蜂嗡嗡叫着,扶托着它们不会飞的蜂王,像金黄色的云朵从天空飞过,后来落在我家院子的老槐树下,父亲用涂了蜜的大笊篱把抱成团儿的蜂小心地收了下来,于是我家有了一窠蜜蜂,养在西房的屋顶上。

我想连那么小的蜜蜂都能扶托着蜂王飞,那窠小八哥一定能够让自己的父母扶托着飞走。但是我不大相信它们能飞得很远。我在村里村外到处寻找,没有发现八哥的踪影。它们究竟飞到什么地方?难道真的飞过了滹沱河,飞到了二十里以远的北山上?是的,一定飞到了那个郁郁葱葱的鸟的世界。

我这一辈子不会忘记这窠小八哥。而且直到现在也不明白:它们在大难临头的时候,如何能神奇地飞到了远方?

前几天,有个诗人听我讲述这个故事,沉思了一会儿,对我说:"是小鸟自己飞的。在灾难面前,翅膀一下子就会长大长硬。"

我有点相信这个解释了。真的,是小八哥自己飞走的。我怎么会想不到这一点?

### 作品简析

作者在叙事中穿插了很多心理描写。如刚看到可爱的小八哥时,"当下就想把它们掏下来";练习攀登时,坚信自己一定能把八哥掏到手;发现八哥飞走后,心中又充满了失望和感慨……这些细腻的心理描写,生动反映了作者对八哥的喜爱之情。

## 祖母的呼唤

在睡梦中被故乡的声音唤醒,有母亲急促而沉重的脚步声,有祖母深夜在炕头因胃痛发出的压抑的呻吟。几十年之后,在生命承受着不断的寂闷与苦难时,常常能听见祖母殷切的呼唤。她的呼唤似乎可以穿透几千里的风尘与云雾,越过时间的沟壑与迷障:

"成汉,快快回家,狼下山了!"我本姓史,成汉是我的本名。

童年时,每当黄昏,特别是冬天,天昏黑得很突然,随着田野上冷峭的风,从我们村许多家的门口,响起呼唤儿孙回家吃饭的声音。男人的声音极少,总是母亲或祖母的声音。喊我回家的是我的祖母。祖母身体病弱,在许多呼唤声中,她的声音最细最弱,但不论在河边,在树林里,还是在村里哪个角落,我一下子就能在几十个声调不同的呼唤声中分辨出来。她的声音发颤,发抖,但并不沙哑,听起来很清晰。

有时候,我在很远很远的田野上和一群孩子们逮田鼠,追兔子,用锹挖甜根苗(甘草),祖母喊出第一声,只凭感觉,我就能听见,立刻回一声:"奶奶,我听见了。"挖甜根苗,常常挖到一米深,挖完后还要填起来,否则大人要追查。因为甜根苗多半长在地边上,时间耽误一会儿,祖母又喊了起来:"狼下山了,狼过河了,成汉,快回来!"偶然有几次,听到母亲急促而愤怒地呼吼:"你再不回来。不准进门!"祖母的声音拉得很长,充满韧性,就像她擀的杂面条那么细那么有弹力。有时全村的呼唤声都停息了,只要野成性的我还没回去,祖母焦急地一声接一声喊我,声音格外高,像扩大了几十倍,小河、树林、小草都帮着她喊。

大人们喊孩子们回家,不是没有道理。我们那一带,狼叼走孩子的事不止发生过一次。前几年,从家乡来的妹妹告诉我,我离家后,我们家大门口,大白天,狼就叼走一个两三岁的孩子。狼叼孩子非常狡猾,它从隐秘的远处一颠一颠不出一点声息地跑来,据说它有一只前爪总是贴着肚皮不让沾地,以保存这个趾爪的锐利,所以人们叫它瘸腿狼。狼奔跑时背部就像波浪似的一起一伏,远远望去,异常恐怖。它悄悄在你背后停下来,你几乎没有感觉。它像人一般站立起来,用一只前爪轻轻拍拍你的后背,你以为是熟人跟你打招呼,一回头,狼就用保存得很好的那个趾爪深深刺入你的喉部。因此,祖母常常警诫我:在野地走路,有谁拍你的背,千万不能回头。

祖母最后的呼唤声,带着担忧和焦急,我听得出来,她是一边呼喘,一边使尽力气在呼唤我啊!她的脚缠得很小,个子又瘦又高,总在一米七以上,走路时颤颤巍巍的,她只有托着我家的大门框才能站稳。久而久之,我家大门的一边门框,由于她几乎天天呼唤我回家,手托着的那个部位变得光滑而发暗。祖母如果不用手托着门框,不仅站不稳,呼唤声也无法持久。天寒地冻,为了不至于冻坏,祖母奇小的双脚不时在原地蹬踏,她站立的那地方渐渐形成两块凹处,像牛皮鼓面的中央,因不断敲击而出现的斑驳痕迹。

我风风火火地一到大门口,祖母的手便离开门框扶着我的肩头。她从不骂我,至多说一句:"你也不知道肚子饿。"

半个世纪来,或许是命运对我的赐予,我仍在风风雨雨的旷野上奔跑着,求索着;写诗,依我的体验,跟童年时入迷地逮田鼠、兔子,挖掘甜根苗的心态异常的相似。

祖母离开人世已有半个世纪之久了,但她那立在家门口焦急而担忧地呼唤我的声音,仍然一声接一声地在远方飘荡着:

"成汉,快回家来,狼下山了……"

我仿佛听见了狼的凄厉的嗥叫声。

由于童年时心灵上感触到的对狼的那种恐怖,在人生道路上跋涉时我从不回头,生怕有一个趾爪轻轻地拍我的后背。

"旷野上走路,千万不能回头!"祖母对我的这句叮咛,像警钟在我的心灵上响着。

### 作品简析

本文以耳朵对童年声音的深刻记忆开篇,最后以祖母一声深情的叮咛收尾,首尾照应,结构完整,中心突出。文中对祖母的动作描写非常传神,如"一边呼喘,一边使尽力气在呼唤我"、"祖母的手便离开门框扶着我的肩头"等语句,把祖母慈爱的形象生动刻画了出来,突出了作者对祖母刻骨铭心的记忆以及对祖母的深深怀念之情。

# 袁 鹰

### 作者简介

袁鹰(1924— ),原名田钟洛,江苏淮安县人,当代著名的作家、诗人、儿童文学家、散文家。长期在报社当记者、编辑,写了大量散文、诗歌、报告文学和儿童文学作品等。他的不少散文、诗歌特别适合青少年阅读,如《井冈翠竹》、《小站》、《渡口》、《白杨》、《黄河的主人》等,都被选入中小学语文课本,广为流传,影响了一代又一代小读者。

### 课文回顾

《白杨》是五年级下册(人教版)语文课本中的课文,在作家袁鹰的眼中,大自然的一切都是富有灵性的,就连那戈壁滩上的白杨,似乎也都有着鲜明的形象和丰富的情感,并且向人们讲述着一段不同凡响的生活。

## 白 杨

车窗外是茫茫的大戈壁,没有山,没有水,也没有人烟。天和地的界限并不那么清晰,都是浑黄一体。

从哪儿看得出列车在前进呢?

那就是沿着铁路线的一行白杨树。每隔几秒钟,窗外就飞快地闪过一个高大挺秀的身影。

一位旅客正望着这些戈壁滩上的卫士出神。

"爸爸,"大孩子摇着他的腿,"你看那树多高!"

爸爸并没有从沉思中回过头来,倒是旁边的妹妹插嘴了:"不,那不是树,那是大伞。"

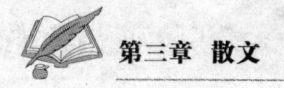

"哪有这么大的伞!"

"你看它多直!"妹妹分辩着。

"它是树,不是伞!"哥哥肯定地说。

小小的争论打断了爸爸的思路,他微笑着,慢慢地抚摸孩子们的头,说:"这不是伞,是白杨树。"

哥哥还不满足:"为什么它这么直,长得这么大?"

爸爸的微笑消失了,脸色变得严肃起来。他想了一会儿,对儿子和小女儿说:"白杨树从来就这么直。哪儿需要它,它就在哪儿很快地生根发芽,长出粗壮的枝干。不管遇到风沙还是雨雪,不管遇到干旱还是洪水,它总是那么直,那么坚强,不软弱,也不动摇。"

爸爸只是向孩子们介绍白杨树吗?不是的,他也在表白着自己的心。而这,孩子们现在还不能理解。

他们只知道爸爸在新疆工作,妈妈也在新疆工作。他们只知道爸爸这回到奶奶家来,接他们到新疆去念小学,将来再念中学。他们只知道新疆是个很远很远的地方,要坐几天火车,还要坐几天汽车。

现在呢,孩子们多了一点知识。在通向新疆的路上,有许许多多白杨树。这儿需要它们,它们就在这儿生根了。

爸爸搂着孩子,望着窗外闪过去的白杨树,又陷入了沉思。突然,他的嘴角又浮起一丝微笑,那是因为他看见火车前进方向的右面,在一棵高大的白杨树身边,几棵小树正迎着风沙成长起来。

## 作品简析

本文作者讲述了在通往新疆大戈壁的列车上,一位父亲与孩子们的对话。父亲望着窗外的白杨,借助白杨,热情讴歌了祖国边疆的建设者们,同时也表达了自己服从祖国的需要、扎根边疆、建设边疆、无私奉献的高尚理想。

## 拓展阅读

# 归 帆

我看见过太湖上的归帆,也看见过东海上的归帆。

夕阳把水边映得通红,把天空也染成万道彩霞。转眼工夫,又变成紫绛色,最后,逐渐增加一层层灰暗。于是黄昏的纱幕就轻轻地落到水面上。

就在这当儿,水天相连处出现一只帆影,接着又是一只……不多久,整个船队都出现了,他们散散落落地驶回港口,仿佛一队出征的战士。唱着凯歌整队回营,带着满舱的战利品。

但这只是从岸上远处看到的景象。等到

这些船只快到码头,船老大准备向岸上抛绳时,情形便不一样了。

有的船上喜笑颜开,热火朝天。小伙子们打闹着、嬉笑着,隔着水同岸上人大声地招呼,问大队里有些什么事,广播站有些什么重要新闻,也故意说些无关要紧的话。这样的船,不用问,就能断定今天的成绩好,超额完成了生产的指标,说不定还网住了几条少见的大鱼。

有的船上并不怎么喧闹,人们低着头各自在忙着自己的事,要趁归航的一段时间再抢出点活来。岸上的声音,自家屋顶的炊烟,都不曾使他们抬一下头,好像船将要停靠的,并不是自己的家,而是半路上一个什么小岛。这样的船,多半是遇到过什么困难和挫折,或是被风暴打断了桅杆,或是被什么弄坏了渔网;再不然就是有谁临时生了病,正躺在舱里休息,别人正顶接他紧张地工作。

还有一种船,几乎是垂头丧气,悄悄儿溜回来的。船老大不停地抽着旱烟,望着水面沉思;平时爱打闹的小伙子,像泄了气的皮球,闷声不响地蹲在甲板上。岸上人同他们打招呼,有的不搭理,有的只苦笑着做个鬼脸。这样的船,准是由于某种原因,今天没有能完成任务。虽说渔家生产并不在乎一天的得失,但是,没有完成自己订的指标,人们总不会有好情绪。对工作的责任感,在纠缠着、冲击着他们。

沉沉的夜幕笼罩住渔村,笼罩住每个渔家的笑语和沉思。无论是哪条船上的人们,都休息了,积蓄力量,准备迎接新的战斗。对于明天的信念,人们总是相同的。即使暂时泄了气的,在明天清晨出海的时候,也一定会抖擞精神,重新鼓起劲儿来。

生活,也一如波涛汹涌的大海,有汐也有潮。在每一天送走夕阳的时候,你有没有想过自己这条归帆,是属于哪一种的呢?你又打算怎样迎接明天的旭日呢?

### 作品简析

　　传神的动作描写是本文的突出特点。如满载而归者"打闹着、嬉笑着",还"大声地招呼";收获一般的人"低着头各自在忙着自己的事";没有完成任务的船上,"船老大不停地抽着旱烟,望着水面沉思;平时爱打闹的小伙子,像泄了气的皮球,闷声不响地蹲在甲板上"……这种景象形成鲜明的对比,传神的动作描写反映了人们不同的心情。在文章最后,作者由三种不同情景的归船,联想到生活,以两个疑问句引发读者的深深思索,从而启发读者明白付出与收获之间的关系,深刻的哲理发人深省。

## 井冈翠竹

　　井冈山五百里林海,最使人难忘的是毛竹。

　　从远处看,郁郁苍苍,重重叠叠,望不到头。到近处看,有的修直挺拔,好似当年山头的岗哨;有的密密麻麻,好似埋伏在深坳里的奇兵;有的看来出世还不久,却也亭亭玉立,别有一番神采。

"井冈山的竹子,是革命的竹子!"井冈山人爱这么自豪地说。

有道是:天下竹子数不清,井冈山竹子头一名。

是的,当年用自己的血汗保卫过第一个红色政权的战士们,谁不记得井冈山上的翠竹呢?用它搭过帐篷,用它做过梭镖,用它当罐盛过水、当碗蒸过饭,用它做过扁担和吹火筒,在黄洋界和八面山上,还用它摆过三十里竹钉阵,使多少白匪魂飞魄散,鬼哭狼嚎。如今,早就不再用竹钉当武器了,然而谁又能把它们忘怀呢?

你看,那边山路上走来了两位老表,一人提着一只竹筒。这是什么?这不是红军的硝盐罐吗?要不,是给山头的红军送饭来了吧?这两只小小的竹筒,能引起老战士们多少回忆!看见它,就想起了竹筒饭的清香,想起了老表们冲过白匪封锁线冒着生命危险送上山来的粮食,想起了山上缺粮的年月,红军每天每顿只能用南瓜充饥,但是同志们仍然意气风发地唱:"天天吃南瓜,革命打天下!"

你看那毛竹做的扁担,多么坚韧,多么结实,再重的担子也能挑得起。当年毛委员和朱军长带领队伍下山去挑粮食,不就是用这样的扁担么?井冈山革命博物馆里,还陈列着一根写着"朱德的"三个字的扁担。他们肩上挑的,哪里只是粮食?挑的是中国的无产阶级革命!我们的老一辈无产阶级革命家们,正是用井冈山毛竹做的扁担,把这一副关系全中国人民命运的重担,从井冈山出发,走过漫漫长途,一直挑到北京城。

毛委员和朱军长下山去了,红军下山去了,井冈山的毛竹,同井冈山人民一样,坚贞不屈。血雨腥风里,毛竹青了又黄,黄了又青,不向残暴低头,不向敌人弯腰。竹叶烧了,还有竹枝;竹枝断了,还有竹鞭;竹鞭砍了,还有深埋在地下的竹根。"野火烧不尽,春风吹又生。"一到春天,漫山遍野,向大地显露着无限生机的,依然是那一望无际的翠竹!

毛竹年年长,为的是向敌人示威:井冈山是压不倒、烧不光的。毛竹年年绿,为的是等待亲人,等待当年用竹筒盛水蒸饭、用竹钉竹枪打白匪的红军,等待自己的英雄子弟,朝也等,暮也等,等了漫长的二十年。二十年过去了,毛竹依旧是那么青翠,那么稠密,井冈山终于换了人间!

井冈山的翠竹啊,你是革命的竹子!你不仅曾经为革命建立功勋,而且现在和将来仍然为社会主义、共产主义大厦继续献出一切。你永远那么青翠,永远那么挺拔,风吹雨打,从不改色;刀砍火烧,永不低头——这正是英雄的井冈山人,也是亿万中国人民的革命气节和革命精神!

### 作品简析

在本文中,作者由眼前的翠竹联想到它们光辉的历史,由老表的扁担联想到毛泽东和朱德挑粮的情景,最后再由井冈翠竹的历史,联想到它们的未来……这种丰富的联想,把不同历史时期的事情集中在一起,充分表现了井冈翠竹所代表的革命气节和革命精神。

# 小 站

有一天电视里播放的专题片,是记录一位在四等小站工作的民警日常工作和生活的情形。看过之后,久久不能忘怀。

这样普通人的寻常生活,一向少有人注意。大概观众也没有什么兴趣吧,在大众传媒中,多是奇人轶事与暴富、艳遇之类的现代式梦想。平常朴素的生活里微妙而深沉的意味不大有人去耐心体会了:自中国经济高速发展以来,用西北的方言形容,是人们"心里好像长了草",躁动得不行。不过这也实在无法想象,因为确有人在一夜之间便开起汽车住进别墅。富裕自然是好事,只是这样清寂淡远的生活里的意味被人忽略,觉得有点可惜。

那个一天只停两趟慢车的小站,乘客稀稀落落。民警每天清晨沿着铁路散步,两旁是葱郁静立的大山,偶尔会传来一两声不知名的小鸟的叫声,这情形很是令我神往。

自火车提速之后,这种小站便多被冷落了。崭新的双层列车从它们面前一掠而过,转眼之间便把它们甩在身后,使车上的人失去了从容欣赏小站和其周围人的生活的机会。

夜里,火车穿过长长的黑暗,在清冷的小站上停住,站务员拿着小旗肃立迎候,有不多的几个人上车下车。路灯照亮短短的站台,站房里的灯光则温暖而迷蒙——那便是站务员们工作和休息的地方,有的就在这里住宿。我想象着站房里的情形和站务员们简单安静的生活,感到亲切而悠然。远处有朦胧的光亮,那或许是一个村庄,或许是一个小镇,未眠的人们一定正在灯下做着什么。

一个小站,往往连接着许多村子,人们从这里上车,大多只走几站,到不远的地方去。别处常见的难舍难分的情形,这里是不大容易碰到。从小站上车的人极少远行,即便送行也是平坦。在他们简朴的生活里,聚散离合也自有一种安详的气息。那位在小站工作的民警,许多乘客都认识。他制止在月台上叫卖的小贩和在路基附近放牛的农民,口吻类似乡亲之间的谈话。

小站及其附近人们的生活都是我们熟悉的,因为我就在一个小站的近旁住了几年。傍晚时分,沿着铁路散步的心情是落寞的,两旁的绵槐散发着浓烈的气味。坐在很高的路基上,望着下面的人家渐次亮起灯来,有说不出的安宁的茫然。远处煤矿井架上的光亮则璀璨如钻石,美丽得如一个朦胧的希望。夜晚是水一般的清澈。清冷岑寂的夜色将那些周而复始的日子浸入我心里。

那时索寞的生活,一方面使我沉静下去,一方面又在激起新的幻想。一个偶尔的机会,我来到大城市。二十年过去了,却总是不能对它产生如小站那样的亲近感。在城市的喧闹嘈杂里,我更分明地觉得,在无数小站和它们的周围,才有更深广更合理的生活。它的简单里有丰腴,朴素里有柔润,那是更能满足心灵需要的生活。

我居住在城市,却又疏远着它。我只是远远地眺望着它,把它的喧嚣与骚动隔在我的窗上,不让它们打扰我的清寂的日子。有时候,我会怀疑这是因了心灵的苍老与疲惫,只是当我看到电视里那个小站并被感动的时候,我才明白,过去的日子怎样深印在我的心里;让我在这欲望汹涌的年代依然知道,人真正需要的是什么。

在寂寞与简单的生活里,我体味着美和人生的况味。

### 作品简析

本文描写的是山区一个普通小站,作者从停车、规模、布置、人员、设备五个方面来突出小站的"小"。通过对小站"小"事物的描写,赞颂了小站工作人员全心全意为人民服务的精神。以小见大,寓意深邃。

# 刘湛秋

### 作者简介

刘湛秋(1935— ),安徽芜湖人,当代著名诗人、翻译家、评论家,《诗刊》前副主编,中国散文诗学会副会长。其作品清新空灵,富有现代意识,手法新颖洒脱,早在20世纪80年代中期就被大学生誉为"抒情诗之王"。著有诗集《生命的欢乐》《无题抒情诗》《人·爱情·风景》,散文诗集《遥远的吉他》,论文集《抒情诗的旋律》等。

### 课文回顾

《我爱你,中国的汉字》是五年级上册(人教版)语文课本中的一篇文章,通过《我爱你,中国的汉字》的阅读,我们可以真切感受到了刘湛秋对祖国和民族的无限热爱。当他把这种强烈的感情,融入到对景色的描写当中时,那又是怎样一番景象?

## 我爱你,中国的汉字

我写着写着,常常为我面前这一个个方块字而动情。它们像一群活泼可爱的孩子在纸上玩笑嬉戏,像一朵朵美丽多姿的鲜花愉悦你的眼睛。这时我真不忍将它们框在方格里,真想叫它们离开格子去舒展,去不受拘束地享受自己的欢乐。

真的,它们可不是僵硬的符号,而是有着独特性格的精灵。你看吧,每个字都有不同的风韵。"太阳"这个词,使你感触到热和力,而"月亮"却又闪着清丽的光辉。"轻"字使人有飘浮感,"重"字一望而沉坠。"笑"字令人欢快,"哭"字一看就像流泪。"冷霜"好像散发出一种寒气,"幽深"两个字一出现,你似乎进入森林或宁静的院落。当你落笔写下"人"这个字,不禁肃然起敬,并为"天"和"地"的创造赞叹不已。这些有影无形的图画,这些横竖勾勒的奇妙组合,同人的气质多么相近。它们在瞬间走进想象,然后又从想象流出,只在记忆中留下无穷的回味。这是一些多么可爱的小精灵呵!而在书法家的笔下,它们更能生发出无穷无尽的变化,或挺拔如峰,或清亮如溪,或浩瀚如海,或凝滑如脂。它们自身就有一种智慧的力量,一个想象的天地,任你尽情飞翔与驰骋。在人类古老的长河中,有哪一个民族能像中华民族拥有这么丰富的书法瑰宝?

为什么说中华民族是诗的民族呢?这些美丽而富有魅力的文字生来就给使用它的人带来了诗的灵性。看着这些单个的有色彩、有声音、有气味的词,怎能不诱发你调动这些语言的情绪呵!西方现在有少数诗人在追求"玩文字",但他们怎么能从26个字母的组合中去找到"玩文字"的魅力呢?只有中国的汉字,几万个不同的字形,几十万、几百万种奇妙的组合,足以产生遣使文字的快乐,甚至能在语义以外,寻求那种文字对人类思维和感官的想象力!中国的汉字是高强度悟性的结晶,必能训练出人的悟性。

也许,这又多少还有一些悲哀,据说那种偏重对悟性的训练是会影响科学和理性的。那么,是不是因为中国汉字没有时间的变化就影响了人们对时间的概念呢?是不是因为汉字创造了那么多血缘不同的称谓而使得中国有无穷的繁文缛节呢?多么奇妙啊,这些方块字竟和一个民族的习性相关连!

在世界的文字之林中,中国的汉字确乎是异乎寻常的。它的创造契机显示出中国人与世不同的文明传统和感知世界的方式。但它是强有力的、自成系统的,它用一个个方块字培育了五千年古老的文化,维系了一个统一的大国的存在,不管这块东方的土地上有多少种不同的语言,讲着多少互相听不懂的方言,但这汉字的魅力却成了交响乐队的总指挥!

面对着科学的飞跃,人们在慨叹中国技术的落后,想在困惑中寻求摆脱这种象形文字带来的同世界的阻隔,因而发出了实行汉字拼音化的震撼灵魂的呐喊。是的,这种呼唤曾经搅动得热血沸腾,但却有点唐·吉诃德攻打风车的憨态。中国的汉字以其瑰丽雄健的生命力证明了自己的存在价值。是电脑接受了汉字,而不是电脑改变了汉字。在科学攀向高峰所出现的复杂思维状态中,倒是那种拼音字需要不断地再造,以至到了不堪忍受的繁琐程度,唯中国的汉字却反而焕发出青春,轻而易举地用原有的词汇构成了新的概念和术语。真的,中国的方块字能消化各种外来的新创造,因为它拥有一个单字的海洋。在人们熟悉这种文字后,可寻求的新的组合和创造的天地是那样的宽广而简便。

我是炎黄的子孙,是喝扬子江的水长大的,也许,和别的民族一样喜欢夸耀自己的东西。俄国的罗蒙诺索夫不是用诗的语言赞美过俄罗斯语言吗?但我不是传统的盲目的维护者,我只崇尚人类文明的创造。在我粗通一些西方文学后,我是越来越惊叹中国汉字的无与伦比的创造了。

啊!像徜徉在夏天夜晚的星空下,为那壮丽的景色而迷醉,我真的是无限钟情我赖以思维和交往的中国汉字,并震惊于它的再生活力和奇特魅力。我想,在人类历史的长河中,这种文字将越来越被世人所珍惜和喜爱。

我的使用汉字的同胞们、朋友们,请去发展它、丰富它吧!历史和文明正向我们投来新的目光!

## 作品简析

本文作者以生动、深情的语言,讲述了汉字带给自己的丰富想象力和美好感受,表达了对汉字的热爱和赞美之情,也赞颂了中国人民的勤劳、智慧以及伟大的创造精神。

## 拓展阅读

## 三月桃花水

是什么声音,像一串小铃铛,轻轻地走过村边?是什么光芒,像一匹明洁的丝绸,映照着蓝天?

呵,河流醒来了!三月桃花水,舞动着绚丽的朝霞,向前流淌。有一千朵樱花,点点撒上了河面;有一万个小酒窝,在水中回旋。

三月的桃花水,是春天的竖琴、

每一条波纹,都是一根轻柔的弦。那细白的浪花,敲打着有节奏的鼓点;那忽大忽小的水波声,应和着田野上拖拉机的鸣响;那纤细的低语,是在和刚刚从雪被里伸出头来的麦苗谈心;那碰着岸边的叮咚声,像是大路上车轮滚过的铃声;那急流的水浪声,是在催促着村民们开犁播种啊!

三月的桃花水,是春天的明镜。

它看见燕子飞上天空,翅膀里裹着白云;它看见垂柳披上了长发,如雾如烟;它看见一群姑娘来到河边,水底立刻浮起一片片花瓣;它看见村庄上空,很早很早,就升起了袅袅炊烟。

比金子还贵呵,三月桃花水!

比银子还亮呵,三月桃花水!

呵,地上草如茵,两岸柳如眉。三月桃花水,叫人多陶醉。啊!掬一捧,品一口,让这三月的桃花水盛满我们心灵的酒杯!

## 作品简析

在作者笔下,三月桃花水是有生命的,它能够用纤细的低语与麦苗谈心,并且用急流的水浪声催促村民们开犁播种……拟人手法的运用赋予了三月桃花水丰富的情感,也流露出作者对桃花水、对春天的热爱和赞美之情。形象、生动的比喻既写出了波纹平行滚动的特点,也传达出作者轻松、愉快的心情。

## 雪

南国的雪,我们分离得太久了!

那微带甜味的湿润,那使人快活的冷气,

那彩色梦幻的飞旋,伴着我少年的轻狂,再也无法追寻。

没有暖气也没有炉子的小屋,铁一样寒冷的硬被子,都无法阻挡对雪的渴望,只要睁眼看见屋外白花花的光亮,那就像涌进来一股暖流,勾起难以抑制的温暖的心情。

雪,南国的松软美丽的雪啊!

它纷纷扬扬,比春天一树树的梨花还要美。这时,北风变得柔和了,吹着它,上下翻飞,轻轻地降落,使人能看清那六角的菱形,看到一个美丽的童话世界。

不知它是想依恋天空,还是想委身大地。它忽上忽下,是那样的轻盈而自由啊!忽然,它落进了我的颈脖,像个小绒毛,却又摸不到它.产生了甜甜的微痒。我伸出手来,它会安静地落到我的掌心,在我的钟情的眼睛里,慢慢地消失了它的身影。有时候,真愿意伸出舌头,希望能接到一片雪花,那淘气的愉快里绽开了多少天真的梦。

雪,南国的松软美丽的雪啊!

忽然,我像一下子变成熟了,往往放弃堆雪人、打雪仗的乐趣,却愿意宁静地默默地走去,翻过废弃的铁路线,来到郊外,默视着广袤的天空和田野。所有的污秽和荒凉全遮掩了,只有,白花花的、纯净的雪。这大自然创造的最精美的白色拥抱了田野、山冈、房屋和树林。偶尔由于风的吹动,越冬的树和菜斑斑点点闪着一点新绿。

这时,眼睛和心变得多么亮,多么舒展。美丽的维纳斯仿佛就在你的身边,对着你微笑。所有的幻想都会脱颖而出,飞向雪的地平线,开出白色的花朵。

雪,南国的松软美丽的雪啊!

我们分离得太久了,也许我还能追寻那没有污染的洁白,幼稚却纯真的梦幻,和那寒冷中的温暖?

### 作品简析

本文景物描写生动、优美,生动写出了漫山遍野被白雪覆盖的美丽景象,拟人手法的运用也突出了作者对雪景的喜爱。"雪,南国的松软美丽的雪啊"一句在文中多次出现,既写出了南国雪的突出特点,又使作者对南国雪的喜爱之情,起到了强化中心的效果。

# 张 晓 风

### 作者简介

张晓风(1941— ),笔名有晓风、桑科、可叵等,中国台湾著名散文家。毕业于台湾东吴大学,曾执教于该校及香港浸会学院、台湾阳明大学。她的作品包括小说、散文及戏剧著作等,曾一版再版,并被译成多种文字。著名诗人余光中曾称其文字"柔婉中带刚劲",将之列为"第三代散文家中的名家"。

## 第三章 散文

### 课文回顾

张晓风之所以被称为散文中的名家,不仅因为她精致的语言,更在于她精美语言背后的深深思索,现在我们回顾一下,六年级上册(北师大版)语文课本《有些人》一文,走进张晓风丰富的精神世界,去体会她独特的人生感悟。

## 有 些 人

有些人,他们的姓氏我已经遗忘,他们的脸却恒常浮着——像晴空,在整个雨季中我们可能不见它,却清晰地记得它。

那一年,我读小学二年级,有一个女老师——我连她的脸都记不起来了,但好像觉得她是很美的。(有哪一个小学生心目中的老师不美呢!)也恍惚记得她身上那片不太鲜丽的蓝。她教过我们些什么,我完全没有印象,但永远记得某个下午的作文课,一位同学举手问她"挖"字该怎么写,她想了一下,说:"这个字我也不会写,你们谁会?"

我兴奋地站起来,跑到黑板前写下了那个字。

那天放学,当同学们齐声向她说"再见"的时候,她向全班同学说:"我真高兴,我今天多学会了一个字,我要谢谢这位同学。"

我立刻快乐得有如胁下生翅一般——我平生似乎再没有出现那么自豪的时刻。

那以后我遇见无数学者,他们尊严而高贵,似乎无所不知。但他们教给我的,远不及那个女老师多。她的谦逊,她对人不吝惜的称赞,使我忽然间长大了。

如果她不会写"挖"字,那又何妨,她已挖掘出一个小女孩心中宝贵的自信。

有一次,我到一家米店去。

"你明天能把米送到我们的营地吗?"
"能。"那个胖女人说。

"我已经把钱给你了,可是如果你们不送,"我不放心地说,"我们又有什么证据呢?"

"啊!"她惊叫了一声,眼睛睁得圆突突,仿佛听见一件耸人听闻的罪案,"做这种事,我们是不敢的。"

她说"不敢"两字的时候,那种敬畏的神情使我肃然,她所敬畏的是什么呢?是尊贵古老的卖米行业,还是"举头三尺即有神明"?

她的脸,十年后的今天,如果再遇到,我未必能辨认,但我每遇见那无所不为的人,就会想起她——为什么其他的人竟无所畏惧呢!

有一个夏天,中午,我从街上回来,红砖人行道烫得人鞋底都要烧起来似的。

忽然,我看到一个衣衫褴褛的中年人疲软地靠在一堵墙上,他的眼睛闭着,黧墨的脸扭曲如一截枯根,不知在忍受什么。

他也许是中暑了,需要一杯甘洌的冰水。他也许很忧伤,需要一两句鼓励的话。虽然满街的人潮流动,美丽的皮鞋行过美丽的人行道,但是没有人驻足望他一眼。

我站了一会儿,想去扶他,但我闺秀式的教育使我不能不有所顾忌,如果他是疯子,如果他的行动冒犯我——于是我扼杀了我的同情,让自己和别人一样漠然地离去。

那个人是谁?我不知道,那天中午他在眩晕中想必也没有看到我,我们只不过是路人。但他的痛苦却盘踞了我的心,他的无助的影子使我陷在长久的自责里。

上苍曾让我们相遇于同一条街,为什么我不能献出一点怜悯之情,为什么我有权漠视他的痛苦?我何以怀着那么可耻的自尊?如果可能,我真愿再遇见他一次,但谁又知道他在哪里呢?

我们并非永远都有行善的机会——如果我们一度错过。

那陌生人的脸于我是永远不可弥补的遗憾。

对于代数中的行列式,我是一点也记不得了。倒是记得那细瘦矮小、貌不惊人的代数老师。

那年7月,当我们赶到联考考场的时候,只觉得整个人生都摇晃起来,无忧的岁月至此便渺茫了,谁能预测自己在考场后的人生?

想不到的是代数老师也在那里,他那苍白而没有表情的脸竟会奔波过两个城市在考场上出现,是颇令人感到意外的。

接着,他蹲在泥地上,拣了一块小石子,为特别愚鲁的我讲起行列式来。我焦急地听着,似乎从来未曾那么心领神会过。泥土的大地可以成为那么美好的纸张,尖锐的利石可以成为那么流利的彩笔——我第一次懂得。他使我在书本上的朱注之外了解了所谓"君子谋道"的精神。

那天,很不幸的,行列式并没有考,而那以后,我再没有碰过代数书,我的最后一节代数课竟是蹲在泥地上上的。我整个的中学教育也是在那无墙无顶的课室里结束的,事隔十多年,才忽然咀嚼出那意义有多美。

代数老师姓什么?我竟不记得了,我能记得语文老师所填的许多小词,却记不住代数老师的名字,心里总有点内疚。如果我去母校查一下,应该不甚困难,但总觉得那是不必要的,他比许多我记得住姓名的人不是更有价值吗?

## 作品简析

本文是一篇回忆性散文,作者在文章中回忆了几个给自己留下深刻印象的生活往事,抒发了这些小事的主人公带给自己的感动,赞扬了他们美好、纯真的心灵,表达了作者对人生的深刻认识。

## 拓展阅读

## 光阴的故事

一锅米饭,放到第二天,水汽就会干了一些;放到第三天,味道恐怕就有问题;第四天,我们几乎可以发现,它已经变坏了;再放下去,眼看就要发霉了。

是什么使那锅米饭变馊变坏——是时间。

可是,在浙江绍兴,年轻的父母生下女儿,就在地窖里,埋下一坛坛米酿的酒。十七八年后,女儿长大了,这酒就成为女儿婚礼上的佳酿。它有一个美丽的名字,叫女儿红。

是什么使那些平凡的米,变成芬芳甘醇

的酒——也是时间。

时间到底是善良的,还是邪恶的魔术师呢?都不是,时间只是一种简单的乘法,使原来的数值增倍而已。开始变坏的米饭,每一天都不断变得更腐臭;而开始变醇的美酒,每一分钟,都在继续增加它的芬芳。

——我们也曾经看到天真的少年一旦开始堕落,时间会把他变得满面风尘,面目可憎;但相反的是,时间也能把温和的笑痕,体谅的眼神,成熟的风采,智慧的神韵添加在那些追寻善良的人身上。时间将怎样对待你我呢?这就要看我们自己是以什么态度来期许我们自己的。

### 作品简析

本文选材非常巧妙,如通过一锅米饭和陈年佳酿来表现时间的神奇,这些材料既贴近生活,便于读者理解和接受,又能形成鲜明对比,从而自然得出"时间只是一种简单的乘法,使原来的数值增倍而已"这一哲理深刻的论断。文中多处运用了设问的写作方法,在启发读者思考的同时,也提高了读者对问题的关注程度。

## 春 之 怀 古

春天必然曾经是这样的:从绿意内敛的山头,一把雪再也撑不住了,噗嗤的一声,将冷面笑成花面,一首渐渐然的歌便从云端唱到山麓,从山麓唱到低低的荒村,唱入篱落,唱入一只小鸭的黄蹼,唱入软溶溶的春泥——软如一床新翻的棉被的春泥。

那样娇,那样敏感,却又那样混沌无涯。一声雷,可以无端地惹哭满天的云,一阵杜鹃啼,可以斗急了一城杜鹃花,一阵风起,每一棵柳都会吟出一则则白茫茫、虚飘飘说也说不清、听也听不清的飞絮,每一丝飞絮都是一株柳的分号。反正,春天就是这样不讲理,不逻辑,而仍可以好得让人心平气和。

春天必然曾经是这样的:满塘叶黯花残的枯梗抵死苦守一截老根,北地里千宅万户的屋梁受尽风欺雪扰,小小的空虚的燕巢自温柔地抱着一团。然后,忽然有一天,桃花把所有的山村水郭都攻陷了,柳树把皇室的御沟和民间的江头都控制住了——春天有如旌旗鲜明的王师,因为长期虔诚的企盼祝祷而美丽起来。

而关于春天的名字,必然曾经有这样的一段故事:在《诗经》之前,在《尚书》之前,在仓颉造字之前,一只小羊在啮草时猛然感到的多汁,一个孩子放风筝时猛然感觉到的飞腾,一双患风痛的腿在猛然间感到舒适,千千万万双素手在溪畔在江畔浣纱时所猛然感到水的血脉……当他们惊讶地奔走互告的时候,他们决定将嘴噘成吹口哨的形状,用一种愉快的耳语的声音来为这季节命名——"春"。

鸟又可以开始丈量天空了。有的负责丈量天的蓝度,有的负责丈量天的透明度,有的负责用那双翼丈量天的高度和深度。

而所有的鸟全不是好的数学家,他们吱吱喳喳地算了又算,核了又核,终于还是不敢宣布统计数字。

至于所有的花,已交给蝴蝶去数。所有的蕊,交给蜜蜂去编册。所有的树,交给风去纵宠。而风,交给檐前的老风铃去记忆、垂询。

春天必然曾经是这样,或者,在什么地方,它仍然是这样的吧?穿越烟囱与烟囱的黑森林,我想走访那蹀躞在湮远年代中的春天。

### 作品简析

本文选材非常丰富,作者通过小草、惊雷、杜鹃、柳絮、桃花、小鸟、蜂蝶等一大批初春季节特有的景象和生物,展现了大自然的勃勃生机,生动的语言和优美的意境互相映衬,使读者如临其境,产生无限神往。在景物描写中,作者多处运用了拟人的修辞手法,使万物都有了鲜明的形象和丰富的情感,自然流露出作者对自然、对生活的热爱。

## 幸 亏

### 一

似乎常听人抱怨菜贵,我却从来不然,甚至听到怨词的时候心里还会暗暗骂一句:"贵什么贵,算你好命,幸亏没遇上我当农人,要是我当农人啊,嘿、嘿,你们早就买不起菜了!"

这样想的时候,心里也曾稍稍不安,觉得自己是坏人,是"奸农"。但一会儿又理直气壮起来,把一本账重头算起。

譬如说米,如果是我种的,那是打死也舍不得卖得比珍珠贱价的。古人说"米珠薪桂",形容物价高,我却觉得这价钱合理极了,试想一粒谷子是由种子而秧苗而成稻复成粒的几世正果,那里面有几千年相传的农业智慧,以及阳光、沃土、和风细雨的好意。观其背后则除了农人的汗泽以外也该包括军人的守土有功,使农事能一年复一年地平平安安地进行,还有运输来,使浊水溪畔的水稻能来到我的碗里,说一颗米抵得一颗明珠也没有什么可惭愧的吧?何况稻谷熟时一片金黄,当真是包金镶玉,粒粒有威仪,如果讨个黄金或白玉的价格也不为过吧!

所以说,幸亏我不种田,我种的田收的谷非卖这价码不可!西南水族有则传说便是写这求稻种的故事,一路叙来竟是惊天动地的大业了,想来人世间万花万草如果遭天劫只准留下一本,恐怕该留的也只是麦子或稻子吧!因此,我每去买米,总觉自己占了便宜,童话世界里每有聪明人巧计骗得小仙小妖的金银珠宝,满载而归,成了巨富。我不施一计却天天占人大便宜,以贱价吃了几十年尊同金玉的米麦,虽不成巨富,却使此身有了供养,也该算是赚饱了。故事里菩萨才有资格被供养呢,我竟也大刺刺地坐吃十方,对占到的便宜怎能不高兴偷笑。

篷到风季,青菜便会大涨,还有一次过

年,养菜竟要二百元一斤。菜贵时,报上、电视上、公车上一片怨声,不知为什么,我自己硬是骂不出口,心里还是那句老话,嘿嘿,幸亏我非老圃,否则番茄怎可不与玛瑙等价,小白菜也不必自卑而低于翡翠,茄子难道不比紫水晶漂亮吗?鲜嫩的甜玉米视同镶嵌整齐的珍珠也是可以的,新鲜的佛手瓜浅碧透明,佛教徒拿来供奉神胆的,像琥珀一样美丽,该出多少价钱,你说吧——对这种荐给神明吃都不惭愧的果实!

把豇豆叫"翠蜿蜒"好不好?豌豆仁才是真正的美人"绿珠",值得用一斛明球来衡其身价,芥菜差不多是青菜世界里的神木,巍巍然一大堆,那样厚实的肌理,应该怎么估值呢?

胡萝卜如果是我种的,收成的那天,非开它一次"美展"不可,多浪漫多古典且又多写实的作品啊!鲜红翠绿的灯笼椒如果是我家采来的,不出一千块钱休想拿走,一个人如果看这样漂亮的灯笼椒也不感动于天恩人惠的话,恐怕也只好长夜凄其,什么其他的灯笼也引渡他不得了。

塌棵菜是呈辐射状的祖母绿。牛蒡不妨看作长大长直的人参,山药像泥土中挖出的奇形怪状的岩石,却居然可吃。红菱角更好,是水族,由女孩子划着古典的小船去摘来的,那份独特的牛角形包装该算多少钱才公平?南瓜这种东西去开美展都不够,应该为它举行一次魔术表演的,如何一棵小小的种子铺衍成梦,复又花开蒂落结成往往一个人竟抬不动的大瓜?南瓜是和西方灰姑娘童话并生的,中国神话里则有葫芦,一个人如果有权利把童话和神话装在菜蓝里拎着走,付多少钱都不算过分吧?

释迦趺坐在莲花座上,但我们是凡人,我们坐在餐桌前享受莲的其他部分,我们吃藕吃莲子,或者喝荷叶粥,夹荷叶粉蒸肉,相较之下,不也是一份凡俗的权利吗?故事里的湘妃哭竹,韩湘子吹一管竹笛,我们却只管放心地吃竹笋,吃竹叶包的粽子。记得有一次请外国朋友吃饭向他解释一道"冰糖米藕"的甜点说:"这是用一种可以酿酒的米(糯米),塞在莲花根(藕)里做的,里面的糖呢,是一种冰山一样的糖。"外国人依他们的习惯发出大声的惊叹,我居之不疑,因为那一番解释简直把我自己都惊动了。

这样看来,一截藕(记得,它的花是连菩萨也坐得的)应卖什么价呢?一斤笋(别忘了,它的茎如果凿上洞,变成笛子是神仙也吹得的)该挂牌多少才公平呢?

所以说,还好,幸亏我不务农,否则,任何人走出菜场恐怕早已倾家荡产了。

二

世人应该庆幸,幸亏我不是上帝。

我是小心眼的人间女子,动不动就和人计较。我买东西要盘算,跟学生打分数要计到小数点以后再四舍五入,发现小孩不乖也不免要为打三下打二下而斟酌的,丈夫如果忘了该纪念的日子当然也要半天不理他以示薄惩。

如果让这样的人膺任上帝,后果大概是很可虑的。

春天里,满山繁樱,却有人视而无睹,只顾打开一只汽水罐,我如果是上帝,准会大吼一声说:

"这样的人,也配有眼睛吗?"

这一来,十万个花季游客立时会瞎掉五万以上,第二天,盲校的校长不免为突然剧增的盲生急得不知如何是好。

所以,幸亏我不是上帝。

闲来无事,我站在云头一望,有那么多五颜六色的工厂污水——流向浅碧的溪流,我传下旨意：

"这样糟蹋大地，让别人活不成了，我也要让他活不成。"

第二天，天使检点人数，一个小小的岛上居然死了好几万个跟"污水罪"有关的人。

有人电鱼，有人毒鱼，这种人，留着做什么？一起弄死算了。

其他的松林中不闻天籁的，留耳何为？抱着婴儿也不闻乳香的，留鼻何用？从来没有帮助过人的双手双脚废了也不可惜，从来没有为阳光和空气心生感激的人，我就停止他们五分钟"空气权"让他知道厉害。

所以说，还好，幸亏我不是上帝。

世间更有人不自珍惜，或烟酒相残，或服食迷幻药，或苟且自误，或郁郁无所事事，这样的人，留智慧何用？不如一律还原成白痴，如此一来不知世间还能剩几人有头脑？

我上任后，不消半年，停阳光者有之，停水、停空气者有之，而且有人缺手，有人断足，整个世界都被罚得残缺了。而人性丑陋依旧，愚鲁依旧。

让河流流经好人和坏人的门庭，这是上帝。让阳光爱抚好人和坏人的肩膀，这是上帝。不管是好人坏人，地心吸力同样将他们仁慈地留在大地上，这才是上帝的风格，并且不管世人多么迟钝蒙昧，春花秋月和朝霞夕彩会永远不知疲倦地挥霍下去，这才是上帝。

是由于那种包容和等待，那种无所不在的覆罩和承载，以及仁慈到溺爱程度的疼惜，我才安然拥有我能有的一切。

所有的人都该庆幸——幸亏自己不是上帝。

## 作品简析

张晓风对大自然、大地上的山川草木，有一种感恩的情感，她把有机界、无机界的一切都看作是造物主的神迹，敬为神明，认为都是有血有肉有生命有性格有情感有灵魂的，在她看来，在生命面前，人应持的唯一态度爱护和珍惜。"幸亏"二题，是连理枝上的并蒂花，角度不同，而一脉相承。

其一，"幸亏我不是农人"，意在告诉我们"一粒谷子由种子而秧苗而成稻复成粒的几世正果里有几千年相传的农业智慧以及阳光、沃土、和风细雨的好意。"其背后除了农人的汗泽以外，也包括军人的守土有功，使农事能年复一年平安进行，还有运输业……成本浩大，来之不易。我们要做一个以仁慈宽厚之心珍惜劳动成果、体恤劳动艰辛、懂得欣赏美和爱护美的"爱的天使"。其二，"幸亏我不是上帝"，则在奉劝人们要有一颗宽容、仁慈、博爱的心。

# 冯骥才

## 作者简介

冯骥才（1942— ），浙江宁波人，生于天津。当代著名作家、文学家、艺术家。先后当选为中国民间文艺家协会主席、中国小说学会会长等。著有长篇小说《义和拳》(与李定兴合写)、《神灯》,中篇小说集《铺花的歧路》、《啊!》,短篇小说集《雕花烟斗》、《意大利小提琴》等。

### 课文回顾

四年级下册(人教版)语文课本中《花的勇气》一文,生动描写了作者在维也纳寻花的经过,丰富的情感体验表达了作者独特的生活感受。

## 花 的 勇 气

四月的维也纳真令我失望。大片大片的草地上,只是绿色连着绿色,见不到能让人眼前亮起来的明媚的小花。没有花的绿地是寂寞的。我对驾车同行的小吕说:"四月的维也纳可真乏味!绿色到处泛滥,见不到花儿,下次再来非躲开四月不可!"

小吕听了,将车子停住,把我领到路边一片非常开阔的草地上,让我蹲下来扒开草好好看看。我用手拨开草一看,原来青草下边藏着满满一层小花,白的、黄的、紫的;纯洁、娇小、鲜亮;这么多、这么密、这么辽阔!

它们比青草只矮几厘米,躲在草下边,好像只要一使劲儿,就会齐刷刷地冒出来……

"什么时候才能冒出来?"我问。"也许过几天,也许就在明天。"小吕笑道,"四月的维也纳可说不准,一天一个样儿。"

当天夜里,冷雨伴着凉风下了起来。后来的几天,雨时下时停,太阳一直没露面儿。

我很快要离开维也纳去意大利了,小吕为我送行。路上我对小吕说:"这次看不到草地上的那些花儿,真有点儿遗憾,我想它们刚冒出来时肯定很壮观。"小吕驾着车没说话,大概也有些为我失望吧。

外边毛毛雨把车窗遮得像拉了一道纱帘。车子开出去十几分钟,小吕忽然对我说:"你看窗外——"隔着雨窗,看不清外边,但窗外的颜色明显地变了,白色、黄色、紫色,在车窗上流动。小吕停了车,伸手拉开我这边的车门,未等我弄明白是怎么回事,便说:"去看吧——你的花!"

迎着吹在脸上的细密的、凉凉的雨点,我看到的竟是一片花的原野.这正是前几天那片千万朵小花藏身的草地。此刻那些花儿一下子全冒了出来,顿时改天换地,整个世界铺满了全新的色彩。虽然远处大片大片的花与蒙蒙细雨融在一起,低头却能清晰地看到,在冷雨中,每一朵小花都傲然挺立,明亮夺目,神气十足。

我惊奇地想:它们为什么不是在温暖的阳光下冒出来,偏偏在冷风冷雨中拔地而起呢?小小的花儿居然有如此的气魄!我的心头怦然一震,这一震,使我明白了生命的意味是什么,是——勇气!

## 作品简析

这篇课文细致而又生动地描写了作者在维也纳寻花的经过,以及由此产生的心理感受:从只见绿地不见花时的失望、见到花儿藏身于草下时的吃惊,到离开前仍不见花儿冒出来时的遗憾,再到看见花的原野时的惊奇,最后被花儿的气魄所震撼,进而闪现出思想的火花:生命的意味就是勇气!

## 拓展阅读

### 黄山绝壁松

黄山以石奇云奇松奇名天下。然而登上黄山,给我以震动的是黄山松。

黄山之松布满黄山。由深深的山谷至大大小小的山顶,无处无松。可是我说的松只是山上的松。

山上有名气的松树颇多,如迎客松、望客松、黑虎松、连理松等等,都是游客们争相拍照的对象。但我说的不是这名松,而是那些生在极顶和绝壁上不知名的野松。

黄山全是石峰。裸露的巨石侧立千仞,光秃秃没有土壤,尤其那些极高的地方,天寒风疾,草木不生,苍鹰也不去那里,一棵棵松树却破石而出,伸展着优美而碧绿的长臂,显示其独具的气质。世人赞叹它们独绝的姿容,很少去想在终年的烈日下或寒风中,它们是怎样存活和生长的。

一位本地人告诉我,这些生长在石缝里的松树,根部能够分泌一种酸性的物质,腐蚀石头的表面,使其化为养分被自己吸收。为了从石头里寻觅生机,也为了牢牢抓住绝壁,以抵抗不期而至的狂风的撕扯与摧折,它们的根日日夜夜与石头搏斗着,最终不可思议地穿入坚如钢铁的石体。细心便能看到,这些松根在生长和壮大时常常把石头从中挣裂!还有什么树木有如此顽强的生命力?

我在迎客松后边的山崖上仰望一处绝壁,看到一条长长的石缝里生着一株幼小的松树。它高不及一米,却旺盛而又有活力,显然曾有一颗松子飞落到这里,在这冰冷的石缝间,什么养料也没有,它却奇迹般生根发芽,生长起来。如此幼小的树也能这般顽强?这力量是来自物种本身,还是在一代代松树坎坷的命运中磨砺出来的?我想,一定是后者。我发现,山上之松与山下之松绝不一样。那些密密实实拥挤在温暖的山谷中的松树,干直枝肥,针叶鲜碧,慵懒而富态;而这些山顶上的绝壁松却是枝干瘦硬,树叶黑绿,矫健又强悍。这绝壁之松是被恶劣与凶险的环境强化出来的。它虬劲和富于弹性的树干,是长期与风雨搏斗的结果;它远远地伸出的枝叶是为了更多地吸取阳光……这一代代艰辛的生存记忆,已经化为一种个性的基因,潜入绝壁松的骨头里。为此,它们才有着如此非凡的性格与精神。

它们站立在所有人迹罕至的地方,那些荒峰野岭的极顶,那些下临万丈的悬崖峭壁,那些凶险莫测的绝境,常常可以看到三两棵甚至只有一棵孤松,十分夺目地立在那里。它们彼此姿态各异,也神情各异,或英武,或肃穆,或孤傲,或寂寞。远远望着它们,会心生敬意;但它们——只有站在这些高不可攀的地方,才能真正看到天地的浩荡与博大。

于是,在大雪纷飞中,在夕阳残照里,在风狂雨骤间,在云烟明灭时,这些绝壁松都像一个个活着的人:像站立在船头镇定又从容地与激浪搏斗的艄公,战场上永不倒下的英雄,沉静的思想者,超逸又具风骨的文人……在一片光亮晴空的映衬下,它们的身影就如同用浓墨画上去的一样。

但是,别以为它们全像画中的松树那么漂亮。有的枝干被飓风吹折,暴露着断枝残干,但另一些枝叶仍很苍郁;有的被酷热与冰寒打败,只剩下赤裸的枯骸,却依旧尊严地挺立在绝壁之上。于是,一个强者应当有的品质——刚强、坚韧、适应、忍耐、奋取与自信,它全都具备。

现在可以说了,在黄山这些名绝天下的奇石奇云奇松中,石是山的体魄,云是山的情感,而松——绝壁之松是黄山的灵魂。

### 作品简析

在作者的眼里,黄山绝壁松不再是一棵树,而是具有崇高精神品质的人,刚强、坚韧、适应、忍耐、奋取与自信……这些它全部具备。拟人手法的运用,不仅生动表现了黄山绝壁松的突出特点,也表达了作者对它们的赞美之情。

## 失去了的书桌

我有张小小的书桌:它又窄又矮,破旧极了。在外人眼里简直不成样子。上边的漆成片地剥落下来,残余的漆色变得晦暗发黑,连我自己都认不准它最初是什么颜色。桌面又满是划痕、硬伤,还有热水杯烫成的一个个套起来的深深浅浅的白圈儿。别看它这份模样,三十年来,却一直放在我的窗前,我房间透进光来的地方。我搬过几次家,换过几件家具,但从来没有想到处理掉它……

记忆里,幼时的事,都是穿不成串儿的珠子。这些珠子却在记忆的深井的底儿滴溜溜、闪闪发光地打转,很难抓住它们——

我把"人"字总误写成"入"字,就在这桌上吧!

我一排排地晾干弹弓子用的小泥球儿,就在这桌上吧!

我在小木板上钉钉子,就在这桌上吧!

这些只有我才知道的故事,早已融进往昔岁月中的童年生活。为此,我很少用湿布去拭抹它。

只有一次例外,那是我上小学四年级时。我前排坐着一个女同学,十分瘦弱。她年龄与我一般大,个子却比我矮一头,两条短短的黄辫儿,简直是两根麻绳头。一天,上语文课,我没听讲,却悄悄把眼前的两条黄辫子拴在这女同学的椅子背儿上。正巧老师叫她回答问题,她一起身,拴住的辫子扯得她头痛得大叫。我的语文老师姓李,瘦削的脸满是黑胡茬,连脸颊上都是。一副黑边的近视镜混淆了他的眼神,使我头次见到他时以为他挺凶,其实他温和极了。他对我们调皮的忍耐限度比别的老师都大。但不知为什么,那次他好厉害,把我一把拉到课堂前,叫我伸出双手,狠狠打了十多板子。他真生气呢!气呼呼地直喘,什么话也说不出来了,只指着门瞪两眼对我吼道:"走!快走!"我离开了课堂,一路跑回家。我手疼倒没什么,但当众挨打受罚,我的自尊心受不了。于是,我眼泪汪汪地在桌上写了"李老师恨死你!"几个字,我写得那么痛快和解气,好像这几个字给我报了什么"仇"似的。这几个字就相当威风地在我桌上保留了好长时间。

在表的嘀嗒声中,在上下课的铃声中,在雨和雪轮番交替地敲打窗子声中,我长大起来。事也懂得多了。桌上那几个字却不那么神气了。反而怕被人瞧见,似乎成了一种不光彩,甚至是耻辱的污迹,我带着一种说不清是对李老师,还是对长大后再也遇不到的那个瘦弱的女同学的愧疚心情,用手巾尖儿蘸些水使劲把这几个字抹下去。

真奇怪!字儿抹掉了,好像心里干净了一些。

有一天我画画。画幅大,桌面小。不得不把一半画纸垂到桌下,先画铺在桌面上的一半;待画得差不多时,再拉上纸来画另一半。这样就很难照顾到画面的整体感,我画得那么别扭,真急了,止不住愤愤地骂道:

"真该死,这破桌子!"

它听着,不吭一声。等我画好了画儿,张挂起来;画面却意外地好。我十分快活,早把桌子忘在一旁。它呢?依然默默旁立,它就是这样与我为伴,好像我不抛掉它,它就一心

而从无二意地跟随着我。

我过去的生活的一切,无论是快乐和幸福的,还是忧愁和不幸的,都留在桌上了。哪怕我忘了,它也会无声地提醒我。

它就摆在我窗前。从窗子透进的光笼罩着它。我窗外是一棵大槐树的树冠。这树冠摇曳婆娑的影子总是和阳光一起投照在我这小小的桌面上。

每当这树冠的枝影间满是小小的黑点点时,那是春天;黑点点则是大槐树初发的芽豆豆。这期间,偶尔还有一种俗名叫做"绿叶儿"的候鸟,在枝间伶俐地蹦跳的影子出现在桌面上。夏天来了,树影日浓,渐渐变成一块阴凉,密密实实地遮盖住我的小桌。等到这块厚厚的阴凉破碎了,透现出一晃动着的阳光的斑点儿时,秋风还会把一两片变黄的叶子吹进窗;像几只金色的小船,落在我这如同无风的水面一般平光光的桌面上。随后该关窗子了,玻璃蒙上了薄薄的水蒸气。那片叶无存、光秃秃、只剩下枝丫的树影,便像一张朦胧模糊的大网,把我的小桌罩住……

我终于失去了它。

在地震中,塌落下来的屋顶把它压垮:我的孩子正好躲在桌下,给它保住了生命。它才是真正地为我献出了一切哪!等我从废墟中把它找出来,只是一堆碎木板、木条和木块了。我请来一位能干的木匠,想把它复原。木匠师傅瞅着它,抽着烟,最后摇了摇头,并且莫名其妙地瞧了我一眼,显然他不明白我何以有此意图——又不是复原一件破损的稀世宝物,它就这样在我的生活中没了。

我因此感到隐隐的忧伤,不由得想起几句话,却想不起是谁说的了。

"啊,生活,你真迷人……哪怕是久已过去的,也叫人舍不得;哪怕是愧悔的,也能渐渐化为深沉的诗。"

## 作品简析

本文围绕"失去了的书桌"主要回忆了三件事情：一是在书桌上写字表达对老师的恨意；二是骂桌面太小影响自己作画；三是书桌的毁坏。这三件发生在不同时期的事情，再现了书桌与作者朝夕相处的情景，有力地突出了怀念书桌这一中心。结尾作者由失去的书桌自然联想到人生，发出了"哪怕是久已过去的，也叫人割舍不得；哪怕是愧悔的，也能渐渐化为深沉的诗"的感慨，既突出了对书桌的怀念之情，又巧妙抒发了自己独特的人生感悟，余味无穷。

# 珍 珠 鸟

真好！朋友送我一对珍珠鸟，放在一个简易的竹条编成的笼子里，笼内还有一卷干草，那是小鸟舒适又温暖的巢。

有人说，这是一种怕人的鸟。

我把它挂在窗前。那儿还有一大盆异常茂盛的法国吊兰。我便用吊兰长长的、串生着小绿叶的垂蔓蒙盖在鸟笼上，它们就像躲进深幽的丛林一样安全，从中传出的笛儿般又细又亮的叫声，也就格外轻松自在了。

阳光从窗外射入，透过这里，吊兰那些无数指甲状的小叶，一半成了黑影，一半被照透，如同碧玉，斑斑驳驳，生意葱茏。小鸟的影子就在这中间隐约闪动，看不完整，有时连笼子也看不出，却见它们可爱的鲜红小嘴从绿叶中伸出来。

我很少扒开叶蔓瞧它们，它们便渐渐敢伸出小脑袋瞅瞅我。我们就这样一点点熟悉了。

三个月后，那一团愈发繁茂的绿蔓里边，发出一种尖细又娇嫩的鸣叫。我猜到，是它们有了雏儿。我呢，决不掀开叶片往里看，连添食加水时也不睁大好奇的眼睛去惊动它们。过不多久，忽然有一个更小的脑袋从叶间探出来。哟，雏儿！正是这小家伙！

它小，就能轻易地由疏格的笼子里钻出来。瞧，多么像它的父母：红嘴红脚，灰蓝色的毛，只是后背还没有生出珍珠似的圆圆的白点。它好肥，整个身子好像一个蓬松的球儿。

起先，这小家伙只在笼子四周活动，随后就在屋里飞来飞去，一会儿落在柜顶上，一会儿神气十足地站在书架上，啄着书背上那些大文豪的名字，一会儿把灯绳撞得来回摇动，跟着又逃到画框上去了。只要大鸟在笼子里生气地叫一声，它就立即飞回笼里去。

我不管它。这样久了，打开窗子，它最多只在窗框上站一会儿，决不飞出去。

渐渐它胆子大了，就落在我的书桌上。它先是离我较远，见我不去伤害它，便一点点挨近，然后蹦到我的杯子上，低下头来喝茶，再偏过脸瞧瞧我的反应。我只是微微一笑，依旧写东西，它就放开胆子跑到稿纸上，绕着我的笔尖蹦来蹦去，跳动的小红爪子在纸上发出"嚓嚓"的响声。

我不动声色地写，默默享受着这小家伙亲近的情意。这样，它完全放心了，索性用那涂了蜡似的小红嘴，"嗒嗒"啄着我颤动的笔尖。我用手抚一抚它细腻的绒毛，它也不怕，反而友好地啄两下我的手指。

白天，它这样淘气地陪伴我；天色入暮，它就在父母的再三的呼唤声中，飞向笼子，扭动滚圆的身子，挤开那些绿叶钻进去。

有一天，我伏案写作时，它居然落到我的肩上。我手中的笔不觉停了，生怕惊跑它。待一会儿，扭头看，这小家伙竟趴在我的肩头上睡着了，银灰色的眼睑盖住眸子，小红爪子刚好被胸脯上长长的绒毛盖住。我轻轻抬一抬肩，它没醒，睡得好熟！还咂咂嘴，难道在做梦？

我笔尖一动，流泻下一时的感受：

信赖，往往创造出美好的境界。

### 作品简析

本文文章"我"与珍珠鸟相处的和谐与温馨，揭示了"信赖，就能创造美好的境界"的深刻内涵。文章按照时间顺序，以丰富、细腻的笔触描绘了"我"和珍珠鸟一家三口从相识、熟悉、亲近到相依相伴的关系变化过程，精心勾勒了珍珠鸟的形象，谱写了一曲人与动物之间的爱的颂歌，含蓄地表达了尊重对方的生存空间、思想空间，真正做到不以强凌弱，不以大欺小才能建立起"信赖"的思想内涵。

## 时　　光

一岁将尽，便进入一种此间特有的情氛中。平日里奔波忙碌，只觉得时间的紧迫，很难感受到"时光"的存在。时间属于现实，时光属于人生。然而到了年终时分，时光的感觉乍然出现。它短促、有限、性急，你在后边追它，却始终抓不到它飘举的衣袂。它飞也似的向着年的终点扎去。等到你真的将它超越，年已经过去，那一大片时光便留在过往不复的岁月里了。

今晚突然停电，摸黑点起蜡烛。烛光如同光明的花苞，宁静地浮在漆黑的空间里；室内无风，这光之花苞便分外优雅与美丽；些许的光散布开来，朦胧依稀地勾勒出周边的事物。没有电就没有音乐相伴，但我有比音乐更好的伴侣——思考。

可是对于生活最具悟性的，不是思想者，而是普通大众。比如大众俗语中，把临近年终这几天称作"年根儿"，多么真切和形象！它叫我们顿时发觉，一棵本来是绿意盈盈的岁月之树，已被我们消耗殆尽，只剩下一点点根底。时光竟然这样的紧迫、拮据与深浓……

一下子，一年里经历过的种种事物的影像全都重叠地堆在眼前。不管这些事情怎样庞杂与艰辛，无奈与突兀。我更想从中找到自己的足痕。从春天落英缤纷的京都道藏到冬日小雨连绵的雅典德尔菲遗址；从重庆荒芜的红卫兵墓到津南那条神奇的蛤蜊堤；从一个会场到另一个会场,一个活动到另一个活动中,究竟哪一些足迹至今清晰犹在,哪一些足迹杂沓模糊甚至早被时光干干净净一抹而去?

我瞪着眼前的重重黑影,使劲看去。就在烛光散布的尽头,忽然看到一双眼睛正直对着我。目光冷峻锐利,逼视而来。这原是我放在那里的一尊木雕的北宋天王像。然而此刻他的目光却变得分外有力。他何以穿过夜的浓雾,穿过漫长的八百年,锐不可当、拷问似的直视着任何敢于朝他瞧上一眼的人?显然,是由于八百年前那位不知名的民间雕工传神的本领、非凡的才气;他还把一种阳刚正气和直逼邪恶的精神注入其中。如今那位无名雕工早已了无踪影,然而他那令人震撼的生命精神却保存下来。

在这里,时光不是分毫不曾消逝吗?

植物死了,把它的生命留在种子里;诗人离去,把他的生命留在诗句里。

时光对于人,其实就是生命的过程。当生命走到终点,不一定消失得没有痕迹,有时它还会转化为另一种形态存在或再生。母与子的生命的转换,不就在延续着整个人类吗?再造生命,才是最伟大的生命奇迹。而此中,艺术家们应是最幸福的一种。唯有他们能用自己的生命去再造一个新的生命。小说家再造的是代代相传的人物;作曲家再造的是他

们那个可以听到的迷人而永在的灵魂。

此刻,我的眸子闪闪发亮,视野开阔,房间里的一切艺术珍品都一点点出呈现。它们不是被烛光照亮,而是被我陡然觉醒的心智召唤出来的。

其实我最清晰和最深刻的足迹,应是书桌下边,水泥的地面上那两个被自己的双足磨成的浅坑。我的时光只有被安顿在这里,它才不会消失,而被我转化成一个个独异又鲜活的生命,以及一行行永不褪色的文字。然而我一年里把多少时光抛入尘器,或是支付给种种一闪即逝的虚幻的社会场景。甚至有时属于自己的时光反成了别人的恩赐。检阅一下自己创造的人物吧,掂量他们的寿命有多长。艺术家的生命是用他艺术的生命计量的。每个艺术家都有可能达到永恒,放弃掉的只能是自己。是不是?

迎面那宋代天王瞪着我,等我回答。

我无言以对,尴尬到了自感狼狈。

忽然,电来了,灯光大亮,事物通明,恍如更换天地。刚才那片幽阔深远的思想世界顿时不在,唯有烛火空自燃烧,显得多余。再看那宋代的天王像,在灯光里仿佛换了一个神气,不再那样咄咄逼人了。

我也不用回答他,因为我已经回答自己了。

## 作品简析

本文首尾呼应,中间环环相扣,全文结构严谨。作者从停电燃烛起笔,引发思考,以来电打断思考收尾,前后呼应,首尾圆合。中间紧扣"思考",按时间顺序行文,思路明晰。另外作者采用以小见大的手法,通过对一尊小小的木雕的刻画和思考,揭示出"生命可以永恒"的道理。

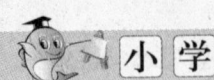

## 捅马蜂窝

爷爷的后院很小,它除去堆放杂物,很少人去,里边的花木从不修剪,快长疯了!枝叶纠缠,阴影深浓,却是鸟儿、蝶儿、虫儿们生存和嬉戏的一片乐土,也是我儿时的乐园。我喜欢从那爬满青苔的湿漉漉的大树干上,取下一只又轻又薄的蝉衣,从土里挖出筷子粗肥大的蚯蚓,把团团飞舞的小蠓虫儿赶到蜘蛛网上去。那沉甸甸压弯枝条的海棠果,个个都比市场买来的大。这里,最壮观的要数爷爷窗檐下的马蜂窝了,好像倒垂的一只大莲蓬,无数金黄色的马蜂爬进爬出,飞来飞去,不知忙些什么,总有百十只之多,以致爷爷不敢开窗子,怕它们中间哪个冒失鬼一头闯进屋来。

"真该死,屋子连透透气儿也不能,哪天请人来把这马蜂窝捅下来!"奶奶总为这个马蜂窝生气。

"不行,要蜇死人的!"爷爷说。

"怎么不行?头上蒙块布,拿竹竿一捅就下来。"奶奶反驳道。

"捅不得,捅不得。"爷爷连连摇手。

我站在一旁,心里却涌出捅马蜂窝的强烈欲望。那多有趣!当我被这个淘气的欲望鼓动得难以抑制时,就找来妹妹,趁着爷爷午睡的当儿,悄悄溜到从走廊通往后院的小门口。我脱下褂子蒙住头顶,用扣上衣扣儿的前襟遮盖住脸,只露一双眼。又把两根竹竿接绑起来,作为捣毁马蜂窝的武器。我和妹妹约定好,她躲在门里,把住关口,待我捅下马蜂窝,赶紧开门放我进来,然后把门关住。

妹妹躲在门缝后边,眼瞧我这非凡而冒险的行动。我开始有些迟疑,最后还是好奇战胜了胆怯。当我的竿头触到蜂窝的一刹那,好像听到爷爷在屋内呼叫,但我已经顾不得别的,一些受惊的马蜂轰地飞起来,我赶紧用竿头顶住蜂窝使劲地摇撼两下,只听"嗵"一声,一个沉甸甸的东西掉下来,跟着一团黄色的飞虫腾空而起。我扔掉竿子往小门那边跑,谁料到妹妹害怕,把门在里边插上,跑了,将我关在门外。我一回头,只见一只马蜂径直而凶猛地朝我扑来,好像一架燃料耗尽、孤注一掷的战斗机。这复仇者不顾一切而拼死的气势使我惊呆了。我抬手想挡住脸,只觉眉心像被针扎似的强烈地一疼——挨蜇了!我捂着脸大叫,不知道谁开门把我拖到屋里。

当夜,我发了高烧。眉心处肿起一个枣大的疙瘩,自己都能用眼瞧见。家里人轮番用醋、酒、黄酱、万金油和凉手巾处理,也没能使我那肿疮迅速消下来。转天请来医生,打针吃药,七八天后才渐渐痊愈。这一下可不轻呢!我生病也没有过这么长时间,以致消肿后的几天里不敢到那通向后院的小走廊上去,生怕那些马蜂还在小门口等着我。

过了些天,惊恐稍定,我去爷爷的屋子。他不在,隔窗看见他站在当院里,摆手召唤我去,我大着胆子去了。爷爷手指窗根处叫我看,原来是我捅掉的那个马蜂窝,却一只马蜂也不见了,好像一只丢弃的干枯的大莲蓬头。爷爷又指了指我的脚下,一只马蜂!我惊吓得差点叫起来,慌忙跳开。

"怕什么,它早死了!"爷爷说。

仔细瞧,噢,原来是死的。仰面朝天躺在地上,几只黑蚂蚁在它身上爬来爬去。爷爷说:"这就是蜇你的那只马蜂。马蜂就是这样,你不惹它,它不蜇你。它要是蜇了你,自己也就死了。"

"那它干吗还要蜇我呢——它不就完了吗?"

"你毁了它的家,它当然不肯饶你,它要拼命的!"爷爷说。

我听了心里暗暗吃惊。一只小虫竟有这样的激情和勇气。低头再瞧瞧那只马蜂,微风吹着它,轻轻颤动,好似活了一般。我不禁想起那天它朝我猛扑过来时那副视死如归的架势,与毁坏它们生活的人拼死一搏,真像一个英雄……我面对这壮烈牺牲的小飞虫的尸体,似乎有种罪孽感沉重地压在心上。

那一窝马蜂呢,无家可归的一群马蜂呢,它们还会不会回来重建家园?我甚至想用胶水把那只空空的蜂窝粘上去。

这一年,我经常站在爷爷的后院里,却始终没有等来一只马蜂。

转年开春,有两只马蜂飞到爷爷的窗檐下,落到被晒暖的木窗框上,然后还在过去的旧巢的残迹上爬了一阵子,跟着飞去而不再来。空空又是一年。

第三年,风和日丽之时,爷爷忽叫我抬头看,隔着窗玻璃看见窗檐下几只赤黄色的马蜂忙来忙去。在这中间,我忽然看到,一个小巧的、银灰色的蜂窝已经筑成了。

于是,我和爷爷面对面开颜而笑,笑得十分舒心。我不由得暗暗告诉自己,再不做一件伤害旁人的事。

### 作品简析

本文作者用生动的语言,引人入胜的笔调,跌宕起伏的情感变化,为我们描述了儿时的一段难忘的回忆。出于好奇心,"我"捅坏了马蜂的家,因感到毁坏它们的生活就像一种罪孽,作者决心"不再做一件伤害旁人的事",并引发我们思考——人与动物应和谐相处。

# 肖 复 兴

### 作者简介

肖复兴(1947— ),原籍河北沧州,是中国八十年代以来创作较为活跃、收获颇为丰厚的作家之一,也是新时期最早进行体育题材创作并卓有成绩的作家之一。他30年坚持体育文学的创作,直至今日,已出版50余种书,并多次获全国及地区优秀文学奖。主要著有长篇小说《我们曾经相爱》、《早恋》、《青春梦幻曲》,中短篇小说集《四月的归来》、《北大荒奇遇》,报告文学集《国际大师和他的妻子》、《多梦时节——肖复兴报告文学集》等。

### 课文回顾

《那片绿绿的爬山虎》是四年级上册(人教版)语文课文。文中作者借爬山虎的绿,既抒情又喻人,语言含蓄而富有象征意义,表达方式富有特色,并且把借事抒情、借景抒情、借物喻人三种表达方式巧妙地融合在一篇文章之中,可谓构思精巧、独具匠心。

## 那片绿绿的爬山虎

1963年,我上初三,写了一篇作文叫《一张画像》,经我的语文老师推荐,在北京市少年儿童征文比赛中获了奖。

一天,语文老师拿着一个厚厚的大本子对我说:"你的作文要印成书了,你知道是谁替你修改的吗?"我睁大了眼睛,有些莫名其妙。"是叶圣陶先生!"老师将那大本子递给我,又说:"你看看叶老先生修改得多么仔细,你可以从中学到不少东西。"

我打开本子一看,里面有这次征文比赛获奖的20篇作文。翻到我的那篇作文,我一下子愣住了:映入眼帘的是红色的修改符号和改动后增添的小字,密密麻麻,几页纸上到处是红色的圈、钩或直线、曲线。

回到家,我仔细看了几遍叶老先生对我作文的修改。题目《一张画像》改成《一幅画像》,我立刻感到用字的准确性。类似这样的修改很多,长句断成短句的地方也不少。有一处,我记得十分清楚:"怎么你把包几何课本的书皮去掉了呢?"叶老先生改成"怎么你把几何课本的包书纸去掉了呢?"删掉原句中"包"这个动词,使得句子干净了也规范了。而且"书皮"改成"包书纸"更确切,因为书皮可以认为是书的封面。我虽然未见叶老先生的面,却从他的批改中感受到他的认真、平和以及温暖,如春风拂面。

叶老先生在我的作文后面写了一则简短的评语:"这一篇作文写的全是具体事实,从具体事实中透露出对王老师的敬爱。肖复兴同学如果没有在这几件有关画画的事上深受感动,就不能写得这样亲切自然。"这则短短的评语,树立了我写作的信心。

这一年暑假,语文老师找到我,说:"叶圣陶先生要请你到他家做客。"我感到意外:像叶圣陶先生那样的大作家,居然要见一个初中生!

那天下午,天气很好。我来到叶老先生住的四合院。刚进里院,一墙绿葱葱的爬山虎扑入眼帘。夏日的燥热仿佛一下子减去了许多,阳光都变成绿色的,像温柔的小精灵一样在上面跳跃着,闪烁着迷离的光点。

叶老先生见了我,像会见大人一样同我握了握手,一下子让我觉得距离缩短不少。

我们的交谈很融洽,仿佛我不是小孩,而是大人,一个他的老朋友。他亲切之中蕴含的认真,质朴之中包含的期待,把我小小的心融化了,以至不知黄昏的到来。落日的余晖染红窗棂,院里那一墙的爬山虎,绿得沉郁,如同一片浓浓的湖水,映在客厅的玻璃窗上,不停地摇曳着,显得虎虎有生气。

我非常庆幸,自己第一次见到作家,竟是这样一位人品与作品都堪称楷模的大作家。他跟我的谈话,让我好像知道了或者模模糊糊懂得了:作家就是这样做的,作家的作品就是这么写的。我15岁时的那个夏天意义非凡。在我的眼前,那片爬山虎总是那么绿着。

**作品简析**

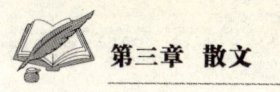

《那片绿绿的爬山虎》是作者写的一篇回忆录。他回忆起上初三时，在北京市少年儿童征文比赛中获了奖，叶圣陶先生邀请他到家里做客的事。这件事令作者激动、兴奋，从而对文学创作充满了憧憬和向往，激励他坚持不懈地走在漫长而艰辛的文学之路上，最终取得了巨大的文学成就。课文的最后一段，作者其实把情感发挥到了极致，提升到了对叶老的人品和才能的钦佩、仰慕之情，那一片绿绿的爬山虎也就成了叶老的人品和作品的象征物。

**拓展阅读**

## 花边饺里的母爱

小时候，包饺子是我家的一桩大事。那时候，家里生活拮据，吃饺子当然只能等到年节。平常的日子，破天荒包上一顿饺子，自然就成了全家的节日。这时候，妈妈威风凛凛，最为得意，一手和面，一手调馅，馅调得又香又绵，面和得软硬适度，最后盆手两净，不沾一星面粉。然后妈妈指挥爸爸、弟弟和我看火的看火、擀皮的擀皮、送皮的送皮，颇似沙场点兵。

一般，妈妈总要包两种馅的饺子，一种肉一种素。这时候，圆圆的盖帘上分两头码上不同馅的饺子，像是两军对弈，隔着楚河汉界。我和弟弟常捣乱，把饺子弄混，但妈妈不生气，用手指捅捅我和弟弟的脑瓜儿说："来，妈教你们包花边饺！"我和弟弟好奇地看，妈妈将包了的饺子沿儿用手轻轻一捏，捏出一圈穗状的花边，煞是好看，像小姑娘头上戴了一圈花环。我们却不知道妈妈要了一个小小的花招儿，她把肉馅的饺子都捏上花边，让我和弟弟连吃惊带玩地吞进肚里，自己和爸爸吃那些素馅的饺子。那些艰苦的岁月，妈妈的花边饺，给了我们难忘的记忆。但是，这些记忆，都是长到自己做了父亲的时候，才开始清晰起来，仿佛它一直沉睡着，必须我们用经历的代价才可以把它唤醒。

自从我能写几本书之后，家里经济状况好转，饺子不再是什么圣餐。想起那些个辛酸和我不懂事的日子，想起妈妈自父亲去世后独自一人艰难度日的情景，我想起码不能让妈妈吃的再受委屈了。我曾拉妈妈到外面的餐馆开开洋荤，她连连摇头："妈老了，腿脚不利索了，懒得下楼啦！"我曾在菜市场买来新鲜的鱼肉或时令蔬菜，回到家里自己做，妈妈并不那么爱吃，只是尝几口便放下筷子。我便笑妈妈："您呀，真是享不了福！"

后来，我明白了，尽管世上食品名目繁多，人的胃口花样翻新，妈妈雷打不动只爱吃饺子。那是她老人家几十年一贯制历久常新的最佳食谱。我知道唯一的方法是常包饺子。每逢我买回肉馅，妈妈看出要包饺子了，立刻麻利地系上围裙，先去和面，再去打馅，绝对不让别人插手,那精神气儿,又回到我们小时候。那一年大年初二,全家又包饺子。我要给妈妈一个意外的惊喜,因为这一天是她老人家的生日。我包了一个带糖馅的饺子,放进盖帘一圈圈饺子之中,然后对妈妈说:"今儿您要吃着这个带糖馅的饺子,您一准儿是大吉大利!"妈妈连连摇头笑着说:"这么一大堆饺子,我哪儿那么巧能有福气吃到?"说着,她亲自把饺子下进锅里。饺子如一尾尾小银鱼在翻滚的水花中上下翻腾,充满生趣。望着妈妈昏花的老眼,我看出来她是想吃到那个糖饺子呢!

热腾腾的饺子盛上盘,端上桌,我往妈妈的碟中先拨上三个饺子。第二个饺子妈妈就咬着了糖馅,惊喜地叫了起来:"哟!我真的吃到了!"我说:"要不怎么说您有福气呢?"妈妈的眼睛笑得眯成了一条缝。其实,妈妈的眼睛实在是太昏花了。她不知道我要了一个小小的花招,用糖馅包了一个有记号的花边饺,那曾是她老人家教我包过的花边饺。花边饺里浸满浓浓的母爱,如今,我谨以花边饺讨得年迈母亲的快乐和开心。

### 作品简析

　　本文向我们讲述了一件颇为平常的故事——包饺子,而正是在这平常的生活小事中,作者写出了他对母爱的独到感悟。文中带花边儿的水饺,浸满了浓郁的情思:艰苦岁月里肉馅花边水饺,蕴含着母亲对孩子的体贴与疼爱;幸福时光中的糖馅花边水饺,倾注着赤子报恩的深情。作者用对比手法,将相隔数十年的两种花边水饺,用"情感"之线编织在一起,辅以精美的细节描写,抒发出一种真挚与朴实的母爱情怀,令人感慨,引人共鸣。

## 母亲的月饼

　　记得我小时候每到中秋节时特别羡慕店里卖的自来红、自来白、翻毛、提浆,那时就只是这样传统月饼老几样,哪里有如今又是水果馅又是海鲜馅,居然还有什么人参馅,花脸一样百变时尚起来。可那时中秋的月饼在北京城里绝对的地道,做工地道,包装也地道,装在油篓或纸匣子里,顶上面再包一张红纸,简朴,却透着喜兴,旧时有竹枝词写道:"红白翻毛制造精,中秋送礼遍都城。"

　　只是那时家里穷,买不起月饼,年年中秋节,都是母亲自己做月饼。说老实话,她老人家的月饼是不仅远远赶不上致美斋或稻香村的味道,就连我家门口小店里的月饼的味道也赶不上。但母亲做月饼总是能够给全家带来快乐,节日的气氛,就是这样从母亲开始着手做月饼弥漫开来的。

　　母亲先剥好了瓜子、花生和核桃仁,搋上桂花和用擀面棍擀碎的冰糖渣儿,撒上青丝红丝,再浇上香油,拌上点儿湿面粉,切成一小方块一小方块的,便是月饼馅了。然后,母亲用香油和面,用擀面棍擀成圆圆的小薄饼,包上馅,再在中间点上小红点儿,就开始上锅煎了。怕饼厚煎不熟,母亲总是把饼用擀面棍擀得很薄,我总觉得这样薄,不是和一般的

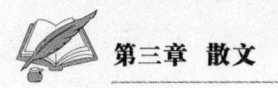

馅饼一样了吗？而店里卖的月饼，都是厚厚的，就像京戏里武生或老生脚底下踩着厚厚的高底靴，那才叫角儿，那才叫做月饼嘛。

每次和母亲争，母亲每次都会说："那是店里的月饼，这是咱家的月饼。"这样简单的解释怎么能够说服我呢？便总觉得没有外面店里卖的月饼好，嘴里吃着母亲做的月饼，心里还是惦记着外面店里卖的月饼，总觉得外面的月亮比自己家里的圆，这山望着那山高。其实，母亲亲手做的月饼，是外面绝对买不到的月饼。当然，明白这一点，是在我长大以后，小时候，孩子都是不大懂事的。

好多年前，母亲还在世的时候，中秋节时，我别出心裁请母亲动手再做做月饼给全家吃，其实，是为了给儿子吃。那时，儿子刚刚上小学，为了让他尝尝以往艰辛日子的味道，别一天到晚吃凉不管酸。多年不自己做月饼的母亲来了情绪，开始兴致勃勃地做馅、和面、点红点儿，上锅煎饼，一个人拳打脚踢，满屋子香飘四溢。月饼做得了，儿子咬了两口就扔下了。他还是愿意到外面去买商店里的月饼吃，特别要吃双黄莲蓉。

如今，谁还会在家里自己动手做月饼？谁又会愿意吃这样的月饼呢？都说岁月流逝，其实，流逝的岂止是岁月？

### 作品简析

母亲是当时社会下所有坚强母亲的一个缩影。本文通过对母亲制作月饼过程中每一个细节的描写，显示出当时生活的贫苦，及母亲坚毅、不服输，对生活充满希望，对艰苦不低头的个性，还有对我们的爱。文章最后一句话："都说岁月流逝，其实，流逝的岂止是岁月？"还有什么呢？还有时间，还有情感，还有对生活的尊重，还有在逆境中那份自尊和坚强。意在告诉我们：要懂得珍惜今天的所有，懂得珍惜母亲的爱，别让冷漠代替自己的感情，别让自己失去了真心真意……

## 继　　母

那一年，我的生母突然去世，我不到8岁，弟弟才3岁多一点儿，我俩朝爸爸哭着闹着要妈妈。爸爸办完丧事，自己回了一趟老家。他回来的时候，给我们带回来了她，后面还跟着一个不大的小姑娘，爸爸指着她，对我和弟弟说："快，叫妈妈！"弟弟吓得躲在我身后，我噘着小嘴，任爸爸怎么说，就是不吭声。"不叫就不叫吧！"她说着，伸出手要摸摸我的头，我拧着脖子闪开，说就是不让她摸。

望着这个陌生的娘俩儿，我首先想起了那无数人唱过的凄凉小调："小白菜呀，地里黄呀，两三岁呀，没有娘呀……"我不知道那时是一种什么心绪，总是用忐忑不安的眼光偷偷看她和她的女儿。

在以后的日子里，我从来不喊她妈妈，学校开家长会，我硬愣是把她堵在门口，对同学说："这不是我妈。"有一天，我把妈妈生前的照片翻出来挂在家里最醒目的地方，以此向后娘示威,怪了,她不但不生气,而且常常踩着凳子上去擦照片上的灰尘。有一次,她正擦着,我突然地向她大声喊着:"你别碰我的妈妈。"好几次夜里,我听见爸爸在和她商量"把照片取下来吧",而她总是说"不碍事儿,挂着吧"。头一次我对她产生了一种说不出的好感,但我还是不愿叫她妈妈。

孩子没有一盏是省油的灯,大人的心操不完。我们大院有块平坦、宽敞的水泥空场,那是我们孩子的乐园,我们没事便到那儿踢球、跳皮筋,或者漫无目的地疯跑。一天上午,我被一辆突如其来的自行车撞倒,我重重地摔在了水泥地上,立刻晕了过去。等我醒来的时候,已经躺在医院里了,大夫告诉我:"多亏了你妈呀!她一直背着你跑来的,生怕你留下后遗症,长大可得好好孝顺呀……"

她站在一边不说话,看我醒过来伏下身摸摸我的后脑勺,又摸摸我的脸。不知怎么搞的,我第一次在她面前流泪了。

"还疼?"她立刻紧张地问我。

我摇摇头,眼泪却止不住。

"不疼就好,没事就好!"

回家的时候,天早已经全黑了。从医院到家的路很长,还要穿过一条漆黑的小胡同,我一直伏在她的背上。我知道刚才她就是这样背着我,跑了这么长的路往医院赶的。

以后的许多天里,她不管见爸爸还是见邻居,总是一个劲埋怨自己"都赖我,没看好孩子!千万别落下病根呀……",好像一切过错不在那硬邦邦的水泥地,不在我那样调皮,而全在于她。一直到我活蹦乱跳一点儿没事了,她才舒了一口气。

没过几年,三年自然灾害就来了。只是为了省出家里一口人吃饭,她把自己的亲生闺女,那个老实、听话,像她一样善良的小姐姐嫁到了内蒙,那年小姐姐才18岁。我记得特别清楚,那一天,天气很冷,爸爸看小姐姐穿得太单薄了,就把家里唯一一件粗线毛大衣给小姐姐穿上。她看见了,一把给扯了下来:"别,还是留给她弟弟吧。啊?"车站上,她一句话也没说,只是在火车开动的时候,她向女儿挥了挥手。寒风中,我看见她那像枯枝一样的手臂在抖动。回来的路上,她一边走一边叨叨:"好啊,好啊,闺女大了,早点寻个人家好啊,好。"我实在是不知道人生的滋味儿,不知道她一路上叨叨的这几句话是在安抚她自己那流血的心,她也是母亲,她送走自己的亲生闺女,为的是两个并非亲生的孩子,世上竟有这样的后母?

望着她那日趋隆起的背影,我的眼泪一个劲往上涌:"妈妈!"我第一次这样称呼了她,她站住了,回过头,愣愣地看着我不敢相信这是真的。我又叫了一声"妈妈",她竟"呜"的一声哭了,哭得像个孩子。多少年的酸甜苦辣,多少年的委曲,全都在这一声"妈妈"中融解了。

母亲啊,您对孩子的要求就是这么少……

这一年,爸爸有病去世了。妈妈她先是帮人家看孩子,以后又在家里弹棉花,攥线头,妈妈就是用弹棉花攥线头挣来的钱养我和弟弟上学。望着妈妈每天满身、满脸、满头的棉花毛毛,我常想亲娘又怎么样?!从那以后的许多年里,我们家的日子虽然过得很清苦,但是,有妈妈在,我们仍然觉得很甜美。无论多晚回家,那小屋里的灯总是亮的,橘黄色的火里是妈妈跳跃的心脏,只要妈在,那小屋便充满温暖,充满了爱。

我总觉得妈妈的心脏会永远地跳跃着,却从来没想到,我们刚大学毕业的时候,妈妈却突然地倒下了,而且再也没有起来。

妈妈,请您在天之灵能原谅我们,原谅我们儿时的不懂事,而我却永远也不能原谅自

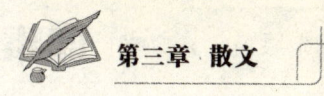

已。我知道在这个世界上,我什么都可以忘记,却永远不能忘记您给予我们的一切……

世上有一部书是永远写不完的,那便是母亲。

### 作品简析

这是肖复兴一篇怀念继母的散文,文中溢满了对继母的赞美。这位母亲是一位伟大的母亲,让人尊敬的母亲。她善良、伟大、朴实……她拥有所有母亲的优点!而这些都源自于她对孩子的爱,这种爱都在那些最小的小事中,可能是一句话,还可能只是一个眼神……她为孩子付出无怨无悔,她为孩子不惜牺牲自己,不止自己牺牲,还要加上自己亲生女儿。可是她却是众多母亲中最普通的一个,因为我们每个人都拥有这样伟大的母亲,也许我们现在还没有意识到,因为我们还没学会用心去体会!

## 拥你入睡

儿子上初一以后,忽然一下子长大了。换内裤,要躲在被子里换;洗澡,再也不用妈妈帮助洗,连我帮他搓搓后背都不用了。

我知道,儿子长大了,像日子一样无可奈何地长大了。原来拥有的天然的肌肤之亲和无所顾忌的亲昵,都被儿子这长大拉开了距离,变得有些羞涩了。任何事物都有一些失去,才有一些得到吧?

有一天下午,儿子复习功课,累了,在我的床上看电视。实在是太累,刚看了一会儿眼皮就打架了。他忽然翻了一个身,倚在我的怀里,让我搂着他睡上一觉,迷迷糊糊中嘱咐我一句:"一小时后叫我,我还得复习呢!"

我有些受宠若惊。许久许久,儿子没有这种亲昵的动作了。以前,就是一早睡醒了,他还要光着小屁股钻进你的被窝里,和你腻乎腻乎。现在,让你搂着他像搂着只小猫一样入睡,简直是天方夜谭了。

莫非懵懵懂懂中,睡意蒙眬中,儿子一下子失去了现实,跌进了逝去的童年,记忆深处掀起了清新动人的一角?让他情不由己地拾蘑菇一样拾起他现在并不是想拒绝的往日温馨?

儿子确实像小猫一样睡在我的怀里。均匀的呼吸,胸脯和鼻翼轻轻起伏着,像春天小河里升起又降落的暖洋洋的气泡。

我想起他小时候,妈妈上班,家又拥挤,他在一边玩,我在一边写东西,玩着玩腻了,他要喊:"爸爸,你什么时候写完呀?陪我玩玩不行吗?"我说:"快啦!快啦!"却永远快不了,心和笔被拽走得远远的。他等不及了,就跑过来跳在我的怀里带有几分央求的口吻说:"爸爸!我不捣乱,我就坐这儿,看你写行吗?"我怎么能说不行?已经把儿子孤零零地抛到一边,寂寞了那么长时光!我搂着他,腾出一只手接着写。

那时候,好多东西都是这样搂着儿子写出来的。他给我安详,给我亲情,给我灵感。他一点儿也不闹,一句话也不讲,就那么安安静静倚在我的怀里,像落在我身上的一只小鸟,看我写,仿佛看懂得了我写的那些或哭或笑或哭笑交加的故事。其实,那时他认识不了几个字。有好几次，他倚在我的怀里睡着了，睡得那么香那么甜，我都没有发现……

以后我常常想起那段艰辛却温馨的写作日子，想起儿子倚在我怀中小鸟一样静谧睡着的情景。我觉得我的那些东西里有儿子的影子、呼吸、甚至睡着之后做的那些个灿若星花的梦境……

儿子长大了。纵使我又写了很多比那时要好的故事，却再也寻不回那时的感觉、那一份梦境。因为儿子再不会像鸟儿一样蹦上你的枝头，那么纯真天籁般倚在你的怀里睡着了。

如今，儿子居然缩小了一圈，岁月居然回溯几年。他倚在我的怀里睡得那么香甜、恬静。我的胳膊被他枕麻了，我不敢动，我怕弄醒他，我知道这样的机会不会很多甚至不会再有，我要珍惜。我格外小心翼翼地拥着他，像拥着一支又轻又软又薄又透明的羽毛，生怕稍稍一失手，羽毛就会袅袅飞去……

并不是我太娇贵儿子，实在是他不会轻易地让你拥他入睡。他已经长大，嘴唇上方已经展起一层细细的绒毛，喉结也已经像要啄破壳的小鸟一样在蠕动。用不了多久，他会长得比我还要高，这张床将伸不开他的四肢……

蓦地，我忽然想起儿子小时候曾经抄过的诗人傅天琳的一首诗，其中有这样几句：

你在梦中呼唤我呼唤我/孩子你是要我和你一起到公园去/我守候你从滑梯上一次次摔下/一次次摔下你一次次长高/如果有一天你梦中不再呼唤妈妈/而呼唤一个陌生的年轻的名字/那是妈妈的期待妈妈的期待/妈妈的期待是惊喜和忧伤。

我禁不住望望儿子，他睡得那么沉稳，没有梦话，我不知他在睡梦中此刻是不是在呼唤着我？我却知道会有这么一天，拥他入睡的再不是我，而在他的睡梦中更会"呼唤一个陌生的年轻的名字"。亲爱的儿子，那将如诗人所写的，是爸爸的期待，爸爸的期待是惊喜又是忧伤。哦，我亲爱的儿子，你懂吗？此刻的睡梦中，你梦见爸爸这一份温馨而矛盾的心思了吗？……

一个小时过去了，我没有舍得叫醒儿子。

### 作品简析

亲情是永恒的话题，长辈对子女有叙不完的骨肉深情。文章不是用笔写出来的，是用心写出来的，是用赤诚的、无私的父母之心写出来的，写出了天下所有父母发自心底的对孩子的爱！愿天下所有的孩子在这无疆的亲情下幸福、健康、快乐地成长！

## 张 抗 抗

### 作者简介

张抗抗（1950—　），原名张抗美，中国女作家，出生于杭州。她于1975年完成了反映知

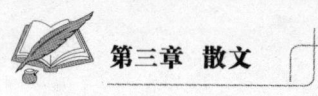

青题材的长篇小说《分界线》,1979年以短篇小说《爱的权利》而知名。著有《沙之聚》、《张抗抗散文自选集》、《情爱画廊》、《永不忏悔》等。

## 课文回顾

　　海市,也称海市蜃楼,大气科学中称为蜃景。蜃景是由光的折射而形成的一种非常特殊的气候现象。因为它是一种十分少见的幻景,因而显得十分神秘。五年级上册(北师大版)语文课本中《海市》一文中,作家张抗抗就以简洁的语言,传神地描摹了丝路花雨和彩虹的海市奇景。

## 海 市

　　穿越戈壁滩时,你会忽然觉得,世界原来竟是如此单纯。

　　天很蓝,蓝得像海,一无杂质。悠悠白云飘来,丝丝缕缕地绕在头顶,天幕有如巨幅浮雕。地很平,一马平川。视线里弥漫着黄褐色的沙地,从车轮下一直通向地球的尽头,眼里除了黄沙还是黄沙。粗糙的沙滩散落着碎石般的沙砾,精细的沙丘上刻着一圈圈年轮般的波纹;日月凝聚而成的沙岗,如长堤般延绵伸展;路边掠过废弃的村落,断墙残垣仍是一片触目惊心的灰黄……

　　偶尔有远远的山,卧龙似的蜿蜒着,如黑黢黢的树根纠集、缠绕在一起,皱折却整齐而光滑,透着西北的苍劲。峰顶的积雪分外鲜明,蓝莹莹地闪烁,像一双双苍茫而忧郁的眼睛。

　　旋风突然就出现了。风夹裹着黄沙,构成了风的形状。像一只只倒扣的金钟,呈U字形,底部紧贴着戈壁滩,任意地旋转舞蹈着。那是一页奇妙的图景,大漠上凝固的黄色成为一块巨大的底版,与游弋的黄色旋风浑然一体。镂空的风柱又似一支急促的喷泉,安慰着沙漠里的行人。

　　再没有更多的颜色了。戈壁只有单纯得近于单调的金黄。

　　在长久单调的旅途中,假如眼前忽而掠过了几丛稀稀拉拉的骆驼草,那样短暂而可怜的一点绿色,也会给人带来莫大的惊喜。针叶状的骆驼草总是自顾自一丛丛生长着,周围聚起一个个小沙堆,略略地高出沙地,远看就像是一座座小小的绿岛,淹没在无边无际的沙海之中。

　　却没有一棵绿树。

　　出凉州、经张掖、过酒泉,漫漫长途,古城的绿洲与绿洲之间,没有河,没有泉,也没有井。

　　真的没有绿树也没有河流吗?

　　昏沉沉的困倦中我睁开眼。如闪电掠过黑夜,我的眼睛为之一亮。

　　就在遥远的天边、在蓝天与黄沙交界之处,我望见一汪清粼粼的湖水,抑或是海,灰蓝色的水波漾溢着,弥漫着,悬浮于沙洲之上,宁静而安谧。水上横一道长长的湖堤,堤上有树,清晰而精致的树影,一棵棵生动地排列着,像故乡西湖十景之一的苏堤春晓。更奇妙的是,水面上还映着绿树的倒影,水墨画一般，朦胧得柔美。在沙漠的骄阳和干旱中，那水，想必是清凉又甘甜的。

那一定是个好去处了。我问，那是个什么地方呢？

是海市。司机回答。

海——市？这真的就是海市？怎么就和真的景致一模一样啊？

车上的人都醒了，迷迷糊糊的，都来看这海市。

再是睁大了眼，也看不出这实际上虚无缥缈的海市，同实实在在的风景有什么区别。虽然远在天边，那水中的倒影，却是明明白白的啊。

有点儿怀疑自己的眼睛，也怀疑司机漫不经心的介绍。就只差停车下车，自己徒步大漠，直奔那远处的湖岸，去看个究竟了。

——嗨，你去吧，司机说道。千百年来，有多少人被它骗了，都以为那是真的，奔着那水去，奔着那好风景。可你走它也走，越走越远，一辈子也走不到头……

脑子里忽然涌出许许多多关于海市蜃楼的传说。

……焦渴的找水人，怀着虔诚和崇敬之情，流尽了最后一滴汗、耗完了最后一滴血，倒毙在沙漠里。也许临死时，还在期待着他那一个可望而不可即的梦幻，会如奇迹般出现……

再看海市，那清清的湖、静静的树，分明露着一种狡诈和虚伪的微笑。

如不是亲见，我也不相信如此美丽诱人的海市，会是一个骗局。

然而，海市没有罪过。海市因沙漠的气流和折光而现，海市本无意。

而人，辛劳饥渴、疲于奔命的赶路人，孤身于茫茫戈壁、漫漫大漠之中，寻求一处绿树环抱的甘泉，就成为苦难的旅程中，灵魂最后的庇护地和温柔之乡的梦。

车窗外，遥远的海市仍然烟波浩渺、树影幢幢，美得充满诱惑。

车迎着那片海市而行。海市始终浮游在沙漠的尽头。

临近中午，阳光越发炽烈，金色的戈壁要燃烧起来。

抵达安西城时，天空忽然飘来几片黑云，一阵凉气袭过，豆大的雨点落下，干燥的地面扬起一层白粉，雨却顷刻无踪无影。旋即，清朗而广袤的天穹之下，横空划出一道巨大的七色彩虹，勾勒出一片绚丽的辉煌。

司机说，你们的运气不错呵，戈壁滩上的旋风、海市、彩虹、丝路花雨，都看见了。我走那么多次，也不是回回都有的啊。

我心里却只想快快地往前走，快些到达前面那片真正的绿洲。没有狰狞的旋风、没有虚幻的海市、没有稍纵即逝的彩虹，却有冒着炊烟的房屋、欢乐的人群、油绿的青稞麦和那丰收的田野……

戈壁是单纯的。在这片单纯得近于单调的黄色世界里，美的海市和斑斓的飞虹就成为沙漠的调色板，成为旅人一个虚幻的希望。可惜它们并不真正存在，当彩虹悄然隐去、海市无声消失的时候，人们仍然只能依靠自己的双腿走出戈壁，去寻找活水和黑土，寻找蔚蓝色的大海和坚实的船帆。

我多想筑一条引水的渠河，然后，在路边种上一排排树苗。

那是一种看得见、摸得着的绿色。浸润着绿叶的水，就在树根下流淌。

## 作品简析

本文是一篇游记散文,记叙了作者穿越戈壁滩时的所见所感。作者通过对沙漠中特有的景象——旋风、海市、彩虹、丝路花雨等的生动描写,展现了戈壁滩上特有的绮丽景象,进而抒发了自己独特的人生感悟。文章按旅行进程为序,款款描述,脉络清晰,使读者仿佛跟随着作者的笔触在戈壁滩中穿行,感受着大自然对心灵的感染、震动与启迪。

## 拓展阅读

# 雪山向日葵

从雪山下来,已是傍晚时分,阳光依然炽烈,亮得晃眼。从很远的地方就望见了那一大片向日葵海洋,像是天边扑腾着一群金色羽毛的大鸟。

车渐渐驶近,你喜欢你兴奋,大家都想起了凡·高,朋友说停车照相吧,这么美丽这么灿烂的向日葵,我们也该作一回向阳花儿了。

秘密就是在那一刻被突然揭开的。

太阳西下,阳光已在公路的西侧停留了整整一个下午,它给了那一大片向日葵足够的时间改换方向,如果向日葵确实有围着太阳旋转的天性,应该是完全来得及付诸行动的。

然而,那一大片向日葵花,却依然无动于衷,纹丝不动,固执地领首朝东,只将一圈圈绿色的蒂盘对着西斜的太阳。它的姿势同上午相比,没有一丝一毫的改变,它甚至没有一丁点儿想要跟着阳光旋转的那种意思,一株株粗壮的葵干笔挺地伫立着,用那个沉甸甸的花盘后脑勺,拒绝了阳光的亲吻。

夕阳逼近,金黄色的花瓣背面被阳光照得通体透亮,发出纯金般的光泽。像是无数面迎风招展的小黄旗,将那整片向日葵地的上空都辉映出一片升腾的金光。

它宁可迎着风,也不愿迎着阳光么?

呵,这是一片背对着太阳的向日葵。

那众所周知的向阳花儿,莫非竟是一个弥天大谎么?

究竟是天下的向日葵,根本从来就没有随着太阳旋转的习性,还是这雪山脚下的向日葵,忽然改变了它的遗传基因,成为一个叛逆的例外?

或许是阳光的亮度和吸引力不够么?可在阳光下你明明睁不开眼。

难道是土地贫瘠使得它心有余而力不足么?可它们一棵棵都健壮如树。

也许是那些成熟的向日葵种子太沉重了。它的花盘,也即脑子里装了太多的东西,它们就不愿再盲从了么?可它们似乎还年轻,新鲜活泼的花瓣一朵朵一片片抖擞着,正轻轻松松地翘首顾盼,那么欣欣向荣、快快活活的样子。它们背对着太阳的时候,仍是高傲地扬着脑袋,没有丝毫谄媚的谦卑。

那么,它们一定是一些从异域引进的特殊品种,被雪山的雪水滋养,变成了向日葵种群中的异类?可当你咀嚼那些并无异味的香喷喷的葵花籽,你还能区分它们么?

于是你胡乱猜测:也许以往所见那些一株单立的向日葵,它需要竭力迎合阳光,来驱赶孤独,权作它的伙伴或是信仰;那么若是一群向日葵呢?当它们形成了向日葵群体之时,便互相手拉着手,一齐勇敢地抬起头来了。

它们是一个不再低头的集体。当你再次凝视它们的时候,你发现那偌大一片向日葵林子的边边角角,竟然没有一株,哪怕是一株瘦弱或是低矮的向日葵,悄悄地迎着阳光凑上脸去。它们始终保持这样挺拔的站姿,一直到明天太阳再度升起,一直到它们的帽檐纷纷干枯飘落,一直到最后被镰刀砍倒。

当它们的后脑勺终于沉重坠地,那是花盘里的种子真正熟透的日子。

然而你却不得不也背对着它们,在夕阳里重新上路。

雪山脚下那一大片背对着太阳的向日葵,就这样逆着光亮,在你的影册里留下了一株株直立而模糊的背景。

### 作品简析

本文作者在描写向日葵时,多处运用了拟人的修辞手法,生动表现了向日葵直立的情形,增添了文章的情趣。围绕关于向日葵不随太阳旋转的原因,作者展开了丰富的想象:也许向日葵种子太沉重了,也许向日葵是来自异域的特殊品种,也许它们有着自己的信仰,也许……借助这些丰富的想象,作者巧妙抒发了自己独特的人生感悟,发人深省。

## 窗前的树

我家窗前有一棵树,那是一棵高大的洋槐。

洋槐在春天,似乎比其他的树都沉稳些。杨与柳都已翠叶青青,它才爆出米粒般大的嫩芽:只星星点点的一层隐绿,悄悄然绝不喧哗。又过了些日子,忽然就挂满了一串串葡萄似的花苞,又如一只只浅绿色的蜻蜓缀满树枝——当它张开翅膀跃跃欲飞时,薄薄的羽翼在春日温和的云朵下染织成一片耀眼的银色。那个清晨你会被一阵来自梦中的花香唤醒,那香味甘甜淡雅、撩人心脾,却又若有若无。你寻着这馥郁走上阳台,你的身子为之一震,你的眼前为之一亮,顿时整个世界都因此灿烂而壮丽:满满的一树雪白,袅袅低垂;如瀑布倾泻四溅。银珠般的花瓣在清风中微微飘荡,花气熏人,人也陶醉。

便设法用手勾一串鲜嫩的槐花,一小朵一小朵地放进嘴里,如一个圣洁的吻,甜津津、凉丝丝的。轻轻地咽下,心也香了。

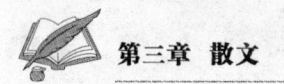

槐花开过,才知春是真的来了。铺在桌上的稿纸,便也文思灵动起来。那时的文字,就有了些轻松。

夏的洋槐,巍巍然郁郁葱葱,一派的生机勃发。夏日常有雨,暴雨如注时,偏爱久久站在窗前看我的槐树——它任凭狂风将树冠刮得东歪西倒,满树的绿叶呼号犹如一头发怒的雄狮,它翻滚,它旋转,它战栗,它呻吟。曾有好几次我以为它会被风暴折断,闪电与雷鸣照亮黑暗的瞬间,我窥见它的树干却始终岿然。大雨过后,它轻轻抖落树身的水珠,那一片片细碎光滑的叶子被雨水洗得发亮,饱含着水分,安详而平静。

那个时刻我便为它幽幽地滋生出一种感动,自己的心似乎变得干净而澄明。雨后清新的湿气萦绕书桌徘徊不去,我想这书桌会不会是用洋槐树木做成的呢?否则为何它负载着沉重的思维却依然结实有力。

洋槐伴我一春一夏的绿色,到秋天,艳阳在树顶涂出一抹金黄,不几日,窗前已是装点得金碧辉煌。秋风乍起,金色的槐树叶如雨纷纷飘落,我的思路便常常被树叶的沙沙声打断。我明白那是一种告别的方式。它们从不缠缠绵绵凄凄切切,它们只是痛痛快快利利索索地向我挥挥手连头也不回。它们离开了槐树就好比清除了衰老抛去了陈旧,是一个必然一种整合,一次更新。它们一日日稀疏凋零,安然地沉入泥土,把自己还原给自己。他们需要休养生息,一如我需要忘却所有的陈词滥调而寻找新的开始。所以凝望一棵斑驳而残缺的树,我并不怎样的觉得感伤和悲凉——我知道它们明年还会再来。

冬天的洋槐便静静地沉默。它赤裸着全身一无遮挡,向我展示它的挺拔与骄傲。或许没人理会过它的存在,它活得孤独,却也活得自信,活得潇洒。寒流摇撼它时,它黑色的枝条俨然如乐队指挥庄严的手臂,指挥着风的合奏。树叶落尽以后,树叉间露出一只褐色的鸟窝,肥硕的喜鹊啄着树杈喳喳欢叫,几只麻雀飞来飞去飞到阳台上寻食,偶尔还有乌鸦的黑影匆匆掠过,时喜时悲地营造出一派生命的气氛,使我常常猜测着鸟们的语言,也许是在提醒着我什么。雪后的槐树一身素裹银光璀璨,在阳光还未及融化它时,真不知是雪如槐花,还是槐花如雪。

年复一年,我已同我的洋槐过了六个春秋。在我的一生中,我与槐树无言相对的时间将超过所有的人,这段漫长又真实的日子,槐树与我无声的对话,便构成一种神秘的默契。

### 作品简析

作者首先提出窗前的树,照应题目;然后按照时间顺序,依次描写了槐树四季的美丽景象;最后以总写槐树结尾,并表达自己独特的人生感悟。全文结构完整,条理清晰。另外,作者看到眼前的书桌,联想到"这书桌会不会是用洋槐树木做成的呢",这种想象突出了洋槐的使用价值和奉献精神,表达了作者对槐树的赞美之情。

# 赵丽宏

### 作者简介

赵丽宏(1952— ),上海市崇明县人,当代著名散文家、诗人。他当过木匠、乡邮递员、教师与机关工作人员,曾任上海市青年联合会副主席,全国政协委员,现为上海作协副主席。赵丽宏1977年开始文学创作,著作有散文集《风啊,你这弹琴的老手》《生命草》《维纳斯在海边》等。

### 课文回顾

通过了解不难发现,很多出色的作家似乎都有着丰富多彩的童年生活。是作家这个职业成就了他们的童年,还是童年成就了他们的作家人生?回顾五年级下册(人教版)语文课本中的课文——《与象共舞》,看看能否找到自己想要的答案。

## 与象共舞

在泰国,如果你在公路边或者树林里遇到大象,那是一件很自然的事。不必惊奇,也不必惊慌,大象对人群已经熟视无睹,它会对着你摇一摇它那对蒲扇般的大耳朵,不慌不忙地继续走它自己的路,一副悠闲沉着的样子。

象是泰国的国宝。这个国家最初的发展和兴盛,和象有着密切的关系。大象曾经驮着武士冲锋陷阵,攻城守垒;曾经以一当十、以一抵百地为泰国人做工服役。被驯服的大象走出丛林的那一天,也许就是当地生产、生活发生较大变化的日子。泰国人对大象存有亲切的感情,一点儿不奇怪。

在国内看大象,都是在动物园里远观,人和象离得很远。在泰国,人和象之间没有距离。很多次,我和象站在一起,象的耳朵拍到了我的肩膀,象的鼻息喷到了我的身上。起初我有些紧张,但看到周围那些平静坦然的泰国人,神经也就松弛了。在很近的距离看大象,我发现,象的表情非常平静。那对眼睛相对它的大脑袋,显得极小,目光却晶莹温和。和这样的目光相对,你紧张的心情自然就会松弛下来。

据说象是一种聪明而有灵气的动物。在泰国,大象用它们的行动证实了这种说法。在城市里看到的大象,多半是一些会表演节目的动物演员。在人的训练下,它们会踢球,会倒立,会用可笑的姿态行礼谢幕。最有意思的是大象为人做按摩。成排的人躺在地上,大象慢慢地人丛里走过去,它们小心翼翼地在人与人之间寻找落脚点,每经过一个人,都会伸出粗壮的脚,在他们的身上轻轻地抚弄一番,有时也会用鼻子给人按摩。有趣的是,它偶尔也会和人开开玩笑。有一次,我看

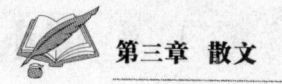

到一头象用鼻子把一位女士的皮鞋脱下来，然后卷着皮鞋悠然而去，把那位躺在地上的女士急得哇哇乱叫。脱皮鞋的大象一点儿也不理会女士的喊叫，用鼻子挥舞着皮鞋，绕着围观的人群转了一圈，才不慌不忙地回到那位女士身边，把皮鞋还给了她。那位女士又惊奇又尴尬，只见大象面对着她，行了一个屈膝礼，好像是在道歉。那庞大的身躯，屈膝点头时竟然优雅得像一个彬彬有礼的绅士。

最使我难以忘怀的，是看大象跳舞。那是在芭堤雅的东巴公园，一群大象为人们表演。表演的尾声，也是最高潮，在欢乐的音乐声中，象群翩翩起舞，观众都拥到了宽阔的场地上，人群和象群混杂在一起舞之蹈之，热烈的气氛感染了在场的每一个人。舞蹈的大象，没有一点儿笨重的感觉，它们随着音乐的节奏摇头晃脑，踏脚抬腿，前后左右颠动着身子，长长的鼻子在空中挥舞。毫无疑问，它们和人一样，陶醉在音乐之中了。这时，它们的表情仿佛也是快乐的。我想，如果大象会笑，此刻所展示的便是它们独特的笑。

## 作品简析

这篇文章中，作者通过对大象外貌、神态、动作和性格等方面的描写，表现了大象聪明、善于表演等方面的特点，反映了泰国人与大象之间亲密和谐的关系，展示了泰国独特的地域文化。

## 拓展阅读

# 童年的小步舞曲

此刻当我提笔写这篇短文的时候，我桌边的激光唱机里，正放着巴赫的C大调小步舞曲。那轻快活泼的旋律，又把我带回到四十多年前。

那一年的春天，我们举家搬迁，从烦嚣的城市来到上海郊县的龙华乡下，住在一个名叫赵家宅的小村里。

我上的学校，是离家三里多远的上海小学。这是当时上海一所非常有名的小学，是一所可以寄宿的学校，因我家离学校不算太远，所以走读。

新学校和我原来读的城市弄堂小学完全不同，这里有绿树成荫的校园，有高大的教学楼，每间教室都是那么宽敞明亮。最新奇的是上音乐课不再待在自己的教室里，不再是由几个身强力壮的同学去其他教室抬一个笨重的风琴来，由老师边费力地踩着风琴踏板，边教我们唱歌。新学校的音乐教室，在教学大楼边上一溜造型别致的小平房里。音乐教室里放着一架大钢琴，教音乐的是一位刚从师范学校毕业不久的，像大姐姐一样的老师。老师的一双手像活泼的蝴蝶，在钢琴上白的和黑的键盘上飞舞，一串串清如流水般的琴音就流淌出来。

老师教我唱的第一首歌是这样的：

"当我们同在一起，在一起，在一起，当我们同在一起，其快乐无比。你看着我笑哈哈，我看着你笑嘻嘻，当我们同在一起，其快乐无比。"

我跟随着老师轻快的琴音唱着，觉得和这样的老师在一起，和这样的有着钢琴的音乐教室在一起，和这样一些活泼快乐的小伙伴在一起，真是快乐无比。这是我有生以来唱得最认真，唱得最动情的一首歌，直到四十多年后的今天，尽管我的头发早已斑白，但我还时常轻轻地哼唱这首童年的歌。

最有意思的是每次上音乐课的时候，我们都在音乐教室门口排好队，然后老师弹奏一支动听的乐曲，我们拍着小手，踏着整齐的脚步进教室。这在今天的孩子看来似乎很平常，但在四五十年前，可以说是音乐教学上的重大改革。

老师每堂课弹的曲子不一样，但是有一首曲子是老师常弹的，我也最爱听这支乐曲。每当老师弹起这首曲子时，我会觉得连教室旁边的那一片片沙沙的白杨树叶，也唱得分外好听。音乐伴和着校园里春天的泥土和鲜花的香味，真让我陶醉。仿佛老师不仅仅是用双手在弹，而是用整个身心在吟唱着这支乐曲……

于是，我的小手会拍得分外起劲，脚步也踩得分外欢快而有节奏。

直到很多年以后，当我自己进了师范学校才知道，老师常弹奏的这支曲子，是巴赫的小步舞曲。

以后很多年，直到今天，只要听到这支熟悉的小步舞曲，我的灵魂就会出窍，我仿佛穿越时空，又回到上海小学的那间音乐教室前，拍着小手向前走着……

### 作品简析

作者开篇由耳边传来的舞曲展开回忆，讲述完快乐的童年往事之后，再从回忆回到耳边的这支小步舞曲，抒发了对往事的怀念之情。这样的开头和结尾，既点明了中心，又相互照应，使文章结构更加完整。在描写老师弹琴的情景时，作者巧妙运用了想象的手法，表达了对老师的喜爱和赞扬之情。

## 母亲和书

又出了一本新书。第一本要送的，当然是我的母亲。在这个世界上，最关注我的，是她老人家。

母亲的职业是医生。年轻的时候，母亲是个美人，我们兄弟姐妹都没有她年轻时独有的那种美质。儿时，我最喜欢看母亲少女时代的老照片，她穿着旗袍，脸上含着文雅的微笑，比旧社会留下来的年历牌上那些美女漂亮得多，就是三四十年代上海滩那几个最有名的电影明星，也没有母亲美。母亲小时候上的是教会的学校，受过很严格的教育。她是一个受到病人称赞的好医生。看到她为病人开处方时随手写出的那些流利的拉丁文，我由衷地钦佩母亲。

在我童年的记忆里,母亲是个严肃的人,她似乎很少对孩子们做出亲昵的举动。而父亲则不一样,他整天微笑着,从来不发脾气,更不要说动手打孩子。因为母亲不苟言笑,有时候也要发火训人,我们都有点怕她。记得母亲打过我一次,那是在我七岁的时候。那天,我在楼下的邻居家里顽皮,打碎了一张清代红木方桌的大理石桌面,邻居上楼来告状,母亲生气了,当着邻居的面用巴掌在我的身上拍了几下,虽然声音很响,但一点也不痛。我从小就自尊心强,母亲打我,而且当着外人的面,我觉得很丢面子。尽管那几下打得不重,我却好几天不愿意和她说话,你可以说我骂我,为什么要打人?

我后来发现,母亲其实和父亲一样爱我,只是她比父亲含蓄。上学后,我成了一个书迷,天天捧着一本书,吃饭看,上厕所也看,晚上睡觉,常常躺在床上看到半夜。对读书这件事,父亲从来不干涉,我读书时,他有时还会走过来摸摸我的头。而母亲却常常限制我,对我正在读的书,她总是要拿去翻一下,觉得没有问题,才还给我。如果看到我吃饭读书,她一定会拿掉我面前的书。一天吃饭时,我老习惯难改,一边吃饭一边翻一本书。母亲放下碗筷,板着脸伸手抢过我的书,说:"这样下去,以后不许你再看书了。"我问她为什么,她说:"读书是一辈子的事情,你现在这样读法,会把自己的眼睛毁了,将来想读书也没法读。"她以一个医生的看法,对我读书的坏习惯作了分析,她说:"如果你觉得眼睛坏了也无所谓,你就这样读下去吧,将来变成个瞎子,后悔来不及。"我觉得母亲是在小题大做,并不当一回事。

其实,母亲并不反对我读书,她真的是怕我读坏了眼睛。虽然嘴里唠叨,可她还是常常从单位里借书回来给我读。《水浒传》《说岳全传》《万花楼》《隋唐演义》《东周列国志》《格林童话》《钢铁是怎样炼成的》《牛虻》等书,就是她最早借来给我读的。我过八岁生日时,母亲照惯例给我煮了两个鸡蛋,还买了一本书送给我,那是一本薄薄的小书《卓娅和舒拉的故事》。在五十年代,哪个孩子生日能得到母亲送的书呢?

中学毕业后,我经历了不少人生的坎坷,成了一个作家。在我从前的印象中,父亲最在乎我的创作。那时我刚刚开始发表作品,知道哪家报刊上有我的文章,父亲可以走遍全上海的邮局和书报摊买那一期报刊。我有新书出来,父亲总是会问我要。我在书店签名售书,父亲总要跑来看热闹,他把因儿子的成功而生出的喜悦和骄傲全都写在脸上。而母亲,却从来不在我面前议论文学,从来不夸耀我的成功。我甚至不知道母亲是否读我写的书。

去年,上海文艺出版社出版了我的一套自选集,四厚本,一百数十万字,字印得很小。我想,这样的书,母亲不会去读,便没有想到送给她。一次我去看母亲,她告诉我,前几天,她去书店了。我问她去干什么,母亲笑着说:"我想买一套《赵丽宏自选集》。"我一愣,问道:"你买这书干什么?"母亲回答:"读啊。"看我不相信的脸色,母亲又淡淡地说:"我读过你写的每一本书。"说着,她走到房间角落里,那里有一个被帘子遮着的暗道。母亲拉开帘子,里面是一个书橱。"你看,你写的书,一本也不少,都在这里。"我过去一看,不禁吃了一惊,书橱里,我这二十年中出版的几十本书都在那里,按出版的年份整整齐齐地排列着,一本也不少,有几本,还精心包着书皮。其中的好几本书,我自己也找不到了。我想,这大概是全世界收藏我的著作最完整的地方。

看着母亲的书橱,我感到眼睛发热,好久说不出一句话。她收集我的每一本书,却从不向人炫耀,只是自己一个人读。其实,把我的书读得最仔细的,是母亲。母亲,你了解自己的儿子,而儿子却不懂得你!我感到羞愧。母亲微笑着凝视我,目光里流露出无限的慈爱和关怀,世界上,还有什么比母爱更美丽更深沉呢?(有删节)

### 作品简析

本文选材精当,为了给告状的人面子才轻轻地打"我",制止"我"吃饭时看书的坏习惯,从单位借书回来给"我"读……作者从小处着眼,通过这些平淡的生活细节,把母亲对"我"的疼爱生动地表现了出来。父亲整天微笑着,从不发脾气,而母亲却很严肃;父亲从不干涉作者读书的事情,而母亲却严格要求作者的读书习惯;父亲把因儿子的成功而生出的骄傲写在脸上,而母亲却从不夸耀作者的成功……这些鲜明的对比,突出了母亲慈爱而严肃的特点。

# 贾平凹

### 作者简介

贾平凹(1952— ),陕西省丹凤县人,当代著名作家。代表作有《秦腔》、《高兴》、《心迹》、《爱的踪迹》等,曾多次获文学大奖。其作品被翻译成英语、法语、德语、俄语、越南语、日语、韩语等多种语言在世界20多个国家传播。

### 课文回顾

《风筝》在三年级上册(人教版)语文课本中。文章中,作者回忆了童年时候和伙伴们一起做风筝、放风筝、找风筝的情景,表现了伙伴们自由自在的生活和儿童特有的喜怒哀乐,同时也表达了作者对童年往事的追忆。

## 风 筝

童年的时候,我们这些孩子,最大的快乐就是做风筝,放风筝。

在苇塘里拔几根细苇,再找来几张纸,我们便做起风筝来。做一个蝴蝶样的吧。我们精心做着,心中充满了憧憬和希望。风筝做好了,却什么也不像了。我们依然快活,把它

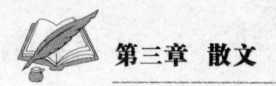

叫做"幸福鸟",还把我们的名字写在上面。

我们去放风筝。一个人用手托着,另一个人牵着线,站在远远的地方,说声"放",那线一紧一松,风筝就凌空飞起,渐渐高过树梢了。牵线人飞快地跑起来。风筝越飞越高,在空中翩翩飞舞着,我们快活地喊叫着,在田野里拼命地奔跑。村里人看见了,说:"放得这么高!"

从早晨玩到下午,我们还是歇不下来,牵着风筝在田野里奔跑。风筝越飞越高,似乎飞到了云彩上。忽然吹来一阵风,线嘣地断了。风筝在空中抖动了一下,便极快地飞走了。我们大惊失色,千呼万唤,那风筝越来越小,倏地便没了踪影。

我们都哭了,在田野里四处寻找,找了半个下午,还是没有踪影。我们垂头丧气地坐在田埂上,一抬头,看见远远的水面上半沉半浮着一个巨大的木轮,不停地转着,将水扬起来,半圈儿水在闪着白光。那里是我们村的水磨坊。

"那儿找过了吗?"

"没找过,说不定'幸福鸟'就落在那儿呢。"大家说。

我们向那房子跑去,继续寻找我们的"幸福鸟"……

### 作品简析

这篇文章贾平凹先生写了童年的幸福和快乐,而且向我们诠释一个生命现象:大家开始都是怀着各自美好的愿望在编织着各自的希望和梦想,尽管他们在做风筝的时候,不知道他们要做的风筝是什么样的,他们也做了一个什么也不像的风筝,但他们同样快乐着。可当把这只"幸福鸟"放飞之后,这只"幸福鸟"有时会突然断线,从手中滑落,这是作者对飘忽不定的人生命运难以预测的真实的再现。后面"找风筝"的过程,则是追求幸福的过程,不管有没有结果,可是"我们"却一直在努力……

### 拓展阅读

## 地 平 线

小时候,我才从秦岭来到渭北大平原,最喜欢骑上自行车在路上无拘无束地奔驰。庄稼收割了,又没有多少行人,空旷的原野上稀落着一些树丛和矮矮的屋。差不多一抬头,就看见远远的地方,天和地已经不再平行。天和地相接了,在相接处是一道很亮的灰白色的线,有树丛在那里伏着。

"啊,天到尽头了!"

我拼命向那树丛奔去,骑了好长时间,赶到树下,但天地依然平行;在远远的地方,又有一片矮屋,天地相接了,又出现了那道很亮的灰白色的线。

一个老人迎面走来,胡子飘在胸前,悠悠然如仙翁。

"老爷子,你是天边来的吗?"我问。

"天边?"

"就是那一道很亮的灰白线的地方。去那儿还远吗?"

"孩子,那是永远走不到的地平线呢。"

"地平线是什么?"

"是个谜吧。"

我有些不太懂了,以为他是骗我,就又对准那一道很亮的灰白色线上的矮屋奔去。然而我失败了,矮屋那里天地平行,又在远远的地方出现了一道地平线。

我坐在地上,咀嚼着老人的话,想这地平线,真是谜了。正因为是谜,我才要去解,跑了这么一程,它为了永远吸引着我和跟我有同样兴趣的人去解,才永远是个谜吗?

从那以后,我一天天长大起来,踏上社会,生命之舟驶进了生活的大海。但我却记住了这个地平线,没有在生活中沉沦下去,虽然时有艰苦、寂寞。命运和理想是天和地的平行,但又总有相接的时候。那个高度融合的统一的很亮的灰白的线,总是在前边吸引着你。永远去追求地平线,去解这个谜,人生就充满了新鲜、乐趣、奋斗和无穷无尽的精力。

### 作品简析

本文构思很巧妙,如作者在文中多次描写天和地相接处那道很亮的灰白色的线,既照应了标题,又推动了情节的发展,使得文章内容富有层次感,同时,也为后文写"人生的地平线"作好了准备。很多人都有过和作者类似的有趣经历,但作者没有把思维停留在童年生活的情趣上,而是由追逐地平线的经历,自然联想到人生的地平线,既表达了作者对理想的不懈追求,也深化了文章的主旨。

## 我的小桃树

我常想给我的小桃树写点文章,却没写出一个字来。只是自个儿忏悔,又自个儿安慰,说:我是该给它写点什么了。

今天下雨,早晨起来就淅淅沥沥的,我还高兴地说:春雨今年来得这么早!一边让雨淋湿我的头发,一边还想去田野悠然地踏青呢。那雨却下得大了,而且下了一整天。我闭了柴门,倚窗坐下,看我的小桃树,枝条被风雨摇撼着,花一片片落了,大半陷在泥里,三点两点地在黄水里打着旋儿。它瘦了许多,昨日的容颜全然褪尽了,可怜它太小了,才开了一次花。我再也不忍看了,我万般无奈。唉,往日我多么傲慢,多么矜持,原来也是个屠夫。

那是好多年前的秋天,我们还是孩子。奶奶从市集回来,带给我们一人一只桃子。她说:"吃吧,这是'仙桃'。含着桃核儿做一个梦。谁看见桃花开了,就会幸福一生呢。"我们都认真起来,含了桃核爬上床去。我却怎么也不能安睡,想起这甜甜的梦是做不成了,又不甘心不做,就爬起来,将桃核儿埋在院子角落里,想让它在那儿蓄着我的梦。

秋天过去了,又过了一个冬天,孩子自有

孩子的快活，我竟将它忘却了。春天的一个早晨，奶奶扫院子，突然发现角落里拱出一点嫩绿儿，便叫道："这是什么呀？"我才恍然记起了它，它是从土里长出来了。

它长得很委屈，是弯弯头，紧抱着身子的。第二天才舒展开身来，瘦瘦的，黄黄的，似乎一碰便立即会断。大家都笑话它，奶奶也说："这种桃树是没出息的，多好的种子，长出来，却都是野的，结些毛果子，须得嫁接才行。"我却不大相信，执着地偏要它将来开花结果。

因为它长的不是地方，谁也不再理会，惹人费神的倒是那些盆景。爷爷是喜欢服侍花的，在屋里，院里，门道里，摆满了各种各样的花草。春天花市一盛，附近的人多来观赏，爷爷便每天一早喊我们从屋里一盆一盆端出去，天一晚又一盆一盆端进来，却从来不想到我的小桃树。它却默默地长上来了。

它长得不慢，一个春天长上两尺来高，我十分高兴了：它是我的，它是我的梦种儿长的。我想我的姐姐弟弟，他们那含着桃核做下的梦，或许已经早忘却了，但我的桃树却使我每天能看见它。我说，我的梦是绿色的，将来开了花，我会幸福呢。

也就在这年里，我到城里上学去了。走出了山，来到城里，我才知道我的渺小：山外的天地这般大，城里的好景这般多。我从此也有了血气方刚的魂魄，学习呀，奋斗呀，一毕业就走上了社会，要轰轰烈烈地干一番事业了，那家乡的土院，那土院里的小桃树，便再没去想了。

但是，我慢慢发现我的幼稚，我的天真。人世原来有人世的大书，我却连第一行文字还读不懂呢。我渐渐地大了，脾性也一天天地坏了，常常一个人坐着发呆。心境似蒙上了一层暮气。就在这时候，奶奶去世了，我连夜从城里回到家，家里等我不及，奶奶已经下葬了。看着满屋的混乱，想着奶奶往日的容颜，不觉眼泪流了下来，对着灵堂哭了一场。

黄昏时候，在窗下坐着，一外望，却看见我的小桃树。它还在长着，弯弯的身子，努力撑着枝条，已经有院墙高了。这些年来，它是怎样长上来的呢？爷爷的花市早不陈列了，花盆一垒一垒地堆在墙根，它却长着。弟弟说：那桃树被猪拱过一次，要不早就开花了。他们嫌长的不是地方，又不好看，曾想砍掉它，奶奶却不同意，常常护着，给它浇水。

啊，小桃树，我怎么将你撂在这里，而漂流异乡，又漠漠地忘却呢？看着桃树，想起没能再见一面的奶奶，我深深懊丧，对不起奶奶，对不起我的小桃树。

如今它开了花，虽然长得弱小，骨朵儿也不见繁，而一夜之间竟全开了呢。可是总嫌我的小桃树没有那"灼灼其华"的盛况。一颗"仙桃"的种子，却开得太白太淡了，花瓣儿单薄得似纸，没有肉的感觉，没有粉红的感觉，像是患了重病的姑娘，苍白的脸，偏又苦涩地笑着。我忍不住几分忧伤，泪珠儿又要下来了。

花幸好并没有立即谢去，就那么一树，孤零零地开在墙角。我每每看着它，却发现从来没有一只蜜蜂、一只蝴蝶飞绕。可怜的小桃树。我不禁有些颤抖了，这花莫不就是我当年要做的梦的精灵么？

雨却这么大地下着，花瓣纷纷零落。我只说有了这场春雨，花会开得更艳，香会蓄得更浓；谁知它却这么命薄，受不得这么大的福分，片片付给风雨了？我心里喊着我的奶奶。

雨还在下着，我的小桃树千百次地俯下身去，又千百次地挣扎起来，一树的花一片、一片，洒落得变成赤裸的了。就在那俯地的刹那，我突然看见树的顶端，高高的一枝上，竟还保留着一个欲绽的花苞，嫩红的，在风中摇着,却没有掉下去,像风浪里航道上远远的灯塔,闪着时隐时现的光。

我心里稍稍有了些安慰。啊,我的小桃树啊!我该怎么感激你,你到底还有一个花苞呢,明日一早,你会开吗?你开的是灼灼的吗?香香的吗?你那花是会开得美的。而且会孕育出一个桃儿来的。我还叫你是我的梦的精灵,对吗?

### 作品简析

在这篇文章中,明线是写桃树,暗线是怀念奶奶,作者借助对桃树的描写和对往事的回忆,表达了对奶奶的深切怀念之情,抒发了独特的人生感悟。情与景、事与理相互交织,显示了作者匠心独运的巧妙构思。作者对桃树的描写非常生动,尤其是描写桃树在雨中挣扎的情景,一方面突出了风雨的猛烈,另一方面也表现了桃树顽强的生命力,表达了作者对桃树的赞美之情。

## 月　　迹

我们这些孩子,什么都觉得新鲜,常常又什么都觉得不满足;中秋的夜里,我们在院子里盼着月亮,好久却不见出来,便坐回中堂里,放了竹窗帘儿闷着,缠奶奶说故事。奶奶是会说故事的;说了一个,还要再说一个……奶奶突然说:"月亮进来了!"

我们看时,那竹窗帘儿里,果然有了月亮,款款地,悄没声儿地溜进来,出现在窗前的穿衣镜上了:原来月亮是长了腿的,爬着那竹帘格儿,先是一个白道儿,再是半圆,渐渐地爬得高了,穿衣镜上的圆便满盈了。我们都高兴起来,又都屏气儿不出,生怕那是个尘影儿变的,会一口气吹跑呢。月亮还在竹帘儿上爬,那满圆却慢慢儿亏了,缺了;末了,便全没了踪迹,只留下一个空镜,一个失望。奶奶说:"它走了,它是多多的;你们快出去寻月吧。"

我们就都跑出门去,它果然就在院子里,但再也不是那么一个满满的圆了,进院了的白光,是玉玉的,银银的,灯光也没有这般儿亮的。院子中央处,是那棵粗粗的桂树,疏疏的枝,疏疏的叶,桂花还没有开,却有了累累的骨朵儿了。我们都走近去,不知道那个满圆儿去哪儿了。却疑心这骨朵儿是繁星儿变的;抬头看着天空,星儿似乎就比平日少了许多。月亮正在头顶,明显大多了,也圆多了,清清晰晰看见里边有了什么东西。

"奶奶,那月上是什么呢?"我问。

"是树,孩子。"奶奶说。

"什么树呢?"

"桂树。"

我们都面面相觑了,倏忽间,哪儿好像有了一种气息,就在我们身后袅袅,到了头发梢儿上,添了一种淡淡的痒痒的感觉;似乎我们已在月里,那月桂分明就是我们身后的这一棵了。

奶奶瞧着我们,就笑了:"傻孩子,那里边已经有人了呢。"

"谁?"我们都吃惊了。

"嫦娥。"奶奶说。

"嫦娥是谁?"

"一个女子。"哦,一个女子。我想。月亮里,地该是银铺的,墙该是玉砌的:那么好个地方,配住的一定是十分漂亮的女子了。

"有三妹漂亮吗?"

"和三妹一样漂亮的。"

三妹就乐了:"啊啊,月亮是属于我的了!"

三妹是我们中最漂亮的,我们都羡慕起来。看着她的狂样儿,心里却有了一股儿的嫉妒。

我们便争执了起来,每个人都说月亮是属于自己的。奶奶从屋里端了一壶甜酒出来,给我们每人倒了一小杯儿,说:"孩子们,你们瞧瞧你们的酒杯,你们都有一个月亮哩!"

我们都看着那杯酒,果真里边就浮起一个小小的月亮的满圆。捧着,一动不动的,手刚一动,它便酥酥地颤,使人可怜儿的样子。大家都喝下肚去,月亮就在每一个人的心里了。奶奶说:"月亮是每个人的,它并没有走,你们再去找吧。"

我们越发觉得奇了,便在院里找起来。妙极了,它真没有走去,我们很快就在葡萄叶儿上,磁花盆儿上,爷爷的锨刃儿上发现了。我们来了兴趣,竟寻出了院门。

院门外,便是一条小河。河水细细的,却漫着一大片的净沙;全没白日那么的粗糙,灿灿地闪着银光,柔柔和和地像水面了。我们从沙滩上跑过去,弟弟刚站到河的上湾,就大呼小叫了:"月亮在这儿!"

妹妹几乎同时在下湾喊道:"月亮在这儿!"

我两处去看了,两处的水里都有月亮,沿着河沿跑,而且哪一处的水里都有月亮了。我们都看起天上,我突然又在弟弟妹妹的眼睛里看见了小小的月亮。我想,我的眼睛里也一定是会有的。噢,月亮竟是这么多的:只要你愿意,它就有了哩。

我们就坐在沙滩上,掬着沙儿,瞧那光辉,我说:"你们说,月亮是个什么呢?"

"月亮是我所要的。"弟弟说。

"月亮是个好。"妹妹说。

我同意他们的话。正像奶奶说的那样:它是属于我们的,每个人的。我们就又仰起头来看那天上的月亮,月亮白光光的,在天空上。我突然觉得,我们有了月亮,那无边无际的天空也是我们的了:那月亮不是我们按在天空上的印章吗?大家都觉得满足了,身子也来了困意,就坐在沙滩上,相依相偎地甜甜地睡了一会儿。

### 作品简析

本文构思新颖、独具特色,语言清新优美,含蓄凝练,富有诗的韵味。文中的月亮象征着一切美好的事物。作者含蓄地告诉人们:对光明、美好的事物,只有想方设法地努力追求,才能得到它。作品通过山村儿童追寻月迹的行踪,向读者展现了一幅幅中秋夜月的淡雅图画,显示出明月的神秘而又慷慨的性格,作者将对美好事物追逐的感情和谐融入其中,给人以美的享受。

# 丑 石

我常常遗憾我家门前的那块丑石呢：它黑黝黝地卧在那里，牛似的模样；谁也不知道是什么时候留在这里的，谁也不去理会它。只是麦收时节，门前摊了麦子，奶奶总是要说：这块丑石，多碍地面哟，多时把它搬走吧。

于是，伯父家盖房，想以它垒山墙，但苦于它极不规则，没棱角儿，也没平面儿；用錾破开吧，又懒得花那么大气力，因为河滩并不甚远，随便去捐一块回来，哪一块也比它强。房盖起来，压铺台阶，伯父也没有看上它。有一年，来了一个石匠，为我家洗一台石磨，奶奶又说：用这块丑石吧，省得从远处搬动。石匠看了看，摇着头，嫌它石质太细，也不采用。

它不像汉白玉那样的细腻，可以凿下刻字雕花，也不像大青石那样的光滑，可以供来浣纱捶布；它静静地卧在那里，院边的槐荫没有庇覆它，花儿也不再在它身边生长。荒草便繁衍出来，枝蔓上下，慢慢地，竟锈上了绿苔、黑斑。我们这些做孩子的，也讨厌起它来，曾合伙要搬走它，但力气又不足；虽时时咒骂它，嫌弃它，也无可奈何，只好任它留在那里去了。

稍稍能安慰我们的，是在那石上有一个不大不小的坑凹儿，雨天就盛满了水。常常雨过三天了，地上已经干燥，那石凹里水儿还有，鸡儿便去那里渴饮。每每到了十五的夜晚，我们盼着满月出来，就爬到其上，翘望天边；奶奶总是要骂的，害怕我们摔下来。果然那一次就摔了下来，磕破了我的膝盖呢。

人都骂它是丑石，它真是丑得不能再丑的丑石了。

终有一日，村子里来了一个天文学家。他在我家门前路过，突然发现了这块石头，眼光立即就拉直了。他再没有走去，就住了下来；以后又来了好些人，说这是一块陨石，从天上落下来已经有二三百年了，是一件了不起的东西。不久便来了车，小心翼翼地将它运走了。

这使我们都很惊奇！这又怪又丑的石头，原来是天上的呢！它补过天，在天上发过热，闪过光，我们的先祖或许仰望过它，它给了他们光明，向往，憧憬；而它落下来了，在污土里，荒草里，一躺就是几百年了？

奶奶说："真看不出！它那么不一般，却怎么连墙也垒不成，台阶也垒不成呢？"

"它是太丑了。"天文学家说。

"真的，是太丑了"。

"可这正是它的美，"天文学家说，"它是以丑为美的。"

"以丑为美？"

"是的，丑到极处，便是美到极处。正因为它不是一般的顽石，当然不能去做墙，做台阶，不能去雕刻、捶布。它不是做这些玩意儿的，所以常常就遭到一般世俗的讥讽。"

奶奶脸红了，我也脸红了。

我感到自己的可耻，也感到了丑石的伟大；我甚至怨恨它这么多年竟会默默地忍受着这一切？

而我又立即深深地感到它那种不屈于误解、寂寞的生存的伟大。

### 作品简析

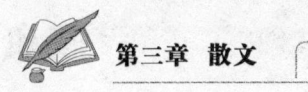

这篇散文语言直白、朴实，没有在结构上刻意求新，没有任何华丽的辞藻，平平淡淡地将一块石头的遭遇娓娓道来，但就是这块丑石却能引起我们心灵上的震撼和共鸣。这不像一般的散文，仅能给我们带来轻松和愉悦，它分明是一篇包含极深人生道理的哲理散文，引人深思。很多人将这篇文章看作贾平凹的夫子自道，从那块"丑到极处"又"美到极处"的丑石身上，我们明白了：平凡的我们有时会因为自己没有倾国倾城之貌，没有显赫的家庭而感到自己的渺小、卑微，其实不必因此而自卑。因为一个人真正的动人之处并不在于外表和出身，而是来自内在的涵养以及人格的魅力。每个人体内都蕴藏着一股巨大的潜能，只要我们充分发挥自己的能力，就会有一番作为和成就。只要我们有充分的自信，就会拥有美丽、完美的人生，因为自信的人身上会闪耀动人的光彩。

# 林 清 玄

### 作者简介

林清玄(1953— )，笔名秦情，生于中国台湾省高雄旗山。曾任台湾《中国时报》海外版记者、《工商时报》经济记者、《时报杂志》主编等职。1973年开始创作散文。他的散文文笔流畅清新，表现了醇厚、浪漫的情感，在平易中有着感人的力量。作品有散文集《莲花开落》、《冷月钟笛》、《金色印象》、《白雪少年》、《在云上》、《心田上的百合花》等。

### 课文回顾

《和时间赛跑》是三年级下册（人教版）语文课本中的课文。文中讲述了作者因外祖母去世，一度陷入痛苦之中难以自拔，通过爸爸的教育、引导和自己的生活体验，作者最终明白了珍惜时间的重要性。

## 和时间赛跑

读小学的时候，我的外祖母去世了。外祖母生前最疼爱我。我无法排除自己的忧伤，每天在学校的操场上一圈一圈地跑着，跑得累倒在地上，扑在草坪上痛哭。

那哀痛的日子持续了很久，爸爸妈妈也不知道如何安慰我。他们知道与其欺骗我说外祖母睡着了，还不如对我说实话：外祖母永远不会回来了。

"什么是永远不会回来了呢?"我问。

"所有时间里的事物，都永远不会回来

了。你的昨天过去了,它就永远变成昨天,你再也不能回到昨天了。爸爸以前和你一样小,现在再也不能回到你这么小的童年了。有一天你会长大,你也会像外祖母一样老,有一天你度过了你的所有时间,也会像外祖母一样永远不能回来了。"爸爸说。

爸爸等于给我说了一个谜,这个谜比"一寸光阴一寸金,寸金难买寸光阴"还让我感到可怕,比"光阴似箭,日月如梭"更让我有一种说不出的滋味。

以后,我每天放学回家,在庭院里看着太阳一寸一寸地沉进了山头,就知道一天真的过完了。虽然明天还会有新的太阳,但永远不会有今天的太阳了。

我看到鸟儿飞到天空,它们飞得多快呀。明天它们再飞过同样的路线,也永远不是今天了。或许明天飞过这条路线的,不是老鸟,而是小鸟了。

时间过得飞快,使我的小心眼里不只是着急,还有悲伤。有一天我放学回家,看到太阳快落山了,就下决心说:"我要比太阳更快地回家。"我狂奔回去,站在庭院里喘气的时候,看到太阳还露着半边脸,我高兴地跳起来。那一天我跑赢了太阳。以后我常做这样的游戏,有时和太阳赛跑,有时和西北风比赛,有时一个暑假的作业,我十天就做完了。那时我三年级,常把哥哥五年级的作业拿来做。每一次比赛胜过时间,我就快乐得不知道怎么形容。

后来的二十年里,我因此受益无穷。虽然我知道人永远跑不过时间,但是可以比原来跑快一步,如果加把劲,有时可以快好几步。那几步虽然很小很小,用途却很大很大。

如果将来我有什么要教给我的孩子,我会告诉他:假若你一直和时间赛跑,你就可以成功。

### 作品简析

本文围绕文章,按从整体感受到细节感受的顺序,表达了自己的真实感想,作者边叙述边议论的写作手法,增强了文章的表达效果。本文通过"我"的经历,告诉大家:每个人拥有的时间都是相同的,如果不加以珍惜,那么时间就会悄悄地溜走。养成珍惜时间的习惯,在自己拥有的时间里,快跑几步,尽管那几步很小很小,但就会比别人多一些机会。

### 拓展阅读

## 故乡的水土

第一次出国,妈妈帮我整行李,在行李整得差不多的时候,她突然拿出一个透明的小瓶子,里面装着黑色的东西。

"把这个带在行李箱里,保佑旅行平安。"妈妈说。

"这是什么密件?"

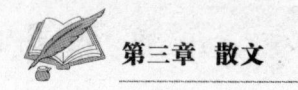

妈妈说:"这是我们门口庭抓的泥土和家里的水。你没听说旅行如果会生病,就是因为水土不服,带着一瓶水土,你走到哪里,哪里就是故乡,就不会水土不服了。"

妈妈还告诉我,这是我们闽南人的传统,祖先从唐山过台湾时,人人都带着一些故乡的泥土,一点随身携带、一点放在祖厅、一点撒在田里,因为故乡水土的保佑才使先人在蛮荒之地,垦出富庶之乡。

此后,我每次出门旅行,总会随身携带一瓶故乡的水土,有时候在客域的旅店,把那瓶水土拿出来端详,就觉得那灰黑色的水土非常美丽,充满了力量。

故乡的水土生养我们,使我们长成顶天立地的男儿,即使漂流万里,在寂寞的异国之夜,也能充满柔情与壮怀。

那一瓶水土中不仅有着故乡之爱,还有妈妈的祝福,这祝福绵长悠远,一直照护着我。

## 作品简析

一瓶故乡的水土,再普通不过了,但在异域的旅店,作者却觉得它"非常美丽,充满了力量"。作者借助妈妈之口,讲述完故乡水土的故事之后,在最后两段用抒情和议论的表达方式结尾,既抒发了对故乡的热爱之情,也表达了对妈妈的感激之情,同时点明了本文的中心。

# 梅　香

一个有钱的富人,正在自家的花园里赏梅花。

那是冬日寒冷的清晨,艳红的梅花正以最美丽的姿容吐露,富人颇为自己的花园里能开出这样美丽的梅花而感到无比的快慰。

突然,门外传来敲门的声音,富人去开了门,发现一个衣衫褴褛的乞丐,在寒风里冻得直打抖,那乞丐已在这开满梅花的园外冻了一夜,他说:"先生,行行好,可不可以给我一点东西吃?"

富人请乞丐在园门口稍稍等候,转身进入厨房,端来一碗热腾腾的饭菜,他布施给乞丐的时候,乞丐忽然说:"先生,您家里的梅花,真是非常芳香呀!"说完了,转身走出去。

富人呆立在那里,感到非常震惊,他震惊的是:穷人也会赏梅花吗？这是自己从来不知道的。另一个震惊是,花园里种了几十年的梅花,为什么自己从来没有闻到过梅花的芳香呢？

于是,他小心翼翼地,以一种庄严的心情,深怕惊动梅香似的悄悄走近梅花,他终于闻到了梅花那含蓄的、清澈的、澄明无比的芬芳,然后他濡湿的眼睛,流下了感动的泪水,为自己第一次闻到梅花的芳香。

是的,乞丐也能赏梅花,乞丐也能闻到梅花的香气,有的乞丐甚至在极度饥饿的情况下,还能闻到梅花清明的气息。

可见得,好的物质条件不一定能使人成为有品位的人,而坏的物质条件也不会遮蔽人精神的清明,一个人没有钱是值得同情的,一个人一生都不知道梅花的香气一样值得悲悯。

一个人的品质其实是与梅香相似,是无形的,是一种气息,我们如果光是欣赏花的外形,就很难知道梅花有极淡的清香;我们如果不能细心地体会,也难以品味到一个人隐在外表内部的人格香气。

最可叹息的是,很少有人能回观自我,品赏自己心灵的梅香,大部分人空过了一生,也没有体会到隐藏在心灵内部极幽微,但极清澈的自性的芳香。

能闻到梅香的乞丐也是富有的人。

现在,让我们一起以一种庄严的心情,走到心灵的花园,放下一切的缠缚,狂心都歇,观闻从我们自性中流露的梅香吧!

### 作品简析

本文对富人的心理描写非常细腻,尤其是对富人听到乞丐称赞梅花芳香时的心理活动的描写,以两个震惊,突出了乞丐精神的富有和富人精神的贫穷,鲜明的对比突出了文章的主旨。文中作者讲完富人和乞丐的故事之后,紧接着表达了自己对故事的看法,抒发了自己独特的人生感悟,尤其"能闻到梅香的乞丐也是富有的人"一句,以哲理深刻的论断揭示了文章的中心,使读者深受启发。

# 李 雪 峰

### 作者简介

李雪峰(1967— ),河南南阳西峡县人,中国作家协会会员、中国民间文艺家协会会员、中国散文学会会员。曾在各大刊物上发表散文200余篇。作品《蹲在民俗中的村庄》获"第三届老舍散文奖"、河南省五四青年文艺奖金奖,诗歌《国土》获《诗刊》社全国抒情诗大赛一等奖,《在一粒乡土上》获全国乡土诗大赛一等奖,散文集《没有一种草不是花朵》获第18届孙犁散文奖、2009年冰心国家图书奖等。

### 课文回顾

《尊严》是四年级下册(人教版)课文,写的是美国石油大王哈默年轻时的一个故事。在一个寒冷的冬天,在逃难的路上,他饥寒难忍,但是他拒绝了镇长杰克逊送到面前的食物,理由是他不能白吃人家的东西,只能在帮忙干完活以后,他才能吃这份食物;正因如此他不仅被留在了庄园里,而且成了杰克逊镇长的女婿。

# 尊 严

一个寒冷的冬天,南加州沃尔逊小镇上来了一群逃难的人。他们面呈菜色,疲惫不

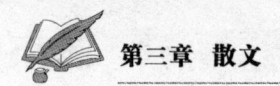

堪。善良而朴实的沃尔逊人,家家烧火做饭,款待他们。这些逃难的人,显然很久没有吃到这么好的食物了,他们连一句感谢的话也顾不上说,就狼吞虎咽地吃起来。

只有一个人例外,这是一个脸色苍白、骨瘦如柴的年轻人。当镇长杰克逊大叔将食物送到他面前时,他仰起头,问:"先生,吃您这么多东西,您有什么活需要我做吗?"杰克逊大叔心想,给逃难的人一顿饭吃,每个善良的人都会这么做。于是他回答:"不,我没有什么活儿需要您做。"

这个年轻人的目光顿时灰暗了,他的喉结上下动了动,说:"先生,那我不能吃您的东西,我不能不劳动,就得到这些食物!"杰克逊大叔想了想,说:"我想起来了,我家确实有一些活儿需要您帮忙。不过,等您吃过饭,我再给您派活儿。"

"不,我现在就做,等做完了您的活儿,我再吃这些东西!"年轻人站起来说。杰克逊大叔十分赞赏地望着这位年轻人,他知道如果不让他干活儿,他是不会吃东西的。思量片刻后,杰克逊大叔说:"小伙子,你愿意为我捶捶背吗?"说着就蹲在这个年轻人跟前。年轻人也蹲下来,轻轻地给杰克逊大叔捶背。

捶了几分钟,杰克逊大叔感到十分惬意。他站起来,说:"好了,小伙子,您捶得好极了,刚才我的腰还很僵硬,现在舒服极了。"说着将食物递给了这个年轻人。年轻人立刻狼吞虎咽地吃起来。杰克逊大叔微笑着注视着这个年轻人,说:"小伙子,我的庄园需要人手,如果你愿意留下来的话,我太高兴了。"

年轻人留了下来,很快成了杰克逊大叔庄园里的一把好手。过了两年,杰克逊大叔把自己的女儿许配给他,杰克逊对女儿说:"别看他现在什么都没有,可他百分之百是个富翁,因为他有尊严!"

二十多年后,这个年轻人果然取得了巨大的成功。他就是石油大王哈默。

## 作品简析

课文说的是哈默在贫困潦倒、逃难流亡之际,仍能坚持自己做人的原则,坚守着自己的尊严,最终超越了自己,成了让所有美国人都羡慕的石油大王的故事。故事告诉我们自尊是无价的,更是高尚的。一个人是否有成就,要看他是否有尊严。一个具有足够尊严的人,总是更有信心,更有能力,也更有效率。丧失了自尊心的个人,是一个没有出息的个人;丧失了自尊心的民族,是一个无望的民族。

## 拓展阅读

### 生命的林子

有一个僧人,可能就是唐玄奘吧,他刚剃发的时候,在法门寺修行。法门寺是个香火鼎盛的名寺,每天晨钟暮鼓,香客如流。玄奘想静下心神潜心修佛,但无奈法事应酬太繁,自己虽青灯黄卷苦苦习经多年,但谈经论道起来,远不如寺内许多僧人。

有人劝玄奘说:"法门寺是个名满天下的名寺,水深龙多,纳集了天下的众多名僧,你若想在僧侣中出人头地,不如到一些偏僻小寺中阅经读卷,这样,你的才华便会很快就显现了。"玄奘思索了许久,觉得这话很对,便决意辞别师父,离开这高僧济济的法门寺,寻一个偏僻的深山小寺去。于是玄奘就打点了经卷、包裹,去向方丈辞行。

方丈明白玄奘的意图后,问玄奘说:"烛火和太阳哪个更亮些?"玄奘说:"当然是太阳了。"方丈:"你愿做烛火还是太阳呢?"玄奘认真思忖了好久,郑重地回答说:"我愿做太阳!"于是方丈微微一笑说:"我们到寺后的林子去走走吧!"

法门寺后是一片郁郁葱葱的松林。方丈将玄奘带到不远处的一个山头上,这座山头上树木稀疏,只有一些灌木和偶尔的三两棵松树,方丈指着其中最高大的一棵说:"这棵树是这里最高的,可它能做什么呢?"玄奘围着树看了看,这棵松树乱枝纵横,树干又短又扭曲,玄奘说:"它只能做煮粥的薪柴。"

方丈又信步带玄奘到那一片郁郁葱葱的林子中去,林子遮天蔽日,棵棵松树秀颀、挺拔。方丈问玄奘说:"为什么这里的松树每一棵都这么修长、挺直呢?"

玄奘说:"都是为了争着承接天上的阳光吧!"方丈郑重地说:"这些树就像芸芸众生啊,它们长在一起,就是一个群体,为了一缕的阳光,为了一滴的雨露,它们都奋力向上生长,于是它们棵棵可能成为栋梁。而那远离群体零零星星的三两棵树,一团一团的阳光是它们的,许许多多的雨露是它们的,在灌木中它们鹤立鸡群,没有树和它们竞争,所以,它们就成了薪柴啊!"

玄奘听了,便明白了,惭愧地说:"法门寺就是这一片莽莽苍苍的大林子,而山野小寺就是那棵远离树林的树了。方丈,我不会再离开法门寺了!"

在法门寺这片森林里,玄奘苦心潜修,后来,终于成为一代名僧。他的枝叶,不仅伸过云层,伸过了天空,而且,承接了西天辉煌的佛光。是的,一个成才的人是不能远离社会这个群体的,就像一棵大树,不能远离森林。

## 作品简析

文中,方丈信步把玄奘带到一片"郁郁葱葱"的大林子中,"林子遮天蔽日,棵棵松树秀颀、挺拔",这些树长在一起,"为了一缕阳光,为了一滴雨露,它们都奋力向上生长,于是它们棵棵可能成为栋梁。"至此,方丈终于让玄奘明白:法门寺就是一片莽莽苍苍的大林子,在这个群体里,大家在一起竞争,每个人都会不断努力,力争上游,所以终究都可能成为栋梁,而在偏僻小寺,虽然鹤立鸡群,但因缺少竞争,终会闭门造车,坐井观天,成绩平平。

## 高贵的秘密

一个精明的荷兰花草商人,从遥远的非洲引进了一种名贵的花卉,培育在自己的花圃里,准备到时候卖上个好价钱。对这种名贵花卉,商人爱护备至,许多亲朋好友向他索要,一向慷慨大方的他却连粒种子也不肯给,他计划繁育三年,等拥有上万株后再开始出售和馈赠。

第一年的春天,他的花开了,花圃里万紫千红,那种名贵的花开得尤其漂亮,就像一缕缕明媚的阳光。第二年的春天,他的这种名贵的花已繁育出了五六千株,但他和朋友们发现,今年的花没有去年开得好,花朵略小不说,还有一点点的杂色。到了第三年的春天,他的名贵的花已经繁育出了上万株,但令这位商人沮丧的是,那些花朵已经变得更小,花色也差多了,没有了它在非洲时那种雍容和高贵。

当然,他也没能靠这些花赚上一大笔。

难道这些花退化了吗?可非洲人年年种养这种花,大面积、年复一年地种植,并没有见过这种花会退化呀。百思不得其解,他便去请教一位植物学家,植物学家拄着拐杖来到他的花圃看了看,问他:"你这花圃隔壁是什么?"

他说:"隔壁是别人的花圃。"

植物学家又问他:"他们种植的也是这种花吗?"

他摇摇头说:"这种花在全荷兰,甚至整个欧洲也只有我一个人有,他们的花圃里都是些郁金香、玫瑰、金盏菊之类的普通花卉。"

植物学家沉吟了半天说:"我知道你这名贵之花不再名贵的致命秘密了。"植物学家接着说:"尽管你的花圃里种满了这种名贵之花,但和你的花圃毗邻的花圃却种植着其他花卉。你的这种名贵之花被风传授了花粉后,又染上了毗邻花圃里的其他品种的花粉,所以你的名贵之花一年不如一年了,越来越不雍容华贵了。"

商人问植物学家怎么办,植物学家说:"谁能阻挡住风传授花粉呢?要想使你的名贵之花不失本色,只有一种办法,那就是让你邻居的花圃里也都种上你的这种花。"

于是商人把自己的花种分给了自己的邻居。次年春天开花的时候,商人和邻居的花圃几乎成了这种名贵之花的海洋——花朵又肥又大,花色典雅,朵朵流光溢彩、雍容华贵。这些花一上市,便被抢购一空,商人和他的邻居都发了大财。

近朱者赤,近墨者黑。高贵也是这样,没有一种高贵可以遗世独立。要想保持自己的高贵,就必须拥有高贵的"邻居"。要想拥有一片高贵的花的海洋,就必须与人分享美丽,同大家共同培植美丽。只有这样,我们才能保持自身的纯洁和华贵。

心灵无私,这是我们保持自身高贵的唯一秘密。

在这个故事里,植物学家的话到底暗示着什么呢?原来这句话的背后隐藏着一个不为人知的道理,这个道理使这位商人的花变得流光溢彩、雍容华贵,恢复了它本有的姿态,更重要的是让他尝到了与人分享快乐的滋味,这个道理就是:"近朱者赤,近墨者黑。"

是啊,高贵也是这样,没有一种高贵可以遗世独立。

> **作品简析**
>
> 　　文章以商人开始对新引进的花的吝惜,到花在邻居家遍地开放这一转折,引出了文章的主旨———"高贵该怎样保持?"对美的独自占有就如同在杂草中的鲜花一样,虽然独自拥有美,同时享受着别人的美慕,然而这一丝美说不定哪一天就葬身在哪个粗心人的手中,仅剩下一声惋惜。所以,只有心灵无私,才能保持自身的纯洁和华贵。这也是保持自身高贵的唯一秘密!

## 给每一棵草以开花的机会

　　朋友去远方做事,把他在山中的庭院交给我留守,那是一座幽静而美丽的院落,在一片葱葱郁郁的树林的中间,红砖青砖,院子内外鸟语花香,就像是一幅幽美的风景画。

　　我尤其喜欢这个庭院的院子,有半个篮球场大,除了临墙的地方扎了一道篱笆种些时令青菜外,其余的地方都空着,清晨或黄昏时,搬一把小椅子坐在院子里品茗读书,天空里云舒霞卷,或朝阳或落照,耳边是鸟语和缕缕山野清风,这时读一卷旧书,挺有古典的诗意。

　　朋友是个辛勤人,院子里常常打扫得干干净净、寸草不生。而我却很懒,除了偶尔扫一扫院子里被风吹进来的一些落叶,那些破土而出的草芽我却从不去拔它,任它们疯长。初春时,在院子左侧的石凳旁,冒出了几簇绿绿的芽尖,叶子嫩嫩的、薄薄的,我以为是芨芨草,也没有去理会它,直到二十多天后,它们的叶子蓬蓬勃勃伸展开了,我才发觉它们不是芨芨草,叶子又薄又长,像是院外林间里幽幽的野兰。如果真的是野兰,家有幽兰徐徐绽香,那将多么富有诗意啊。

　　暮夏时,那草果然开花了,五瓣的小花氤氲着一缕缕的幽香,花形如林地里那些兰花一样,只可惜它是蜡黄的,不像林地里的那些野兰,花朵是紫色或褐红的。我采撷了它的一朵花和几条叶子,下山去找我的一位研究植物的朋友,朋友一看,顿时欣喜若狂,忙问我这花是在哪儿采到的。我同他讲了,朋友欣喜地恭贺我说:"你发财了!"我不解地望着朋友,朋友兴奋地解释说:"这是兰花的一个稀有品种,许多人穷尽了一生都很难找到它,如果在城市的花市上,这种腊兰一棵至少价值万余元。"

　　"腊兰?"我也愣了。

　　夜里,我就挂电话把这喜讯告诉了远在南方的朋友。"腊兰?一棵就价值万元?就长在我院子的石凳旁?"朋友一听也愣了。过了一会儿,他告诉我说,其实那株腊兰每年都要破土而出的,只是他以为它不过是一株普通的野草而已,每年春天它的芽尖刚出土就被他拔掉了。朋友叹息说:"我几乎毁掉了一种奇花啊,如果我能耐心地等它开花,那么几年前我就能发现它的。"

　　是的,我们谁又没有错过自己人生中的几株腊兰呢?我们总是盲目地拔掉那些还没有来得及开花的野草,没有给予它们开花结果证明它们自己价值的时间,使许多原本珍奇的"腊兰"总是同我们失之交臂。

　　给每一棵草以开花的时间,给每一个人

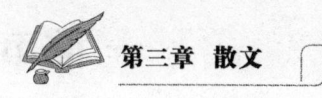

以证明自己价值的机会,不要盲目地去拔掉一棵草,不要草率地去否定一个人,那么,我们将会得到多少的人生"腊兰"啊!

**作品简析**

对于每一个鲜活的生命个体,无论成功或者平凡,他们都同样希望展示自我。我们应该给每个人提供一个舞台,让每一个人都有一次证明自己的机会,因为,每棵草都有一颗开花的心,不论这棵草有多卑微。不要盲目地去拔掉一棵草,我们将会得到多少的"腊兰"!不要草率地去否定一个人,他可能就是改变我们一生的那一个!

## 沙漠之树

有两个人,都在一片荒漠上栽上了一片胡杨树苗。苗子成活后,其中一个人每隔三天,都要挑起水桶,到荒漠中来,一棵一棵地给他的那些树苗浇水。不管是烈日炎炎,还是飞沙走石,那人都会雷打不动地挑来一桶一桶的水,一一浇他的那些树苗,有时刚刚下过雨,他也会来,锦上添花地给那些树苗再浇一瓢。老人说,沙漠里的水漏得快,别看这三天浇一次,树根其实没吮吸到多少水,都从厚厚的沙层中漏掉了。

而另一个人呢,就悠闲得多了。树苗刚栽下去的时候,他来浇过几次水,等到那些树苗成活后,他就来得很少了,即使来了,也不过是到他栽的那片幼林中去看看,发现有被风吹倒的树苗就顺手扶一把,没事儿的时候,他就在那片树苗中背着手悠闲地走走,不浇一点儿水,也不培一把土,人们都说,这人栽下的那片树,指定成不了林。

过了两年,两片胡杨林树苗都长得有茶杯粗了,忽然有一夜,狂风从大漠深处卷着一柱柱的沙尘飞来,飞沙走石,电闪雷鸣,狂风卷着滂沱大雨肆虐了一夜,第二天风停的时候,人们到那两片幼林里一看,不禁十分惊讶:原来辛勤浇水的那个人的树几乎全被暴风给刮倒了,有许多树几乎被暴风连根拔了出来,摔折的树枝,倒地的树干,被拔出的一蓬蓬黝黑的根须,几乎惨不忍睹。而那个悠闲的不怎么给树浇水的人的林子,除了一些被风撕掉的树叶和一些被折断的树枝外,几乎没有一棵被风吹倒或者吹歪的。

大家都大惑不解。

那人微微一笑说:"他的树这么容易就被风暴给毁了,就是因为他的树浇水浇得太勤,施肥施得太勤了。"

人们更迷惑不解了,难道辛勤为树施肥浇水是个错误吗?

那人顿了顿叹了口气说:"其实树跟人是一样的,对它太殷勤了,就培养了它的惰性,你经常给它浇水施肥,它的根就不往泥土深处扎,只在地表浅处盘来盘去。根扎得那么浅,怎么能经得起风雨呢?如果像我这样,把它们栽活后,就不再去理睬它,地表没有水和肥料供它们吮吸,逼得它们不得不拼命向下扎根,恨不得把自己的根穿过沙土层,一直扎进到地底下的泉源中去,有这么深的根,我何愁这些树不枝叶繁茂,何愁这些树会轻易就被暴风刮倒呢?"

别给生命以适合的温床,生命的温床上只能诞生生命的灾难。要想使你的生命之树能根深叶茂顶天立地,那就不能给它太足的水分和肥料,要逼迫它奋力向下自己扎根。

不管是一棵草,还是一棵树,怎样的条件就会造成怎样的命运。温床上是长不出参天大树的,襁褓里藏着的绝不是伟人。

### 作品简析

两个人在同一片沙漠种下胡杨。一片树林的主人对胡杨照顾得无微不至,另一片树林的主人则顺其自然,可是一场暴风雨过后,两片树林结果出人意料,倒下的竟是被照顾得无微不至、看起来粗粗壮壮的那片,这就告诉我们一个道理:很多时候我们要靠自己努力拼搏,才能经受生活的风吹雨打而长成参天大树!

## 母亲的贺卡

那是许多年前的事了。当时他刚刚20岁,跑到南方一个海滨城市做生意,没想到生意彻底赔了,血本无归不说,还债台高筑,连回家的路费也没有了。

就要到春节了,他想了又想,给母亲写了最后一封信说,如果他春节不回家,可能将永远不回家了,请老人珍重,忘掉他这个不争气的儿子吧。他那远在北方偏僻农村的母亲收到他这封沮丧又绝望的信,悲伤地哭了很久。这个世界上,她最牵挂的,就是这唯一的儿子,他是她的魂啊。

母亲找来邻居家的一个孩子,又从抽屉里找到一张已经有些泛黄的贺卡,让那孩子代笔,在贺卡上歪歪扭扭写上了一行留言:"孩子,你不回家,妈也不想再活了。"

母亲拄着拐杖赶到几十公里外的镇上,把那张贺卡丢进镇上小邮电所外那个绿漆斑驳的邮筒里。那天的雪真大啊,风也刮得呼呼作响,从村里到镇上,母亲摔了几次跤,纷纷扬扬的大雪,几乎把母亲裹成一个笨笨的雪人了。

天刚擦黑的时候,小邮电所的分发室里,几个人正点着几盏油灯在分拣信件,一个年轻的女营业员首先看到了那张贺卡,她说:"咦,这张贺卡怎么不贴邮票呢"?

的确,那是一张需要贴邮票的老式贺卡,已经有些发黄了。这样的贺卡早就没用了。女营业员看了贺卡上的留言,将已举到废纸篓旁的手缩了回来了,对老所长说:"你看,这张没贴邮票的贺卡。"

头发灰白的老所长眯着眼睛仔细看了看那泛黄的贺卡,一双本来就有些哆嗦的手更哆嗦了,他说:"这张贺卡就是没贴邮票也不能退回原址,更不能扔,我们要马上把它投出去。"老所长一脸凝重的神色。

第二天早上4点多,老所长就骑着他那辆看上去和他一样老的自行车上路了。本来,按照往常的惯例,这么大的雪,天气又这样冷,所里是可以不去县城送或者取邮件的,三四十公里的山路,白雪皑皑的,路上的积雪太厚,又很少有行人,这样的行程太危险。但老所长看着没贴邮票的贺卡,仿佛就看见了两条站在悬崖边上的生命,绝望的孩子,还有抱着仅仅一丝希望的一位老母亲。老所长的眼眶湿了,他顾不上自己那天一冷就隐隐作痛的老寒腿,把那张没贴邮票的贺卡掖在贴胸的口袋里,骑上车就摇摇晃晃地冒着纷纷扬扬的大雪上路了。

分发室的人很惊讶地说:"这么大的雪你还跑什么,不想要你那半拉子老命了"?

老所长笑了笑,顾不上喝一口热茶暖暖身子,就从贴身的口袋掏出那张贺卡说:"这贺卡忘贴邮票了,但它拴着两条人命呢,说什么我们都要把它投出去。"分发室的人一一接过那张还有着老所长体温的贺卡传着看了看说:"寄,马上就寄,这张贺卡一点都不能耽误。"他们啪地在贺卡砸上了黑亮的邮戳,想想又在那张贺卡的空白边缘上郑重地写了一行黑体小字儿:"这是一张很重要的贺卡,望能迅速投递。"落款是"礼城县邮局全体同仁"。在落款上,他们又盖上了一枚黑亮的邮戳。

雪还在纷纷扬扬地下着,但夜里 10 点多,邮车却上路了。这是邮车第一次走夜路,何况还飘着那么大的雪。

局长让胖胖的司机看了看那张贺卡问:"什么时间往市邮局送?"胖司机笑笑说:"您别将我的军,我还能不知道什么时候送,这张贺卡,今夜不投递到市局去,我的觉就甭想睡得着了。"

局长拍拍胖司机的肩膀,招呼了两个年轻人随车一起去,再三叮嘱他们说:"今晚一定要送到市局去。"

炽亮的车灯照在地面的积雪上,比白天的阳光还耀眼,邮车摇摇晃晃地冒着大雪上路了。黎明时分,邮车终于停在了市邮局大门口。胖司机亲手提着那件装着这张贺卡的邮包走到分发室,市邮局的人很诧异,什么十万火急的邮件啊,竟冒着大雪和危险连夜赶来?胖司机取出那张没贴邮票的贺卡说:"赶不上你们今早的分发,今年的春节我也甭想过得踏实。"

市邮局的人看了贺卡,迅速分拣好,拍拍胖司机的肩膀说:"8 点准时让它上火车,耽误了它,我们和你老兄一样心里很难踏实。"

8 点的时候,那张贺卡和一些邮件被准时送到了远去的火车上,开始了它的新一程传递。

他是在 4 天之后的深夜收到母亲的这张贺卡的。那时,他已蜷缩在一个偏僻小旅馆里的通铺上睡熟了,睡眼惺忪的旅店老板叫醒了他说:"有你的一个邮件,我让邮递员给我转交给你就行,但邮递员非要亲手交给你。"

跑得汗津津的邮递员说:"本来这张贺卡是明天早上送的,但既然今天晚上就分到我的邮包里,今天晚上不送到你手上,我这心里不踏实。"说着,就把那张辗转了万里的贺卡递给了他。

"怎么没贴邮票?"他看看手中的那张贺卡愣了。

"是没贴邮票,可它就这么一程一程地投递过来了。"邮递员微笑着看着他说。

他看看贺卡上母亲的留言和边缘空白处那行陌生人留下的小字,哇的一声哭了。

旅店里的其他旅客听到他的号啕大哭都纷纷披衣围了过来,大家默默地传递着看了那张泛黄的、没有邮票的贺卡,默默地掏出钱放到他的面前说:"回家去吧,你妈在家等着你呢。"

那一堆钱有 10 块、5 块的,有 1 块的,还有角票和许多硬币;他知道,住到这地方的人,都是些经济不太宽裕的人。

怀揣着那张贺卡,他终于踏上了北归的列车。如今,年过40的他,已是北方一个大公司的总经理了,他和善,乐于助人,似乎他开公司不是要赚钱的,只是为了一种雪中送炭的施舍。他的办公桌上,总放着那张泛黄的用玻璃镶起来的贺卡。

只有他知道,爱是一个人一个人一程程一程程传递过来的,就像是一种生命的接力。当初,那么多陌生人将爱传到了他手上,把爱传下去,那是他一生唯一的任务,那张贺卡没贴邮票,但曾被许多陌生的爱心传递给他了,爱,是通行于生命的唯一邮票。如果把爱的心灵一颗颗地串起来,那世界将是多么璀璨的一串水晶啊。

没事的时候,他常常默默凝视着那张母亲的贺卡,那张没有邮票的贺卡,他的眼里常常会涌满泪水。为母亲,更为那些直到现在他仍不知道名字的人们,也许,是为了生命之间那些闪烁着爱的光芒的心灵吧。

爱,是不会忘记的。

### 作品简析

本文以母亲的贺卡为线索,按时间顺序叙述了传递一张没贴邮票的贺卡的故事。本文既刻画了老所长这一个体形象,又描写了邮局工作人员和其他旅客等群体形象,有点有面,主次分明,描写手法多样,语言朴实而令人感动。母亲的贺卡的传递就是爱的传递,正如文中所说"爱,是通行于生命的唯一邮票。如果把爱的心灵一颗颗地串起来,那世界将是多么璀璨的一串水晶"。最后一句"爱,是不会忘记的"更是点睛之笔,不但总括全文,更升华了主题。

# 苏霍姆林斯基

### 作者简介

苏霍姆林斯基(1918—1970),苏联著名教育实践家和教育理论家,在世界上享有盛誉。苏霍姆林斯基在从事学校实际工作的同时,进行了一系列教育理论问题的研究,写有《给教师的一百条建议》《把整个心灵献给孩子》《帕夫雷什中学》《公民的诞生》《失去的一天》和《给女儿的信》等教育专著。

### 课文回顾

苏霍姆林斯基是世界著名的教育家,他把自己的一生都献给了教育事业和全世界的孩子们。我们来回顾一下二年级下册(人教版)语文课中《我不是最弱小的》一文,看看自己能从中受到哪些教育或启示。

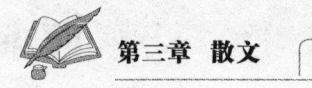

## 我不是最弱小的

夏天的一个周末,五岁的萨沙和哥哥托利亚,跟父母一起到森林中去玩。森林里的景色是那么美好,空气是那么清新。他们来到林中的一片空地。那里盛开着美丽的铃兰花。

"看!这儿还有一朵野蔷薇呢!"大家被萨沙的叫声吸引过来。原来有一丛野蔷薇,被铃兰花簇拥着,开出了第一朵粉红色的花。带着露珠的花朵随风舞动,芬芳扑鼻。一家人坐在野蔷薇旁边,聊起天来。

突然,雷声大作,天上飘下几滴雨点,紧接着,下起了倾盆大雨。妈妈赶紧从背包里拿出雨衣递给身边的托利亚,托利亚又把雨衣给了萨沙。

萨沙不解地问:"妈妈,您和托利亚都需要雨衣呀,为什么要给我呢?"

妈妈回答说:"我们应该保护比自己弱小的。"

萨沙又问:"这就是说,我是最弱小的了?"

"要是你谁也保护不了,那你就是最弱小的。"妈妈说着摸了摸萨沙的脑袋。

萨沙朝蔷薇花丛走去。大雨已经打掉了两片蔷薇花瓣,花儿无力地垂着头,显得更加娇嫩。萨沙掀起雨衣,轻轻地遮在蔷薇花上,问道:"妈妈,现在我还是最弱小的吗?"

妈妈笑着说:"不,不,你能保护更弱小的,你是勇敢的孩子啦!"

### 作品简析

本文讲述了这样一个动人的故事:在森林中突然遇到大雨,妈妈把雨衣递给托利亚,托利亚又把雨衣递给了萨沙,弱小的萨沙看到蔷薇花被大雨打掉了两片花瓣,就把雨衣轻轻地遮在蔷薇花上。通过雨衣的传递,萨沙不仅感受到了被爱的幸福,更感受到了施爱的美好。本文可贵之处在于,它告诉大家:世界需要爱,而爱则需要传递,只有学会关爱别人,才能使自己真正成长。

### 拓展阅读

## 因为我是人

夜幕降临。路上走着两个人,父亲和他7岁的儿子。路中间有一块石头。父亲没有发现石头,绊了一下,碰疼了脚,他很痛。他哼哼着绕过了石头,牵着孩子的手继续往前走。

第二天,父亲和儿子从原路往回走。父亲又没有发现石头,又绊了一下,碰疼了脚。

第三天,父亲和儿子又走这条路。离石头还很远。父亲对儿子说:"儿子,仔细看着点儿。应该绕开石头。"

父亲两次绊倒、碰疼脚的地方到了。父

亲和儿子放慢了脚步,但石头已经没有了。在路边上坐着一位灰白头发的老人。

"爷爷,"男孩问,"您在这里没有看到一块石头吗?"

"我把它从路上搬开了。"

"您也绊倒了,碰疼了脚?"

"没有,我没有绊倒,也没有碰疼脚。"

"那么您为什么要把石头搬开?"

"因为我是人。"

男孩迷惑不解地站在那里。

"爸爸,"他问,"难道您不是人?"

### 作品简析

本文主要是通过语言描写塑造人物形象的,尤其"因为我是人"一句,包含着深刻的道理——人应该具有高尚的道德情操,要懂得把绊倒自己的石头搬走,留给他人方便。反问结束全文,表面是对老人回答的不解,实际上是对爸爸的巧妙讽刺。这个耐人寻味的结尾留给读者很多深思。

# 失去的一天

妈妈清晨去上班,她把九岁的佩佳叫醒,对他说:"你已经放假了。你今天的任务是在农舍旁边栽一棵树,读完《远处的青山》这本书。"

佩佳想再睡一会儿,妈妈上班的时候睡觉才香呢!当他醒来时,太阳已经当空,他想马上开始干活儿,不过他又想了想:还来得及呢!

佩佳坐在一棵高大的绿荫如伞的桑树下,他想:"我在这里坐一会儿再开始干活儿吧。"

然后他跑到果园里去,吃了一些鲜果,跟蝴蝶嬉戏了约莫半个小时,尔后又在桑树下坐了下来。

傍晚,妈妈回来了,她问儿子:"说说看,孩子,你都干了些什么?"

可佩佳什么事也没做,他羞愧得不敢望着母亲的眼睛。

"可你要知道,我的孩子,现在地球上少栽一棵树,人们中间就少了一个知道什么叫《远处的青山》的人。现在,无论你多么努力,也无法了解你丢失的这一天所应了解的一切。走吧,我会告诉你,人们在你失去的这一天当中做了些什么事。"

妈妈把儿子领到一块刚犁过的田地上,用手指着说:"昨天这里还是一片收割后的麦茬地,今天已全部翻耕了一遍。这是拖拉机手干的活儿。"

妈妈把儿子领到用砖砌成的墙跟前,说道:"这里早晨还只有花岗石打下的基脚,可现在已经是一堵用砖砌好的墙啦,瞧砌工干得多么出色。"

妈妈把儿子领到一座白色大楼跟前,这里的一切——空气也好,墙壁也好,甚至楼房前面的青草地也好——都散发出面包的芳香。

"这是面包房。早晨,这些面包还是面粉,可现在令人垂涎欲滴……面包师整天工作,汽车一开来,面包就运到商店里去了。"

最后，母子俩走进了图书馆。图书管理员指着一个大书架，书架上摆着很多书。

"这些书是今天大家看完的，是不久前刚还来的，而且又借走了同样这么多的新书。"

"可我却游手好闲……"佩佳想了想，低下了头。现在他明白了什么叫做"失去的一天"。

### 作品简析

本文对儿子的心理描写非常详细，如：儿子在妈妈回来之前的懒惰，在妈妈回来后的羞愧，以及受到妈妈教育后的领悟，都写得非常生动。儿子的这种心理变化过程，突出了妈妈善于启发和教育的特点。"现在，无论你多么努力，也无法了解你丢失的这一天所应了解的一切"等语句，不仅教育了儿子，也让读者深受启发。

# 普里什文

### 作者简介

普里什文(1873—1954)，苏联作家，作品主要以"人与自然"为题材，倡导人与自然的和谐、平等、统一。他笔下的大自然生机勃勃，充满诗意和理智，每一种生灵都有各自的鲜明个性。主要作品有《大自然日历》《大地的眼睛》《人参》和《魔术家的锁链》等。

### 课文回顾

《金色的草地》是三年级上册(人教版)语文课本中的文章。读完这篇课文之后，我们将会领略到异国乡下的美丽景象，会对那里充满向往。

## 金色的草地

我们住在乡下，窗前是一大片草地。草地上长满了蒲公英。当蒲公英盛开的时候，这片草地就变成金色的了。

我和弟弟常常在草地上玩耍。有一次，弟弟跑在我前面，我装着一本正经的样子，喊："谢廖沙！"他回过头来，我就使劲一吹，把蒲公英的绒毛吹到他脸上。弟弟也假装打呵欠，把蒲公英的绒毛朝我脸上吹。就这样，这些并不引人注目的蒲公英，给我们带来了不少快乐。

有一天，我起得很早去钓鱼，发现草地并不是金色的，而是绿色的。中午回家的时候，我看见草地是金色的。傍晚的时候，草地又变绿了。这是为什么呢？我来到草地上，仔细观察，发现蒲公英的花瓣是合拢的。原来，蒲公英的花就像我们的手掌,可以张开、合上。花朵张开时,它是金色的,草地也是金色的;花朵合拢时,金色的花瓣被包住,草地就变成绿色的了。

多么可爱的草地!多么有趣的蒲公英!从那时起,蒲公英成了我们最喜爱的一种花。它和我们一起睡觉,和我们一起起床。

## 作品简析

本文讲述了作者兄弟两人在草地上自由自在、尽情玩耍的情景,表现了童年生活的欢乐。草地不仅给他们的生活带来了快乐,还给他们带来了探索发现的喜悦,文章表达了作者对自然、对生活的热爱之情。

## 拓展阅读

## 春天的转变

白天,空中的一个高处挂着"猫尾巴",另一个高处云团浮沉,有如一大队数不清的船只。我们真不知道天会刮旋风,还是逆旋风。

到了傍晚,才都明显起来:正是在今天傍晚,梦寐以求的转变开始了,没有打扮的春天要转变为万物翠绿的春天了。

我们到一片野生的森林中去侦察。云杉和白桦之间的木墩上残留着枯黄的芦苇,使我们回想起春天和秋天的时候,这片森林该是如何密不透光,无法穿越的。我们是喜欢这种密林的,因为这里空气温暖宜人,万物春意深浓。突然近旁水光闪一闪,原来那是涅尔河,我们欢欣若狂,便奔了河岸去,仿佛一下子到了另一个气候温暖的国度,那里生活沸腾,沼泽上的百鸟争鸣不休,大鹬、沙锥好像小神马在阴暗下来的空中驰骋,野乌鸡呼唤着伴侣,白鹤几乎就在我们的身边发出喇叭般的信号……总之,这儿的一切都是我们所喜爱的,连野鸭也敢落在我们对面的澄清的水中。人的声音一点也没有;既没有鸟笛声,也没有发动机的嘟嘟声。

就在这个时刻,春天的转变开始了,万物生长,百花争艳。

## 作品简析

本文的景物描写非常成功。作者善于抓住特点写景,融情入景,如通过描写森林中的景象,通过云的描写表现天气变化的前兆,通过鸟类的活动表现早春特有的美丽景象,通过运用精当的比喻,把形态各异的云朵生动地展现在读者眼前,从而表达出作者对大自然的热爱之情。

# 杨　花

白杨树上的鞭毛虫,它们正把杨花纷纷撒落下来。蜜蜂儿迎着太阳顶风飞着,犹如飞絮一般。你简直分辨不出,那是飞絮,还是蜜蜂,是植物种子飘落下来求生呢,还是昆虫在飞寻猎物。

静悄悄的,杨花蒙蒙飞舞,一夜之间就铺满了各处道路和小河湾,看去好像盖上了一层皑皑白雪。我不禁回想起了一片密密的白杨树林,那儿飘落的白絮足有一厚层。我们曾把它点上了火。火势就在密林中猛散开来,使一切都变成了黑色。

杨花纷飞,这是春天里的大事。这时候夜莺纵情歌唱,杜鹃和黄鹂一声声啼啭,夏天的鸫鹩也已试起歌喉了。

每一回,每一年春天,杨花漫天飘飞的时候,我心里总有说不出的忧伤:白杨种子的浪费,好像竟比鱼在产卵时的浪费更加大,这使我难受而不安。

在老的白杨树降白絮的时候,小的却把肉桂色的童装换为翠绿色的丽服;就像农村里的姑娘,在过年过节串门游玩的时候,时而这么打扮,时而那么打扮一样。

人的身上有大自然的全部因素:只要人有意,便可以和他身外所存在的一切互相呼应。

就说这根被风吹下来的白杨树枝吧,它的遭遇多么使我们感动:它躺在地下林道的车辙里,身上不止一天地忍受着车轮的重压却仍然活着,长出白絮,让风给吹走,带它的种子去播种⋯⋯

拖拉机耕地,不能机耕的地方用马来耕;分垄播种机播种,不能机播的地方用筐子照老法子来播,这些操作的细节令人看不胜看⋯⋯

雨过后,炎热的太阳把森林变成了一座暖房,里面充满了正在生长和腐烂的植物的醉人芳香:生长着的是白桦的叶芽和纤茸的春草,腐烂的是别有一种香味的去岁的黄叶。旧干草、麦秆以及长过草的浅黄色的土墩上,都生出了芊绵的碧草。白桦的花穗也已绿了。白杨树上仿佛小毛虫般的种子飘落着,往一切东西上面挂着。就在不久以前,去岁硬毛草的又高又浓又密的圆锥花序,还高高地兀立着,摇来摆去,不知吓走了多少兔子和小鸟。白杨的小毛虫落到它身上,却把它折断了,接着新的绿草又把它覆盖了起来。不过这不是很快的,那黄色的老骨骼还长久地披着绿衣,长着新春的绿色的身体。

第三天,风来撒播白杨的种子了。大地不倦地要着越来越多的种子。微风轻轻送来,飘落的白杨种子越来越多。整个大地都被白杨的小毛虫爬满了。尽管落下的种子有千千万,而且只有其中的少数才能生长,却毕竟一露头就会成为葱茸的小白杨树林,连兔子在途中遇上都会绕道而过。

小白杨之间很快会展开一场斗争:树根争地盘,树枝争阳光。因而人就把它们疏伐一遍。长到一人来高时,兔子开始来啃它的树皮吃。好容易一片爱阳光的白杨树林长成,那爱阴影的云杉却又来到它的帷幕下面,胆怯地贴在它的身边,慢慢地长过它的头顶,终于用自己的阴影绝灭了爱阳光的不停地抖动着叶子的树木⋯⋯

当白杨林整片死亡,在它原来地方长成的云杉林中西伯利亚狂风呼啸的时候,却会有一棵白杨侥幸地留存在附近的空地上，树上有许多洞和节子，啄木鸟来凿洞，椋鸟、野鸽子、小青鸟却来居住，松鼠、貂常来造访。等到这棵大树倒下，冬天时候附近的兔子便来吃树皮，而吃这些兔子的，则是狐狸。这里成了禽兽的俱乐部，整个森林世界都像这棵白杨一样，彼此有千丝万缕的联系，都应该描绘出来。

我竟倦于看这一番播种了，因为我是人，我生活在悲伤和喜悦的经常交替之中。现在我已疲乏，我不需要这白杨，这春天，现在我仿佛感到，连我的"我"也溶解在疼痛里，就连疼痛也消失了——什么都不存在了。我默默地坐在老树桩上，把头捂在手里，把眼盯在地上，白杨的小毛虫落了我一身，也毫不在意。无所谓坏的，无所谓好的……我之存在，像一颗撒满白杨种子的老树桩的延续。

但是我休息过来了，惊讶地从异常欢愉的安谧之海中恍然苏醒，环视了四周，重新看到了一切，为一切而欣喜。

### 作品简析

作者在文中采用了拟人的表现手法，赋予动物和植物鲜活的形象，自然流露出了作者对大自然的热爱之情。欢快的夜莺、顽强的白杨、胆怯的云杉、顽皮的兔子等，都给读者留下了深刻的印象。美丽的景色令人陶醉，但作者在欣喜之余，还联想到白杨成活的艰难，表达了对白杨顽强生命力的赞叹，抒发了自己独特的人生感悟。

## 人类的镜子

要想了解大自然，就要和人类十分亲近，那时大自然将成为一面镜子，因为人类的心灵里包含着整个大自然。

大自然——这就是为全人类的经济提供的材料，也是我们每一个人走向真理之路的镜子。只要好好思索一下自己的道路，然后根据自己切身的体会去看大自然，那么必然会在那儿看到你个人思想、感情的感受。

看起来这似乎是多么简单——两滴雨点在电线上互相追逐，一滴雨珠耽搁了一下，另一滴赶上了它，于是两滴水合为一滴，一起落到了地上，这么简单！但如果想想自己，想想人们在孤独中，彼此尚未相遇，尚未会合在一起时心中的感受。带着这些想法去研究水滴的结合，那么就会发现，两滴水溶合在一起，原来也并不是那么简单。

如果献身于这种研究工作，那么就会像在镜子里一样看见人类的生活，就会发现，整个大自然就是整个人类——这位帝王——生活像镜子一样的见证者。

大自然里有水，它的镜子映照出天空、山峦和森林。人类不仅自己站起来，他同时还拿起镜子，照见了自己，于是开始仔细端详自己照出来的形象。

狗在镜子里照见自己，认为那是另一条狗，而不是它自己。

很可能只有人能够懂得，镜子里的形象就是他自己。

一部文化史就是一篇故事，叙述人类在镜子里看到了什么，而且用他在这面镜子里还将看到什么的形式来描绘我们的全部未来。

**作品简析**

本文普里什文把自己写动物和植物的笔记都收录在这部作品中。他称狗、猫、鸟为"老乡",他总能在动物身上看到人类的影子,能感觉到"动物的智慧",甚至能观察到"一棵树的生活",因此,自然界中的动植物便成了"人类的镜子"。同时作者也在告诉人们:大自然——这就是为全人类的经济提供的材料,也是我们每一个人走向真理之路的镜子,只要好好思索一下自己的道路,然后根据自己切身的体会去看大自然,那么必然会在那儿看到我们自己的思想、感情。

# 林中小溪

如果你想了解森林的心灵,那你就去找一条林中小溪,顺着它的岸边往上游或者下游走一走吧。刚开春的时候,我就在我那条可爱的小溪的岸边走过。下面就是我在那儿的所见、所闻和所想。

我看见,流水在浅的地方遇到云杉树根的障碍,于是冲着树根潺潺鸣响,冒出气泡来。这些气泡一冒出来,就迅速地漂走,不久即破灭但大部分会漂到新的障碍那儿,挤成白花花的一团,老远就可以望见。

水遇到一个又一个障碍,却毫不在乎,它只是聚集为一股股水流,仿佛在避免不了的一场搏斗中收紧肌肉一样。水在颤动。阳光把颤动的水影投射到云杉树上和青草上,那水影就在树干和青草上忽闪。水在颤动中发出淙淙声,青草仿佛在这乐声中生长,水影是显得那么调和。

流过一段又浅又阔的地方,水急急注入狭窄的深水道,因为流得急而无声,就好像在收紧肌肉,而太阳不甘寂寞,让那水流的紧张的影子在树干和青草上不住地忽闪。如果遇上大的障碍物,水就嘟嘟哝哝地仿佛表示不满,这嘟哝声和从障碍上飞溅过去的声音,老远就可听见。然而这不是示弱,不是诉怨,也不是绝望,这些人类的感情,水是毫无所知的。每一条小溪都深信自己会达到自由的水域,即使遇上像厄尔布鲁士峰一样的山,也会将它劈开,早晚会到达……

太阳所反映的水上涟漪的影子,像轻烟似的总在树上和青草上晃动着。在小溪的淙淙声中,饱含树脂的幼芽在开放,水下的草长出水面,岸上青草越发繁茂。这儿是一个静静的深水潭,其中有一棵倒树,有几只亮闪闪的小甲虫在平静的水面上打转,惹起了粼粼涟漪。水流在克制的嘟哝声中稳稳地流淌着,它们兴奋得不能不互相呼唤:许多支有力的水都流到了一起,汇合成了一股大的水流,彼此间又说话又呼唤——这是所有来到一起又要分开的水流在打招呼呢。

水惹动着新结的黄色花蕾,花蕾反又在水面漾起波纹。小溪的生活中,就这样一会儿泡沫频起,一会儿在花和晃动的影子间发出兴奋的招呼声。有一棵树早已横堵在小溪上,春天一到竟还长出了新绿,但是小溪在树下找到了出路,匆匆地奔流着,晃着颤动的水影,发出潺潺的声音。有些草早已从水下钻出来了,现在立在溪流中频频点头,算是既对自己影子的颤动又对小溪的奔流的回答。

就让路途当中出现阻塞吧,让它出现好了!有障碍,才有生活:要是没有的话,水便会毫无生气地立刻流入大洋了,就像不明不白的生命离开毫无生气的机体一样。途中有一片宽阔的洼地。小溪毫不吝啬地将它灌满水,并继续前行,而留下那水塘过它自己的日子。有一棵大灌木被冬雪压弯了,现在有许多枝条垂挂到小溪中,像煞一只大蜘蛛,灰蒙蒙的,爬在水面上,轻轻摇晃着所有细长的腿。云杉和白杨的种子在漂浮着。

小溪流经树林的全程,是一条充满持续搏斗的道路,时间就由此而被创造出来。搏斗持续不断,生活和我的意识就在这持续不断中形成。是的,要是每一步都没有这些障碍,水就会立刻流走了,也就根本不会有生活和时间了……

小溪在搏斗中竭尽力量,溪中一股股水流像肌肉似的扭动着,但是毫无疑问的是,小溪早晚会流入大洋的自由的水中,而这"早晚"就正是时间,正是生活。一股股水流在两岸紧挟中奋力前进,彼此呼唤,说着"早晚"二字。这"早晚"之声整天整夜地响个不断。当最后一滴水还没有流完,当春天的小溪还没有干涸的时候,水总是不倦地反复说着:"我们早晚会流入大洋。"

流净了冰的岸边,有一个圆形的小湾。一条在发大水时留下的小狗鱼,被困在这水湾的春水中。你顺着小溪会突然来到一个宁静的地方。你会听见,一只灰雀的低鸣和一只苍头燕雀惊动枯叶的簌簌声竟会响遍整个树林。有时一些强大的水流,或者有两股水流的小溪,呈斜角形汇合起来,全力冲击着被百年云杉的许多粗壮树根所加固的陡岸。

真惬意啊:我坐在树根上,一边休息,一边听陡岸下面强大的水流不急不忙地彼此呼唤,听它们满怀"早晚"必到大洋的信心而互相打招呼声。流经小白杨树林时,溪水浩浩荡荡像一个湖,然后集中流向一个角落,从一米高的悬崖上落下来,老远就可听见哗哗声。这边一片哗哗声,那小湖上却悄悄地泛着涟漪,密集的小白杨树被冲歪在水下,像一条条蛇似的一个劲儿想顺流而去,却又被自己的根拖住。

小溪使我流连,我老舍不得离它而去,因此反倒觉得乏味起来。我走到林中一条路上,这儿现在长着极低的青草,绿得简直刺眼,路两边有两道车辙,里边满是水。在最年轻的白桦树上,幼芽正在舒青,芽上芳香的树脂闪闪有光,但是树林还没有穿上新装。在这还是光秃秃的林中,今年曾飞来一只杜鹃:杜鹃飞到秃林子来,那是不吉利的。

在春天还没有装扮,开花的只有草莓、白头翁和报春花的时候,我就早早地到这个采伐迹地来寻胜,如今已是第十二个年头了。这儿的灌木丛,树木,甚至树墩子我都十分熟悉,这片荒凉的采伐迹地对我说来是一个花园:每一棵灌木,每一棵小松树、小云杉,我都抚爱过,它们都变成了我的,就像是我亲手种的一样,这是我自己的花园。

我从自己的"花园"回到小溪边上,看到一件了不得的林中事件:一棵巨大的百年云杉,被小溪冲刷了树根,带着全部新、老球果倒了下来,繁茂的枝条全都压在小溪上。水流此刻正冲击着每一根枝条,还一边流,一边不断地互相说着:"早晚……"

小溪从密林里流到旷地上,水面在艳阳朗照下开阔了起来。这儿水中蹿出了第一朵小黄花,还有像蜂房似的一片青蛙卵,已经相当成熟了,从一颗颗透明体里可以看到黑黑的蝌蚪。也在这儿的水上,有许多几乎同跳蚤那样小的浅蓝色的苍蝇,贴着水面飞,一会儿就落在水中。它们不知从哪儿飞出来,落在这儿的水中,它们的短促生命,就好像这样一飞一落。有一只水生小甲虫,像铜一样亮闪闪,在平静的水上打转。一只姬蜂往四面八方乱窜,水面却纹丝不动。一只黑星黄粉蝶,又大又鲜艳,在平静的水上翩翩飞舞。这水湾周围的小水洼里长满了花草,早春柳树的枝条也已开花,茸茸的像黄毛小鸡。

小溪怎么样了呢?一半溪水另觅路径流向一边,另一半溪水流向另一边。也许是在为自己的"早晚"这一信念而进行的搏斗中,溪水分道扬镳了:一部分水说,这一条路会早一点儿到达目的地,另一部分水则认为另一边是近路。于是它们分开来了,绕了一个大弯子,彼此之间形成了一个大孤岛,然后又重新兴奋地汇合到一起,终于明白:对于水来说,没有不同的道路,所有道路早晚都一定会把它带到大洋。

我的眼睛得到了愉悦,耳朵里"早晚"之声不绝,杨树和白桦幼芽的树脂的混合香味扑鼻而来。此情此景我觉得再好也没有了,我再不必匆匆赶到哪儿去了。我在树根之间坐了下去,紧靠在树干上,举目望向那和煦的太阳,于是,我梦魂萦绕的时刻翩然而至,停了下来,原是大地上最后一名的我,最先进入了百花争艳的世界。

我的小溪到达了大洋。

## 作品简析

本文写的是在一条林中小溪的岸边走过时的所见所闻。我们可以明显地看到作者对于大自然的爱。他用简洁且热情的笔调拟人化了小溪,并赋予它自信乐观的性格,写出了小溪流经的一路上一切欣欣向荣的样子,甚至连一些并不让人喜欢的苍蝇、甲虫在文中都成了色彩斑斓、生气勃勃的景色的一部分。同时,文章表达了作者对于人生的感想,对于挫折毫不气馁,勇于斗争、勇于胜利的精神。一路上小溪跌跌撞撞、曲曲折折地前进,从密林到空地,最后到达大洋,这与人的一生相同,不会只有失败和挫折,光明的前景总会出现。所以,乐观地看待困难,困难带给我们的便不再仅仅是悲伤与沮丧,而是一种人生宝贵的财富。

# 第四章 小 说

## 鲁 迅

### 作者简介

鲁迅(1881—1936),原名周树人,字豫山,后改为豫才,浙江绍兴人。我国著名文学家、思想家、革命家。他是在发表中国现代文学史上第一篇白话小说《狂人日记》时,才开始使用"鲁迅"这个笔名的。其代表作有:小说集《彷徨》、《呐喊》;回忆性散文集《朝花夕拾》;散文诗集《野草》;杂文集《坟》、《华盖集》、《而已集》、《二心集》等。

### 课文回顾

《少年闰土》是六年级上册(人教版)的课文,文中的闰土这个艺术形象,可不是鲁迅先生凭空想来的,其实他是现实生活中的张闰水,是鲁迅童年记忆中的又一个重要人物,并且深受鲁迅的敬重和怀念。这种感情源自何处?鲁迅闰土之间又有着哪些难忘的故事?我们通过对课文的回顾能找到想要的答案。

## 少年闰土

深蓝的天空中挂着一轮金黄的圆月,下面是海边的沙地,都种着一望无际的碧绿的西瓜。其间有一个十一二岁的少年,项带银圈,手捏一柄钢叉,向一匹猹尽力地刺去。那猹却将身一扭,反从他的胯下逃走了。

这少年便是闰土。我认识他时,也不过十多岁,离现在将有三十年了;那时我的父亲还在世,家景也好,我正是一个少爷。那一年,我家是一件大祭祀的值年。这祭祀,说是三十多年才能轮到一回,所以很郑重。正月里供祖像,供品很多,祭器很讲究,拜的人也很多,祭器也很要防偷去。我家只有一个忙月(我们这里给人做工的分三种:整年给一定人家做工的叫长年;按日给人做工的叫短工;自己也种地,只在过年过节以及收租时候来给一定的人家做工的称忙月),忙不过来,他便对父亲说,可以叫他的儿子闰土来管祭器的。

我的父亲允许了；我也很高兴，因为我早听到闰土这名字，而且知道他和我仿佛年纪，闰月生的，五行缺土，所以他的父亲叫他闰土。他是能装弶捉小鸟雀的。

我于是日日盼望新年，新年到，闰土也就到了。好容易到了年末，有一日，母亲告诉我，闰土来了，我便飞跑地去看。他正在厨房里，紫色的圆脸，头戴一顶小毡帽，颈上套一个明晃晃的银项圈，这可见他的父亲十分爱他，怕他死去，所以在神佛面前许下愿心，用圈子将他套住了。他见人很怕羞，只是不怕我，没有旁人的时候，便和我说话，于是不到半日，我们便熟识了。

我们那时候不知道谈些什么，只记得闰土很高兴，说是上城之后，见了许多没有见过的东西。

第二日，我便要他捕鸟。他说："这不能。须大雪下了才好。我们沙地上，下了雪，我扫出一块空地来，用短棒支起一个大竹匾，撒下秕谷，看鸟雀来吃时，我远远地将缚在棒上的绳子一拉，那鸟雀就罩在竹匾下了。什么都有：稻鸡，角鸡，鹁鸪，蓝背……"

我于是又很盼望下雪。

闰土又对我说："现在太冷，你夏天到我们这里来。我们日里到海边捡贝壳去，红的绿的都有，鬼见怕也有，观音手也有。晚上我和爹管西瓜去，你也去。"

"管贼吗？"

"不是。走路的人口渴了摘一个瓜吃，我们这里是不算偷的。要管的是獾猪，刺猬，猹。月亮地下，你听，啦啦地响了，猹在咬瓜了。你便捏了胡叉，轻轻地走去……"

我那时并不知道这所谓猹是怎么一件东西——便是现在也不知道——只是无端地觉得状如小狗而很凶猛。

"它不咬人吗？"

"有胡叉呢。走到了，看见猹了，你便刺。这畜生很伶俐，倒向你奔来，反从胯下窜了。它的皮毛是油一般的滑……"

我素不知道天下有这许多新鲜事：海边有如许五色的贝壳；西瓜有这样危险的经历，我先前单知道它在水果店里出卖罢了。

"我们沙地里，潮流要来的时候，就有许多跳鱼儿只是跳，都有青蛙似的两个脚……"

啊！闰土的心里有无穷无尽的希奇的事，都是我往常的朋友所不知道的。他们都不知道一些事，闰土在海边时，他们都和我一样，只看见院子里高墙上的四角的天空。

可惜正月过去了，闰土须回家里去。我急得大哭，他也躲到厨房里，哭着不肯出门，但终于被他父亲带走了。他后来还托他的父亲带给我一包贝壳和几支很好看的鸟毛，我也曾送他一两次东西，但从此没有再见面。

## 作品简析

本文通过回忆闰土给"我"讲的看瓜刺猹、雪地捕鸟、海边拾贝、看跳鱼儿等几件事，生动刻画了一个见识丰富而又活泼可爱、聪明能干、机智勇敢的农村少年——闰土的形象，表现了"我"与闰土儿时短暂而又真挚的友谊，表达了"我"对闰土的怀念之情，以及对童年生活的追忆。

## 拓展阅读

# 一件小事

我从乡下跑到京城里,一转眼已经六年了。其间耳闻目睹的所谓国家大事,算起来也很不少;但在我心里,都不留什么痕迹,倘要我寻出这些事的影响来说,便只是增长了我的坏脾气,——老实说,便是教我一天比一天的看不起人。

但有一件小事,却于我有意义,将我从坏脾气里拖开,使我至今忘记不得。

这是民国六年的冬天,大北风刮得正猛,我因为生计关系,不得不一早在路上走。一路几乎遇不见人,好容易才雇定了一辆人力车,教他拉到S门去。不一会,北风小了,路上浮尘早已刮净,剩下一条洁白的大道来,车夫也跑得更快。刚近S门,忽而车把上带着一个人,慢慢地倒了。

跌倒的是一个女人,花白头发,衣服都很破烂。伊从马路上突然向车前横截过来;车夫已经让开道,但伊的破棉背心没有上扣,微风吹着,向外展开,所以终于兜着车把。幸而车夫早有点停步,否则伊定要栽个大斤斗,跌到头破血流了。

伊伏在地上;车夫便也立住脚。我料定这老女人并没有伤,又没有别人看见,便很怪他多事,要自己惹出是非,也误了我的路。

我便对他说:"没有什么的。走你的罢!"

车夫毫不理会,——或者并没有听到,——却放下车子,扶那老女人慢慢起来,搀着臂膊立定,问伊道:

"你怎么啦?"

"我摔坏了。"

我想,我眼见你慢慢倒地,怎么会摔坏呢?装腔作势罢了,这真可憎恶。车夫多事,也正是自讨苦吃,现在你自己想法去。

车夫听了这老女人的话,却毫不踌躇,仍然搀着伊的臂膊,便一步一步地向前走。我有些诧异,忙看前面,是一所巡警分驻所,大风之后,外面也不见人。这车夫扶着那老女人,便正是向那大门走去。

我这时突然感到一种异样的感觉,觉得他满身灰尘的后影,刹时高大了,而且愈走愈大,须仰视才见。而且他对于我,渐渐的又几乎变成一种威压,甚而至于要榨出皮袍下面藏着的"小"来。

我的活力这时大约有些凝滞了,坐着没有动,也没有想,直到看见分驻所里走出一个巡警,才下了车。

巡警走近我说:"你自己雇车罢,他不能拉你了。"

我没有思索地从外套袋里抓出一大把铜元,交给巡警,说:"请你给他……"

风全住了,路上还很静。我走着,一面想,几乎怕敢想到自己。以前的事姑且搁起,这一大把铜元又是什么意思?奖他么?我还能裁判车夫么?我不能回答自己。

这事到了现在,还是时时记起。我因此也时时煞了苦痛,努力地要想到我自己。几年来的文治武力,在我早如幼小时候所读过的"子曰诗云"一般,背不上半句了。独有这一件小事,却总是浮在我眼前,有时反更分明,教我惭愧,催我自新,并且增长我的勇气和希望。

### 作品简析

《一件小事》全文仅一千字左右,描写的是日常生活中的一件小事。文章在歌颂下层劳动人民崇高品质的同时,还反映了知识分子的自我反省,表现出真诚向劳动人民学习的新思想。本篇运用了对比手法,将车夫和"我"对于同一件事的不同态度进行对照,显露出"我"自私自利的渺小,映射出车夫的光明磊落、敢做敢当、关心别人的高大形象。这种对比的妙处在于以间接而含蓄的笔墨突出劳动者的朴实无私。

## 阿长与《山海经》

长妈妈,已经说过,是一个一向带领着我的女工,说得阔气一点,就是我的保姆。我的母亲和许多别的人都这样称呼她,似乎略带些客气的意思。只有祖母叫她阿长。我平时叫她"阿妈",连"长"字也不带;但到憎恶她的时候,——例如知道了谋死我那隐鼠的却是她的时候,就叫她阿长。

我们那里没有姓长的;她生得黄胖而矮,"长"也不是形容词。又不是她的名字,记得她自己说过,她的名字是叫作什么姑娘的。什么姑娘,我现在已经忘却了,总之不是长姑娘;也终于不知道她姓什么。记得她也曾告诉过我这个名称的来历:先前的先前,我家有一个女工,身材生得很高大,这就是真阿长。后来她回去了,我那什么姑娘才来补她的缺,然而大家因为叫惯了,没有再改口,于是她从此也就成为长妈妈了。

虽然背地里说人长短不是好事情,但倘使要我说句真心话,我可只得说:我实在不大佩服她。最讨厌的是常喜欢切切察察,向人们低声絮说些什么事。还竖起第二个手指,在空中上下摇动,或者点着对手或自己的鼻尖。我的家里有一些小风波,不知怎的我总疑心和这"切切察察"有些关系。又不许我走动,拔一株草,翻一块石头,就说我顽皮,要告诉我的母亲去了。一到夏天,睡觉时她又伸开两脚两手,在床中间摆成一个"大"字,挤得我没有余地翻身,久睡在一角的席子上,又已经烤得那么热。推她呢,不动;叫她呢,也不闻。

"长妈妈生得那么胖,一定很怕热罢?晚上的睡相,怕不见得很好罢?……"

母亲听到我多回诉苦之后,曾经这样地问过她。我也知道这意思是要她多给我一些空席。她不开口。但到夜里,我热得醒来的时候,却仍然看见满床摆着一个"大"字,一条臂膊还搁在我的颈子上。我想,这实在是无法可想了。

但是她懂得许多规矩;这些规矩,也大概是我所不耐烦的。一年中最高兴的时节,自然要数除夕了。辞岁之后,从长辈得到压岁钱,红纸包着,放在枕边,只要过一宵,便可以随意使用。睡在枕上,看着红包,想到明天买来的小鼓、刀枪、泥人、糖菩萨……然而她进来,又将一个福橘放在床头了。

"哥儿,你牢牢记住!"她极其郑重地说,"明天是正月初一,清早一睁开眼睛,第一句话就得对我说:'阿妈,恭喜恭喜!'记得么?你要记着,这是一年的运气的事情。不许说别的话!说过之后,还得吃一点福橘。"她又拿起那橘子来在我的眼前摇了两摇,"那么,一年到头,顺顺流流……"

梦里也记得元旦的,第二天醒得特别早,一醒,就要坐起来。她却立刻伸出臂膊,一把将我按住。我惊异地看她时,只见她惶急地看着我。

她又有所要求似的,摇着我的肩。我忽而记得了——

"阿妈,恭喜……"

"恭喜恭喜!大家恭喜!真聪明!恭喜恭喜!"她于是十分欢喜似的,笑将起来,同时将一点冰冷的东西,塞在我的嘴里。我大吃一惊之后,也就忽而记得,这就是所谓福橘,元旦辟头的磨难,总算已经受完,可以下床玩耍去了。

她教给我的道理还很多,例如说人死了,不该说死掉,必须说"老掉了";死了人,生了孩子的屋子里,不应该走进去;饭粒落在地上,必须拣起来,最好是吃下去;晒裤子用的竹竿底下,是万不可钻过去的……此外,现在大抵忘却了,只有元旦的古怪仪式记得最清楚。总之:都是些烦琐之至,至今想起来还觉得非常麻烦的事情。

然而我有一时也对她发生过空前的敬意。她常常对我讲"长毛"。她之所谓"长毛"者,不但洪秀全军,似乎连后来一切土匪强盗都在内,但除却革命党,因为那时还没有。她说得长毛非常可怕,他们的话就听不懂。她说先前长毛进城的时候,我家全都逃到海边去了,只留一个门房和年老的煮饭老妈子看家。后来长毛果然进门来了,那老妈子便叫他们"大王",——据说对长毛就应该这样叫,——诉说自己的饥饿。长毛笑道:"那么,这东西就给你吃了罢!"将一个圆圆的东西掷了过来,还带着一条小辫子,正是那门房的头。煮饭老妈子从此就骇破了胆,后来一提起,还是立刻面如土色,自己轻轻地拍着胸脯道:"阿呀,骇死我了,骇死我了……"

我那时似乎倒并不怕,因为我觉得这些事和我毫不相干的,我不是一个门房。但她大概也即觉到了,说道:"象你似的小孩子,长毛也要掳的,掳去做小长毛。还有好看的姑娘,也要掳。"

"那么,你是不要紧的。"我以为她一定最安全了,既不做门房,又不是小孩子,也生得不好看,况且颈子上还有许多炙疮疤。

"那里的话?!"她严肃地说,"我们就没有用处?我们也要被掳去。城外有兵来攻的时候,长毛就叫我们脱下裤子,一排一排地站在城墙上,外面的大炮就放不出来;再要放,就炸了!"

这实在是出于我意想之外的,不能不惊异。我一向只以为她满肚子是麻烦的礼节罢了,却不料她还有这样伟大的神力。从此对于她就有了特别的敬意,似乎实在深不可测;夜间的伸开手脚,占领全床,那当然是情有可原的了,倒应该我退让。

这种敬意,虽然也逐渐淡薄起来,但完全消失,大概是在知道她谋害了我的隐鼠之后。那时就极严重地诘问,而且当面叫她阿长。我想我又不真做小长毛,不去攻城,也不放炮,更不怕炮炸,我惧惮她什么呢!

但当我哀悼隐鼠,给它复仇的时候,一面又在渴慕着绘图的《山海经》了。这渴慕是从一个远房的叔祖惹起来的。他是一个胖胖的,和蔼的老人,爱种一点花木,如珠兰、茉莉之类,还有极其少见的,据说从北边带回去的马缨花。他的太太却正相反,什么也莫名其妙,曾将晒衣服的竹竿搁在珠兰的枝条上,枝折了,还要愤愤地咒骂道:"死尸!"这老人是个寂寞者,因为无人可谈,就很爱和孩子们往来,有时简直称我们为"小友"。在我们聚族而居的宅子里,只有他书多,而且特别。制艺和试帖诗,自然也是有的;但我却只在他的书斋里,看见过陆玑的《毛诗草木鸟兽虫鱼疏》,还有许多名目很生的书籍。我那时最爱看的是《花镜》,上面有许多图。他说给我听,曾经有过一部绘图的《山海经》,画着人面的兽,九头的蛇,三脚的鸟,生着翅膀的人,没有头而以两乳当作眼睛的怪物,……可惜现在不知道放在那里了。

很愿意看看这样的图画,但不好意思力逼他去寻找,他是很疏懒的。问别人呢,谁也不肯真实地回答我。压岁钱还有几百文,买罢,又没有好机会。有书买的大街离我家远得很,我一年中只能在正月间去玩一趟,那时候,两家书店都紧紧地关着门。

玩的时候倒是没有什么的,但一坐下,我就记得绘图的《山海经》。

大概是太过于念念不忘了,连阿长也来问《山海经》是怎么一回事。这是我向来没有和她说过的,我知道她并非学者,说了也无益;但既然来问,也就都对她说了。

过了十多天,或者一个月罢,我还记得,是她告假回家以后的四五天,她穿着新的蓝布衫回来了,一见面,就将一包书递给我,高兴地说道:——"哥儿,有画儿的'三哼经',我给你买来了!"

我似乎遇着了一个霹雳,全体都震悚起来;赶紧去接过来,打开纸包,是四本小小的书,略略一翻,人面的兽,九头的蛇,……果然都在内。

又使我发生新的敬意了,别人不肯做,或不能做的事,她却能够做成功。她确有伟大的神力。谋害隐鼠的怨恨,从此完全消灭了。

这四本书,乃是我最初得到,最为心爱的宝书。

书的模样,到现在还在眼前。可是从还在眼前的模样来说,却是一部刻印都十分粗拙的本子。纸张很黄;图象也很坏,甚至于几乎全用直线凑合,连动物的眼睛也都是长方形的。但那是我最为心爱的宝书,看起来,确是人面的兽;九头的蛇;一脚的牛;袋子似的帝江;没有头而"以乳为目,以脐为口",还要"执干戚而舞"的刑天。

此后我就更其搜集绘图的书,于是有了石印的《尔雅音图》和《毛诗品物图考》,又有了《点石斋丛画》和《诗画舫》。《山海经》也另买了一部石印的,每卷都有图赞,绿色的画,字是红的,比那木刻的精致得多了。这一部直到前年还在,是缩印的郝懿行疏。木刻的却已经记不清是什么时候失掉了。

我的保姆,长妈妈即阿长,辞了这人世,大概也有了三十年了罢。我终于不知道她的姓名,她的经历;仅知道有一个过继的儿子,她大约是青年守寡的孤孀。

仁厚黑暗的地母呵,愿在你怀里永安她的魂灵!

## 作品简析

长妈妈是鲁迅小时候的保姆,对鲁迅疼爱有加,鲁迅写这篇文章的目的,就是为了表达对她的尊敬和怀念。文中作者对长妈妈的态度贯穿全文,这种态度主要是通过心理描写表现出来的。但前文用几件事情表现她的可恶和愚昧,后面长妈妈为作者买回了渴慕已久的《山海经》时,"我似乎遇着了一个霹雳,全体都震悚起来",如此令人"厌恶"的人,却做了别人都做不到的事情,欲扬先抑的表现手法,更突出了长妈妈淳朴、善良的品格。

# 风　筝

　　北京的冬季,地上还有积雪,灰黑色的秃树枝丫杈于晴朗的天空中,而远处有一二风筝浮动,在我是一种惊异和悲哀。

　　故乡的风筝时节,是春二月,倘听到沙沙的风轮声,仰头便能看见一个淡墨色的蟹风筝或嫩蓝色的蜈蚣风筝。还有寂寞的瓦片风筝,没有风轮,又放得很低,伶仃地显出憔悴可怜模样。但此时地上的杨柳已经发芽,早的山桃也多吐蕾,和孩子们的天上的点缀相照应,打成一片春日的温和。我现在在那里呢?四面都还是严冬的肃杀,而久经诀别的故乡的久经逝去的春天,却就在这天空中荡漾了。

　　但我是向来不爱放风筝的,不但不爱,并且嫌恶他,因为我以为这是没出息孩子所做的玩艺。和我相反的是我的小兄弟,他那时大概十岁内外罢,多病,瘦得不堪,然而最喜欢风筝。自己买不起,我又不许放,他只得张着小嘴,呆看着空中出神,有时至于小半日。远处的蟹风筝突然落下来了,他惊呼;两个瓦片风筝的缠绕解开了,他高兴得跳跃。他的这些,在我看来都是笑柄,可鄙的。

　　有一天,我忽然想起,似乎多日不很看见他了,但记得曾见他在后园拾枯竹。我恍然大悟似的,便跑向少有人去的一间堆积杂物的小屋去,推开门,果然就在尘封的什物堆中发见了他。他向着大方凳,坐在小凳上;便很惊惶地站了起来,失了色瑟缩着。大方凳旁靠着一个胡蝶风筝的竹骨,还没有糊上纸,凳上是一对做眼睛用的小风轮,正用红纸条装饰着,将要完工。我在破获秘密的满足中,又很愤怒他的瞒了我的眼睛,这样苦心孤诣地来偷做没出息孩子的玩艺。我即刻伸手折断了胡蝶的一支翅骨,又将风轮掷在地下,踏扁了。论长幼,论力气,他是都敌不过我的,我当然得到完全的胜利,于是傲然走出,留他绝望地站在小屋里。后来他怎样,我不知道,也没有留心。

　　然而我的惩罚终于轮到了,在我们离别得很久之后,我已经是中年。我不幸偶尔看了一本外国的讲论儿童的书,才知道游戏是儿童最正当的行为,玩具是儿童的天使。于是二十年来毫不忆及的幼小时候对于精神的虐杀的这一幕,忽地在眼前展开,而我的心也仿佛同时变了铅块,很重很重地堕下去了。

　　但心又不竟堕下去而至于断绝,他只是很重很重地堕着,堕着。

　　我也知道补过的方法的:送他风筝,赞成他放,劝他放,我和他一同放。我们嚷着,跑着,笑着。——然而他其时已经和我一样,早已有了胡子了。

　　我也知道还有一个补过的方法的:去讨他的宽恕,等他说,"我可是毫不怪你啊"。那么,我的心一定就轻松了,这确是一个可行的方法。有一回,我们会面的时候,是脸上都已添刻了许多"生"的辛苦的条纹,而我的心很沉重。我们渐渐谈起儿时的旧事来,我便叙述到这一节,自说少年时代的胡涂。"我可是毫不怪你啊。"我想,他要说了,我即刻便受了宽恕,我的心从此也宽松了罢。

　　"有过这样的事吗?"他惊异地笑着说,就像旁听着别人的故事一样。他什么也不记得了。

　　全然忘却,毫无怨恨,又有什么宽恕之可言呢?无怨的恕,说谎罢了。

　　我还能希求什么呢?我的心只得沉

重着。

现在,故乡的春天又在这异地的空中了,既给我久经逝去的儿时的回忆,而一并也带着无可把握的悲哀。我倒不如躲到肃杀的严冬中去罢,——但是,四面又明明是严冬,正给我非常的寒威和冷气。

### 作品简析

生动的神态描写是本文一大特点:"他只得张着小嘴,呆看着空中出神"一句,反映出弟弟对风筝的痴迷;"失了色瑟缩着"一句刻画出了弟弟的恐惧。另外,作者由眼前孩子们放风筝的情景,自然引出对往事的回忆,既显得非常自然,又说明风筝给作者留下的记忆非常深刻。

## 雪

暖国的雨,向来没有变过冰冷的坚硬的灿烂的雪花。博识的人们觉得他单调,他自己也以为不幸否耶?江南的雪,可是滋润美艳之至了;那是还在隐约着的青春的消息,是极壮健的处子的皮肤。雪野中有血红的宝珠山茶,白中隐青的单瓣梅花,深黄磬口的蜡梅花;雪下面还有冷绿的杂草。蝴蝶确乎没有;蜜蜂是否来采山茶花和梅花的蜜,我可记不真切了。但我的眼前仿佛看见冬花开在雪野中,有许多蜜蜂们忙碌地飞着,也听得他们嗡嗡地闹着。

孩子们呵着冻得通红,像紫芽姜一般的小手,七八个一齐来塑雪罗汉。因为不成功,谁的父亲也来帮忙了。罗汉就塑得比孩子们高得多,虽然不过是上小下大的一堆,终于分不清是壶卢还是罗汉;然而很洁白,很明艳,以自身的滋润相黏结,整个地闪闪地生光。孩子们用龙眼核给他做眼珠,又从谁的母亲的脂粉奁中偷得胭脂来涂在嘴唇上。这回确是一个大阿罗汉了。他也就目光灼灼地嘴唇通红地坐在雪地里。

第二天还有几个孩子来访问他;对了他拍手,点头,嬉笑。但他终于独自坐着了。晴天又来消释他的皮肤,寒夜又使他结一层冰,化作不透明的水晶模样;连续的晴天又使他成为不知道算什么,而嘴上的胭脂也褪尽了。

但是,朔方的雪花在纷飞之后,却永远如粉,如沙,他们决不粘连,撒在屋上,地上,枯草上,就是这样。屋上的雪是早已就有消化了的,因为屋里居人的火的温热。别的,在晴天之下,旋风忽来,便蓬勃地奋飞,在日光中灿灿地生光,如包藏火焰的大雾,旋转而且升腾,弥漫太空;使太空旋转而且升腾地闪烁。

在无边的旷野上,在凛冽的天宇下,闪闪地旋转升腾着的是雨的精魂……

是的,那是孤独的雪,是死掉的雨,是雨的精魂。

### 作品简析

文章描写了江南与北方的雪景,并在对比中体现出作者的情感取向。江南的雪是美的,但它是湿润的美,相比而言,最值得称赞的还是在孤单的境遇下独自抗争的北方的雪。文中景物描写细致生动,用词准确。特别值得一提的是作者独特的语言风格,例如,在描写完江南的雪之后,用了一个峻急的"但是",转入对"朔方的雪"的描述。看似并不需要转折,可加上这个"但是"之后,情感的倾向性更加明显了。

# 孙　犁

## 作者简介

孙犁(1913—2003),原名孙树勋,河北省安平县人。现代小说家、散文家。曾任中国作家协会名誉主席,天津市作家协会主席等职。孙犁的作品以小说、散文集《白洋淀纪事》为其代表作,其中《荷花淀》、《嘱咐》等短篇作为现代文学史上负有盛名的篇章,对后来的"荷花淀派"影响深远。

## 课文回顾

孙犁的作品一般都充满浪漫主义气息和乐观主义精神,语言清新朴素,描写逼真,心理刻画细腻,富有诗情画意。我们回顾一下六年级上册(北师大版)语文课本中《报纸的故事》一文,看看哪些语句能够体现出这些特点。

## 报纸的故事

1935年的春季,我失业居家。在外面读书看报惯了,忽然想订一份报纸看看。这在当时确实近于一种幻想,因为我的村庄,非常小又非常偏僻,文化教育也很落后。例如村里虽然有一所小学校,历来就没有想到订一份报纸,村公所就更谈不上了。而且,我想要订的还不是一种小报,是想要订一份大报,当时有名的《大公报》。这种报纸,我们的县城,是否有人订阅,我不敢断言,但我敢说,我们这个区,即子文镇上是没人订阅过的。

我在北京住过,在保定学习过,都是看的《大公报》。现在我失业了,住在一个小村庄,我还想看这份报纸。我认为这是一份严肃的报纸,是一些有学问的,有事业心,有责任感的人编辑的报纸。至于当时也是北方出版的报纸,例如《庸报》等,都是不学无术的失意的政客们办的,我是不屑一顾的。

我认为《大公报》上的文章好。它的社论是有名的,我在中学时,老师经常选来给我们当课文讲。通讯也好,还有赵望云的风俗画。最吸引我的还是它的副刊,它有一个文艺副刊,是沈从文编辑的,经常登载青年作家的小说和散文。还有"小公园",还有艺术副刊。

说实在的,我是想在失业之时,给《大公报》投稿,而投了稿子去,又看不到报纸,这是使人苦恼的。因此,我异想天开地想订一份《大公报》。

我首先把这个意图和我结婚不久的妻子说了说。以下是我们的对话实录:

"我想订份报纸。"

"订那个干什么?"

"我在家里闲着很闷,想看看报。"

"你去订吧。"

"我没有钱。"

"要多少钱?"

"订一月,要三块钱。"

"啊!"

"你能不能借给我三块钱?"

"你花钱应该向咱爹去要,我哪里来的钱?"

谈话就这样中断了。这很难说是愉快,还是不愉快,但是我不能再往下说了。因为我的自尊心确实受了一点损伤。是啊,我失业在家里待着,这证明书就是已经白念了。白念了,就安心在家里种地过日子吧,还要订报。特别是最后一句:"我哪里来的钱?"这对于作为男子汉大丈夫的我,确实是千钧之重的责难之词!

其实,我知道她还是有些钱的,作个最保守的估计,可能有十五元钱。当然她这十五元钱,也是来之不易的。是在我们结婚的大喜之日,她的"拜钱"。每个长辈,赏给她一元钱,或者几毛钱,她都要拜三拜,叩三叩。你计算一下,十五元钱,她一共要起来跪下,跪下起来多少次啊。

她把这些钱,包在一个红布小包里,放在立柜顶上的陪嫁大箱里,箱子落了锁。每年春节闲暇的时候,她就取出来,在手里数一数,然后再包好放进去。

在妻子面前碰了钉子,我只好硬着头皮去向父亲要,父亲沉吟了一下说:

"订一份《小实报》不行吗?"

我对书籍、报章,欣赏的起点很高,向来是取法乎上的。《小实报》是北平出版的一种低级市民小报,属于我不屑一顾之类。我没有说话,就退出来了。

父亲还是爱子心切,晚上看见我,就说:

"愿意订就订一个月看看吧,集上多粜一斗麦子也就是了。长了可订不起。"

在镇上集日那天,父亲给了我三块钱,我转手交给邮政代办所,汇到天津去。同时还寄去两篇稿子。我原以为报纸也像取信一样,要走三里路去自取,过了不久,居然有一个专人,骑着自行车来给我送报了,这三块钱花得真是气派。他每隔三天,就骑着车子,从县城来到这个小村,然后又通过弯弯曲曲的,两旁都是黄土围墙的小胡同,送到我家那个堆满柴草农具的小院,把报纸交到我的手里。上下打量我两眼,就转身骑上车走了。

我坐在柴草上,读着报纸。先读社论,然后是通讯、地方版、国际版、副刊,甚至广告、行情,都一字不漏地读过以后,才珍重地把报纸叠好,放到屋里去。

我的妻子,好像是因为没有借给我钱,有些过意不去,对于报纸一事,从来也不闻不问。只有一次,她带着略有嘲弄的神情,问道:"有了吗?"

"有了什么?"

"你写的那个。"

"还没有。"我说。其实我知道,她从心里是断定不会有的。

直到一个月的报纸看完,我的稿子也没有登出来,证实了她的想法。

这一年夏天雨水大,我们住的屋子,结婚

时裱糊过的顶棚、壁纸,都脱落了。别人家,都是到集上去买旧报纸,重新糊一下。那时日本侵略中国,无微不至,他们的旧报,如《朝日新闻》《读卖新闻》,都倾销到这偏僻的乡村来了。妻子和我商议,我们是不是也把屋子糊一下,就用我那些报纸,她说:

"你已经看过好多遍了,老看还有什么意思?这样我们就可以省下数块钱,你订报的钱,也算没有白花。"

我听她讲得很有道理,我们就开始裱糊房屋了,因为这是我们的幸福的窝巢呀。妻刷浆糊我糊墙。我把报纸按日期排列起来,把有社论和副刊的一面,糊在外面,把广告部分糊在顶棚上。

这样,在天气晴朗,或是下雨刮风不能出门的日子里,我就可以脱去鞋子,上到炕上,或仰或卧,或立或坐,重新阅读我所喜爱的文章了。

### 作品简析

文中作者讲述了自己失业后买报纸、读报纸、用报纸的经历,表现了当时贫穷的生活条件给知识分子带来的压力,反映了作者的乐观主义精神,同时也表现了作者对文学、知识、真理的执着追求。

### 拓展阅读

## 父亲的记忆

父亲十六岁到安国县(原先叫祁州)学徒,是招赘在本村的一位姓吴的山西人介绍去的。这家店铺的字号叫永吉昌,东家是安国县北段村张姓。

店铺在城里石牌坊南。门前有一棵空心的老槐树。前院是柜房,后院是作坊——榨油和轧棉花。

我从十二岁到安国上学,就常常吃住在这里。每天掌灯以后,父亲坐在柜房的太师椅上,看着学徒们打算盘。管账的先生念着账本,人们跟着打,十来个算盘同时响,那声音是很整齐很清脆的。打了一通,学徒们报了结数,先生把数字记下来,说:去了。人们扫清算盘,又聚精会神地听着。

在这个时候,父亲总是坐在远离灯光的角落里,默默地抽着旱烟。

我后来听说,父亲也是先熬到先生这一席位,念了十几年账本,然后才当上了掌柜的。

夜晚,父亲睡在库房。那是放钱的地方,我很少进去,偶尔从撩起的门帘缝望进去,里面是很暗的。父亲就在这个地方,睡了二十几年,我是跟学徒们睡在一起的。

父亲是一九三七年,七七事变以后离开这家店铺的,那时兵荒马乱,东家也换了年轻一代人,不愿再经营这种传统的老式的买卖,要改营百货。父亲守旧,意见不合,等于是被辞退了。

父亲在那里，整整工作了四十年。每年回一次家，过一个正月十五。先是步行，后来骑驴，再后来是由叔父用牛车接送。我小的时候，常同父亲坐这个牛车。父亲很礼貌，总是在出城以后才上车，路过每个村庄，总是先下来，和街上的人打招呼，人们都称他为孙掌柜。

父亲好写字。那时学生意，一是练字，一是练算盘。学徒三年，一般的字就写得很可以了。人家都说父亲的字写得好，连母亲也这样说。他到天津做买卖时，买了一些旧字帖和破对联，拿回家来叫我临摹，父亲也很爱字画，也有一些收藏，都是很平常的作品。

抗战胜利后，我回到家里，看到父亲的身体很衰弱。这些年闹日本，父亲带着一家人，东逃西奔，饭食也跟不上。父亲在店铺中吃惯了，在家过日子，舍不得吃些好的，进入老年，身体就不行了。见我回来了，父亲很高兴。有一天晚上，一家人坐在炕上闲话，我絮絮叨叨地说我在外面受了多少苦，担了多少惊。父亲忽然不高兴起来，说："在家里，也不容易！"

回到自己屋里，妻抱怨说："你应该先说爹这些年不容易！"

那时农村实行合理负担，富裕人家要买公债，又遇上荒年，父亲不愿卖地，地是他的性命所在，不能从他手里买去分毫。他先是动员家里人卖去首饰、衣服、家具，然后又步行到安国县老东家那里，求讨来一批钱，支持过去。他以为这样做很合理，对我详细地描述了他那时的心情和境遇，我只能默默地听着。

父亲是一九四七年五月去世的。春播时，他去耪耧，出了汗，回来就发烧，一病不起。立增叔到河间，把我叫回来。

我到地委机关，请来一位医生，医术和药物都不好，没有什么效果。

父亲去世以后，我才感到有了家庭负担。我旧的观念很重，想给父亲立个碑，至少安个墓志。我和一位搞美术的同志，到店子头去看了一次石料，还求陈肇同志给撰写了一篇很简短的碑文。不久就土地改革了，一切无从谈起。

父亲对我很慈爱，从来没有打骂过我。到保定上学，是父亲送去的。他很希望我能成材，后来虽然有些失望，也只是存在心里，没有当面斥责过我。在我教书时，父亲对我说："你能每年交我一个长工钱，我就满足了。"我连这一点也没有做到。

父亲对给他介绍工作的姓吴的老头，一直很尊敬。那老头后来过得很不如人，每逢我们家做些像样的饭食，父亲总是把他请来，让在正座。老头总是一边吃，一边用山西口音说："我吃太多呀，我吃太多呀！"

### 作品简析

在本文中，作者紧扣"父亲的回忆"这一标题，小处着眼，以几件平淡的生活小事刻画人物，表现了父亲勤奋、敬业、正直、善良的特点，多角度的丰富选材，把父亲的人物形象塑造得更加丰满、生动、真实。

# 火 炉

我有一个煤火炉,是进城那年买的,用到现在,已经三十多年了。它伴我度过了热情火炽的壮年,又伴我度过着衰年的严冬。它的容颜也有了很大的改变,它的身上长了一层红色的铁锈,每年安装时,我都要举止艰难地为它打扫一番。

我们可以说得上是经过考验的,没有发生过变化的。它伴我住过大屋子,也伴我迁往过小屋子,它放暖如故。大屋小暖,小屋大暖。小暖时,我靠它近些;大暖时,我离它远些。小屋时,来往的客人,少一些;大屋时,来往的客人,多一些。它都看到了。它放暖如故。

它看到,和我同住的人,有的死去了,有的离去了,有的买制了新的火炉,另外安家立业去了。它放暖如故。

我坐在它的身边。每天早起,我把它点着,每天晚上,我把它封盖。我坐在它身边,吃饭、喝茶、吸烟、深思。

我好吃烤的东西,好吃有些煳味的东西。每天下午三点钟,我午睡起来,在它上面烤两片馒头,在炉前慢慢咀嚼着,自得其乐,感谢上天的赐予。

对于我,只要温饱就可以了,只要有一个避风雨的住处就满足了。我又有何求!

看来,我们的关系,是不容易断的,只要我每年冬季,能有三十元钱,买两千斤煤球,它就不会冷清,不会无用武之地,我也就会得到温暖的!

火炉,我的朋友,我的亲密无间的朋友。我幼年读过两句旧诗:炉存红似火,慰情聊胜无。何况你不只是存在,而且确实在熊熊地燃烧着啊。

### 作品简析

作品叙述了一只伴随他30多年的普通铁火炉,无论主人的景况怎样变迁,壮年、衰年,大屋、小屋,来客多少,它都一如既往地为主人"放暖驱寒"。作者以物喻人,托物言志的手法,向读者倾诉了对火炉的深情,赞扬了那些不追求物质享受、默默奉献的人,从中寄托作者那高尚的情操。文章的语言朴实无华,清新自然,让人倍感亲切。

# 青春余梦

我住的大杂院里,有一棵大杨树,树龄至少有七十年了。它有两围粗,枝叶茂密。经过动乱、地震,院里的花草树木,都破坏了,唯独它仍然矗立着。这样高大的树木,在这个繁华的大城市,确实少见了。

我幼年时,我们家的北边,也有一棵这样大的杨树。我的童年,有很多时光是在它的下面、它的周围度过的。我不只在秋风起后,在那里捡过杨叶,用长长的柳枝穿起来,像一条条的大蜈蚣;在春天度荒年的时候,我还吃过杨树飘落的花,那可以说是最苦最难以下咽的野菜了。

现在我已经老了,蛰居在这个大院里,不能再向远的地方走去,高的地方飞去。每年冬季,我要生火炉,劈柴是宝贵的,这棵大杨树帮了我不少忙。霜冻以后,它要脱落很多干枝,这种干枝,稍稍晒干,就可以生火,很有油性,很容易点着。每听到风声,我就到它下面去捡拾这种干枝,堆在门外,然后把它们折断晒干。

在这些干枝的表皮上,还留着绿的颜色,在表皮下面,还有水分。我想:它也是有过青春的呀!正像我也有过青春一样。然而它现在干枯了,脱落了,它不是还可以帮助别人生起火炉取暖吗?

我的青春的最早阶段,是在保定育德中学度过的。保定是一座古老的城市,荒凉的城市,但也是很便于读书的城市。在这个城市,我待了六年的时间。在课堂上,我念英语,演算术。在课外,我在学校的图书馆,领了一个小木牌,把要借的书名写在上面,交给在小窗口等待的管理员,就可以拿到要看的书。图书管理员都是博学之士。星期天,我到天华市场去看书,那里有一家卖文具的小铺子,代卖各种新书。我可以站在那里翻看整整半天,主人不会干涉我。我在他那里看过很多种新书,只买过一本。这本书,我现在还保存着。我不大到商务印书馆去,它的门半掩着,柜台很高,望不见它摆的书籍。

读书的兴趣是多变的,忽然想看古书了;又忽然想看外国文学了;又忽然想研究社会科学了。这都没有关系,尽量去看吧,每一种学科,都多读几本吧。

后来,我又流浪到北平去了。除了买书看书,我还好看电影,好听京戏,迷恋着一些电影明星,一些科班名角。我住在东单牌楼,晚上,一个人走着到西单牌楼去看电影,到鲜鱼口去听京戏。那时长安大街多么荒凉、多么安静啊!一路上,很少遇到行人。

各种艺术都要去接触。饥饿了,就掏出剩下的几个铜板,坐在露天的小饭摊儿上,吃碗适口的杂菜烩饼吧。

有一阵子,我还好歌曲,因为民族的苦难太深重了,我们要呼喊。

无论保定和北平,都曾使我失望过,痛苦过。但也都给过我安慰和鼓舞,留下的印象是深刻的。我在那里得到过朋友们的帮助,也爱过人,同情过人。写过诗,写过小说,都没有成功。我又回到农村来了,又听到杨树叶子,哗哗地响着。

后来,我参加了抗日战争,关于这,我写得已经很多了。战争,充实了我的青春,也结束了我的青春。

我的青春,价值何在?是欢乐多,还是痛苦多?是安逸享受多,还是颠沛流离多?是虚度,还是有所作为?都不必去总结了。时代有总的结论,总的评价。个人是一滴水,如果滴落在江河,流向大海,大海是不会涸竭的。正像杨树虽有脱落的枝叶,它的本身是长存的。我祝愿它长存。

## 作品简析

这篇文章的序文部分写的是杨树,本文部分写我的青春。通过写杨树而联想到自己的青春。文章写到老杨树虽经地震但仍坚强矗立,老得脱落了干枝,仍作为生火炉的燃料,贡献自己的价值。"树"在文中是一种象征，由"树"而产生联想，将"树"与"我"连在一起，思考人生的价值和意义。揭示出一个人只有把自己融入社会中去，贡献出自己的力量，才是有价值的青春，才是有意义的人生，才能像杨树一样，是永存的。

## 锁　门

过去，我几乎没有锁门的习惯。年幼时在家里，总是母亲锁门，放学回来，见门锁着进不去，在门外多玩一会儿就是了，也不会着急。以后在外求学，用不着锁门；住公寓，自有人代锁。再后，游击山水之间，行踪无定，抬屁股一走了事，从也没有想过，哪里是自己的家门，当然更不会想到上锁。

进城以后，我也是很少锁门，顶多在晚上把门插上就是了。

去年搬入单元房，锁门成了热话题。朋友们都说："千万不能大意呀，要买保险锁，进出都要碰上呀！"

劝告不能不听，但习惯一下改不掉。有一次，送客人，把门碰上了，钥匙却忘在屋里。这还不要紧，厨房里正在蒸着米饭，已有二十分钟之久，再过二十分钟就有饭糊、锅漏，并引起火灾的危险，但无孔可入，门外彷徨，束手无策，越想越怕，一身大汗。

后来，一下想起儿子那里还有一副钥匙，求人骑车去要了来。万幸，儿子没有外出，不然，必会有一场大难。

"把钥匙装在口袋里！"朋友们又告诫说。

好，装在裤子口袋里。有一天起床，钥匙滑出来，落在床上，没有看见，就碰上门出去了。回来一摸口袋，才又傻了眼。好在这回屋里没有点着火，不像上次那么着急，再求人去找找儿子就是了。

"用绳子把钥匙系在腰带上！"朋友们又说。

从此，我的腰带上，就系上了一串钥匙，像传说中的齐白石一样。

每一看到我腰里拖下来的这条绳子，我就哭笑不得。我为此，着了两次大急，现在又弄成这般状态，究竟是为了什么？是因为我有了一所房子，有了自己的家门。我的家里，到底有什么宝贵的东西，值得如此戒备森严呢？不就是那些破旧衣服，破旧家具，破旧书画吗！这些东西，也并不是新近置买，不是多年就有了吗？"环境不同了，时代不同了。"朋友们说。我觉得是自己和过去不同了，心理上有些变化了。

我已经停止了云游的生活，我已经失去了四大皆空的皈依，我已经返回人间世俗。总之，一把锁把我的心紧紧锁起，使它同以往的大自然，大自由，大自在，都断绝了关系。

我曾经打断身上的桎梏，现在又给自己系上了绳索。

我曾经从这里出走，现在又回到这里来了。

## 作品简析

本文的特点就是"以小见大",从过去是不锁门,但是搬到单元房以后,锁门就成了必须。因为以前没有这个习惯,所以作者两次把门锁上了而没有带钥匙,急得团团转,最后为避免这样的事情再发生,就把钥匙拴在了腰带上。作者从日常生活中普普通通的一件小事,联想到社会的变化及其在人的心灵上引起的变化,这种变化给人的心灵系上了绳索,打上了桎梏,呈现着一种社会现实。作者寓大道理于小事物之中,耐人寻味。

# 王 愿 坚

### 作者简介

王愿坚(1929—1991),山东省诸城县人,当代作家。在部队里当过宣传员、文工团员、报社编辑和记者。1952年任《解放军文艺》编辑。代表作有《灯光》、《党费》、《粮食的故事》、《七根火柴》、《三人行》、《支队政委》、《闪闪的红星》等。

### 课文回顾

王原坚是我国著名的军旅作家,他的作品曾经激励着新中国几代人前进的脚步。六年级下册(人教版)语文课本中有他的课文——《灯光》,让我们再次回顾课文,跟随作者的视线,重温那段艰苦的岁月,并接受崇高革命精神的洗礼。

## 灯 光

我爱到天安门广场走走,尤其是晚上。广场上千万盏灯静静地照耀着天安门广场周围的宏伟建筑,使人心头感到光明,感到温暖。

清明节前的一个晚上,我又漫步在广场上,忽然背后传来一声赞叹:"多好啊!"我心头微微一震:是什么时候听到过这句话来着?噢,对了,那是很久以前了。于是,我沉入了深深的回忆。

1947年的初秋,当时我是战地记者。挺进豫皖苏平原的我军部队,把国民党军57师紧紧地包围在一个叫沙土集的村子里。激烈的围歼战就要开始了。天黑的时候,我摸进一片茂密的沙柳林,在匆匆挖成的交通沟里找到了突击连,来到了郝副营长的身边。

郝副营长是一位著名的战斗英雄,虽然只有22岁,已经打过不少仗了。今晚就由他带领突击连去攻破守敌的围墙,为全军打开歼灭敌军的道路。大约一切准备工作都完成了,这会儿,他正倚着交通沟的胸墙坐着,一手夹着自制的烟卷,拿着火柴盒,一手轻轻地划着火柴。他并没有点烟,却借着微弱的亮光看摆在双膝上的一本破书。书上有一幅插图,画的是一盏吊着的电灯,一个孩子正在灯下聚精会神地读书。他注视着那幅图,默默地沉思着。

"多好啊!"他在自言自语。突然,他凑到我的耳边轻轻地问:"记者,你见过电灯吗?"

我不由得一愣,摇了摇头,说:"没见过。"我说的是真话。我从小生活在农村,真的没见过电灯。

"听说一按电钮,那玩意儿就亮了,很亮很亮……"他又划着一根火柴,点燃了烟,又望了一眼图画,深情地说,"赶明儿胜利了,咱们也能用上电灯,让孩子们都在那样亮的灯光底下学习,该多好啊!"他把头靠在胸墙上,望着漆黑的夜空,完全陷入了对未来的憧憬里。

半个小时以后,我刚回到团指挥所,战斗就打响了。三发绿色的信号弹升上天空,接着就是震天动地的炸药包爆炸声。守敌的围墙被炸开一个缺口,突击连马上冲了进去。没想到后续部队遭到敌人炮火猛烈的阻击,在黑暗里找不到突破口,和突击连失去了联系。

整个团指挥所的人都焦急地钻出了地堡,望着黑魆魆的围墙。突然,黑暗里出现一星火光,一闪,又一闪。这火光虽然微弱,对于寻找突破口的部队来说已经够亮了。战士们靠着这微弱的火光冲进了围墙,顿时响起了一片喊杀声。

后来才知道,在这千钧一发的时刻,是郝副营长划着了火柴,点燃了那本书,举得高高的,为后续部队照亮了前进的路。可是,火光暴露了他自己,他被敌人的机枪打中了。

这一仗,我们消灭了敌人的一个整编师。战斗结束后,我们把郝副营长埋在茂密的沙柳丛里。这位年轻的战友不惜自己的性命,为了让孩子们能够在电灯底下学习,他自己却没有来得及见一见电灯。

事情已经过去很长时间了。在天安门前璀璨的华灯下面,我又想起这位亲爱的战友来。

## 作品简析

这是一篇回忆性文章,讲的是作者漫步在天安门广场,由广场的千万盏明灯,回忆起解放战争中关于灯光的往事,赞扬了革命先烈为了后代的幸福欢乐,不惜牺牲自己的崇高精神。

### 拓展阅读

## 草

二班长杨光从昏迷中醒过来的时候,天已经放亮了。他欠起身子,四下里打量着,回想着,好半天才弄明白:自己是躺在湿漉漉的草地里。

昨天,也就是过草地的第四天,快要宿营的时候,连长把他叫了去,要他们班到右前方一个小高地上,担任警戒。他们赶到了指定地点,看好哨位,搭好帐篷,已经黑上来了。就是他,动手去解决吃饭的问题。他提着把刺刀,围着山丘转了半天,才找到了一小把水芹菜和牛耳大黄。正发愁呢,忽然看到小溪边上有一丛野菜,颜色青翠,叶子肥嫩,他兴冲冲地砍了一捆拿回来,倒进那半截"美孚"油桶里,煮了满满一锅。

谁知道,问题就发生在这些野菜上了:换第三班岗的时间还不到,哨兵就捂着肚子回来,把他叫醒了。他起来一看,班里同志们有的口吐白沫,有的肚子痛得满地打滚,有的舌头都僵了。倒是他和党小组长因为吃得不多,症状还轻些,于是两人分工,一个留下警戒和照顾同志们,一个向上级报告。就这样,他摸黑冲进了烂草地;开始是跑,然后是走,最后体力实在支持不住了,就在地上爬。爬着,爬着,不知什么时候昏过去了。

当一切都回想起来了以后,他的心像火燎一样焦灼了。他用步枪支撑着,挣扎着站起来,跟跟跄跄地走上了一个山包。

这时,太阳冒红了,浓烟似的雾气正在消散。他观察着,计算着,判断着方位。看来,离开班哨位置已经是十里开外了,可是看不到连、营部队宿营地的影子。显然是夜里慌乱中迷失了方向。不行,得赶快找部队去,救同志们的生命要紧啊!

他正要举步,忽然薄雾里传来了人声。人声渐渐近了,人影也显现出来,是一支小队伍。走在前面的是几个徒手的军人,后面是一副担架。

他急忙迎上几步,看得更清楚了:前面一个人的挎包上还有一个红色的十字。

"好,同志们有救了!"他狂喜地喊道。跑是没有力气了。他索性把枪往怀里一抱,就地横倒身躯,沿着山坡滚下山去。

就在他滚到山包下停住的时候,正好赶在了那支小队伍的前头。

人群和担架都停下了。背红十字挎包的人飞步跑来,弯腰扶起他,关切地问道:"你怎么啦?"

杨光定了定神,把事情讲了讲。末了,他紧紧抓住了那人的挎包,恳求地:"医生同志,快去吧! 晚了,人就没救啦!"

医生看看背后的担架,又看看杨光,为难地摇摇头:"同志,我们还有紧急任务!"

"什么任务能比救人还要紧?"

医生指着担架:"我们也是要救人哪!"

杨光这才看清楚,担架上躺着一个人。一床灰色的旧棉毯严严地盖在上面。

"那边的同志很危险!"杨光叫起来。他伸开手拦住了路口,大声地:"你不去,我就不放你走!"话一下子僵住了。

担架响了一声,毯子动了一下。

医生有点愠怒地看了杨光一眼:"你这个同志,有话不会小点声说? 你知道吗? 这是……"他压低了声音,说出了那个全军都敬爱的人的名字,然后解释地说道:"他病得很厉害;昨天开了一夜的会,刚才又发起高烧,人都昏迷了。""什么,周副主席?"杨光立时惊住了。对于这位敬爱的首长,杨光不但知道,还曾亲眼看见过。在遵义战役之前,这位首长曾经亲自到他们团作过战斗动员。在部队开上去围攻会理的时候,连队在路边休息,他也曾亲眼看见周副主席和毛主席、朱总司令一道,跟战士们亲切交谈。可是,现在竟然病倒在草地上。而他,却在首长赶去卫生部救治的路上,拦住了他的担架……他惶惑地望着担架,一时竟不知如何是好了。

就在这时毯子被掀开了,周副主席缓慢

地欠起了身,朝着杨光招了招手。

杨光不安地走过去。他深情地注视着那张熟悉的脸,却不由得大吃一惊:由于疾病的折磨,这位敬爱的首长面容变化多大呀!他觉得心头像刀在绞,眼睛一阵酸涩,竟然连敬礼也忘了。

周副主席显然刚从昏迷中醒来。他费了好大劲,才把身躯往担架边上移开了些,然后,拉住杨光的衣角,把他拽到担架空出的半边坐下来。

靠着警卫员的扶持,周副主席在担架上半坐起来。他慢慢抚摸着杨光那湿漉漉的衣服,又摸摸杨光的额头,亲切地说道:"这么说,你们是吃了有毒的野菜?""是。"杨光点了点头。"那种野菜是什么样子呢?"

"这就是。"杨光从怀里掏出一棵野菜。为了便于医生救治,他临走时带上了它。

周副主席接过野菜,仔细端详着。野菜有些蔫巴了,但样子还可以看得出来:有点像野蒜苗,一层暗红色的薄皮包着白色的根,上面挑着四片互生的叶子。看着,不知是由于疲累还是怎的,他倚在警卫员的肩头,仰起了头,眼里浮上了异常的严肃的神情。

杨光担心地看着周副主席,他弄不明白:首长为什么对这棵野菜这么关心。他刚想劝首长休息,周副主席又问了:"这野菜,多半是长在什么地方呢?"

杨光想了想:"在背阴靠水的地方。"

"味道呢?还记得吗?"杨光摇了摇头。因为是煮熟了吃的,没有尝过。

周副主席又举起那棵野菜看了看,慢慢地把它放进嘴里。医生惊呼着扑过来,野菜已经被咬下了一点。

周副主席那干裂的嘴唇闭住了,浓密的胡须不停地抖动着,一双浓眉渐渐皱紧了。嚼了一阵,吐掉了残渣,把那棵野菜还给杨光,嘱咐道:"你记着,刚进嘴的时候,有点涩,越嚼越苦。"

杨光又点了点头。周副主席把声音提高了些,用命令的语气讲话了。他的命令是非常明确的:要医生马上按杨光指出的方向,去救治中了毒的战士们。他又要担架抬上杨光,用最快的速度赶到总部去报告。他的命令又是十分具体的:要求总部根据杨光他们的经验,马上给部队下发一个切勿食用有毒野菜的通报。在通报上,要画上有毒野菜的图形,加上详细的说明,而且,最好是附上标本。

一个年轻的卫生员,还在听到谈论有毒野菜的时候,就在路旁打开了挎包,把满满一挎包沿路采来的野菜倒出来,一棵棵翻拣、检查着。这会儿,听到了首长下达的命令,惊慌地叫起来:"那……你呢?"

"你们扶我走一会儿嘛!"周副主席微笑着伸出了一个指头,又摊开了手掌,"看,是一个多呢还是五个或者上万个多呢?"

谁也想不出更好的做法了,而争辩是没有用的。一时,全部默默不作声了。只有晨风吹过荒漠的草地,撕掠着青草,发出飒飒的声响。

卫生员抽噎了两声,突然抓起一把野菜,光火地说:"都是敌人的围追堵截,逼着我们走草地,逼得我们吃草!"

"吃草。嗯,说得好啊!"周副主席严肃地点了点头,"革命斗争,需要我们吃草,我们就去吃它。而且,我们还要好好总结经验,把草吃得好一些!"

"应该感谢他们,感谢这些同志用生命和健康为全军换来了经验。也要记住这些草!"稍稍喘息了一下,他又说下去,不过,话却温和多了,语气里透着深深的感情,"等你们长大了,就会想起这些草,懂得这些草;就会看到:我们正是因为吃草吃得强大了,吃得胜利了。"

这些话,从那瘦弱的身躯里,从那干裂的嘴唇里发出来,又慢,又轻,可是,它却像沉雷一样隆隆地滚过草地,滚过红军战士的胸膛。

杨光激动地听着。就在这一霎,他看到了伟大战士的那颗伟大的心。顿时,他觉得自己变得强大了,有力了,这力量足足能一气走出草地。他向着敬爱的周副主席深情地举手敬礼,然后,那紧握着野菜的手猛地一挥,转身向总部所在的方向跑去。

医生向卫生员嘱咐了句什么,也紧抓着那个红十字挎包,向另一个方向跑去。

周副主席望着两个人渐渐远去的背影,耳边传来警卫员的话音。话是对着小卫生员说的:"……看你说的,为革命嘛,我们吃的是草,流的是血,可我们比那些花天酒地的敌人高尚得多,也强大得多呀……"

周副主席那浓浓的胡须绽开来,宽慰地笑了。他笑得那么爽朗,那么开心。自从患病以来,他还是头一次笑得这么痛快。

### 作品简析

本文主要通过语言描写来塑造周副主席的人物形象,表现了他决心献身革命的崇高精神境界。在刻画人物形象的时候,还多处运用了动作描写。如写周副主席尝毒野菜的情形,"那干裂的嘴唇闭住了,浓密的胡须不停地抖动着,一双浓眉渐渐皱紧了"一句,把周副主席专注的情态和沉重的心理生动地表现了出来。

# 三 人 行

"一定要走到那棵小树跟前再休息!"指导员王吉文望着前面四五百米处一棵小树,又暗暗地下了一次决心。那棵小树的叶子早被前面的部队摘下来吃掉了,只剩下些光秃秃的枝上,挑着几个干巴叶片。因此,在王吉文看来,它似乎比实际距离要远一些。

几天来,他一直用这个办法来给自己打气,这办法却渐渐失去了效用。他确定的目标越来越近,而且也更常常怀疑起自己的眼睛:该不是眼睛有什么毛病吧,为什么看来很近,走起来却这么远?

这次又是这样,他没有走到既定距离的一半就有些支持不住了。头开始有些发晕,腿也软绵绵的,脖子因为用力往前探着,扯得脖筋暴跳作痛,真担心再一用力就会"咯蹦"挣断似的。特别是胸前的伤口,随着他急促的呼吸,里面那条纱布捻子像一把小锉在来回拉动,痛得他艰难地一步一挨地向前走着。一星期以前,他带着他的连队踏进这茫茫的草地,这草地是多么平坦啊!可是眼前这路却变得坑坑注注;水草那么滑,简直站不稳脚;草根太多了,稍不留神就会摔倒……

通讯员小周伏在指导员的身上,觉得身体晃动得厉害。凭经验,他看出指导员又撑不住了。他说:"指导员,快休息一下吧!"

"不!"王吉文故意把声音提得很高。他知道第一次休息了,就还会有第二次,第三次……为了不让小周那双溃烂了的脚落到泥水里,他把小周的屁股用力往上托了托。他说:"不要紧,只要你再给我增加点'营养'就行。"

小周腾出一只手,把怀里的车前菜叶子翻了翻,拣了两片嫩叶,摸索着放进指导员的嘴里。他们已经断粮两天了,就靠这东西塞肚子。两个人把吃这种野菜叶子叫做"增加营养"。

好不容易走到那棵树底下,王吉文拣块干点儿的地方把小周放下来。刚弯下身,忽然听见小周喊了声:"喂,同志,哪个单位的?"

王吉文这才发现树底下还躺着一个同志。那同志见有人来,慌忙抹了抹眼睛,却没有说什么。

王吉文连忙凑过去,亲切地问:"怎么,也掉队了?"

"不……不行啦!"那同志伸手揭开盖在身上的那块油布,指着小腿肚上一处被水浸坏了的伤口,有气无力地说。

"别泄气,同志,我们想办法走!"王吉文安慰他说。

"不,自己的伤自己明白……"那同志指指身旁那支步枪,接着说:"同志,请你把这支枪带着,替我上缴吧。我是十三团二连的,我叫黄元庆……"说到这里,他喘了口气,从挎包里掏出了一副绑腿扔给小周,深情地说:"给你,小同志,你好好地活着出去,继续革命!"

一阵风吹过,树上那几片孤零零的叶子沙沙地响了几声。小周便哽咽着接过了绑腿。

王吉文也觉得心里一阵酸楚。凭他做了两年指导员的经验,他知道,有的战士在战斗中视死如归,但是在极端艰苦的环境面前,特别是看来陷入绝境的时候,容易莽撞地选择一种最简单的对待自己的办法。他像是自言自语地说:"同志,你为什么这样想……"他本来还想再说些什么,可是没说出口。他只顾发愁:这两个不能行动的同志,可怎么带他们走?

他正在想着,忽然看见远处出现了一簇人影。人影小了,还有一匹马。他心里顿时高兴起来。但是这伙人走到跟前,他却失望了。马上坐着两个人,牵马的那个人肩上背着两支步枪,一手牵着缰绳,一手搀着一个病号。王吉文仔细一看,原来是师长。

师长向他们三个人看了看,默默地从枪筒上解下已经空了半截的米袋子,抓了一把炒面给王吉文,然后严肃地问:"为什么不走?"

"这个同志伤很重……"王吉文指着黄元庆回答。他知道师长是个严厉的人,不由得有些心慌。

"背上他走!"

"我,我已经背了一个……"

"同——志……"师长向前跨了一步,直看着王吉文的脸,话说得又低又慢,声音还有些沙哑。王吉文看见师长的眼睛里闪过一种焦灼、痛苦的神情。师长没有把话说下去,突然提高了声音说:"背上他!"

说完,师长扭转身,挽起缰绳,扶着伤员,又蹒跚地向前走了。

一个人背两个人,王吉文思索着这个似乎不近情理的命令,不禁有些茫然了。但是他面前很快又闪现出师长那焦灼、痛苦的眼神。这,仿佛是对这个命令的补充说明。

"对,背上他!"想着师长的话,他忽然想出了办法。他兴冲冲地抓起小洋瓷碗,从水洼里舀了半碗凉水,拌上一点炒面,给黄元庆吃下去。接着又弄了一份放在小周面前。然后抓起黄元庆的一只手,背向着他蹲下来,果断地说:"黄元庆同志,我以指导员的身份命令你,走!"

他背起黄元庆,对小周说:"你在这里等着,我一会儿回来接你!"说完便大步向前走去。

当他到了一个新的目标,觉得体力有些不支的时候,就把黄元庆放下来,然后走一段回头路,再背上小周继续赶上去。

一趟,两趟,三趟……

目标一个个留在身后了。王吉文实在觉得惊奇:哪里来的力量又走了这么远?可是他也发现,自己是渐渐不能支持了,特别是这一次,似乎黄元庆的体重忽然增加了许多,脚下的泥水也好像更软了。眼前的景物渐渐变成了两个,身子晃荡得厉害。"已经走了几个来回了?十七次,还是十八次?"他正想着,突然脚下一滑,身子一扭,他连忙挣扎了一下,总算没有摔倒,可是胸前的伤口却剧痛起来,痛得他忍不住叫了一声:"哎——哟。"

"指导员,你怎么啦?"黄元庆问。

"没有什么。"王吉文回答,慌忙放下捂着伤口的手,扭头望了黄元庆一眼。

黄元庆却看见了,立刻惊叫起来:"指导员,放下我!你……"

"别说话!"王吉文大声说。就在这时,他觉得眼前一阵昏黑,一口带点腥味的东西涌到了嘴边。他慢慢地歪倒了。

王吉文醒来的时候,他发现自己仰面躺着,身子却在缓缓地移动。"这是怎么啦?……刚才伤口……"他往伤处摸了一把,一条绑腿已经把它包扎得好好的了。他惊奇地扭头看去,只见自己正躺在油布上,油布旁边的水草里,两条糊满泥巴的腿在往前移动,一条小腿上正流着血水。再往前看,黄元庆和小周并排匍匐在草地上,每人肩上挂着半截绑腿,拉住了油布的两个角,正在吃力地拖着往前爬。油布沿着光滑的水草往前移去。他们俩一边爬,一边说着话:

"……一个人该有多大的劲啊!他负了伤,还背我们走了那么远。"这是黄元庆的声音。

"人就是有那么股子劲,有时自己也摸不透。你刚才还说,自己的伤自己明白,可是……"

王吉文看着,听着,他心里顿时激动起来。他仰起脸,望着天空轻轻地吁了口气。天无边无垠的,好像为了衬托那令人目眩的蓝色,几朵绒毛似的白云轻轻地掠过去。在那白云下面,一长串大雁正排成"人"字形的队伍,轻轻地向南飞去。它们靠得那么紧,排得那么整齐。

## 作品简析

个性鲜明的语言、环境描写是本文塑造人物形象的重要方法。如通过指导员对两个伤员温情的鼓励和果断的命令,表现了他对战士的关爱;通过对恶劣天气的描写,反映了长征生活的艰苦,突出了战士们顽强不屈的精神和坚定的革命信念;文末的环境描写,既衬托出了战士们愉快的心情,也以紧密靠拢的大雁,象征着并肩前进的战士,赞扬了他们团结友爱的品质。

# 梁晓声

## 作者简介

梁晓声(1949— ),原名梁绍生,山东荣城人,出生于哈尔滨市。当代著名作家。现任教于北京语言大学人文学院汉语言文学专业。代表作品有长篇小说《雪城》、《这是一片神奇的土地》、《今夜有暴风雪》;中短篇小说《学者之死》、《民选》、《诬诈》、《表弟》、《母亲》等。

## 课文回顾

《慈母情深》是五年级上册(人教版)语文课本中一篇课文。通过对本文的阅读,我们再次回顾一下作家梁晓声童年生活是如何的艰难,而在这种艰难的生活条件下,又会发生怎样令人心酸的故事。

## 慈母情深

我买的第一本长篇小说是《青年近卫军》。一元多钱。母亲还从来没有一次给过我这么多钱。我还从来没有向母亲一次要过这么多钱。

我的同代人们,当你们也像我一样,还是一个小学五年级学生的时候,如果你们也像我一样,生活在一个穷困的普通劳动者家庭的话,你们为我作证,有谁曾在决定开口向母亲要一元多钱的时候,内心里不缺少勇气?

当年的我们,视父母一天的工资是多么非同小可呵!

但我想有一本《青年近卫军》想得整天失魂落魄,无精打采。

我从同学家的收音机里听到过几次《青年近卫军》长篇小说连续广播。那时我家的破收音机已经卖了,被我和弟弟妹妹们吃进肚子里了。直接吃进肚子里的东西当然不能取代"精神食粮"。

我那时还不知道什么叫"维他命"。更没从谁口中听说过"卡路里",但头脑却喜欢吞"革命英雄主义",一如今天的女孩子们喜欢嚼泡泡糖。

七八十台破缝纫机,一行行排列着,七八十个都不算年轻的女人忙碌在自己的缝纫机后。因为光线阴暗,每个女人头上方都吊着一只灯泡。正是酷暑炎夏,窗不能开,七八十个女人的身体和七八十只灯泡所散发的热量,使我感到犹如身在蒸笼。那些女人们热得只穿背心。有的背心肥大,有的背心瘦小,有的穿的还是男人的背心,暴露出相当一部分丰厚或者干瘪的胸脯。千奇百怪。毡絮如同褐色的重雾,如同漫漫的雪花,在女人们在母亲们之间纷纷扬扬地飘荡,而她们不得不一个个戴着口罩。女人们、母亲们的口罩上,都有三个实心的褐色的圆。那是因为她们的鼻孔和嘴的呼吸将口罩濡湿了,毡絮附着在上面。女人们、母亲们的头发、臂膀和背心也差不多都变成了褐色的。毛茸茸的褐色。我觉得自己恍如置身在山顶洞人时期的女人们母亲们之间。

我呆呆地将那些女人们、母亲们扫视一遍,却发现不了我的母亲。

七八十台破缝纫机发出的噪声震耳欲聋。

"你找谁?"一个用竹篾子拍打毡絮的老头对我大声嚷,却没停止拍打。毛茸茸的褐色的那老头像一只老雄猿。

"找我妈!"

"你妈是谁?"

我大声说出了母亲的名字。

"那儿!"

老头朝最里边的一个角落一指。

我穿过一排排缝纫机,走到那个角落,看见一个极其瘦弱的毛茸茸的褐色的脊背弯曲着,头凑近在缝纫机板上。周围几只灯泡的热量烤着我的脸。

"妈……"

"妈……"

背直起来了,我的母亲。转过身来了,我的母亲。脏脏的毛茸茸的褐色的口罩上方,眼神儿疲惫的我熟悉的一双眼睛吃惊地望着我,我的母亲的眼睛……母亲大声问:"你来干什么?"

"我……"

"有事快说,别耽误妈干活!"

"我……要钱……"

我本已不想说出"要钱"两字,可是竟说出来了!

"要钱干什么?"

"买书……"

"多少钱?"

"一元五角就行……"

母亲掏衣兜,掏出一卷毛票,用指尖龟裂的手指点着。

旁边一个女人停止踏缝纫机,向母亲探过身,喊:"大姐,别给!没你这么当妈的!供他们吃,供他们穿,供他们上学,还供他们看闲书哇!……"又对我喊:"你看你妈这是在怎么挣钱?你忍心朝你妈要钱买书哇?"

母亲却已将钱塞在我手心里了,大声回答那个女人:"谁叫我们是当妈的啊!我挺高兴他爱看书的!"

母亲说完,立刻又坐了下去,立刻又弯曲了背,立刻又将头俯在缝纫机板上了,立刻又陷入了手脚并用的机械忙碌状态……

那一天我第一次发现,我的母亲原来是那么瘦小,竟快是一个老女人了!那时刻我努力要回忆起一个年轻的母亲的形象,竟回忆不起母亲她何时年轻过。那一天我第一次觉得我长大了,应该是一个大人了。并因自己15岁了才意识到自己应该是一个大人了而感到羞愧难当,无地自容。

我鼻子一酸,攥着钱跑了出去……

那天我用那一元五毛钱给母亲买了一听水果罐头。

"你这孩子,谁叫你给我买水果罐头的?不是你说买书,妈才舍得给你钱的吗?"

那天母亲数落了我一顿。数落完了我,又给我凑足了够买《青年近卫军》的钱……我想我没有权利用那钱再买任何别的东西,无论为我自己还是为母亲。

从此,我有了第一本长篇小说……

## 作品简析

本文讲述的是，作者小时候渴望得到一本心爱的长篇小说，贫穷辛劳的母亲不顾同事的劝阻，毫不犹豫地给儿子钱让他买书的事。作者通过描写母亲的外貌、动作、语言，表达了母亲对儿子博大而深沉的爱。而儿子为母爱而感动，做出回报，则表达出作者对母亲的感激、热爱之情，而这正是作者要传达给我们的、我们需要学习的东西。

## 拓展阅读

# 我的第一支钢笔

它是黑色的，笔身粗大，外观笨拙。全裸的笔尖，旋拧的笔帽，笔囊内没有夹管，吸墨水时，捏一下，鼓起缓慢。墨水吸得太足，写字常常"呕吐"，弄脏纸和手。我使用它，已经二十多年了。笔尖劈过、断过，被我磨齐了，也磨短了。笔道很粗，写一个笔画多的字，大稿纸的两个格子也容不下。如今，已不能再用它写作，只能写便笺或信封。

它是我使用的第一支钢笔，母亲给我买的。那一年，我升入小学五年级。学校规定，每星期有两堂钢笔字课有些作业，老师要求学生必须用钢笔完成。全班每一个同学，都有了一支崭新的钢笔。

有的同学甚至有两支。我却没有钢笔可用，连旧的也没有。我只有蘸水钢笔，每次完成钢笔作业，右手总被墨水染蓝。染蓝了的手又将作业本弄脏。我常因此而感到委屈，做梦都想得到一支崭新的钢笔。

一天，我终于哭闹起来，折断了那支蘸水笔，逼着母亲非立刻给我买一支钢笔不可。

母亲说："孩子，妈妈不是答应过你，等你爸爸寄回钱来，一定给你买一支，好吗？"

我不停地哭闹："不，不，我今天就要。你去给我借钱买！"

母亲叹了口气，为难地说："你这孩子，真不懂事。这月买粮的钱，是向邻居借的；交房费的钱，是向邻居借的；给你妹妹看病，还是向邻居借的钱。今天为了一支钢笔，你就非逼着妈妈再去向邻居借钱么？叫妈妈怎么张得开口啊！"

我却不管这些，哭闹得更凶。母亲心烦了，打了我两巴掌。我赌气哭着跑出了家门……

那天下雨，我在雨中游荡了大半日不回家，衣服淋湿了，头脑也淋得平静了，心中不免后悔自责起来。是啊，家里生活困难，仅靠在外地工作的父亲每月寄回几十元钱过日子，母亲不得不经常向邻居开口借钱。母亲是个很顾脸面的人，每次向邻居借钱，都需鼓起一番勇气。我怎么能那样为难母亲呢？我觉得自己真是太对不起母亲了。

于是我产生了一个念头，要靠自己挣钱买一支钢笔。于是，我冒雨朝火车站走去。火车站附近有座坡度很陡的桥：一些大孩子常等在坡下,帮拉货的手推车夫推上坡,可讨得5分钱或1角钱。

我走到那座大桥下,等待许久,不见有推车来。雨越下越大,我只好站到一棵树下躲雨。雨点噼噼啪啪地抽打着肥大的杨树叶,冲刷着马路。马路上不见一个行人的影子,只有公共汽车偶尔驶来驶去。除了几根电线杆子,远处迷迷蒙蒙的什么也看不清楚。

我正感到沮丧,想离开,可雨又太大,等下去,肚子又饿。这时,我忽然发现一辆手推车,装载着几层高的木箱子,遮盖着雨布。拉车人正在大雨中缓慢地、一步步地朝这里拉来。看得出,那人拉得非常吃力,腰弯得很低,上身几乎俯得与地面平行了,两条裤腿都挽到膝盖以上,双臂拼力压住车把,每迈一步,似乎都使出了浑身的劲。那人没穿雨衣,头上戴顶草帽,由于他上身俯得太低,无法看见他的脸,也不知他是个老头,还是个小伙儿。

他刚将车拉到大桥坡下,我便从树下一跃而出,大声问:"要帮一把吗?"他应了一声,我便赶快绕到车后,一点也不隐藏力气地推起来。车上不知拉的何物,非常沉重。还未推到半坡,我便一点力气也没有了,双腿发软,气喘吁吁。那时我才知道,即使一角钱,也是并非容易挣到的,而且我还空着肚子呢。又推了几步,实在推不动了,就产生了"偷劲"的念头,反正拉车人是看不见我的。我刚刚松懈了一点力气,就觉得车轮顺坡倒转。不行,不容我"偷劲"。那拉车人,也肯定是凭着最后一点力气在坚持,在顽强地向坡上拉。我不忍心"偷劲"了。我咬紧牙关,憋足一股力气,一步接一步,机械地向前迈动着步子。

车轮忽然转动得迅速起来:我这才知道,已经将车推上了坡,开始下坡了。手推车飞快朝坡下冲,那拉车人身子太轻,压不住车把,反被车把将身子悬起来,腿离了地面,控制不住车的方向。幸亏车的方向并未偏往马路中间,始终贴着人行道边,一直滑到坡底才缓缓停下。

我一直跟在车后跑,车停了,我也站住了。那拉车人刚转过身,我便向他伸出一只手,大声说:"给钱!"那拉车人呆呆地望着我,一动不动,不掏钱,也不说话。

我仰起脸看他,不由得愣住了,"他"原来是母亲。雨水,混合着汗水,从母亲憔悴的脸上直往下淌。母亲的衣服完全淋透了,像从水里捞出来的一样,湿漉漉地贴在身上,显出了她那瘦削的两肩的轮廓。她胸口剧烈地起伏着,脸色苍白,大口大口地喘着气。

我望着母亲,母亲望着我,我们母子完全怔住了。

就在那一天,我得到了那支钢笔,梦寐以求的钢笔。

母亲将它放在我手中时,满怀期望地说:"孩子,你要用功读书啊。你要是不用功读书,就太对不起妈妈了……"

在我的学生时代,我一刻都没有忘记过母亲满怀期望对我说的这番话。

如今,二十多年过去了,我已经是个成年人了,母亲也变成了老太婆。那支笔,也可以说早已完成它的历史使命了。但我,却要永远保存它,永远珍视它,永远不抛弃它。

现在的五年级学生,是不会因家里买不起一支钢笔而哭闹了;现在的母亲们,也不会再为给孩子买一支钢笔而去冒着大雨拉车了。我们发展着的生活,正在消除着贫困。而那些在贫困之中积淀下来的有益的东西,将会存留在下一代心里。

母亲,我永远感激您当年为我买了那支老式的廉价的钢笔。

## 作品简析

本文开篇先从破旧的钢笔写起,一方面可以自然引起对往事的回忆,另一方面也说明这支钢笔多年来为作者立下了汗马功劳,同时也从侧面交代了当时的生活条件非常艰苦。本文最精彩的部分要数雨中推车的动作描写了,如"腰弯得很低……双臂拼力压住车把,每迈一步,似乎都使出了浑身的劲"一句,把母亲拉车时的艰难情景,展现在读者眼前;"一跃而出"、"大声问"等词语,则把作者看到有人来时的激动的心情刻画了出来。

# 我和橘皮的往事

多少年过去了,那张清瘦而严厉的,戴六百度黑边近视镜的女人的脸,仍时时浮现在我眼前,她就是我小学四年级的班主任老师。想起她,也就使我想起了一些关于橘皮的往事……

其实,校办工厂并非是今天的新事物,当年我的小学母校就有校办工厂。不过规模很小罢了。专从民间收集橘皮,烘干了,碾成粉,送到药厂去。所得加工费,用以补充学校的教学经费。

有一天,轮到我和我们班的几名同学,去那小厂房里义务劳动。一名同学问指派我们干活的师傅,橘皮究竟可以治哪几种病。师傅就告诉我们,可以治什么病,尤其对平喘和减缓支气管炎有良效。

我听了暗暗记在心里,我的母亲,每年冬季都被支气管炎所困扰,经常喘做一团,憋红了脸,透不过气来,可是家里穷,母亲舍不得花钱买药,就那么一冬季又一冬季地忍受着,一冬季比一冬季气喘得厉害,看着母亲喘做一团、憋红了脸,透不过气来的痛苦样子,我和弟弟妹妹每每心里难受得想哭。我暗想,一麻袋又一麻袋,这么多这么多橘皮,我何不替母亲带回家一点儿呢?

当天,我往兜里偷偷揣了几片干橘皮。

以后,每次义务劳动,我都往兜里偷偷揣几片干橘皮。

母亲喝了一阵子干橘皮泡的水,剧烈喘息的时候,分明地减少了,起码我觉着是那样。我内心里的高兴,真是没法儿形容、母亲自然问过我——从哪儿弄的干橘皮?我撒谎,骗母亲,说是校办工厂的师傅送给的,母亲就抚摸我的头,用微笑表达她对她的一个儿子的孝心所感受到的那一份儿欣慰。那乃是穷孩子们的母亲们普遍的最由衷的也是最大的欣慰啊……

不料想,由于一名同学的告发,我成了一个小偷,一个贼。先是在全班同学眼里成了一个小偷,一个贼,后来是在全校同学眼里成了一个小偷,一个贼。

那是特殊的年代。哪怕小到一块橡皮,半截铅笔,只要一旦和"偷"字连起来,也足以构成一个孩子从此无法洗刷掉的耻辱,也足以使一个孩子从此永无自尊可言。每每的,在大人们互相攻讦之时,你会听到这样的话——"你自小就是贼!"——那贼的罪名,却往往仅由于一块橡皮、半截铅笔。那贼的罪名,甚至足以使一个人背负终生。即使往后别人忘了,不再提起了,在他或她的内心里,也是铭刻下了。这一种刻痕,往往扭曲了一个人的一生,改变了一个人的一生,毁灭了一个人的一生……

在学校的操场上,我被迫当众承认自己偷了几次橘皮,当众承认自己是贼。当众,便是当着全校同学的面啊……

于是我在班级里,不再是任何一个同学的同学,而是一个贼。于是我在学校里,仿佛已经不再是一名学生,而仅仅是,无可争议地是一个贼,一个小偷了。

我觉得,连我上课举手回答问题,老师似乎都佯装不见,目光故意从我身上一扫而过。

我不再有学友了。我处于可怕的孤立之中。我不敢对母亲讲我在学校的遭遇和处境,怕母亲为我而悲伤……

当时我的班主任老师,也就是那一位清瘦而严厉的,戴六百度近视镜的中年女教师,正休产假。

她重新给我们上第一堂课的时候,就觉察出了我的异常处境。

放学后她把我叫到了僻静处,而不是教员室里,问我究竟做了什么不光彩的事?

我哇地哭了……

第二天,她在上课之前说:"首先我要讲讲梁绍生(我当年的本名)和橘皮的事。他不是小偷,不是贼。是我吩嘱他在义务劳动时,别忘了为老师带一点儿橘皮。老师需要橘皮掺进别的中药治病。你们再认为他是小偷,是贼,那么也把老师看成是小偷,是贼吧……"

第三天,当全校同学做课间操时,大喇叭里传出了她的声音,说的是她在课堂上所说的那番话……

从此我又是同学的同学,学校的学生,而不再是小偷不再是贼了。从此我不想死了……

我的班主任老师,她以前对我从不曾偏爱过,以后也不曾。在她眼里,以前和以后,我都只不过是她的四十几名学生中的一个,最普通最寻常的一个……

但是,从此,在我心目中,她不再是一位普通的老师了。尽管依然像以前那么严厉,依然戴六百度的近视镜……

在"文革"中,那时我已是中学生了,没给任何一位老师贴过大字报。我常想,这也许和我永远忘不了我的小学班主任老师有某种关系。没有她,我不太可能成为作家。也许我的人生轨迹将彻底地被扭曲、改变,也许我真的会变成一个贼,以我的堕落报复社会。也许,我早已自杀了……

以后我受过许多险恶的伤害。但她使我永远相信,生活中不只有坏人,像她那样的好人是确实存在的……因此我应永远保持对生活的真诚热爱!

## 作品简析

"多少年过去了,那张清瘦而严厉的,戴六百度黑边近视镜的女人的脸,仍时时浮现在我眼前",这样的开头突出了作者对老师的深刻印象,流露出对老师的感激和怀念之情,定下了全文的感情基调。看到母亲病情减轻时,作者心中充满了欣慰;被同学们当作"贼"时,内心充满了痛苦;得到班主任老师的帮助之后,心中充满了感激;虽然时隔多年,作者心中仍充满感慨……这些细腻的心理描写,突出了作者对往事的深刻记忆,以及老师对自己产生的深远影响。

# 沈石溪

## 作者简介

沈石溪(1952— ),原名沈一鸣,生于上海。20世纪80年代初开始从事儿童文学创作,所著动物小说深受青少年读者的喜爱。《第七条猎狗》、《一只猎鹰的遭遇》、《红奶羊》等连续三届获中国作家协会儿童文学优秀作品奖,《圣火》获1990年世界儿童文学和平友谊奖,《狼王梦》获第二届全国优秀少儿读物一等奖,《象母怨》获首届冰心儿童文学新作大奖。1992年调成都军区政治部文艺创作室。中国作协会员,云南省作协副主席。

## 课文回顾

六年级上册(人教版)语文课本中《最后一头战象》记叙了曾经在抗日战争中幸存下来的最后一头大象嘎羧,自知生命大限已至,便再次佩上象鞍,来到打洛江畔缅怀往事,凭吊战场,最后在埋葬着战友们的"百象冢"旁刨开一个坑,庄严地把自己掩埋的故事。

## 最后一头战象

西双版纳曾经有过一队威风凛凛的象兵。所谓象兵,就是骑着大象作战的军队。象兵比起骑兵来,不仅同样可以起到机动快速的作用,战象还可用长鼻劈敌,用象蹄踩敌,直接参与战斗;一大群象,排山倒海般地扑向敌人,战尘滚滚,吼声震天,势不可当。

1943年,日寇侵占缅甸,铁蹄跨进了和缅甸一江之隔的西双版纳边陲重镇打洛。象兵在打洛江畔和日寇打了一仗。战斗异常激烈,枪炮声、厮杀声和象吼声惊天动地。鬼子在打洛江里扔下了七十多具尸体,我方八十多头战象全部中弹倒地,血把江水都染红了。战斗结束后,召片领在打洛江边挖了一个长宽各二十多米的大坑,把阵亡的战象隆重埋葬了,还在坑上立了一块碑:百象冢。曼广弄寨的民工在搬运战象的尸体时,意外地发现有一头公象还在喘息,它的脖颈被刀砍伤,一颗机枪子弹从前腿穿过去,浑身上下都是血,但它还活着。他们用八匹马拉的大车,把它运回寨子。这是唯一幸存的战象,名叫嘎羧。好心肠的村民们治好了它的伤,把它养了起来。

我1969年3月到曼广弄寨插队落户时,嘎羧还健在。它已经50多岁了,脖子歪得厉害,嘴永远闭不拢,整天滴滴答答地淌着唾液;一条前腿也没能完全治好,短了一截,走起路来颤颤巅巅;本来就很稀疏的象毛几乎都掉光了,皮肤皱得就像脱水的丝瓜;岁月风尘,两根象牙积了厚厚一层难看的黄渍。它是战象,它是功臣。村民们对它十分尊敬和照顾,从不叫它搬运东西。它整天优哉游哉地在寨子里闲逛,到东家要串香蕉,到西家喝筒泉水。

我和负责饲养嘎羧的老头波农丁混得很熟,因此和嘎羧也成了朋友。我插队的第3年,嘎羧愈发衰老了,食量越来越小,整天卧在树荫下打瞌睡,皮肤松弛,身体萎缩,就像一只脱水柠檬。波农丁年轻时给土司当了多年象奴,对象的生活习性摸得很透,他对我说:"太阳要落山了,火塘要熄灭了,嘎羧要走黄泉路啦。"几天后,嘎羧拒绝进食,躺在地上,要揪住它的鼻子摇晃好一阵,它才会艰难地睁开眼睛,朝你看一眼。我觉得它差不多已处在半昏迷的状态中了。

可一天早晨,我路过打谷场旁的象房,惊讶地发现,嘎羧的神志突然间清醒过来,虽然身体仍然衰弱不堪,但精神却处在亢奋状态中,两只眼睛烧得通红,见到波农丁,欧欧欧短促地轻吼着,鼻子一弓一弓,鼻尖指向象房堆放杂物的小阁楼,象蹄急促地踢踏着地面,好像是迫不及待想得到小阁楼上的什么东西。开始波农丁不想理它,它发起脾气来,鼻子抽打房柱,还用庞大的身体去撞木板墙。象房被折腾得摇摇欲坠。波农丁拗不过它,只好让我帮忙,爬上小阁楼,往下传杂物,看它到底要什么。小阁楼上有半箩谷种、两串老玉米和几条破麻袋,其他好像没什么东西了。我以为它精神好转起来想吃东西了,就把两串老玉米扔下去,它用鼻尖勾住,像丢垃圾似的丢出象房去;我又将半箩稻谷传给波农丁,他还没接稳呢,就被嘎羧一鼻子打翻在地,还赌气地用象蹄踩踏;我又把破麻袋扔下去,它用象牙把麻袋挑得稀巴烂。

小阁楼角落里除了一床破篾席,已找不到可扔的东西了。嘎羧仍焦躁不安地仰头朝我吼叫。"再找找,看看还有啥东西?"波农丁在下面催促道。我掀开破篾席,里面有一具类似马鞍的东西,很大很沉,看质地像是用野牛皮做的,上面蒙着厚厚一层灰尘。除此之外,小阁楼里真的一样东西也没有了。我一脚把那破玩意儿踢下楼去。奇怪的事发生了:嘎羧见到那破玩意儿,一下安静下来,用鼻子呼呼吹去蒙在上面的灰尘,鼻尖久久地在破玩意儿上摩挲着,眼里泪光闪闪,像是见到了久别重逢的老朋友。

"哦,闹了半天,它是要它的象鞍啊。"波农丁恍然大悟地说,"这就是它当战象时披挂在背上打仗用的鞍子,我们当年把它从战场上运回寨子,它还佩戴着象鞍。在给它治伤时,是我把象鞍从它身上解下来扔到小阁楼上的。唉,整整26年了,我早把这事忘得一干二净,没想到,它还记得那么牢。"嘎羧用鼻子挑起那副象鞍,甩到自己背上,示意我们帮它捆扎。我和波农丁费了好大劲,才将象鞍置上象背。

象鞍上留着弹洞,似乎还有斑斑血迹,混合着一股皮革、硝烟、战尘和鲜血的奇特的气味;象鞍的中央有一个莲花状的座垫,四周镶着一圈银铃,还缀着杏黄色的流苏,26个春夏秋冬风霜雨雪,虽然已经有点破旧了,却仍显得沉凝而又华贵。嘎羧披挂着象鞍,平添了一股英武豪迈的气概。"它现在要披挂象鞍干什么?"我迷惑不解地问道。"恐怕不是什么好兆头。"波农丁皱着眉头伤感地说,"我想,它也许要离开我们去象冢了。"

我听说过关于象冢的传说。大象是一种很有灵性的动物,除了横遭不幸暴毙荒野的,都能准确地预感到自己的死期。在死神降临前的半个月左右,大象便离开象群,告别同伴,独自走到遥远而神秘的象冢里去。每群象都有一个象冢,或是一条深深的雨裂沟,或是一个巨大的溶洞,或是地震留下的一块凹坑。凡这个种群里所有的象,不管生前浪迹天涯海角漂泊到何方,最后的归宿必定在同一个象冢;让人惊奇的是,小象从出生到临终,即使从未到过也未见过象冢,却在生命的最后时刻,凭着一种神秘力量的指引,也能准确无误地寻找到属于自己种群的象冢。果然被波农丁说中了。嘎羧准备告别曼广弄寨,找它最后的归宿了。它绕着寨子走了三圈,对救活它、收留它并养活它26年的寨子表达一种恋恋不舍的心情。嘎羧要走的消息长了翅膀似的传遍全寨,男女老少都涌到打谷场来为嘎羧送行。大家心里都清楚,与其说是送行,还不如说是送葬,为一头还活着的老战象出殡。许多人都泣不成声。村长帕珍在象脖子上系了一条洁白的纱巾,四条象腿上绑了四块黑布。老人和孩子捧着香蕉、甘蔗和糯米粑粑,送到嘎羧嘴边。它什么也没吃,只喝了一点凉水。日落西山,天色苍茫,在一片唏嘘声中,嘎羧上了路。送行的人群散了,波农丁还站在打谷场上痴痴地望。我以为他在为嘎羧的出走而伤心呢,就过去劝慰道:"生老病死,聚散离合,本是常情,你也不要太难过了。"不料他却压低声音说:"小伙子,你有胆量跟我去发一笔财吗?"见我一副茫然无知的神态,他又接着说:"我们悄悄跟在嘎羧后面,找到那象冢……"我明白他的意思了,他是要我跟他合伙去捡象牙。在热带雨林里,大象的躯体的骨头会腐烂,象牙却永远闪耀着迷人的光泽;象冢由于世世代代埋葬老象,每一个象冢里都有几十根甚至上百根象牙,毫不夸张地说,找到一个象冢就等于找到一个聚宝盆。聪明的大象好像知道人类觊觎它们发达的门牙,生怕遭到贪婪的人类的洗劫,通常都把象冢选择在路途艰险人迹罕至的密林深处,再有经验的猎人也休想找得到;但如果采取卑鄙的跟踪手段,悄悄尾随在死期将临的老象后面,就有可能找到那遥远而又神

秘的象冢。我犹豫着,沉默着,没敢轻易答应。波农丁显然看穿了我的心思,说:"我们只捡象冢里其他象的象牙,嘎羧的象牙我们不要,也算对得起它了嘛。"这主意不错,既照顾了情感,又可圆发财梦,何乐而不为?我俩拔腿就追,很快就在通往崇山峻岭的小路上追上了踽踽独行的嘎羧。天黑下来了,它脖颈上那块标志着出殡用的白纱巾成了我们摸黑追踪的路标。它虽然跛了一条腿走不快,却一刻也没停顿,走了整整一夜,天亮时,来到打洛江畔。"我想起来了,这儿是水晶渡的上游,26年前,我们就是在这里把嘎羧给抬上岸的。"波农丁指着江湾一块龟形的礁石说,"幸亏有这块礁石挡住了它,不然的话,它早被激流冲到下游淹死了。"

这么说来,这儿就是26年前抗日健儿和日寇浴血搏杀的战场。这时,嘎羧踩着哗哗流淌的江水,走到那块龟形礁石旁,鼻子在被太阳晒成铁锈色的粗糙的礁石上亲了又亲;许久,才昂起头来,向着天边那轮火红的朝阳,欧—欧—发出震耳欲聋的吼叫。它突然间像变了一头象,身体像吹了气似的膨胀起来,四条腿的皮肤紧绷绷地发亮,一双象眼炯炯有神,吼声激越悲壮,惊得江里的鱼儿扑喇喇跳出水面。我想,此时此刻,它一定又看到了26年前惊天地泣鬼神的一幕:威武雄壮的战象们驮着抗日健儿,冒着枪林弹雨,排山倒海般地冲向侵略者;日寇鬼哭狼嚎,丢盔弃甲;英勇的战象和抗日将士也纷纷中弹跌倒在江里。

我对嘎羧肃然起敬,它虽然只是一头象,被人类称之为兽类,却具有很多称之为人的人所没有的高尚情怀;在它行将辞世的时候,它忘不了这片它曾经洒过热血的土地,特意跑到这儿来缅怀往事,凭吊战场!

我们跟在它后面,又走了约一个多小

时,在一块平缓向阳的小山坡上,它突然又停了下来。"哦,这里就是埋葬八十多头战象的地方,我参加过挖坑和掩埋,我记得很清楚。喏,那儿还有一块碑。"波农丁悄悄说道。

我顺着他手指的方向望去,荒草丛中,果然竖着一块石碑,镌刻着三个金箔剥落、字迹有点模糊的大字:百象冢。莫非嘎羧它……我不敢往下想,斜眼朝波农丁望去,他也困惑地紧皱着眉头。

嘎羧来到石碑前,选了一块平坦的草地,一对象牙就像两支铁镐,在地上挖掘起来。土块翻松后,它又用鼻子把土坷垃清理出来,继续往下面挖。它已经好几天没吃东西了,又经过长途跋涉,体力不济,挖一阵就站在边上喘息一阵,但它坚持不懈地挖着,从早晨一直挖到下午,终于挖出了一个椭圆形的浅坑来;它滑下坑去,在坑里继续深挖,用鼻子卷着土块抛出坑来。我们在远处观看,只见它的身体一寸一寸地往下沉。太阳落山了,月亮升起来了,它仍在埋头挖着。半夜,嘎羧的脊背从坑沿沉下去不见了,象牙掘土的咚咚声越来越稀,长鼻抛土的节奏也越来越慢。鸡叫头遍时,终于,一切都平静下来,什么声音也没有了。我和波农丁耐心地等到东方吐白,这才壮着胆子,走到坑边去看。土坑约有3米深,嘎羧卧在坑底,侧着脸,鼻子盘在腿弯,一只眼睛睁得老大,凝望着天空。

它死了。它没有到遥远的神秘的祖宗留下的象冢去,它在百象冢边挖了个坑,和曾经并肩战斗过的同伴们葬在了一起。

### 作品简析

这是一篇悲壮、感人、发人深省的动物小说。作者把嘎羧生命里最后的辉煌与庄严记述下来,以充满深情的笔触歌颂了战象嘎羧善良、忠诚的高尚情怀。文章语言优美,描写生动,尤其是对嘎羧动作、神态的描写细致入微,将嘎羧的灵性刻画得淋漓尽致。如,嘎羧再次见到象鞍时的举止、神情,在打洛江边的久久凝望与全力吼叫,在"百象冢"旁默默掘墓的情景,都会给我们留下深刻的印象。

### 拓展阅读

## 红 奶 羊

大公狼黑宝躲在一棵被闪电灼焦的枯树后面。一双饥饿的狼眼紧盯着前方。那里是神羊峰通向尕玛儿草原的最后的一个山坳口。一会儿喀纳斯红崖羊群将要从这里通过。

鲜嫩的羊肉对狼来说,无疑是一顿美餐。但今天大公狼黑宝并不打算来吃羊肉。昨天夜里,黑宝的妻子,小母狼蓓蓓为它生下两只小狼崽后,不幸大出血死了。没有奶水喂养的两只小狼饿得连声音都叫不出来。着急的黑宝试图用咬烂的兔肉喂它们,可小狼崽还不会吃东西。今天早晨,那只黄毛狼崽已经饿死了,另一只黑毛狼崽也饿得壮烈,别的母狼又没有帮它喂后代的天性。黑宝急得没办法,终于决定抢一头奶羊来喂它的狼崽。

这时,红崖羊群从山坳口出来了。黑宝仔细地观察着走过来的每一头羊。忽然,它发现,一头肥硕的年轻母羊落在羊群队伍的后面。母羊浑身金红的羊毛亮闪闪的,腹下四只饱饱的奶子像熟透了的柚子,这正是它理想中的奶羊!看准了目标,黑宝从枯树后一跃而出,扑向红母羊。可怜的红母羊还没反应过来,就已经被狼叼着耳朵抢走了。

这头红母羊名叫茜露儿,本来它是不会被狼抢走的。因为茜露儿不是普通的母羊,它是羊群中最美丽的母羊,是头羊古莱尔最宠爱的妻子。然而,它却十分不幸,昨天深夜,它在神羊峰的浴洞分娩了。可小羊羔一生下来就死了,幻想着做妈妈的茜露儿伤心极了,直到今天早晨,仍然沉浸在悲痛中的茜露儿,神思恍惚地落到了羊群后面。它离开了头羊的保护,因而成了狼的俘虏。

突然的惊吓和恐惧使茜露儿昏了过去。昏迷中,它仿佛感到有一个冰凉的东西在拨弄它的眼皮。它睁开眼来,吓得心惊胆战。面前一只凶狠的狼正用舌头舔它呢。茜露儿吓得惊跳起来,刚站立,右腿一阵钻心疼痛,原来狼把它的后腿咬断了。黑宝为了防止它逃,把它变成了瘸腿羊。茜露儿被黑宝捉进了狼洞。

正当茜露儿惊恐之时,黑狼叼来一只黑乎乎的小狼崽,放在它的腹下。茜露儿明白了,黑狼为什么没有吃掉它,是因为要它当奶羊。茜露儿不愿意让自己的乳汁流进小狼崽的嘴里。它厌恶地扭转身。黑宝凶恶地嚎了一声,把牙齿咬得"格格"响。茜露知道,如果它再拒绝,自己的喉管就要被咬断。孱弱的茜露儿被迫成了小狼崽的奶妈。

小狼崽在丰硕的乳头下贪婪地吮着茜露儿的乳汁。不知怎的,茜露儿紧张的心情不知不觉地松弛下来。它是头一次哺乳,没想到感觉竟是这样奇妙,这样飘飘欲仙。它想起了自己死去的小羊羔,仿佛感到自己的宝贝在吮着乳汁。茜露儿对狼崽的厌恶随着初次哺乳的快感消失了。但很快它又仇恨起狼来,狼和羊是不共戴天的敌人呀,茜露儿的心里矛盾极了,于是,它想逃跑。

可是,茜露儿没能逃出狼窝。黑狼紧紧地盯着它。只让它有一点到洞外草地上吃草的自由。有一次,它趁黑狼外出捕食,想悄悄逃走,但狡猾的狼早就做好了防范,在布满荆棘的洞口,茜露儿被黑狼发现了,凶狠的黑狼在它快要伤愈的右腿上又咬了一口。这一回,茜露儿瘸得更厉害了,它逃不出去了。可怜的茜露儿由喀纳斯红崖羊群尊贵的皇后,一下子变为黑狼的阶下囚,它内心无比痛苦。它思念着羊群,思念着神羊峰下和平、幸福的生活。

一眨眼二十多天过去了。小狼崽在茜露儿充沛的奶汁喂养下,日渐强壮,黑毛油亮,胖嘟嘟像只肉球。小狼有了一个名字叫黑球。黑球年幼不懂事,它把茜露儿当作了自己的妈妈,整天偎在它怀里撒娇。最初它很不习惯,而且非常厌恶黑球,但渐渐地,出于动物母性的本能,茜露儿开始与小黑球进行感情交流了。虽然它表面对黑球很冷漠,但内心却涌动着一股温情。但它压根也没想到,它和黑球之间的感情,会刺激黑狼,想提前咬死它。

黑宝很担心黑球会被母羊异化,没等黑球满月,它就决定当着黑球的面咬死茜露儿,让黑球在血腥中成为一条真正的狼。

这一天,黑宝把狼牙磨得很尖,太阳落山后,它正准备扑向红奶羊茜露儿。可就在这时,猎人带着猎狗发现了狼洞。猎人明晃晃的猎枪对准狼洞。为了保全小狼崽的生命,黑宝不顾一切地冲出洞口,它要把猎人引离狼洞,但无情的猎枪击中了黑宝的脑袋,顿时倒地气绝。

洞外的枪声震醒了茜露儿。大黑狼死了,它可以放心大胆地回神羊峰了。茜露儿激动地奔向草坪,它可以见到头羊古莱尔了!忽然,它的脚被黑球绊了一下。黑球蹒跚着,跟在它身后。茜露儿一脚把它踢出一丈多远。小黑球趴在地上呜呜地叫。茜露儿头也不回地往前走。但身后黑球柔弱的哀叫、委屈声,触动了它的母性。这只没爹没妈的小狼崽除了吃奶,还不会干别的。真可怜!茜露儿的心软了,它想,再喂它一会儿,等断了奶再离开它。于是,茜露儿带着黑球离开狼洞。它们登上日曲卡雪山上的一座断崖,在那里建立了一个新窝。

转眼又是三个月过去了。黑球长出了尖利的狼牙,体魄也很健壮,它长成一条半大的幼狼了。虽然黑球是狼,但它跟着羊妈妈,从来没扑食过活动物。茜露儿想把黑球培养成具有羊性的狼。它叫它学羊叫,黑球叫得虽不像,但"欧一咩一"也不像狼嚎那么难听。

但是狼毕竟是狼,黑球终于显出狼性了。一天,黑球发现了一只迷路的小羊,它迅速扑过去咬断了小羊的喉管。茜露儿看得心惊肉跳。它终于明白了,狼是改不了凶残的本性的。黑球已经断奶了,茜露儿决定赶紧离开它。

在一个月黑风高的夜晚,茜露儿趁黑球睡熟了,悄悄起来。黑球躺在断崖的平台上,茜露儿心想,如果就这样离开黑球,等黑球长

大了,一定会成为一条恶狼的。再说它喝过自己的奶,简直是一条可怕的披着羊皮的狼呀。茜露儿决定把黑球踢下悬崖,除掉后患。可是,就在这时,一匹狡猾的豺悄不摸上了断崖。它想吃掉红母羊。黑球惊醒了,为了保护奶妈,它和强大的豺拼搏了一阵,最后将豺打跑了。但黑球的肩上被豺咬掉了一大块皮。黑球累坏了,很快又倒在奶妈身旁睡着了。这时,茜露儿可以轻而易举地把黑球推下深渊。但它放弃这个血淋淋的念头,悄悄地走了。

茜露儿借着月光,翻过一道道山梁,又回到了喀纳斯红岩羊群里,成为一头美丽的羊皇后。它整天跟着头羊古莱尔到尕玛儿草原觅食,在神羊峰憩息。渐渐地,它把自己被黑狼抢去当奶羊的传奇经历忘掉了。

第二年的春天,茜露儿和古莱尔又添了一公一母两只羊羔,公的叫沦夐,母的叫珊瑚。茜露儿和古莱尔非常爱护它们的孩子。一家四口过着幸福平静的生活。要不是那只凶暴的猞猁闯进羊群,茜露儿会永远对古莱尔很顺从的。

那是在一个暴风雨来临前的闷热下午,羊群穿行在一条狭长的山谷间。忽然,一只猞猁窜进羊群,朝小羊羔珊瑚扑去。珊瑚吓得躲进古莱尔腹下。古莱尔本可以用锋利的羊角吓退猞猁的进攻,但古莱尔抛下珊瑚,自己逃命去了。茜露儿带着沦夐在后面看得一清二楚,可怜的珊瑚眼睁睁地被猞猁叼走了。茜露儿的心碎了,它卧在草丛中,伤心地流着泪。

过了一会儿,古莱尔也垂着脑袋慢吞吞地走近茜露儿。它很伤心,但一点也不羞愧。这使茜露儿忽然想起大黑狼为保护黑球,只身冲向猎人的壮举。它感到很吃惊,自己怎么又会想起黑狼和黑球呢?心烦意乱的茜露

儿没有理睬古莱尔的安抚，它粗暴地推开了古莱尔。

茜露儿把所有的爱都用在沦戛身上。它要把沦戛培养成一头勇敢的、富有责任心的新型公羊。每次羊群在沼泽地穿行，茜露儿总让沦戛走在最前头。暴风雨来了，别的羊都躲在山崖下，沦戛却要在霹雳声中散步。在茜露儿的训练下，沦戛的胆子越来越大，有时，碰到了狐狸、狗獾之类的小型食肉野兽，沦戛开始壮着胆子主动出击了。不久，沦戛的头顶上长出一对锋利的羊角。有一次，羊群路过一片乱石岗，发现一匹狰狞的狼倒在怪石背后。虽然是一匹死狼，但羊群还是惊恐地乱叫起来。沦戛在茜露儿的带领下，敢于用羊角刺破死狼的肚皮。沦戛由怯懦的小羊羔变成一头勇敢的公羊。

茜露儿为沦戛感到骄傲。它想，等沦戛将来娶妻生崽后，一定有能力保护自己的妻儿了，它不会像古莱尔一样，只顾自己逃命的。

沦戛越来越健壮，它的毛色红亮，一双羊角威武雄健。它受到羊群的尊重，它的地位几乎和头羊古莱尔一样了。

但是，再勇敢的羊也不是狼的对手。一场灾难就要发生了。

这一天，大地盖着厚厚的雪，茜露儿和沦戛并肩走在羊群的前面。忽地，雪地里窜出两只恶狼，茜露儿不愧在狼窝里生活过，它机警地向身后羊群发出警报。羊群拼命地向后逃。一只土黄色的母狼张牙舞爪地向茜露儿扑来，另一只毛色黑亮的公狼也冲到它和沦戛身后，切断了它俩的退路。

整个红崖羊群趁机逃进茫茫草原。只有茜露儿和沦戛还在和狼周旋。眼看着黄母狼就要扑到面前了，茜露儿突然一头向黄母狼撞去。黄母狼措手不及，它怎么也想象不到，一头红崖羊竟敢和它搏斗，历来都是羊看到狼吓得发抖的啊。正当这只母狼吃惊的当儿，茜露儿猛地一蹿，跃过沦戛和黑公狼，没命地向峡谷深处逃。沦戛紧紧跟在它身后。

茜露儿慌不择路，一头钻进了鹭鸶谷。这鹭鸶谷又细又窄，进口能容下两头羊并肩走，而到了出口，仅能容得下一头羊通过。出了鹭鸶谷就是神羊峰了，到了神羊峰就能脱离狼爪了。

当茜露儿快跑到出口时，它紧张起来。因为紧随其后的沦戛不能和它能同时通过出口，如果沦戛和它相互推让，那么狼会毫不留情地把它们都吃了。沦戛在茜露儿的身后，茜露儿宁愿自己去死，也要换取沦戛的生！茜露担心沦戛会因为让它先过出口，而将自己的羊角刺向恶狼，那样沦戛会被狼咬死的！正当茜露儿在紧张的思考着，突然，它的身体被猛烈地挤撞了一下。它一个趔趄，跌在岩壁上，肋骨几乎要被撞断了。它以为是狼追上来了，可定睛一看，两匹狼还在后面紧追着。是沦戛撞倒了它！沦戛为了先钻出出口，把它撞倒了！沦戛壮硕的身体钻出隘口，头也不回地奔进了神羊峰。

茜露儿受到了两匹狼的前后夹击，它已陷入绝境，必死无疑了。黄母狼冲着它嚎叫一声，茜露儿并没有被吓倒，它已经没有什么好怕的了。其实，当沦戛把它撞倒的那一瞬间，它的心已经死了，它平静地等待着死亡。

一阵尖啸的西北风刮过，黑公狼突然拼命地扇动鼻翼，朝母狼发出一声古怪的低噱。本来已经准备扑咬茜露儿的黄母狼不解地朝黑公狼望去。黑公狼慢慢地走近茜露儿，突然发出"欧—咩—"的叫声。这非狼非羊的叫声，使茜露儿的心抽搐了一下。它也探出羊鼻子贴近黑公狼仔细地嗅闻了一遍。透过血腥的狼味，它闻到一股熟悉的羊奶气息。啊！

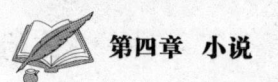

是黑球!它的肩上还留着与豺搏斗留下的伤痕。黑球两年不见,黑球已经完全长成一只威风凛凛的大公狼了。

黑球蹲在它面前,眼里的杀气隐退了,它乖得像只羊羔。

"欧——"黄母狼突然凶猛地叫起来,它不明白,为什么自己的丈夫竟和羊黏黏糊糊。它向黑球发出警告。黑球眼里闪烁的相逢喜悦很快都消失了,它后退了一步,用身体挡住了黄母狼。黄母狼不愿放过这美味的羊肉,它愤怒地推开黑球向茜露儿扑来。

茜露儿并没有指望黑球能救它。它知道狼的天性,再说这两只饥饿的狼在雪地里一定等了很久了,如今又追赶到这里,难道还会放过自己?

黑球仍然挡住黄母狼。黄母狼气得扑到黑球面前,朝黑球的腹部咬了一口。它想迫使黑球让道。黑球像座石雕,既不回击,也不躲让,它的腹部流着血。黄母狼到底还是心疼自己的丈夫的,这它终于无可奈何地嗥了一声,转身飞奔出鹭鸶谷。

黑球面朝着茜露儿,一步一步朝山谷外退去,退了很远很远,它才倏地转身,追赶自己的狼妻去了。

茜露儿仍呆呆地站在岩壁前。它不知道是该庆幸自己狼口逃生,还是该悲哀自己被儿子抛弃。它再也不愿回喀纳斯红崖羊群中去了。它抬头眺望白雪皑皑的神羊峰,传说峰巅上住着一头英勇无比的大公羊,它既有温顺的羊心,又有猛兽的胆量,它能保护所有的羊群,茜露儿要去寻找它。茜露儿迎着凄迷的雪尘,艰难地向神羊峰的顶巅攀登。

它相信一定能找到它。

### 作品简析

　　一只红崖羊被大黑狼捉了过去,当了它孩子的奶羊,因为大黑狼的妻子生下小狼后就大出血死了,小狼一直没奶吃,有一只小狼已经饿死了,大黑狼为了不让最后一只小狼饿死,只能靠羊奶来喂小狼。一天,大黑狼被猎人发现并打死了,而那只红崖羊却没有抛弃小狼,一直把小狼养到断奶后才离开。两年后的一天,那只红崖羊和她的孩子被两只狼围了起来。她儿子为了活命,把她抛弃了。而那两只狼中的公狼是她从前用奶养过的那只小狼,对她心存感恩之情的公狼放过了她,走了。这个故事耐人寻味,羊性格温顺,但在同样的危急时刻,竟然无情地抛下亲人。狼在人们印象中凶狠残暴,可是无论是狼爸爸黑宝在危险中舍身救子,还是狼崽黑球为了保卫奶妈,不畏危险,挺身而出,都说明了狼也有可贵的一面。文章赞扬了茜露儿和黑宝、黑球的勇敢与无私,告诉我们,人,一定要有高度的责任感、临危不惧的勇气、知恩图报的感情和勇于进取的精神。

## 狼　　妻

　　我们置放在小路上的捕兽铁夹夹住了一只大公狼。沉重的铁杆正好砸在它的脑袋

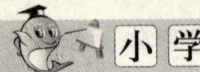

上,我们看见它时,它已经死了。我们把它拖回野外动物观察站,将狼皮整张剥了下来。

入夜,我和强巴坐在用牦牛皮缝制的帐篷里,点起一盏野猪油灯,喝着酽酽的青稞酒,天南海北地闲聊。我在省动物研究所工作,专门从事动物行为学的研究,这次到高黎贡山来,就是想收集有关这方面的第一手资料,为撰写博士论文作准备。强巴是当地的藏族猎手,是我雇来当向导的。

我们正聊得高兴,突然,外面传来"呦——呦——"的狼嗥声,声音高亢凄厉,就像婴孩在啼哭。"狼来了!"我紧张地叫了起来。"还远着呢,它在一华里外的乱石沟里,因为顺风,所以声音传得远。"强巴轻描淡写地说。狼嗥声一阵紧似一阵,如泣如诉,如叫魂哭丧,很不中听。我说:"难怪有句成语叫鬼哭狼嗥,果然是世界上最难听的一种声音。""普通的狼嗥没那么刺耳。"强巴说,"这是一只马上就要产崽的母狼,公狼不在身边,所以越叫越凄惨。"说着,他瞟了一眼晾在帐篷上的那张狼皮,不无同情地说,"它不知道它的老公已经死啦。唉,这只母狼要倒霉了,它产下狼崽后,没有公狼陪伴照顾,它和它的儿女是很难活下来的。"强巴不愧是在山林闯荡了三十多年的经验丰富的猎人,不仅能听懂不同的狼嗥声,而且对狼的生态习性有很深的了解。

很多研究资料表明,分娩期和哺乳期的母狼,是无法像雌性猫科动物那样,独自完成产崽和养育后代的过程的。这其中最主要的原因是,猫科动物以埋伏奇袭为主要猎食方式,而犬科动物习惯长途追击捕捉猎物。刚刚产下幼崽,身体虚弱的母狼,没有足够的体力去远距离奔袭获得食物。因此,狼社会普遍实行的是单偶家庭制,公狼和母狼共同承担养育后代的责任。

我又喝了满满一大碗青稞酒,耳酣脸热之际,突然冒出一个怪念头:如果我把大公狼的皮裹在身上,跑去找那只即将分娩的母狼,会怎么样呢?冒名顶替成功的话,我就能走进狼窝,揭开狼的家庭生活的秘密,获得极其珍贵的科学研究资料!

我把自己的想法告诉了强巴,他吓了一大跳,结结巴巴地说:"这……这行得通么?它不是瞎眼狼,它……它一眼就能认出是真老公还是假老公的。""不会的。"我很自信地说,"狼主要是靠嗅觉识别东西。动物行为学有一个著名论断:哺乳类动物是用鼻子思想的。对狼来说,鼻子闻到的比眼睛看到的重要得多,也真实得多。我身材瘦小,和一只大公狼也差不了多少,我裹着公狼皮,浑身都是它所熟悉的公狼气味,能骗过它的。""万一它朝你扑来怎么办?""我有这个。"我拍拍插在腰间防身用的左轮手枪,"对付一只大肚子母狼,还不是小菜一碟。"

我从小就喜欢冒险,喜欢做别人没做过的事。在青稞酒的助兴下,我荒诞的念头变成了一种无法抑制的渴望和冲动。

我把外衣外裤脱了,将还没晾干的狼皮胡乱缝了几针,像穿连衣裙似的套在身上。时值初秋,在身上穿一件狼皮衣裳,冷暖还是蛮合适的。

乌云遮月,山道一片漆黑。我提着一只鸡,作为"丈夫"馈赠妻子的礼物,循着狼嗥声,朝前摸去。走了约一华里,果真有一条乱石沟,怪石嶙峋,阴森恐怖。我一踏进石沟,近在咫尺的狼嗥声戛然而止,四周静得让人心里发慌。一股冷风吹来,我忍不住打了个寒噤,肚子里酒全变成了冷汗。我清醒过来,妈的,我怎么那么愚蠢,揣着小命往狼窝钻?哺乳类动物是用鼻子思想的,这话能当真么?就算这个论断是正确的,万一它上呼吸道感染鼻子堵了呢？我越想越害怕，趁现在母狼还没发现自己，三十六计走为上。

我刚要转身溜之大吉，突然，我前方七、八公尺远的一块磐石背后，出现了两点绿光，闪闪荧荧，就像乱坟岗上的磷火。现在，想不干也不行了。我学狼的模样，趴在地上，暗中拔出手枪，上了顶膛火，为自己壮胆。

"呦——"对面传来一声悠悠长长的嗥叫，微型灯笼似的两点绿光飘也似的向我靠近。月亮从两块乌云间的空隙里露出来，借着短暂的光亮，我看见，这是一只高大健壮的黑母狼，唇吻很长，露出一口尖利的白牙。它腆着大肚子，一面缓慢地朝我走来，一面押长脖子，抖动尖尖的耳郭，耸动发亮的鼻吻，做出一副嗅闻状。它这是在验明正身呢。

我一颗心陡地悬吊起来，我身上除了公狼的气味，还有人的气味和酒的气味，我担心它会闻出蹊跷，闻破秘密，闻出我是杀害它真正丈夫的凶手，这样的话，它不同我拼命才怪呢。我食指扣住扳机，枪口对准它的脑袋，但没舍得打。一篇精彩的博士论文比一次普通狩猎重要多了。不到最后关头我不能放弃努力。我打定主意，要是它走到离我三步远的地方还不停步，我就只好开枪了。

它好像能猜透我的心思，不远不近，就在离我三步的地方停住了，定定地望着我，胸脯一起一伏地呼吸着，用鼻子对我辨别真伪。

我不能无所作为地等着它来闻出破绽，我想，我该做点什么来促使它解除怀疑。我想起我手中还有一只鸡，就把鸡扔到它面前。它立刻用前爪按住鸡，仔细嗅闻起来，闻了一阵后，闷声不响地蹲坐下来。

我看不清它的表情，但我在一本教科书上看到过这样的介绍，犬科动物一旦蹲了下来，就表示还没产生进攻的企图。我稍稍放

宽了心。接着，我又捏着鼻子压低喉咙学了一声狼嗥。我们研究所里专门有一盘进口的各种各样狼嗥的原版录音带，为了应付野外考察，我曾像唱卡拉OK似的跟着录音机操练过。我叫得平缓舒展，尾音还渐沉两个八度。据资料介绍，这种声调表示两只熟识的狼见面后互相致意问好。但愿这录音带不是假冒伪劣产品。

我一发出嗥叫，没想到，黑母狼像触电似的跳了起来，眼光更绿得可怕。完了，我想，我又做了一件蠢事。我虽然跟着录音机模仿过狼嗥，但不可能像真正的狼嗥得那么地道，就像业余爱好者怎么操练卡拉OK也学不会大腕歌星特有的韵味一样。这是真正的不打自招啊。

果然，它的尾巴唰地平举起来，教科书上说的，尾巴平举是狼即将扑咬的讯号，它的喉咙深处传来低沉的咕噜声，那是咆哮的前奏。我紧张得浑身冒起鸡皮疙瘩，我不能再等了，我只有先下手为强了。我开始扣动扳机，就在这时，它奇怪地抖了抖身体，尾巴软绵绵地耷落下来，已涌到嘴边的嗥叫变了调，如果我没记错的话，那是一种轻微的埋怨。我长长地吁了一口气，松开了扳机。

狼妻黑母狼停止了对我的审查，迫不及待地对付爪下那只鸡。它看起来是饿极了，猛烈撕扯，快速吞咽，稀里哗啦，风卷残云。最多几分钟时间，一只四斤重的鸡就被它吃得差不多了。

我心里的一块石头这才落地。我知道，狼是一种机敏的动物，它若对我还有所怀疑的话，是不肯随便吃我扔给它的东西的。从情理上说，它接受了我的馈赠，也就表明接纳或者说承认我是它的"丈夫"了。

黑母狼匆匆吃完鸡，转身朝乱石沟深处奔去，它步履踉跄，可又是一副心急火燎的样

子，好几次被乱石绊倒了，哀嗥一声，又挣扎着往前跑。只有消防队员和急救中心的医生才像它这般匆忙、焦急。

我手脚并用，跟在它后面爬。我只能爬，世界上还没有能用两足直立行走的超狼。爬就爬，这没什么了不起的，人类的祖先不就是用四只脚走路的吗，我无非是为了工作的需要暂时返祖而已。

黑母狼窜过一棵高大的孔雀杉，绕过一片灌木丛，一头钻进一个石洞。黑黢黢的石洞里，传来拉风箱般的喘息声，传来身体猛烈的扭动声。天空亮起一道闪电，我看见，石洞不大，黑母狼躺在石洞中央，身体底下有一摊血污。哦，它生产了。霎时间，我明白了，它之所以对我模仿得很拙劣的狼嗥声不予深究，草草地结束了对我的审查，是因为它临近分娩，没有时间也没有精力再对我的真伪细细辨识。

我真幸运，如愿以偿地走进了狼的家庭。石洞里传来黑母狼痛苦的呻吟。洞里有股浓烈的血腥味和骚臭味，我真不愿意进去。可我现在的身份是大公狼，赖在洞外不进去，不就显得太疏远了吗？罢罢罢，要想了解狼的生存奥秘，吃点苦受点罪总是免不了的。

我捂住鼻子，往洞里钻，"呦——"，黑母狼娇弱无力地叫了一声，我一听就明白，这是欢迎我进洞。我身体塞进洞去，脑袋伸在洞外，这样起码鼻子可以少受点罪。

半夜，老天下起了大雨，刮的是西南风，倾斜的雨丝顺着风势，直往石洞里灌。石洞又小又浅，我若离开洞口，冷风和雨点肯定全落在黑母狼身上。这对正在分娩的黑母狼和刚刚产下的狼崽来说，都是致命的威胁。我倒不是同情黑母狼和它的崽子，但若它们遭到不幸，我的实验也要夭折。我别无选择，只有将自己的身体权当一次雨伞，替它们挡住这该死的风雨。我蹲在洞口，任凭风吹雨打。雨越下越大，我被淋得像只落汤鸡，不，是落汤狼。时间一长，我冷得瑟瑟发抖，上下牙齿咯咯地打战。我快支持不住了。就在这时，背后传来柔声的嗥叫，接着，一个毛茸茸的东西，磨蹭我的背。虽然隔着一层狼皮，我还是清楚地感觉到，是黑母狼的脑袋靠在我的背上。唔，它是感激我替它遮挡风雨。它理解我的行为，它懂得我的心意，我心里涌起一股暖流，风雨浇在身上，好像也没刚才那么冷了。

天亮时，雨才停住。我看见，黑母狼的怀里，躺着三只小狼崽，两黑一黄。黑母狼真是一个能干的母亲，不仅自己把脐带咬断，把胎胞剥掉并吃了下去，还把小家伙们身上的血污舔得干干净净。它的尾根还滴着血，大概是头胎，身体显得很虚弱，软绵绵地躺在地上，疲倦地闭着眼睛。小家伙们眼睛还没睁开，凭一种本能，在妈妈身上爬来爬去，寻找到奶头，贪婪地吮吸着芬芳的乳汁。动物幼小的时候都是很可爱的。三只小狼崽细皮嫩肉，身体呈半透明状，茸毛细密，像锦缎般地闪闪发亮。黑母狼堪称是天底下最称职的母亲了，它用舌头舔掉小狼崽的尿，把小狼崽拉的屎用爪子推到角落并用沙土盖起来，尽它的所能保持窝巢的清洁卫生，减少会招引来天敌的气味。

研究过动物的人都知道，动物界缺少父爱。绝大多数种类的动物，例如老虎、山猫、野牛、雪兔等等，雄性只在发情交配期间才跟雌性待在一起，一旦雌性怀孕后，雄性便会招呼也不打地弃雌性而去。解释这种现象并不困难，在雌性动物生育和培养后代很长一段时间里，雄性不但得不到温存，还要没完没了地付出劳役。动物都是按快乐原则生活的,没有快乐只有受苦,雄性当然要躲得远远的。公狼为什么能在母狼产崽期间自始至终陪伴在母狼身边,有的动物学家说,狼是一种高智商的动物,有最基本的血缘遗传的概念;有的说,公狼有一种苦行僧的特点,喜欢吃苦受罪。而我,却亲身体验到了另一种答案。

我根据狼的特点,也根据黑母狼的需要,每天下午外出猎食。我当然不可能像真正的大公狼那样凭本事在荒野捕捉到猎物,我都是手脚着地爬出黑母狼的视野后,立刻就直起腰来,走回我的观察站,吃饭洗澡,美美地睡上几个小时,然后拿起强巴事先给我从集市上买回来的东西:一只鸡、一只鸭或一只兔,冒充我的狩猎成绩,太阳下山时,踏着暮色返回狼窝。

让我感慨的是,每次我临要出洞前,黑母狼从不忘记要站起来走到我的身边,用一种忧郁的、期待的、恋恋不舍的眼光长时间地盯着我,伸出粗糙得像尼龙刷子似的狼舌,舔舔我的额头,喉咙里发出一种呜呜的忧伤的声音,好像在对我说,只要我一跨出石洞,它就开始盼望我早点归来。傍晚,我的身影一出现在乱石沟,黑母狼就会惊喜地轻嗥一声,从石洞里蹿出来迎接我,它跑到我的身边,不断地嗅闻我的身体,热情的眼睛像燃烧的火焰,喜滋滋地望着我,在我身边轻快地跳跃着,旋转着,明白无误地传递给我这样一个讯息:见到我,它非常高兴。它会帮我一起叼起猎物,肩并肩跑回石洞。有两次我回狼窝时,刚好下雨,它也照样冒着雨从石洞蹿出来迎接我。

回到石洞,它虽然饿着肚子,却并不马上进食。它会围着我带回去的猎物,边嗅闻、边转圈,脸上露出喜悦满意的表情,轻轻嗥叫着,缠在我身边和我交颈厮磨,仿佛在对我

说:谢谢你给我带回了如此美味的晚餐,离开你真不知道该怎么活。三只小狼崽睁开眼睛会跑动后,黑母狼让它们也加入这种就餐前的谢恩仪式。小家伙们憨态可掬,在我身上乱爬乱舔,欢快地吱吱叫着,小小石洞里,洋溢着浓浓的亲情。尽管我是冒险走进狼窝的,在这种时刻,我也强烈地体会到被它们重视、被它们需要、被它们依靠所带来的幸福感,有一种自我价值得到了证实的满足。我想,如果我是一只大公狼的话,一定会被妻子儿女的歌功颂德所陶醉的,一天的疲劳和艰辛也就得到了最大的精神补偿。

真正的大公狼绝不可能像我这般走运,天天能捕猎到食物。我想知道,如果某一天,大公狼一无所获,黑母狼又该是一副什么样的面孔呢?那天,我在观察站的帐篷里多睡了两个小时,什么也没带,空着手回狼窝。黑母狼照例蹿出来迎接我。我装出一副垂头丧气的样子。它跑到我身边,朝我的嘴和手看了一眼,立刻明白发生了什么事,愣了一愣,但至多一、两秒钟后,便恢复了常态,兴高采烈地、一丝不苟地表演它的欢迎仪式。它照样嗅闻我的身体,照样在我身边跳跃旋转,并没因为我没带回食物而怠慢我,敷衍我,简化欢迎仪式。回到石洞里后,我闷闷不乐地缩在角隅,它仍缠在我身边用它柔软的脖子摩挲我的脖子,我听到了它的心声:你能平安回来,我就很快乐了;谁都有失败的时候,没关系的。它还蹲在我面前,不断地舔自己的嘴角、唇吻、前爪和胡须,还舔自己的肚皮,这是狼吃饱肚子后的动作,它此时此刻正饿着肚子呢,它这样做,是要告诉我,它肚子一点也不饿,别为它担心。尽管我没有带回食物,黑母狼自始至终没有哀嗥,也没有叹息,没有流露出一点失望的表情,也没有任何抱怨和指责。我作为一个冷静的观察者,也禁不

住被它感动了。我想,我要真是一只大公狼,此刻一定会心生内疚,明天即使赴汤蹈火,也要捕捉到猎物的。我不知道是这只黑母狼特别聪慧,特别懂生活,还是所有的母狼都具备这种感情素质。如果这是狼群的普遍行为,这或许可以解释公狼为什么在母狼生育和培养后代的漫长时间里,忠贞不渝地待在母狼身边。

那只金猫搅乱了黑母狼一家宁静的生活。狼不会爬树,不能像山猫那样,把窝安到大树或悬崖上去,狼的窝一般都在离地面很近的石洞或树洞里,无论什么野兽,都能轻易走到狼窝边来。时而会有一头狗熊或一对狼獾,嗅着气味来到石洞前,馋涎欲滴,鬼头鬼脑地往洞里张望,企图将小狼崽捉去当点心吃。黑母狼守在洞口,凶猛地嗥叫着,摆出一副要与来犯者同归于尽的姿势。一般来讲,无论狗熊还是狼獾,见黑母狼守护得紧,逗留一阵后,便会讪讪地退走。这只金猫却一连好几天像幽灵似的在石洞口徘徊。金猫是一种中型猫科动物,体型和狼差不多大小,身手矫健,尤善爬树,是一种很难对付的猛兽。有两次,黑母狼嗥叫着蹿出洞去,想和金猫拼个你死我活,但金猫总是敏捷地一跳,跃上树腰,尖利的爪子抠住粗糙的树皮,唰唰唰飞也似的爬上孔雀杉的树梢,惬意地躺在横枝上,用一种纯粹捉弄狼的讥诮的眼光望着树底下的黑母狼,似乎在说:你有本事就到树上来与我较量呀!黑母狼气得半死,却拿金猫一点办法也没有。这种情形下,最明智的办法就是悄悄搬家。惹不起,躲得起嘛。但我发现,狼有一个很大的弱点,不会像猫科动物那样在紧急情况下叼起自己幼崽奔跑转移。因此,在小狼崽长到两个月会熟练奔跑以前,母狼是不会考虑搬家的。

黑母狼无法赶走金猫,又无法搬家,唯一办法就是加强防范。它整天待在石洞里,我外出猎食的那段时间里,它一步也不会离开小狼崽,非要等我回来后才出去喝水或排泄大、小便。

尽管如此,恐怖的阴影仍越来越浓。小狼崽一天天长大,已经断了奶,改吃母狼反哺出来的肉糜。它们已经会蹒跚行走,那只长得最健壮的黄崽子,甚至会颠颠地奔跑了。小狼崽天性活泼好动,十分淘气,不肯老老实实地待在窝里,稍不注意,它们就爬出洞去。每逢这时,黑母狼便如临大敌,厉声嗥叫着,用脑袋顶,用爪子打,把小狼崽们驱赶回窝。

唉,日子变味了,发霉了。黑母狼整天处于高度的紧张状态,吃不好睡不好,眼窝凹陷,胸肋暴突,一天比一天消瘦。有好几次,它睡得好好的,半夜突然惊跳起来,探出头去,朝孔雀杉发出凄厉的嗥叫。它一定是梦见金猫来叼它的小宝贝了。我怀疑再这样下去,它会患精神分裂症,变成一只疯狼。

这天早晨,阳光明媚。外面精彩的世界就像磁石一样,把小狼崽的心吸引住了。它们不顾一切地翻过洞口的那道坎坎,连滚带爬到洞外玩耍。黑母狼绕着孔雀杉转了一圈,不见金猫的身影,也就听任小狼崽在洞外玩一会儿。不管怎么说,小狼崽不是小囚犯,它们有权享受阳光和清新的空气。小家伙们在铺满阳光的草地上嬉戏打闹。黄狼崽追逐一只红蜻蜓,跑到孔雀杉下去了,两只黑狼崽在灌木丛前扭成一团。

就在这时,乱石沟里刮来一股腥风,小路上耀起一片金光,那只该死的金猫,凶猛地朝毫无自卫能力的小狼崽扑了过来。黑母狼全身狼毛竖立,嗥叫着,迎着金猫蹿上去,企图进行拦截。眼瞅着黑母狼就要扭住金猫了,狡猾的金猫那条和身体差不多长的饰有深褐色圆环的尾巴,潇洒地在空中抡了个左旋,身体便倏地右转,直奔灌木丛中的两只黑狼崽。黑母狼火速右转,跳到灌木丛,把两只黑狼崽罩在自己身下。岂知金猫玩了个声东击西的把戏,又吱溜一转身,爬上孔雀杉,顺着横枝,疾走如飞,来到黄狼崽头顶。很明显,它要自上而下对黄狼崽下毒手了。黑母狼还在灌木丛,距孔雀杉有三十多米,远水救不了近火,再说,黑母狼怕金猫再杀回马枪,也不敢离开两只黑狼崽去救一只黄狼崽。黑母狼朝我发出一声救急的嗥叫。

我正趴在一块石头上晒太阳,离孔雀杉很近。按理说,我是个严守中立的旁观者,不该对大自然正常的生活横加干涉。可我现在的身份是大公狼,是狼丈夫和狼爸爸,倘若我目睹黄狼崽被金猫叼走而无动于衷,这也未免太不负责任了。我爬下石头朝黄狼崽走去,边走边运足气朝金猫吼了一声,希望能把它吓走。可它大概觉得我行动缓慢,能抢在我赶到树下前把黄狼崽扑倒并叼走,对我的吼叫不予理睬,在横枝上屈膝耸肩翘尾,瞄准树底下的黄狼崽,眼看就要像张金色的网罩下来了。听任它扑下来,压也要把黄狼崽压死。我来不及多想,掏出左轮手枪,朝树上开了一枪。"砰——"清脆的枪声在山谷震起一片回响,空气中弥漫开一股刺鼻的硝烟味。子弹刚好撞在金猫那条漂亮的长尾巴上,半条猫尾和几片树叶一齐掉落下来。负了伤的金猫惨嗥一声,扭头钻进树冠,又跳到山崖上,很快逃得无影无踪了。

虽然在千钧一发之际救下了黄狼崽,但我仍后悔不该随便开枪。除了童话,世界上不可能有会开枪的狼。我虽然及时把枪藏回腰间,但枪声和火药味是藏不住的。要是因此而引起黑母狼对我的怀疑,被它识破我的真实身份,那就前功尽弃了。

黑母狼带着两只黑狼崽跑过来了,我忐忑不安地注视着它。它沉浸在危机终于彻底解除的巨大喜悦中,似乎对枪声和火药味并不在意,它叼起半条猫尾,深情地凝望着我,在我身边舞爪蹈爪,嘴里呦呦呜呜,我想,它肯定是在赞美我和感激我。看来,它已习惯把我当它的大公狼了,连陌生的枪声和刺鼻的火药味也不会让它生疑了。

两个月一晃过去了,三只狼崽健康成长,已经变成半大的小狼了。黑母狼也恢复得很好,毛光水滑,精神飒爽。昨天下午,它还替代我去猎食,叼回一只小羊羔,这证明它又有能力在荒野狩猎了。

天气已逐渐转凉,树叶飘零,草地泛黄。早晨起来,大地一片亮晶晶、白茫茫,铺了一层清霜。从前天开始,每当皓月升空,黑母狼就会爬到山顶,对着月亮兴奋地发出一声声长嗥,传递着思念与渴望,声音高亢嘹亮,在旷野中传得很远很远。

书上记载过孤狼嗥月,那是一种呼朋引类式的呐喊。按照狼的生存习惯,一到深秋,分散在各处的狼就要纠集成群,许多个小家庭合并成一个大家庭,依靠群体的力量度过严酷的冬天。来年春暖花开后,狼群又自动化整为零,寻找配偶,组成一个个小家庭。

一年一个轮回,这就是狼的生命历程。

今天下午,黑母狼又抢在我前面外出觅食了,我在家留守。天气干燥晴朗,石洞里暖融融的,三只半大的小狼在外面玩累了,玩够了,此刻缩在角隅睡得正香。那半条被当作战利品叼回洞来的猫尾,搭在它们的脖颈间,像缠了一条花围巾。我靠在石壁上,寻思着该不该进一步混进狼群去。我想,黑母狼已经把我当作铁定的大公狼了,证明哺乳动物是用鼻子思想的这个论断,确实是真理。既然我能成功地瞒过黑母狼,那么也完全有可能瞒过其他狼。要是我能成为狼群的一员，我就能揭开狼群神秘的面纱，写出一部轰动世界的著作……我这几天夜里没睡好，困得要命，想着想着，眼皮发粘，睡着了。

突然，我觉得身上发冷，好像有谁粗鲁地在剥我的衣裳，我睁开了蒙眬睡眼，黑母狼正叼着我裹在身上的那张狼皮，猛烈拉扯。我伪装用的狼皮眨眼间已被它剥了下来，叼在它的嘴角。我吓出一身冷汗，翻身想起来，可已经晚了。它吐掉狼皮，闪电般地扑到我身上。狼的力气比我想象的还要大，动作也快疾麻利，一下就把我仰面压倒在地，布满血丝的瞳仁里燃烧着复仇的火焰，从胸腔里发出"呦呦"的低嗥，白森森的尖利的狼牙直逼我的喉管，黑母狼完全变成了一只兽性大发的恶狼。它仿佛在对我说：两个月的游戏该结束了，旧账该一算了！

我彻底清醒了，我真愚蠢，一直以为自己成功地扮演了大公狼的角色，殊不知，什么也没能瞒过它。毫无疑问，它从一开始就看出或者说嗅出我是个乔装打扮的假狼，它之所以容忍到现在，是因为它无法单独承担起养育狼崽的重担，需要我为它提供食物，保全三只小狼崽的生命。它装得多像啊，恋恋不舍地目送我外出觅食，兴高采烈地欢迎我狩猎归来，进食前还搞什么感恩仪式，把我蒙在了鼓里。我真以为我骗过了它，闹了半天，是它耍弄了我。这真是一只狡猾透顶的母狼，一个忍辱负重、委曲求全的母亲，一个天才的演员。它成功地利用了我，渡过了难关。它的三只小狼崽已经长大了，它自己也能够单独猎食了，它不再需要我，就像冬天过去后不再需要一件破棉衣一样。它压在心底两个月的仇恨终于爆发出来了。在它的眼里，我是一个用心险恶，乔装打扮混进狼窝的敌人，也许更糟糕，它把我看成了杀夫的仇人。它想咬

断我的喉管，把我置于死地，为被我剥了皮的大公狼报仇雪恨。它一脸杀机，两只狼眼闪烁着刻毒的光，狼舌已舔到我脖子，我一只手奋力顶住它的下巴颏，一只手伸到腰间摸枪。生死搏斗，我只有动枪了。我的手在腰间摸索了一遍，左轮手枪不翼而飞，只剩下一只空枪套。我脑子"嗡"的一声，完了，它知道我有枪，我曾为了救黄狼崽，朝金猫开过一枪，它听到过枪声，闻到过火药味，目睹过猫尾被子弹打断的情景，它晓得枪的厉害，它在剥掉我伪装前，先偷走了我的枪！

我内心极度虚弱，极度慌乱，完全是出于一种求生的本能，我胡乱踢蹬挣扎，两只手想去掐狼脖子。黑母狼徒手格斗的水平显然比我高得多，狼头一甩，避开我的手，长长的嘴吻又巧妙地探进我的颈窝。我想抓块石头劈它的脑袋，遗憾的是，近旁没有石头，倒摸着了半条猫尾。这时，黑母狼的牙齿已咬住了我的喉管，危急之中，我抓起猫尾朝狼嘴塞去。

料想不到的事情发生了，在猫尾砸到它脸上的一瞬间，它的身体颤抖了一下，停止了噬咬，强有力的爪子也威风锐减，绷得紧紧的身体松软下来。我乘机把它推开，翻身爬了起来。黑母狼站在洞口，怔怔地望着我。它的眼光在我、猫尾和三只受到惊吓后缩在角落的小狼之间来回移动，一片迷惘。它一声接一声凄然哀嗥，显然内心十分矛盾。哦，那半条猫尾勾起了它对往事的怀念，我毕竟帮过它，要是没有我，它的三个小宝贝早喂了金猫了。它受到了良心的谴责，它不忍心对我下毒手。我觉得，我不能指望它的良心发现。狼的本性是残忍的，不然不会有狼心狗肺的成语。我想，它只是一时被矛盾的感情所困扰，很快就会从迷惘中回过神来，再度向我进行致命的扑咬。我要设法逃出洞去。我慢慢

地移到洞底,抱起黑母狼最宠爱的那只黄毛小狼,抓住黄毛小狼的后腿,准备朝黑母狼抡打,打碎它母亲的心,打得它灵魂出窍,然后,趁机夺路逃命。

就在这时,洞外传来了嘈杂的狼嗥声。一群狼,准确地说,是七八只大狼,十几只小狼,嗥叫着,欢跃着,顺着乱石沟奔了过来。我吓得魂飞魄散,身体软得像被雨浇了的泥人,一屁股瘫坐在地上。黄毛小狼从我手中逃脱出来,委屈地呜咽着,逃到黑母狼身边去了。

我最后一点求生的希望也破灭了。我连一只黑母狼也对付不了,面对一群狼,还能逃生吗?别说我现在赤手空拳,就是左轮枪没掉,也无法与凶猛的狼群匹敌。高黎贡山曾发生过这样的事,十几名荷枪实弹的士兵到深山去执行一项任务,结果碰上了狼群,变成了十几具白骨森森的骷髅。唉,谁叫我异想天开要混进狼窝里来呢?

黑母狼带着三只小狼,钻出洞去。石洞外的草坪上,大狼和小狼互相亲昵地嗥叫着,嗅闻对方的身体,这是群体成员间相互认可的一种仪式。天还没有黑,山中大地上涂了一层玫瑰色的晚霞。洞里洞外有很大的光线落差,洞外的情景我看得一清二楚,除非钻进洞来,它们是看不见我的。但我想,黑母狼很快就会带几只大公狼进洞来收拾我的。我一筹莫展地坐在石洞里,像已被判了死刑的囚犯,等着狼群来把我撕成碎片。

等了好几分钟,也不见黑母狼踅回洞来。它好像为狼群的到来高兴得忘乎所以,压根儿就把我给遗忘了。谢天谢地,但愿是这样。

就在这时,一只独眼大公狼不知是出于无聊还是出于好奇,走到石洞口来,鬼头鬼脑地向洞内窥望。洞里一团黑,它只有一只眼,当然什么也看不见。它低下头,鼻吻贴着地,作嗅闻状。我心里忍不住哆嗦一下,虽然我在狼窝里待了两个月,但身上肯定仍有对狼来说属于异类的气味,更可怕的是,我刚才跟黑母狼搏斗,手臂和大腿上被划出了好几道血痕,脖子也被狼牙轻度刺伤,血腥味很难瞒过灵敏的狼鼻子。我曾在一篇国外的资料上看到过这样的介绍:对嗜血成性的饿狼来说,闻到了血腥味就好比毒瘾发作者闻到了海洛因,会刺激成一种疯狂的冲动。

果然,独眼狼身上的狼毛陡地竖立起来,鼻翼快速翕动,那只独眼里闪烁起惊疑的表情。它微微抬起头来,张开嘴,马上就要发出报警的嗥叫了。我的心脏差不多快停止跳动了。

就在这时,黑母狼唰地蹿了过来,脑袋用力一顶,把独眼狼顶离了石洞口。独眼狼绕了个圈,又想从另一侧走进洞口,黑母狼转身用身体挡住它,阻止它接近洞口。独眼狼并不是盏省油的灯,它好像非要钻到石洞来看个明白,换了个角度,铆足劲要往石洞里冲,黑母狼龇牙咧嘴,凶狠地嗥叫了一声,朝它发出最严厉的警告:你再敢胡来,我就要对你不客气了!独眼狼这才无可奈何地退了下去。

黑母狼像个卫兵似的站在洞口。过了一会儿,一只特别健壮的黑公狼仰天长嗥一声,狼群开始向深沟里开进。等狼们走远后,黑母狼这才钻进洞来,用一种混合着仇恨、感激、憎恶、谅解,总之是十分复杂的眼光最后看了我一眼,叼起在我身上裹了两个月的那张狼皮,冲出洞,追赶它的伙伴们去了。

从此以后,我再也没见过黑母狼和它的三只小狼崽。

> **作品简析**
>
> 　　公狼被一枪毙命，动物学家为揭开狼家庭的秘密，披着狼皮乔装成公狼来到即将分娩的母狼身边。让他惊讶的是，母狼竟然接纳了他。他履行公狼职责，为母狼和刚出生的狼崽提供食物。小狼长大了，动物学家完成了考察任务，即将结束"狼丈夫"生涯。就在这时，母狼突然将他扑倒在地，尖利的狼牙无情地瞄准他的喉管……但是，最后母狼还是对这个假丈夫网开一面，放过了他，也许是出于对动物学家三个月来对自己和小狼崽精心照顾的感激吧！
>
> 　　这篇文章不仅让我们领略了母狼的聪明、贤惠和仁义，说明人与动物之间，是可以产生感情的，只要我们对它好，它会给我们加倍的爱。同时也在告诉人们：所以，在任何时候，不计报酬地多给予别人一些，自己一定也会得到更多的爱、感动与激励。

# 第七条猎狗

## 一

　　芭蕉寨老猎人召盘巴在四十余年闯荡山林的生涯中，前后共养过六条猎狗。第一条猎狗腿长得太短，撵山追不到麂子，被牵到街子上卖掉了；第二条猎狗刚满五岁就胖得像头猪；第三条猎狗长得笨头笨脑，第一次狩猎时被豹子咬死；第四条猎狗是母的，长大后被一条公狗拐走了；第五条猎狗满身疥疮；第六条猎狗糊里糊涂踩上猎人铺设的铁夹子。一个猎人，得不到一条称心如意的猎狗，就像骑兵没有匹好马一样。召盘巴常常为此唉声叹气。

## 二

　　三年前，召盘巴六十大寿时，曼岗哨卡的唐连长作为贺礼送给他一条军犬生出来的小狗。三年来，召盘巴情愿自己顿顿素菜淡饭，也要让这第七条猎狗餐餐沾着荤腥。在他的精心抚养下，小狗长大了，背部金黄的毛色间，嵌着两条对称的浅黑花纹，身材有小牛犊那么大，腰肢纤细，十分威武漂亮。它不愧是军犬的后裔，撵山快如风，狩猎猛如虎。有一次，一只秃鹫俯冲到院子里捉鸡，它从花丛中猛蹿上去，一口咬断了秃鹫的翅膀。召盘巴给它起了个名字叫：赤利（傣族传说中会飞的宝刀）。

## 三

　　猎人爱好狗，召盘巴把赤利看作是自己掌上的第二颗明珠。第一颗明珠当然是他七岁的孙子艾苏苏。召盘巴空闲时喜欢带着赤利串老庚（同年同月同日生的朋友），三杯糯米酒下肚，他就会炫耀说："有了赤利，也不枉我做了一辈子猎手。嘿，你们就是一把珍珠、一箩黄金也休想从我手中换走它。"说着，就用脸颊在狗耳朵上亲抚一阵。

　　可是傣历一四三三年（即公元一九八〇年）泼水节那天清晨，召盘巴不像往年那样抱着艾苏苏，带着赤利到澜沧江边去看划龙船、放高升、跳依拉贺（傣族民间一种随歌而舞的欢庆形式），而是用一根野山藤，把赤利拴在院内的一棵槟榔树下，旁边用三块石头支成一个灶，烧开满满一锅水。然后，他从柴垛里抽出一根粗木棍，慢慢向赤利走去。

## 四

赤利摇着尾巴,伸出舌头,要来舔召盘巴的裤腿。召盘巴突然举起木棍,兜头一击;赤利敏捷地一闪,木棍在地上砸出个小坑。赤利惊慌地躲到槟榔树背后,委屈地呜呜叫着。

召盘巴紫铜色的脸膛泛出青白,冲上一步,又高高抡起木棍。正在这时,竹楼里奔出一个拖鼻涕的小孩,左手握着一柄小刀,右手攥着一只削了一半的酸多依果,扑到召盘巴怀里,嚷道:"爷爷,您别打赤利,它是我的好朋友。"

召盘巴收起木棍,一双被鱼尾纹包裹住的老眼里泪水在打转;他摩挲着艾苏苏柔软的头发说:"孩子,它不是你的朋友。它是孽障,是不吉利的畜生。爷爷要亲手打死它,剥皮剔骨,中午给你吃狗肉。"

说着,他把艾苏苏抱到竹楼底下的木堆上坐着,返身又舞着木棍逼向赤利……

## 五

昨天傍晚,召盘巴背着火药枪,带着赤利,钻进寨子后面的大黑山,想逮只竹鼠,或者挖只穿山甲,好在泼水节改善生活。蹚过一条清亮的小溪,在一片茂密的树林里,赤利突然兴奋地竖起耳朵,咬着他的衣襟往前拖。赤利十分聪明,遇到猎物不像一般草狗那样狂吠乱叫,为自己壮胆,吓走猎物;它会无声无息地咬着主人衣襟报警。果然,召盘巴撩开几片象耳朵叶,瞧见前面十多步远那蓬凤尾竹下,有一头雄壮的长鬃野猪,起码有四五百斤重,正用两柄獠牙掘鲜嫩的竹笋。按理说,单身猎人碰到猛兽都尽量避开的。特别是孤猪,十分凶猛,称为"头猪、二虎、三熊"。但召盘巴仗着自己四十余年的打猎经验和勇猛无比的赤利,胆子变得斗大,卸下火药枪,塞好火绒,瞄准野猪的耳根就是一枪。"轰"的一声巨响,一缕轻烟消散后,召盘巴发现,铅弹并没有钻进野猪的脑袋,偏了一点,打在它的头颈里;污黑的血顺着野猪的脖子流成一条小河。召盘巴知道不妙,赶紧躲到一棵冬瓜树背后,从裤腰间解下火药葫芦,急忙往枪管里填火药和铅弹。但已经来不及了。那头受伤的野猪抬起头来,愤怒地嚎叫一声,发疯似的撅着猪牙向召盘巴迅速凶猛地扑过来。

## 六

赤利在后面"汪汪汪"狂吠,召盘巴连叫数声:"赤利,上!上!"他想赤利只要冲上去咬住野猪的后腿,纠缠几分钟,自己就可以填好火药枪,稳稳当当地把这头该死的野猪送回西天。但他很快失望了,赤利不但没有冲上来救主人,一会儿竟连吠声也停止了,也许夹着尾巴逃进草棵了吧。他来不及回头望望赤利,野猪已经扑到跟前,一口把碗粗的冬瓜树拦腰咬断。召盘巴只得丢掉火药枪,绕着大树躲开野猪的猛扑。但毕竟年岁不饶人,他腰腿不像年轻时那般利索了,绕到一棵大榕树前,一脚踩在光溜溜的青苔上,摔了一跤。等他艰难地爬起来,那头横冲直撞的野猪站在他面前两步远的地方,勾着头,双腿一蹦,脖子上的长鬃毛一根根竖起来,倏地蹿上来。召盘巴来不及躲闪,只好一曲膝盖从斜里扑卧在地。这一招儿,非常危险,就算野猪扑了个空,撞在大榕树上掉下来,也要把他压个半死;只听见头上"咔嚓"一声巨响,他闭着眼睛,可是,野猪竟没有压在他身上。他慢慢睁开眼睛回头一望,阿罗,真是老天有眼,保佑他大难不死。原来大榕树两根粗壮的树根间有一条狭窄的缝隙,野猪正好对着这里扑,用力过猛,前半身穿过缝隙,被拦腰卡住,四肢腾空乱舞,嚎叫不绝;独木成林的大榕树被震得簌簌发抖,落下满地绿叶。召盘巴不敢怠慢,连忙捡起火药枪,填好火药,把枪筒塞进野猪的嘴巴连补了三枪,野猪垂下獠牙,不动弹了。

## 七

召盘巴望着死去的野猪,浑身像喝醉了酒一样软绵绵的,直冒虚汗。就在这时,赤利狂叫着,从草窠里钻出来,向卡在榕树气根缝隙里的死猪扑跃着,撕咬着。召盘巴从来没有感到这样恶心过,想不到猎狗也有怕死鬼和无赖。要不是火药葫芦倒空了,他当场就会打得它狗头开花……

召盘巴舞着木棍逼向赤利,它东躲西闪,流着泪呜呜求饶。

艾苏苏从三岁起就每天和赤利厮混在一起。赤利会为他在树林里找到野雉窝,捡到很多蛋;赤利会为他在和小伙伴打狗仗时争到冠军;赤利会在他捉迷藏时帮他轻而易举地找到"敌人"。有一次,他到澜沧江里游泳,被一个旋涡卷住,眼看就要沉到江底,他高叫一声:"赤利!"赤利便奋不顾身地从岸上跃入江心,游到他面前,他揪住狗尾巴才游上岸的。爷爷要打死赤利,艾苏苏伤心极了,也忍不住嘤嘤哭起来。

## 八

召盘巴的怒火烧得更凶,抡起棍子没头没脑朝赤利砸来;赤利尽管躲闪灵敏,无奈脖子上系着野山藤,只能围着槟榔树打转,不一会儿身上便重重挨了两棍,疼得它龇牙咧嘴怪叫起来。野山藤缠在槟榔树上,随着赤利打转而越缠越短,它终于紧紧贴在槟榔树干上不能动弹了。召盘巴瞅准这个机会,一个箭步冲上来,举起棍子对准赤利的鼻梁骨砸去。这时赤利如果纵身一跃,可以一口咬穿召盘巴的手腕,但它没有那样做,而是一偏脑袋,待木棍擦着耳朵落地时,一口咬住木棍不放。

召盘巴攥住木棍拼命拖,赤利咬紧木棍拼命拉。不一会儿,召盘巴秃顶脑门上,布满了汗珠,累得气喘吁吁。他一发狠,丢下木棍骂道:"你这条没有良心的畜生,我让你尝尝火药枪的滋味。"说着,颤巍巍地向竹楼走去。

赤利平时见过寨子里有人杀狗吃,也是把狗拴在树上,旁边支一口铁锅烧开水;它明白今天大祸临头了。它兽性大发,狂蹦乱跳,想挣断脖子上的野山藤。但野山藤比尼龙绳还坚韧,怎么也挣不断。它悲哀地呻吟着,求救的眼光射在艾苏苏的身上。

艾苏苏蒙眬泪眼看着爷爷走回竹楼,赶紧飞奔到桉椰树下,用削酸多依果的那柄小刀,用力割断野山藤;匆忙间,把左手大拇指甲削掉了一块,鲜血滴在赤利的厚厚的嘴唇上。

赤利自由了,它摇摇脑袋,温顺地在艾苏苏的身上舔着,吻着。艾苏苏也搂着赤利的头颈亲着。这时,竹楼木梯咯吱咯吱响了,召盘巴抬着火药枪迈出竹楼。艾苏苏连忙把赤利一推,高呼一声:"快逃!"

## 九

赤利后退了两步,恋恋不舍地最后望了一眼召盘巴和艾苏苏,急遽地一转身,像一匹脱缰的野马,纵身一跃,跃过两米高用叶子花筑成的篱笆墙,向大黑山飞奔而去。

姹紫嫣红的叶子花瓣纷纷扬扬撒落一地。

大黑山属于自然保护区,上千年的大榕树吊下许多气根,宛如一群大象的鼻子;望天树窄窄的树冠高耸入云,笔直的树干就像长颈鹿的脖子。密密的森林里麂子成群,锦雉乱飞,真是野生动物的理想王国。赤利东游西逛,渴了喝口山泉水,饿了逮只树鼩吃。

它成了一条野狗。

一天下午,赤利在澜沧江边逮到一头马鹿,正吃得高兴,草丛里突然窸窸窣窣一阵响,蹿出二十多条棕红色的豺狗。为首的是两条公豺狗,其中一条颈上有圈白毛,像戴着珍珠项链;另一条长着黑尾巴。这群豺狗望着地上鲜血淋淋的马鹿,小眼珠射出贪婪凶残的绿光;分散开,形成一个扇面向赤利包围过来。

赤利冷冷瞧着为首的那两条公豺狗。豺狗在赤利高大的身躯面前,显得那么猥琐,那么瘦弱,肚皮瘪得缩进腹内,恐怕已有几天没抓到猎物吃了。

豺狗包围圈越缩越小,离赤利只有两三步远了。赤利仍然津津有味地啃着马鹿骨头。那两条为首的公豺狗后腿微微前曲,突然嚎叫一声,左右夹攻,一起向赤利扑来。赤利不慌不忙,一扭腰,跳到旁边一块礁石上。这块礁石在江边砂砾中突兀而立,有两米来高,四壁陡峭。白项圈公豺狗紧跟在赤利屁股后面也蹿上礁石;还没等它站稳,赤利就抬起铁棍似的前腿,一下把它按翻在地,张开尖利的牙齿,刹那间就把它的喉管咬断了。白项圈公豺狗污黑的血洒了一地,尸体咕隆隆滚下江滩。

黑尾巴公豺狗狂吠一声,也恶狠狠蹿上礁石。赤利又一口咬断了它的脖子。

这群豺狗可被震慑住了,既不肯散去,又不敢蹿上礁石,围着礁石呆呆望着赤利。赤利转着双眼,像闪电一样跳下来,扑倒一条公豺狗,迅疾地咬断它的喉管,还没等其他豺狗围拢来,赤利又跳回礁石顶……

太阳西沉时,这群豺狗中最后一条成年的公豺狗也没逃脱它兄弟们的下场。

豺狗是种群居动物,身强力壮的公豺狗是大家庭中的首领;一旦首领死了,其他公豺狗就取而代之。如果一群豺狗中所有的公狗都死了,大家庭也就宣告瓦解,母豺狗就带着自己的小豺狗各自逃散,到其他豺狗群落户。

此刻,七八条母豺狗悲哀地低嚎了一阵,带着十来条小豺狗返身欲逃回树林。

赤利欢快地长吠一声,跳下礁石尾追上去,用爪子扑倒这条母豺狗,又用脑袋顶翻那条母豺狗。母豺狗们带着小豺狗惊恐地左躲右逃,赤利飞奔着左截右堵,逼着母豺狗又回到江边。

银盘似的月亮升上了天空,渐渐地,赤利凶猛的攻击变成了亲昵的戏弄,并听任豺狗把大半头马鹿吞咽下去;母豺狗不再拼命逃窜了……

赤利成了这群豺狗的首领,所有的母豺狗和小豺狗都对它俯首帖耳,恭恭敬敬。赤利带着这群豺狗在森林里自由自在地生活着。

但赤利并没有忘记召盘巴,它从不带着狗群到芭蕉寨去,尽管它到现在还没弄明白自己为什么会被撵进山林。

十

赤利遭受召盘巴的毒打,被迫逃进山林,那真是冤枉的。那天召盘巴向野猪瞄准开枪时,脚步一移动,踩在草窠里三枚蛇蛋上。当时召盘巴全神贯注盯着野猪,哪料得草丛里倏地竖起一条黑褐色的眼镜蛇,颈部那对白边黑心的眼镜状斑纹迅速膨大,血红的舌须快速吞吐着,嘴里"呼呼"有声,从背后盯着召盘巴裸露的臂膀,眼看就要……

一般来说狗是不敢惹毒蛇的。可是,就在这危急关头,赤利不顾一切地蹿上去,一口咬住眼镜蛇的脖颈。一米多长的蛇身,紧紧缠住赤利。正在这时,赤利听到主人大声地呼唤,它哪敢松口;两个动物在草丛里翻来覆去地扭滚着,撕咬着……直到赤利把眼镜蛇的三角形脑袋咬下来之后,才顾不得喘口气,跳出草丛,扑向卡在两根榕树气根间已经血流成河的野猪……

可惜这情景召盘巴没有见到,赤利也无法告诉他的主人。

召盘巴为赤利的不忠伤透了心。他卖掉了火药枪,决心不再狩猎,在家闲了半年。夏末秋初时,为了消闲解闷,他给生产队放牧两头黄牛。

开门节(傣族每年七月十五日至十月十五日,为"关门"时间,其间不得恋爱婚娶和举行其他大型娱乐活动,十月十五日开门节过后才恢复)过后不久,那两头黄牛在同一天各生下一头小牛犊。这可喜坏了召盘巴,他晚上睡在牛棚里看守,白天带着牛群寻找新鲜草场。一天清晨,召盘巴身背一架古老的木弩,让孙子艾苏苏骑在一头母牛背上,赶着牛群到大黑山边缘的野牛凹去放牧。

野牛凹其实是一条狭长的洼地,潮湿温热,遍地长着南苜蓿和红三叶草,开着黄、白、蓝、紫五彩花朵;草叶瓣上都粘着露珠。让牛在这儿饱餐三天,瘦骨嶙峋的老牛也会被嫩草撑肥。

一对小牛犊在草地里欢奔乱跳,一会儿跑到小溪边饮口凉水,一会儿又蹿到母牛腹下用稚嫩的小嘴吮吸乳汁。母牛娴静地站立着,一面嚼着嫩草,一面还不时伸出舌头在牛犊背上深情地舔着。

十一

召盘巴在溪边的野花丛中采撷了一朵朵雪白的玫瑰、嫩黄的茉莉和金边美人蕉,编成一个花环,套在艾苏苏的脖子上。艾苏苏在溪水清晰的倒影中照见自己变成了神话中的百花王子,高兴极了,爬到一头母牛身上,喝一声:"冲啊!"把牛当作战马骑,在草地上驰骋起来,逗得召盘巴哈哈大笑。

那头母牛载着艾苏苏小跑到狭窄的山岬边,突然"哞"地长叫一声,惊慌地扭转头,拼命朝牛犊奔来。艾苏苏骑在光溜溜的牛背上,没有防备,被颠簸下来,膝盖擦破了,哭嚷着一瘸一拐奔向爷爷。

召盘巴凭几十年的狩猎经验,知道碰上危险了。他抬起鹰隼般的锐眼,向山岬望去,只见灌木林里树枝乱晃,枯叶纷落,一会儿蹿出一群豺狗,压了过来。

两头牛犊钻进母牛腹下簌簌发抖,母牛眼里流露出愤怒与惊骇的光。召盘巴解下木弩,在一头母牛屁股上抽了一下,喝道:"蠢货,快跑!"两头母牛鼻子里哼了一声,撒开四蹄,向芭蕉寨方向逃去。但来不及了,豺狗分作两路,蹿到牛群前面,挡住了去路。牛群只得又回到召盘巴身边,求援似的望着他。

召盘巴把艾苏苏揽进怀里,冷静地观察了一下。豺狗有大小二十来条,都饿瘪了肚子。他知道,饥饿的豺狗比老虎更难对付,他懊悔把火药枪卖掉了,不然的话,火药枪巨大的爆炸声也许会把豺狗吓退,起码也能给寨子里的乡亲报个信。现在他身边只有十来支桶竹箭和一小筒见血封喉汁(见血封喉,一种剧毒树木,树汁碰到血就会致死,西双版纳猎人都用它做箭毒打野兽,所以也叫"箭毒木"),肯定寡不敌众。情形确实危急。但召盘巴毕竟是个老猎人了,面对危险还能沉住气。他把两头牛犊和艾苏苏拉到中间,自己和两头母牛面对豺狗组成一个三角形的护卫圈。两头母牛鼻子里喷着粗气,低着头摇晃着两支又短又细的牛角,准备与豺狗拼死一搏了。

召盘巴拉满弩弦,把一支锋利的桶竹箭在见血封喉汁里浸了浸,扣进弩槽,在跃跃欲试的豺狗中间寻找带头的公豺狗,但他惊奇地发现,这群豺狗中除了小豺狗外,都是清一色的母豺狗,壮年的公豺狗一条也没有。

这时,豺狗已把召盘巴和牛群团团包围住,嚎叫着一步一步逼近来。一条半大的公豺狗大约是想卖弄自己的本领,首先冲将上来,在两头母牛面前窜来窜去,想觑个空隙钻进护卫圈拖走牛犊。两头母牛瞪着血红的眼睛,严密地防卫着。召盘巴眯着眼,端起木弩,瞄准那条狂妄的半大公豺狗,轻扣扳机,"噗"的一声,利箭扎进它的眼窝;它惨叫一声,在地上打了两个滚,四腿朝天蹬了两下,就不动了。

豺狗群骚动了一下,蹿出四条母豺狗和五条小豺狗,一拥而上,扑向召盘巴。召盘巴不慌不忙,迅速将五支箭镞蘸一下毒汁,一支支发射出去。四条母豺狗和一条小豺狗都中箭身亡,剩下的四条小豺狗夹着尾巴逃回豺狗群。

豺狗虽然被打死了三分之一,却仍不肯退缩。召盘巴箭囊里只剩下最后四支桶木箭了。必须赶快设法杀开一条血路,不然箭用完了,就会束手待毙。召盘巴把艾苏苏背在身上,用藤子捆紧,让两头母牛左右夹住两头乳牛,跟在自己身后,向芭蕉寨跑去。

五六条豺狗一字儿排开,拦在路上,龇牙咧嘴地咆哮着。召盘巴大步流星迎上去,"嗖嗖"两箭射死两条,其他豺狗见到同伴临死的痛苦挣扎,畏缩了,向路边躲藏。召盘巴趁机冲出包围圈。他朝寨子跑了一小截,回头一望,糟糕,两头母牛和两头牛犊并没有跟着他逃出来;豺狗放走他后,把牛群堵住了。十多条豺狗一起疯狂地扑上去撕咬;两头母牛把脑袋贴紧草地,翘起那对可怜的牛角,去挑豺狗,保护着牛犊。豺狗异常敏捷,射过牛角,扑到母牛笨重的身体上,残忍着咬着。两头母牛脊背上都被咬开了几个口子,鲜血淋漓,仍然不肯退让,拼命抵挡着。

召盘巴气得七窍生烟。牛是集体财产,岂容野兽糟蹋。再说自己威震山林几十年,打死过的老虎、豹子、野猪数也数不清,最后竟让豺狗在自己眼前把牛吞吃掉,他就是躺进棺材也咽不下这口气的。想到这里,召盘巴怒吼一声,拉弦搭箭,奔回来,对准扑到母牛身上的两条豺狗"嗖嗖"就是两箭。两头母牛趁着豺狗慌乱之际,用头轻轻抵住牛犊屁股,退到召盘巴身边。

艾苏苏在召盘巴背上举起小拳头对着豺狗嚷道:"坏蛋,叫爷爷把你们统统打死!"

豺狗似乎并不怕威胁。由于同伙惨死一半,它们变得谨慎了,把召盘巴和牛群团团包围后,并不立即扑上来,只是在二十步之外愤怒地嚎叫着。

召盘巴的箭囊已经空了。唉,要是还有十支箭,明天光剥豺狗皮送到县城土特产收购站去,也能换回三五支乌黑锃亮的火药枪来。

过了一会儿,豺狗又聚拢来,有几条蹿到召盘巴面前挑逗着,试探着。召盘巴拉满弦,装作瞄准的样子虚发一箭,"噗"的一声,豺狗听到这熟悉的致命的声音,吓得退了回去。

不到一袋烟工夫,豺狗又卷土重来,召盘巴又虚发一箭,豺狗又退了回去。如此重复了四次。有一条秃尾巴豺狗大约是看出了召盘巴在唱"空城计",第五次时其他豺狗退缩了,它不退缩,龇着尖利的犬牙瞪着召盘巴,突然间不声不响地扑上来,前爪想搭在召盘巴双肩上,好咬喉管。召盘巴早有防备,一闪身,拎起那架用紫檀木做的弩,用尽生平力气,狠狠朝秃尾巴豺狗的脑袋上砸去,"噗"的一声,白花花的脑浆和污黑的血流了一地,秃尾巴豺狗连哼都没有哼一声,就直挺挺躺在地上。遗憾的是,召盘巴用力过猛,结实的木弩断成三截。他现在真是赤手空拳了。

豺狗被震慑了,不敢再扑上来。一条母豺狗带头长嚎起来,其他豺狗也跟着嚎叫。这嚎叫声很怪,像鲁莽大汉在号啕大哭,嘶哑

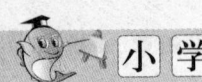

而又尖利,持续不断,震动山凹,连听惯了虎啸豹吼的召盘巴也不禁毛骨悚然。两头牛犊吓得跪倒在地,艾苏苏也吓哭了。

随着嚎叫声,一里外半坡上一个被草木深掩的山峒里,稀里哗啦一阵响,蹿出一条黑影,飞奔而来,一直冲到离召盘巴不远的地方,突然站住不动了。

召盘巴揉揉眼睛,仔细瞧着跟前那条高大的狗,果然,金黄的毛色间有两条对称的浅黑花纹。是它,是逃跑了大半年的赤利!

召盘巴火冒三丈。这忘恩负义的畜生,竟敢唆使豺狗来伤害主人!要是手中还有一支毒箭,他一定要射穿赤利的心胸。现在自己手无寸铁,怎敌得过比老虎还凶猛的赤利呢?自己一把老骨头,黄土盖脸也不足惜,可怜宝贝孙子和集体的牛都要遭害,而且死在自己曾经精心喂养过的猎狗口中,这将成为一桩悲惨的耻闻,流传九十九代子孙!老猎人的脸,一会儿变成酱紫色,一会儿变成土灰色。

艾苏苏在爷爷的背上也认出了赤利。面对这凶猛的猎狗,他不觉得惊骇,却高兴地嚷道:"赤利,快咬豺狗!快咬!"

召盘巴偏过脸,对着艾苏苏大叫一声:"住口!"然后伸出颤抖的手指着赤利厉声骂道:"天杀地剐的畜生,你是恶狼投的胎,魔鬼变的魂,总有一天会成为猎人锅里的肉。"

赤利把尾巴朝着艾苏苏轻轻摇动,并伸出舌头磨磨牙齿。召盘巴觉得赤利是在残忍地嘲弄自己,他忍不住战栗了一阵,突然觉得像踩着白云一样,浑身轻飘飘软绵绵的;他老了,筋疲力尽了,只想少受点临死前精神上的折磨。他索性坐在地上,有气无力地对赤利说:"要咬你就赶快咬断我的脖子吧。"他合上眼皮,两行老泪从眼角溢出来。

可是等了半晌,还听不到动静。召盘巴感到奇怪,睁眼一看,赤利还在跟前摇晃着尾巴。豺狗们等得不耐烦了,一条条嚎叫起来。

赤利动也不动。过了一会儿,十二条豺狗分作二路纵队逼向召盘巴。

突然,赤利瞪着豺狗,"汪汪汪"叫了三声。豺狗像触了电似的,站住不动了,一齐畏惧而又愤怒地望着赤利。

赤利冲向通往芭蕉寨的小路,驱开扼守在那儿的三条小豺狗,然后奔到召盘巴面前,咬住他的衣襟,使劲拖向"缺口"。

召盘巴还没明白是怎么回事,那三条母豺狗嗅嗅同伙尸体的腥味,突然发疯似的嚎叫起来,率领九条小豺狗一起扑向召盘巴和牛群。

赤利对着豺狗愤怒地咆哮着,但无济于事。于是它四肢腾空,像刚离弦的箭一样,东撞西突,用脑袋顶翻一条条张牙舞爪的豺狗。

三条母豺狗绝望地围着赤利撕咬;其余九条小豺狗也丢开召盘巴和牛群,转而扑向赤利。

赤利一下子咬死了六条小豺狗和一条母豺狗。但不幸的是,剩下的两条母豺狗咬住了赤利两条后腿,死不松口。赤利前爪曲跪着,动弹不了,三条小豺狗趁机扑到它身上乱啃乱咬。

赤利狂叫一声,突然头一仰,腰一挺,前爪腾空而起,三条小豺狗被甩在地上;赤利两只前爪分别压住左右两条小豺狗,同时一口把中间那条小豺狗的一条后腿连皮带骨咬了下来,接着又把压在前爪下的两条小豺狗咬穿了肚子。三条小豺狗惨叫着,拖着血淋淋的身体,逃进了草丛。

但是,赤利身上也被咬开了几个口子,鲜血直流。特别是那两条咬住它后腿的母豺狗,锋利的牙齿已在"咯咯咯"地啃它雪白的骨头了。赤利转不过身来,也没有力气再蹦跳,只得卧在地上,望着召盘巴"汪汪汪"急促地叫个不停,希望旧日的主人赶快离开。

召盘巴一看只剩最后两条母豺狗了,勇气又回来了。他爬起来奔过去,猛地拎起左边那条母豺狗的两条后腿,甩到半空,划了个弧形,狠狠砸在石头上;母豺狗一下子昏死过去。

右边那条母豺狗立即放开赤利,猛地蹿上召盘巴肩膀。召盘巴没防备,一个趔趄摔倒在地。母豺狗张开血口,恶狠狠朝他的喉结咬去——在这千钧一发之际,赤利拖着已露出骨头的后腿,用它平生的最大力气,扑向母豺狗,紧紧咬住它的脖子……

等召盘巴把它们分开时,母豺狗已死了,赤利也软软地躺在那里,气息奄奄。艾苏苏哭着把爷爷给他做的那个花环戴在赤利的脖子上,又脱下衫褂,帮爷爷给赤利包扎腿上的伤口。

太阳当顶了,雾霭散尽了,召盘巴赶着受了伤的牛,领了艾苏苏,搂抱着昏迷中的赤利,疲惫地往芭蕉寨一步一步地走去。一路上,艾苏苏一直深情地呼唤着"赤利!""赤利!"在召盘巴的眼前,总晃动着槟榔树下那一幕,老泪从他的眼角里滚落下来。

## 作品简析

故事讲述的是老猎人召盘巴和他的第七条猎狗——赤利的故事。赤利是军犬的后裔,"撵山快如风,狩猎猛如虎",在打猎中和猎物生死搏斗,屡获战功。召盘巴视它如掌上明珠。

然而,因为误会,召盘巴把赤利绑在槟榔树下痛打,还开锅烧水准备剥皮把它吃了。幸亏和赤利一起长大的孙子艾苏苏放了它。赤利带着满腹的委屈逃到了山林中,靠猎捕为生,并成为一群豺狗的首领。但赤利还是在暗暗地保护着召盘巴。有一次豺狼群包围了召盘巴,它们疯狂地发动袭击,老猎人没有备足武器,眼看就要遭到不测,关键时刻赤利及时赶到,不顾自己的安危保住了旧主人的性命。

读罢此文,我们一定会被赤利的忠诚而感动:狗也会知恩图报,它不顾主人的嫌弃、冤枉,拼死相救。作者讲述的动物故事,显然是在告诉我们一个道理:这个世界不仅是人类的,也是动物的,我们要和动物和平相处。

# 屠 格 涅 夫

## 作者简介

屠格涅夫(1818—1883),俄国作家,生于贵族家庭。1847~1852年发表《猎人笔记》,揭露了农奴主的残暴和农奴的悲惨生活,中篇小说《木木》对农奴制表示抗议。另有代表作长篇小说《罗亭》《贵族之家》,中篇小说《阿霞》《多余人的日记》等。

## 课文回顾

在四年级上册(人教版)语文课本中,有一篇屠格涅夫的作品——《麻雀》,它告诉我们母爱的神圣,伟大的母爱并不限于人类。

# 麻　雀

　　我打猎归来,沿着花园的林荫路上走着,狗跑在我前边。突然,狗放慢脚步,蹑足潜行,好像嗅到了前边有什么野物。我顺着林荫路望去,看见了一只嘴边还带着黄色、头上生着柔毛的小麻雀。它从巢里跌落下来(风猛烈地吹动着林荫路上的白桦树),呆呆地伏在地上,孤苦无援地张开两只刚刚长出羽毛的小翅膀。我的狗慢慢逼近它。忽然,从附近一棵树上扑下一只黑胸脯的老麻雀,像一颗石子似的落在狗的嘴脸跟前——它全身倒竖着羽毛,惊惶万状,发出绝望、凄惨的吱吱喳喳叫声,两次向露出牙齿、大张着的狗嘴边跳扑上去。它是猛扑下来救护的,它以自己的躯体掩护着自己的幼儿……可是,由于恐怖,它整个小小的躯体在颤抖,它那小小的叫声变得粗暴嘶哑,它吓呆了,它在牺牲自己了!在它看来,狗该是个多么庞大的怪物啊!然而,它还是不愿站定在自己高高的、安全的树枝上……一种比它意志更强大的力量,使它从那儿扑下身来。我的特列左尔站住了,向后退下来……看来,狗也承认了这种力量。我赶紧叫开受窘的狗——于是,我怀着极恭敬的心情,走开了。

　　是啊,请不要见笑。我崇敬那只小小的、英勇的鸟儿,我崇敬它那爱的冲动。

　　爱,我想,比死和死的恐怖更加强大。只有依靠它,依靠这种爱,生命才能维持下去,发展下去。

## 作品简析

　　屠格涅夫的文字是极富表现力的。在他的笔下,可怜的小麻雀,可怕的大猎狗,可敬的老麻雀,一个个形象呼之欲出。这篇课文讲述了在危险面前,老麻雀与庞大的猎狗对峙,以自己弱小的身体保护小麻雀不受伤害的情景。文章表现了老麻雀勇敢无畏的精神,赞扬了母爱的伟大力量,表达了作者对麻雀的由衷赞叹之情。而文中的"我"最后唤回猎狗离开,从某种程度上讲,也是在表达着作者心目中的理想境界:尊重每一个生命个体,让人与动物和谐相处,让人与人之间宽容友爱。

## 拓展阅读

## 蔚蓝的王国

啊,蔚蓝的王国,蓝色,光明,青春和幸福的王国啊!我在梦中看见了你……

我们几个人乘着一叶装饰华丽的小舟:一张白帆像鹅的胸脯,飘扬在随风招展的桅头旗下边。

我不知道我的同伴是些什么人;但我浑身都感觉得到,他们全都像我一样,是这样年轻、快活和幸福!

不错,我并没有看到他们。我眺望四周,一片茫无边际的蔚蓝的海,无数波浪闪耀着金鳞;头上,也是这样茫无边际,这样蔚蓝的海——在那儿,温柔的太阳在运行着,宛然在微笑。

我们中间不时发出爽朗、快乐的笑声,宛若群神的欢笑!

忽然,不知从哪个人嘴里,吐出了一些话语。一些充满灵感力量,极其美妙的诗句……仿佛天空也在对它们呼应——而且,周围的海,也若有同感地在颤鸣……随后又开始了幸福的寂静。

我们快速的小舟随着温柔的波浪轻轻地起伏:没有风推动它,是我们欢腾跃动的心引导它前进。我们想要到什么地方,它便像一个活的东西那样,驯服地急速奔向什么地方。

我们来到群岛,一群半透明的仙岛,各种宝石、水晶和碧玉放射着光彩。从突起的岸边,飘来令人心醉的芬芳;一些岛屿上,白蔷薇和铃兰的落英,雨也似的飘洒在我们身上。从另一些岛屿上,突然飞起了许多彩虹色的长翼鸟。

鸟儿在我们头上盘旋,铃兰和蔷薇消失在流过我们小舟两侧的珍珠般的浪花里。

跟着花儿,跟着鸟儿飞来的还有美妙悦耳的声音……这里边好像有女人的声音……于是周围的一切——天空、海洋、高扬的帆、船尾水流的潺潺声——一切像在诉说着爱情,诉说着幸福的爱情!

但是她,我们每个人都钟爱的那个人,在那儿……在近旁,却看不见。再过一瞬间——瞧吧,她的眼睛闪烁着光辉,她的脸庞将露出微笑……她的手将拉起你的手——并且把你引到千古不灭的乐土中去!

啊,蔚蓝的王国!我在梦中看见了你……

### 作品简析

作者开篇点明自己在梦中遇到了蔚蓝的王国,概括了王国蓝色、光明、青春和幸福的特点,为下文展开想象做好了准备。篇末再以"啊,蔚蓝的王国!我在梦中看见了你"一句收尾,与开头照应,使结构更加完整。在本文中,作者放飞想象的翅膀,美丽的环境、丰富的宝藏、奇异的鸟类……这些都是人们不曾见到过的景象,生动优美的笔触呈现给读者一个童话般的世界,表达了作者对美好生活的向往。

## 蔷薇花，多美丽，多鲜艳

不知在什么地方，什么时候，已经很久了，很久了，我读过一首诗。它很快给我遗忘了……可是，诗的第一行字留在我的记忆里：

——蔷薇花，多美丽，多鲜艳……

现在是冬天，冻霜遮盖了窗玻璃；在黑幽幽的房间里，点燃着一支蜡烛。我蜷坐在房间的一角，脑子里老是回响着：

——蔷薇花，多美丽，多鲜艳……

于是，我仿佛看见自己站在城郊一个俄罗斯农家的矮窗前。夏日的黄昏静悄悄地消失着，融入了夜晚；温暖的空气里，散发着木犀草和菩提树叶的芳香。窗口坐着一个姑娘，一只手托着脸腮，头靠在肩膀上——是在默默地凝视着天空，好像在等待第一批星星的出现。她那凝神沉思的眼睛，蕴藏着何等的真诚和激动；她那半启欲语的嘴唇，饱含着何等动人的天真；她那年轻的脸庞又多么纯洁，多么温柔！我不敢和她说话……可是，她在我看来是多么亲切，我的心又跳得多么厉害！

——蔷薇花，多美丽，多鲜艳……

但在房间里，光线渐渐暗淡下去了，暗淡下去了……快燃尽的蜡烛发出噼噼啪啪的响声，跳动的影子在低低的天花板上颤抖，风雪在屋外怒吼，呼啸——仿佛老年人发出的寂寞的絮语声……

——蔷薇花，多美丽，多鲜艳……

我眼前又浮现着另外的景象……听到乡居生活的愉快的嘈杂声。两个亚麻色的头，彼此靠在一块儿；他们闪着亮光的眼睛，在机灵地瞧着我；他们红润的脸颊，因为忍住了笑声而抖动；他们的手亲昵地交叉在一起，彼此发出、时而又打断着充满青春气息的幸福的话声。稍远一些，在一间舒适的房间深处，另一双同样年轻的手在急速移动，手指在紊乱地按着旧钢琴的键盘——而兰纳的华尔兹曲，没能够压倒古老的茶炊的咕嘟声……

——蔷薇花，多美丽，多鲜艳……

蜡烛熠熠抖动的火光快熄灭了……谁在那儿发出如此嘶哑暗闷的咳嗽声呢？我的老狗蜷曲着身体，偎依在我的脚边颤抖，它是我唯一的伴侣……我感到寒冷……我冻得发抖……而他们全都死了……死了……

蔷薇花，多美丽，多鲜艳……

### 作品简析

在文中，描写俄罗斯农家的矮窗内的姑娘时，"她那凝神沉思的眼睛，蕴藏着何等的真诚和激动；她那半启欲语的嘴唇，饱含着何等动人的天真；她那年轻的脸庞又多么纯洁，多么温柔"，传神的刻画使读者如见其人。另外，"蔷薇花，多美丽，多鲜艳"一句反复出现，使场景的切换更加自然，增强了文章内容的层次感，同时也突出了作者对美好生活的渴望。

## 门　槛

　　我看见一所大的建筑。正面的一道窄门大大地开着。门里一片阴暗的浓雾。高高的门槛前面站着一个女郎,一个俄罗斯女郎。浓雾里吹着带雪的风,从建筑的深处透出来一股冷气,同时还有一个缓慢、重浊的声音问着:

　　"啊,你想跨进门槛来做什么?你知道里面有什么东西在等着你?"

　　"我知道。"女郎这样回答。

　　"寒冷,饥饿,憎恨,嘲笑,轻视,侮辱,监狱,疾病,甚至于死亡?"

　　"我知道。"

　　"和人疏远,完全的孤独?"

　　"我知道,我准备好了。我愿意忍受一切的痛苦,一切的打击。"

　　"不仅是你的敌人,而且你的亲戚,你的朋友都给你这些痛苦,这些打击?"

　　"是……便是他们给我这些,我也要忍受。"

　　"好。你准备牺牲吗?"

　　"是。"

　　"这是无名的牺牲!你会灭亡,甚至没有人……没有人知道,也没有人尊崇地纪念你。"

　　"我不要人感激,我不要人怜悯。我也不要声名。"

　　"你还准备去犯罪?"女郎低下了她的头,"我也准备去犯罪……"

　　里面的声音暂时停住了。过后又说出这样的话语:"你知道将来在困苦中你会否认你现在有的这信仰,你会以为你是白白地浪费了你的年轻的生命?"

　　"这一层我也知道。我只求你放我进去。"

　　"进来吧。"

　　女郎跨进了门槛。一幅厚的帘子立刻放了下来。

　　"傻瓜!"有人在后面这样嘲骂。

　　"一个圣人!"不知道从什么地方传来了这一声回答。

### 作品简析

　　《门槛》作为屠格涅夫散文诗的代表作,在艺术上集中表现了作者所写散文诗的特点:简单而又深刻,朴素而富有哲理,情、景、理、事配合默契,既含蓄,又明晰,既连贯,又跳跃,使人读后回味无穷。文中所写的俄罗斯姑娘,是一个决心跨越"门槛"的女革命家,虽然她不像许多文学作品中的姑娘一样美丽动人,含情脉脉,但她面对阴森的黑暗、高高的门槛的沉静、果敢、坚决、执着无畏的精神却很值得我们学习。

## 乞　丐

　　我在街上走着……一个乞丐——一个衰弱的老人挡住了我。

　　红肿的、流着泪水的眼睛,发青的嘴唇,粗糙、褴褛的衣服,龌龊的伤口……呵,贫穷

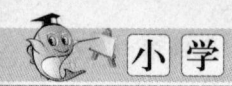

把这个不幸的人折磨成了什么样子啊!

他向我伸出一只红肿、肮脏的手……他呻吟着,他喃喃地乞求施舍。

我伸手搜索自己身上所有口袋……既没有钱包,也没有怀表,甚至连一块手帕也没有……我随身什么东西也没有带。

但乞丐在等待着……他伸出来的手,微微地摆动着和颤动着。

我惘然无措,惶惑不安,紧紧地握了握这只肮脏的、发抖的手:"请别见怪,兄弟,我什么也没有带,兄弟。"

乞丐那对红肿的眼睛凝视着我;他发青的嘴唇微笑了一下——接着,他也照样紧握了我的变得冷起来的手指。

"哪儿的话,兄弟,"他吃力地说道,"这也应当谢谢啦,这也是一种施舍啊,兄弟。"

我明白,我也从我的兄弟那儿得到了施舍。

### 作品简析

屠格涅夫被称为现实主义艺术大师,他的小说不仅迅速及时地反映了当时的俄国社会现实,而且善于通过生动的情节和恰当的言语,通过对大自然情境交融的描述,塑造出许多栩栩如生的人物形象。他的语言简洁、朴质、精确、优美,为俄罗斯语言的规范化做出了重要贡献。本文详细写出了乞丐的生活窘迫,也体现出了"我"的同情心,观察细致,反映了作者对备受欺凌的劳动人民的同情。

# 第五章 古典诗词

## 王 维

### 作者简介

王维(约701—761至768),字摩诘,盛唐时期著名诗人,因为曾做过尚书右丞,所以世称"王右丞"。其作品主要为山水诗,通过描绘田园山水,宣扬隐士生活和佛教思想。王维精通音乐和书画,后人常用"诗中有画,画中有诗"评价他的诗画作品。王维著有《王右丞集》,具有极高的艺术成就。他的诗与孟浩然齐名,后人合称为"王孟"。

### 课文回顾

王维的《送元二使安西》出现在小学四年级上册(人教版)语文课本中。这是一首送别诗,作者以诗情画意的语言,生动描写了送别时的自然风光,表达了对友人的留恋、关切与祝福,诗人与好友依依惜别的情景仿佛就在读者眼前。

## 送元二使安西

渭城朝雨浥轻尘,客舍青青柳色新。
劝君更尽一杯酒,西出阳关无故人。

### 诗词大意

早晨的细雨打湿了渭城的沙尘,青砖绿瓦的旅店和周围的柳树都显得格外青翠欲滴与明朗。请您再喝一杯离别的酒吧,只是因为向西走出了阳关,就再也不会碰到知己了。

### 作品赏析

《送元二使安西》的作者是唐代著名诗人王维。安西是指安西都护府,在今天的新疆库车附近。友人元二将要远赴西北边疆,诗人特意从长安赶到渭城来为朋友送行,其深厚的情谊,不言可知。

前两句写送别的时间、地点、环境气氛。从清朗的天宇到洁净的道路,从青青的客舍到翠绿的杨柳,这些构成了一幅色调清新明朗的图景,为这场送别提供了典型的自然环境。这是一场深情的离别,但却不是黯然销魂的离别。相反地,倒是透露出一种轻快而富于希望的情调。"轻尘"、"青青"、"新"等词语,声韵轻柔明快,加强了读者的这种感受。

三四两句是一个整体。这里面,不仅有依依惜别的情谊,而且包含着对远行者处境、心情的深情体贴,包含着前路珍重的殷勤祝愿。对于送行者来说,劝对方"更尽一杯酒",不只是让朋友多带走自己的一分情谊,而且有意无意地延宕分手的时间,好让对方再多留一刻。"西出阳关无故人"之感,又何尝只属于行者呢?临别依依,要说的话很多,但千头万绪,一时竟不知从何说起。这种场合,往往会出现无言相对的沉默,"劝君更尽一杯酒",就是不自觉地打破这种沉默的方式,也是表达此刻丰富复杂感情的方式。诗人没有说出的比已经说出的要丰富得多。总之,三四两句所剪取的虽然只是一刹那的情景,却是蕴含极其丰富的一刹那。

这首诗既不刻画酒筵场面,也不直抒离情别绪,而是别具匠心地借别筵将尽、分手在即时的劝酒,表达出对友人的留恋、关切与祝福,使人不难想到这对好友频频祝酒、殷殷话别的情景。

## 拓展阅读

## 红 牡 丹

绿艳闲且静,红衣浅复深。
花心愁欲断,春色岂知心?

### 诗词大意

浓绿的叶子,文雅而端丽;浓绿的叶子中,盛开着一朵朵红艳的牡丹;牡丹花盛开了,但它心事重重,忧伤满怀;见状,不禁要问春光,你可深知牡丹花儿的心思、牡丹花儿的忧伤吗?

### 作品赏析

首句写牡丹枝叶的情状。红中见绿,在绿艳的底色中有了嫣红的花色;在红中又分层次,使色调有着一种和谐之美。诗人赏着红牡丹,不知怎么了,映入眼帘的不是红艳可爱、充满生机的牡丹形象,看着看着,竟生出另一种情状:花心愁欲断。"春色岂知心"是诗人巧妙地表达自己欣喜抚爱的心情,也包括诗人怀才不遇的感慨。

在诗人的眼中,娇艳的牡丹花仿佛是一位端庄美丽的少女,有着丰富的情感和满腹的心事,这种奇特的想象,生动地描绘出了诗人对牡丹花的喜爱之情。

# 竹 里 馆

独坐幽篁里,弹琴复长啸。
深林人不知,明月来相照。

## 诗词大意

月夜,独坐幽静的竹林子里,间或弹弹琴,间或吹吹口哨。竹林里僻静幽深,无人知晓,却有明月陪伴,殷勤来相照。

## 作品赏析

这是一首写隐者的闲适生活情趣的诗,描绘了诗人月下独坐、弹琴长啸的悠闲生活,表现了一种清静安详的境界。前两句写诗人独自一人坐在幽深茂密的竹林之中,一边弹着琴弦,一边又发出长长的啸声。其实,不论"弹琴"还是"长啸",都体现出诗人高雅闲淡、超拔脱俗的气质,而这却是不容易引起别人共鸣的。

所以后两句说:"深林人不知,明月来相照。"意思是说,自己僻居深林之中,也并不为此感到孤独,因为那一轮皎洁的月亮还在时时照耀自己。这里使用了拟人化的手法,把倾洒着银辉的一轮明月当成心心相印的知己朋友,显示出诗人新颖而独到的想象力。全诗的格调幽静闲远,仿佛诗人的心境与自然的景致全部融为一体了。

写景(幽篁、深林、明月),写人(独坐、弹琴、长啸)都极平淡无奇。然而它的妙处也就在于以自然平淡的笔调,描绘出清新诱人的月夜幽林的意境,夜静人寂融情景为一体,蕴含着一种特殊的美的艺术魅力,使其成为千古佳品。以弹琴长啸,反衬月夜竹林的幽静,以明月的光影,反衬深林的昏暗,表面看来平平淡淡,似乎信手拈来,随意写去其实却是匠心独运,妙手回天的大手笔。

另外,诗人还通过拟人手法,把明月写成了自己心心相印的好朋友,既显示了诗人丰富的想象力,也表达了诗人对林中景象的喜爱。

# 鹿柴

空山不见人,但闻人语响。
返景入深林,复照青苔上。

### 诗词大意

幽静的山谷里看不见人,只能听到那说话的声音。落日的余晖映入了深林,又照在青苔上。

### 作品赏析

这是王维后期的山水诗代表作之一,诗里描绘的是鹿柴附近的空山深林在傍晚时分的幽静景色。

第一句"空山不见人",先正面描写空山的杳无人迹。此句侧重于表现山的空寂清冷。由于杳无人迹,这并不真空的山在诗人的感觉中竟显得空旷虚无,宛如太古之境了。"不见人",把"空山"的意蕴具体化了。

紧接"但闻人语响",境界顿出。寂静的空山尽管"不见人",却非一片静默死寂。啾啾鸟语,唧唧虫鸣,瑟瑟风声,潺潺水响,相互交织,大自然的声音本来是非常丰富多彩的。然而,现在这一切都杳无声息,只是偶尔传来一阵人语声,却看不到人影。这"人语响",似乎是破"寂"的,实际上是以局部的、暂时的"响"反衬出全局的、长久的空寂。空谷传音,愈见空谷之空;空山人语,愈见空山之寂。人语响过,空山复归于万籁俱寂的境界;而且由于刚才那一阵人语响,这时的空寂感就更加突出。

三四句由上幅的描写空山传语进而描写深林返照,由声而色。深林,本来就幽暗,林间树下的青苔,更突出了深林的不见阳光。寂静与幽暗,虽分别诉之于听觉与视觉,但幽与静往往连类而及。按照常情,写深林的幽暗,应该着力描绘它不见阳光,这两句却特意写返景射入深林,照映在青苔上。猛然一看,会觉得这一抹斜晖,给幽暗的深林带来一线光亮,给林间青苔带来一丝暖意,或者说给整个深林带来一点生意。

但细加体味,就会感到,无论就作者的主观意图或作品的客观效果来看,都恰与此相反,一味的幽暗有时反倒使人不觉其幽暗,而当一抹余晖射入幽暗的深林,斑斑驳驳的树影照映在树下的青苔上时,那一小片光影和大片的无边的幽暗所构成的强烈对比,反而使深林的幽暗更加突出。

王维是诗人、画家兼音乐家。这首诗正体现出诗、画、乐的结合。无声的静寂、无光的幽暗,一般人都易于觉察;但有声的静寂,有光的幽暗,则较少为人所注意。诗人正是以他特有的画家、音乐家对色彩、声音的敏感,才把握住了空山人语响和深林返照的一刹那间所显示的特有的幽静境界。

# 田 园 乐

桃红复含宿雨,柳绿更带朝烟。
花落家童未扫,莺啼山客犹眠。

## 诗词大意

桃花的花瓣上还含着昨夜的雨珠,雨后的柳树碧绿一片,笼罩在早上的烟雾之中。被雨打落得花瓣洒满庭园,家童还未打扫,黄莺啼鸣,山客还在酣睡。

## 作品赏析

这首诗的特点就是:绘形绘色,诗中有画。全诗先入境,再见人。因为有"宿雨",所以有"花落"。花落就该打扫,然而"家童未扫"。未扫非不扫,乃是因为清晨人尚未起的缘故。这无人过问满地落花的情景,不是别有一番清幽的意趣吗?这正是王维所偏爱的境界。"未扫"二字有意无意得之,毫不着力,浑然无迹。末了写到"莺啼",莺啼却不惊梦,山客犹自酣睡,这正是一幅"春眠不觉晓"的入神图画。

此诗最后才写到春眠,人睡得酣恬安稳,于身外之境一无所知。花落莺啼虽有动静、有声响,只衬托得"山客"的居处与心境越见宁静,所以其意境主在"静"字上。王维之"乐"也就在这里。人们说他的诗有禅味,并没有错。崇尚静寂的思想固有消极的一面,然而,王维诗难能可贵在它的静境与寂灭到底有不同。他能通过动静相成,写出静中的生趣,给人的感觉仍是清新明朗的美。

唐诗有意境浑成的特点,但具体表现时仍有两类,一种偏于意,让人间接感到境,另一种偏于境,让人从境中悟到作者之意,如此诗就是。而由境生情,诗中有画,是此诗最显著的特点。

# 使至塞上

单车欲问边,属国过居延。
征蓬出汉塞,归雁入胡天。
大漠孤烟直,长河落日圆。
萧关逢候骑,都护在燕然。

## 诗词大意

我轻车简从,将要代表皇上到边关慰问边关的将士。为什么要去呢?因为前方打了胜仗,大唐的疆土已经越过了居延。你们看,大唐征战的战车已经打过了汉朝的边界,现在的疆土比汉朝都大了,胡人的地方也成了我们的家园,在那里也能看到北回的大雁了。唐军所向披靡战无不胜,如浩瀚的沙漠大风卷起的尘烟扶摇直上。在荒凉辽阔的茫茫沙漠之中,一道烽烟垂直升起;而在遥远的地平线上,一条长河蜿蜒曲折地奔腾而来,一轮红日照在母亲河——黄河之上,河中倒映着一个浑圆的日影。天下一统,都团圆在大唐的大家园之中。在萧关遇见了等候迎接的骑兵。等候的骑兵说:"等候那是因为职责所在,长官要在前线指挥打仗,不能前来迎接,但已经摆好了酒宴等着你呢!"

## 作品赏析

开元二十五年(737),河西节度副大使崔希逸战胜吐蕃。同年,对王维颇为赏识的开明政治家张九龄被贬迁荆州,王维也被排挤出朝廷,奉命以监察御史身份前往凉州宣慰将士。这首诗就是王维初至凉州时所作的。诗中描绘了塞外的荒凉景象、塞上的战争风云、诗人的悲凉心情以及边将的赫赫战功。全诗感情沉郁,笔触雄浑,画面宏阔,格调苍凉。

诗中叙事虚中有实,其妙处在善于用事,基本上是借汉喻唐。全诗缀联汉人与匈奴对抗的各种典故,包括物名、官名、地名、人物、事件等(如"单车"、"属国"、"居延"、"汉塞"、"胡天"、"萧关"、"燕然"),制造出一种寓有诗情画意的境界,给读者留下想象的余地。诗中写景,则是实中带虚,其妙处在于善用比兴。"征蓬"、"归雁"是塞上景物,但蓬草飞转在秋天,鸿雁北归在春天,二物实不可得兼。而诗人妙在实物虚写,不受时空限制,意在融注他奉命出使漂泊在外的悲壮情怀。"大漠孤烟",也是西北边塞实景,但实中带虚,景中寓事,诗人不仅以此阔大景象烘托悲壮的感情,更借以渲染战争的紧张气氛。"长河落日"也使人感受到战争结束的一种平静气氛。

"大漠孤烟直,长河落日圆"短短十个字,抓住了塞外最典型的特征,从而通俗自然而又有力地勾画出塞外风光的苍莽、孤寂、奇丽、壮阔。边疆沙漠,浩瀚无边,所以用了"大漠"的"大"字。边塞荒凉,没有什么奇观异景,烽火台燃起的那一股浓烟就显得格外醒目,因此称作"孤烟"。一个"孤"字写出了景物的单调,紧接一个"直"字,却又表现了它的劲拔、坚毅之美。沙漠上没有山峦林木,那横贯其间的黄河,就非用一个"长"字不能表达诗人的感觉。落日,本来容易给人以感伤的印象,这里用一"圆"字,却给人以亲切温暖而又苍茫的感觉。一个"圆"字,一个"直"字,不仅准确地描绘了沙漠的景象,而且表现了作者的深切感受,诗人把自己的孤寂情绪巧妙地融在广阔的自然景象的描绘中。这两个字,正是看似不合事理而实妙、似俗而实巧的一对诗眼,犹如画家的画龙点睛,把这一联乃至全诗都点活了。

# 鸟 鸣 涧

人闲桂花落,夜静春山空。
月出惊山鸟,时鸣春涧中。

### 诗词大意

在这个寂无人声的地方,芬芳的桂花轻轻飘落在地上。静静的夜晚,使这春天的山林更加空寂。月亮升起,惊动了正在树丛栖息的山鸟,它们清脆的叫声在空旷的山涧中传响。

### 作品赏析

这首诗侧重于表现夜间春山的宁静幽美。不仅可以看到春山由明月、落花、鸟鸣所点缀的那样一种迷人的环境,而且还能感受到盛唐时代和平安定的社会气氛。诗人巧妙地赋予静态的场景以动态,以动显静,使诗的艺术画面达到"意境两浑"的极致。

"人闲桂花落,夜静春山空",说的是环境寂无人声,桂花的开放与凋谢也无声无息。四周的"人闲"、"夜静",造成了"山空"的错觉,为了取得静中有动、以动写静的艺术效果,诗人还精心捕捉了"花落"这一动态,用以反衬春山寂然若虚的空旷,映衬出春山之幽静。

"月出惊山鸟,时鸣春涧中",化静为动,写一轮明月破云而出,将皎洁的月光洒进山间,使已疲劳入梦的山鸟陡然惊醒,在惺忪蒙眬中误以为天色将晓,于是便疑惑地不时向友邻发出阵阵问讯的鸣叫。这里,诗人抓住春山"月出"和空谷"鸟鸣"两个富有特征的动态进行描写,寓动于静,寓声于静,以动态、音响显静,在动与静的对立统一中,让读者从空谷鸟鸣中聆听到了静的"声音",从疏淡的笔墨中体味出"鸟鸣山更幽"的诗情画意,从而将展现出一种富有情趣的幽雅静谧的美感。

# 相 思

红豆生南国,秋来发几枝?
劝君多采撷,此物最相思。

### 诗词大意

相思树生长在南方,秋天到了,又有多少枝条上结满了红豆?希望你多采摘一些红豆,它最能够引起人们的思念之情。

### 作品赏析

这首诗是王维所作爱情诗的代表。该诗由物感怀,借助红豆鲜艳色彩和有关的动人传说,以含蓄深沉而清新流畅的语言,传达浓烈的相思之情,十分感人。

首句"红豆生南国",落笔不俗,指出所咏之物及其生长环境,借遥远的南国与久远的传说,将人们思绪带到恋人所在的海角天涯。

第二句"秋来发几枝",明为对相思木的关切,实则是诗人对对方爱情发展的关切。这里尽管是发问,但一个"发"字却带有相当肯定的语气,充分表现了爱情的纯洁和蓬勃发展。

一首咏物诗,仅有细致入微、生动传神的景物描写,并不能表达主题,由此诗人由物及人地展开了心灵的刻画。"劝君多采撷"一句承上转入,希望恋人多多采撷殷红鲜亮的相思豆,让象征爱情的红豆充满衣兜,暗示他们的爱情已经到了收获的季节。一个"劝"字胜过千言万语,一下子拓宽了诗境,为下句的飞跃做好了铺垫。

末句"此物最相思",笔锋陡转,点出相思主旨,意思是这颗颗红豆最能代表和传递相思,给人以余音绕梁、三日不绝的美感。

## 山 中

荆溪白石出,天寒红叶稀。
山路元无雨,空翠湿人衣。

### 诗词大意

初冬天寒水浅,露出白石,因天寒红叶变得稀了。尽管冬天天寒,但整个秦岭山中,仍是苍松翠柏,蓊郁青葱。山路顺溪穿行在无边的浓翠之中,就像被笼罩在一片空翠之中,身心都受到它的浸染,纵然无雨,却也感到衣服湿了。

### 作品赏析

这首小诗描绘初冬时节山中景色。

首句写山中溪水。荆溪,本名长水,又称荆谷水,源出陕西蓝田县西南秦岭山中,北流至长安东北入灞水。天寒水浅,山溪变成涓涓细流,露出白石,显得特别清浅可爱。读者不但可以想见它清澄莹澈的颜色、蜿蜒穿行的形状,甚至仿佛可以听到它潺潺流淌的声音。

次句写山中红叶。入冬天寒,红叶变得稀少了,这原是显出几分萧瑟的景色,但对王维这样一位对大自然的色彩有特殊敏感的诗人兼画家来说,在一片浓翠的山色背景上,稀疏点缀着的几片红叶,反倒更为显眼。这里的"红叶稀"并不给人萧瑟、凋零之感,而是引起了人们对美好事物的回忆和流连。

前两句所描绘的是山中景色的一两个局部,后两句所展示的则是它的全貌。苍翠的山色本身是空明的,不像有形的物体那样可以触摸得到,因此说"空翠"。"空翠"自然不会"湿衣",但它是那样的浓,浓得几乎可以溢出翠色的水分,人行空翠之中,就如同被笼罩在一片翠雾之中,整个身心都受到它的浸染、滋润,甚至微微感觉到一种细雨湿衣似的凉意,因此尽管"山路元无雨",却能感到"空翠湿人衣"了。这是视觉、触觉、感觉的复杂作用所产生的一种似幻似真的感受,一种心灵上的快感。

这幅由铺满白石的小溪、鲜艳的红叶和无边的浓翠所组成的山中冬景,色泽鲜明,富于诗情画意,毫无萧瑟枯寂的情调。

# 观　　猎

风劲角弓鸣,将军猎渭城。
草枯鹰眼疾,雪尽马蹄轻。
忽过新丰市,还归细柳营。
回看射雕处,千里暮云平。

### 诗词大意

角弓上箭射了出去,弦声和着强风一起呼啸!将军和士兵的猎骑,飞驰在渭城的近郊。枯萎的野草,遮不住尖锐的鹰眼;积雪融化,飞驰的马蹄更像风追叶飘。转眼间,猎骑穿过了新丰市,驻马时,已经回到细柳营。凯旋时回头一望,那打猎的地方,千里无垠,暮云笼罩,原野静悄悄。

### 作品赏析

《观猎》是王维描写将军射猎情景的诗作。全诗共分两部分。

前四句为第一部分,写射猎的过程。

首联"风劲角弓鸣,将军猎渭城",采取倒装句式,巧妙地点明了狩猎者的身份——将军、狩猎的地点——渭城郊野、天气状况——劲风鸣吹以及狩猎的方式——角弓利箭以射之。起句"风劲角弓鸣"颇具突兀之势,诗人"先声夺人",让读者顺着角弓弓弦在劲风中所发出的尖利声响去翘首寻觅挽弓者的英武形象,给读者造成一种引而不发的悬念。一个"劲"字渲染出风势之大且猛;一个"鸣"字又反衬出"风劲"和弓力之强。起句极善绘声的五个字,为将军的出场成功地创造了一种具有典型意义的环境气氛,并为稍后刻画将军姿态的英武、动作的敏捷和心情的欢畅作了"定场诗"般的铺垫,表现出将军那"挽弓当挽强"、敢于傲风驰骋、勇于和困难作顽强斗争的坚韧不拔的强者的精神和气质。王维诗中的形象往往具有画的形态和动感,又吸收了音乐的精髓,因此就能兼收诗画音乐的综合魅力,特别深刻感人。

颔联"草枯鹰眼疾,雪尽马蹄轻",主要描写射猎时的情景。这里,"草枯"、"雪尽"在绘景的同时,给我们传达出了冬末春初的季节信息;"鹰眼疾"、"马蹄轻"正面写猎鹰、战马狩猎时的动作体态,并未直接描绘将军的神情,但"疾"、"快"却是将军内心的感觉,从而准确地从侧面渲染出了将军驾鹰纵马追逐猎物时身势的灵巧敏捷和斗志的昂扬旺盛。

最后四句为第二部分,是写将军傍晚收猎回营的情景。

"忽过"与"还归"的对称出现,既刻画出了将军骑术高超、猎技神奇和射猎一天犹精力充沛的形象,又表现出将军满载而归时喜悦轻快的心情。细柳营在今陕西长安县,相传是汉文帝时名将周亚夫驻兵之地。

"射雕"为一典故,《北齐书·斛律光传》载:"斛律光尝于洹桥校猎,云表见一大鸟,射之,正中其颈,形如车轮,旋转而下,乃雕也。邢子高叹曰:'此射雕手也。'"这里,诗人活用"细柳营"和"射雕"两个典故,不仅包含赞美将军身具周亚夫和斛律光的雄才之意,同时也暗示了这次射猎活动的战果辉煌。在踏进军营之际,将军的一个"回看",更是别有韵味。它一方面显示出将军的豪兴未尽、希冀择日再往的心绪和情致,另一方面也使诗的结尾具有了余音绕梁的含蓄之美,令人回味无穷。

这首诗很善于运用先声夺人、侧面烘托和活用典故等艺术手段来刻画人物,从而使诗的形象鲜明生动、意境恢宏而含蓄。

综观全诗,半写出猎,半写猎归,起得突兀,结得意远,中两联一气流走,承转自如,有格律束缚不住的气势,又能首尾回环映带,体合五律,这是章法之妙。诗中藏三地名而使人不觉,用典浑化无迹,写景俱能传情,三四句既穷极物理又意见于言外,这是句法之妙。"枯"、"尽"、"疾"、"轻"、"忽过"、"还归",遣词用字准确锤炼,咸能照应,这是字法之妙。

诗写的虽是日常的狩猎活动,但却栩栩如生地刻画出将军的骁勇英姿,给人以意气风发、昂扬向上的感染力量。

# 李 白

## 作者简介

李白(701—762,一说卒于763或764),字太白,号青莲居士,唐代伟大的浪漫主义诗人,被后人尊称为"诗仙",与杜甫并称为"李杜"。有《李太白文集》,收录李白今存诗作近千首,其中大量作品既反映了那个时代的繁荣气象,也揭露和批判了统治集团的腐败,表现出蔑视权贵,反抗传统束缚,追求自由和理想的积极精神。

## 课文回顾

在四年级下册(人教版)语文课本中有李白的一首《独坐敬亭山》。诗人通过对敬亭山景象的

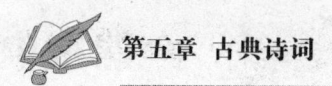

描写，渲染了寂静、孤独的气氛，从而含蓄地抒发了自己因怀才不遇而产生的孤独寂寞的感情。

## 独坐敬亭山

众鸟高飞尽，孤云独去闲。
相看两不厌，只有敬亭山。

### 诗词大意

鸟儿们飞得没有了踪迹，天上飘浮的孤云也不愿意留下，慢慢向远处飘去。只有我看着高高的敬亭山，敬亭山也默默无语地注视着我，我们谁也不会觉得厌烦。

### 作品赏析

前两句"众鸟高飞尽，孤云独去闲。"看似写眼前之景，其实，把伤心之感写尽了：天上几只鸟儿高飞远去，直至无影无踪；寥廓的长空还有一片白云，却也不愿停留，慢慢地越飘越远，似乎世间万物都在厌弃诗人。

三、四两句"相看两不厌，只有敬亭山"用浪漫主义手法，将敬亭山人格化、个性化。尽管鸟飞云去，诗人仍没有回去，也不想回去，他久久地凝望着幽静秀丽的敬亭山，觉得敬亭山似乎也正含情脉脉地看着自己。他们之间不必说什么话，已达到了感情上的交流。"相看两不厌"表达了诗人与敬亭山之间的深厚感情。

诗人笔下不见敬亭山秀丽的山色、溪水、小桥，并非敬亭山无物可写，因为敬亭山"东临宛溪，南俯城闉，烟市风帆，极目如画"。

### 拓展阅读

## 山中问答

问余何意栖碧山，笑而不答心自闲。
桃花流水窅然去，别有天地非人间。

### 诗词大意

有人问我为什么住在碧山上，我笑而不答，心中却闲适自乐。山上的桃花随着流水悠悠地向远方流去，这里就像别有天地的桃花源一样，非凡尘世界所能比拟。

### 作品赏析

诗以提问的形式起句,突出题旨,唤起读者的注意,当人们正要倾听答案时,诗人却故意笔锋一晃,"笑而不答"。"笑"字值得玩味,它不仅表现出诗人自得而矜持的神态,造成了轻松愉快的气氛;而且这"笑而不答"还带有几分神秘的色彩,造成悬念,以引起人们思索的兴味。"心自闲"三个字,是山居心境的写照,第二句接得迷离,妙在不答,使诗增添了变幻曲折,自有摇曳生姿、引人入胜的魅力。

第二联"桃花流水窅然去,别有天地非人间",是写"碧山"之景,也是对"何意栖碧山"的回答。

这种"不答"而答、似断实连的结构,加深了诗的韵味。诗虽写花随溪水,窅然远逝的景色,却无一点"流水落花春去也"的衰飒情调,而是把它当作令人神往的美来渲染、来赞叹。"碧山"之中这种不汲汲于荣、不寂寂于逝,充满着天然、宁静之美的"天地",实非"人间"所能比!那么"人间"究竟怎样呢?诗人没有说,然而只要稍稍了解一下当时黑暗的现实和李白的不幸遭遇,诗人"栖碧山"、爱"碧山"便不难理解了。可见,这"别有天地非人间",隐含了诗人心中多少伤和恨!诗中用一"闲"字,就是要暗示出"碧山"之"美",并以此与"人间"形成鲜明的对比。因而诗的确有一种"寓庄于谐"的风格,不过这并非"超脱"。愤世嫉俗与乐观浪漫往往就是这么奇妙地统一在他的作品之中。

全诗虽只四句,但是有问、有答、有叙述、有描绘、有议论,其间转接轻灵,活泼流利,用笔有虚有实,实处形象可感,虚处一触即止,虚实对比,蕴意幽邃。

## 送 友 人

青山横北郭,白水绕东城。
此地一为别,孤蓬万里征。
浮云游子意,落日故人情。
挥手自兹去,萧萧班马鸣。

### 诗词大意

青翠的山峦横卧在城郭的北面,波光粼粼的流水围绕着东城。在此地我们相互道别,你就像孤蓬那样随风飘荡,到万里之外远行去了。游子行踪不定,就像浮云一样随风飘浮;夕阳徐徐下山,似乎有所留恋。挥挥手从此分离,友人骑的那匹离群的马萧萧长鸣,似乎不忍离去。

**作品赏析**

《送友人》是李白创作的一首充满诗情画意的送别诗。全诗八句四十字,表达了作者送别友人时的依依不舍之情。此诗写得情深意切,境界开朗,对仗工整,自然流畅。青山、白水、浮云、落日,构成高朗阔远的意境。

首联的"青山横北郭,白水绕东城",交代出了告别的地点。诗人已经送友人来到了城外,然而两人仍然并肩缓辔,不愿分离。只见远处,青翠的山峦横亘在外城的北面,波光粼粼的流水绕城东潺潺流过,现出一幅寥廓秀丽的图景。未见"送别"二字,但细细品味,那笔端却分明饱含着依依惜别之情。

中间两联切题,写出了离别的深情。颔联"此地一为别,孤蓬万里征",表达了对朋友漂泊生涯的深切关怀。颈联"浮云游子意,落日故人情",巧妙地用"浮云"、"落日"作比,来表明心意。天空中一抹白云,随风飘浮,象征着友人行踪不定,任意东西;远处一轮红彤彤的夕阳徐徐而下,似乎不忍遽然离开大地,隐喻诗人对朋友依依惜别的心情。在这山明水秀、红日西照的背景下送别,特别令诗人留恋而感到难舍难分。这里既有景,又有情,情景交融,扣人心弦。

尾联两句,情意更切。"挥手自兹去,萧萧班马鸣",送君千里,终须一别。"挥手",是写了分离时的动作,诗人内心的感受没有直说,只写了"萧萧班马鸣"的动人场景。诗人和友人在马上挥手告别,频频致意。那两匹马仿佛懂得主人心情,也不愿脱离同伴,临别时禁不住萧萧长鸣,似有无限深情。

这首送别诗写得新颖别致,形象生动,新鲜活泼,节奏明快,感情真挚热诚而又豁达乐观,毫无缠绵悱恻的哀伤情调。这正是诗评家深为赞赏的李白送别诗的特色。

# 秋浦歌(其十五)

白发三千丈,缘愁似个长。
不知明镜里,何处得秋霜。

**诗词大意**

(我)头上的白发足足有三千丈(长),只因愁思无穷无尽也像这样长。不知道在明亮的镜子里的我,从什么地方得来这满头苍苍白发?

**作品赏析**

这是一首抒愤诗。诗人以奔放的激情,浪漫主义的艺术手法,塑造了"自我"的形象,把积蕴极深的怨愤和抑郁宣泄出来,发挥了强烈感人的艺术力量。

"白发三千丈,缘愁似个长",单看"白发三千丈"一句,真叫人无法理解,白发怎么能有"三千丈"呢? 读到下句"缘愁似个长",豁然明白,原来"三千丈"的白发是因愁而生,因愁而长! 以此写愁,匪夷所思! 奇想出奇句,不能不使人惊叹诗人的气魄和笔力。人们不但不会因"三千丈"的无理而见怪诗人,相反会由衷赞赏这出乎常情而又入于人心的奇句,而且感到诗人的长叹疾呼实堪同情。

三四句就明白写出:"不知明镜里,何处得秋霜!"不是问语,而是愤激语,痛切语。诗眼就在下句的一个"得"字上。如此浓愁,从何而"得"? 壮志未酬,人已衰老,怎能不倍加痛苦! 所以揽镜自照,触目惊心。诗人生发"白发三千丈"的孤吟,使读者同生凄凉、寂寞之感。

# 客 中 作

兰陵美酒郁金香,玉碗盛来琥珀光。
但使主人能醉客,不知何处是他乡?

## 诗词大意

兰陵出产的美酒,透着醇浓的郁金香的芬芳,盛在玉碗里看上去犹如琥珀般晶莹。只要主人同我一道尽兴畅饮,一醉方休,我管它这里是故乡还是异乡呢!

## 作品赏析

这首诗大约是在某次酒宴中,应主人之请即席创作。

前两句"兰陵美酒郁金香,玉碗盛来琥珀光"都是描写一杯美酒。这是一杯兰陵美酒,在酿造时特别加进郁金香,此刻它便泛出阵阵特殊的醉香,酒的颜色也变得金黄发亮,在精致的玉碗中,它沉甸甸地如同一片闪闪的琥珀,我们仿佛看到"嗜酒见天真"的诗人酒正酣时,手捧一杯美酒,醉眼蒙眬之状,这样的美酒,这样的酣饮显然并非对月独坐的小酌,而必然是一席盛宴,由此不难想见这场欢宴盛况。

"但使主人能醉客,不知何处是他乡"是写主人的盛情相待,同时又为诗人的客中兴感作了极好的铺垫,这在后两句的抒情中,被有力地揭示出来了。诗人醉眼中只有酒,后两句的抒情,也直接从酒生发。李白像是在回答主人的殷勤询问,他说:"很好了,再不要什么了,只要你能让我这做客的喝个痛快,喝他个一醉方休,我就把你这里当作我的家,忘记自己是身在他乡啦!"话是说得不拘礼节,甚而使人感到未免粗野,然而它真率、亲切动人,没有丝毫惺惺作态,诗人豪爽狂放的性格与形象跃然纸上。

此诗一反游子羁旅乡愁的古诗文传统,抒写了身虽为客,却乐而不觉身在他乡的乐观情感,充分表现了李白豪放不羁的个性,并从一个侧面反映出盛唐时期的时代气氛。

# 月下独酌（其一）

花间一壶酒，独酌无相亲。
举杯邀明月，对影成三人。
月既不解饮，影徒随我身。
暂伴月将影，行乐须及春。
我歌月徘徊，我舞影零乱。
醒时同交欢，醉后各分散。
永结无情游，相期邈云汉。

## 诗词大意

准备一壶美酒摆在花丛之间，自斟自酌无亲无友孤独一人。我举起酒杯邀请媚人的明月，低头窥见身影，共饮已有三人。月儿，你哪里晓得畅饮的乐趣？影儿，你徒然随偎我这个孤身。暂且伴随月亮和身影，我应趁着美好的春光及时行乐。月听我唱歌，在九天徘徊不进，影伴我舞步，在地上蹦跳翻滚。清醒之时咱们尽管作乐寻欢，醉了之后免不了要各自离散。月呀，愿和您结为忘情之友，相约在高远的银河岸边再见。

## 作品赏析

诗人下笔点题，突出一个"独"字。春天幽静的月夜，月色溶溶，花香袭人，令人惋惜的是诗人自饮自酌，竟无一人陪诗人共饮，倍现孤独之情。然而诗人展开奇妙想象，邀来天上的明月、月光下自己的影子，助酒佐兴。冷清的场面又显得气氛热烈，情调也变得乐观，由孤独变为不孤独。

中间四句，两层转折，尽管诗人主观上如此盛情，却痛苦地感到月亮毕竟不会饮酒，自己的身影也不能举杯对酌，只能徒然伴随自己而已。诗歌又由不孤独又变为孤独。接下去，诗人进一步自我解脱，遗憾虽然遗憾，但如此美好的良宵岂能虚度？暂且与明月和身影为伴，在春暖花开之日及时行乐吧。

然而，这种强颜为欢却掩不住心灵的悲哀和凄凉，诗中写出了诗人饱尝人生的苦味和现实的沉重打击后，才有意避开这黑暗昏浊的世界，来独自"行乐"，排遣心灵的苦闷。

"我歌月徘徊"以下四句，写自己醉舞高歌的情景。诗人对月高歌，明月徘徊左右，仿佛倾听自己的歌声；影子陪自己起舞，舞兴正浓，影子也显得零乱。直到醉倒之后，醉眼蒙胧，月光看不见了；躺在花丛，影子也不得不与自己分离。诗人运用拟人化的手法，将明月、影子写得极富人情味。

接着诗人将笔锋一转，提出自己诚恳的愿望。"无情游"很值得玩味。月亮、影子都是没有知觉情感的事物，李白与之交游，故称"无情游"。"云汉"，是银河，这里指天国。诗人与明月、影子相约，希望永远相伴、远游行乐,并期待到神奇的天国相聚。诗人对物抒情、淋漓尽致地倾吐着自己的向往。诗人不愿与污浊的社会同流合污,因此才感到孤独,才与明月、影子为友。至此,诗意升华到一个更加深刻的境界。

## 峨眉山月歌

峨眉山月半轮秋,影入平羌江水流。
夜发清溪向三峡,思君不见下渝州。

### 诗词大意

半轮明月高高地挂在山头,月亮倒映在平羌江那澄澈的水面。夜里我从清溪出发奔向三峡,看不到你(指峨眉山上的月亮),才发现,不知不觉到了渝州。

### 作品赏析

这首诗是年轻的李白初离蜀地时的作品,意境明朗,语言质朴,音韵流畅。

诗从"峨眉山月"写起,说明了远游的时令是在秋季。以"秋"字形容月色之美,使人进入青山吐月的优美意境。

第二句写月影映入江水,又随江水流去。不仅写出了月映清江的美景,同时暗示秋夜行船之事。

第三句中人出现了,"仗剑去国,辞亲远游"的青年,乍离乡土,对故国故人不免恋恋不舍。正连夜从清溪驿出发进入岷江,向三峡赶去。江行见月,如见故人。

末句"思君不见下渝州"写出明月毕竟不是故人,体现出作者依依惜别的无限情思。

全文渐次为读者展开了一幅千里蜀江旅行图:峨眉——平羌江——清溪——三峡——渝州。然而"峨眉山月"这一明晰的艺术形象贯串整个诗境,成为诗情的诱导物。由它引发的意蕴相当丰富:山月与人万里相随,夜夜可见,使"思君不见"的感慨更加深沉。明月可亲而不可近,可望而不可即,如同思友之情。

## 夜泊牛渚怀古

牛渚西江夜,青天无片云。
登舟望秋月,空忆谢将军。
余亦能高咏,斯人不可闻。
明朝挂帆席,枫叶落纷纷。

## 诗词大意

秋夜行舟停泊在西江牛渚山,蔚蓝的天空中没有一丝游云。我登上小船仰望明朗的秋月,徒然地怀想起东晋谢尚将军。我也能够吟哦袁宏的咏史诗,可惜没有那识贤的将军倾听。明早我将挂起船帆离开牛渚,这里只有满天枫叶飘落纷纷。

## 作品赏析

牛渚,是安徽当涂西北紧靠长江的一座山,北端突入江中,即著名的采石矶。袁宏少时孤贫,以运租为业。镇西将军谢尚镇守牛渚,秋夜乘月泛江,听到袁宏在运租船上讽咏他自己的咏史诗,非常赞赏,于是邀袁宏过船倾谈,直到天明。袁宏得到谢尚的赞誉,从此声名大著。题中所谓"怀古",就是指这件事。诗人借此诗表达渴求知音的心情。

"西江"指从南京以西到江西境内的一段长江,古代称西江。首句开门见山,点题"夜泊牛渚"。

次句写牛渚夜景,大处落墨,"青天无片云"展现出一片碧海青天、万里无云的境界。寥廓空明的天宇和苍茫浩渺的西江,在夜色中融为一体,越发显出境界的空阔邈远,而诗人置身其间时油然而生的悠然神远也就自然融合在里面了。

接下来两句由牛渚"望月"过渡到"怀古"。谢尚乘月泛江遇见袁宏月下朗吟身处空阔邈远之境,最易生出对古今之事的联想,这一富于诗意的故事,与诗人眼前所在之地(牛渚西江)、所接之景(青天朗月)相一致,因此,"望"、"忆"之间,虽有很大跳跃,读来却感到非常自然合理。"望"字当中就包含有诗人由今及古的联想和没有直接阐明的意念活动。"空忆"的"空"字,暗引下文。

从眼前的牛渚秋夜景色联想到往古,又由往古回到现实,情不自禁地发出"余亦能高咏,斯人不可闻"的感慨。意思是说自己也像当年的袁宏那样,富于文学才华,只可惜像谢尚那样的人物却不可复遇了。"不可闻"回应"空忆",寓含着世无知音的深沉感喟。

末联宕开写景,想象自己挂帆离去的情景。在飒飒秋风中,片帆高挂,客舟即将离开江渚;枫叶纷纷飘落,仿佛是无言地送别寂寞离去的行舟。秋色秋声,进一步传达出因不遇知音而引起的寂寞凄清情怀。

从这桩历史陈迹中发现了一种令人向往追慕的美好关系——贵贱的悬殊,丝毫没有妨碍心灵的相通;爱才之心,可以打破身份地位的壁障。而这,正是诗人在当时现实中求之而不可得的。

## 把酒问月

青天有月来几时?我今停杯一问之。
人攀明月不可得,月行却与人相随。
皎如飞镜临丹阙。绿烟灭尽清辉发。
但见宵从海上来,宁知晓向云间没。

白兔捣药秋复春,嫦娥孤栖与谁邻。
今人不见古时月,今月曾经照古人。
古人今人若流水,共看明月皆如此。
唯愿当歌对酒时,月光长照金樽里。

## 诗词大意

从什么时候开始,青天有了明月?我今天停下酒杯问一问。人想攀登明月难啊难,月亮却老跟着人走。月亮如飞天明镜,每天都照耀红色宫殿,云雾散尽,月亮皎洁的青辉流满天空与大地。每天都看到月亮从海中升起,也看到她每天从云间山后消失。春去秋来,月亮上的白兔总在那里捣药,月宫里的嫦娥与谁作邻居?现在的人有谁见过古时的月?但是今天的月亮却照耀过古人。古人和现在的人都像流水一样,一波接一波地逝去,古人看到的月亮和现在我们看到的月亮却是没有改变的。其他的不多想,就希望每天喝酒唱歌的时候,月亮的青辉总映照在金酒杯里。

## 作品赏析

这首诗开篇从手持杯酒仰天问月写起,以下大抵两句换境换意,尽情咏月抒怀。明月高高挂在天上,会使人生出"人攀明月不可得"之感;然而当你无意于追攀时,她却会万里相随,依依不舍。两句一冷一热,亦远亦近,若离若即,道是无情却有情,写出明月于人既可亲又神秘的奇妙感,人格化手法的运用惟妙惟肖,回文式句法颇具唱叹之致。紧接两句对月色作细致描绘:皎皎月轮如明镜飞升,下照宫阙,云翳散尽,清光焕发。以"飞镜"作喻,以"丹阙"陪衬,而"绿烟灭尽"四字尤有点染之功。"但见宵从海上来,宁知晓向云间没",写月出东海而消逝于西天,踪迹难寻,偏能月月循环不已。"但见"、"宁知"的呼应足见诗人的惊奇,他从而浮想联翩,究竟那难以稽考的有关月亮的神话传说——月中白兔年复一年不辞辛劳地捣药,为的什么?碧海青天夜夜独处的嫦娥,该是多么寂寞?语中对神物、仙女颇有同情,其间流露出诗人自

己孤苦的情怀。这面对宇宙的遐想又引起一番人生哲理探求,从而感慨系之。今月古月实为一个,而今人古人则不断更迭。说"今人不见古时月",亦意味"古人不见今时月";说"今月曾经照古人",亦意味"古月依然照今人"。故两句造语极尽重复、错综、回环之美,且有互文之妙。古人今人何止恒河沙数,只如逝水,然而他们见到的明月则亘古如斯。后两句在前两句基础上进一步把明月长在而人生短暂之意渲染得酣畅淋漓。前两句分说,后两句总括,诗情哲理并茂,读来意味深长,回肠荡气。最后两句则归结到及时行乐的主题上来。曹操诗云,"对酒当歌,人生几何",此处略用其字面,流露出同一种人生感喟。末句"月光长照金樽里",形象鲜明独特。从无常求"常",意味隽永。至此,诗情海阔天空地驰骋一番后,又回到诗人手持的酒杯上来。

全诗由酒写到月,从月归到酒,从空间感

受写到时间感受。其中将人与月反反复复加以对照，又穿插以景物描绘与神话传说，塑造了一个崇高、永恒、美好而又神秘的月的形象，于中也刻画出一个孤高出尘的诗人自我。

# 杜 甫

### 作者简介

杜甫(712—770)，字子美，自号"少陵野老"，盛唐著名的现实主义诗人，与李白并称"李杜"，人称"诗圣"。杜甫现存1440余首诗作，大多贯穿着忧国忧民的主线以及对朝廷的腐败和社会黑暗的揭露和批评，真实深刻地反映了"安史之乱"前后的政治时事和广阔的社会生活画面，因而被称为"诗史"。其中《兵车行》《春望》《秋兴八首》等诗作，千百年来广为传诵，深受人们喜爱。

### 课文回顾

在二年级下册(人教版)语文中有一首杜甫的《绝句》。诗人对窗外的景象进行了生动描写，鸣叫的黄鹂、飞翔的白鹭、高山的积雪、待发的船只，构成了一幅完美的图画，为我们展现了杜甫草堂周围多姿多彩、清新开阔的自然景观，流露出诗人愉悦的心情。

## 绝句四首(其三)

两个黄鹂鸣翠柳，一行白鹭上青天。
窗含西岭千秋雪，门泊东吴万里船。

### 诗词大意

两只黄鹂在柳枝上鸣叫，一行白鹭在天空中飞翔。窗口可以看见西岭千年不化的积雪，门口停泊着从东吴万里迢迢开来的船只。

### 作品赏析

代宗宝应二年(763)，安史之乱平定了，杜甫回到成都草堂。这一天，风和日暖，天朗气清，他闲坐在草堂里，透过窗口和门口欣赏外界的景物。

最先引起诗人注意的是两只黄鹂，各自占据一株青青杨柳的梢头，你一句，我一句，甜蜜地嫩声低语，比唱歌还要动听。诗人又把目光投向水边上的沙滩，那里正有一行白鹭展翅起飞，向高高的蓝天翩翩而去，它们雪白的身影映着碧蓝的晴空，显得十分潇洒、优美。黄鹂、翠柳、白鹭、青天，构成一幅明媚秀丽的天然画，而黄鹂的叫声，白鹭的动态，更使画面生机勃勃。诗人足不出户，却好像置身在欣欣向荣的大自然之中了。

草堂的四壁并没有限制诗人的视野，更没有妨碍诗人的想象，反而给他的观赏增添了几分艺术情调。那终年戴雪、千古不化的西山群峰，被小小窗口从百里之外收纳进来，不恰好成为一幅山水壁画？那停泊在门前的几艘航船，听说正准备扬帆万里，定然是下岷江、转长江，远到东吴去吧？西岭远隔百里，却说它含在自家窗口；航船泊在门外，又说它要远下东吴，远景把它移近，近景将它推远，在远和近的推移变化之间，千秋西岭和万里东吴，全都聚拢到诗人的草堂跟前来了。

这首四句小诗，句句都是写景。远远近近、大大小小、形形色色的景物，发声的、飞行的、静止的、静而欲动的，纷然呈现在草堂周围，与诗人共同组成一个多姿多彩、生动和谐的广阔天地，在这个天地里，寄托着诗人浓而美好的生活情趣和对自然万物、对祖国山河的无限深情。

## 拓展阅读

### 春　望

国破山河在，城春草木深。
感时花溅泪，恨别鸟惊心。
烽火连三月，家书抵万金。
白头搔更短，浑欲不胜簪。

### 诗词大意

国都已经破碎不堪，只有山河还在。长安城里又是春天了，但是满目荒凉，到处长着又深又密的草木。虽然春花盛开，但看了不是使人愉快，而是让人流泪，觉得花好像也在流泪；虽然到处是春鸟和鸣，但由于和家人离别而心里忧伤，听了鸟鸣，不仅不高兴，还让人惊心。战乱持续了很长时间，家里已久无音信，一封家信可以抵得上万两黄金。由于忧伤烦恼，头上的白发越来越稀少，简直连簪子也别不住了。

### 作品赏析

全篇围绕"望"字展开，前四句借景抒情，情景结合。诗人以写长安城里草木丛生，人烟稀少来衬托国家残破。一、二两联四句,写春城败象,饱含感叹;三、四两联四句写心念亲人境况,充溢离情。全诗沉着蕴藉、真挚自然。

"国破山河在,城春草木深",开篇即写春望所见:国都沦陷,城池残破,虽然山河依旧,可是乱草遍地,林木苍苍。这前四句,都统在"望"字中。诗人俯仰瞻视,视线由近而远,又由远而近,视野从山河到城,再由满城到花鸟。感情则由隐而显,由弱而强,步步推进。在景与情的变化中,仿佛可见诗人由翘首望景,逐步地转入了低头沉思,自然地过渡到后半部分——想念亲人。

"感时花溅泪,恨别鸟惊心"两句,诗人为国家残破和亲人离别而伤心惆怅,所以看见繁花烂漫,反而痛苦流泪,听到鸟鸣也感到心惊。这样就把景物描写和情感抒发联系在一起了,情景交融,生动感人。

"烽火连三月,家书抵万金。"自安史叛乱以来,"烽火苦教乡信断",直到如今春深三月,战火仍连续不断。"家书抵万金",写出了消息隔绝久盼音讯不至的迫切心情,这是人人心中所有的想法,很自然地使人共鸣,因而成了千古传诵的名句。

"白头搔更短,浑欲不胜簪。"烽火遍地,家信不通,想念远方的凄惨之象,眼望面前的颓败之景,不觉于极无聊赖之际,搔首踌躇,顿觉稀疏短发,几不胜簪。这样,在国破家亡、离乱伤痛之外,又叹息衰老,则更增一层悲哀。

这首诗反映了诗人热爱国家、眷念家人的美好感情,意脉贯通而不平直,情景兼具而不游离,感情强烈而不浅露,内容丰富而不芜杂,格律严谨而不板滞,写得铿然作响,气度浑然,因而千百年来一直脍炙人口,历久不衰。

本诗通过描写安史之乱中长安的荒凉景象,抒发了诗人忧国思家的感情,反映了诗人渴望安宁、向往幸福的愿望。

# 绝句二首(其一)

迟日江山丽,春风花草香。
泥融飞燕子,沙暖睡鸳鸯。

## 诗词大意

春光明媚,江山显得格外秀丽,春风吹拂,送来了花草飘香。泥土松软滋润,燕子戏飞,衔着湿软的泥土垒窝,一对对的鸳鸯安静地睡在温暖的沙滩上。

## 作品赏析

诗人以"迟日"领起全篇,突出了春天日光和煦、万物欣欣向荣的特点,并使诗中描写的物象有机地组合为一体,构成一幅明丽和谐的春色图。阳光普照,水碧山青,草木复苏,万象更新。清风拂面,送来百花的芳香,带来春草的清馨。河滩上,溪岸边,冰雪融尽,泥土潮湿而松软,燕子轻盈地飞来飞去,衔泥筑巢,呢呢喃喃。水暖沙温,美丽多情的鸳鸯相依相偎,恬然静睡,十分娇慵可爱。燕子是候鸟,诗人描写它是有意突出春天的特征。前两句的"迟日"、"江山"、"春风"、"花草"组成一幅粗线勾勒的大场景,并在句尾以"丽"、"香"突出诗人强烈的感觉;后两句则是工笔细描的特定画面,既有燕子翩飞的动态描绘,又有鸳鸯慵睡的静态写照。飞燕的繁忙蕴含着春天的勃勃生机,鸳鸯的闲适则透出温柔的春意,一动一静,相映成趣。而这一切全沐浴在煦暖的阳光下,和谐而优美,确实给人以春光旖旎之感。

这首五绝之妙在于,诗人着意传达的还是他感受到的柔和春意。如果说春日迟迟、江山秀丽、清风徐徐、花草芬芳以及燕子、鸳鸯,都是诗人的视觉、触觉(风)、嗅觉所感,那么泥土之"融"、沙砾之"暖",便不是五官的直接感觉了,只因为对春天的阳光明丽、惠风和畅、鸟语花香感受至深,诗人无须触摸就能想象出泥土的松湿和沙砾的温暖;而泥之融、沙之暖的体会又加深了对飞燕的轻盈、鸳鸯娇慵的视觉印象,从而使诗人的整个身心都沉浸于柔美和谐和春意之中。

# 绝句二首(其二)

江碧鸟逾白,山青花欲燃。
今春看又过,何日是归年?

## 诗词大意

江水碧绿使水鸟的白翎显得更加洁白,山峰青翠映衬得花儿像燃烧的火一样红。今年的春天转眼又要过去了,什么时候才能回到故乡去呢?

## 作品赏析

这首诗作于唐代宗广德二年(764)的春天。此时诗人正寓居成都。由于严武重镇成都,诗人重返草堂,生活上稍稍平定,因此心情也就比较舒畅。

开头两句先以对偶句写景。草堂位于锦江之滨,春来之后,江水显得特别碧绿透明。碧波之上几只洁白的水鸟正在戏水。屋后的青山,也显得更加清秀,在早晨阳光的映照下,山花鲜艳如火。寥寥十个字勾画出一幅色彩绚丽、意境优美的图画,它将一切山景物态在春日风光中所呈现出来的蓬勃的生机,生动的神态,传神地描绘出来了。两句中以江水的碧蓝来衬托水鸟的洁白,以青山的葱郁来映照山花的火红,对比极其强烈,着色极为鲜艳,描摹自然景物出神入化。

异乡优美的景色固然也能使人流连忘返,但对于长期漂泊异乡的诗人来说,却又容易触起他思乡的情怀;三、四两句表现的就是这种心情。"今春看又过,何日是归年?"这里的"看"字和"又"字,都写得很有分量。"看"是指观看,观赏。春色诱人,确实值得人流连欣赏,但是年复一年的而回乡的愿望却始终不能实现。"又"字包含着诗人诸多感慨在内。"何日是归年",表达的是一种身不由己之感。

当时,由于国内战乱不已,诗人不得不长期流寓他乡,颠沛流离,因而,这里写怀乡之念,正是对和平安定生活的一种渴望。全诗以问句结束,使我们更能体会到诗人内心深沉的痛苦。

## 望 岳

岱宗夫如何?齐鲁青未了。
造化钟神秀,阴阳割昏晓。
荡胸生层云,决眦入归鸟。
会当凌绝顶,一览众山小。

### 诗词大意

泰山啊,你究竟有多么宏伟壮丽?你既挺拔苍翠,又横跨齐鲁大地。大自然给你的偏爱,使你集中了魄力和神奇,你挺拔的山峰,把南北分成晨夕。望层层云气升腾,令人胸怀荡漾,看归鸟回旋入山,使人眼眶欲碎。有朝一日,我一定要登上你的绝顶,把周围矮小的群山们一览无余。

### 作品赏析

这首诗是杜甫早期的作品,大约作于唐玄宗开元二十四年(736)以后。此时,诗人正"放荡齐赵间,裘马颇清狂"。

前六句实写泰山之景。开头一句"岱宗夫如何",以一句设问统领下文。二句的"齐鲁青未了"自问自答,生动形象地道出泰山的绵延、高大。"青"字是写青翠的山色,"未了"是表现山势坐落之广大,青翠之色一望无际。这是远望之景。

三、四句是近望之势。"造化钟神秀"是说泰山秀美无比,仿佛大自然将一切神奇秀丽都聚集在这里了,一个"钟"字生动有力。"阴阳割昏晓",突出泰山的高耸挺拔,高得把山南山北分成光明与昏暗的两个天地。"割"字形象贴切,给参天矗立的山姿赋予了生命力。

五、六两句是近看之景,并由静转动。"荡胸生层云"描写山腰云雾层层缭绕,使胸怀涤荡,腾云而起,用"层云"衬托出山高。"决眦入归鸟",是瞪大了眼睛望着一只只飞回山林中的小鸟,表现出了山腹之深。一个"入"字用得微妙传神,好像一只只小鸟从远处徐徐而来,又徐徐而去,足见山腹是何等深远了。

最后两句想象中的登山之情,仍是"望",而不是"登",是作者由望景而产生了登临的愿望。"会当凌绝顶"中的"凌"字,表现了作者登临的决心和豪迈的壮志。"一览众山小"，写诗人想象中登上绝顶后放眼四望的景象，其他的山在泰山面前显得低小，以此衬托出泰山的高大。

这首诗的题目是"望岳"，全篇紧紧抓住"望"字写景，写景中又处处烘托着一个"高"字。从而把泰山的万千景色、高大的气势渲染得纤毫毕现，令人如亲临其境。通过描绘泰山雄伟磅礴的气象，热情赞美了泰山高大巍峨的气势和神奇秀丽的景色，流露出了对祖国山河的热爱之情，表达了诗人不怕困难、敢攀顶峰、俯视一切的雄心和气概，以及卓然独立、兼济天下的豪情壮志。

# 恨 别

洛城一别四千里，胡骑长驱五六年。
草木变衰行剑外，兵戈阻绝老江边。
思家步月清宵立，忆弟看云白日眠。
闻道河阳近乘胜，司徒急为破幽燕。

## 诗词大意

我离开洛城之后便四处漂泊，远离它已有四千里之遥，匈奴骑兵长驱直入中原也已经有五六年了。草木由青变衰，我来到剑阁之外，为兵戈阻断，在江边渐渐老去。我思念家乡，忆念胞弟，清冷的月夜，思不能寐，忽步忽立；冷落的白昼，卧看行云，倦极而眠。令人高兴的是听说近来司徒已攻克河阳，正乘胜追击敌人，急于要拿下幽燕。

## 作品赏析

《恨别》是杜甫上元元年（760）在成都写的一首七言律诗。诗歌抒发了诗人流落他乡的感慨和对故园、骨肉的怀念，表达了他渴望早日平定叛乱的爱国思想，情真意切，沉郁顿挫，感人肺腑。

首联领起"恨别"，点出思家、忧国的题旨。"四千里"，说明离家之远；"五六年"，可见战乱之久。

诗人于乾元二年（759）春离开故乡洛阳，返华州司功参军任所，不久弃官赴秦州，寓同谷，后又到达成都，辗转四千里。诗人作此诗时，距天宝十四年（755）十一月安史之乱爆发已五六个年头。在这几年中，叛军铁蹄践踏中原各地，生灵涂炭，血流成河，令诗人深为忧虑。个人的困苦经历，国家的艰难遭遇，都在这些数量词中体现出来。

颔联两句描述诗人流落蜀中的情况。"草木变衰"，这里是指草木的盛衰变易，承上句的"五六年"，暗示入蜀已有多年，同时也与下一句的"老"相呼应，暗比自己的飘零憔悴。诗人到成都，靠亲友帮助，过上比较安定的草堂生活，但思乡恋亲之情是念念不忘的。由于"兵戈阻绝"，他不能重返故土，只能老于锦江之边了。"老江边"的"老"字，悲凉沉郁。

颈联通过"宵立昼眠,忧而反常"的生活细节描写,曲折地表达了思家忆弟的深情。杜甫有四弟,名为颖、观、丰、占,其中颖、观、丰分居在各地,只有杜占随杜甫入蜀。此二句中的"思家"、"忆弟"为互文。月夜,思不能寐,忽步忽立;白昼,卧看行云,倦极而眠。诗人这种坐立不安的举动,正委婉曲折地表现了思念亲人的无限情思,让读者从形象中体会所蕴含的忧伤之情。手法含蓄巧妙,诗味隽永,富有情致,更突出了题意的"恨别"。

尾联回应次句,抒写诗人听到唐军连战告捷的喜讯,渴望尽快破幽燕、平叛乱的急切心情。上元元年三月,检校司徒李光弼破安太清于怀州城下;四月,又破史思明于河阳西渚。当时李光弼又急欲直捣叛军老巢幽燕,以打破相持局面。诗人以充满希望之句作结,感情由悲凉转为欢快,同样抒发诗人的爱国之心。

这首七律用简朴优美的语言叙事抒情,言近旨远,辞浅情深。诗人把个人的遭际和国家的命运结合起来写,每一句都蕴蓄着丰富的内涵,饱和着浓郁的诗情,值得反复吟味。

## 登 高

风急天高猿啸哀,渚清沙白鸟飞回。
无边落木萧萧下,不尽长江滚滚来。
万里悲秋常作客,百年多病独登台。
艰难苦恨繁霜鬓,潦倒新停浊酒杯。

### 诗词大意

风急天高猿猴啼叫显得十分悲哀,水清沙白的河洲上空鸟儿在盘旋。无边无际的树木萧萧地飘下落叶,望不到头的长江水滚滚奔腾而来。悲对秋景感慨万里漂泊常年为客,一生当中疾病缠身今日独上高台。历尽了艰难苦恨白发长满了双鬓,穷困潦倒暂停了浇愁的酒杯。

### 作品赏析

古人有农历九月九日登高的习俗,这首诗作于唐代宗大历二年(767)秋。当时安史之乱已经结束四年,但地方军阀又乘时而起,相互争夺地盘。杜甫本入严武幕府;但严武不久病逝,使他失去了依靠,只好离开成都,南下夔州。这时的杜甫,已经五十六岁,生活困窘,病魔缠身。这首诗通过诗人登高的所见、所闻、所感,描绘了大江边的深秋景象,抒发了诗人对艰难身世的感慨。意境深沉,含蓄不尽;慷慨激越,动人心弦。

前四句写江边秋景。首联开篇,"风急天高猿啸哀,渚清沙白鸟飞回",这是诗人登高首先看到的景象。天高风急,秋气肃杀,猿啼哀啸,十分悲凉;清清河洲,白白沙岸,鸥鹭低空回翔。疾风、白沙、小洲、啸猿、飞鸟,构成了一幅悲凉的秋景图画,为全诗的"悲秋"定下了基调。登高而望,江天本来是开阔的,但诗人的文字,却令人强烈地感受到,风之凄急、猿之哀鸣、鸟之回旋,都笼罩着浓浓的"悲秋"气氛,仿佛万物都对秋气的来临惶然无主。"风急"两字,起句非凡,气势磅礴,令人敬畏;"猿啸哀"则极度渲染"悲秋"气氛,大有"空谷传响,哀转久绝"之意。

后四句抒发感慨。诗人在前两联极力描写"悲秋"的景象,直到颈联,才点出"悲秋"两字。"万里悲秋常作客,百年多病独登台",万里漂泊,常年客居他乡,对比秋景,更觉伤悲;有生以来,疾病缠身,今日独临高台,诗人不禁感慨万千。此联是诗人一生颠沛流离生活的高度概括,有顿挫之神。诗人从空间(万里)、时间(百年)两方面着笔,把久客最易悲秋、多病独自登台的感情,融入一联雄阔高浑的对句之中,情景交融,使人深深地感到他那沉重的感情脉搏。语言极为凝练。"独登台"表明诗人是在高处远眺,这就把眼前景和心中情紧密地联系在一起了。"常作客"则指出了诗人漂泊无定的生活。"百年"本喻有限的人生,此处专指暮年。"悲秋"两字写得极为沉重。秋天不一定可悲,只是诗人目睹苍凉恢廓的秋景,不由得想到自己沦落他乡、年老多病的处境,故而生出无限悲愁之绪。

纵观整首诗,布局极为严谨,前半部分的四句,重在写景;后半部分的四句,重在抒情,但无论是写景还是抒情,都是情景交融,景中含情;每一句各有偏重,在写法上又有错综之妙。首联着重刻画眼前的具体景物,好比画家的工笔技法,形、声、色、态逐一得到表现。颔联着重渲染秋天的气氛,好比画家的写意技法,传神会意,含蓄深刻,让人用自己的想象去补充。三联表现情感,从纵(时间)、横(空间)两方面着笔,由异乡漂泊写到多病残生。第四联又从白发日添、抑病断饮,归结到时世艰难、潦倒不堪。这样的写法和布局,使诗人忧国伤时的情操,艺术地跃然纸上。

# 江畔独步寻花七绝句(其六)

黄四娘家花满蹊,千朵万朵压枝低。
留连戏蝶时时舞,自在娇莺恰恰啼。

## 诗词大意

黄四娘家的小路上开满了鲜花,千朵万朵压垂了枝条。嬉戏流连的彩蝶不停地飞舞,自在娇媚的黄莺发出恰恰的啼叫声。

## 作品赏析

春风送暖,百花争艳。诗人独自在江畔漫步。在去往黄四娘家的小径两旁,姹紫嫣红。诗人徜徉在花的海洋中,看到的是奇花异卉,闻到的是浓馥花香。接着,描写的是大小各异、色彩不同的花枝上,映出众多花朵。"千朵万朵"已使人有数不尽之感,但还不能写出花的质感和重量,而"压枝低"却形象逼真地写出了花的质和量。读者仿佛看到万朵硕大的花团盛开在枝叶中。微风吹来,枝条在微微颤动,似乎不胜花重,"压"、"低"两字不但写出花朵的多而大,同时从静态中写出微微的动态,更赋予花枝以感情,引发读者的广泛联想。

"留连戏蝶"应是"戏蝶留连"的倒装,戏蕊彩蝶在花丛中流连忘返,不时在花间翩翩起舞。如果说上两句还是描绘花朵静态的妩媚,那么此句则写出戏蝶动态的舞姿。这里的"戏"和"舞"都用了拟人之法,写出了众多彩蝶忽上忽下,时左时右,乍停乍飞,扇动翅膀的优美舞姿。此时作者已把艳丽的花丛作为背景,而将目光集中在翩然起舞的彩蝶上,由静过渡到动,更加深化了春色欲滴的意境。正当诗人也"留连"于花蝶艳舞之中时,耳边又传来黄莺娇嫩的啼声。

全诗从静态写到花朵压枝的微颤,再写到彩蝶飞舞的动态,从形、色、味等视觉、嗅觉写到声音的感觉,调动读者的各种感觉器官,感受自然美景,使人的心灵受到美的陶冶。

## 闻官军收河南河北

剑外忽传收蓟北,初闻涕泪满衣裳。
却看妻子愁何在,漫卷诗书喜欲狂。
白日放歌须纵酒,青春作伴好还乡。
即从巴峡穿巫峡,便下襄阳向洛阳。

### 诗词大意

剑门关以南的四川,忽然传来唐王朝的军队收复蓟北的消息,初听到这个消息惊喜得涕泪交流,沾湿了衣裳。回过头来再看妻子儿女,平日的忧愁已不知跑到何处去了;我胡乱地卷起诗书高兴得几乎要发狂。白日里我要放声歌唱,纵情畅饮;美好的春景正好伴着我返回故乡。我们要立即动身,从巴峡乘船,穿过巫峡,顺流直下到达湖北襄阳,再从襄阳北上,直奔洛阳。

### 作品赏析

这首诗是唐代宗广德元年(763)杜甫寓居在梓州(今四川省三台县)时所作。这年正月,安史叛军头子史思明的儿子史朝义兵败自缢,持续七年之久的安史之乱暂告结束,河南河北相继收复。当时携家带眷流落在梓州的杜甫,听到唐军的胜利消息,喜不自禁,写下了这首千古传诵的七律。

"剑外忽传收蓟北",开门见山,诗情激荡。"剑外"点明听到喜讯的地点。"忽传"、"初闻"表明喜讯来得突然,也表明喜之"惊","收蓟北"直接写出是什么样的喜讯。一个"忽"字,将惊喜之情溢于纸上,同时又将"剑外"、"蓟北"相隔千里的两地连接在一起,把人们奔走相告飞快地传递喜讯的情态和气势都融于字里行间。

杜甫在国家的动乱中,颠沛流离,饱受忧患,无时不在渴望着叛乱的平定。"初闻涕泪满衣裳",一个"满"字,将诗人百感交集、喜泪纵横的状貌真实而细致地描摹了出来。不是半生坎坷、饱经沧桑的人,怎会如此"泪满"?

"却看妻子愁何在,漫卷诗书喜欲狂"是表现闻听喜讯后的情景。初闻时的喜悦,还没有来得及有更多的体会,在惊喜之中已是涕泪纵横。这是感情的第一次爆发,"喜"情还多在"惊"情之中。回过头来看看妻子儿女,他们脸上平日的愁云早已烟消云散,呈现出一片欢乐的情态。这就不能不使诗人想到,平日患难与共的妻子儿女,几年来与自己一样遭受过多少战乱之苦,忍受了多少忧愁的折磨,如今也都转忧为喜,这就更使诗人喜上加喜,以致顾不得看书了,胡乱地把书收拾一下,就手舞足蹈起来,一个"狂"字,淋漓尽致地表现了诗人当时的喜态,这是诗人喜悦感情的第二次爆发。

"白日放歌须纵酒,青春作伴好还乡",是诗人喜悦感情的第三次爆发。诗人像小孩子一样欢乐得手舞足蹈还不能表达自己的喜悦,还需要"放歌纵酒"才能把喜情抒尽。"白日放歌"纵酒,不是借酒浇愁,而是以酒助兴;今日之高歌,不是长歌当哭,而是快乐欢唱。他恨不能立即归去,"即从巴峡穿巫峡,便下襄阳向洛阳"正是诗人归心似箭的心理写照。

"穿"、"下"二字,贴切、形象地描绘出诗人想象中在险峡中穿行疾驶与出峡后顺流而下的畅快之情。

这首抒情诗,抒发了听到官军收河南河北的消息后的极度喜悦心情,表达了诗人渴望祖国统一、人民生活得到安定的热烈感情。

## 江南逢李龟年

岐王宅里寻常见,崔九堂前几度闻。
正是江南好风景,落花时节又逢君。

### 诗词大意

当年在岐王宅里,常常见到你的演出,在崔九堂前,也曾多次听到你的演唱,欣赏到你的艺术。眼下正是江南暮春的落花时节,没有想到能在这时巧遇你这位老相识。

## 作品赏析

李龟年是开元时期的著名歌唱家。杜甫初次遇见李龟年,是在"开口咏凤凰"的少年时期,正值所谓"开元全盛日"。当时王公贵族普遍爱好文艺,杜甫因此而受到岐王李范和秘书监崔涤的延接,得以在他们的府邸欣赏李龟年的歌唱。在杜甫心目中,李龟年正是与鼎盛的开元时代、也与自己充满浪漫情调的青少年时期的生活,紧紧联系在一起的。

几十年之后,他们又在江南重逢。这时,遭受了八年动乱的唐王朝陷入重重矛盾之中;杜甫辗转漂泊到潭州,晚境极为凄凉;李龟年也流落江南,这样的相会,自然很容易触发杜甫胸中本就郁积着的无限沧桑之感。

"岐王宅里寻常见,崔九堂前几度闻",诗人虽然是在追忆往昔与李龟年的交往,流露的却是对"开元全盛日"的深情怀念。这两句下语似乎很轻,含蕴的感情却深沉而凝重。"岐王宅里"、"崔九堂前",似乎随口说出,但这两个文艺名流经常雅集之处,无疑是鼎盛的开元时期丰富多彩的精神文化的象征,它们的名字就足以勾起对"全盛日"的美好回忆。当年出入其间,接触李龟年这样的艺术明星,是"寻常"而不难"几度"的,如今回想起来,简直是不可企及的梦境了。两句诗在迭唱和咏叹中,流露了对开元全盛日的无限眷恋,好像是要拉长回味的时间似的。

"正是江南好风景,落花时节又逢君",风景秀丽的江南,在承平时代,原是诗人们所向往的作快意之游的所在。如今自己置身其间,所面对的竟是满眼凋零的"落花时节"和皤然白首的流落艺人。"落花时节",像是即景书事,又像是别有寓托,寄兴在有意无意之间。读者会从这四个字联想起世运的衰颓、社会的动乱和诗人的衰病漂泊,却又丝毫不觉得诗人在刻意设喻。加上两句当中"正是"和"又"这两个虚词一转一跌,更在字里行间寄寓着无限感慨。江南好风景,恰恰成了乱离时世和沉沦身世的有力反衬。

四句诗,从岐王宅里、崔九堂前的"闻"歌,到落花江南的重"逢","闻"、"逢"之间,联结着四十年的时代沧桑、人生巨变。尽管诗中没有一笔正面涉及时世身世,但透过诗人的追忆感喟,读者却不难感受到安史之乱给唐代社会造成的浩劫以及它给人们造成的巨大灾难和心灵创伤。

# 蜀　　相

丞相祠堂何处寻?锦官城外柏森森。
映阶碧草自春色,隔叶黄鹂空好音。
三顾频烦天下计,两朝开济老臣心。
出师未捷身先死,长使英雄泪满襟。

## 诗词大意

何处去寻找武侯诸葛亮的祠堂？在成都城外那柏树茂密的地方。碧草照映台阶自当显露春色,树上的黄鹂隔枝空对婉转鸣唱。定夺天下先主曾三顾茅庐拜访,辅佐两朝开国与继业忠诚满腔。可惜出师伐魏未捷而病亡军中,长使历代英雄们对此涕泪满裳!

## 作品赏析

上元元年(760)春,诗人由秦州漂泊到成都,耕读浣花溪畔。成都是当年蜀汉建都的地方,城西北有诸葛亮庙,称武侯祠。诗人寻幽凭吊,写下这首七律《蜀相》,抒发对这位伟大政治家的才智品德的崇敬和功业未遂的感慨。全诗熔情、景、议于一炉,既有对历史的评说,又有现实的寓托,在历代咏赞诸葛亮的诗篇中,堪称绝唱。

"丞相祠堂何处寻?锦官城外柏森森。"一问一答,一开始就形成浓重的感情氛围,笼罩全篇。上句"丞相祠堂"直切题意,语意亲切而又饱含崇敬。"何处寻",不疑而问,加强语势,并非到哪里去寻找的意思。诸葛亮在历史上颇受人民爱戴,尤其在四川成都,祭祀他的庙宇很容易找到。

"寻"字之妙在于它刻画出诗人那追慕先贤的执著感情和虔诚造谒的悠悠我思。下句"锦官城外柏森森",指出诗人凭吊的是成都郊外的武侯祠。这里柏树成荫,高大茂密,呈现出一派静谧肃穆的气氛。柏树生命长久,常年不凋,高大挺拔,有象征意义,常被用作祠庙中的观赏树木。作者抓住武侯祠的这一景物,展现出柏树那伟岸、葱郁、苍劲、朴质的形象特征,使人联想到诸葛亮的精神,不禁肃然起敬。

接着展现在读者面前的是茵茵春草,铺展到石阶之下,映现出一片绿色;只只黄鹂在林叶之间穿行,发出宛转清脆的叫声。第二联"映阶碧草自春色,隔叶黄鹂空好音"所描绘的这些景物,色彩鲜明,音韵浏亮,静动相衬,恬淡自然,无限美妙地表现出武侯祠内那春意盎然的景象。然而,自然界的春天来了,祖国中兴的希望又在哪里呢?想到这里,不免又产生了一种哀愁惆怅的感觉,因此说是"自春色"、"空好音"。"自"和"空"互文,刻画出一种静态和静境。

诗人将自己的主观情意渗进了客观景物之中,使景中生意,把自己内心的忧伤从景物描写中传达出来,反映出诗人忧国忧民的爱国精神。透过这种爱国思想的折射,诗人眼中的诸葛亮形象就更加光彩照人。

"三顾频烦天下计,两朝开济老臣心。"第三联浓墨重彩,高度概括了诸葛亮的一生。将人们带到战乱不已的三国时代,在广阔的历史背景下,刻画出一位忠君爱国、济世扶危的贤相形象。诗的最后一联"出师未捷身先死,长使英雄泪满襟",咏叹了诸葛亮病死军中、功业未成的遗憾。

怀古为了伤今,此时,安史之乱尚未平定,国家分崩离析,人民流离失所,使诗人忧心如焚。他渴望能有忠臣贤相匡扶社稷,整顿乾坤,恢复国家的和平统一,正是这种忧国思想凝聚成诗人对诸葛亮的敬慕之情。在这一历史人物身上,诗人寄托了自己对国家命运的美好憧憬。

# 白 居 易

## 作者简介

白居易(772—846),字乐天,晚年又号香山居士,祖籍太原,唐代伟大的现实主义诗人,中国文学史上负有盛名且影响深远的诗人和文学家。他的诗歌题材广泛,形式多样,语言平易通俗,有《白氏长庆集》传世,代表诗作有《长恨歌》《卖炭翁》《琵琶行》等。

## 课文回顾

《忆江南》选入了小学四年级下册(人教版)语文课本中。诗人紧紧抓住江面"红胜火"、"绿如蓝"的特点,以高度概括的语言展现了鲜艳夺目的江南春景,表达了诗人对江南的喜爱和赞美之情。

## 忆 江 南

江南好,风景旧曾谙。日出江花红胜火,春来江水绿如蓝。能不忆江南?
江南忆,最忆是杭州。山寺月中寻桂子,郡亭枕上看潮头。何日更重游?
江南忆,其次忆吴宫。吴酒一杯春竹叶,吴娃双舞醉芙蓉。早晚复相逢?

## 诗词大意

江南的风景多么美好,如画的风景久已熟悉。太阳从江面升起时江边的鲜花比火红,春天到来时碧绿的江水像湛蓝的蓝草。怎能叫人不怀念江南?

回忆江南,最能唤起思念的是像天堂一样的杭州:游玩山寺寻找皎洁月中的桂子,登上郡亭枕卧其上玩赏那起落的潮头。什么时候能够再次去重新游玩?

回忆江南,再来就是回忆吴宫,喝一喝吴宫的美酒春竹叶,看一看吴宫的歌女双双起舞像朵朵迷人的芙蓉。清晨夜晚总要再次相逢。

## 作品赏析

白居易曾在江南杭州和苏州做官,很受当地群众的爱戴。这首词是他回忆江南景物的作品,艺术上很有特色。

诗人早年因避乱来到江南,曾经旅居苏、杭二州。晚年又担任杭、苏刺史多年。江南的山山水水、一草一木给他留下了极深的印象。他也与那里的人民结下了深挚的友谊,直到晚年回到北方以后,仍然恋恋不已。《忆江南词》就是这种心情下的产物。

第一首,总写江南景,但作者没有从描写江南惯用的"花"、"莺"着手,而是别出心裁地从"江"为中心下笔,又通"红胜火"和"绿如蓝",用异色相衬的描写手法,展现了鲜艳夺目的江南春景,使诗意明丽如画,层次丰富,几乎无须更多联想,江南春景已跃然眼前。

接着一首,突出描绘杭州这个被人喻为可同天堂媲美的地方来验证"江南好"。古神话中有月中桂树的传说。古籍载:"杭州灵隐寺多桂,寺僧曰:'此月中种也。'至今中秋望夜,往往子堕,寺僧亦尝拾得。"可见这寺中月桂的说法不过是寺僧自神其说而已。但是,艺术真实不等于生活真实,作品运用这一传说,意在表达杭州的非同凡俗,同时"山寺月中寻桂子"也表现了诗人浪漫的想象,读者眼前仿佛现出怒放的丹桂,闻到桂子浓郁的芳香。次句"郡亭枕上看潮头"则描绘了杭州钱塘江入海的奇观。诗人通过对当年山寺寻桂和钱塘观潮两个代表性的生活画面的描写,足以使人想见杭州之多彩多姿。

后一首是描绘苏州之美。苏州有当年吴王夫差为美人西施修建的馆娃宫等风景名胜古迹,有名叫"竹叶春"的美酒佳酿,苏州的女子也更美丽多姿,能歌善舞,她们的舞姿,令人联想到那在风中沉醉的荷花。诗人以美妙的诗笔,简洁地勾勒出苏州的旖旎风情,令人无比神往。

三首诗各自独立而又互为补充,先总后分,每一首又都以深情之句作结,艺术概括力强,情与景合,意与境会,诗情画意,引人入胜,从而表达了诗人对祖国大好河山的热爱之情。

## 拓展阅读

# 南 浦 别

南浦凄凄别,西风袅袅秋。
一看肠一断,好去莫回头。

### 诗词大意

在南浦凄凉愁苦的分别,秋风萧索黯淡。回头看一次就肝肠寸断,好好离去吧,不要再回头了。

### 作品赏析

这首送别小诗清淡如水,款款地流泻出依依惜别的深情。前两句,不仅点出送别的地点和时间,而且以景衬情,渲染出浓厚的离情别绪。"南浦",南面的水滨,古人常在南浦送别亲友。《楚辞·九歌·河泊》："送美人兮南浦。"江淹《别赋》："送君南浦，伤如之何！"故"南浦"像"长亭"一样，成为送别之处的代名词。一见"南浦"，令人顿生离忧。而送别时，西风袅袅，秋风萧瑟，木叶飘零，此情此景，不能不令人倍增离愁。

后两句写得更是情意切切，缠绵悱恻。送君千里，终须一别。最后分手，是送别的高潮。诗人捕捉住这关键时刻一个最突出的镜头：分手后，离人虽已登舟而去，但他频频回过头来，默默而"看"。"看"，本是很平常的动作，但此时此地，这一"看"却显得十分不寻常：离人心中用言语难以表达的千种离愁、万般情思，都从这默默一"看"中表露出来，真是"此时无声胜有声"。从这个"看"字，读者仿佛看到那离人踽踽的身影，愁苦的面容和睫毛间闪动的泪花。他的每"一看"，自然引起送行人"肠一断"，涌起阵阵酸楚。诗人连用两个"一"，把去留双方的离愁别绪和真挚情谊表现得淋漓尽致。

最后，诗人劝慰离人："好去莫回头。"意思是说：你安心去吧，不要再回头了。此句粗看似乎平淡，细细咀嚼，却意味深长。诗人并不是真要离人赶快离去，他只是想借此控制一下双方不能自抑的情感，而内心的悲楚恐怕已到了无以复加的地步。

# 鸟

谁道群生性命微？一般骨肉一般皮。
劝君莫打枝头鸟，子在巢中望母归。

## 诗词大意

谁说这群小鸟的生命轻微，与所有的生命一样，它们也都有血有肉。劝你不要打枝头的鸟，幼鸟正在巢中盼望着母鸟回来。

## 作品赏析

诗人以"谁道群生性命微"一句开篇，反问的语气使感情抒发更加强烈，表现出诗人的善良、仁爱之心以及对生命的尊重。

"谁道群生性命微？一般骨肉一般皮。"谁说这群小鸟的生命微小，与所有的生命一样都有血有肉。确实，世间万物，与我们人类一样，都是有生命的，都是活生生、有血有肉的。生命哪有什么高低贵贱之分？我们应该像对待兄弟姐妹一样对待它们，绝不能伤害它们。

"劝君莫打枝头鸟，子在巢中望母归。"劝你不要打枝头的鸟儿，幼鸟正在巢中等候着母鸟回来。当你伤害了母鸟，那在巢中的幼鸟左等右等也等不到母亲的回来，饿得咕咕叫，而且，它们还不知道母亲永远不会回来了，它们的命运是多么凄惨，多么令人同情！设身处地想一想，你就是那嗷嗷待哺的幼鸟，你饥肠辘辘却不见母亲回来,然而当你知道你的母亲被人杀害了,你会有一种什么感受?对杀害你母亲的人又会持什么态度?痛苦、悲愤、仇恨……再想想,倘若你就是那被伤害的母鸟,你又会作何感想呢?

白居易在这首简短的七言绝句中,通过蕴含真情的"子待母归"的自然现象,激起读者善良、仁爱之心,劝诫人们要爱惜鸟类、保护环境。这不仅是一种生态意识,同时还有着深刻的寓意——诗人意在以鸟喻人,劝诫当时的权贵要学会尊重平民百姓,因为平民百姓与权贵们一样,都有着同样的生命和尊严。

# 白 云 泉

天平山上白云泉,云自无心水自闲。
何必奔冲山下去,更添波浪向人间。

### 诗词大意

天平山上有白云泉涌而出,白云本来就没有思虑,泉水也自由流淌。泉水呀,你为什么一定要奔泻下来,再给纷扰多事的人世增添波澜呢?

### 作品赏析

"天平山上白云泉",起句即点出吴中的奇山丽水、风景形胜的精华所在。天平山在苏州市西二十里。"此山在吴中最为嶙崒高耸,一峰端正特立","巍然特出,群峰拱揖",岩石峻峭。山上青松郁郁葱葱。山腰依崖建有亭,"亭侧清泉,泠泠不竭,所谓白云泉也",号称"吴中第一水",泉水清冽而晶莹,"自白乐天题以绝句","名遂显于世"。

然而,这一名山胜水的优美景色在诗人眼帘中却呈现为"云自无心水自闲"。白云随风飘荡,舒卷自如,无牵无挂;泉水淙淙潺流,自由奔泻,从容自得。诗人无意描绘天平山的巍峨高耸和吴中第一水的清澄明澈,却着意描写"云无心以出岫"的境界,表现白云坦荡淡泊的胸怀和泉水娴静雅致的神态。句中连用两个"自"字,特别强调云、水的自由自在,自得自乐,逍遥而惬意。这里移情注景,景中寓情,"云自无心水自闲"恰好是诗人思想感情的自我写照。

这首七绝犹如一幅线条明快简洁的淡墨山水图。诗人并不注重用浓墨重彩描绘天平山上的风光,而是着意摹画白云与泉水的神态,将它们人格化,使它们充满生机、活力,点染着诗人自己闲逸的感情,给人一种饶有风趣的清新感。

## 与梦得沽酒闲饮且约后期

少时犹不忧生计,老后谁能惜酒钱?
共把十千沽一斗,相看七十欠三年。
闲征雅令穷经史,醉听清吟胜管弦。
更待菊黄家酝熟,共君一醉一陶然。

### 诗词大意

少年时尚不知担忧生计,到老来谁又会吝惜酒钱?抢着付费十个沽斗酒,两两相看,却都距七十差三年。闲饮共征雅令,要穷究经史,醉后互听吟唱,胜过器乐管弦。等到秋后菊黄,家酿酒熟,与君再痛饮,共享醉趣陶然。

### 作品赏析

开成二年(837),白居易和刘禹锡同在洛阳,刘任太子宾客,白任太子少傅,都是闲职。共同的志向与抱负,共同的遭遇和经历和在诗文方面共同的意趣,加深了双方的友谊,两人时常相邀饮饮话诗。

前两联表面上是抒写诗友聚会时的兴奋、沽酒时的豪爽和闲饮时的欢乐,字里行间却传达出极为凄凉沉痛的感情。

从"少时"到"老后",是诗人对自己生平的回顾。"少时"二字使人想见诗人少不更事时的稚气与兼济天下,勇为平民百姓鸣不平的豪气。"老后"却使人联想到那种阅尽世情冷暖、饱经政治沧桑而身心交瘁的暮气了。诗人回首平生,难免发出少不知愁的感慨。

"共把"一联承上启下,亦忧亦喜,写神情极妙。"十千沽一斗"是倾注豪情的夸张,一个"共"字使人想见两位老友争相解囊、同沽美酒时真挚热烈的场面,也暗示两人有相同的处境,同病相怜,都想以酒解忧。两位白发苍苍的老人,两张皱纹满面的老脸,面面相觑,怎能不感慨万千?对方的衰颜老态,也就是自己的一面镜子,怜惜对方也就是怜惜自己。在这无言的相视和含泪的微笑之中,饱含了多少宦海浮沉、饱经沧桑的复杂感情。

"闲征"一联,具体描写"闲饮"的细节和场面,将题中旨意写足。这里的"闲"是身闲而心未尝闲,闲时游戏仍然是引经据典,行酒令度日,可见皆是满腹经纶的有才志之士,且意趣高雅,既表明高洁之志始终没有抛弃,同时也流露出志不得展的寂寞无聊之情。这两句把"闲饮"和内心的烦闷都表现得淋漓尽致。

尾联诗人从眼前的聚会引向未来,把友情和诗意推向高峰。"更"拓出了此番"闲饮"似乎犹未尽兴,于是二人又相约在重阳佳节时到家里再会饮,那时家酿的菊花酒已经熟了,"共君一醉一陶然",既使人看到挚友的深情厚谊,又不难发现其中有极为深重的哀伤和愁苦。只有在醉乡中才能求得"陶然"之趣,才能超脱于愁苦之外,这本身不就是一种痛苦极致的表现吗?

这首诗写的是"闲饮",却包蕴着极为悲怆的身世之感。从一时"闲饮",自然地转入漫漫人生,实在高妙。全诗言简意富,语淡情深,通篇用赋体却毫不平板呆滞,见出一种炉火纯青的艺术功力。

## 秋雨夜眠

凉冷三秋夜,安闲一老翁。
卧迟灯灭后,睡美雨声中。
灰宿温瓶火,香添暖被笼。
晓晴寒未起,霜叶满阶红。

### 诗词大意

有点凉的深秋之夜,又一个老头悠闲自在吹灯后躺下难以入睡,秋雨声中渐渐入眠。火盆的火已经灭了,加点火,烤烤被子。早上天晴了,有些寒冷不想起,看看窗外,树叶被霜打成红的了。

### 作品赏析

"秋雨夜眠"是古人写得烂熟的题材。白居易却能独树一帜,开拓意境,抓住特定环境中人物的性格特征进行细致的刻画,成功地刻画出一个安适闲淡的老翁形象。

"凉冷三秋夜,安闲一老翁",诗人以气候环境给予人的"凉冷"感觉来渲染深秋之夜,这就给整首诗抹上了深秋的基调。未见风雨,尚且如此凉冷,加上秋风秋雨的袭击,自然更令人感到寒气逼人,运用这种衬叠手法能充分调动读者的想象力,增强诗的感染力。

"卧迟灯灭后,睡美雨声中","卧迟"写出老年人瞌睡少,宁可闲坐闭目养神,不喜早上床,免得到夜间睡不着,老翁若不是"卧迟",恐亦难于雨声中"睡美"。窗外秋雨淅沥,屋内"老翁"安然"睡美",正可见他心无所虑,具有闲淡的情怀。

以上两联是从老翁在秋雨之夜就寝情况刻画他的性格。诗的下半则从老翁睡醒之后情况作进一步描绘。

"灰宿温瓶火,香添暖被笼",以烘瓶里的燃料经夜已化为灰烬,照应老翁的"睡美"。不过三秋之夜已经要烤火取暖,突出老年人的体弱怕冷。夜已经过去,按理说老翁应该起床了,却还要"香添暖被笼",继续在床上昏睡,生动地描绘出体衰老翁的闲适无聊生活。

"晓晴寒未起,霜叶满阶红",与首句遥相呼应,写气候对花木和老翁的影响。风雨过后,深秋的气候更加清冷,不久前还火红的霜叶,一夜之间就被秋风秋雨打得七零八落飘零满阶,多么冷酷的大自然啊! 从树木移情到人,从自然想到社会,岂能无感触! 全诗紧紧把握老翁秋雨之夜安睡的特征,写得生动逼真,亲切感人,富有生活气息。

# 杭州春望

望海楼明照曙霞,护江堤白踏晴沙。
涛声夜入伍员庙,柳色春藏苏小家。
红袖织绫夸柿蒂,青旗沽酒趁梨花。
谁开湖寺西南路,草绿裙腰一道斜。

## 诗词大意

曙光早霞中映照着望海楼,在白色的护江大堤,踏着干燥的海沙。晚上海浪的声音在伍子胥庙能听到,绿柳的春光藏在苏小小家。红衣女孩在造柿蒂绫,乘着梨花开放在挂着青色旗酒肆中饮酒。是哪一个在孤山寺边开修白堤,草绿望着好像绿裙腰一道斜过。

## 作品赏析

此诗为白居易任杭州刺史时所作。诗中对杭州春日景色作了全面的描写。

首句写登楼远望海天瑰丽的景色,有统领全篇之势。次句护江堤指杭州东南钱塘江岸筑以防备海潮的长堤。清晨登望海楼,纵目远眺,旭日东升,霞光万丈,钱塘江水,奔腾入海,护江长堤,闪着银光。此联将城外东南的景色,绘得极其雄伟壮丽。

次联诗人将目光转入城内。一"入"一"藏"极写望中之景。引用典故写景,不仅展现了眼前景物,而且使人联想到伍员的忠烈,昔日杭州的繁华,上句气象雄浑,下句旖旎动人,富于诗情。

前两联主要是写自然景色,下一联则把重点转到风物人情上。上句写妇女织绫,下句写游人沽饮。红袖翻飞,绫纹绮丽;梨花飘舞,酒旗相招。诗意之浓,色彩之美,读之令人心醉。

末联又将目光移到远处,表现最能代表杭州山水之美的西湖,结足春意。用"裙腰"这个绝妙的比喻,不仅绘出了春日白堤烟柳葱郁,露草芊绵的迷人景色,而且把从远处俯瞰西湖的景象表现得十分逼真生动,同时,写裙腰,自然使人联想到裙,宛若看到彩裙飘逸如湖面的水光波影;山裙,又自然使人联想到妩媚秀丽的西湖,莫不正是美丽少女的化身?

这首诗把杭州春日最有特征的景物,熔铸在一篇之中,画面以春柳、春草、春树及江水、湖水的翠绿为主色,又以红裙、彩绫、酒旗、梨花加以点染,朝日霞光映照其间,将杭州的春光装点得美丽无比,洋溢着浓郁的春意。诗在写法上,由城外之东南,写到城内,然后又写到西湖,远近结合,错落有致,而又层次分明,次序井然。同时,又将写景同咏古,摄自然之景与记风物人情结合起来,使景物更加丰富多彩,富有诗味,透露出诗人抑止不住的赞美之情。

# 村　夜

霜草苍苍虫切切,村南村北行人绝。
独出门前望野田,月明荞麦花如雪。

## 诗词大意

在一片被寒霜打过的灰白色秋草中,小虫在窃窃私语着,山村周围行人绝迹。我独自来到前门眺望田野,只见皎洁的月光照着一望无际的荞麦田,满地的荞麦花简直就像一片耀眼的白雪。

## 作品赏析

这首诗以白描手法和平实流畅的语气画出一个平常的乡村之夜。信手拈来,娓娓道来,却清新恬淡,诗意浓郁。

"霜草苍苍虫切切,村南村北行人绝",苍苍霜草,表现出秋色的浓重;切切虫吟,增添了秋夜的凄清。行人绝迹,万籁俱寂,两句诗鲜明勾画出村夜的特征。露出诗人孤独寂寞的心情。这种寓情于景的手法比直接抒情更富有韵味。

"独出门前望野田"一句,既是诗中的过渡,将描写对象从村庄转为田野;又是两联之间的转折,结束了对村夜萧疏暗淡气氛的描绘,展开了另外一幅令人耳目一新的画面:皎洁的月光朗照着一望无际的荞麦田,远远望去,灿烂耀眼,如同一片晶莹的白雪。

大自然的如画美景感染了诗人,使他暂时忘却了自己的孤寂,情不自禁地发出不胜惊喜的赞叹。奇丽壮观的景象与前面两句的孤寂清凉形成强烈鲜明的对比。

诗人匠心独具地借自然景物的变换传达出人物感情变化,写来是那么灵活自如,不着痕迹;而且写得朴实无华,浑然天成,读来亲切动人,余味无穷。

# 卖　炭　翁

卖炭翁,伐薪烧炭南山中。
满面尘灰烟火色,两鬓苍苍十指黑。
卖炭得钱何所营?身上衣裳口中食。
可怜身上衣正单,心忧炭贱愿天寒。

夜来城外一尺雪,晓驾炭车辗冰辙。
牛困人饥日已高,市南门外泥中歇。
翩翩两骑来是谁?黄衣使者白衫儿。
手把文书口称敕,回车叱牛牵向北。
一车炭,千余斤,宫使驱将惜不得。
半匹红纱一丈绫,系向牛头充炭直。

### 诗词大意

有位卖炭的老头,在终南山里砍柴烧炭。他满脸灰尘,显出被烟熏火烤的颜色,两鬓头发灰白,十个手指乌黑。卖炭得到钱作什么用?为了身上穿的衣裳和嘴里吃的食物。数九寒天可怜身上穿的衣服很单薄,但是心里担忧炭的价钱便宜,希望天气更寒冷。夜里城外下了一尺厚的大雪,清晨,老翁驾着炭车轧着冰冻的车辙赶路。牛疲乏了,人也饿了,太阳已经升得很高了,老翁就在集市南门外泥泞中休息。两位骑马的人轻快前来了,他们是谁?是穿黄衣服的太监和穿白衣服的差役。手里拿着公文,嘴里说是皇帝的命令,然后拉转车头,吆喝着赶牛往北面拉去。一车炭,一千多斤,宫市使者们硬是要赶走,老翁舍不得它,却也没有办法。宫市使者们将半匹红绡和一丈绫,朝牛头上一挂,当作炭的价钱。

### 作品赏析

诗歌首先叙述卖炭翁的生活和外表形象,表现了主人公的职业特点在他身上留下的烙印,又揭示出老人生活是多么艰难、辛苦。他之所以卖炭不过是为了换取身上的衣服和口中所需的一点食粮,以求温饱。正因为如此,一旦卖炭翁再遇到什么其他灾难,读者自然会加倍地同情他,为他的不幸而叹惋,对灾难的制造者的谴责也因此而更加强烈。

然而,灾难却降临到这些忠厚老实、处于社会最底层的穷苦百姓身上。本来卖炭翁衣裳单薄,天气寒冷,理应盼望天气暖和一些,但他因为担心炭价低而宁愿天气更寒冷一些,天气冷,他的炭才能卖出去,价钱才能卖得高一些,从而他才可能有钱添置冬天的衣服。这句话表现卖炭翁的心理活动,极为生动传神。幸而天公作美,夜里突降大雪,而且有"一尺"之厚,天气是足够寒冷了。读到这儿,也许读者会怜悯他寒冷天气中只穿着那单薄的衣裳,但一想到他的炭因此可能卖个好价钱,也会不由得替他高兴。

然而,天有不测风云,就在卖炭翁心里盘算着怎样才能卖个好价钱的时候,皇帝派来的所谓"使者",不由分说,强行"买"下了他的炭,但千余斤炭仅换来了半匹红纱、一丈绫而已。诗歌揭示了唐代宦官们置平民百姓的身家性命于不顾,强行掠夺民间财物的野蛮行径。

这首诗的艺术特点,首先在于白描艺术手法的成功运用。作者通篇没发一句议论,说宫市给人民带来怎样的苦处,人民在这种残暴的掠夺下,怎样难以生活,而是通过一个卖炭老人烧炭、卖炭以及炭车被抢的前后经过,向人们讲述了一个催人泪下的悲剧故事,把老人的遭遇和宫市给人民带来的苦难形象地告诉了人们,从而使人们更加清楚、深刻地了解到当时阶级对立的现实,激起人们强烈的爱憎感情,这是发多少议论也难以达到的艺术效果。

# 刘 禹 锡

## 作者简介

刘禹锡(772—842),字梦得,洛阳人,祖籍中山(今河北定州),唐朝文学家、哲学家,自称是汉中山靖王后裔,曾任监察御史。政治上主张革新,是王叔文派政治革新活动的中心人物之一。曾任太子宾客,世称刘宾客。唐代中晚期著名诗人,有"诗豪"之称。与柳宗元并称"刘柳"、晚年住在洛阳,与白居易唱和较多,合称"刘白"。代表作有《陋室铭》,作品多收于《刘梦得文集》、《刘宾客文集》。

## 课文回顾

《望洞庭》是四年级下册(人教版)语文课本中的一首诗,刘禹锡贬逐南荒,二十年间去来洞庭,据文献可考的约有六次。其中只有转任和州这一次,是在秋天。而本诗则是这次行程的生动记录。诗人把主观情感融入静谧空灵的山光水色中,构成一种恬静平和的氛围,表现出高扬开朗的精神。

## 望 洞 庭

湖光秋月两相和,潭面无风镜未磨。
遥望洞庭山水翠,白银盘里一青螺。

## 诗词大意

洞庭湖的湖光秋月相互辉映,湖面平静好像铜镜没有打磨。远望洞庭湖的君山和湖水,好似白银盘中托着一青螺。

## 作品赏析

这是诗人遥望洞庭湖而写的风景诗,秋夜皎皎明月下的洞庭湖水是澄澈空明的。与素月的清光交相辉映,俨如琼田玉鉴,是一派空灵、缥缈、宁静、和谐的境界。这就是"湖光秋月两相和"一句所包蕴的诗意。"和"字下得工炼，表现出了水天一色、玉宇无尘的融和的画境。而且，似乎还把一种水国之夜的节奏——荡漾的月光与湖水吞吐的韵律，传达给读者了。接下来描绘湖上无风，迷迷蒙蒙的湖面宛如未经磨拭的铜镜。"镜未磨"三字十分形象贴切地表现了千里洞庭风平浪静的安宁温柔的景象，在月光下别具一种朦胧美。"潭面无风镜未磨"以生动形象的比喻补足了"湖光秋月两相和"的诗意。因为只有"潭面无风"，波澜不惊，湖光和秋月才能两相协调。否则，湖面狂风怒号，浊浪排空，湖光和秋月便无法辉映成趣，也就无有"两相和"可言了。

三四两句诗想象丰富，比喻恰当，色调淡雅，银盘与青螺互相映衬，相得益彰。诗人笔下的秋月之中的洞庭山水变成了一件精美绝伦的工艺美术珍品，给人以莫大的艺术享受。"白银盘里一青螺"，真是匪夷所思的妙句。然而，它的擅胜之处，不止表现在设譬的精警上，尤其可贵的是它所表现的壮阔不凡的气度和它所寄托的高卓清奇的情致。在诗人眼里，千里洞庭不过是妆楼奁镜、案上杯盘而已。举重若轻，自然得体，毫无矜气作色之态，这是十分难得的。把人与自然的关系表现得这样亲切，把湖山的景物描写得这样高旷清超，这正是作者性格、情操和美学趣味的反映。

## 拓展阅读

# 石 头 城

山围故国周遭在，潮打空城寂寞回。
淮水东边旧时月，夜深还过女墙来。

### 诗词大意

围绕在石头城四周的山依然如旧，潮水打着空城寂寞又折回。秦淮河的东边升起的月亮，夜深时还过那城上短墙来。

### 作品赏析

这是一首咏石头城的七言绝句。石头城即金陵城，在今江苏省南京市清凉山。南京的江山形胜，素有"虎踞龙盘"之称，是东吴、东晋、宋、齐、梁、陈建都之地。六代豪奢，醉生梦死，追欢逐乐，诗家称之为"金粉六朝"。但由于荒淫误国，这一个一个朝代皆灭亡得极快，"悲恨相续"。这"虎踞龙盘"的六朝豪华之都，也就荒凉下来了。刘禹锡于唐敬宗宝历二年(826)罢归洛阳，路过金陵，见昔日豪华胜地，已成了一座"空城"，感慨万分，于是写下了这首怀古诗篇。

开头两句写江山如旧，而城已荒废。"山

围故国周遭在"，首句写山。"山围故国"，"故国"即旧城，就是石头城，城外有山耸立江边，围绕如垣墙，所以说"山围故国"。周遭，环绕的意思。这句说：围绕在石头城四周的山依然如旧。"潮打空城寂寞回"，这句写水，"潮打空城"，石头城西北有长江流过，江潮拍打石墙，但是，城已荒废，成了古迹，所以说"潮打空城"。这句意思是说：潮水拍打着"空城"，虽有巨响，却显得分外凄凉，便又寂寞地退去了。这两句总写江山如旧，而石头城已荒芜，情调悲凉，感慨极深。

后两句写月照空城。"淮水东边旧时月"，"旧时月"，诗人特意标明"旧时"，是包含深意的。淮水，即秦淮河，横贯石头城，是六朝时代王公贵族们醉生梦死的游乐场所，这里曾经是彻夜笙歌、纸醉金迷、欢乐无尽的不夜城，那临照过六朝豪华之都的"旧时月"即是见证。然而曾几何时，富贵风流，转眼成空。如今只有那"旧时月"仍然从秦淮河东边升起，来照着这座"空城"，在夜深的时候，"还过女墙来"，依恋不舍地西落，这真是多情了。然而此情此景，却显得更加寂寞了。一个"还"字，意味深长。

但这首诗并不只是发思古之幽情，诗人感慨深沉，实寓有"引古惜兴亡"之意。诗人在朝廷昏暗、权贵荒淫、宦官专权、藩镇割据、危机四伏的中唐时期，写下这首怀古之作，慨叹六朝之兴亡，显然是寓有引古鉴今的现实意义的。

这首诗咏怀石头城，表面看句句写景，实际上句句抒情。诗人写了山、水、明月和城墙等荒凉景色，写景之中深寓着诗人对六朝兴亡和人事变迁的慨叹，悲凉之气笼罩全诗，读之怆然。

# 台　　城

台城六代竞豪华，结绮临春事最奢。
万户千门成野草，只缘一曲后庭花。

## 诗词大意

六朝皇帝，以奢侈荒淫著称，最末的那位陈后主更甚。数百年前的盛景，似乎一下子就变成了野草，就因为他在豪华的台城里，营建楼阁，倚红偎翠，不理朝政，还自谱新曲《玉树后庭花》，填上淫词。

## 作品赏析

首句总写台城，综括六代，是一幅鸟瞰图。"六代竞豪华"，乍看只是叙事，但前面冠以"台城"，便立刻使人联想到当年金陵王气，今日断瓦颓垣，这就有了形象。"豪华"之前，着一"竞"字，直贯六朝三百多年历史及先后登基的近四十位帝王。"竞"虽然不是直观形象，但用它来点化"豪华"，使之化成了无数幅争奇斗巧、富丽堂皇的六代皇宫图，它比单幅图画提供的形象更为丰满。

次句在画面上突出了结绮、临春、望仙三座凌空高楼。"事最奢"是承上"豪华"而发的议论,"最"字接"竞"字,其奢为六朝之"最",可谓登峰造极,那么陈后主的下场如何,便不难想象了。这一句看似写两座高楼,实则议论已融化在形象中了。这两座高楼,尽管只是静止的形象,但诗句却能引起读者对楼台中人和事的联翩浮想。似见帘幕重重之内,香雾缥缈之中,舞影翩跹,轻歌缭绕,陈后主与妖姬艳女们正在纵情作乐。诗的容量就因"结绮临春"引起的联想而更加扩展了。

第三句记楼台今昔。眼前野草丛生,满目疮痍,这与当年"万户千门"的繁华景象形成多么强烈的对比。一个"成"字,给人以转瞬即逝之感。数百年前的盛景,似乎顷刻间就变成了野草,其中富含深意。

结句论述陈后主失国缘由,诗人改用听觉形象来表达,在"千门万户成野草"的凄凉情景中,仿佛隐约可闻《玉树后庭花》的乐曲在空际回荡。这歌声使人联想到当年翠袖红毡、缓歌轻舞的场面,不禁使人对这一幕幕历史悲剧发出深沉的慨叹。

怀古诗往往需抒发议论的,但这首诗不作抽象的议论,而是把议论和具体形象结合在一起,通过形象的创造,唤起人们丰富的联想;让严肃的历史教训化为具体形象,从而使诗句具有无限情韵,发人深省,引人遐想。

# 秋 风 引

何处秋风至?萧萧送雁群。
朝来入庭树,孤客最先闻。

## 诗词大意

不知从哪里吹来了秋风,在萧萧的风中送走了雁群。凌晨,秋风吹动着庭园的树木,树叶瑟瑟,而孤独的旅人最先听到了秋风的声音。

## 作品赏析

刘禹锡曾在偏远的南方过了一段长时期的贬谪生活,这首诗可能作于贬所,因秋风起、雁南飞而触动了孤客之心,有感写下此篇。

首句,就题发问,摇曳生姿,而通过这一起势突兀、下笔飘忽的问句,也显示了秋风的不知其来、忽然而至的特征,弦外暗含怨秋的意思。接下来就宕开诗笔,以"萧萧送雁群"一句写耳所闻的风来萧萧之声和目所见的随风而来的雁群。这样,就化无形之风为可闻可见的景象,从而把不知何处至的秋风绘声绘影地写入诗篇。这前两句诗合起来看,以我感物,以情会景,先写"归思",后写"闻雁",其情自深。

诗的后两句"朝来入庭树,孤客最先闻",把笔触从秋空中的"雁群"移向地面上的"庭树",再集中到独在异乡、"归思方悠哉"的"楚客",由远而近,步步换景。"朝来"句既承接首句的"秋风至",又承接次句的"萧萧"声,不是回答又似回答了篇首的发问。它说明秋风的来去虽然无处可寻,却又附着他物而随处存在,现在风动庭树,木叶萧萧,表示出无形的秋风分明已经近在庭院、来到耳边了。

这首诗主要表达的其实正是这羁旅之情和思归之心,但妙在不从正面着笔,始终只就秋风做文章,在篇末虽然推出了"孤客",也只写到他"闻"秋风而止。至于他的旅情归思以"最先"两字来暗示,画龙点睛。

## 望 夫 石

终日望夫夫不归,化为孤石苦相思。
望来已是几千载,只似当时初望时。

### 诗词大意

每天盼望着丈夫回来,相思苦得我都成了石头。一晃几千年过去了,我的心还跟一开始一样。

### 作品赏析

传说古时候有一位妇女思念远出的丈夫,立在山头守望不回,天长日久竟化为石头。这个古老而动人的传说在民间流行相当普遍。这首诗所指的望夫山,在今安徽当涂县西北,唐时属和州。

全诗紧扣题目,通篇只在"望"字上做文章。"望"字三见,诗意也推进了三层。一、二句从"望夫石"的传说入题,是第一层,"终日"即从早到晚,又含有日复一日时间久远之意。可见"望"者一往情深;"望夫"而"夫不归",是女子化石的原因。"夫"字叠用形成句中顶针格,意转声连,便觉节奏舒缓,音韵悠扬。次句重在"苦相思"三字,正是"化为石,不回头",表现出女子对爱情的坚贞。三句"望来已是几千载"比"终日望夫"意思更进一层。

望夫石守候山头,风雨不动,几千年如一日——这大大突出了那痴恋的执着。"望夫"的题意至此似已淋漓尽致。殊不知在写"几千载"久望之后,末句突然出现"初望"二字。这出乎意料,又尽情入理。因为"初望"的心情最迫切,写久望只如初望,就有力地表现了相思之情的真挚和深切。这里"望"字第三次出现,把诗情引向新的高度。三、四句层次上有递进关系,但通过"已是"与"只似"虚词的呼应,又给人一气呵成之感。

这首诗是深含寓意的。刘禹锡在永贞革新运动失败后,政治上备遭打击和迫害,长流边州,思念京都的心情一直很迫切。此诗即借咏望夫石寄托这种情怀,诗意并不在题中。

## 西塞山怀古

西晋楼船下益州,金陵王气黯然收。
千寻铁锁沉江底,一片降幡出石头。
人世几回伤往事,山形依旧枕寒流。
今逢四海为家日,故垒萧萧芦荻秋。

### 诗词大意

王濬率领高大的战船,顺江而下,讨伐东吴,金陵城中的士气黯然消失。千丈的铁链沉入江底,一片投降的旗子挂在石头城上。人生中有几回伤感往事,山形依然没有改变,枕靠在长江上。从今以后天下统一,旧日的堡垒在一片芦荻草中显得凄凉萧瑟。

### 作品赏析

西塞山在今湖北省黄山市东面的长江边上。岚横秋塞。山锁洪流,形势险峻,是六朝有名的军事要塞。唐穆宗长庆四年(824)刘禹锡由夔州刺史调任和州刺史,沿江东下,途经西塞山,即景抒怀,写下了这首诗。

太康元年(280)晋武帝司马炎为完成统一的大业,下令伐吴。命王濬率领以高大的战船"楼船"组成的西晋水军,顺江而下,讨伐东吴。当时身为龙骧将军的王濬,在益州造战船,船造好后的第二年,王濬带兵从益州出发,沿江东下,很快攻破金陵,接受了吴主孙皓的投降,从此东吴灭亡。"王濬楼船下益州,金陵王气黯然收",这两句是对当年历史的回顾。

诗的前四句,写西晋灭吴的历史故事,表现国家统一是历史之必然,阐发了事物兴废决定于人的思想。后四句写西塞山,点出它之所以闻名,是因为曾经是军事要塞。而今山形依旧,可是人事全非,拓开了诗的主题"千寻铁锁沉江底,一片降幡出石头",是承上联具体地写出金陵政权"黯然收"的景况和原因。一是表明孙皓政权尽管腐败,但还是不愿轻易失国,而进行拼死抵抗;二是渲染王濬的足智多谋,英勇善战。

"人世几回伤往事,山形依旧枕寒流",两句是诗人触景生情,对历史上的兴亡,发出伤心的慨叹。眺望金陵的西塞山依然巍峨耸立,其下的长江在寒秋中滚滚东流。可是当年在金陵的帝王都不见了。"往事"二字,包蕴深沉,它指自东吴以后在金陵相继建都的东晋、宋、齐、梁、陈六个朝代,这些政权的灭亡,大都有相似的原因,但是人们总不接受历史的教训,在循环往复地因袭着前人的失误而不自省。

最后两句,是全诗的主旨。诗人对往事的"伤"是根于当世的忧,伤往事是次,忧当世是主。唐朝自"安史之乱"以后,虽然表面上还维持着统一的局面,但是几代皇帝都宠信宦官,排挤忠臣。藩镇割据愈演愈烈。如诗人认为,这种情势若继续维持下去,必然要加速衰败,重蹈历史的覆辙。

《西塞山怀古》一诗叙说的内容是历史上的事实,状摹的景色是眼前的实景,抒发的感叹是诗人胸中的真情。诗人巧妙地把史、景、情完美地糅合在一起,使得三者相映相衬,相长相生,营造出一种苍凉意境,给人以沉郁顿挫之感。

## 和乐天《春词》

新妆宜面下朱楼,深锁春光一院愁。
行到中庭数花朵,蜻蜓飞上玉搔头。

### 诗词大意

诗中女主人公梳妆一新,带着几分喜色和希望下楼,下得楼来,确是莺歌蝶舞,柳绿花红。然而庭院深深,院门紧锁,独自一人,更生寂寞,于是满目生愁。她再也无心赏玩,只好用"数花朵"来遣愁散闷,打发这大好春光。由于她沉浸在痛苦中凝神伫立,以至于使常在花中的蜻蜓也错把美人当花朵,轻轻飞上玉搔头。

### 作品赏析

"高楼晓见一花开,便觉春光四面来",刘禹锡诗中的这位深居后宫的宫女,也禁不住被这四面袭来的春光触动了,她妆扮一新,急忙下楼。"宜面"二字,是说脂粉涂抹得与容颜相宜,给人一种匀称和谐的美感,这说明她打扮得相当认真、考究。这就是诗的第一句所要表现的内容,看上去,不仅没有愁,倒似乎还有几分喜色。是因为这融融春光使她暂时忘却了心中苦恼,还是这风香春暖的良辰美景,使她心底萌发了一丝朦胧的希望——"欲得君王回一顾"?不管怎样,此刻的心情总是比较轻快的吧!

诗的第二句是说下得楼来,确是莺歌蝶舞,柳绿花红,然而庭院深深,宫门紧锁,独自一人,更生寂寞,于是满目生愁。从诗的发展看,这是承上启下的一句。三四两句就是要进一步把这个"愁"字写足,怎么写呢?试想这位宫女下楼的本意该不是为了寻愁觅恨,要是早知如此,她何苦"下朱楼",又何必"新妆宜面"?可是结果恰恰惹得无端烦恼上心头,这突然变化的痛苦心情,使她再也无心赏玩,只好用"数花朵"来遣愁散闷,打发这大好春光。为什么要"数花朵",大概含有对这无人观赏、转瞬即逝的春花叹之、怜之、伤之的情怀吧?她默默地数着、数着……"蜻蜓飞上玉搔头",这确是精彩的神来之笔!它含蓄地表现出她那沉浸在痛苦中的、凝神伫立的情态;还暗示了这位宫女有着如花似玉的容貌,以至于使常在花中的蜻蜓也错把美人当花朵,轻轻飞上玉搔头;而且也意味着她的命运亦如这庭院中的春花一样,寂寞深锁,无人赏识,只能引来这无知的蜻蜓。真是花亦似人,人亦如花,春光空负,"为谁零落为谁开"? 这就自然而含蓄地引出了人愁花愁一院愁的主题。有人说:"诗不难于结,而难于神。"这首诗的结尾是出人意料的,诗人摄取了一个偶然的镜头——"蜻蜓飞上玉搔头",蜻蜓无心人有恨。它简练而巧妙地描写了不幸的宫女,在春光烂漫之中孤寂凄冷的境遇,构思新颖而富有情韵,可谓结得有"神"。

## 始闻秋风

昔看黄菊与君别,今听玄蝉我却回。
五夜飕飗枕前觉,一年颜状镜中来。
马思边草拳毛动,雕眄青云睡眼开。
天地肃清堪四望,为君扶病上高台。

### 诗词大意

去年秋时,我们一起观赏黄菊怒放,别情依依;又值暑尽秋来之际,我们正好共聆寒蝉啼鸣,情意款款。五更时分,凉风飕飗,把我从睡梦中惊醒,那是秋风回来了;作别经年,她依然是那样的刚疾劲肃,可是我这一年间的容貌变化,却能在镜中清晰地反映出来了。真是物事依旧人非旧啊。你看,那"聆朔风而心动"的骏马,因思念边塞秋草而抖动着拳曲的毛,昂起头颅,凝望遥远北方,向往着驰骋千里边疆;那"盼天籁而神惊"的鸷雕,因盼望万里云天而睁开了困顿之眼,伸开翅膀,隼视深邃苍穹,渴求着搏击浩瀚长空。秋风使长天澄澈,大地清明,正好可以登高四望,为感谢秋风的深情厚谊,我就算抱着这残病之躯,也要登上高台,欣赏秋的美景,领略秋的意韵。

### 作品赏析

这首《始闻秋风》不同于一般封建文人的"悲秋"之作,它是一首激昂慷慨的秋歌,表现了独特的美学观点和艺术创新的精神。

"昔看黄菊与君别,今听玄蝉我却回"开头,塑造了一个有意有情的形象,即诗题中的"秋风",亦即"秋"的象征。当她重返人间,就去寻找久别的"君"——也就是诗人。她深情地回忆起去年观赏黄菊的时刻与诗人分别,而今一听到秋蝉的鸣叫,便又回到诗人的身边共话别情。在这里诗人采取拟人手法,从对方着笔,营造了一个奇妙无比而又情韵浓郁的意境。"看黄菊"、"听玄蝉",形象而准确地点明了秋风去而复还的时令。

颔联"五夜飕飗枕前觉,一年颜状镜中来",是诗人从自己的角度落笔。诗人说:五更时分,凉风飕飗,一听到这熟悉的声音,就知道是"你"回来了,一年不见,"你"还是那么劲疾肃爽,而我那衰老的容颜却在镜中显现出来。读到这里,颇有点儿秋风依旧人非旧的味道,然而颈联"马思边草拳毛动,雕眄青云睡眼开"，陡然一转，精神顿作。骏马思念边塞秋草，昂起头，抖动拳曲的毛；鸷雕睁开睡眼，顾盼着万里青云，这一"动"一"开"，极为传神地刻画出骏马、鸷雕的伟岸形象，不仅反映了它们内心的"思"和"盼"，还显示出一种潜藏的力量，似乎让人们感到，只要时机一到，它们就可以一展骥足，奔驰疆场；或展翅蓝天，搏击长空，也同样唤起了诗人的豪情。所以下两句便直抒胸臆："天地肃清堪四望，为君扶病上高台。""扶病"二字暗扣第四句，写出一年容颜衰变的原因。但是，尽管如此，豪情不减，犹上高台，这就更表现出他对秋的爱，更反映了诗人顽强不息的意志。

刘禹锡作为中唐时期政治革新派的一员，作为一位朴素的唯物主义的思想家，性格是比较爽朗和倔强的。他并不因失败和不幸而消沉颓唐，相反他却以为这倒可以更清楚地了解自己的不足，从中得到教益。

晚年写的这首《始闻秋风》所表现出来的那种跌宕雄健的风格和积极健康的美学追求，正是其人品与精神的形象体现。

# 乌 衣 巷

朱雀桥边野草花，乌衣巷口夕阳斜。
旧时王谢堂前燕，飞入寻常百姓家。

## 诗词大意

朱雀桥边一些野草开花，乌衣巷口唯有夕阳斜挂。当年王导、谢安檐下的燕子，如今已飞进寻常百姓家中。

## 作品赏析

这首诗所咏的是东晋世族王、谢两大家的兴衰。

东晋遭五胡之乱，迁都金陵（今南京），王、谢等豪族世家，执掌朝政，不思奋发图强，反而苟且偷安，醉生梦死，竞逐豪奢，享乐腐化。他们在乌衣巷建造起富丽堂皇的宅第，日夜笙歌曼舞不绝，进进出出、来来往往的全是衣冠楚楚、雍容华贵的贵族子弟，门庭极盛，显赫一时，附近的朱雀桥，车水马龙，一派豪华气象。但那已成过去了。现在呢？景象已面目全非。诗人来游时，朱雀桥边已长满了野草，野草丛中，开着几点零星的闲花；乌衣巷口只剩下夕阳残照，昔日的华厦高楼已荡然无存，在断墙残垣的废墟上，早已建起了普通老百姓的住宅，以至当年在王、谢堂前做巢的燕子，"飞入寻常百姓家"去栖息了。

真是富贵风流顷刻成空，只落得一片荒凉破败景象。诗人睹物伤怀，不禁发出了深沉的感慨。

但诗人写作这首诗并不单是发思古之幽情，诗中实寄寓着很深沉的借古鉴今的讽刺意味。中唐之世，也和东晋一样，朝廷昏暗，宦官专权,藩镇割据,执政者却苟且偷安,不思振作图强,国势日非,志在革新的诗人,怎能不万分悲愤,他写作《乌衣巷》一诗,实暗示着他对李唐王朝的命运的担忧,对当时执政者如王、谢大世族一类的人物的讽刺和诅咒。

此诗寄寓含蓄,纯借小景点出。开篇两句只就眼前野草、夕阳两种景物进行描写,这两种景物都是富有象征意义的,尽管着墨不多,却把乌衣巷荒凉、没落的情景刻画得栩栩如生,使人不胜兴亡之感。三、四两句,以"旧时王谢"与"寻常百姓"对比,通过燕子改换门庭,写出了沧海桑田的历史变迁。这两句用笔巧妙,形象动人,又饱含哲理,因此,成为千古传诵的名句。

# 竹枝词二首(其一)

杨柳青青江水平,闻郎江上唱歌声。
东边日出西边雨,道是无晴却有晴。

## 诗词大意

江边杨柳,树叶青青,江水平缓地流动,一叶轻舟在江上行驶。岸上少女忽然听到舟中青年男子在对她唱歌。她从歌声获得的印象是,对方虽没有更明确的表示,却似乎有些情意。这真好像黄梅季节晴雨不定的天气,说是晴天吧,西边还下着雨;说是雨天吧,东边还出着太阳,令人捉摸不定,是无"情"还是有"情"呢?

## 作品赏析

《竹枝词》是古代四川东部的一种民歌,人民边舞边唱,用鼓和短笛伴奏。赛歌时,谁唱得最多,谁就是优胜者。刘禹锡任夔州刺史时,非常喜爱这种民歌,他学习屈原作《九歌》的精神,采用了当地民歌的曲谱,制成新的《竹枝词》,描写当地山水风俗和男女爱情,富于生活气息。体裁和七言绝句一样,但在写作上,多用白描手法,少用典故,语言清新活泼,生动流畅,民歌气息浓厚。

这是一首描写青年男女爱情的诗歌。它描写了一个初恋的少女在杨柳青青、江平如镜的清丽的春日里,听到情郎的歌声所产生的内心活动。

首句"杨柳青青江水平",描写少女眼前所见景物,用的是起兴手法。所谓"兴",就是触物起情,它与后文要表达的情事并无直接关系,但在诗中却是不可少的。这一句描写的春江杨柳,最容易引起人的情思,于是很自然地引出了第二句"闻郎江上唱歌声"。这一句是叙事,写这位少女在听到情郎的歌声时起伏难平的心潮。最后两句"东边日出西边雨,道是无晴却有晴",是两个巧妙的隐喻,用的是语意双关的手法。"东边日出"是"有晴","西边雨"是"无晴"。"晴"和"情"谐音,"有晴"、"无晴"是"有情"、"无情"的隐语。"东边日出西边雨",表面是"有晴"、"无晴"的说明,实际上却是"有情"、"无情"的比喻。这使这个少女听了,真是感到难以捉摸,心情忐忑不安。但她是一个聪明的女子,她从最后一句辨清了情郎对她是有情的,因为句中的"有"、"无"两字中,着重的是"有"。因此,她内心又不禁喜悦起来。这句用语意双关的手法,既写了江上阵雨天气,又把这个少女的迷惑、眷恋和希望一系列的心理活动巧妙地描绘出来。

此诗以多变的春日天气来造成双关,以"晴"寓"情",具有含蓄的美,对于表现女子那种含羞不露的内在感情,十分贴切自然。最后两句一直成为后世人们喜爱和引用的佳句。

用谐音双关语来表达思想感情,是我国从古代到现代民歌中常用的一种表现手法。这首诗用这种方法来表达青年男女的爱情,更为贴切自然,既含蓄,又明朗,音节和谐,颇有民歌风情,但写得比一般民歌更细腻,更含蓄,因此,历来为人们所喜爱传诵。

# 浪淘沙九首(其一)

九曲黄河万里沙,浪淘风簸自天涯。
如今直上银河去,同到牵牛织女家。

### 诗词大意

弯弯曲曲的黄河,挟带着泥沙,浪涛汹涌,奔腾万里,从遥远的天边滚滚而来。如今诗人要迎着狂风巨浪、顶着万里黄沙,逆流而上,直到银河,同黄河一起去牛郎织女中做客。

### 作品赏析

《浪淘沙》组诗共九首,此其第一首。是刘禹锡穆宗长庆年间任夔州刺史时所作。

这是一首描写黄河雄伟气势的著名诗篇。作为中华民族的摇篮,中华民族光辉灿烂文化的发源地,黄河,古往今来无数诗人为她放声歌唱。刘禹锡这首黄河诗开篇与众多的黄河诗篇一样,着力描写九曲黄河大浪淘沙之势,紧接着张骞穷河源遇牛郎织女的典故,把"黄河之水天上来"更加形象化,与其他诗人诗歌相比,另辟一番境界,增添了一层奇妙的神话色彩。

据张华《博物志》记载,汉武帝指令张骞穷溯河源,张骞乘槎而去,经月至一处,见城郭如官府,室内有一女织布,又见一丈夫牵牛饮河。后还至蜀中,方知已至牛郎、织女二星座。

诗人巧妙地运用了上下联的开合关系。第一联由上而下,顺黄河奔流之势着墨;第二联以"直上"为转折,把人们的视线从"奔流到海不复回"的顺视中拉回,从地下引到天上,从现实世界进入神话世界——黄河连银汉,乘槎溯河源。全诗节奏有徐有疾,奔放而有宕逸之气。

# 李 商 隐

## 作者简介

　　李商隐(约811—约859),字义山,号玉溪生、樊南生,晚唐著名婉约派诗人。他的诗作文学价值很高,与杜牧齐名,并称"小李杜";诗文与同时期的温庭筠风格相近,因此也被合称为"温李",又与李贺、李白合称为"三李"。著有《李义山诗集》。

## 课文回顾

　　《嫦娥》这首诗出现在三年级下册(人教版)语文课本中。作者大胆想象了嫦娥仙子在月宫中冷清、寂寞的情景,渲染了孤独凄清的气氛,反映了诗人孤独的心理。

## 嫦　　娥

　　云母屏风烛影深,长河渐落晓星沉。
　　嫦娥应悔偷灵药,碧海青天夜夜心。

## 诗词大意

　　云母屏风染上一层浓浓的烛影,银河逐渐斜落,启明星也已下沉。嫦娥想必悔恨当初偷吃不死药,如今独处碧海青天而夜夜寒心。

## 作品赏析

　　诗题为"嫦娥",实际上抒写的是处境孤寂的主人公对于环境的感受和心灵独白。

　　前两句描绘主人公的环境和永夜不寐的情景。室内,烛光越来越黯淡,云母屏风上笼罩着一层深深的暗影,越发显出居室的空寂清冷,透露出主人公在长夜独坐中黯然的心境。室外,银河逐渐西移垂地,牛郎、织女隔河遥望,本来也许可以给独处孤室的不寐者带来一些遐想,而现在这一派银河即将消失。

那点缀着空旷天宇的寥落晨星,仿佛默默无言地陪伴着一轮孤月,也陪伴着永夜不寐者,现在连这最后的伴侣也行将隐没。

　　在寂寥的长夜,天空中最引人注目、引人遐想的自然是一轮明月。看到明月,也自然会联想起神话传说中的月宫仙子——嫦娥。"嫦娥孤栖与谁邻?"在孤寂的主人公眼里,这孤居广寒宫殿、寂寞无伴的嫦娥,其处境和心情不正和自己相似吗?于是,不禁从心底涌出这样的意念：嫦娥想必也懊悔当初偷吃了不死药，以致年年夜夜幽居月宫，面对碧海青天，寂寥清冷之情难以排遣吧？"应悔"是揣度之词，这揣度正表现出一种同病相怜、同心相应的感情。由于有前两句的描绘渲染，这"应"字就显得水到渠成，自然合理。

诗中所抒写的孤寂感以及由此引起的"悔偷灵药"式的情绪，却融入了诗人独特的现实人生感受，而含有更丰富深刻的意蕴。在黑暗污浊的现实包围中，诗人精神上力图摆脱尘俗，追求高洁的境界，而追求的结果往往使自己陷于更孤独的境地。清高与孤独的孪生，以及由此引起的既自赏又自伤，既不甘变心从俗，又难以忍受孤子寂寞的煎熬这种微妙复杂的心理，在这里被诗人用精微而富于含蕴的语言成功地表现了出来。这是一种含有浓重伤感的美，在旧时代的清高文士中容易引起广泛的共鸣。诗的典型意义也正在这里。

## 拓展阅读

### 晚　晴

深居俯夹城，春去夏犹清。
天意怜幽草，人间重晚晴。
并添高阁迥，微注小窗明。
越鸟巢干后，归飞体更轻。

### 诗词大意

我居住在俯临夹城的幽僻之地，时值春末夏初，天气还有些清凉。久遭阴雨侵扰的幽草，忽遇晚晴，在落日的余晖下平添了许多生机。这时候云雾散尽，倚靠在栏杆上远望，视线更为遥远，夕阳的余晖洒在小窗上，光线显得微弱而柔和。天晴后，鸟巢干燥，鸟的羽毛也干了，归飞的体态更加轻盈。

### 作品赏析

这首诗是李商隐晚年的代表作，充分体现了"夕阳无限好"、"人间重晚晴"的人格情感的真正写照。此诗意境高雅、内涵深刻，是隐者居士的最高思想境界。

首联说自己居处幽僻，俯临夹城（这里指城门外的曲城），时令正值清和的初夏。"俯夹城"的"深居"即是览眺晚晴的立足点，而清和的初夏又进而点明了晚晴的特定时令，开头两句从时、地两方面把诗题具体化了——初夏凭高览眺所见的晚晴。

初夏多雨,岭南犹然。久雨转晴,傍晚云开日霁,万物生辉,人的精神也为之一爽。诗人的独特处,在于既不泛泛写晚晴景象,也不作琐细刻画,而是独取生长在幽暗处不被人注意的小草,虚处用笔,暗寓晚晴,进而写出他对晚情的感受。久遭风雨的幽草,忽遇晚晴,得以沾沐余晖而平添生意,诗人触景兴感,忽生"天意怜幽草"的奇想。这就使作为自然物的"幽草"无形中人格化了,给人以丰富的联想。诗人自己就有着类似的命运,故而很自然地从幽草身上发现自己。这里托寓着诗人身世之感。自然引出"人间重晚晴",而且赋予"晚情"以特殊的人生含义。晚晴美丽,然而短暂。从这里,可以体味到一种分外珍重美好而短暂的事物的感情,表现出一种积极向上、乐观主义的人生态度。

颈联是对晚晴作工致的描画。这样虚实疏密相间,诗便显得张弛有致,不平板、不单调。雨后晚晴,云收雾散,凭高览眺,视线更为遥远,所以说"并添高阁迥"(高阁指诗人居处的楼阁)。这一句从侧面写晚晴,写景角度由内及外,下句从正面写,角度由外及内。夕阳的余晖流注在小窗上,带来了一线光明。因为是晚景斜晖,光线显得微弱而柔和,故说"微注"。尽管如此,这一脉斜晖还是给人带来喜悦和安慰。这一联通过对晚景的具体描绘,写出了一片明朗欣喜的心境,把"重"字具体化了。

末联写飞鸟归巢,体态轻捷,仍是登高览眺所见。宿鸟归飞,通常是触动旅人羁愁的,这里却成为喜晴情绪的烘托。古诗有"越鸟巢南枝"之句,这里写越鸟归巢,带有自况意味。如果说"幽草"是诗人的暗喻自身身世的象征,那么,"越鸟"似乎是眼前托身有所、精神振作的诗人的化身。

# 忆　梅

定定住天涯,依依向物华。
寒梅最堪恨,长作去年花。

## 诗词大意

长年漂泊在异乡的土地上,由于内心苦闷,对美好的景物更加迷恋。看到眼前姹紫嫣红的美丽景象,我不禁对寒梅心生怨恨,它先春而开,到百花盛开时,却早已花凋香尽。

## 作品赏析

这是李商隐作幕梓州后期之作,为咏梅而寓意之诗。写在百花争艳的春天,寒梅早已开过,所以题为"忆梅"。

一开始诗人的思绪并不在梅花上面,则是为留滞异乡而苦。梓州(州治在今四川三台)离长安一千八百余里,以唐代疆域之辽阔而竟称"天涯",与其说是地理上的,不如说是心理上的。李商隐是在仕途抑塞、妻子去世的情况下来到梓州的。独居异乡,寄迹幕府,已自感到孤子苦闷,想不到竟一住数年,意绪之无聊郁闷更可想而知。"定定住天涯",就是这个痛苦灵魂的心声。定定,犹"死死地"、"牢牢地",诗人感到自己竟像是永远地被钉死在这异乡的土地上了。这里,有强烈的苦闷,有难以名状的厌烦,也有无可奈何的悲哀。

为思乡之情、留滞之悲所苦的诗人,精神上不能不寻找慰藉,于是转出第二句"依依向物华",物华,指眼前美好的春天景物。依依,形容面对美好春色时亲切留连的意绪。诗人在百花争艳的春色面前似乎暂时得到了安慰,从内心深处升起一种对美好事物无限依恋的柔情。这两句,感情似乎截然相反,实际上"依依向物华"之情即因"定定住天涯"而生,两种相反的感情却是相通的。

"寒梅最堪恨,长作去年花"两句,诗境又出现更大的转折。面对姹紫嫣红的"物华",诗人不禁想到了梅花。它先春而开,到百花盛开时,却早花凋香尽,诗人遗憾之余,便不免对它怨恨起来了。由"向物华"而忆梅,这是一层曲折;由忆梅而恨梅,这又是一层曲折。"恨"正是"忆"的发展与深化,正像深切期待的失望会转化为怨恨一样。

但这只是一般人的心理,对于李商隐来说,却有更内在的原因。"寒梅"先春而开、望春而凋的特点,使诗人很自然地联想到自己:少年早慧,文名早著,科第早登;然而紧接着便是一系列不幸和打击,到入川以后,已经是意绪颇为颓唐了。这早秀先凋,不能与百花共享春天温暖的"寒梅",正是诗人自己的写照。诗写到这里,黯然而收,透出一种不言而神伤的情调。

五言绝句,贵浑然天成,一意贯串,忌刻意雕镂,枝蔓曲折。但此诗却并不给人以散漫破碎、雕琢伤真之感,关键在于层层转折都离不开诗人沉沦羁泊的身世。这样,才能潜气内转,在曲折中见浑成,在繁多中见统一,达到有神无迹的境界。

# 乐 游 原

向晚意不适,驱车登古原。
夕阳无限好,只是近黄昏。

## 诗词大意

我在傍晚时分心情郁闷,于是驱车来到京都长安城东南的乐游原。只见夕阳放射出迷人的余晖,然而这一切美景将转瞬即逝,不久会被那夜幕所笼罩。

## 作品赏析

这是一首登高望远、即景抒情的诗。古原即乐游原,是长安附近的名胜,大唐盛世时的游览胜地。

"向晚意不适",描写心情上的一种百无

聊赖的感觉,白天过完了,心里有点不舒服,一种说不出理由的苦闷。

"驱车登古原",心里闷得慌,不舒服,怎么办呢?那就出去溜达溜达吧,也好疏解一下愁绪。于是诗人就驾车转到了这个当年人们喜欢来的旅游胜地——古原。

过去的繁华寻找不到了,眺望着广阔的郊外大平原之上,眼里看到的是红彤彤的晚霞、灿烂的夕阳,非常的美丽,觉得真是"无限好"。

夕阳能无限好吗?无限,是诗人的向往,也是理想,希望这个"好"是无限的。夕阳的确很美,也非常灿烂,但终归是快要入夜的时刻,接下来就是黑暗了。诗人非常明白这个理儿,所以下一句才有了"夕阳无限好,只是近黄昏"之句。

再好的生命,在其没落之时,华丽都只是虚幻的。李商隐是伟大的诗人,他没有讲自己的命运,而是描写出了一个大时代的结束。

诗人的心情是无奈的,一个繁华盛世的没落,作为个人,是无力回天的,诗人觉得哀伤,对其怀有一种深深的眷恋和惋惜。

# 春　　雨

怅卧新春白袷衣,白门寥落意多违。
红楼隔雨相望冷,珠箔飘灯独自归。
远路应悲春晼晚,残宵犹得梦依稀。
玉珰缄札何由达?万里云罗一雁飞。

## 诗词大意

新春时节穿着一件夹衣,怅然而卧,白门寂寞,有很多不如意的事。隔着雨凝视着那座红楼,感到孤寒凄冷,在珠帘般的细雨和飘摇的灯光中独自回来。遥远的路途上应该悲伤春天将要过去,在残宵的梦中还依稀可以与你相见。玉珰和书信怎么样才可以送给你?万里阴云下只有一只大雁飞过。

## 作品赏析

这是一首情诗。春雨潇潇,情丝缭绕。春雨中望着对方居住过的红楼,对伊人思念之情宛若雨丝,飘飘袅袅,而引发出许多怀思的情愫,有追思、有梦境、有挚情、有画意,极尽情思之苦,最后连情书都无法寄出,更可知这种思念的无奈而又无尽。

这首诗是借助飘洒迷蒙的春雨,抒发怅念远方恋人的情绪。开头先点明时令,再写旧地重寻之凄怆,继而写隔雨望楼,寻访落空之迷茫,终而只有相思相梦,缄札寄情。一步紧逼一步,怅念之情恰似雨丝不绝如缕。诗的意境、感情、色调、气氛都是十分清晰明丽,优美动人的。红楼隔雨与珠箔飘灯二句,简直是一幅色彩明丽的图画。

# 无题二首（其一）

昨夜星辰昨夜风，画楼西畔桂堂东。
身无彩凤双飞翼，心有灵犀一点通。
隔座送钩春酒暖，分曹射覆蜡灯红。
嗟余听鼓应官去，走马兰台类转蓬。

## 诗词大意

还记得昨夜星辰满天，好风吹动，你我相会于画楼的西畔、桂堂的东侧。我俩虽不似彩凤拥有翩然飞舞的双翅，但我们的心却如灵犀一般息息相通。我们隔座而坐，一起玩藏钩的游戏，罚喝暖融融的春酒，我们分属两队，在红红的烛火下，猜谜射覆。可恨那晨鼓响起，让我不得不去官府中点卯应差；骑马到兰台，行色匆匆，就好像飘荡不定的蓬草。

## 作品赏析

首联以曲折的笔墨写昨夜的欢聚。"昨夜星辰昨夜风"是时间：夜幕低垂，星光闪烁，凉风习习。一个春风沉醉的夜晚，萦绕着宁静浪漫的温馨气息。句中两个"昨夜"自对，回环往复，语气舒缓，有回肠荡气之概。"画楼西畔桂堂东"是地点：精美画楼的西畔，桂木厅堂的东边。诗人甚至没有写出明确的地点，仅以周围的环境来烘托。在这样美妙的时刻、旖旎的环境中发生了什么故事？诗人只是独自在心中回味，我们则不由自主为诗中展示的风情打动了。

颔联写今日的相思。诗人已与意中人分处两地，"身无彩凤双飞翼"写怀想之切、相思之苦：恨自己身上没有五彩凤凰一样的双翅，可以飞到爱人身边。"心有灵犀一点通"写相知之深：彼此的心意却像灵异的犀牛角一样，息息相通。"身无"与"心有"，一外一内，一悲一喜，矛盾而奇妙地统一在一体，痛苦中有甜蜜，寂寞中有期待，相思的苦恼与心心相印的欣慰融合在一起，将那种深深相爱而又不能长相厮守的恋人的复杂微妙的心态刻画得细致入微、惟妙惟肖。此联两句成为千古名句。

颈联"隔座送钩春酒暖，分曹射覆蜡灯红"是写宴会上的热闹。这应该是诗人与佳人都参加过的一个聚会。宴席上，人们玩着隔座送钩、分组射覆的游戏，觥筹交错，灯红酒暖，其乐融融。昨日的欢声笑语还在耳畔回响，今日的宴席或许还在继续，但已经没有了诗人的身影。宴席的热烈衬托出诗人的寂寥，颇有"热闹是他们的，而我什么也没有"的凄凉。

尾联"嗟余听鼓应官去，走马兰台类转蓬"，写人在江湖身不由己的无奈：可叹我听到更鼓报晓之声就要去当差，在秘书省进进出出，好像蓬草随风飘舞。这句话应是解释离开佳人的原因，同时流露出对所任差事的厌倦，暗含身世飘零的感慨。

全诗以心理活动为出发点，诗人的感受

细腻而真切,将一段可意会不可言传的情感描绘得扑朔迷离而又入木三分。

# 无题(相见时难)

相见时难别亦难,东风无力百花残。
春蚕到死丝方尽,蜡炬成灰泪始干。
晓镜但愁云鬓改,夜吟应觉月光寒。
蓬莱此去无多路,青鸟殷勤为探看。

## 诗词大意

聚首多么不易,离别更是难舍难分;暮春作别,恰似东风力尽百花凋残。春蚕至死,它才把所有的丝儿吐尽;红烛自焚殆尽,满腔热泪方才干涸。清晨对镜晓妆,唯恐如云双鬓改色;夜阑对月自吟,该会觉得太过凄惨。蓬莱仙境距离这里没有多少路程,殷勤的青鸟信使,多劳您为我探看。

## 作品赏析

这首诗以女性的口吻抒写爱情心理,在悲伤、痛苦之中,寓有灼热的渴望和坚忍的执着精神,感情境界深微绵邈,极为丰富。

开头两句写爱情的不幸遭遇和抒情主人公的心境:由于受到某种力量的阻隔,一对情人已经难以相会,分离的痛苦使她不堪忍受。首句的"别"字,不是说当下正在话别,而是指既成的被迫分离。两个"难"字,第一个指相会困难,第二个是痛苦难堪的意思。表明因为"相见时难"所以"别亦难"——难以割舍、痛苦得难以禁受。

暮春时节,东风无力,百花纷谢,美好的春光即将逝去,人力对此是无可奈何的,而自己的境遇之不幸和心灵的创痛,也同眼前这随着春天的流逝而凋残的花朵一样,因为美的事物受到摧残,岂不令人兴起无穷的怅惘与惋惜!"东风无力百花残"一句,既写自然环境,也是抒情者心境的反映,物我交融,心灵与自然取得了精微的契合。

"春蚕到死丝方尽"中的"丝"字与"思"谐音,全句是说,自己对于对方的思念,如同春蚕吐丝,到死方休。"蜡炬成灰泪始干"是比喻自己为不能相聚而痛苦,无尽无休,仿佛蜡泪直到蜡烛烧成了灰方始流尽一样。思念不止,表现着眷恋之深,但是终其一生都将处于思念中,却又表明相会无期,前途是无望的,因此,自己的痛苦也将终生以随。可是,虽然前途无望,她却至死靡它,一辈子都要眷恋着;尽管痛苦,也只有忍受。

以上四句着重揭示内心的感情活动,使难以言说的复杂感情具体化,写得很精彩。五六句转入写外向的意念活动。上句写自己,次句想象对方。"云鬓改"是说自己因为痛苦的折磨,夜晚辗转不能成眠,以至于鬓发脱落,容颜憔悴。"夜吟"句是推己及人,想象对方和自己一样痛苦。她揣想对方大概也将夜不成寐,常常吟诗遣怀,但是愁怀深重,无从排遣,所以越发感到环境凄清,月光寒冷,心情也随之更趋暗淡。

想象越具体,思念越深切,便越会燃起会面的渴望。既然会面无望,于是只好请使者为自己殷勤致意,替自己去看望他。这就是结尾两句的内容。诗词中常以仙侣比喻情侣,青鸟是一位女性仙人西王母的使者,蓬山是神话传说中的一座仙山,所以这里即以蓬山用为对方居处的象征,而以青鸟作为抒情主人公的使者出现。这个寄希望于使者的结尾,并没有改变"相见时难"的痛苦境遇,不过是无望中的希望,前途依旧渺茫。诗已经结束了,抒情主人公的痛苦与追求还将继续下去。

就诗而论,这是一首表示两情至死不渝的爱情诗。然而历来颇多认为或许有人事关系上的隐托。起句两个难字,点出了聚首不易,别离更难之情,感情绵邈,语言多姿,落笔非凡。颔联以春蚕、蜡炬作比,十分精彩,既缠绵沉痛,又坚贞不渝。接着颈联写晓妆对镜,抚鬓自伤,是自计;夜夜苦吟,月光披寒,是计人。相劝自我珍重,善加护惜,却又苦情密意,体贴入微,可谓千回百转,神情宛婉。最终末联写希望信使频传佳音,意致婉曲,柳暗花明,真是终境逢生,别有洞天。

## 隋宫(紫泉宫殿)

紫泉宫殿锁烟霞,欲取芜城作帝家。
玉玺不缘归日角,锦帆应是到天涯。
于今腐草无萤火,终古垂杨有暮鸦。
地下若逢陈后主,岂宜重问《后庭花》?

### 诗词大意

长安城闻名的隋宫,在烟霞中锁闭;却想把遥远的扬州,作为帝业基地。若不因天命,玉玺归龙凤之姿李渊;隋炀帝的锦缎龙舟早该驶遍天际。如今腐草中,萤火虫早就绝了踪迹;隋堤上的杨柳枝唯有暮鸦的聒啼。炀帝荒淫而亡国,黄泉若遇陈后主,岂敢把亡国名曲《后庭花》,重新提起?

### 作品赏析

这也是一首咏史吊古诗,内容虽是歌咏隋宫,其实乃讽刺炀帝的荒淫亡国。

首联点题,写长安宫殿空锁烟霞之中,隋炀帝却一味贪图享受,欲取江都作为帝家。颔联却不写江都作帝家之事,而宕开一笔,写假如不是因为皇帝玉玺落到了李渊的手中,炀帝是不会以游江都为满足,龙舟可能游遍天下的。颈联写了炀帝的两个逸游的事实。一是他曾在洛阳景华宫征求萤火数斛,夜出游山放之,光遍岩谷;在江都也修了放萤院,放萤取乐。二是开运河,诏民献柳一株,赏绢一匹,堤岸遍布杨柳。作者巧妙地用了于今无和终古有,暗示萤火虫当日有,暮鸦昔时无,渲染了亡国后凄凉景象。尾联活用杨广与陈叔宝梦中相遇的典故,以假设反诘的语气,揭示了荒淫亡国的主题。陈是历史上以荒淫亡国而著称的君主,他降隋后,与太子杨广很熟。后来杨广游江都时,梦中与死去的陈叔宝及其宠妃张丽华相遇,请张舞了一曲《玉树后庭花》。此曲是陈所为,反映了宫廷生活的淫靡,被后人斥为亡国之音。诗人在这里提到它,其用意是指炀帝重蹈陈后主覆辙,结果身死国灭,为天下笑。

全诗采用比兴手法,写得灵活含蓄,色彩鲜明,音节铿锵。

## 蝉

本以高难饱,徒劳恨费声。
五更疏欲断,一树碧无情。
薄宦梗犹泛,故园芜已平。
烦君最相警,我亦举家清。

### 诗词大意

你栖息在树的高枝上,餐风饮露,本来就难以饱腹,何必哀婉地发出恨怨之声?这一切其实都是徒劳的。由于彻夜鸣叫,到五更时已精疲力竭,可是那碧树依然如故,毫无表情。我官职卑微,像桃木偶那样四处漂泊,而故乡的田园却已荒芜。烦请你用鸣叫之声给我敲响警钟,我的家境同样贫寒而又凄清。

### 作品赏析

"本以高难饱,徒劳恨费声",首句闻蝉鸣而起兴。蝉在高树吸风饮露,所以"难饱",这又与作者身世感受暗合。由"难饱"而引出"声"来,所以哀中又有"恨"。但这样的鸣声是白费,是徒劳,因为不能使它摆脱难饱的困境。这是说,作者由于为人清高,所以生活清贫,虽然向有力者陈情,希望得到他们的帮助,最终却是徒劳的。

接着,从"恨费声"里引出"五更疏欲断",蝉的鸣声到五更天亮时,已经稀疏得快要断绝了,可是一树的叶子还是那样碧绿,并不为它的"疏欲断"而悲伤憔悴,显得那样冷酷无情。这里接触到咏物诗的另一特色,即无理得妙。蝉声的疏欲断,与树叶的绿和碧两者本无关涉,可是作者却怪树的无动于衷。就蝉说,责怪树的无情是无理;就寄托身世遭遇说,责怪有力者本可以依托荫庇而却无情,是有理的。咏物诗既以抒情为主,所以这种无理在抒情上就成了有理了。

接下去来一个转折,抛开咏蝉,转到自己身上。"薄宦梗犹泛,故园芜已平。"作者在各地当幕僚,是个小官,所以称薄宦。经常在各地流转,好像大水中的木偶到处漂流。这种不安定的生活,使他怀念家乡。"田园将芜胡不归",更何况家乡田园里的杂草和野地里的杂草已经连成一片了,作者思归就更加迫切。

末联"烦君最相警,我亦举家清",又回到咏蝉上来,用拟人法写蝉。蝉的难饱正与我也举家清贫相应;蝉的鸣叫声,又提醒我这个与蝉境遇相似的小官,想到"故园芜已平",不免勾起赋归之念。"君"与"我"对举,把咏物和抒情密切结合,而又呼应开头,首尾圆合。

咏物诗,贵在"体物为妙,功在密附"。这首咏蝉诗,"传神空际,超超玄着",被朱彝尊誉为"咏物最上乘"。

# 代赠二首(其一)

楼上黄昏欲望休,玉梯横绝月如钩。
芭蕉不展丁香结,同向春风各自愁。

## 诗词大意

渴望见到心上人,情不自禁地要上楼眺望;突然想到他不能前来,于是停下了脚步。抬头望月,新月如钩。低头近观,只见芭蕉树的蕉心还未舒展,丁香树上尽是缄结不开的花蕾;它们共同对着黄昏时清冷的春风,各自含愁不解。

## 作品赏析

这是一首描写女子思念情人的诗作,诗中的女子,深居高楼,黄昏时分,她因百无聊赖而思念起情人来了。对其思念越浓,就越渴望和他想见,恨不得他立刻出现在楼前,她按捺不住自己焦急的心情,走到楼头前,想去眺望远处,看看他来了没有。可是又蓦然想到他必定来不了,他怎么知道自己在思念他呢?就算知道又如何能这么快就来到跟前呢?她只得止步,折回楼内,欲望还休,欲见而无法相见,这种复杂的心情折磨得她坐立难安,满楼徘徊。此句把女子复杂矛盾的心理和孤寂无聊的失望情态完全表现了出来。

"楼上黄昏欲望休,玉梯横绝月如钩。""楼上黄昏"点明时间是薄暮时分,地点是在高楼之上。在中国古代诗词作品里,这样的环境有很强的暗示性,往往用来点染离愁与相思。如李白的"暝色入高楼,有人楼上愁"就是在这样一种意境中展开的。主人公在黄昏时分登上高楼,想凭栏远眺,最终却凄然作罢。"欲望休"一本作"望欲休"。"休",即停止、罢休之意。为什么欲望还休呢?答案隐藏在下一句里。

"玉梯",楼梯、阶梯的美称。"横绝",即横渡。南朝诗人江淹《倡妇自悲赋》写汉宫佳人失宠独居,有"青苔积兮银阁涩,网罗生兮玉梯虚"之句。"玉梯虚"是说玉梯虚设,无人来登。此诗的"玉梯横绝",是说玉梯横断,无由得上,喻指情人被阻,不能来此相会。原来,主人公渴望见到心上人,情不自禁地要上楼眺望;突然想到他不能前来,于是停下了脚步。唉,不望也罢,免得再添一段新愁。就在这迟疑进退间,天上一弯新月洒下淡淡的清辉,将她的无限思念与失望投射在孤寂的身影中。"月如钩",一作"月中钩",不仅烘托了环境的寂寞与凄清,还有象征意义:月儿的缺而不圆,就像是一对情人的不得会合。

"芭蕉不展丁香结,同向春风各自愁。"愁人眼里无春色,抬头望月,新月如钩。低头近观,只见芭蕉树的蕉心还未舒展,丁香树上尽是缄结不开的花蕾;它们共同对着黄昏时清冷的春风,各自含愁不解。这既是主人公眼前实景的描绘,同时又是借物写人,以芭蕉喻情人,以丁香喻女子自己,隐喻二人异地同心,都在为不得与对方相会而愁苦。

芭蕉未展、丁香未开本是客观的自然景物,无所谓愁,但在主人公眼里却是满目哀愁。这是因为心中有愁,所以蕉叶难以舒展;满腹是恨,故而花瓣怨结难开。人之愁极,故而触目伤情,而触目之悲更添离人之恨。这两句诗移情入景,借景写情,设喻精巧,融比兴象征为一体。

诗人用不展的芭蕉和固结的丁香来比喻愁绪,不仅使得抽象的情感变得可见可感、具体形象,更使得这种比况具有某种象征的意味。不展的芭蕉与固结的丁香,不仅是主人公愁绪的触发物;作为诗歌的意象,又成为其愁思的载体和象征。

# 苏　轼

## 作者简介

苏轼(1036—1101),字子瞻,号东坡居士,宋代著名的文学家、书画家。与其父苏洵、其弟苏辙皆以文学名世,世称"三苏"。他们父子三人同属"唐宋八大家"之列,在诗、文、词乃至书画等诸方面造诣极高。作品收录在《东坡七集》、《东坡乐府》等书中。他的词题材新、形式新、风格新,词风雄壮豪迈,是豪放派的代表词人。

## 课文回顾

《赠刘景文》是二年级上册(人教版)语文课本中的一首诗,是苏轼赠别好友写下的。诗人通过对秋末冬初景象的描写,是用来比喻人到壮年,虽已青春流逝,但也是人生成熟、大有作为的黄金阶段,以此勉励朋友珍惜这大好时光,乐观向上、努力不懈,切不要意志消沉。

# 赠刘景文

荷尽已无擎雨盖,菊残犹有傲霜枝。
一年好景君须记,最是橙黄橘绿时。

### 诗词大意

荷叶败尽,像一把遮雨的伞似的叶子和根茎上再也不像夏天那样亭亭玉立;菊花也已枯萎,但那傲霜挺拔的菊枝在寒风中依然显得生机勃勃。别以为一年的好景将尽,你必须记住,最美景是在初冬橙黄橘绿的时节啊!

### 作品赏析

这首诗是诗人写赠给好友的。诗的前两句写景,抓住"荷尽"、"菊残",描绘出秋末冬初的萧瑟景象。"已无"与"犹有"形成强烈对比,突出菊花傲霜斗寒的形象。后两句议景,揭示赠诗的目的。说明冬景虽然萧瑟冷落,但也有硕果累累、成熟丰收的一面,而这一点恰恰是其他季节无法相比的。诗人这样写,是用来比喻人到壮年,虽已青春流逝,但也是人生成熟、大有作为的黄金阶段,勉励朋友珍惜这大好时光,乐观向上、努力不懈,切不要意志消沉、妄自菲薄。

苏轼的《赠刘景文》,是在元祐五年(1090)在杭州任知州时作的。此诗咏初冬景致,"曲尽其妙"。诗虽为赠刘景文而作,所咏却是初冬景物,了无一字涉及刘氏本人。这似乎不是题中应有之义,但实际上,作者的高明之处正在于将对刘氏品格和节操的称颂,不着痕迹地糅合在对初冬景物的描写中。因为在作者看来,一年中最美好的风光,莫过于橙黄橘绿的初冬景色。而橘树和松柏一样,是最足以代表人的高尚品格和坚贞的节操的。

### 拓展阅读

# 中 秋 月

暮云收尽溢清寒,银汉无声转玉盘。
此生此夜不长好,明月明年何处看。

### 诗词大意

夜幕降临,云气收尽,天地间充满了寒气,银河流泻无声,皎洁的月儿转到了天空,就像玉盘那样洁白晶莹。我这一生中每逢中秋之夜,月光多为风云遮挡,很少碰到像今天这样的美景,真是难得啊!可明年的中秋,我又会到何处观赏月亮呢?

### 作品赏析

这首小诗,题为"中秋月",自然是写"人好月圆"的喜悦,但也涉及别情。记述的是作者与其胞弟苏辙久别重逢,共赏中秋月的赏心乐事,同时也抒发了聚后不久又得分手的哀伤与感慨。

这首诗从月色的美好写到"人月圆"的愉快,又从今年此夜推想明年中秋,归结到别情。形象集中,境界高远,语言清丽,意味深长。

前两句状物,首句言月到中秋分外明之意,但并不直接从月光下笔,而从"暮云"说起,用笔富于波折。明月先被云遮,一旦"暮云收尽",转觉清光更多。句中并无"月光"、"如水"等字面,而"溢"、"清寒",都深得月光如水的神趣,全是积水空明的感觉。月明星稀,银河也显得非常淡远。"银汉无声"并不只是简单的写实,它似乎说银河本来应该有声的,但由于遥远,也就"无声"了,天宇空阔的感觉便由此传出。今宵明月显得格外圆,恰如一面"白玉盘"似的。此用"玉盘"的比喻写出月儿冰清玉洁的美感,而"转"字不但赋予它神奇的动感,而且暗示它的圆。两句并没有写赏月的人,但全是赏心悦目之意,而人自在其中。

后两句抒情,明月团圆,更值兄弟团聚,难怪词人要赞叹"此生此夜"之"好"了。从这层意思说,"此生此夜不长好"大有佳会难得,当尽情游乐,不负今宵之意。

不过,恰如明月是暂满还亏一样,人生也是会难别易的。兄弟分离在即,又不能不令诗人慨叹"此生此夜"之短。从这层意思说,"此生此夜不长好"又直接引出末句的别情。说"明月明年何处看",当然含有"未必明年此会同"的意思,是抒"离忧"。同时,"何处看"不仅就对方发问,也是对自己发问,实寓行踪萍寄之感。"不长好"、"何处看"一否定一疑问作唱答,便产生出悠悠不尽的情韵。诗人展望明年中秋的情景,巧妙抒发了人生无常的感慨,给读者留下了悠长的回味。

在这首诗中,作者把群星比喻成流动的河流,突出了星空静谧、变幻的特点,把月亮比喻成"玉盘",突出了月亮圆而明亮的特点,流露出作者对中秋之月的喜爱之情。精当的比喻显示了诗人丰富的想象力。

# 花　　影

重重叠叠上瑶台,几度呼童扫不开。
刚被太阳收拾去,却教明月送将来。

### 诗词大意

亭台上的花影一层又一层,几次叫童儿去打扫,可是花影怎么能扫走呢?傍晚太阳下山时,花影刚刚隐退,可是月亮升起来,花影又重重叠叠出现了。

### 作品赏析

这是一首咏物诗,诗人借吟咏花影,抒发了自己想要有所作为,却又无可奈何的心情。

这首诗自始至终着眼于一个"变"字,写影的变化中表现出光的变化,写光的变化中表现出影的变化。第一句中"上瑶台",这是写影的动,隐含着光的动。第二句"扫不开"写影的不动,间接地表现了光的不动。光不动影亦不动,所以凭你横竖扫总是"扫不开"的。三四两句,一"收"一"送"是写光的变化,由此引出一"去"一"来"影的变化。花影本是静态的,诗人抓住了光与影的相互关系,着力表现了花影动与静、去与来的变化,从而使诗作具有了起伏跌宕的动态美。

在诗人的想象中,花影不只是日光和月光照耀的结果,而是太阳和月亮有意为之,它们两者是一对密切合作的伙伴,轮番照在鲜花上,把美丽的花影留在人间。这种想象展现给读者一个美妙的神话世界,使本诗趣味益然。

写光的变化,写花影的变化,有人认为诗人归根到底是为了传达内心的感情变化。"上瑶台"比喻小人在高位当权;"扫不开"比喻正直之臣屡次上书揭露也无济于事;三四两句以太阳刚落,花影消失,明月东升,花影重映,比喻小人暂时销声匿迹,但最终仍然出现在政治舞台上。从诗人一生仕途坎坷,政治失意的情况来分析,此诗表现了诗人鄙视群小、痛恨官场腐败的感情。

## 海 棠

东风嫋嫋泛崇光,香雾空濛月转廊。
只恐夜深花睡去,故烧高烛照红妆。

### 诗词大意

在淡淡的月光下,春风轻轻的,花香弥漫的雾气中,月亮在不经意中转过了厅廊。恐怕夜深时分花儿就凋谢了,于是我燃起高高的烛火以观赏这海棠花的娇艳风姿。

### 作品赏析

这首诗写的是苏轼在花开时节与友人赏花时的所见。当时正是苏轼被贬黄州(今湖北黄冈)期间。

前两句写环境,后两句写爱花心事。首句写白天的海棠,"泛崇光"指海棠的高洁美丽。第二句写夜间的海棠,作者创造了一个散发着香味、空空蒙蒙的、带着几分迷幻的境界,略显幽寂,与海棠自甘寂寞的性格相合。后两句用典故,深夜作者恐怕花睡去,不仅是把花比作人,也是把人比作花,为花着想,十分感人,表明了作者是一个性情中人。作者要烧红烛陪伴、呵护海棠,另一方面创造了一种气氛,让海棠振作精神,不致睡去,极富浪漫色彩。

"只恐夜深花睡去",这一句是全诗的关键句。此句转折一笔,写赏花者的心态。当月华再也照不到海棠的芳容时,诗人顿生满心怜意:海棠如此芳华灿烂,怎忍心让她独自栖身于昏昧幽暗之中呢?这蓄积了一季的努力而悄然盛放的花儿,居然无人欣赏,岂不让她太伤心失望了吗?夜阑人静、孤寂满怀的"我",自然无法成眠;花儿孤寂、冷清得想睡去,那"我"如何独自打发这漫漫长夜?不行,能够倾听花开的声音的,只有"我";能够陪"我"永夜心灵散步的,只有这寂寞的海棠!一个"恐"写出了"我"不堪孤独寂寞的煎熬而生出的担忧、惊怯之情,也暗藏了"我"欲与花共度良宵的执着。一个"只"字极化了爱花人的痴情,现在他满心里只有这花儿璀璨的笑靥,其余的种种不快都可暂且一笔勾销了:这是一种"忘我"、"无我"的超然境界。

末句更进一层,将爱花的感情提升到一个极点。"故"照应上文的"只恐"二字,含有特意而为的意思,表现了诗人对海棠的情有独钟。此句运用唐玄宗以杨贵妃醉貌为"海棠睡未足"的典故,转而以花喻人,点化入咏,浑然无迹。"烧高烛"遥承上文的"月转廊",这是一处精彩的对比,月光似乎也太忌妒于这怒放的海棠的明艳了,那般刻薄寡恩,不肯给她一方展现姿色的舞台;那就让"我"用高烧的红烛,为她驱除这长夜的黑暗吧!此处隐约可见诗人的侠义与厚道。"照红妆"呼应前句的"花睡去"三字,极写海棠的娇艳妩媚。"烧"、"照"两字表面上都写"我"对花的喜爱与呵护,其实也不禁流露出些许贬居生活的郁郁寡欢,诗人想在赏花时获得对痛苦的超脱,哪怕这只是片刻的超脱也好。

## 惠崇春江晚景二首(其一)

竹外桃花三两枝,春江水暖鸭先知。
蒌蒿满地芦芽短,正是河豚欲上时。

### 诗词大意

竹林外两三枝桃花初放,鸭子在水中游戏,它们最先察觉了初春江水的回暖。河滩上已经满是蒌蒿,芦笋也开始抽芽,这些可都是烹调河豚的好佐料,而河豚此时正要逆流而上,从大海回游到江河里来了。

### 作品赏析

这首诗是苏轼题在宋代画家惠崇和尚的一幅画作上的。这首题画诗既保留了画面的形象美,也发挥了诗的长处。诗人用他饶有风味、虚实相间的笔墨,将原画所描绘的春色展现得那样令人神往。在根据画面进行描写的同时,苏轼又有新的构思,从而使得画中的优美形象更富有诗的感情和引人入胜的意境。

诗人先从身边写起:初春,大地复苏,竹林已被新叶染成一片嫩绿,更引人注目的是桃树上也已绽开了三两枝早开的桃花,色彩鲜明,向人们报告春的信息。

然后,诗人由江中写到江岸,更细致地观察描写初春景象:由于得到了春江水的滋润,满地的蒌蒿长出新枝了,芦芽儿吐尖了;这一切无不显示了春天的活力,惹人怜爱。诗人进而联想到,这正是河豚肥美上市的时节,引人更广阔地遐想。全诗洋溢着一股浓厚而清新的生活气息。

## 题 西 林 壁

横看成岭侧成峰,远近高低各不同。
不识庐山真面目,只缘身在此山中。

### 诗词大意

从正面看庐山、从侧面看庐山,山岭连绵起伏、山峰耸立,从远处、近处、高处、低处看庐山,庐山呈现各种不同的样子。我之所以认不清庐山真正的面目,是因为我人处在庐山之中。

### 作品赏析

苏轼由黄州贬赴汝州任团练副使时经过九江,游览庐山。瑰丽的山水触发逸兴壮思,于是写下了若干首庐山记游诗。这是其中之一。

开头两句,实写游山所见。庐山是座丘壑纵横、峰峦起伏的大山,游人所处的位置不同,看到的景物也各不相同。这两句概括而形象地写出了移步换形、千姿万态的庐山风景。

后两句,是即景说理,谈游山的体会。为什么不能辨认庐山的真实面目呢?因为身在庐山之中,视野为庐山的峰峦所局限,看到的只是庐山的一峰一岭一丘一壑,局部而已,这必然带有片面性。游山所见如此,观察世上事物也常如此。这两句诗有着丰富的内涵,它启迪人们认识为人处世的一个哲理——由于人们所处的地位不同,看问题的出发点不同,对客观事物的认识难免有一定的片面性;

要认识事物的真相与全貌,必须超越狭小的范围,摆脱主观成见。

　　这是一首哲理诗,但诗人不是抽象地发议论,而是紧紧扣住游山谈出自己独特的感受,借助庐山的形象,用通俗的语言深入浅出地表达哲理,故而亲切自然。寓意十分深刻,但所用的语言却异常浅显。

## 饮湖上初晴后雨(其二)

　　水光潋滟晴方好,山色空濛雨亦奇。
　　若把西湖比西子,淡妆浓抹总相宜。

### 诗词大意

　　水波荡漾的晴天,景色真好,烟雨迷茫的雨天景色更加奇特。如果把西湖比作西施,不论她是淡雅的装束,还是浓艳的打扮,都是一样光彩照人。

### 作品赏析

　　这是一首赞美西湖美景的诗,写于诗人任杭州通判期间。

　　首句"水光潋滟晴方好"描写西湖晴天的水光:在灿烂的阳光照耀下,西湖水波荡漾,波光闪闪,十分美丽。次句"山色空蒙雨亦奇"描写雨天的山色:在雨幕笼罩下,西湖周围的群山,迷迷茫茫,若有若无,非常奇妙。从题目可以得知,这一天诗人在西湖游宴,起初阳光明丽,后来下起了雨。

　　"欲把西湖比西子,浓妆淡抹总相宜"两句,诗人用一个奇妙而又贴切的比喻,写出了西湖的神韵。诗人之所以拿西施来比西湖,不仅是因为二者同在越地,同有一个"西"字,同样具有婀娜多姿的阴柔之美,更主要的是她们都具有天然美的姿质,不用借助外物,不必依靠人为的修饰,随时都能展现美的风致。西施无论浓施粉黛还是淡描娥眉,总是风姿绰约;西湖不管晴姿雨态还是花朝月夕,都美妙无比,令人神往。这个比喻得到后世的公认,从此,"西子湖"就成了西湖的别称。

　　这首诗概括性很强,它不是描写西湖的一处之景、一时之景,而是对西湖美景的全面评价。这首诗的流传,使西湖的景色增添了光彩,也表达了作者对西湖的喜爱。

## 春　　夜

　　春宵一刻值千金,花有清香月有阴。
　　歌管楼亭声细细,秋千院落夜沉沉。

### 诗词大意

春天的夜晚,即便是极短的时间也十分珍贵。花儿散发着丝丝缕缕的清香,月光在花下投射出朦胧的阴影。楼台深处,富贵人家还在轻歌曼舞,那轻轻的歌声和管乐声还不时地弥散于醉人的夜色中。夜已经很深了,挂着秋千的庭院已是一片寂静。

### 作品赏析

开篇两句写春夜美景。春天的夜晚十分宝贵,花朵盛开,月色醉人。这两句不仅写出了夜景的清幽和夜色的宜人,更是在告诉人们光阴的宝贵。

后两句写的是官宦贵族阶层尽情享乐的情景。夜已经很深了,院落里一片沉寂,他们却还在楼台里尽情地享受着歌舞和管乐,对于他们来说,这样的良辰美景更显得珍贵。作者的描写不无讽刺意味。

全篇写得明白如画却又立意深沉。在冷静自然的描写中,含蓄委婉地透露出作者对醉生梦死、贪图享乐、不惜光阴的人的深深谴责。诗句华美而含蓄,耐人寻味。特别是"春宵一刻值千金",成了千古传诵的名句,人们常常用来形容良辰美景的短暂和宝贵。

## 蝶恋花·花褪残红青杏小

花褪残红青杏小。
燕子飞时,绿水人家绕。
枝上柳绵吹又少,天涯何处无芳草!

墙里秋千墙外道。
墙外行人,墙里佳人笑。
笑渐不闻声渐悄,多情却被无情恼。

### 诗词大意

春日将尽,百花凋零,杏树之上已长出了小小的青涩果实。不时还有燕子掠过天空,这里的清澈河流围绕着村落人家。眼见着柳枝上的柳絮被吹得越来越少,不久天涯到处又会再长满茂盛的芳草。

围墙之内,有一位少女正在荡着秋千,围墙之外的行人能听到少女动听的笑声。慢慢的,墙里笑声不再,行人惘然若失,仿佛自己的多情被少女的无情所伤害。

## 作品赏析

"花褪残红青杏小",既写了衰亡,也写了新生,残红褪尽,青杏初生,这本是自然界的新陈代谢,但让人感到几分悲凉。睹暮春景色,而抒伤春之情,是古诗词中常有之意,但东坡却从中超脱了。

"燕子飞时,绿水人家绕",作者把视线离开枝头,移向广阔的空间,心情也随之轩敞。燕子飞舞,绿水环抱着村上人家。春意盎然,一扫起句的悲凉。"燕子飞时"点明时间,与前后所写景色相符合。

"枝上柳绵吹又少",与起句"花褪残红青杏小",本应同属一组,写枝上柳絮已被吹得越来越少。但作者没有接连描写,用"燕子"二句穿插,伤感的调子中注入疏朗的气氛。絮飞花落,最易撩人愁绪。这一"又"字,表明词人看絮飞花落,非止一次。伤春之感,惜春之情,见于言外。这是地道的婉约风格。相传苏轼谪居惠州时曾命妾妇朝云歌此词。朝云歌喉将啭,却已泪满衣襟。

"墙里秋千墙外道",自然是指上面所说的那个"绿水人家"。由于绿水之内,环以高墙,所以墙外行人只能听到墙内荡秋千人的笑声,却见不到芳踪,所以说,"墙外行人,墙里佳人笑"。不难想象,此刻发出笑声的佳人正欢快地荡着秋千。这里用的是隐显手法。作者只写佳人的笑声,而把佳人的容貌与动作,则全部隐藏起来,让读者随行人一起去想象,想象一个墙里少女荡秋千的欢乐场面。可以说,一堵围墙,挡住了视线,却挡不住青春的美,也挡不住人们对青春美的向往。这种写法,可谓绝顶高明,用"隐"来激发想象,从而拓展了"显"的意境。

从"墙里秋千墙外道"直至结尾,词意流走,一气呵成。修辞上用的是"顶真格",即过片第二句的句首"墙外",紧接第一句句末的"墙外道",第四句句首的"笑",紧接前一句句末的"笑",滚滚向前,不可遏止。

而"多情却被无情恼",不仅写出了情与情的矛盾,也写出了情与理的矛盾。佳人洒下一片笑声,杳然而去;行人凝望秋千,空自多情。词人虽然写的是情,但其中也渗透着人生哲理。

江南暮春的景色中,作者借墙里、墙外、佳人、行人一个无情,一个多情的故事,寄寓了他的忧愤之情,也蕴含了他充满矛盾的人生悖论的思索。

# 江城子·密州出猎

老夫聊发少年狂,
左牵黄,右擎苍。
锦帽貂裘,千骑卷平冈。
为报倾城随太守,
亲射虎,看孙郎。

酒酣胸胆尚开张,

鬓微霜，又何妨？
持节云中，何日遣冯唐？
会挽雕弓如满月，
西北望，射天狼。

### 诗词大意

我姑且施展一下少年时打猎的豪情壮志，左手牵着黄犬，右臂托起苍鹰，戴着华美鲜艳的帽子，穿着貂皮做的衣服，带着上千骑的随从疾风般席卷平坦的山冈。为了报答满城的人跟随我出猎的盛情厚意，我要亲自射杀猛虎，就像昔日的孙权那样威猛。

我痛饮美酒，心胸开阔，胆气更为豪壮，鬓边白发有如微霜，这又有何妨？手持符节前往云中，什么时候皇帝会派人下来，就像汉文帝派遣冯唐去云中赦免魏尚的罪呢？我将使尽力气拉满雕弓就像满月一样，朝着弓矢西北瞄望，奋勇射杀西夏军队！

### 作品赏析

宋神宗熙宁八年（1075），东坡任密州知州，曾因旱去常山祈雨，归途中与同官梅户曹会猎于铁沟，写了这首出猎词。作者词中抒发了为国效力疆场、抗击侵略的雄心壮志和豪迈气概。

开篇"老夫聊发少年狂"，气概豪迈，一个"狂"字贯穿全篇。接下去的四句写出猎的雄壮场面，表现了猎者威武豪迈的气概：词人左手牵黄犬，右臂驾苍鹰，好一副出猎的雄姿！随从武士个个也是"锦帽貂裘"，打猎装束。千骑奔驰，腾空越野，好一幅壮观的出猎场面！为报全城士民盛意，词人也要像当年孙权射虎一样，一显身手。作者以少年英主孙权自比，更是显出东坡"狂"劲和豪兴来。

以上主要写"出猎"这一特殊场合下表现出来的词人举止神态之"狂"，下片更由实而虚，进一步写词人"少年狂"的胸怀，抒发由打猎激发起来的壮志豪情。"酒酣胸胆尚开张"，东坡为人本来就豪放不羁，再加上"酒酣"，就更加豪情洋溢了。

过片一句言词人酒酣之后，胸胆更豪，兴致益浓。此句以对内心世界的直抒，总结了上片对外观景象的描述。接下来，作者倾诉了自己的雄心壮志：年事虽高，鬓发虽白，却仍希望朝廷能像汉文帝派冯唐持节赦免魏尚一样，对自己委以重任，赴边疆抗敌。那时，他将挽弓如满月，狠狠抗击西夏和辽的侵扰。

词中写出猎之行，抒兴国安邦之志，拓展了词境，提高了词品，扩大了词的题材范围，为词的创作开创了崭新的道路。作品融叙事、言志、用典为一体，调动各种艺术手段形成豪放风格，多角度、多层次地从行动和心理上表现了作者宝刀未老、志在千里的英风与豪气。

## 水调歌头·明月几时有

（丙辰中秋,欢饮达旦,大醉,作此篇。兼怀子由。）

明月几时有?把酒问青天。
不知天上宫阙,今夕是何年。
我欲乘风归去,又恐琼楼玉宇,高处不胜寒。
起舞弄清影,何似在人间!

转朱阁,低绮户,照无眠。
不应有恨,何事长向别时圆?
人有悲欢离合,月有阴晴圆缺,此事古难全。
但愿人长久,千里共婵娟。

### 诗词大意

（丙辰年的中秋节,高兴得喝酒直到第二天早晨,喝到大醉,写了这首词。同时怀念弟弟子由。）

明月什么时候出现的?我端着酒杯问青天。不知道天上的神仙宫阙里,现在是什么年代了。我想乘着风回到天上,只怕玉石砌成的美丽月宫,在高空中经受不住寒冷。在浮想联翩中,对月起舞,清影随人,仿佛乘云御风,置身天上,哪里像在人间!

月亮转动,照遍了华美的楼阁,夜深时,月光又低低地透进雕花的门窗里,照着心事重重不能安眠的人。月亮既圆,便不应有恨了,但为什么常常要趁着人们离别的时候团圆呢?人的遭遇,有悲哀、有欢乐、有离别、也有团聚;月亮呢,也会遇到阴、晴、圆、缺;这种情况,自古以来如此,难得十全十美。只愿我们都健康和长在,虽然远离千里,却能共同欣赏这美丽的月色。

### 作品赏析

"明月几时有?把酒问青天",月亮是中国古代文化的重要原型之一,中国古代诗人对月亮的歌吟单从数量而言也是无与伦比的。然而天地间总是"风雨如晦,鸡鸣不已",真正能使观者感受到生命与自然相交融的那么一种和谐之美是可遇而不可求的。

"不知天上宫阙,今夕是何年?"在此是对上天的宫阙的疑惑。在古代,有着"天上一日,人间一年"的说法,因此,东坡以为,天上与人间必然有着不同的计算时间的方法。人间的光阴如白驹之过隙,而天上的则是缓慢的,这里暗寓一种对时间催人老这一自然现象的无可奈何的悲哀。

"我欲乘风归去,又恐琼楼玉宇,高处不胜寒。"此句是上面那种悲哀心情的很自然的转换。因为对人世间的时间以及自己的仕途是无可奈何的,因此想"乘风归去"。这里用了一个"归"字,是很有深意的。"高处不胜寒"是担心自己再也忍受不了那种纯净的寒冷。苏轼赋予这首词以非常丰富的意义。他对自己所生活的这个世界是有些厌倦的，他渴望上升到一个更纯净的高度。天上的"琼楼玉宇"虽然富丽堂皇、美好非凡，但那里高寒难耐，不可久居。词人故意找出天上的美中不足来坚定自己留在人间的决心。一正一反，表露出词人对人间生活的热爱。同时，这里依然在写中秋月景，读者可以体会到月亮的美好以及月光的寒气逼人。这一转折，写出词人既留恋人间又向往天上的矛盾心理。这种矛盾能够更深刻地说明词人留恋人世、热爱生活的思想感情，显示了词人开阔的心胸与超远的志向，因此为这首词带来一种旷达之风。

"起舞弄清影，何似在人间！"与其飞往高寒的月宫，还不如留在人间趁着月光起舞呢！"清影"是指月光之下自己清朗的身影。"起舞弄清影"，是与自己的清影为伴，一起舞蹈嬉戏的意思。"高处不胜寒"并非作者不愿归去的根本原因，"起舞弄清影，何似在人间"才是根本之所在。与其飞往高寒的月宫，还不如留在人间，在月光下起舞，最起码还可以与自己的清影为伴。这首词从幻想上天写起，写到这里又回到热爱人间的感情上来。从"我欲"到"又恐"至"何似"的心理转折开阖中，展示了苏轼情感的波澜起伏。他终于从幻觉回到现实，在出世与入世的矛盾纠葛中，入世思想最终占了上风。"何似在人间"是毫无疑问的肯定，雄健的笔力显示了情感的强烈。

"转朱阁，低绮户，照无眠。"连用三个动词，来描述月亮的运动。月亮升起来，转过朱阁，慢慢降落，月光延伸进窗户，照到床上无眠的人。"照无眠"有两种解释，月光照在人身上，而人还处在无眠状态。也可能是月光照到床上，却发现并无人在此睡觉。那人在何处呢？词人在这里把月亮拟人化了。仿佛月亮也是一个与他"心有灵犀"的朋友。

"不应有恨，何事长向别时圆"，因为上面已经把月亮当作自己的朋友，因此要跟她谈谈心，要向她表示最为亲切的问候，这句的意思是：月亮啊，你这高处也能胜寒的"别有天地非人间"的造物，难道还如我们这些渺小而可悲的人类一样有着什么遗恨吗？不，你是完美无缺的，不应该有遗恨的；但你又是因为什么缘故总是在人们离别的时候团圆呢？难道你就不能在人们团圆的时候团圆，离别的时候残缺吗？你为什么总是要跟我们不一致呢？我们人类离别的悲哀难道就一点也赢不到你的怜悯吗？

由"把酒问青天"到此处的问月，诗人的感情有了比较大的变化，他逐渐领悟到了什么，也可以说他听到了天外之音。"人有悲欢离合，月有阴晴圆缺，此事古难全。"这一句可以看成作者的领悟，也可以看成月亮的回答：月亮也不是完美无缺的，她也有着自己固有的悲痛，同人有"悲欢离合"一样，她也有着"阴晴圆缺"，这世界本身就不是完美的，每一件事物都处在自己固有的缺憾之中。明白了这一点，再怨天尤人又有什么意思呢？

最后"但愿人长久，千里共婵娟"，也就是"隔千里兮共明月"的意思。这个结局是自然而然地达到的，作者最终自然会达到这一高度。但这一高度却并不寒冷，它还是我们常人通过努力能够达到的。苏轼的旷达是一种生活化了的心境，他在人间，在自己的生活之中。这首词之所以广为流传，脍炙人口，其原因就在于此。

《水调歌头·明月几时有》是苏轼的宋词经典之作，这首词反映了作者复杂而又矛盾的思想感情。一方面，说明作者怀有远大的政治抱负，当时虽已41岁，并且身处远离京都的密州，政治上很不得意，但他对现实、对理想仍充满了信心；另一方面，由于政治失意，理想不能实现，才能不得施展，因而对现实产生一种强烈的不满,滋长了消极避世的思想感情。不过,贯穿始终的却是词中所表现出的那种热爱生活与积极向上的乐观精神。

# 陆　游

## 作者简介

陆游(1125—1210),字务观,号放翁,南宋越州山阴(今浙江绍兴)人,著名爱国诗人、著有《剑南诗稿》、《渭南文集》等数十个文集存世,今尚存诗作九千三百余首,是我国现有存诗最多的诗人。

## 课文回顾

《游山西村》是四年级上册(人教版)语文课本的一首记游诗,诗人以真挚的感情和明朗的笔调,生动描绘了优美的山村风光和古朴的农家习俗,充满浓郁的生活气息,流露出诗人对农村生活的热爱和赞美之情。其中"山重水复疑无路,柳暗花明又一村"一句更是成为传诵千古的经典名句。

## 游山西村

莫笑农家腊酒浑,丰年留客足鸡豚。
山重水复疑无路,柳暗花明又一村。
箫鼓追随春社近,衣冠简朴古风存。
从今若许闲乘月,拄杖无时夜叩门。

## 诗词大意

不要笑话农家的酒浑,丰收之年有丰足的佳肴款待客人。一重重山,又一道道水,疑惑无路可行间,忽见柳色浓绿,花色明丽,一个村庄出现在眼前。你吹着箫,我击着鼓,结队喜庆,春社祭日已临近,布衣素冠,简朴的古风依旧保存。如果从今日起允许乘着月光闲游,我这白发老翁也要随夜乘兴,拄着拐杖,敲开柴门。

## 作品赏析

这首诗描写了山西村古朴的民风,也表达了诗人的向往之情。

首联渲染出丰收之年农村一片宁静、欢悦的气象。腊酒,指腊月酿制的酒。豚,是猪。足鸡豚,意谓鸡猪足。这两句是说农家酒味虽薄,而待客情意却十分深厚。一个"足"字,表达了农家款客尽其所有的盛情。"莫笑"二字,道出了诗人对农村淳朴民风的赞赏。

次联写山间水畔的景色,写景中寓含哲理,千百年来广泛被人引用。"山重水复疑无路,柳暗花明又一村。"读了如此流畅绚丽、开朗明快的诗句,仿佛可以看到诗人在青翠可掬的山峦间漫步,清碧的山泉在曲折溪流中汩汩穿行,草木愈见浓茂,蜿蜒的山径也愈益依稀难认。正在迷惘之际,突然看见前面花明柳暗,几间农家茅舍,隐现于花木扶疏之间,诗人顿觉豁然开朗。其喜形于色的兴奋之状,可以想见。当然这种境界前人也有描摹,这两句却格外委婉别致。这里描写的是诗人置身山阴道上,信步而行,疑若无路,忽又开朗的情景,不仅反映了诗人对前途所抱的希望,也道出了世间事物消长变化的哲理。

此联展示了一幅春光明媚的山水图;下一联则由自然入人事,描摹了南宋初年的农村风俗画卷。读者不难体味出诗人所要表达的热爱传统文化的深情。"社"为土地神。春社是一个节日,在立春后第五个戊日。这一天农家祭社祈年,热热闹闹,吹吹打打,充满着丰收的期待。这个节日来源很古。到宋代很是盛行。而陆游在这里更以"衣冠简朴古风存",赞美着这个古老的乡土风俗,显示出他对吾土吾民之爱。

前三联写了外界情景,并和自己的情感相融。然而诗人似乎意犹未尽,故而笔锋一转:"从今若许闲乘月,拄杖无时夜叩门。"无时,随时。诗人已"游"了一整天,此时明月高悬,整个大地笼罩在一片淡淡的清光中,给春社过后的村庄也染上了一层静谧的色彩,别有一番情趣。于是这两句从胸中自然流出:但愿而今而后,能拄杖乘月,轻叩柴扉,与老农亲切絮语,此情此景,不亦乐乎?一个热爱家乡,与农民亲密无间的诗人形象跃然纸上。

### 拓展阅读

## 梅花绝句(一)

闻道梅花坼晓风,雪堆遍满四山中。
何方可化身千亿,一树梅花一放翁。

### 诗词大意

听说山上的梅花已经迎着晨风绽开,四周大山的山坡上一树树梅花似雪洁白。有什么办法可以把我的身子也化为几千几亿个,让每一棵梅花树前都有一个陆游常在?

### 作品赏析

陆游写过不少咏梅诗,这是其中别开生面的一首。"闻道梅花坼晓风,雪堆遍满四山中。"写梅花绽放的情景。如第一句中"坼晓风"一词,突出了梅花不畏严寒的傲然情态;第二句中则把梅花比喻成白雪,既写出了梅花洁白的特点,也表现了梅花漫山遍野的盛况。语言鲜明,景象开阔。而三、四两句"何方可化身千亿,一树梅花一放翁。"更是出人意表,高迈脱俗:愿化身千亿个陆游,而每个陆游前都有一树梅花,把痴迷的爱梅之情淋漓尽致地表达了出来。

写此诗时作者已78岁高龄,闲居在故乡山阴,借咏梅来宣泄自己落寞孤高的情愫。前两句的写梅是为后两句写人作陪衬。面对梅花盛开的奇丽景象,诗人突发奇想,愿化身千亿个陆游,而每个陆游前都有一树梅花。这种丰富而大胆的想象,把诗人对梅花的喜爱之情淋漓尽致地表达了出来,同时也表现了诗人高雅脱俗的品格。

# 梅花绝句(二)

幽谷那堪更北枝,年年自分着花迟。
高标逸韵君知否,正是层冰积雪时。

### 诗词大意

一树梅花长在背阴的山谷,加上枝条伸向北方,阳光终年罕至,所以每年开花总是比较迟。但是它的高标逸韵你可知道?要知道,当它吐苞,正是那冰雪覆盖、最为酷烈的严冬时节啊!

### 作品赏析

"高标逸韵君知否,正是层冰积雪时。"一幅雪压梅花、俏色生春的寒梅图跃然入目。

出身苦寒,含笑冰雪,期待盛开,这是含苞之梅。寥寥数字便把梅之风骨、梅之清艳刻画得入木三分!

"幽谷那堪更北枝,年年自分着花迟。"这其实正是进入诗人更加切肤的感性世界的"诗眼"所在。

陆游是南宋著名的爱国诗人,文武双全,年轻时意气风发,北宋灭国,是陆游一生中永远的痛,他一生忠贞,念念不忘北伐,但一直得不到南宋小朝廷的重用,直至死去。

这实际是一首标准的况物自比的咏梅诗。"幽谷那堪更北枝,年年自分着花迟。"一句对梅的身世天衣无缝的描述中,用到了意味深长的两个字眼:"那堪"、"更";更有一个双关气很浓的"北枝",说的是诗人自忖处于政治势力的边缘,资历不高,又力主北伐,长时间得不到当权派的重用是自然的事。但是,他的心中确实仍有期待。年复一年的等待并没让他感觉到绝望,"自分"二字准确地传达出了他的这种心态。

就像这眼前大雪覆盖,依然含苞待放的梅花一样——你可能理解到,那雪中咏诗之人的高标逸韵?

浓烈的诗情画意,夹杂着无法言说的身世之感,虚实相照,浑然一体,烘托出一种清逸深幽的特殊美感。这是中国古典诗歌的惯有风格,也是我们的祖先奉献给世界文学宝库的一份独到财产。

# 书愤(其一)

早岁那知世事艰?中原北望气如山。
楼船夜雪瓜洲渡,铁马秋风大散关。
塞上长城空自许,镜中衰鬓已先斑。
《出师》一表真名世,千载谁堪伯仲间?

## 诗词大意

年轻时哪里知道世事艰难?北望被金人侵占的中原气概有如高山。刘锜等曾乘着高大的战舰在雪夜里大破金兵于瓜洲渡口,吴璘等也曾骑着披甲的战马在秋风中大败金兵于大散关。我白白地自认为是边防上的长城,对镜照看衰老的头发早已花白。《出师表》这篇文章真是举世闻名,千年以来谁能与诸葛亮相媲美?

## 作品赏析

这诗是宋孝宗淳熙十三年(1186)春作。当时陆游60出头了,这分明是时不待我的年龄,然而诗人被黜,只能赋闲在乡,想那山河破碎,中原未收,世事多艰,小人误国,不免郁愤终生。

通常当英雄无用武之地时,他会回到铁马金戈的记忆里去的。想当年,诗人北望中原,收复失地的壮心豪气,有如山涌,何等气魄!诗人何曾想过杀敌报国之路竟会如此艰难?以为自己本无私,倾力报国,那么国必成全于自己,孰料竟有奸人作梗、破坏以至于屡遭罢黜?

诗人开篇一自问,问出多少郁愤。"楼船"二句,上句指此。宋孝宗乾道八年(1172),陆游正在南郑参加王炎军幕事,与王炎积极筹划进兵长安,曾强渡渭水,与金兵在大散关发生遭遇战。下句亦指此。这两句概括的辉煌的过去恰与"有心杀贼,无力回天"的眼前形成鲜明对比。

"塞上长城"句,诗人用典明志。南朝时刘宋名将檀道济曾自称为"万里长城"。皇帝要杀他,他说:"自毁汝万里长城。"陆游以此自许,可见其少时之磅礴大气,捍卫国家,扬威边地,舍己其谁?然而,如今呢?这一结局,非己不尽志所致,非己不尽力所致,而是小人误己,世事磨己!己有心,天不予。悲怆便为郁愤。

再看尾联,亦用典明志。借诸葛亮无人能比的丰功伟绩以及对国家的忠诚,讽刺当时没有这样的人物来策马中原,收复失地!

很明显,诗人用典意在贬斥那朝野上下主降的碌碌小人,表明自己恢复中原之志亦将"名世"。诗人在现实里找不到安慰,便只好将渴求慰藉的灵魂放到未来,这自然是无奈之举。但诗人一腔郁愤也只好倾泻于这无奈了。

本诗用了对比手法。如以诗人年轻时的壮举与今日衰颓对比,以诸葛亮积极进取的精神与当朝权臣的苟且偷生对比……诗人通过这些鲜明的对比,表达了对古代仁人志士的崇敬之情。

# 卜算子·咏梅

驿外断桥边,寂寞开无主。
已是黄昏独自愁,更著风和雨。

无意苦争春,一任群芳妒。
零落成泥碾作尘,只有香如故。

## 诗词大意

驿站之外的断桥边,梅花孤单寂寞地绽开了花,无人过问。暮色降临,梅花无依无靠,已经够愁苦了,却又遭到了风雨的摧残。

梅花并不想费尽心思去争艳斗宠,对百花的妒忌与排斥毫不在乎。即使凋零了,被碾作泥土,又化作尘土了,梅花依然和往常一样散发出缕缕清香。

## 作品赏析

这首《卜算子·咏梅》以"咏梅"为题,咏物寓志,表达了自己孤高雅洁的志趣。这正和独爱莲之出淤泥而不染,濯清涟而不妖有异曲同工之妙。

上阕状物写景,描绘了风雨中独自绽放的梅花。作者想自己曾以梅花自喻。可是"如今"成了开在人迹罕至、破败不堪、寂寥荒寒的驿站外面的郊野"断桥"边的一株"野梅"。它既得不到应有的护理,更谈不上会有人来欣赏。随着四季的代谢,它默默地开了,又默默地凋落了。它孑然一身,四顾茫然——有谁肯一顾呢,它可是无主的梅呵。"寂寞开无主"一句,作者将自己的感情倾注在客观景物之中,首句是景语,这句已是情语了。

日落黄昏,暮色朦胧,这孑然一身、无人过问的梅花,何以承受这凄凉呢?它只有"独自愁",这与上句的"寂寞"相呼应。原本已寂寞愁苦不堪,但更添凄风冷雨,孤苦之情更深一层。"更著风和雨"似一记重锤将前面的"极限"打得崩溃。这种愁苦仿佛无人能承受,至此感情渲染已达高潮,然而尽管环境是如此冷峻,它还是"开"了。上阕四句,只言梅花处境恶劣,但是其倔强、顽强已不言自明。

下阕抒情,主要抒写梅花的两种美德。朴实无华,不慕虚荣,"无意苦争春,一任群芳妒",它的其一美德是不与百花争春,在寒冬就孤傲挺立开放,它的与世无争使它胸怀坦荡,一任群花自去忌妒!它的其二美德是志节高尚,操守如故,"零落成泥碾作尘,只有香如故",就算沦落到化泥作尘的地步,还香气依旧。这几句词意味深长。作者作此词时,正因力主对金用兵而受贬,因此他以"群花"喻当时官场中卑下的小人,而以梅花自喻,表达了虽历尽艰辛,也不会趋炎附势,而只会坚守节操的决心。这首词以清新的情调写出了傲然不屈的梅花,暗喻了自己的坚贞不屈,笔致细腻,意味深隽。

此文章主要表明了梅花的高洁情操,体现出梅花坚强不屈的精神。我们从梅花的命运与品格中不仅可看到词人仕途坎坷的身影,而且可以了解到词人像梅花般冰清玉洁的精神世界。

# 沈　　园(一)

城上斜阳画角哀,沈园非复旧池台。
伤心桥下春波绿,曾是惊鸿照影来。

### 诗词大意

城墙上的角声仿佛也在哀痛,沈园已经不是原来的亭台池阁。那座令人伤心的桥下,春水依然碧绿,当年在这里我见到她美丽的侧影惊鸿一现。

### 作品赏析

首句"城上斜阳",不仅点明傍晚的时间,而且渲染出一种悲凉氛围,作为全诗的背景。斜阳惨淡,给沈园也涂抹上一层悲凉的感情色彩。"画角"是一种彩绘的管乐器,古时军中用以警昏晓,其声高亢凄厉。在"城上斜阳"视觉形象之外,又配以"画角哀"的听觉形象,更增悲哀之感。此"哀"字更是诗人悲哀之情外射所致,是当时心境的反映。这一句造成了有声有色的悲境,作为沈园的陪衬。

次句即引出处于悲哀氛围中的"沈园"。诗人于光宗绍熙三年(1192)所写的《禹迹寺南有沈氏小园序》还在,而现在又过七年,却是面目全非,不仅"三易主",且池台景物也不复可认。诗人对沈园具有特殊的感情,这是他与唐氏离异后唯一一次相见之处,也是永诀之所。他多么渴望旧事重现,尽管那是悲剧,但毕竟可一睹唐氏芳姿。这当然是幻想,不得已而求其次,他又希望沈园此时的一池一台仍保持当年与唐氏相遇时的情景,以便旧梦重温,借以自慰。但现实太残酷了,今日不仅心上人早已作古,连景物也非复旧观。诗人此刻心境之寥落,可以想见。

但是诗人并不就此作罢,他仍竭力寻找可以引起回忆的景物,于是看到了"桥下春波绿"一如往日,感到似见故人。只是此景引起的不是喜悦而是"伤心"的回忆:"曾是惊鸿照影来"。当年,唐氏恰如曹植《洛神赋》中所描写的"翩若惊鸿"的仙子,飘然降临于春波之上。她是那么婉约温柔,又是那么凄楚欲绝。离异之后的不期而遇所引起的只是无限伤心。一切早已无可挽回,那照影惊鸿已一去不复返了。然而只要此心不死,此"影"将永在心中。

# 沈　　园(二)

梦断香销四十年,沈园柳老不吹绵。
此身行作稽山土,犹吊遗踪一泫然!

## 诗词大意

她去世已经四十年有余,我连梦里也见不到,沈园的柳树和我一样都老了,连柳绵都没有了,我已是古稀之年,行将就木,仍然来此凭吊,泪落潸然。

## 作品赏析

首句感叹唐氏溘然长逝已四十年了。这一句充满了刻骨铭心之真情。

次句既是写沈园即日之景:柳树已老,不再飞绵,这也是一种借以自喻的比兴:诗人此时年逾古稀,正如园中老树,已无所作为,对个人生活更无追求。"此身行作稽山土",则是对"柳老"内涵的进一步说明。"美人终作土",自己亦将埋葬于会稽山下而化为黄土。此句目的是反衬出尾句"犹吊遗踪一泫然",即对唐氏坚贞不渝之情。一个"犹"字,使诗意得到升华:尽管自己将不久于人世,但对唐氏眷念之情永不泯灭;尽管个人生活上已无所追求,但对唐氏之爱历久弥新。所以对沈园遗踪还要凭吊一番而泫然涕下。"泫然"二字,饱含多少复杂的感情!其中有爱,有恨,有悔,诗人不点破,足供读者体味。

这首诗与陆游慷慨激昂的诗篇风格迥异。感情性质既别,艺术表现自然不同。写得深沉哀婉、含蓄蕴藉,但仍保持其语言朴素自然的一贯特色。

# 示儿

死去元知万事空,但悲不见九州同。
王师北定中原日,家祭无忘告乃翁。

## 诗词大意

我快死了才知道人死去了就什么也没有了,只是为没有亲眼看到祖国的统一而感到悲伤。当宋朝的军队收复祖国领土的那一天,在祭祀祖先的时候,千万不要忘记把这件事情告诉我在天之灵。

## 作品赏析

陆游卒于宁宗嘉定三年(1210)。这首《示儿》诗是他临终前写的,既是他的绝笔,也是他的遗嘱。

作为一首绝笔,它无愧于诗人创作的一生;作为一篇遗嘱,它无愧于诗人爱国的一生。一个人在病榻弥留之际,回首平生,百感交集,环顾家人,儿女情深,要抒发的感慨、要留下的语言,是千头万绪的。而诗人却以"北定中原"来表达其生命中的最后意愿,以"无忘告乃翁"作为对亲人的最后嘱咐,这是极其难能可贵的。在这一点上,古往今来又有几个人能与他相比?

陆游生于北宋覆亡前夕,身历神州陆沉之恨,深以南宋偏安一隅、屈膝乞和为耻,念念不忘收复中原;但他从未得到重用,而且多次罢职闲居,平生志业,百无一酬,最后回到故乡,清贫自守,赍志以没。他的一生是失意的一生,而他的爱国热情始终没有减退,恢复信念始终没有动摇,其可贵之处正在于他的爱是如此强烈,如此执着。这从他的大量诗篇可以看得出来,从这首《示儿》诗中,更会受到他对国家民族一往情深、九死不悔精神的强烈感染。

从语言看,这首诗的另一特色是不假雕饰,直抒胸臆。这里,诗人表达的是他一生的心愿,倾注的是他满腔的悲慨。诗中所蕴含和蓄积的感情是极其深厚、强烈的,但却以极其朴素、平淡的语言表达而出,从而自然地达到真切动人的艺术效果。这说明,凡真情流露之作,本来是用不着借助于文字渲染的,越朴素、越平淡,反而更显示其感情的真挚。

## 剑门道中遇微雨

衣上征尘杂酒痕,远游无处不消魂。
此身合是诗人未?细雨骑驴入剑门。

## 诗词大意

诗人骑着毛驴,风尘仆仆,远道而来。他一路前行,一路饮酒,倒也潇洒自在。衣服上沾满了旅途上的灰尘和杂乱的酒的痕迹。然而,所到之地没有一处是不让人心神暗淡和感伤的。今日踏上剑阁古道,阴云密布,细细蒙蒙,他稳坐驴背,崎崎岖岖,迤迤逦逦,左顾右盼之中,不时吟哦几句:"我这一辈子就应该做一个诗人吗?"细雨中,渐渐地,剑门关已在身后,行入剑南来了。

## 作品赏析

这是一首广泛传颂的名作,诗情画意,十分动人。

作者先写"衣上征尘杂酒痕,远游无处不消魂"。当年,陆游奉调从陕南到成都去任新职,长期奔走,自然衣上沾满尘土;而国仇未报,壮志难酬,心中不免伤心。

乾道八年(1172)十一月,陆游因王炎的召回而调任成都,从此离开前线,离开了他一生中最引以为豪的八个月的戎马生涯。陆游在这首诗中,把弃戎入蜀的心情表达得含蓄、深长,就像一幅定格一瞬的泼墨山水,豁达开阔间笼上了一层诗人情丝化作的青黑。

岁暮,蜀中群山巍峨地耸立在一片静谧的萧瑟中,因为许久不曾被雨水滋润,青绿色的山峦已显得有些苍凉。只有偶尔几啼猿声荡漾在空谷之中,让人意识到自己的微乎其微的存在,却又在胸中泛起一股苍凉而杳远的嗟叹,像是绵绵无尽的山峦,又像是萦绕山间的云。

在路旁的酒家痛饮了几杯,想借着一股暖意驱散身子上的寒意,也想借着一股豪情掩去心里的孤寂。喝得痛快了,这才打点行装再上征途,不知何时前襟上多了几道酒痕。多了几道酒痕心里反而爽快了不少,于是骑上青驴又赶起了山路。

这时,山间缭绕的云雾弥漫到天际,原本萧瑟的山峰一时间变得萧索,山石嶙峋,古树虬扎。向上望峰脊迷失于云雾,向下望峡谷里雾霭翻滚;全部的天地竟只剩下面前这一条窄窄的蜀道。那些权臣当道,蒙蔽了圣上的双眼,只眼前这条窄道是我坚持的志向,艰难险阻又有何妨?

不经意间,这山色已加上了一抹淡淡的寒雨,空灵、销魂。

古代诗人在驴背上吟诗:"今天的我,莫不真正成了一个诗人?"还是说:"我本来就只是一个诗人?"仰天长啸,即便只是一个诗人,选择了的道路又岂能轻易放弃——驰骋沙场、报国杀敌!借着酒劲,和着景致,"我"吟诗一首。再多的怅惘无奈,愿只随着这寒雨冲刷干净……

他生于金兵入侵的北宋末年,自幼志在恢复中原,写诗只是他抒写怀抱的一种方式。然而报国无门,年近半百才得以奔赴陕西前线,过上一段"铁马秋风"的军旅生活,现在又要去后方充任闲职,重做纸上谈兵的诗人了。这使作者很难甘心。

所以,"此身合是诗人未",并非这位爱国志士的欣然自得,而是他无可奈何的抑郁自嘲,是在沉痛中调侃自己。

# 辛 弃 疾

## 作者简介

辛弃疾(1140—1207),字幼安,别号稼轩,南宋词人。历城(今山东济南)人。21岁参加抗金义军,不久归南宋。一生力主抗金。曾上《美芹十论》与《九议》,条陈战守之策,显示其卓越军事才能与爱国热忱。其词抒写力图恢复国家统一的爱国热情,倾诉壮志难酬的悲愤,对当时执政者的屈辱求和颇多谴责;也有不少吟咏祖国河山的作品。题材广阔又善化用前人典故入词,风格沉雄豪迈又不乏细腻柔媚之处。作品集有《稼轩长短句》,今人辑有《辛稼轩诗文钞存》。

## 课文回顾

这首《清平乐·村居》是五年级下册(人教版)语文课本中一首小令,描绘了农村一个五口之家的环境和生活画面。作者辛弃疾把这家老小的不同面貌和情态,描写得惟妙惟肖,活灵活现,具有浓厚的生活气息,表现出词人对农村和平宁静生活的喜爱。

## 清平乐·村居

茅檐低小,溪上青青草。
醉里吴音相媚好,白发谁家翁媪?

大儿锄豆溪东,中儿正织鸡笼。
最喜小儿亡赖,溪头卧剥莲蓬。

## 诗词大意

一所低小的茅草房屋,紧靠着一条流水淙淙、清澈照人的小溪。溪边长满了碧绿的小草。一对满头白发的老夫妻,带着微醉的神态,亲热地在一起悠闲自得地聊天。

大儿子在溪东豆地锄草,二儿子在家门口编织鸡笼。最有趣的是三儿子,他是那么调皮,躺卧在溪连剥莲蓬。

## 作品赏析

作者这首词反映出春日农村有生机、有情趣的一面。

上片第一、二两句是作者望中所见,镜头稍远,道出南宋当时农村生活条件并不很好。如果不走近这低小的茅檐下,是看不到这户人家的活动,也听不到人们讲话的声音的。第二句点明茅屋距小溪不远,而溪上草已返青,说明春到农村,生机无限,又是农忙季节了。作者略含醉意,迤逦行来,及至走近村舍茅檐,却听到一阵用吴音对话的声音,使自己感到亲切悦耳,这才发现这一家的成年人都已下田劳动,只有一对老夫妇留在家里,娓娓地叙家常。所以用了一个反问句:"这是谁家的老人呢?"然后转入对这一家的其他少年人的描绘。这样讲,主客观层次较为分明,比把"醉"的主语指翁媪似更合情理。

下片写大儿锄豆,中儿编织鸡笼,都是写非正式劳动成员在搞一些副业性质的劳动。这说明农村中绝大多数并非坐以待食、不劳而获的闲人,即使是未成人的孩子也要干点力所能及的活儿,则成年人的辛苦勤奋可想而知。只有老人和尚无劳动力的年龄最小的孩子,才悠然自得其乐。特别是作者用了侧笔反衬手法,反映农村生活中一个恬静闲适的侧面,却给读者留下了大幅度的想象补充余地。

诗人描绘了一家五口在乡村的生活情态,表现了生活之美和人情之美,体现了作者对田园安宁、平静生活的羡慕与向往。

### 拓展阅读

## 永遇乐·京口北固亭怀古

千古江山,英雄无觅,孙仲谋处。
舞榭歌台,风流总被,雨打风吹去。
斜阳草树,寻常巷陌,人道寄奴曾住。
想当年,金戈铁马,气吞万里如虎。

元嘉草草,封狼居胥,赢得仓皇北顾。
四十三年,望中犹记,烽火扬州路。
可堪回首,佛狸祠下,一片神鸦社鼓。
凭谁问:廉颇老矣,尚能饭否?

### 诗词大意

历经千古的江山,再也难找到像孙权那样的英雄。当年的舞榭歌台还在,英雄人物却随着岁月的流逝早已不复存在。斜阳照着长满草树的普通小巷,人们说那是当年刘裕曾经住过的地方。回想当年,他领军北伐、收复失地的时候是何等威猛!

然而刘裕的儿子刘义隆好大喜功,仓促北伐,却反而让北魏太武帝拓跋焘乘机挥师南下,兵抵长江北岸而返,遭到对手的重创。我回到南方已经有四十三年了,看着中原仍然记得扬州一带烽火连天的战乱场景。怎么能回首啊,当年拓跋焘的行宫外竟有百姓在那里祭祀,乌鸦啄食祭品,人们过着社日,只把他当作一位神祇来供奉,而不知道这里曾是一个皇帝的行宫。还有谁会问,廉颇老了,饭量还好吗?

## 作品赏析

此词作于开禧元年(1205)。当时,韩侂胄正准备北伐。赋闲已久的辛弃疾于前一年被起用为浙东安抚使,这年春初,又受命知镇江府,出镇江防要地京口(今江苏镇江)。从表面看来,朝廷对他似乎很重视,然而实际上只不过是利用他那主战派元老的招牌作为号召而已。辛弃疾到任后,一方面积极布置军事进攻的准备工作;但另一方面,他又清楚地意识到政治斗争的险恶,自身处境的艰难,深感很难有所作为。

在一片紧锣密鼓的北伐声中,当然能唤起他恢复中原的豪情壮志,但是对独揽朝政的韩侂胄轻敌冒进,又感到忧心忡忡。这种老成谋国、深思熟虑的情怀,矛盾交织复杂的心理状态,在这首篇幅不大的作品里充分地表现出来,成为传诵千古的名篇。

辛弃疾调任镇江知府以后,登临北固亭,感叹报国无门的失望,凭高望远,抚今追昔,于是写下了这篇传唱千古之作。这首词用典精当,有怀古、忧世、抒志的多重主题。江山千古,欲觅当年英雄而不得,起调不凡。开篇借景抒情,由眼前所见而联想到两位著名历史人物——孙权和刘裕,对他们的英雄业绩表示向往。接下来讽刺当朝用事者韩侂胄,又像刘义隆一样草率,欲挥师北伐,令人忧虑。老之将至而朝廷不会再用自己,不禁仰天叹息。其中"佛狸祠下,一片神鸦社鼓"写北方已非宋朝国土的感慨,最为沉痛。

词的上片怀念孙权、刘裕。孙权割据东南,击退曹军;刘裕金戈铁马,战功赫赫,收复失地,不仅表达了对历史人物的赞扬,也表达了对主战派的期望和对南宋朝廷苟安求和者的讽刺和谴责。

下片引用南朝刘义隆草率北伐,招致大败的历史事实,忠告韩侂胄要吸取历史教训,不要鲁莽从事,接着用四十三年来抗金形势的变化,表示词人收复中原的决心不变,结尾三句,借廉颇自比,表示出词人报效国家的强烈愿望和对宋廷不能用人的慨叹。

全词豪壮悲凉、义重情深,放射着爱国主义的思想光辉。词中用典贴切自然,紧扣题旨,增强了作品的说服力和意境美,也无怪乎明代杨慎会在《词品》中说:"辛词当以京口北固亭怀古《永遇乐》为第一了。"

## 西江月·夜行黄沙道中

明月别枝惊鹊,清风半夜鸣蝉。
稻花香里说丰年,听取蛙声一片。

七八个星天外,两三点雨山前。
旧时茅店社林边,路转溪桥忽见。

## 第五章 古典诗词

### 诗词大意

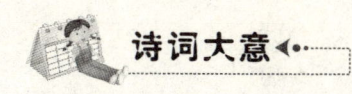

天边的明月升上了树梢,惊飞了栖息在枝头的喜鹊。清凉的晚风仿佛吹来了远处的蝉叫声。在稻谷的香气里,人们谈论着丰收的年景,耳边传来一阵阵青蛙的叫声,好像在说着丰收年。

天空中轻云漂浮,闪烁的星星时隐时现,山前下起了淅淅沥沥的小雨,诗人急急从小桥过溪想要躲雨,往日,土地庙附近树林旁的茅屋小店哪里去了?拐了弯,茅店忽然出现在眼前。

### 作品赏析

宋孝宗淳熙八年(1181),辛弃疾因受奸臣排挤,被免罢官,开始到上饶居住,并在此生活了近十五年。在此期间,他虽也有过短暂的出仕经历,但以在上饶居住为多,因而在此留下了不少词作。《西江月·夜行黄沙道中》就是其中一首。

辛弃疾的这首《西江月》前两句"明月别枝惊鹊,清风半夜鸣蝉"表面看来,写的是风、月、蝉、鹊这些极其平常的景物,然而经过作者巧妙的组合,结果平常中就显得不平常了。鹊儿的惊飞不定,不是盘旋在一般树头,而是飞绕在横斜突兀的枝干之上。因为月光明亮,所以鹊儿被惊醒了;而鹊儿惊飞,自然也就会引起"别枝"摇曳。同时,知了的鸣叫声也是有其一定时间的。夜间的鸣叫声不同于烈日炎炎下的嘶鸣,而当凉风徐徐吹拂时,往往特别感到清幽。

接下来"稻花香里说丰年,听取蛙声一片"把人们的关注点从长空转移到田野,表现了词人不仅为夜间黄沙道上的柔和情趣所浸润,更关心扑面而来的漫村遍野的稻花香,又由稻花香而联想到即将到来的丰年景象。此时此地,词人与人民同呼吸的欢乐,尽在言表。稻花飘香,固然是描绘稻花盛开,也是表达词人心头的甜蜜之感。而说丰年的主体,不是我们常用的鹊声,而是那一片蛙声,这正是词人匠心独到之处,令人称奇。在词人的感觉里,俨然听到群蛙在稻田中齐声喧嚷,争说丰年。

以上四句纯然是抒写当时当地的夏夜山道的景物和词人的感受,然而其核心却是洋溢着丰收年景的夏夜。因此,与其说这是夏景,还不如说是眼前夏景将给人们带来的幸福。

不过,词人所描写的夏景并没有就此终止。下阕开头,"七八个星天外,两三点雨山前",在这里,"星"是寥落的疏星,"雨"是轻微的阵雨,这些都是为了与上阕的清幽夜色、恬静气氛和朴野成趣的乡土气息相吻合。特别是一个"天外"一个"山前",本来是遥远而不可捉摸的,可是笔锋一转,小桥一过,乡村林边茅店的影子却意想不到地展现在人们的眼前。词人对黄沙道上的路径尽管很熟,可总因为醉心于倾诉丰年在望之乐的一片蛙声中,竟忘却了越过"天外",迈过"山前",连早已临近的那个社庙旁树林边的茅店,也都没有察觉。前文"路转",后文"忽见",既衬出了词人骤然间看出了分明临近旧屋的欢欣,又表达了他由于沉浸在稻花香中以至忘了道途远近的怡然自得的入迷程度,相得益彰,体现了作者深厚的艺术功底,令人玩味无穷。

## 鹧鸪天·送人

唱彻《阳关》泪未干,功名馀事且加餐。
浮天水送无穷树,带雨云埋一半山。

今古恨,几千般,只应离合是悲欢?
江头未是风波恶,别有人间行路难。

### 诗词大意

唱完了《阳关》曲泪却未干,视功名为馀事(志不在功名)而劝加餐。水天相连,好像将两岸的树木送向无穷的远方,乌云挟带着雨水,把重重的高山掩埋了一半。

古往今来使人愤恨的事情,何止千件万般,难道只有离别使人悲伤,聚会才使人欢颜?江头风高浪急,还不是十分险恶,而人间行路却是更艰难。

### 作品赏析

这首词见于四卷本《稼轩词》的甲集,是作者中年时的作品。那时候,作者在仕途上已经历了不少挫折,因此词虽为送人而作,但是所表达的多是世路艰难之感。

上阕头两句:"唱彻《阳关》泪未干,功名馀事且加餐"。上句言送别,《阳关三叠》是唐人送别歌曲,加上"唱彻"、"泪未干"五字,更觉无限伤感。

从作者的性格看,送别绝不会带给他这样的伤感。他平日对仕途、世事的感慨一直郁积胸中,恰巧遇上送别之事的触动,便一涌而发,故有此情状。作者和陆游一样,都重视为国家的恢复建立功名,认为对功名应该执着追求,并且要有远大的目标。这首词中却把功名看成身外"馀事",乃是不满朝廷对金屈膝求和,自己的报国壮志难酬,而被迫退隐、消极的愤激之辞,也是愤激之语。

"浮天水送无穷树,带雨云埋一半山",写送别时翘首遥望之景,景显得生动,用笔也很浑厚,而且天边的流水远送无穷的树色,和设想行人别后的行程有关;雨中阴云埋掉一半青山,和联想正人君子被奸邪小人遮蔽、压制有关。

下阕起三句:"今古恨,几千般,只应离合是悲欢?"是说今古恨事有几千般,岂只离别一事才是堪悲的?用反问语气,比正面的判断语气更含激情。作词送人而居然说离别并不是唯一可悲可恨的事,显示出词的思想感情将有进一步的开拓。紧接着下文便又似呼喊又似吞咽地道出他的心声:"江头未是风波恶,别有人间行路难。"行人踏上旅途,"江湖多风波,舟楫恐失坠"(杜甫《梦李白》),但作者认为此去的遭遇比它更险恶。那是存在于人们心中、存在于人事斗争上的无形的"风波";它使人畏,使人恨,有甚于一般的离别之恨和行旅之悲。作者在此并非简单地借用前人的诗意，而有他切身的体会。他一生志在恢复事业，做官时喜欢筹款练兵，并且执法严厉，多得罪投降派和豪强富家，所以几次被劾去官。如在湖南安抚使任内，筹建"飞虎军"，后来在两浙西路提点刑狱公事任内，即因此事被劾而被罢官。这正是人事上的"风波恶"的明显例证。作者写出词的最后两句，包含了更多的伤心经历，展示了更广阔、更令人惊心动魄的艺术境界，情已淋漓，语仍含蓄。

这首小令，篇幅虽短，但是包含了广阔深厚的思想感情，它的笔调深浑含蓄，举重若轻，不见用之迹而力透纸背，显示辛词的大家风度。

## 摸鱼儿·更能消几番风雨

更能消几番风雨？匆匆春又归去。
惜春长怕花开早，何况落红无数。
春且住。见说道，天涯芳草无归路。
怨春不语。
算只有殷勤，画檐蛛网，尽日惹飞絮。

长门事，准拟佳期又误。蛾眉曾有人妒。
千金纵买相如赋，脉脉此情谁诉？
君莫舞，君不见、玉环飞燕皆尘土！
闲愁最苦。
休去倚危栏，斜阳正在、烟柳断肠处。

### 诗词大意

再也经受不起几次风雨，美好的春季又急匆匆过去了。爱惜春天尚且还经常担忧花儿会开得太早而凋谢太快，那么，何况如今面对这无数红花落地的残春败落景象。我劝说春光：你暂且留下来吧，听说芳草已生遍天涯，会遮住你的归路，你还能到哪里去呢？怨恨春不回答，竟自默默地归去了。只有屋檐下的蜘蛛仍在整天殷勤地吐丝结网，沾网住漫天飞舞的柳絮，想保留一点春的痕迹。

汉武帝陈皇后失宠，别居长门宫，定准的重逢佳期又被耽搁了。陈皇后的美貌曾经也遭人忌妒，纵然用千金重价买下司马相如的《长门赋》，满腹情意该向谁倾诉？请你们不要得意忘形，青春挥霍无度，你们没有看见杨玉环、赵飞燕早都变成尘土了吗？忧国而不能参政，只能做个闲官的心情愁苦极了！不要去高楼上凭栏远眺，夕阳正落在暮霭笼罩的柳树梢上，长夜即将来临,望之使人断肠。

## 作品赏析

本篇作于淳熙六年(1179)春。时辛弃疾四十岁,南归至此已有十七年之久了。在这漫长的岁月中,作者满以为扶危救亡的壮志能得施展,收复失地的策略将被采纳。然而,事与愿违。不仅如此,作者反而因此招致排挤打击,不得重用,接连四年,改官六次。这次,他由湖北转运副使调官湖南。这一调转,并非奔赴他日夜向往的国防前线,而是照样去担任主管钱粮的小官。现实与他恢复失地的志愿相去越来越遥远了。行前,同僚王正之在山亭摆下酒席为他送别,作者见景生情,借这首词抒写了他长期积郁于胸的苦闷之情。这首词表面上写的是失宠女人的苦闷,实际上却抒发了作者对国事的忧虑和屡遭排挤打击的沉重心情。词中对南宋小朝廷的昏庸腐朽,对投降派的得意猖獗表示强烈不满。

上片写惜春、怨春、留春的复杂情感。词以"更能消"三字起笔,在读者心头提出了"春事将阑",还能经受得起几番风雨摧残这样一个大问题。表面上,"更能消"一句是就春天而发,实际上却是就南宋的政治形势而言的。本来,宋室南渡以后,曾多次出现过有利于爱国抗金、恢复中原的大好形势,但是,由于朝廷的昏庸腐败,投降派的猖狂破坏,抗战派失意受压,结果抗金的大好时机白白丧失了。使南宋王朝处于风雨飘摇之中。"匆匆春又归去",就是这一形势的形象化写照,抗金复国的大好春天已经化为乌有了。"惜春长怕花开早"表达了作者对大好河山的留恋。然而,现实是无情的,"何况落红无数"是春天逝去的象征,同时又象征着南宋国事衰微,也寄寓了作者光阴虚掷、事业无成的感叹。于是,他大声疾呼:"春且住。见说道,天涯芳草无归路。"这一句,实际是向南宋王朝提出忠告,它形象地说明:只有坚持抗金复国才是唯一出路,否则连退路也没了。这两句用的是拟人化手法,明知春天的归去是无可挽回的大自然的规律,但却强行挽留。表面上写的是"惜春",实际上却反映了作者恢复中原、统一祖国的急切心情,反映了作者对投降派的憎恨。尽管作者发出强烈的呼唤与严重的警告,但"春",却不予回答。春色难留,势在必然。在无可奈何之际,词人又怎能不羡慕"画檐蛛网"?即使能像"蛛网"那样留下一点点象征春天的"飞絮",也是心灵中莫大的慰藉了。

下片借陈阿娇的故事,写爱国深情无处倾吐的苦闷。这一片可分三个层次,表现三个不同的内容。从"长门事"至"脉脉此情谁诉"是第一层。这是词中的重点。作者以陈皇后长门失宠自比,揭示自己虽忠而见疑,屡遭谗毁,不得重用和壮志难酬的不幸遭遇。"君莫舞"三句是第二层,作者以杨玉环、赵飞燕的悲剧结局比喻当权误国、暂时得志的奸佞小人,向投降派提出警告。"闲愁最苦"至篇终是第三层,以烟柳斜阳的凄迷景象,象征南宋王朝昏庸腐朽、日落西山、岌岌可危的现实。

## 满江红·暮春

家住江南，又过了、清明寒食。
花径里、一番风雨，一番狼藉。
红粉暗随流水去，园林渐觉清阴密。
算年年、落尽刺桐花，寒无力。

庭院静，空相忆。无说处，闲愁极。
怕流莺乳燕，得知消息。
尽素如今何处也，绿云依旧无踪迹。
谩教人、羞去上层楼，平芜碧。

### 诗词大意

我的家住在江南，又过了一次清明寒食节日。一场风雨过后，在花丛中的路上，一片散乱的落花。落下来的红花，静静地随着流水走了。园林里渐渐地觉得清绿的树叶茂密了。我计算了一下：年年刺桐花落尽的时候，寒天的力量一点也没有了。

庭院寂静，我在空空地想着她。我为国而愁得太厉害了，但没有地方说，因为那些流莺乳燕太可怕了，如果她们知道了这个消息，又要陷害我。如今也不知道书信在哪里，我想念的朋友仍然没有踪迹。空教我上楼去瞭望。我到楼上去的次数太多了，实在没有脸面再上去了。即使是到了楼上也看不到我想念的人，只看见楼外的原野上一片碧绿的庄稼。

### 作品赏析

此词抒写伤春恨别的"闲愁"，上阕重在写景，下阕重在抒情。

"家住江南，又过了、清明寒食。"江南的春天，寒食节清明节都过去了，已经是晚春，青草和绿树已经生长起来，各种各样的花朵竞相开放，一群一群的黄莺乱飞。江南的春天是令人怀念的。

"花径里、一番风雨，一番狼藉。"风雨落花是中国古典诗词中最常用的意境。一场风雨，一片散乱的落花。风雨往往用来比喻时光的摧残、命运的无情，落花比喻诗人对命运、对国家的忧虑。

"红粉暗随流水去，园林渐觉清阴密。"此句对仗工整，落花随流水而去，树叶开始茂密，以园林的两种景物写季节的变化。这一句也和李清照的"知否，知否，应是绿肥红瘦"有异曲同工之妙。

"算年年、落尽刺桐花，寒无力。"刺桐花，落叶乔木，春天开花，有黄红、紫红等色，生长在南方。这一句又以刺桐花来比喻词人的处境和心绪。

"庭院静，空相忆。无处说，闲愁极。"词的下片开始说对美人的思念。但是，中国古典诗词有以美人假托政治理想的传统。所以，这里说的"空相忆"其实是词人辛弃疾的政治理想。闲愁更不是闲愁，而是词人由于不为南宋朝廷重用,复国壮志无从施展,且受投降派的忌恨排挤,进而产生的政治失意。

"怕流莺乳燕,得知消息。"流莺乳燕,指朝廷的奸臣,他们鼓唇弄舌,搬弄是非。如果他们知道了词人对国家的忧愁,又要陷害词人。

"尺素如今何处也,彩云依旧无踪迹"这句继续以美人为象征,表达了词人对理想的渴望与追求。然而,美人书信不来,踪迹全无。

"谩教人、羞去上层楼,平芜碧。"思念美人不得,词人只有一次又一次登上高楼远望,但是楼外的平原上只有一片碧绿的青草。青草也是中国古典诗词中经常用来写伤心的意象。

辛弃疾的《满江红·暮春》这首词,表面上写的是伤春和对美人的思念,实际上寄托的是词人无法收复中原的失意政治理想。

## 青玉案·元夕

东风夜放花千树。更吹落,星如雨。
宝马雕车香满路。
凤箫声动,玉壶光转,一夜鱼龙舞。

蛾儿雪柳黄金缕,笑语盈盈暗香去。
众里寻他千百度,
蓦然回首,那人却在,灯火阑珊处。

### 诗词大意

夜晚的东风将元宵的灯火吹得如千树花开,更让烟火看来是被吹落的万点流星。华丽的马车香气洋溢在行驶的路上。凤箫吹奏的乐曲飘动,与流转的月光在人群之中互相交错。整个晚上,此起彼伏的鱼龙花灯在飞舞着。

美人的头上都戴着亮丽的饰物,身上穿着多彩的衣物,在人群中晃动。她们面带微笑,带着淡淡的香气从人面前经过。我千百次寻找她,都没找到她,不经意间一回头,却看见了她立在灯火零落之处。

### 作品赏析

这首词的上半阕写正月十五的晚上,满城灯火,尽情狂欢的景象。

"东风夜放花千树,更吹落,星如雨",一簇簇的礼花飞向天空,然后像星雨一样散落下来。一开始就把人带进"火树银花"的节日狂欢之中。"东风夜"化用岑参的"忽如一夜春风来,千树万树梨花开"。

"宝马雕车香满路",达官显贵也携带家眷出门观灯,跟下句的"鱼龙舞"构成万民同欢的景象。

"凤箫声动,玉壶光转,一夜鱼龙舞","凤箫"是排箫一类的吹奏乐器,这里泛指音乐;"玉壶"指明月;"鱼龙"是灯笼的形状。这句是说,在月华下,灯火辉煌,沉浸在节日里的人通宵达旦载歌载舞。

下阕仍然在写"元夕"的欢乐,且一对意中人在大街巧遇的场景。只不过上阕写的是整个场面,下阕写一个具体的人,通过他一波三折的感情起伏,把个人的欢乐自然地融进了节日的欢乐之中。

"蛾儿雪柳黄金缕,笑语盈盈暗香去",这一句写的是元宵观灯的女人,她们穿着美丽的衣服,戴着漂亮的首饰,欢天喜地朝前奔去,所过之处,阵阵暗香随风飘来。"雪柳"是玉簪之类的头饰。

"众里寻他千百度,蓦然回首,那人却在,灯火阑珊处",千百次寻找她,偶一回头,却发现自己的心上人站立在昏黑的幽暗之处。

这首词是词人刚从北方投奔到南宋,在南宋的都城临安所著,当时祖国的半壁江山都在侵略者的铁蹄的蹂躏之下。

强敌压境,国势日衰,而南宋统治阶级却不思恢复,偏安江左,沉湎于歌舞享乐,粉饰太平。洞察形势的辛弃疾,欲补天穹,却恨无路请缨。他满腹的激情、哀伤、怨恨,交织成了这幅元夕求索图。国难当头,朝廷只顾偷安,人们也都"笑语盈盈",有谁在为风雨飘摇中的国家忧虑?作者寻找着知音。那个不在"蛾儿雪柳"之中却独立在灯火阑珊处,不同凡俗、自甘寂寞的人,正是作者所追慕的对象。有没有这个真实的"那人"存在?我们只能猜测,与其说有这个人,不如说这也是作者英雄无用武之地,而又不肯与苟安者同流合污的自我写照。在这首词中,诗人寄托了他对国家兴亡的感慨和对社会现实的批判、谴责、忧虑、痛苦。

辛弃疾是宋代的一个文能治国、武可杀敌的人才,只可惜生在朝野萎靡的南宋时代,报国杀敌雄心无法实现,只有借诗词以抒发愤慨愁恨,借"那人"表达自己不愿随波逐流、自甘寂寞的孤高性格。

## 南乡子·登京口北固亭有怀

何处望神州?满眼风光北固楼。
千古兴亡多少事?悠悠。
不尽长江滚滚流!

年少万兜鍪,坐断东南战未休。
天下英雄谁敌手?曹刘。
生子当如孙仲谋!

## 诗词大意

什么地方可以看见中原呢？在北固楼上，满眼都是美好的风光。从古到今，有多少国家兴亡大事呢？不知道，年代太久了。看到的是永远也流不尽的长江水滚滚东流。

想着当年孙权在青年时代，已带领了千军万马，他能占据东南，坚持抗战，没有向敌人低头和屈服过。天下英雄谁是孙权的敌手呢？只有曹操和刘备而已。这样也就难怪曹操说"生子当如孙仲谋"。

## 作品赏析

诗人在宋宁宗嘉泰三年（1203）六月被起用为知绍兴府兼浙东安抚使后不久，即第二年的阳春三月，改派到镇江去做知府。镇江，在历史上曾是英雄用武和建功立业之地，此时成了与金人对垒的第二道防线。每当他登临京口（即镇江）北固亭时，触景生情，不胜感慨系之。这首词就是在这一背景下写成的。

"何处望神州？满眼风光北固楼。"极目远眺，我们的中原故土在哪里呢？哪里能够看到，映入眼帘的只有北固楼周遭一片美好的风光了！此时南宋与金以淮河分界，辛弃疾站在长江之滨的北固楼上，翘首遥望江北金兵占领区，大有风景不再、山河变色之感。望神州何处？弦外之音是中原已非我有了！开篇这突如其来的向天一问，直可惊天地，泣鬼神。

"千古兴亡多少事？悠悠，不尽长江滚滚流！"世人们可知道，千年来在这块土地上经历了多少朝代的兴亡更替？这句问语纵观千古成败，意味深长，回味无穷。然而，往事悠悠，英雄往矣，只有这无尽的江水依旧滚滚东流。看这北固楼近处的风物，那壮丽的自然山水里似乎隐隐弥漫着历史的烟云，这不禁引起了词人千古兴亡之感。

"年少万兜鍪，坐断东南战未休。"三国时代的孙权年纪轻轻就统率千军万马，雄踞东南一隅，奋发自强，战斗不息，何等英雄气概！而他之"坐断东南"，形势与南宋政权相似。显然，稼轩热情歌颂孙权的不畏强敌、坚决抵抗，并战而胜之，正是反衬当朝文武之辈的庸碌无能、怯懦苟安。

接下来，辛弃疾为了把这层意思进一步发挥，不惜以夸张之笔极力渲染孙权不可一世的英姿。他异乎寻常地第三次发问："天下英雄谁敌手？"若问天下英雄谁配称他的敌手呢？作者自问又自答曰"曹刘"，唯曹操与刘备耳！辛弃疾便借用这段故事，把曹操和刘备请来给孙权当配角，说天下英雄只有曹操、刘备才堪与孙权争胜。我们知道，曹、刘、孙三人，论智勇才略，孙权未必比曹、刘强。然而，在这首词里，词人却把孙权作为三国时代第一流叱咤风云的英雄来颂扬，其所以如此用笔，实借凭吊千古英雄之名，慨叹当今南宋无大智大勇之人执掌乾坤。

"生子当如孙仲谋"这句话，本是曹操的语言，现在由辛弃疾口中说出，却是代表了南宋人民要求奋发图强的时代的呼声。

## 破阵子·为陈同甫赋壮词以寄

醉里挑灯看剑,梦回吹角连营。
八百里分麾下炙,五十弦翻塞外声,
沙场秋点兵。

马作的卢飞快,弓如霹雳弦惊。
了却君王天下事,赢得生前身后名。
可怜白发生!

### 诗词大意

醉梦里挑亮油灯观看宝剑,梦中回到了当年的各个营垒,接连响起号角声。把烤牛肉分给部下,乐队演奏北疆歌曲。这是秋天在战场上阅兵。

战马像的卢马一样跑得飞快,弓箭像惊雷一样,震耳离弦。(我)一心想替君主完成收复国家失地的大业,取得世代相传的美名。可怜已成了白发人!

### 作品赏析

这是辛弃疾寄给好友陈亮(陈同甫)的一首词,词中回顾了他当年在山东和耿京一起领导义军抗击金兵的情形,描绘了义军雄壮的军容和英勇战斗的场面,也表现了作者不能实现收复中原的理想的悲愤心情。

上片写军容的威武雄壮。开头两句写他喝酒之后,兴致勃勃,拨亮灯火,拔出身上佩戴的宝剑,仔细地抚视着。当他睡觉一梦醒来的时候,还听到四面八方的军营里,接连响起号角声。"角",古代军队的乐器,如同今天的军号,有竹、铜、牛角等制品。三、四、五句写许多义军都分到了烤熟的牛肉,乐队在边塞演奏起悲壮苍凉的军歌,在秋天的战场上,检阅着全副武装、准备战斗的部队。古代有一种牛名叫"八百里驳","八百里",这里代指牛。"麾下",即部下。"炙",这里是指烤熟的牛肉。古代的一种瑟有五十弦,这里的"五十弦",代指各种军乐器。

下片前两句写义军在作战时,奔驰向前,英勇杀敌,弓弦发出霹雳般的响声。"作",与下面的"如"字是一个意思。"的卢",古代一种烈性的快马。"了却君王天下事",指完成恢复中原的大业。"赢得生前身后名"一句说:我要博得生前和死后的英名。也就是说,他这一生要为抗金复国建立功业。这表现了作者奋发有为的积极思想。最后一句"可怜白发生",意思是说:可惜功名未就,头发就白了,人也老了。这反映了作者的理想与现实的矛盾,使读者不能不为作者的壮志难酬洒下惋惜怜悯之泪。

这首词气势磅礴,充满了鼓舞人心的壮志豪情,能够代表作者的豪放风格。

# 毛泽东

## 作者简介

毛泽东(1893—1976),字润之,湖南湘潭人。中国无产阶级革命家、战略家、理论家、军事家、思想家、诗人,中国共产党、中国人民解放军和中华人民共和国的主要缔造者和领袖,毛泽东思想的主要创立者。1949年到1976年,毛泽东是中华人民共和国的最高领导人。现代世界历史中最重要的人物之一,《时代》杂志将他评为20世纪最具影响100人之一。

## 课文回顾

《长征》是五年级上册(人教版)语文课本中的一首诗,是红军两万五千里战略转移的光辉写照和热情颂歌。诗中对张牙舞爪、穷凶极恶的敌人不置一字,视之若无。这种傲视山川的夺人之气,只有百战百胜、总揽全局的三军统帅、一代伟人才会拥有!

## 长 征

红军不怕远征难,万水千山只等闲。
五岭逶迤腾细浪,乌蒙磅礴走泥丸。
金沙水拍云崖暖,大渡桥横铁索寒。
更喜岷山千里雪,三军过后尽开颜。

## 诗词大意

红军不怕远征的艰难险阻,把历经千山万水的艰难困苦看作是平平常常的事。五岭山脉那样高低起伏,绵延不绝,可在红军眼里不过像翻腾着的细小波浪;乌蒙山那样高大雄伟,气势磅礴,可在红军看来,不过像在脚下滚过的泥丸。金沙江两岸悬崖峭壁,湍急的流水拍击着两岸高耸的山崖,给人以温暖的感受;大渡河上的泸定桥横跨东西两岸,只剩下十几根铁索,使人感到深深的寒意。更使红军欣喜的是翻过了千里皑皑白雪的岷山,人人心情开朗,个个笑逐颜开。

### 作品赏析

《长征》生动地描写了长征那艰险壮阔的场面,深入地刻画了红军不怕困难的心理状态,集中表现了红军那英雄豪迈的气概。《长征》作为一首中国革命的不朽史诗,是革命浪漫主义与革命现实主义结合的杰出典范,是革命乐观主义的不朽之作。

首联以直白的词汇、豪迈的语势,高屋建瓴,总领全诗,高度概括红军在长征中不畏艰难险阻、勇往直前的英雄气概。它以革命乐观主义精神和革命浪漫主义风格,成为全篇的纲领。展现了一幅浓缩红军长征壮阔历程的总览图。

颔联承接"千山",沿着红军长征的路线,俯瞰五岭和乌蒙山这两个典型的高山峻岭,以点带面地描绘了一组空中鸟瞰难关图。作者先用"逶迤"和"磅礴"的夸张手法极言山势雄险,用的是"扬"的手法,而后用"细浪"和"泥丸"的比喻手法言其渺小,用的是"抑"的手法,这抑扬之间更显出红军的伟大。

颈联承接"万水",近看金沙江两岸和大渡河上的铁索桥,描绘了一组放大的特写图:一"暖"一"寒",既写出了天气情况,又写出了心理感受。作者以两种感觉互相对比,既表达了红军渡过金沙江后的喜悦,又表现了夺取泸定桥的惊心动魄,足见红军的神勇无比。

尾联描述了长征的最后历程。翻越"千里雪"的岷山,其困难程度其实超过"逶迤"的五岭和"磅礴"的乌蒙山,但这时由于胜利在望,心情舒朗,"喜"由心生,眼中的风雪交加路也就变得美不胜收了。最后以"开颜"收篇,写出了红军翻过雪山后一片欢腾的喜悦之态,同时预示了长征的彻底胜利。

纵观全诗,气势磅礴,气魄宏伟,格调高昂,笔力雄健。不仅大处雄浑,节奏强烈,而且小处精细,抑扬顿挫。

### 拓展阅读

## 为女民兵题照

飒爽英姿五尺枪,曙光初照练兵场。
中华儿女多奇志,不爱红装爱武装。

### 诗词大意

手持五尺步枪看上去多么英姿飒爽,曙光正刚刚照临演兵场。中华儿女多有非凡高迈的志向,不喜欢涂脂抹粉却只爱武装。

## 作品赏析

这此诗既是一首题照诗,也是一首即景诗。诗人用雅洁爽朗的语言,通过对女民兵军事训练的勾画,描绘了中国妇女前所未有的飒爽英姿,赞美了她们"巾帼不让须眉"的英雄气概,颂扬了新中国妇女崭新的时代精神风貌和随时准备保卫祖国的不平凡志气,同时通过艺术形象的塑造表达了"兵民是胜利之本"的思想。

此诗捕捉形象,传神写照;如闻其声,如见其人;明白如话,内涵深厚;自然流畅,韵味悠长。

诗的一、二句,描画出一幅朝气蓬勃的练兵图。在红日初升的万里红霞中,漂亮的女民兵们身着朴素的战斗服装,手持钢枪,劲捷勇健而又神采飞扬地在练兵场上的风采,"五尺枪"则将"女民兵"的形象特征表露无遗,

"曙光"对于环境的渲染,使"演兵场"带足了迷人的色彩。诗的三、四句是对练兵图的直接议论。"多奇志"轻松地点出主题,"红装"与"武装"的反差对比,具体地进一步解释了主题,同时又强化了"女民兵"主体形象的时代特征,使之更加鲜明,更加生动。四句虽短,包容量却大。诗人摄取生活的片段,抓住瞬间的感受,反映丰富的现实,表现深刻的意义。他运用描写和议论相结合的手法,在描写女民兵鲜明形象的基础上抒发感慨,使意象得到升华,从形象的美升华到精神的美,从旧时代的美转变成新时代的美,感情越见浓烈,境界越发拓展。

通观全诗,意象明丽,暗含哲理。诗人以静观的角度描写所见所想,由景入情,由情入理,是一篇难得的七绝佳作。

## 卜算子·咏梅

风雨送春归,飞雪迎春到。
已是悬崖百丈冰,犹有花枝俏。

俏也不争春,只把春来报。
待到山花烂漫时,她在丛中笑。

### 诗词大意

风雨把春天送归这里,飞舞的雪花又在迎接春天的到来。已经是冰封雪冻最寒冷的时候,悬崖边上还盛开着俏丽的梅花。

梅花虽然美丽,但并不炫耀自己,只是为了向人们报告春天到来的消息。等到百花盛开的时候,她将会感到无比欣慰。

### 作品赏析

陆游写梅花的寂寞高洁,孤芳自赏,引来群花的羡慕与忌妒。而主席这首诗却是写梅花的美丽、积极、坚贞,不是愁而是笑,不是孤傲而是具有新时代革命者的操守与傲骨。中国写梅之诗不计其数,大意境与大调子都差不多;毛主席以一代大诗人的风范,出手不凡,一首咏梅诗力扫过去文人那种哀怨、颓唐、隐逸之气,创出一种新的景观与新的气象,令人叹为观止,心服口服。

年复一年,风雨送春归去,但漫天大雪又将春天迎了回来。哪怕悬崖峭壁上结下百丈冰凌,面对如此盛大寒冷的冬景,梅花仍然一枝独秀,傲然挺拔。诗人当然也依古训以诗言志,也借梅寄志。诗人以隆冬里盛开的梅花勉励自己,劝慰他人,应向梅花学习,在如此险峻的情况下勇敢地迎接挑战,去展示自己的俊俏。诗人这个"俏"字用得极好,这是喜悦者的形象、自信者的形象、胜利者的形象。当然这不仅是诗人眼中梅花的形象,也是诗人自己以及中国共产党人的形象。这个"俏"包含了多少层深刻的含义啊,积极进取、永不屈服……

下片,诗人又把梅花的形象向纵深引导,它虽俏丽但不掠春之美,只是一名春天使者,为我们送来春的讯息。而当寒冬逝去,春光遍野的时候,梅花却独自隐逸在万花丛中发出欣慰的欢笑。梅花,它在诗人眼中是一名战士,它与严寒搏斗,它只为了赢得春天,通报春天的来临,然后退去,并不强夺春天的美景,这一形象是大公无私、默默奉献的形象。诗人在此已大大地深化了梅花的形象,它已成为一名国际共产主义战士的形象,它已从一个中国革命者成为一名世界革命者。梅花在此诗里,它的形象已被诗人塑造成型,变得更加丰满高大了。

## 人民解放军占领南京

钟山风雨起苍黄,百万雄师过大江。
虎踞龙盘今胜昔,天翻地覆慨而慷。
宜将剩勇追穷寇,不可沽名学霸王。
天若有情天亦老,人间正道是沧桑。

### 诗词大意

南京突然遭受了革命风雨的袭击,百万大军横渡长江。地势优异的南京已改变了往日的模样,天地翻覆,感慨而激昂。应该从项羽的失败中得到教训,将革命进行到底,把敌人坚决、彻底、干净、全部地消灭掉,不可为了"和平"的虚名给敌人以卷土重来的机会。天若有情,见到国民党反动派的黑暗残酷,也要因痛苦而变衰老,身受反动派统治的人民,自然要彻底推翻反动派的统治,完成翻天覆地的革命事业。

## 作品赏析

1949年,中华大地发生了翻天覆地的巨变。百万雄师以摧枯拉朽之势强渡长江,占领了国民党中央政府所在地南京。南京的解放,标志着国民党政权在大陆的统治完全崩溃。10月1日,中华人民共和国宣告成立,神州大地开始了历史的新纪元。在这历史巨变的关键时刻,毛泽东写下了这首《七律·人民解放军占领南京》,具有极其重要的历史意义和现实意义。

"钟山风雨起苍黄,百万雄师过大江。"诗人对麾下百万雄兵那种自豪心情溢于字里行间。

二联中,诗人继续升腾历史豪情。南京历来被形容为虎踞龙盘之地,是建立帝业的好地方。尽管蒋介石也看重这块地方的帝王景象,但终因反历史进步而被人民铲除。如今,百万正义之师铲除了南京国民党政府的反动统治。诗人对比历史情境的变迁,既自豪,又激动。他看着南京市民欢迎解放军解放南京的捷报,为人民欢呼解放而动情,为人民的欢呼而高兴。

南京虽然解放了,但全国还有一大片土地仍在国民党统治下。国民党军队虽元气大伤,仍有残兵百万,如得以喘息,势必卷土重来,那是危险的。因此,诗人写下了非常著名的三联诗句"宜将剩勇追穷寇,不可沽名学霸王"。当年,项羽为博得"仁慈"的虚名,宽大为怀,没有用优势兵力消灭刘邦的军队,结果反被重新壮大势力后的刘邦消灭。历史的教训必须吸取,强调不要怜惜蛇一样的恶人,不要给敌人任何喘息的机会,坚持革命到底,才能争取革命的全胜。这两句诗广为人们引用。而不仅表明了中国共产党人的战略思想,而且表达了共产党为中国人民千秋万代幸福高度负责的历史责任感,成为中国共产党人的座右铭。

诗的末联"天若有情天亦老,人间正道是沧桑"二句,包含着诗人对历史的慨叹。全句意思是说,别看当年蒋介石政权穷凶极恶镇压人民解放事业,历史进步终究是阻挡不了的。这就是"天若有情天亦老,人间正道是沧桑"的深刻含义,这就是人类社会发展的必然规律。

# 清平乐·会昌

东方欲晓,莫道君行早。
踏遍青山人未老,风景这边独好。

会昌城外高峰,颠连直接东溟。
战士指看南粤,更加郁郁葱葱。

## 诗词大意

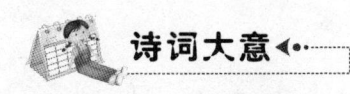

东方就将初露曙色,但请不要说你来得早。我踏遍青山仍正当年华,这儿的风景最好。

会昌城外面的山峰,一气直接连去东海。战士们眺望指点广东,那边更为青葱。

## 作品赏析

1933年10月,蒋介石亲自指挥约一百万国民党军队开始了第五次"围剿"。当时极左路线控制中央领导权,否定了毛泽东的战略主张,将毛泽东排除在党内决策权外。中央根据地北大门——广昌、南大门——筠门岭先后失守。在这种情况下,心急如焚的毛泽东多次向极左路线领导人提出改变打法,结果反而受到留党察看的处分。眼看自己一手创立、无数先烈鲜血换来的根据地越打越小,自己又有力无法使,毛泽东心境可想而知。1934年7月,敌军重兵开始向根据地中心地区进攻,形势十分严峻,第五次反"围剿"败局已定。此时,毛泽东正在会昌县城东门外的文武坝参加粤赣省委扩大会议。

会议期间的一天拂晓,毛泽东从文武坝出发,渡过绵水,登上会昌山。

夏日的会昌山满目葱茏,生机勃勃。极目远眺,宏伟壮丽的江山引人遐想。在会昌城外的高峰,眼见红军战士守卫在各个山头,与战士们交谈后,目睹眼前群山晨景,想到当前危急形势,毛泽东顿生感慨回到文武坝住处挥笔写下了《清平乐·会昌》。

本篇继承了中华民族"诗言志"、"工夫在诗外"的传统,在词句上,着意于浅显、通俗,语句浅近,立意却深远。

"东方欲晓",预示了黑暗即将过去,曙光就在前面。"莫道君行早",发现了真理,但是不要以先行者自居,改变危难的责任重,革命的道路还很漫长。"踏遍青山人未老",不断地探索,不断地奋斗,永不言败,永不服老。"风景这边独好",这样的人生是真正美好的人生。下半阕说的是,不要局限于一城一地吧,要放眼全局,不要被困难所吓倒,要看到成绩,要看到光明,郁郁葱葱的大好美景将张开双臂迎接奋斗者。

从中我们可以看出当时毛泽东虽身处逆境,但始终对未来充满信心。心情虽然苦闷,但并不消沉,更以"风景这边独好"的独白,表达出其生命不竭,奋斗不止的乐观、豁达情怀。

## 念奴娇·昆仑

横空出世,莽昆仑,阅尽人间春色。
飞起玉龙三百万,搅得周天寒彻。
夏日消溶,江河横溢,人或为鱼鳖。
千秋功罪,谁人曾与评说?

而今我谓昆仑：不要这高，不要这多雪。
安得倚天抽宝剑，把汝裁为三截？
一截遗欧，一截赠美，一截还东国。
太平世界，环球同此凉热。

## 诗词大意

　　破空而出的莽莽昆仑山，你已看遍人世间的春秋风云。你雪山般的身躯飞舞起千百万冰凌，满天被你搅得寒入骨髓。夏天你的冰雪在溶化，江河纵横流淌，有些人或许葬于鱼腹。你的千年功过是非，究竟何人曾予以评说？

　　今天我要来谈一谈昆仑：不要你如此高峻，也不要你这么多的雪花。怎样才能背靠青天抽出宝剑，把你斩为三片呢？一片送给欧洲，一片赠予美洲，一片留给日本。在这和平世界里，整个地球将像这样感受到热烈与凉爽。

## 作品赏析

　　诗的上半阕写昆仑山之壮丽，从冬天一直写到夏日，冬天的酷寒、夏天的水祸，功过是非，谁曾评说。诗人在此以昆仑象征祖国，并站在一个高度评说祖国几千年历史的功过是非。气势流畅，有一泻千里之感，从大象入物，又有细节描绘，"飞起玉龙三百万"化用前人"战罢玉龙三百万，败鳞残甲满天飞"二句，正如作者所说借此一句来形容雪山。此句用得灵妙自然、恰切精当。再有"人或为鱼鳖"一句，意象突兀，如超现实主义诗歌中的奇异比喻，指夏日从此昆仑横流下来的江河湖水已泛滥成灾，加害于人，同时又暗指中国旧社会的黑暗之云。然后破空斗胆一句提问："千秋功罪，谁人曾与评说？"

　　下半阕，诗人挺身而出，直面昆仑道："今天我要来谈一谈你了"，这高度，这大雪都不需太多。"这高"、"这多雪"中的"这"字用得简省好看，显得诗人内心笃定大气，仅两个"不要"就解决了。接着是"安得倚天抽宝剑"一句，令人联想到稼轩的《水龙吟·过南剑双溪楼》中二句"举头西北浮云，倚天万里须长剑。"以及李白《临江王节士歌》中二句："安得倚天剑，跨海斩长鲸。"

　　最后两行带有预言性质，在未来的和平世界里，全人类将共享一个冷暖适应的气候，这是字面之意，但它的潜在之意是诗人坚信他所捍卫及奉行的理想属大道中正，必将普行于全人类。这理想是世界革命进行到最后胜利，彻底埋葬帝国主义。

## 浪淘沙·北戴河

大雨落幽燕,白浪滔天,秦皇岛外打鱼船。
一片汪洋都不见,知向谁边?

往事越千年,魏武挥鞭,东临碣石有遗篇。
萧瑟秋风今又是,换了人间。

### 诗词大意

大雨落在了幽燕,滔滔波浪连天,秦皇岛之外的打鱼船,在起伏的汪洋里都已经看不见,也不知漂去了哪边?

往事已有千年,那时魏武帝曹操跃马挥鞭,东巡至碣石山吟咏过诗篇。秋风瑟瑟到了今日,人间却换了新颜。

### 作品赏析

1954年,毛泽东在北戴河,一日时逢海滨风雨大作,浪涛翻涌,他顿起击水之兴,不顾身边警卫人员的劝阻,下海游泳,与风浪搏斗。上岸后意犹未尽,又纵笔挥毫,写下了这不朽名篇《浪淘沙·北戴河》。

这首词一开始就给人们展现出雄浑壮阔的自然景观。"大雨落幽燕"一句排空而来,给人以雨声如鼓势如箭的感觉;继之以"白浪滔天",更增气势,写出浪声如雷形如山的汹涌澎湃,"大雨"、"白浪",一飞落,一腾起,相触相激,更兼风声如吼,翻云扫雨,推波助澜,真是声形并茂、气象磅礴,这情景较之曹诗中"水何澹澹,山岛竦峙"、"秋风萧瑟,洪波涌起"的晴日所见更令人惊心动魄。上片写景,景中含情,而下片抒情,情中有景。本诗生动描绘了北戴河海滨夏秋之交的壮丽景色,展示了一代伟人前无古人的雄伟气魄和汪洋浩瀚的博大胸怀及诗人鲜明的时代感和深邃的历史感。

## 忆秦娥·娄山关

西风烈,长空雁叫霜晨月。
霜晨月,马蹄声碎,喇叭声咽。

雄关漫道真如铁,而今迈步从头越。
从头越,苍山如海,残阳如血。

## 诗词大意

西风猛烈地吹着,满地白霜,早晨,残月挂在天边,广阔的天空中有鸣叫的飞雁。满地白霜的早晨,残月挂在天边,广阔的天空中有鸣叫的飞雁。马蹄声急促,吹号员用尽了全身力气来吹进军号,甚至把嗓子都给吹哑了。

红三军团战士冒着寒气,顶着猛烈的西风,以风驰电掣的速度,抢占了战略要地——娄山关。不要说雄伟的娄山关真像铁那样坚固,而今让我们重振旗鼓向前。重振旗鼓向前越过娄山关,看到苍翠的群山起伏连绵如同大海,傍晚的太阳红得如同鲜血。

## 作品赏析

一开始三个字"西风烈",悲声慷慨高亢,英雄落寞之情划破寒空,直上云天。其中尤其这个"烈"字,让人读来不禁泪雨滂沱,犹如置身凛冽的西风之中耸然动容,平添悲壮。

接着第二句,凄婉悠长的景致出现了,音律前急后慢,在鲜明的对比中产生荡气回肠之感。长空浩大无涯,大雁哀凉清幽,"霜晨月"虽读上去是三字一顿,但一幅晓月寒霜图幻化而出,而在图中美丽的大雁也为这美丽晨景感动得如歌如泣了。这种手法似取自马致远的"古道西风瘦马,小桥流水人家",但在渲染气氛的效果上实在是有过之而无不及。就在这霜、晨、月中,在肃杀的西风及大雁的凄声中,在声、色、音的交融中,人物出场了。

第四、五句,嗒嗒的马蹄与鸣咽的军号声远近唱和,起伏跌宕,在山间回环向前。前面三行已层层铺开了这样一个悲烈的风景,就在这霜华满地、残月当空的风景中,红军的长征壮怀激烈犹如易水之寒。诗人仅用"马蹄"、"喇叭"代表红军,又用"碎"与"咽"形容心境,用字凝练、准确、优美,情景相得益彰。

下半阕上来起始两句,一片的凄厉悲壮,豪气突升,一笔宕开,并不写攻占娄山关激烈的战斗,而是指明即便关山漫漫,长路艰险,但已定下从头做起。诗人毛泽东在上半阕正视了红军的现实处境,但在下半阕激抒自己一腔英雄豪气以及对获胜的信心。即便过去遭过一些失败,但可以"从头越"。"从头越"这三个字凝结了多少内心的奋发突破之情。"真如铁"这个"铁"字用得极妙,让人有超现实之感。

最后两行"苍山如海,残阳如血"两句,写的又是黄昏景象,从凌晨写到黄昏,乍看跳跃起伏,前后不太连贯,但作者正是利用了这种时空上的错位,传递给读者这样的印象:天亮复天暝,红军经过一夜又一天的急行军,早已过了险峻的关口,击败敌人,占领了娄山关,把困难和艰险抛到了身后。一天激战后,遍地硝烟,血流成河,英勇的红军战士倒在了战场上,他们的鲜血染红了娄山关的崇山峻岭,而红军的旗帜在猎猎西风中飘扬,在夕阳中显得格外鲜红。此时诗人伫立于娄山关之巅,遥看远处连绵起伏的山脉莽莽苍苍,如大海一般深邃,而黄昏的夕阳渐渐落下,剩余的一抹霞光如血一般映红了天际。

全词不长,上下两阕,通篇只有46个字,

但雄奇悲壮,气势如虹,寥寥数笔,像一幅出自大师手笔的简笔画,笔简而意无穷,为我们勾勒出一幅雄浑壮阔的冬夜行军图,表现了作者面对失利和困难从容不迫的气度和博大胸怀。

# 沁园春·雪

北国风光,千里冰封,万里雪飘。
望长城内外,惟馀莽莽;大河上下,顿失滔滔。
山舞银蛇,原驰蜡象,欲与天公试比高。
须晴日,看红装素裹,分外妖娆。

江山如此多娇,引无数英雄竞折腰。
惜秦皇汉武,略输文采;唐宗宋祖,稍逊风骚。
一代天骄,成吉思汗,只识弯弓射大雕。
俱往矣,数风流人物,还看今朝。

### 诗词大意

北方的风光,千里冰封冻,万里雪花飘。望长城内外,只剩下无边无际白茫茫一片;宽广的黄河上下,顿时失去了滔滔水势。山岭好像银白色的蟒蛇在飞舞,高原好像蜡白色的巨象在奔驰,它们都想试一试与天老爷比比高。要等到晴天的时候,看红艳艳的阳光和白皑皑的冰雪交相辉映,分外美好。

江山如此娇媚,引得无数英雄竞相倾倒。只可惜秦始皇、汉武帝,略差文学才华;唐太宗、宋太祖,稍逊文治功劳。一代天之骄子成吉思汗,只知道弯弓射大雕。这些人物全都过去了,数一数英雄豪杰,还要看今天的人们。

### 作品赏析

毛泽东诗词是中国革命的史诗,是中华诗词海洋中的一朵奇葩。《沁园春·雪》更被柳亚子盛赞为千古绝唱。这首词一直为众人喜爱,每次读来都仿佛又回到了那个战火纷飞的年代,又看到了那个指点江山的伟人,不由地沉醉于那种豪放的风格、磅礴的气势、深远的意境、广阔的胸怀中。

这首词因雪而得,以雪冠名,却并非为雪而作,而是在借雪言志。其中的每一句都意有所指,是诗人所思所想的真实流露,其情感之真挚、寓意之深远、哲理之精辟,令人拍案叫绝。

词的上阕大笔挥洒,写北方雪景,下阕纵横议论,评古今人物。上下阕浑融一气,构成了一个博大浩瀚的时空世界，铸就了一个完美独特的艺术整体，表现出一位伟大的无产阶级革命家超凡脱俗的精神境界。

"北国风光，千里冰封，万里雪飘"，开篇高唱而入，总括大半个中国的严冬雪景。二、三句描写特征，点出题目。"千里"、"万里"，承"北国"两字，从地下、天上交错展开，极写范围之广；"冰封"、"雪飘"承"风光"两字，一静一动，互相映衬，勾画严冬的威猛雄奇。寥寥十二个字，构成了一幅包举天地、雄浑一气的画面，为下文的展开描写提供了巨大的艺术空间，而且豪情激荡，笼罩全篇。

接下来七句，用"望"字领起，分三层递出，具体描绘画卷上的冰封、雪飘的各个侧面，进一步抒写豪迈、激昂的情怀。你看：南北纵横，"望长城内外，惟余莽莽"，是一片茫茫无边的积雪，呼应了"万里雪飘"；东西环顾，"大河上下，顿失滔滔"，是一派寒威凛凛的坚冰，回应了"千里冰封"；上下远眺，则"山舞银蛇，原驰蜡象，欲与天公试比高"，群山、高原是那么生气勃勃，充满活力，好像正"舞"向云霄，"驰"向天际，要跟雪云高压的天公一比高下！这几句写尽了东西南北、上下内外，笔力千钧，大处落墨，专写大河、长城，点染了中华民族千古文明的历史纵深感。选取象征中华民族的长城和黄河纵横入画，从色彩（银、蜡）、形貌（蛇、象）、动作（舞、驰、比）等各个侧面描写山原，突出地刻画了祖国山河的伟大形象，生动地展现了"北国风光"的壮丽奇观。同时，通过这种传神的艺术描写，也抒发了自己对祖国山河无限热爱的激情，唤起了读者强烈的民族自豪感。

"欲与天公试比高"，更给本无生气的景物赋予了顽强的生命力和竞争意识。这是人格化的雪景，更是个性化的诗意。

接着诗人又发挥丰富独特的想象，以充满浪漫主义的笔调劈出奇境："须晴日，看红装素裹，分外妖娆。"这三句用拟人化的手法，在冰雪茫茫的浩大画卷上，想象雪停天晴之时，红艳艳的阳光照耀在白雪覆盖的祖国山河，犹如一个红装素裹的少女，更加绚丽多彩、娇媚动人。用"须"字转折，表达乐观期待的心情；"看"字承"望"，显示端详观赏的意态；"红装素裹"相映成趣，显得特别娇艳明媚，所以尾句说"分外妖娆"，从而把祖国山河的壮美通过客观感受艺术地描绘出来。

下阕"江山如此多娇，引无数英雄竞折腰"把上阕的写景自然过渡到下阕对英雄的评论，谈古却意在论今。

秦皇、汉武、唐宗、宋祖、成吉思汗，他们都是古代大一统的帝王，作者没有因为否定帝制就将他们贬得一无是处，而是首先承认他们都是曾一统过天下的英雄，但一个"惜"字表达了作者惋惜他们的美中不足："秦皇汉武，略输文采；唐宗宋祖，稍逊风骚。一代天骄，成吉思汗，只识弯弓射大雕"，这里的"文采"和"风骚"，原指代文学，这里却是"文治"，是治理江山有功劳的意思，与"文治"相对应的是"武功"，是疆场上夺取江山有贡献的意思。毛泽东的意思是，秦皇、汉武、唐宗、宋祖、成吉思汗统一江山、结束纷争，确实功不可没，可在治理江山、让人民安居乐业方面却还不够。

"俱往矣，数风流人物，还看今朝"，这一句才是下阕真正要表达的意图。那些古代英雄都是视天下百姓为子民的"家天下"帝王，随着帝制的消灭都已成为过去；蒋介石政府不顾国家的安危，不顾人民的死活，也必将被历史所淘汰；要想建设真正的人民民主国家，让人民真正成为国家的主人，只有靠坚定的共产党人和他们领导的人民大众。

全词风格上气势磅礴,借景抒怀,抒发了领袖心中的豪情;谈古论今,显露了伟人远大的志向。

## 水调歌头·游泳

才饮长沙水,又食武昌鱼。
万里长江横渡,极目楚天舒。
不管风吹浪打,胜似闲庭信步,今日得宽馀。
子在川上曰:逝者如斯夫!

风樯动,龟蛇静,起宏图。
一桥飞架南北,天堑变通途。
更立西江石壁,截断巫山云雨,高峡出平湖。
神女应无恙,当惊世界殊。

### 诗词大意

刚到过长沙,又来到了武昌。我在万里长江上横渡,举目眺望舒展的长空。哪管得风吹浪涌,这一切犹如信步闲庭,今天我终于可以尽情流连。孔子在岸边叹道:光阴如流水般远去了!

江面风帆飘荡,龟蛇二山静静伫立,胸中宏图升起。大桥飞跨沟通南北,长江天堑将会畅行无阻。我还要在长江西边竖起大坝,斩断巫山多雨的洪水,让三峡出现平坦的水库。神女想必很健康,但她会惊愕世界变了模样。

### 作品赏析

毛泽东一生酷爱游泳,这是世人皆知的。毛泽东对长江也有着特殊的感情,繁忙的工作也难消除长江对他的吸引力。他把浩瀚的长江比作天然的最好的游泳池,并曾多次畅游长江。本词便是毛泽东1956年在武汉畅游长江时的感兴之作。

词的上阕描绘了祖国江山雄伟瑰丽的图景,抒发了诗人畅游长江的豪情逸兴。起句"才饮长沙水,又食武昌鱼",诗人将两句古童谣信手拈来,改造用之,手法高超,对仗工稳,含义深刻,一方面表明了诗人的行踪,也说明了游泳的地点。

接着,便以雄健的笔势,转入写游泳。"万里长江横渡,极目楚天舒",这既是对游泳的特定环境、空前壮举和豪迈意志的描写,更是一种心灵的呈现。越是写出长江之大,就越是显示出词人藐视天堑的恢宏气度。

再三句直抒游泳时的强烈感受:"不管风吹浪打,胜似闲庭信步,今日得宽馀",前两句写游泳时的镇定和从容,后一句则写获得"自由"后的欣喜。这是解脱束缚的畅快,是长久渴望的满足,是俯仰自得的轻松,是驾驭风浪的喜悦。"子在川上曰:逝者如斯夫!"这里既有对时光流逝的慨叹,又有对峥嵘岁月的怀念;既有对历史的追溯,又有对自然规律的探究;既有对生命的感悟,又有对世事人生的思索;既有感情的憧憬,又是只争朝夕、催人奋进的号角。

词的下阕展示了一幅社会主义建设的瑰丽图景,描写了在社会主义条件下长江的伟大变革。"风樯动,龟蛇静,起宏图",开头三句,以"风"字起,紧接着上阕意脉,瞩目两岸景色:江上是风吹千帆齐飞动,两岸是龟蛇二山静相望,进而转写中国人民在风浪滚滚的大江上,开始了实施全面改造长江的宏伟计划。一"动"一"静",相映成趣,一"起"则耸然挺拔,发起新意,充分表现了今天中国人民建设祖国、改变山河的豪迈气概。

# 第六章 其他

## 冰 心

### 作者简介

冰心(1900—1999),原名为谢婉莹,福建福州长乐人。现代著名诗人、作家、翻译家、儿童文学家。曾任中国文联副主席、中国作家协会理事等职。"母爱、童真、自然"是冰心作品的主旋律。其代表作有《超人》、《繁星》、《春水》、《寄小读者》等。

### 课文回顾

《再寄小读者》是四年级下册(冀教版)语言课文中的一篇通讯。作者以写信的口吻、相互的语言向小朋友们介绍了如何学好语文,如何掌握写作门径。仔细阅读一定会对我们的学习有所帮助。

## 再寄小读者

亲爱的小朋友:

读到这封信的时候,你们一定已经上学了;休息了一个暑假,重新回到学校里,一定感到新鲜而兴奋吧。

小朋友,你们的暑假生活过得丰富么?去过哪些有趣的地方?参加过哪些有意义的活动?看了哪些好书或是戏剧和电影?访问了哪些英雄、模范?你们那里下过滂沱大雨了么?河水涨了么?你们参加防涝或是防旱的工作了么?这一个多月中发生过多少值得记忆的事情呵!你们把这些事情,都写在日记上了么?或是写在信上给亲戚朋友们看了么?

小朋友,你们喜欢写信写日记么?你们写的时候觉得有困难么?是不是有时候觉得提起笔来无话可说呢?或是心中有话笔下写不出来呢?或是眼前闪烁着事物的形象、颜色、动作,笔下却形容不出来,而只好以"好看极了"、"好玩极了"、"有意思极了"等等简单模糊的字句,轻轻带过就算了呢?还有,你们是不是也有"提笔忘字",在信上日记上写下许多错字的时候呢?

今年夏天,我带两个小朋友去逛北京西郊的动物园。这两个孩子都是小学三年级的学生,都很聪明活泼。那一回,我们玩得可真高兴。回来后他俩都写了日记。第一个孩子只写了四五十字(里面还有好几个错字),他只提到某月某日和什么人去逛了动物园,底下就像记账似的列举了一些动物的名字,什么白熊、大象、猴子、狮子、斑马、孔雀等等,他觉得"好玩极了",以后就回来吃饭睡觉了。第二个孩子却写了一千多字,他从那天的天气和动物园里的游人等写起,以及那些动物,如白熊、大象、斑马、孔雀等等的动作、形态和皮毛、羽毛的颜色,都写得十分生动鲜明;而且他把我对他们谈过的话,也记下来了!我说:"我小的时候,也逛过这个动物园,那时它叫'万牲园',里面只有几只很平常的动物,还有脱了毛的孔雀、老掉了牙的大象……现在却有这么多的珍禽异兽,而且差不多每年每月都增加新的种类。"还有我对他们谈的许多外国动物园的情形,他也有条不紊地记下了。他的这一篇日记,写得整整齐齐,没有一个错字,使人看了很舒服,没有去过北京动物园的人读了,会引起一种"身临其境"的真切的感觉。

这个孩子的老师和母亲对我所说的话,证实了我对他的评价:他是一个好学生。他很喜欢语文课,老师讲课的时候,他总是专心地听,笔记也写得很好,从来没有错字;他尤其喜欢读书,辅导员和老师介绍过的书刊,他总是读得很仔细,不但记住书里的故事,还把书里优美的、有力的字句和词汇,都摘记在一个小本子里。他脑子里积攒的词汇很多,又会灵活运用,因此他写起作文来,毫不费力,每次作文他都写得很好,写信写日记,也是如此。老师对他的学习成绩是很满意的,对于他的作文,尤其称赞,认为他已经找到了提高阅读和写作能力的门径。

语文是一门基础知识,是一门工具学科。学会了、学好了语文,我们才能很好地了解其他的课文,才会读书看报,才会写信写日记,才会写好"作文"。你们现在的语文课本,里面有许多思想性很高的、写得很好的故事和诗歌,老师们又讲得很好,你们应当抓紧学习的时光,好好地听讲,好好地写笔记,还要细看每个字的写法。把语文学好了,就会同那位写日记写得很好的小朋友一样,阅读和写作的能力也不断地提高。到了你能够很好地掌握文字这个工具,使它能为表达你的思想感情而熟练地服务的时候,你将会感到无限的快乐,而看你的文章的人,也会感到快乐的。

再谈吧,愿你们在新学年中好好地学习语文!

你的朋友　冰心

## 作品简析

语文是一门基础学科,学好了语文,我们才能读书看报,才会写信、写日记,才能掌握语言文字这个工具。只有学好语文,练出硬笔杆,才能更好地抒发胸臆。然而,学好了语文并没有什么捷径可走,不能总想一嘴吃个胖子,只能把功夫下在平时,方法就是文中所提到的两点:一是多读,二是勤写。

## 拓展阅读

## 纸船——寄母亲

我从不肯妄弃了一张纸，
总是留着——留着，
叠成一只一只很小的船儿，
从舟上抛下在海里。

有的被天风吹卷到舟中的窗里，
有的被海浪打湿，沾在船头上。

我仍是不灰心的每天的叠着，
总希望有一只能流到我要他到的地方去。

母亲，倘若你梦中看见一只很小的白船儿，
不要惊讶他无端入梦。
这是你至爱的女儿含着泪叠的，万水千山
求他载着她的爱和悲哀归去。

### 作品简析

1923年夏天，冰心乘船到美国留学。离上海后10天，在船上，在远离故乡、远离母亲的茫茫大海上，女诗人冰心写下了这首思念母亲的诗。诗中体现了一种离家远走的游子对母亲的深切思念之情。不同于大多数同类题材的诗歌，冰心选取了一个新颖的写作视角，用孩子般的纯洁和天真，从儿童的游戏世界选取纸船作为寄托对母亲无限思念的中介物，用纸船向人们展现了游子在外漂泊、无依无靠的形象，进而抒发出作者对母亲、对祖国的深深眷恋之情。

## 寄小读者（通讯十七）

小朋友：

健康来复的路上，不幸多歧，这几十天来懒得很；雨后偶然看见几朵浓黄的蒲公英，在匀整的草坡上闪烁，不禁又忆起一件事。

一月十九晨，是雪后浓阴的天。我早起游山，忽然在积雪中，看见了七八朵大开的蒲公英。我俯身摘下握在手里，——真不知这平凡的草卉，竟与梅菊一样的耐寒。我回到楼上，用条黄丝带将这几朵缀将起来，编成王冠的形式。人家问我做什么，我说"我要为我的女王加冕"，说着就随便地给一个女孩子戴上了。

大家欢笑声中，我只无言地卧在床上——我不是为女王加冕，竟是为蒲公英加冕了。蒲公英虽是我最认识的一种草花，但从来是被人轻忽，从来是不上美人头的。今日因着情不可却，我竟让她在美人头上，照耀了几点钟。

蒲公英是黄色、叠瓣的花，很带着菊花的神意，但我也不曾偏爱她。我对于花卉是普遍的爱怜，虽有时不免喜欢玫瑰的浓郁和桂花的清远。而在我忧来无方的时候，玫瑰和桂花也一样的成粪土。在我心情怡悦的一刹那顷，高贵清华的菊花，也不能和我手中的蒲公英来占夺位置。

　　世上的一切事物,只有百千万面大大小小的镜子,重重对照,反射又反射;于是世上有了这许多璀璨辉煌、虹影般的光彩。没有蒲公英,显不出雏菊;没有平凡,显不出超绝。而且不能因为大家都爱雏菊,世上便消灭了蒲公英;不能因为大家敬礼超人,即世上便消灭了庸碌,使这一切都能因着世人的爱憎,而生灭;只恐到了满山满谷都是菊花和超人的时候,菊花的价值,反不如蒲公英,超人的价值,反不及庸碌了。

　　所以世上一物有一物的长处,一人有一人的价值。我不能偏爱,也不肯偏憎。悟到万物相衬托的理,我只愿我心如水,处处相平。我愿菊花在我眼中,消失了她的富丽堂皇,蒲公英也解除了她的局促羞涩,博爱的极端,翻成淡漠。但这种普遍淡漠的心,除了博爱小朋友,有谁知道?

　　书到此,高天萧然,楼上风紧得很,再谈了,我的小朋友!

## 作品简析

　　在这封信中,作者通过对蒲公英的喜爱,巧妙抒发了自己独特的人生感悟,即小朋友既不能偏爱,也不肯偏憎,而是怀着一颗博爱的心。借物抒情手法的运用,使得说理深入浅出,生动易懂。

# 往 事 七

　　父亲的朋友送给我们两缸莲花,一缸是红的,一缸是白的,都摆在院子里。

　　八年之久,我没有在院子里看莲花了——但故乡的园院里,却有许多;不但有并蒂的,还有三蒂、四蒂的,都是红莲。

　　九年前的一个月夜,祖父和我在园里乘凉。祖父笑着和我说:"我们园里最初开三蒂莲的时候,正好我们大家庭里添了你们三个姊妹。大家都欢喜,说是应了花瑞。"

　　半夜里听见繁杂的雨声,早起是浓阴的天,我觉得有些烦闷。从窗内往外看时,那一朵白莲已经谢了,白瓣儿小船般散飘在水里。梗上只留个小小的莲蓬,和几根淡黄色的花须。那一朵红莲,昨夜还是菡萏的,今晨却开满了,亭亭地在绿叶中间立着。

　　仍是不适意!——徘徊了一会儿了,窗外雷声作了,大雨接着就来,愈下愈大。那朵红莲,被那繁密的雨点,打得左右攲斜。在无遮蔽的天空之下,我不敢下阶去,也无法可想。

　　对屋里母亲唤着,我连忙走过去,坐在母亲旁边——一回头忽然看见红莲旁边的一个大荷叶,慢慢地倾侧了下来,正覆盖在红莲上面……我不宁的心绪散尽了!

　　雨势并不减退,红莲却不摇动了。雨点不住地打着,只能在那勇敢慈怜的荷叶上面,聚了些流转无力的水珠。

　　我心中深深地受了感动——

　　母亲啊!你是荷叶,我是红莲,心中的雨点来了,除了你,谁是我在无遮拦天空下的荫蔽?

## 作品简析

本文在描写景物时,语言非常生动。如"亭亭地在绿叶中间立着"一句,展现了荷花优雅的形态;"左右欹斜"一词则把荷花风雨飘摇的情景生动地表现了出来……这些生动的景物描写,表达了作者对荷花的怜爱之情。看到眼前荷叶为荷花遮风挡雨的情景,作者心中非常感动,于是自然联想到母亲对孩子的关爱与呵护。借景抒情手法的运用,使荷叶与母亲巧妙地联系在一起,从而照应了"荷叶母亲"这一主旨。

# 笑

雨声渐渐地住了,窗帘后隐隐地透进清光来。推开窗户一看,呀!凉云散了,树叶上的残滴,映着月儿,好似萤光千点,闪闪烁烁地动着。——真没想到苦雨孤灯之后,会有这么一幅清美的图画!

凭窗站了一会儿,微微地觉得凉意浸人。转过身来,忽然眼花缭乱,屋子里的别的东西,都隐在光云里;一片幽辉,只浸着墙上画中的安琪儿。——这白衣的安琪儿,抱着花儿,扬着翅儿,向着我微微地笑。

"这笑容仿佛在哪儿看见过似的,什么时候,我曾……"

我不知不觉地便坐在窗口下想,——默默地想。严闭的心幕,慢慢地拉开了,涌出五年前的一个印象。

——一条很长的古道。驴脚下的泥,兀自滑滑的。田沟里的水,潺潺地流着。近村的绿树,都笼在湿烟里。弓儿似的新月,挂在树梢。一边走着,似乎道旁有一个孩子,抱着一堆灿白的东西。驴儿过去了,无意中回头一看。——他抱着花儿,赤着脚儿,向着我微微地笑。

"这笑容又仿佛是哪儿看见过似的!"我仍是想——默默地想。

又现出一重心幕来,也慢慢地拉开了,涌出十年前的一个印象。——茅檐下的雨水,一滴一滴地落到衣上来。土阶边的水泡儿,泛来泛去地乱转。门前的麦垄和葡萄架子,都濯得新黄嫩绿的非常鲜丽。——一会儿好容易雨晴了,连忙走下坡儿去。迎头看见月儿从海面上来了,猛然记得有件东西忘下了,站住了,回过头来。这茅屋里的老妇人——她倚着门儿,抱着花儿,向着我微微地笑。

这同样微妙的神情,好似游丝一般,飘飘漾漾地合了拢来,绾在一起。这时心下光明澄静,如登仙界,如归故乡。眼前浮现的三个笑容,一时融化在爱的调和里看不分明了。

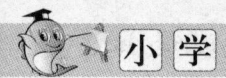

## 作品简析

本篇文章写景状物风格清美,文中雨后的月夜,清新、恬静、幽暗、构成一幅图画,充满美妙的诗意。这幅清美的图画,是安琪儿的形象得以浮现的背景,使爱与美恰切地融合在一起。五年前的一幕——古道、田沟、流水、绿树、湿烟、新月,十年前的一幕——茅檐、麦垄、葡萄架、海上明月,是作者与普通人作心与心的交流的背景,爱与美恰切地融合在一起。最后作者领悟到三个微笑具有相同的含义——"爱",更升华了主题。

# 闲　情

弟弟从我头上,拔下发针来,很小心地挑开了一本新寄来的月刊。看完了目录,便反卷起来,握在手里,笑说:"莹哥,你真是太沉默了,一年无有消息。"

我凝思地,微微答以一笑。

是的,太沉默了!然而我不能,也不肯忙中偷闲;不自然地,造作地,以应酬为目的地,写些东西。

病的神慈悲我,竟赐予我以最清闲最幽静的七天。

除了一天几次吃药的时间是苦的以外,我觉得没有一时,不沉浸在轻微的愉快之中。——庭院无声。枕簟生凉。温暖的阳光,穿过苇帘,照在淡黄色的壁上。浓密的树影,在微风中徐徐动摇,窗外不时地有好鸟飞鸣。这时世上一切,都已抛弃隔绝,一室便是宇宙,花影树声,都含妙理。是一年来最难得的光阴呵,可惜只有七天!

黄昏时,弟弟归来,音乐声起,静境便恝然破了。一块暗绿色的绸子,蒙在灯上,屋里一切都是幽凉的,好似悲剧的一幕。镜中照见自己玲珑的白衣,竟悄然地觉得空灵神秘。当屋隅的四弦琴,颤动的,生涩的,徐徐奏起,两个歌喉,由不同的调子,渐渐合一,由悠扬,而宛转,由高亢,而沉缓的时候,怔忡的我,竟感到了无限的怅惘与不宁。

小孩子们真可爱,在我睡梦中,偷偷地来了,放下几束花,又走了。小弟弟拿来插在瓶里,也在我睡梦中,偷偷地放在床边几上。——开眼瞥见了,黄的和白的,不知名的小花,衬着淡绿的短瓶。……原是不很香的,而每朵花里,都包含着天真的友情。

终日休息着,睡和醒的时间界限,便分得不清。有时在中夜,觉得精神很圆满。——听得疾雷杂以疏雨,每次电光穿入,将窗台上的金钟花,轻淡清切地映在窗帘上,又急速地隐抹了去。而余影极分明的,印在我的脑膜上。我看见"自然"的淡墨画,这是第一次。

得了许可,黄昏时便出来疏散。轻凉袭人。迟缓的步履之间,自觉很弱,而弱中隐含着一种不可言说的愉快。这情景恰如小时在海舟上——我完全不记得了,是母亲告诉我的——众人都晕卧,我独不理会,颠顿地自己走上舱面,去看海。凝注之顷,不时地觉得身子一转,已跌坐在甲板上,以为很新鲜,很有趣。每坐下一次,便喜笑个不住,笑完再起来,希望再跌倒。忽忽又是十余年了,不想以弱点为愉乐的心情,至今不改。

一个朋友写信来慰问我,说:

"东坡云'因病得闲殊不恶',我亦生平善

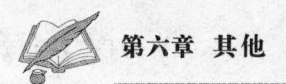

病者,故知能闲真是大功夫,大学问。……如能于养神之外,偶阅《维摩经》尤妙,以天女能道尽众生之病,断无不能自己其病也!恐扰清神,余不敢及。"

因病得闲,是第一惬心事,但佛经却没有看。

> **作品简析**
>
> 本文语言清丽典雅,给人以如诗似画的美感。其错落有致的长短相间的句式以及排比、对句等的切当穿插,更增强了语言的音乐性。文中写"因病得闲殊不恶",病了才得了闲,闲下来作者也才得了她的宇宙,意在告诉我们,生活本来就是一张一弛、劳逸相间,若一味地紧张劳碌,则就不免会失乐趣,失去生活原本的色彩。

# 何其芳

## 作者简介

何其芳(1912—1977),原名何永芳,中国著名诗人、散文家、文学评论家。今重庆万州人,曾任中共中央南方局文委委员,四川省委委员、宣传部副部长,《新华日报》社长,朱德的秘书等职。主要著作有《预言》、《夜歌和白天的歌》、《何其芳诗稿》、《画梦录》、《还乡杂记》、《星火集》、《关于现实主义》、《西苑集》、《关于写诗和读诗》、《没有批评就不能前进》、《论〈红楼梦〉》、《诗歌欣赏》、《文学艺术的春天》等。

## 课文回顾

《一夜的工作》是六年级下册(人教版)的一篇回忆录,节选自作家何其芳的《回忆周恩来同志》。这篇课文讲的是作者在陪同周恩来总理审阅一篇稿子时,目睹周总理一夜工作的情形,歌颂了周总理不辞劳苦的工作精神和简朴的生活作风,抒发了崇敬、爱戴周总理的思想感情。

## 一夜的工作

周总理在第一次"文代"大会上作了报告。《人民文学》杂志要发表这个报告,由我把记录稿作了整理,送给总理审阅。

这一天,总理办公室通知我去中南海政务院。我走进总理的办公室。那是一间高大的宫殿式的房子,室内陈设极其简单,一张不大的写字台,两把小转椅,一盏台灯,如此而已。总理见了我,指着写字台上一尺来高的一叠文件,说:"我今晚上要批这些文件。你们送来的稿子,我放在最后。你到隔壁值班室去睡一觉,到时候叫你。"

我就到值班室去睡了。不知到了什么时候,值班室的同志把我叫醒。他对我说:"总理叫你去。"我立刻起来,揉揉蒙眬的睡眼,走进总理的办公室。总理招呼我坐在他的写字台对面,要我陪他审阅我整理的记录稿,其实是备咨询的意思。他一句一句地审阅,看完一句就用笔在那一句后面画上一个小圆圈。他不是浏览一遍就算了,而是一边看一边思索,有时停笔想一想,有时问我一两句。夜很静,经过相当长的时间总理才审阅完,把稿子交给了我。

这时候,值班室的同志送来两杯热腾腾的绿茶,一小碟花生米,放在写字台上。总理让我跟他一起喝茶,吃花生米。花生米并不多,可以数得清颗数,好像并没有因为多了一个人而增加了分量。喝了一会儿茶,就听见公鸡喔喔喔地叫明了。总理站起来对我说:"我要去休息了。上午睡一觉,下午还要参加活动。你也回去睡觉吧。"

我也站起来,没留意把小转椅的上部带歪了。总理过来把转椅扶正,就走进里面去了。

在回来的路上,我不断地想,不断地对自己说:"这就是我们的总理。我看见了他一夜的工作。他是多么劳苦,多么简朴!"

在以后的日子里,我经常这样想,我想高声对全世界说,好像全世界都能听见我的声音:"看啊,这就是我们中华人民共和国的总理。我看见了他一夜的工作。他每个夜晚都是这样工作的。你们看见过这样的总理吗?"

### 作品简析

作者在文章中先简要交代了自己得以目睹周恩来总理工作的缘由,然后着重叙述了他陪同周总理审阅稿子时的所见所闻,最后抒发了自己真切的感受。文章简短,但内容具体充实。作者通过细致的观察,抓住了总理一夜工作的片断,来反映周总理一生的工作作风和精神品质,选材方面具有以小见大、以点带面的特点。文章质朴无华,所写的事全是作者亲眼所见之事,记叙过程没加任何华丽的修饰,字里行间却充满了对总理的热爱和敬仰,感情色彩十分浓郁。

### 拓展阅读

## 雨 前

最后的鸽群带着低弱的笛声在微风里划 | 一个圈子后,也消失了。也许是误认这灰暗

的凄冷的天空为夜色的来袭,或是也预感到风雨的将至,遂过早地飞回它们温暖的木舍。

几天的阳光在柳条上撒下的一抹嫩绿,被尘土埋掩得有憔悴色了,是需要一次洗涤。还有干裂的大地和树根也早已期待着雨。雨却迟疑着。

我怀想着故乡的雷声和雨声。那隆隆的有力的搏击,从山谷返响到山谷,仿佛春之芽就从冻土里震动,惊醒,而怒茁出来。细草样柔的雨声又以温存之手抚摩它,使它簇生油绿的枝叶而开出红色的花。这些怀想如乡愁一样萦绕得使我忧郁了。我心里的气候也和这北方大陆一样缺少雨量,一滴温柔的泪在我枯涩的眼里,如迟疑在这阴沉的天空里的雨点,久不落下。

白色的鸭也似有一点烦躁了,有不洁的颜色的都市的河沟里传出它们焦急的叫声。有的还未厌倦那船一样的徐徐地划行,有的却倒垂它们的长颈在水里,红色的蹼趾伸在尾后,不停地扑击着水以支持身体的平衡。不知是在寻找沟底的细微的食物,还是贪那深深的水里的寒冷。

有几个已上岸了。在柳树下来回地作绅士的散步,舒息划行的疲劳。然后参差地站着,用嘴细细地梳理它们遍体白色的羽毛,间或又摇动身子或扑展着阔翅,使那缀在羽毛间的水珠坠落。一个已修饰完毕的,弯曲它的颈到背上,长长的红嘴藏没在翅膀里,静静合上它白色的茸毛间的小黑眼睛,仿佛准备睡眠。可怜的小动物,你就是这样做你的梦吗?

我想起故乡放雏鸭的人了。一大群鹅黄的雏鸭游牧在溪流间。清浅的水,两岸青青的草,一根长长的竹竿在牧人的手里。他的小队伍是多么欢欣地发出啾唧声,又多么驯服地随着他的竿头越过一个山野又一个山坡!夜来了,帐幕似的竹篷撑在地上,就是他的家。但这是怎样辽远的想象啊!在这多尘土的国土里,我仅只希望听见一点树叶上的雨声。一点雨声的幽凉滴到我憔悴的梦,也许会长成一树圆圆的绿阴来覆荫我自己。

我仰起头。天空低垂如灰色的雾幕,落下一些寒冷的碎屑到我脸上。一只远来的鹰隼仿佛带着怒愤,对这沉重的天色的怒愤,平张的双翅不动地从天空斜插下,几乎触到河沟对岸的土阜,而又鼓扑着双翅,作出猛烈的声响腾上了。那样巨大的翅使我惊异,我看见了它两肋间斑白的羽毛。

接着听见了它有力的鸣声,如同一个巨大的心的呼号,或是在黑暗里寻找伴侣的叫唤。

然而雨还是没有来。

### 作品简析

在当时的散文"除去说理的,讽刺的,或者说偏重智慧的之外,抒情的多半流入身边杂事的叙述和伤感的个人遭遇的告白",何其芳对此很不满,决心要"为抒情散文发现一个新的园地","企图以很少的文字制造出一种情调","追求纯粹的柔和,纯粹的美丽"。《雨前》工笔绘景,借景抒情,浇铸了窒息、郁闷的心声;而怀想与议论的穿插,更突出了对"春雨"的急切期待,语言精巧,诗意盎然。

# 黄　昏

　　马蹄声，孤独又忧郁地自远至近，洒落在沉默的街上如白色的小花朵。我立住。一乘古旧的黑色马车，空无乘人，迂徐地从我身侧走过，疑惑着是载着黄昏，沿途散下它阴暗的影子，遂又自近而远地消失了。

　　街上愈荒凉。暮色下垂而合闭，柔和地，如从银灰的归翅间坠落一些惝倦于我心上。我傲然，耸耸肩，脚下发出凄异的长叹。

　　一列整饬的宫墙漫长地立着。不少次，我以目光叩问它，它以叩问回答我：

　　——黄昏的猎人，你寻找着什么？

　　狂奔的野兽寻找着壮士的刀，美丽的飞鸟寻找着牢笼，青春不羁之心寻找着毒色的眼睛。我呢？

　　我曾有一些带伤感之黄色的欢乐，如同三月的夜晚的微风飘进我梦里，又飘去了。我醒来，看见第一颗亮着纯洁的爱情的朝露无声地坠地。我又曾有一些寂寞的光阴，在幽暗的窗子下，在长夜的炉火边，我紧闭着门而它们仍然遁逸了。我能忘掉忧郁如同忘掉欢乐一样容易吗？

　　小山巅的亭子因暝色天空的低垂而更圆，而更高高地耸出林木的葱茏间，从它我得到仰望的惆怅。在渺远的昔日，当我身侧尚有一个亲切的幽静的伴步者，徘徊在这山麓下，曾不经意地约言：选一个有阳光的清晨登上那山巅去，但随后又不经意地废弃了。这沉默的街，自从再没有那温柔的脚步，遂日更荒凉。而我，竟惆怅又怨抑地，让那亭子永远秘藏着未曾发掘的快乐，不敢独自去攀登我甜蜜的想象所萦系的道路了。

## 作品简析

　　写这篇散文时，作者20岁左右，正在北京念大学，跑图书馆，至多也不过从"宿舍出发，经过景山前面那条静寂的长街，踏过北海和中海之间的石桥，眺望一下北海的塔尖，以及北海、中海的碧波"。所以，他只能捕捉到他视野所及的小小的大自然刹那间的变幻的景色，其灵感源泉来自僻静的孤独的心灵颤动，才写出这样精致的凄美的作品，并把自己霎时的感受、幻觉注入其中。

# 独　语

　　设想独步在荒凉的夜街上，一种枯寂的声响固执地追随你，如昏黄的灯光下的黑色的影子，你不知该对它珍爱抑是不能忍耐了：那是你脚步的独语。

　　人在孤寂时，常发出奇异的语言，或是动作。动作也就是语言的一种。

　　决绝地离开了绿蒂的"维特"，独步在阳光与垂柳的堤岸上，如在梦里，诱惑的彩色又激起了他做画家的欲望，遂决心试下他自己的命运了：从衣袋里摸出一把小刀子，从垂柳里掷入河中，若是能看见它的落下他就将成功做一个画家，否则不。——那寂寞的一挥手使你感动吗？你了解吗？

我又想起了一个西晋人物，他爱驱车独游，到车辙不通之处就痛苦而返。

绝顶登高，谁不悲慨地一声长啸呢？是想以他的声音填满宇宙的辽阔吗？等到追问时怕又只有沉默的低首了。我曾经走进一个古代的建筑物，画檐巨柱都争着向我有所诉说，低小的石栏也发出声息，像一些坚韧的深思的手指在上面呻吟，而我自己倒成了一个化石了。

或是昏黄的灯光下，放在你面前的是一册杰出的画，你将听见里面各个人物的独语。温柔的独语，悲哀的独语，或者狂暴的独语，黑色的门紧闭着。一个永远期待的灵魂死在门内，一个永远找寻的灵魂死在门外。每一个灵魂是一个世界，没有窗户，而可爱的灵魂都是倔强的独语者。

我的思想倒不是在荒野上奔驰。有一所落寞的古颓的屋子，画壁漫漶，阶石上铺着白藓，像期待着最后的脚步，当我独自时我就神往了。

真有这样一个所在，或者在梦里吗？或者不过是两章宿昔嗜爱的诗篇的糅合，没有关联的奇异的糅合。幔子半掩，地板已扫，死者的床榻上常春藤影在爬；死者的魂灵回到他熟悉的屋子里，朋友们在聚餐、嬉笑，都说着"明天明天"，无人记起"昨天"。

这是颓废吗？我能很美丽地想着"死"反不能美丽地想着"生"吗？

冥冥之手牵张着一个网，"人"如一粒蜘蛛蹲伏在中央。憎固愈令彼此疏离，爱亦徒增错误的挂系。谁曾在自己的网里顾盼、跳跃，感到因冥冥之丝不足一割遂甘愿受缚的怅怅吗？

而，何以我又太息："去者日以疏，生者日以亲？"是慨叹着我被人忘记了，抑是我忘记了人呢？

"这里是你的帽子"，或者"这里是你的纱巾，我们出去走走吧"，我还能说这些惯口的句子。而我那温和的沉默的朋友，我更记起他。他屋里有一个古怪的抽屉，精致的小信封，函着丁香花，或是不知名的扇形的叶子。像为着分我的寂寞而展示他温柔的记忆。墙上是一张小画片，翻过背面来，写着"月的渔女"。

唉，我常自忖度，那使人类温暖的，我不是过分地缺乏了它就是充溢了它。两者都足以致病的。有一树菩提之阴，坐在下面思索一会儿。虽然我要思索的是另外一个题目。

于是，我的目光在窗上徘徊了。天色像一张阴晦的脸压在窗前，发出令人窒息的呼吸，这就是我抑郁的缘故吗？而又在窗格的左角，我发现一个我的独语的窃听者了，像一个鸣蝉蜕弃的躯壳，向上蹲伏着，嚜默着。嚜默地，和着它一对长长的触须、三对屈曲的瘦腿。我记起了它是我用自己的手笔描画成的一个昆虫的影子；当它迟徐地爬到我窗纸上，发出孤独的银样的鸣声，在一个过逝的有阳光的秋天里。

## 作品简析

《独语》是何其芳早期的作品。这里的"独"是一种心情,也是一种姿态。文中作者不仅给了孤独新的阐释,还为它换上了一张张不一样的面孔。他的孤独,是寂寞而忧郁的注定了的孤独。孤寂苦闷的散文家以含蓄委婉、极富美感的文字勾勒出自己内心的感受和情绪,整篇文章犹如一幅充溢着想象空间的印象派作品。丰富的想象力,形象的描绘,朦胧而黯淡的色调,堪称是一篇现代派美文佳作。

# 布　丰

## 作者简介

布丰(1707—1788),18世纪法国著名的博物学家、作家。布丰从小受教会教育,爱好自然科学。1739年起担任皇家花园主任。他用毕生精力经营皇家花园,其巨著《自然史》前后历时55年,布丰死后由其助手帮助完成。这部著作包括地球史、人类史、动物史、鸟类史和矿物史几大部分,综合了无数的事实材料,对自然界作了精确、详细、科学的描述和解释,提出了许多有价值的创见,对现代生态学影响深远。

## 课文回顾

《松鼠》是五年级上册(人教版)课文,打开课文,一只漂亮、乖巧、驯良、可爱的小松鼠向我们走来。回顾本文了解松鼠的外形、特点、习性,从而呼唤我们人类关注动物世界的生存状态,激发我们人类关爱动物、保护动物的热情。

# 松　鼠

　　松鼠是一种漂亮的小动物,乖巧,驯良,很讨人喜欢。它们虽然有时也捕捉鸟雀,却不是肉食动物,常吃的是杏仁、榛子、榉实和橡栗。它们面容清秀,眼睛闪闪发光,身体矫健,四肢轻快,非常敏捷,非常机警。玲珑的小面孔,衬上一条帽缨形的美丽尾巴,显得格外漂亮。尾巴老是翘起来,一直翘到头上,自己就躲在尾巴底下歇凉。它们常常直竖着身子坐着,像人们用手一样,用前爪往嘴里送东西吃。可以说,松鼠最不像四足兽了。

　　松鼠不躲藏在地底下,经常在高处活动,像飞鸟一样住在树顶上,满树林里跑,从这棵树跳到那棵树。它们在树上做窝,摘果实,喝露水,只有树被风刮得太厉害了,才到地上来。在平原地区是很少看到松鼠的。它们不接近人的住宅,也不待在小树丛里,只喜欢住在高大的老树上。在晴朗的夏夜,可以听到松鼠在树上跳着叫着,互相追逐。它们好像很怕强烈的日光,白天躲在窝里歇凉,晚上出来奔跑,玩耍,吃东西。

松鼠不爱下水。有人说,松鼠横渡溪流的时候,用一块树皮当作船,用自己的尾巴当作帆和舵。松鼠不像山鼠那样,一到冬天就蛰伏不动。它们是十分警觉的,只要有人触动一下松鼠所在的大树,它们就从树上的窝里跑出来躲到树枝底下,或者逃到别的树上去。松鼠在秋天拾榛子,塞到老树空心的缝隙里,塞得满满的,留到冬天吃。在冬天,它们也常用爪子把雪扒开,在雪下面找榛子。松鼠轻快极了,总是小跳着前进,有时也连蹦带跑。它们的爪子是那样锐利,动作是那样敏捷,一棵很光滑的高树,一忽儿就爬上去了。松鼠的叫声很响亮,比黄鼠狼的叫声还要尖些。要是被惹恼了,还会发出一种很不高兴的恨恨声。

松鼠的窝通常搭在树枝分叉的地方,又干净又暖和。它们搭窝的时候,先搬些小木片,错杂着放在一起,再用一些干苔藓编扎起来,然后把苔藓挤紧,踏平,使那建筑物足够宽敞,足够坚实。这样,它们可以带着儿女住在里面,既舒适又安全。窝口朝上,端端正正,很狭窄,勉强可以进出。窝口有一个圆锥形的盖,把整个窝遮蔽起来,下雨时雨水向四周流去,不会落在窝里。

松鼠通常一胎生三四个。小松鼠的毛是灰褐色的,过了冬就换毛,新换的毛比脱落的毛颜色深些。它们用爪子和牙齿梳理全身的毛,身上总是光光溜溜、干干净净的。

### 作品简析

这篇文艺性说明文,文中作者从松鼠的外形、活动、吃食、搭窝这四个方面介绍了松鼠,语言准确、生动、通俗易懂,把松鼠的特点写得很传神,具有很强的趣味性。语言渗透着作者对说明对象——松鼠的细致观察,字里行间充满着作者对这小生灵的挚爱。

### 拓展阅读

## 马

人类所曾做到的最高贵的征服,就是征服了这豪迈而剽悍的动物——马:它和人分担着疆场的劳苦,同享着战斗的光荣;它和它的主人一样,具有无畏的精神,它眼看着危急当前而慷慨以赴;它听惯了兵器搏击的声音,喜爱它,追求它,以与主人同样的兴奋鼓舞起来;它也和主人共欢乐:在射猎时,在演武时,在赛跑时,它也精神抖擞,耀武扬威。但是它驯良不亚于勇毅,它一点儿不逞自己的烈性,它知道克制它的动作:它不但在驾驭人的手下屈从着他的操纵,还仿佛窥伺着驾驭人的颜色,它总是按照着从主人的表情方面得来的印象而奔腾，而缓步，而止步，它的一切动作都只为了满足主人的愿望。这天生就是一种舍己从人的动物，它甚至于会迎合别人的心意，它用动作的敏捷和准确来表达和执行别人的意旨，人家希望它感觉到多少它就能感觉到多少，它所表现出来的总是在恰如人愿的程度上；因为它无保留地贡献着自己，所以它不拒绝任何使命，所以它尽一切力量来为人服务，它还要超出自己的力量，甚至于舍弃生命以求服从得更好。

以上所述，是一匹所有才能都已获得发展的马，是天然品质被人工改进过的马，是从小就被人养育、后来又经过训练、专为供人驱使而培养出来的马。它的教育以丧失自由而开始，以接受束缚而告终。对这种动物的奴役或驯养已太普遍、太悠久了，以至于我们看到它们时，很少是处在自然状态中。它们在劳动中经常是披着鞍辔的；人家从来不解除它们的羁绊，纵然是在休息的时候；如果人家偶尔让它们在牧场上自由地行走，它们也总是带着奴役的标志，并且还时常带着劳动与痛苦所给予的残酷痕迹：嘴巴被衔铁勒得变了形，腹侧留下一道道的疮痍或被马刺剔出一条条的伤疤，蹄子也都被铁钉洞穿了。它们浑身的姿态都显得不自然，这是惯受羁绊而留下的迹象；现在即使把它们的羁绊解脱掉也是枉然，它们再也不会因此而显得自由活泼些了。就是那些奴役状况最和婉的马，那些只为着摆阔绰、壮观瞻而喂养着、供奉着的马，那些不是为着装饰它们本身，却是为着满足主人的虚荣而戴上黄金链条的马，它们额上覆着妍丽的一撮毛，项鬃编成了细辫，满身盖着丝绸和锦毡，这一切之侮辱马性，较之它们脚下的蹄铁还有过之无不及。

天然要比人工更美丽些；在一个动物身上，动作的自由就构成美丽的天然。你们试看那些繁殖在南美各地自由自在地生活着的马匹吧：它们行走着，它们奔驰着，它们腾跃着，既不受拘束，又没有节制；它们因不受羁勒而感觉自豪，它们避免和人打照面；它们不屑于受人照顾，它们能够自己寻找适当的食料；它们在无垠的草原上自由地游荡、蹦跳，采食着四季皆春的气候不断提供的新鲜产品；它们既无一定的住所，除了晴明的天空外又别无任何庇荫，因此它们呼吸着清新的空气，这种空气，比我们压缩它们应占的空间而禁闭它们的那些圆顶宫殿里的空气，要纯洁得多，所以那些野马远比大多数家马来得强壮、轻捷和遒劲。它们有大自然赋予的美质，就是说，有充沛的精力和高贵的精神，而所有的家马则都只有人工所能赋予的东西，即技巧与妍媚而已。

这种动物的天性绝不凶猛，它们只是豪迈而犷野。虽然力气在大多数动物之上，它们却从来不攻击其他动物；如果它们受到其他动物的攻击，它们并不屑于和对方搏斗，仅只把它们赶开或者把它们踏死。它们也是成群结队而行的，它们之所以聚集在一起，纯粹是为着群居之乐。因为，它们一无所畏，原不需要团结御侮，但是它们互相眷恋，依依不舍。由于草木足够作它们的食粮，由于它们有充分的东西来满足它们的食欲，又由于它们对动物的肉毫无兴趣，所以它们绝不对其他动物作战，也绝不互相作战，也不互相争夺生存资料。它们从来不发生追捕一只小兽或向同类劫夺一点东西的事件，而这类事件正是其他食肉类动物通常互争互斗的根源；所以马总是和平生活着的，其原因就是它们的欲望既平凡又简单，而且有足够的生活资源使它们无须互相妒忌。

在所有的动物中间，马是身材高大而身体各部分又都配合得最匀称、最优美的；因为，如果我们拿它和比它高一级或低一级的动物相比，就发现驴子长得太丑，狮子头太大，牛腿太细太短，和它那粗大的身躯不相称，骆驼是畸形的，而最大的动物，如犀，如象，都可以说只是些未成型的肉团。颚骨过分伸长本是兽类头颅不同于人类头颅的主要一点，也是所有动物的最卑贱的标志；然而，马的颚骨虽然很长，它却没有如驴的那副蠢相，如牛的那副呆相。相反地，它的头部比例整齐，却给它一种轻捷的神情，而这种神情又恰好与颈部的美相得益彰。马一抬头，就仿佛想要超出它那四足兽的地位。在这样的高贵姿态中，它和人面对面地相觑着。它的眼睛闪闪有光，并且目光十分坦率；它的耳朵也长得好，并且不大不小，不像牛耳太短，驴耳太长；它的鬣毛正好衬着它的头，装饰着它的颈部，给予它一种强劲而豪迈的模样；它那下垂而茂盛的尾巴覆盖着，并且美观地结束着它的身躯的末端：马尾和鹿、象等的短尾，驴、骆驼、犀牛等的秃尾都大不相同，它是密而长的鬃毛构成的，仿佛这些鬃毛就直接从屁股上生长出来，因为长出鬃毛的那个小肉桩子很短。它不能和狮子一样翘起尾巴，但是它的尾巴虽然是垂着的，却于它很适合。由于它能使尾巴两边摆动，它就有效地利用尾巴来驱赶苍蝇，这些苍蝇很使它苦恼，因为它的皮肤虽然很坚实，并且满生着厚密的短毛，却还是十分敏感的。

### 作品简析

　　本文是一篇介绍马的科学小品，更是一篇优美的散文。作者从科学的角度以流畅优美的语言、细腻的笔法栩栩如生地描写了马的形态、习性、生理功能和马的用途。全篇下来，细而不繁，丰而不杂，实而不赘，风貌秀丽舒展，犹如一株依主干风姿修剪枝叶而成型的观赏植物。作者通过马在两种生存状态下不同的形象的描绘，流露出对"自由自在的马匹"的由衷赞美，对"经过训练、供人驱使"的马的深刻同情。

## 天　　鹅

　　在任何社会里，不管是禽兽的或人类的社会，从前都是暴力造成霸主，现在却是仁德造成贤君。地上的狮、虎，空中的鹰、鸢，都只以善战称雄，以逞强行凶统治群众；而天鹅就不是这样，它在水上为王，是凭着一切足以缔造太平世界的美德，如高尚、尊严、仁厚等等。它有威势，有力量，有勇气，但又有不滥用权威的意志、非自卫不用武力的决心；它能战斗，能取胜，却从不攻击别人。作为水禽界里爱好和平的君主，它敢于与空中的霸主对抗；它等待着鹰来袭击，不招惹它，却也不惧怕它。它的强劲的翅膀就是它的盾牌，它以羽毛的坚韧、翅膀的频繁扑击对付着鹰的嘴爪，打退鹰的进攻。它奋力的结果常常是获得胜利。而且，它也只有这一个骄傲的敌人，其他善战的禽类没一个不尊敬它，它与整个的自然界都是和平共处的：在那些种类繁多的水禽中，它与其说是以君主的身份监临着，毋宁说是以朋友的身份看待着,而那些水禽仿佛个个都俯首帖耳地归顺它。它只是一个太平共和国的领袖,是一个太平共和国的首席居民,它赋予别人多少,也就只向别人要求多少,它所希冀的只是宁静与自由。对这样的一个元首,全国公民自然是无可畏惧的了。

天鹅的面目优雅,形状妍美,与它那种温和的天性正好相称。它叫谁看了都顺眼。凡是它所到之处,它都成了这地方的点缀品,使这地方美化;人人喜爱它,人人欢迎它,人人欣赏它。任何禽类都不配这样地受人钟爱;原来大自然对于任何禽类都没有赋予这样多的高贵与柔和的优美,使我们意识到它创造物类竟能达到这样妍丽的程度。俊秀的身段,圆润的形貌,优美的线条,皎洁的白色,婉转的、传神的动作,忽而兴致勃发,忽而悠然忘形的姿态,总之,天鹅身上的一切都散布着我们欣赏优雅与妍美时所感到的那种舒畅、那种陶醉,一切都使人觉得它不同凡俗,一切都描绘出它是爱情之鸟;古代神话把这个媚人的鸟说成为天下第一美女的父亲,一切都证明这个富有才情与风趣的神话是很有根据的。

我们看见它那种雍容自在的样子,看见它在水上活动得那么轻便、那么自由,就不能不承认它不但是羽族里第一名善航者,并且是大自然提供给我们的航行术的最美的模型。可不是么,它的颈子高高的,胸脯挺挺的,圆圆的,仿佛是破浪前进的船头;它的宽广的腹部就像船底;它的身子为了便于疾驶,向前倾着,愈向后就愈挺起,最后翘得高高的就像船艄;尾巴是地道的舵,脚就是宽阔的桨;它的一对大翅膀在风前半张着,微微地鼓起来,这就是帆,它们推着这艘活的船舶,连船带驾驶者一起推着跑。

天鹅知道自己高贵,所以很自豪,知道自己很美丽,所以自好。它仿佛故意摆出它的全部优点;它那样儿就像是要博得人家的赞美,引起人注目。而事实上它也真是令人百看不厌的,不管是我们从远处看它成群地在浩瀚的烟波中,和有翅的船队一般,自由自在地游着,或者是它应着召唤的信号,独自离开船队,游近岸旁,以种种柔和、婉转、妍媚的动作,显出它的美色,施出它的娇态,供人们仔细欣赏。

天鹅既有天生的美质,又有自由的美德;它不在我们所强制或幽禁的那些奴隶之列。它无拘无束地生活在我们的池沼里,如果它不能享受到足够的独立,使它毫无奴役俘囚之感,它就不会逗留在那里,不会在那里安顿下去。它要任意地在水上遍处遨游,或到岸旁着陆,或离岸游到水中央,或者沿着水边,来到岸脚下栖息,藏到灯芯草丛中,钻到最偏僻的湾汊里,然后又离开它的幽居,回到有人的地方,享受着与人相处的乐趣——它似乎是很喜欢接近人的,只要它觉得我们是它的客人和朋友,而不是它的主人和暴君。

天鹅在一切方面都高于家鹅一家,家鹅只以野草和籽料为生,天鹅却会找到一种比较精美的,不平凡的食料;它不断地用妙计捕捉鱼类;它做出无数的不同姿态以求捕捉的成功,并尽量利用它的灵巧与气力。它会避开或抵抗它的敌人:一只老天鹅在水里,连一匹最强大的狗它也不怕;它用翅膀一击,连人腿都能打断,其迅疾、猛烈可想而知。总之,天鹅似乎是不怕任何暗算、任何攻击的,因为它的勇敢程度不亚于它的灵巧与气力。

驯天鹅的惯常叫声与其说是响亮的,毋宁说是浑浊的:那是一种哮喘声,十分像俗语所谓的"猫咒天",古罗马人用一个谐音字"独楞散"表示出来。听着那种音调,就觉得它仿佛是在恫吓,或是在愤怒;古人之能描写出那些和鸣铿锵的天鹅,使它们那么受人赞美,显然不是拿一些像我们驯养的这种几乎喑哑的天鹅做蓝本的。我们觉得野天鹅曾较好地保持着它的天赋美质,它有充分自由的感觉,同时也有充分自由的音调。可不是么,我们在它的鸣叫里,或者宁可说在它的嘹唳里,可以听得出一种有节奏有曲折的歌声,有如军号的响亮,不过这种尖锐的、少变换的音调远抵不上我们的鸣禽的那种温柔的和声与悠扬朗润的变化罢了。

此外,古人不仅把天鹅说成为一个神奇的歌手,他们还认为,在一切临终时有所感触的生物中,只有天鹅会在弥留时歌唱,用和谐的声音作为它最后叹息的前奏。据他们说,天鹅发出这样柔和、这样动人的声调,是在它将要断气的时候,它是要对生命作一个哀痛而深情的告别;这种声调,如怨如诉,低沉地、悲伤地、凄黯地构成它自己的丧歌。他们又说,人们可以听到这种歌声,是在朝暾初上,风浪既平的时候;甚至于有人还看到许多天鹅唱着自己的挽歌,在音乐声中气绝了。在自然史上没有一个杜撰的故事、在古代社会里没有一则寓言比这个传说更被人赞美、更被人重述、更被人相信的了;它控制了古希腊人的活泼而敏感的想象力:诗人也好,演说家也好乃至哲学家,都接受着这个传说,认为这事实实在太美了,根本不愿意怀疑它。我们应该原谅他们杜撰这种寓言;这些寓言真是可爱,也真是动人,其价值远在那些可悲的、枯燥的史实之上;对于敏感的心灵来说,这都是些慰藉的比喻。无疑地,天鹅并不歌唱自己的死亡;但是,每逢谈到一个大天才临终前所作的最后一次飞扬、最后一次辉煌表现的时候,人们总是无限感慨地想到这样一句动人的成语:"这是天鹅之歌!"

### 作品简析

这是一篇介绍天鹅的科普文章,也就是我们常说的科学小品,同时它也是一篇优美的散文,既具科学性又具文学笔调。通过介绍天鹅的动作、外形、生活习性、叫声等有关知识,描绘了其优雅、俊秀、高贵柔和、雍容自在的特点,字里行间流露出对天鹅天生美质和自由美德的欣赏。

## 莺

阴霾弥漫的冬天是毫无生气的季节,是自然界的休眠和沉睡时期:昆虫停止了生命,游蛇停止了运动,植物终止了生长,失去了绿色,所有的空中居民都被抛弃流放,水族生命被关在冰冻的牢狱中,大部分陆地动物被囚禁在山洞、岩洞、地洞内,这一切给我们展现出一幅幅萧条冷漠的景象。鸟类的回归带来了初春第一个信息,这些可爱的小生命唤醒了沉睡的大自然,焕发了新的活力与生命,树木吐出了新芽,小树林披上了新装,引来新主人在此嬉笑打闹,唱歌传情,到处生机勃勃。

在森林的主人当中,莺科小鸟最多,也最惹人喜爱:它们活跃、灵巧、轻盈、好动,所有的动作看上去都富有感情,叫声中透出喜悦,玩耍中隐藏爱情。树木长叶开花时,这些小鸟来到了我们身边：有些住进我们的花园，有些更喜欢林荫大道和树丛，不少钻进了大森林，另有一些藏进了芦苇荡。莺雀布满大地各个角落，到处能听见它们欢畅的歌声，看到它们飞来飞去的欢快身影。

我们不仅喜欢它们无忧无虑，还希望它们漂亮美丽；但大自然似乎只赋予了它们可爱的性情，却忽视了装扮它们。莺雀的羽毛暗淡而缺少光彩：除两三种身上稍有斑点略能点缀外，其余的浑身都是暗淡的灰白色或褐色。

它们居住在花园里，树丛中，或是种植蚕豆、青豆等的菜田里，一般在蔬菜架子上栖息；它们在这里玩耍、搭窝，不停地出入，直到收获的季节。这时，它们迁徙的日期临近，该离开这块乐土，离开爱的家园了。观看它们叽叽喳喳相互追逐好似看一场节目，他们的打闹并不过火，争斗也是天真无邪的，结果总是以几支歌结束。莺是轻浮爱情的象征，如同斑鸠是忠贞爱情的象征一样。莺总是快乐无忧，充满活力，它们实际上并不缺乏爱情，也不缺乏对爱情的忠诚。雌莺孵卵时，雄莺在旁边千呵万护，与它共同迎接小生命的降生，直至长大后也不分离。

莺生性胆小，在与它同样弱小的鸟类面前都常常躲避，尤其害怕遇到最危险的敌人——伯劳。然而危险一旦过去，一切便抛至脑后，用不了一会儿，它又变得欢乐愉快，又唱又跳。它只在树林中最茂密处唱歌，唱时总把自己隐藏起来，尤其是在炎热的中午，只偶尔才在树丛边上露面，但很快便又回到密林中去。早晨可以看见它采集露水，在夏季短暂的雨后，它常来到湿润的树叶上，摇晃树枝洗淋浴。

在莺类中，黑头莺叫得最好听，声音最流畅，有些像夜莺。我们可以长时间地享受它美妙的歌声，甚至在春天的唱诗班销声匿迹之后，仍可以听到树林里黑头莺的歌声。它们的歌喉轻快纯洁，尽管音域不大宽广，但十分美妙动听，婉转而富有层次，这歌声仿佛涵养了树林的清新，描绘了恬静的生活，表达了幸福的感受，听到这些大自然的幸福鸟歌唱，谁能不为之动情呢？

### 作品简析

这是一篇介绍莺的科普文章，通过介绍莺科动物的动作、外形、生活习性、叫声等有关知识，描绘了莺的活泼好动、生性胆小、善于歌唱等特点，告诉我们莺是一种很可爱的小动物。字里行间，流露出作者对莺和大自然丰富多彩的生命世界的由衷喜爱和赞美。文章语言的优美、生动，趣味性十足，带给人愉悦的阅读感受。

# 法 布 尔

### 作者简介

法布尔(1823—1915)，法国昆虫学家，动物行为学家、作家。法布尔一生坚持自学，先后取得了数学、物理的学士学位和巴黎科学院的博士学位,而且他在绘画、水彩方面也有非凡的成就,留下的许多精致的菌类图鉴,曾让诺贝尔文学奖获得者、法国诗人弗雷德里克·米斯特拉尔赞不绝口。而晚年时,《昆虫记》的成功更是让他赢得了"昆虫界的荷马"和"科学界诗人"的美誉。

## 课文回顾

《蟋蟀的住宅》是小学四年级上册(人教版)语文课本中的一篇文章,课文介绍了蟋蟀是怎样修建住宅以及它们住宅的巧妙结构,不但让我们了解了蟋蟀和它的住宅体,更让我们为它的精神所感动。

## 蟋蟀的住宅

居住在草地上的蟋蟀,差不多和蝉一样有名。它的出名不光由于它的唱歌,还由于它的住宅。

别的昆虫大多在临时的隐蔽所藏身。它们的隐蔽所得来不费工夫,弃去毫不可惜。蟋蟀和它们不同,不肯随遇而安。它常常慎重地选择住址,一定要排水优良,并且有温和的阳光。它不利用现成的洞穴,它的舒服的住宅是自己一点一点挖掘的,从大厅一直到卧室。

蟋蟀怎么会有建筑住宅的才能呢?它有特别好的工具吗?没有。蟋蟀并不是挖掘技术的专家,它的工具是那样柔弱,所以人们对它的劳动成果感到惊奇。

在儿童时代,我到草地上去捉蟋蟀,把它们养在笼子里,用菜叶喂它们。现在为了研究蟋蟀,我又搜索起它们的巢穴来。

在朝着阳光的堤岸上,青草丛中隐藏着一条倾斜的隧道,即使有骤雨,这里也立刻就会干的。隧道顺着地势弯弯曲曲,最多不过九寸深,一指宽,这便是蟋蟀的住宅。出口的地方总有一丛草半掩着,就像一座门。蟋蟀出来吃周围的嫩草,决不去碰这一丛草。那微斜的门口,经过仔细耙扫,收拾得很平坦。

这就是蟋蟀的平台。当四周很安静的时候,蟋蟀就在这平台上弹琴。

屋子的内部没什么布置,但是墙壁很光滑。主人有的是时间,把粗糙的地方修理平整。大体上讲,住所是很简朴的,清洁、干燥,很卫生。假使我们想到蟋蟀用来挖掘的工具是那样简单,这座住宅真可以算是伟大的工程了。

蟋蟀盖房子大多是在十月,秋天初寒的时候。它用前足扒土,还用钳子搬掉较大的土块。它用强有力的后足踏地。后腿上有两排锯,用它将泥土推到后面,倾斜地铺开。

工作做得很快。蟋蟀钻到土底下干活,如果感到疲劳,它就在未完工的家门口休息一会儿,头朝着外面,触须轻微地摆动。不大一会儿,它又进去继续工作。我一连看了两个钟头,看得有些不耐烦了。

住宅的重要部分快完成了。洞已经挖了有两寸深,够宽敞的了。余下的是长时间的整修,今天做一点,明天做一点。这个洞可以随天气的变冷和它身体的增长而加深加阔。即使在冬天,只要气候温和,太阳晒到它住宅的门口,还可以看见蟋蟀从里面不断地抛出泥土来。

## 作品简析

本文是一篇生动而富有儿童情趣的文章，作者采用了拟人的手法，让普通的小动物一下子成了可爱的精灵，表现了作者对蟋蟀的喜爱。作者真实地介绍了蟋蟀的住宅特点和修建经过，赞扬了蟋蟀不辞劳苦和不肯随遇而安的精神。

## 拓展阅读

# 绿色蝈蝈

现在是7月中旬，村里今晚在庆祝国庆。当孩子们围着欢乐的篝火跳跳蹦蹦，当鼓声随着每支烟花的升空而响起时，我独自一人，在阴暗的角落里，倾听着田野的节日音乐会，田野里的节目要比此时在村庄广场上上演的节目更加庄严。

夜已晚了，夜晚9点的天气比较凉爽，蝉已不再鸣叫了。它白天唱了一整天，夜晚来临，也该休息了，但它的休息常常被扰乱。在梧桐树浓密的枝叶里，突然发出哀鸣似的短促而尖锐的叫声。这是蝉在安静的休息中，被夜间狂热的狩猎者绿色蝈蝈捉住而发出的绝望哀号。

让我们远离喧嚣去倾听，去沉思吧。当被捉住的蝉还在挣扎的时候，梧桐树梢上的节目还在进行着，但合唱队已经换了人。现在轮到夜晚的艺术家上场了。耳朵灵敏的人，能听到弱肉强食处四周的绿叶丛中，蝈蝈在窃窃自语。那像是滑轮的响声，很不引人注意，又像是干皱的薄膜隐隐约约的窸窣作响。在这暗哑而连续不断的低音中，时不时发出一阵非常尖锐而急促、近乎金属碰撞般的清脆响声，这便是蝈蝈的歌声和乐段，其余的则是伴唱。尽管歌声的低音得到了加强，

这个音乐会不管怎么说还是不起眼，十分不起眼的。虽然在我的耳边，就有十来个蝈蝈在演唱，可它们的声音不强，我耳朵的鼓膜并不都能捕捉到这微弱的声音。然而当四野蛙声和其他虫鸣暂时沉寂时，我所能听到的一点点歌声则是非常柔和的，与夜色苍茫中的静谧气氛再适合不过了。绿色的蝈蝈啊，如果你拉的琴再响亮一点儿，那你就是比蝉更胜一筹的歌手了。在我国北方，人们却让蝉篡夺了你的名声！

在6月份，我捉了不少雌雄的蝈蝈关在我的金属网罩里。这种昆虫非常漂亮，浑身嫩绿，侧面有两条淡白色的丝带，身材优美，苗条匀称，两片大翼轻盈如纱。关于食物，我遇到了喂养螽斯时同样的麻烦。我给它们莴苣叶，它们吃了一点儿，但不喜欢。我必须另找食物，它们大概是要鲜肉吧，但究竟是什么呢？

清晨，我在门前散步，突然旁边的梧桐树上落下了什么东西，同时还有刺耳的吱吱声，我跑了过去，那是一只蝈蝈正在啄着处于绝境的蝉的肚子。我明白了，这场战斗发生在树上，发生在一大早蝉还在休息

的时候。不幸的蝉被活活咬伤,猛地一跳,进攻者和被进攻者一道从树上掉了下来。有时我甚至还看到螽斯非常勇敢地纵身追捕蝉,而蝉则惊慌失措地飞起逃窜,就像鹰在天空中追捕云雀一样。但是这种以劫掠为生的鸟比昆虫低劣,它是进攻比它弱的东西,而螽斯则相反,它进攻比自己大得多、强壮有力得多的庞然大物,而这种身材大小悬殊的肉搏,其结果是毫无疑问的。螽斯有着有力的大颚、锐利的钳子,不能把它的俘虏开膛破肚的情况极少出现,因为蝉没有武器,只能哀鸣踢蹬。

我笼里的囚犯的食物找到了,我用蝉来喂养它们。它们对这道菜吃得津津有味,以至于两三个星期间,这个笼子里到处都是蝉肉被吃光后剩下的头骨和胸骨,扯下来的羽翼和断肢残腿。肚子全被吃掉了,这是好部位,虽然肉不多,但似乎味道特别鲜美。因为在这个部位,在嗉囊里,堆积着蝉用喙从嫩树枝里吮取的糖浆甜汁。是不是由于这种甜食,蝉的肚子比其他部位更受欢迎呢?很可能正是如此。

为了变换食物的花样,我还给螽斯吃很甜的水果:几片梨子,几颗葡萄,几块西瓜。这些它们都很喜欢吃。就像英国人酷爱吃用果酱作作料的带血的牛排一样,绿色螽斯酷爱甜食。也许这就是它抓到蝉后首先吃肚子的原因,因为肚子既有肉,又有甜食。

不是在任何地方都能吃到沾糖的蝉肉的,因此别的东西也得吃。对于金龟子一类的昆虫,它毫不犹豫地都接受,吃得只剩下翅膀、头和爪。

这一切都说明螽斯喜欢吃昆虫,尤其是没有过于坚硬的盔甲保护的昆虫。它十分喜欢吃肉,但不像螳螂一样只吃肉。螽斯这蝉的屠夫在吃肉喝血之后,也吃水果的甜浆,有时没有好吃的,甚至还吃一点儿青草。

螽斯也存在着同类相食的现象。诚然,在我的笼子里,我从来没见过像螳螂那样捕杀姊妹、吞吃丈夫的残暴行径,但是如果一只螽斯死了,活着的一定不会放过品尝其尸体的机会的,就像吃普通的猎物一样。这并不是因为食物缺乏,而是因为贪婪才吃死去的同伴。

撇开这一点不谈,螽斯是彼此十分和睦地共居在一起的,它们之间从不争吵,顶多面对食物有点儿敌对行为而已。我扔入一片梨,一只螽斯立即占住它。谁要是来咬这块美味的食物,出于妒忌,它便踢腿把对方赶走。自私心是到处都存在的。吃饱了,它便让位给另一只螽斯,这时它变得宽容了。这样一个接着一个,所有的螽斯都能品到一口美味。嗉囊装满后,它用喙尖抓抓脚底,用沾着唾液的爪擦擦脸和眼睛,然后闭着双眼或者躺在沙上消化食物。它们一天中大部分时间都在休息,天气炎热时尤其如此。

## 作品简析

本文是一篇科普说明文,可它却不像一般的说明文那样平实,而是灵活生动,不拘一格,既有对昆虫的形象描写,又有个人感情的流露。生动传神的语言,拟人手法的运用,使得文章自然亲切,生动活泼,妙趣横生,富有文学笔法,增强了可读性。

# 螳螂打猎

　　在南方有一种昆虫,与蝉一样,很能引起人的兴趣,但不怎么出名,因为它不能唱歌。如果它也有一种钹,它的声誉,应比有名的音乐家要大得多,因为它在形状上与习惯上都十分的不平常。它将是一名出色的乐手。

　　多年以前,在古希腊时期,这种昆虫叫作螳螂或先知者。农夫们看见它半身直起,立在太阳灼烧的青草上,态度很庄严,宽阔的、轻纱般的薄翼,如面膜似的拖曳着,前腿形状如臂,伸向半空,好像是在祈祷,在无知识的农夫看来,它好像是一个女尼,所以后来,就有人称呼它为祈祷的螳螂了。

　　这个错误再大没有了!那种貌似真诚的态度是骗人的,高举着的似乎是在祈祷的手臂,其实是最可怕的利刃,无论什么东西经过它的身边,它便立刻原形毕露,用它的凶器加以捕杀。它真是凶猛如饿虎,残忍如妖魔,它是专食活的动物的。看来,在它温柔的面纱下,隐藏着十分吓人的杀气。

　　如果单从外表上看来,它并不令人生畏,相反,看上去它相当美丽,它有纤细而优雅的姿态,淡绿的体色,轻薄如纱的长翼。颈部是柔软的,头可以朝任何方向自由转动。只有这种昆虫能向各个方向凝视,真可谓是眼观六路。它甚至还有一个面孔。这一切都构成了这样一个小动物的温柔。

　　螳螂天生就有着一副娴美而且优雅的身材。不仅如此,它还拥有另外一种独特的东西,那便是生长在它前足上的那对极具杀伤力,并且极富进攻性的冲杀、防御的武器。而它的这种身材和它这对武器之间的差异,简直是太大了,太明显了,真让人难以相信,它是一种温存与残忍并存的小动物。

　　见过螳螂的人,都会十分清楚地发现,它的纤细的腰部非常的长。不光是很长,还特别的有力呢。与它的长腰相比,螳螂的大腿要更长一些。而且,它的大腿下面还生长着两排十分锋利的像锯齿一样的东西。在这两排尖利的锯齿的后面,还生长着一些大齿,一共有三个。总之,螳螂的大腿简直就是两排刀口的锯齿。当螳螂想要把腿折叠起来的时候,它就可以把两条腿分别收放在这两排锯齿的中间,这样是很安全的,不至于自己伤到自己。

　　如果说螳螂的大腿像是两排刀口的锯齿的话,那么它的小腿可以说是两排刀口的锯子。生长在小腿上的锯齿要比长在大腿上的多很多。而且,小腿上的锯齿和大腿上的有一些不太相同的地方。小腿锯齿的末端还生长着尖利锐的很硬的钩子,这些小钩子就像金针一样。除此以外,锯齿上还长着一把有着双面刃的刀,就好像那种成弯曲状的修理各种花枝用的剪刀一样。

　　对于这些小硬钩,我有着许多不堪回首的记忆。每次想到它们,都有一种难受的感觉。记得从前曾经有过许多次这样的经历。在我到野外去捕捉螳螂的时候,经常遭到这个小动物的强有力的自我保护与还击,总是捉它不成,反过来倒中了这个小东西的十分厉害的"暗器",被它抓住了手。而且,它总是抓得很牢,不轻易松开,让我自己无法从中解脱出来,只有想其他的方法,请求别人前来相助,帮我摆脱它的纠缠。所以,在我们这种地方,或许再也没有什么其他的昆虫比这种小小的螳螂更难以对付,更难以捕捉的了。螳螂身上的武器、暗器很多,因此,它在遇到危险的时候,可以选择多种方法来自我保护。比如,它有如针的硬钩,可以用镰钩去钩你的手指;它长有锯齿般的尖刺,可以用它来扎、刺你的手;它还有一对锋利无比、而且十分健壮的大钳子。这对大钳子对你的手有相当的威力,当它挟住你的手时,那滋味儿可不太好受啊!综上所述,这种种有杀伤力的方法,让你很难对付它。要想活捉这个小动物,还真得动一番脑筋,费一番周折呢!否则,捉住它将是不可能的。这个小东西不知要比人类小多少倍,但却能威胁住人类。

平时,在它休息、不活动的时候,这个异常勇猛的捕捉其他昆虫的机器,只是将身体蜷缩在胸坎处,看上去,似乎特别的平和,不至于有那么大的攻击性,甚至会让你觉得,这个小动物简直是一只热爱祈祷的温和的小昆虫。但是,它可不总是这样的,否则的话,它身上具备的那些进攻、防卫的武器也就派不上什么用场了。只要是有其他的昆虫从它们的身边经过,无论是什么样的昆虫,也无论它们是无意路过,还是有意地侵袭,螳螂的那副祈祷和平的相貌便会一下子烟消云散了。这个刚才还是蜷缩着休息的小动物,立刻便伸展开它身体的三节,于是,那个可怜的路过者,还没有完全反应过来,便已糊里糊涂地成了螳螂利钩之下的俘虏了。它被重压在螳螂的两排锯齿之间,移动不得。然后,螳螂很有力地把钳子夹紧,一切战斗就都结束了。无论是蝗虫,还是蚱蜢,或者甚至是其他更加强壮的昆虫,都无法逃脱这四排锋利的锯齿的宰割。于是,一旦被捉,只好束手就擒了。它可真是个了不得的杀虫机器。

假如你想到原野里面去详尽地研究、观察螳螂的习性,那几乎是不可能的。因此,也就不得不把螳螂拿到室内来进行观察、分析和研究。如果把螳螂放在一个用铜丝盖住的盆里面,再往盆里加上一些沙子,那么,这只螳螂将会生活得十分快乐和满意。我所要做的,只是提供给它充足而又新鲜的食物就可以了。有了它必需的食品,它会生活得更满意。因为我想要做一些试验,测量一下螳螂的筋力究竟能够有多大,所以,我不仅仅是提供一些活的蝗虫或者是活的蚱蜢给螳螂吃,同时,还必须供给它一些最大个儿的蜘蛛,以使它的身体更加强壮。至于我的观察、研究,以下便是在我做了上述工作以后,所观察到的情形。

有这样一只不知危险、无所畏惧的灰颜色的蝗虫,朝着那只螳螂迎面跳了过去。后者,也就是那只螳螂,立刻表现出异常愤怒的态度,接着,反应十分迅速地做出了一种让人感到特别诧异的姿势,使得那只本来什么也不怕的小蝗虫,此时此刻也充满了恐惧感。螳螂表现出来的这种奇怪的面相,我敢肯定,你从来也没有见过到。螳螂把它的翅膀极度地张开,它的翅竖了起来,并且直立得就好像船帆一样。翅膀竖在它的后背上,螳螂将身体的上端弯曲起来,样子很像一根弯曲着手柄的拐杖,并且不时地上下起落着。不光是动作奇特,与此同时,它还会发出一种声音。那声音特别像毒蛇喷吐气息时发出的声响。螳螂把自己的整个身体全都放置在后足的上面。显然,它已经摆出了一副时刻迎接挑战的姿态。因为,螳螂已经把身体的前半部完全都竖起来了,那对随时准备东挡西杀的前臂也早已张了开来,露出了那种黑白相间的斑点。这样一种姿势,谁能说不是随时备战的姿势呢?

螳螂在做出这种令谁都惊奇的姿势之后,一动不动,眼睛瞄准它的敌人,死死盯住它的俘虏,准备随时上阵,迎接激烈的战斗。哪怕那只蝗虫轻轻地、稍微移动一点位置,螳螂都会马上转动一下它的头,目光始终不离开蝗虫。螳螂这种死死的盯人战术,其目的是很明显的,主要就是利用对方的惧怕心理,再继续把更大的惊恐纳入这个不久以后就将成为牺牲者的对手心灵深处,造成"火上加油"的效果,给对手施加更重的压力。螳螂希望在战斗未打响之前,就能让面前的敌人因恐惧心理而陷于不利地位,达到使其不战自败的目的。因此,螳螂现在需要虚张声势一番,假装什么凶猛的怪物的架势,利用心理战术,和面前的敌人进行周旋。螳螂真是个心理专家啊!

看起来,螳螂的这个精心安排设计的作战计划是完全成功的。那个开始天不怕、地不怕的小蝗虫果然中了螳螂的妙计,真的是把它当成什么凶猛的怪物了。当蝗虫看到螳螂的这副奇怪的样子以后,当时就有些吓呆了,紧紧地注视着面前的这个怪里怪气的家伙,一动也不动,在没有弄清来者是谁之前,它是不敢轻易地向对方发起什么攻势的。这样一来,一向善于蹦来跳去的蝗虫,现在,竟然一下子不知所措了,甚至连马上跳起来逃跑也想不起来了。已经慌了神儿的蝗虫,完全把"三十六计,走为上策"这一招儿忘到脑后去了。可怜的小蝗虫害怕极了,怯生生地伏在原地,不敢发出半点声响。生怕稍不留神,便会命丧黄泉,在它最害怕的时候,它甚至莫明其妙地向前移动,靠近了螳螂。它居然如此地恐慌,到了自己要去送死的地步。看来螳螂的心理战术是完全成功了。

当那个可怜的蝗虫移动到螳螂刚好可以碰到它的时候,螳螂就毫不客气,一点儿也不留情地立刻动用它的武器,用它那有力的"掌"重重地击打那个可怜虫,再用那两条锯子用力地把它压紧。于是,那个小俘虏无论怎样顽强抵抗,也无济于事了。接下来,这个残暴的魔鬼胜利者便开始咀嚼它的战利品了。它肯定是会感到十分得意的。就这样,像秋风扫落叶一样地对待敌人,是螳螂永不改变的信条。

在蜘蛛捕捉食物、降服敌人的时候,它通常采取的办法是:首先,一上来便先发制人,猛烈地刺击敌人的颈部,让它中毒。这样做的好处是对手中了毒,自然也就没有了力气,也就不能继续抵抗防卫了。先下手为强嘛!与此相同的,螳螂在攻击蝗虫的时候,也是首先重重地、不留情面地击打对方的颈部。受了一顿狂轰滥炸的痛揍之后,再加上先前万分的恐惧,蝗虫的运转能力逐渐下降,动作慢慢地迟缓下来。也许是已经被打蒙了的原因吧。这种办法既有效又非常的实用。螳螂就是利用这种办法,屡屡取得战斗的胜利。无论是杀伤并食用和它一样大小的动物,还是对付比自己还要大一些的昆虫,这种办法都是十分有效的。不过,最让人感到奇怪的,就是这么一只小个儿的昆虫,竟然是一种十分贪吃的动物,能吃掉这么多的食物。

那些爱掘地的黄蜂们,算得上是螳螂的美餐之一了,因此常常受到螳螂的光顾。螳螂经常出没于黄蜂的地穴附近。因此,在黄蜂的窠巢近区看到螳螂的身影屡屡出现,便不足为奇了。螳螂总是埋伏在蜂窠的周围,等待时机,特别是那种能获得双重报酬的好机会。为什么说是双重报酬呢?原来,有的时候,螳螂等待的不仅仅是黄蜂本身,因为黄蜂自己的身上常常也会携带一些属于它自己的俘虏。这样一来,对于螳螂而言,不就是双份的俘虏,双重报酬了吗?不过,螳螂并不总是这么走运的,也有不太幸运的时候。有时,它也会常常什么都等不到,竟无功而返。主要原因是,黄蜂已经有所疑虑,从而有所戒备了,方让螳螂失望而归。但是,也有个别掉以轻心者虽已发觉但仍不当心的,被螳螂看准时机,一举将其抓获。这些命运悲惨的黄蜂为什么会遭到螳螂的毒手呢?因为,有一些刚从外面回家的黄蜂,它们振翅飞来,有一些粗心大意,对早已埋伏起来的敌人毫无戒备。当突然发觉大敌当前时,会被猛地吓了一跳,心里会稍稍迟疑一下,飞行速度忽然减慢下来。但是,就在这千钧一发的关键时刻,螳螂的行动简直是迅雷不及掩耳。于是,黄蜂一瞬间便坠入那个两排锯齿的捕捉器中——即螳螂的前臂和上臂的锯齿之中了。螳螂就是这样出其不备,以快制胜的。接下来,那个不幸的牺牲者就会被胜利者一口一口地蚕食掉。又成了螳螂的一顿美餐。

记得有一次,我曾看见过这样有趣的一幕。有一只黄蜂,刚刚俘获了一只蜜蜂,并把它带回到自己的储藏室里,正在享用这只蜜蜂体内的蜜汁。不料,正在它吃得高兴的时候,遭到了一只凶悍的螳螂的突然袭击。它无力还击,便束手就擒了。这只黄蜂正在吃蜜蜂的嗉袋里储藏的蜜,但是螳螂的双锯,在不经意中,竟然有力地夹在了它的身上。可是,就是在这种被俘虏的关键时刻,无论怎样的惊吓、恐怖和痛苦,竟然不能让这只贪吃的小动物停止继续吸食蜜蜂体内的蜜汁。它依然在舔食着那芬香诱人的蜜汁。这真是太奇

异了,真是人为财死,鸟为食亡啊!

螳螂,这样一种凶狠恶毒、有如魔鬼一般的小动物,它的食物的范围并不仅仅局限于其他种类的所有昆虫。螳螂的气概虽然特别神圣,但是,或许你想不到,因为这实在是让人不可思议。事实上,螳螂还是一种自食其同类的动物呢。也就是说,螳螂是会吃螳螂的,吃掉自己的兄弟姐妹。而且,在它吃的时候,面不改色,心不跳,十分泰然自若,那副样子,简直和它吃蝗虫、吃蚱蜢的时候一模一样,仿佛这是天经地义的事情。并且,与此同时,围绕在食同类的螳螂旁边围观的观众们,也没有任何反应,没有任何抵抗的行动。不仅如此,这些观众还纷纷跃跃欲试,时刻准备着,一旦有了机会,它们也会做同样的事情,也同样地毫不在乎,仿佛顺理成章似的。然而在事实上,螳螂甚至还具有食用它丈夫的习性。这可真让人吃惊!在吃它的丈夫的时候,雌性的螳螂会咬住它丈夫的头颈,然后一口一口地吃下去。最后,剩余下来的只是它丈夫的两片薄薄的翅膀而已。这真人难以置信。

螳螂真的是比狼还要狠毒十倍啊!听说,即便是狼,也不吃它们的同类。那么,螳螂真的是很可怕的动物了!

### 作品简析

本文描写的是一种常见的昆虫——螳螂,不起眼的螳螂在作者笔下竟被刻画得如此不同凡响,这要归功于作者对昆虫细致入微的观察和精到传神的语言。文章详细介绍了螳螂猎食的工具、螳螂的主要食物和螳螂猎食的过程,它就像是一篇动物故事,有时间、地点、主人公,还有肖像描写、心理描写和动作描写,为读者生动地再现了这个昆虫界冷面杀手的形象。

## 蜣螂滚球

蜣螂第一次被人们谈到,是在过去的六七千年以前。古代埃及的农民,在春天灌溉农田的时候,常常看见一种肥肥的黑色的昆虫从他们身边经过,忙碌地向后推着一个圆球似的东西。他们当然很惊讶地注意到了这个奇形怪状的旋转物体,像今日布罗温司的农民那样。

从前埃及人想象这个圆球是地球的模型,蜣螂的动作与天上星球的运转相合。他们以为这种甲虫具有这样多的天文学知识,因而是很神圣的,所以他们叫它"神圣的甲虫"。同时他们又认为,甲虫抛在地上滚的球体,里面装的是卵子,小甲虫是从那里出来的。但是事实上,这仅是它的食物储藏室而已。里面并没有卵子。

这圆球并不是什么可口的食品。因为甲虫的工作,是从土面上收集污物,这个球就是它把路上与野外的垃圾,很仔细地搓卷起来形成的。

做成这个球的方法是这样的:在它扁平的头的前边,长着六只牙齿,它们排列成半圆形,像一种弯形的钉耙,用来掘割东西。甲虫用它们抛开它所不要的东西,收集起它所选拣好的食物。它的弓形的前腿也是很有用的工具,因为它们非常的坚固,而且在外端也长有五颗锯齿。所以,如果需要很大的力量去搬动一些障碍物,甲虫就利用它的臂。它左右转动它有齿的臂,用一种有力的扫除法,扫出一块小小的面积。于是,在那堆集起了它所耙集来的材料。然后,再放到四支爪之间去推。这些腿是长而细的,特别是最后的一对,形状略弯曲,前端还有尖的爪子。甲虫再用这后腿将材料压在身体下,搓动、旋转,使它成为一个圆球形。一会儿,一粒小丸就增到胡桃那么大,不久又大到像苹果一样。我曾见到有些贪吃的家伙,把圆球做到拳头那么大。

食物的圆球做成后,必须搬到适当的地方去。于是甲虫就开始旅行了。它用后腿抓紧这个球,再用前腿行走,头向下俯着,臀部举起,向后退着走。把在后面堆着的物件,轮流向左右推动。谁都以为它要拣一条平坦或不很倾斜的路走。但事实并非如此!它总是走险峻的斜坡,攀登那些简直不可能上去的地方。这固执的家伙,偏要走这条路。这个球,非常的重,一步一步艰苦地推上,万分留心,到了相当的高度,而且它常还是退着走的。只要有一些不慎重的动作,劳力就全白费了:球滚落下去,连甲虫也被拖下来了。再爬上去,结果再掉下来。它这样一回又一回地向上爬,一点儿小故障,就会前功尽弃,一根草根能把它绊倒,一块滑石会使它失足。球和甲虫都跌下来,混在一起,有时经过一、二十次的继续努力,才得到最后的成功。有时直到它的努力成为绝望,才会跑回去另找平坦的路。

有的时候,蜣螂好像是一个善于合作的动物,而这种事情是常常发生的。当一个甲虫的球已经做成,它离开它的同类,把收获品向后推动。一个将要开始工作的邻居,看到这种情况,会忽然抛下工作,跑到这个滚动的球边上来,帮球主人一臂之力。它的帮助当然是值得欢迎的。但它并不是真正的伙伴,而是一个强盗。要知道自己做成圆球是需要苦工和忍耐力的!而偷一个已经做成的,或者到邻居家去吃顿饭,那就容易多了。有的贼甲虫,用很狡猾的手段,有的简直施用武力呢!

有时候,一个盗贼从上面飞下来,猛地将球主人击倒。然后它自己蹲在球上,前腿靠近胸口,静待抢夺的事情发生,预备互相争斗。如果球主人起来抢球,这个强盗就给它一拳,从后面打下去。于是主人又爬起来,推摇这个球,球滚动了。强盗也许因此滚落。那么,接着就是一场角力比赛。两个甲虫互相扯扭着,腿与腿相绞,关节与关节相缠,它们角质的甲壳互相冲撞、摩擦,发出金属互相摩擦的声音,胜利的甲虫爬到球顶上,贼甲虫失败几回被驱逐后,只有跑开去重新做自己的小弹丸。有几回,我看见第三个甲虫出现,像强盗一样抢劫这个球。

但也有时候,贼竟会牺牲一些时间,利用狡猾的手段来行骗。它假装帮助这个被驱者搬动食物,经过生满百里香的沙地,经过有深车轮印和险峻的地方,但实际上它用的力却很少,它做的大多只是坐在球顶上观光,到了适宜于收藏的地点,主人就开始用它边缘锐利的头,有齿的腿向下开掘,把沙土抛向后方,而这贼却抱住那球假装死了。土穴越掘越深,工作的甲虫看不见了。即使有时它到地面上来看一看,球旁睡着的甲虫一动不动,觉得很安心。但是主人离开的时间久了,那贼就乘这个机会,很快地将球推走,同小偷怕被人捉住一样快。假使主人追上了它——这种偷盗行为被发现了——它就赶快变更位置,看起来好像它是无辜的,因为球向斜坡滚下去了,它仅是想止住它啊!于是两个"伙伴"又将球搬回,好像什么事情都没有发生一样。

假使那贼安然逃走了,主人艰苦做起来的东西,只有自认倒霉。它揩揩颊部,吸点空气,飞走,重新另起炉灶。我颇羡慕而且忌妒它这种百折不挠的品质。

最后,它的食品才平安地储藏好了。储藏室是在软土或沙土上掘成的土穴。做得如拳头般大小,有短道通往地面,宽度恰好可以容纳圆球。食物推进去,它就坐在里面,进出口用一些废物塞起来,圆球刚好塞满一屋子,看馔从地面上一直堆到天花板。在食物与墙壁之间留下一个很窄的小道,设筵人就坐在这里,至多两个,通常只是自己一个。神圣甲虫昼夜宴饮,差不多一个礼拜或两个礼拜,没有一刻停止过。

### 作品简析

这是一篇科普说明文,作者却以童话的形式有趣地呈现,蜣螂在推粪球的过程中,如何克服困难,语言生动活泼,故事情节跌宕起伏,扣人心弦,使蜣螂一下子成了我们眼中会说、会笑、会唱、会跳的小精灵,不但激发起了我们的阅读兴趣和想象力,更让我们发现了大自然中蕴含着的各种科学真理,同时还培养了我们对大自然的热爱之情。

## 亚米契斯

### 作者简介

亚米契斯(1846—1908),原名爱德蒙多·德·亚米契斯,意大利因佩里亚人,著名儿童文学家。亚米契斯少年时于都灵就学,16岁加入摩德纳军事学院,开始他的军旅生涯。亚米契斯著有《爱的教育》,一部采用日记体的小说,情感丰富且文笔优美,全书共100篇文章,主要由三部分构成:意大利四年级小学生安利柯的十个月日记;他的父母在他日记本上写的劝诫启发性的文章以及十则老师在课堂上宣读的小故事,其中《少年笔耕》、《寻母三千里》等段落尤为知名。

### 课文回顾

《卡罗纳》是四年级上册(人教版)语文课本中的课文。主人公卡罗纳是不幸的,因为他的母亲去世了。可他又是幸运的,因为他得到了老师、同学和同学家长更多的关爱。

## 卡 罗 纳

卡罗纳的母亲病得很厉害,卡罗纳很多天没来上学了。昨天上午,我们刚走进教室,老师就对大家说:"卡罗纳的母亲去世了,这个可怜的孩子遭到了巨大的不幸。他明天要来上课,孩子们,你们要庄重严肃,热情地对待他。任何人都不许跟他开玩笑,不许在他面前放声大笑!"

今天上午,可怜的卡罗纳来到了学校。他面容灰白,眼睛哭红了,两腿站不稳,好像他自己也大病了一场似的。我心里不由得泛起一阵同情和怜悯,大家都屏息凝神地望着他。

卡罗纳走进教室,突然放声大哭起来。他一定是想起了往日的情景。那时候,母亲差不多每天都来接他;要考试了,母亲总是俯下身来向他千叮咛万嘱咐。老师把卡罗纳拉到自己胸前,对他说:"哭吧,痛痛快快地哭吧,可怜的孩子!但你要坚强!你母亲已不在这个世界上了,但她能看见你,她依然爱着你,她还生活在你身边。孩子,你要坚强哟!"

老师说完,卡罗纳回到座位上,挨着我坐下。卡罗纳翻开书,当他看到一幅母亲拉着儿子的手的插图时,突然双手抱住脑袋,趴在桌子上号啕大哭。老师暗示大家暂时别管他,开始上课。我本想跟他说几句话,但不知说什么才好,就把一只手放在他的肩膀上,脸贴在他的耳朵上,对他说:"卡罗纳,别哭了。"

他什么也没说,也没有抬起头来,只是把他的手放在我的手上。

放学的时候,大家围在他身边,谁都没有说话,只用关切的目光默默地看着他。

我看见母亲在等我,跑过去扑进她的怀抱。母亲把我推开了,她目不转睛地望着卡罗纳。当时我并不明白母亲的用意。过了一会儿,我发现卡罗纳独自站在一边端详着我,他的目光里充满着无法形容的悲哀,那神情仿佛在说:"你可以拥抱妈妈,我却再也不能了。"

我恍然大悟,没去拉母亲的手,却拉起卡罗纳的手,和他一块儿回家去。

## 作品简析

课文讲述的是小男孩卡罗纳在遭遇失去母亲的巨大不幸时,身边的人真诚地理解他,热情地安慰他,默默地关爱他。更甚至小作者的母亲不让他扑进自己的怀抱,只怕卡罗纳看见了会因为想起自己的妈妈而伤心,她想得是那么的周到!而小作者心领神会,拉着卡罗纳的手一起走,他又是那么的懂事!我们可以从平凡而细腻的笔触中体会到近乎完美的亲子之爱,师生之情,朋友之谊……文章所蕴含散发出那种深厚的情感力量是那么浓郁。如果我们人与人之间多一点理解,多一点关怀,我们的社会一定是和谐的,美好的!

## 拓展阅读

# 爱的教育(节选)

### 始业日 十七日

今天开学了,乡间的三个月,梦也似的过去,又回到了这丘林的学校里来了。早晨母亲送我到学校里去的时候,心还一味想着在乡间的情形哩,不论哪一条街道,都充满着学校的学生们;书店的门口呢,学生的父兄们都拥挤着在那里购买笔记簿、书袋等类的东西;校役和警察都拼命似的想把路排开。到了校门口,觉得有人触动我的肩膀,原来这就是我三年级时候的先生,是一位头发赤而卷拢、面貌快活的先生。先生看着我的脸孔说:"我们不再在一处了!安利柯!"

这原是我早已知道的事,今天被先生这么一说,不觉重新难过起来了。我们好容易地到了里面,许多夫人、绅士、普通妇人、职工、官吏、女僧侣、男用人、女用人,都一手拉了小儿,一手抱了成绩簿,挤满在接待所楼梯旁,嘈杂得如同戏馆里一样。我重新看这大大的休息室的房子,非常欢喜,因为我这三年来,每日到教室去都穿过这室。我的二年级时候的女先生见了我:"安利柯!你现在要到楼上去了!要不走过我的教室了!"

说着,恋恋地看我。校长先生被妇人们围绕着,头发好像比以前白了。学生们也比夏天的时候长大强壮了许多。才来入一年级的小孩们不愿到教室里去,像驴马似的倔强,勉强拉了进去,有的仍旧逃出,有的因为找不着父母,哭了起来。做父母的回了进去,有的诱骗,有的叱骂,先生们也弄得没有法子了。

我的弟弟被编入在名叫代尔卡谛的女先生所教的一组里。午前十时,大家进了教室,我们的一级共五十五人。从三年级一同升上来的只不过十五六人,惯得一等奖的代洛西也在里面。一想起暑假中跑来跑去游过的山林,觉得学校里暗闷得讨厌。又忆起三年级时候的先生来:那是常常对着我们笑的好先生,是和我们差不多大的先生。那个先生的红而卷拢的头发已不能看见了,一想到此,就有点难过。这次的先生,身材高长,没有胡须,长长地留着花白的头发,额上皱着直纹,说话大声,他瞪着眼一个一个地看我们的时候,眼光竟像要透到我们心里似的。而且还是一位没有笑容的先生。我想:"唉!一天总算过去了,还有九个月呢!什么用功,什么月试,多讨厌呀!"

一出教室,恨不得就看见母亲,飞跑到母亲面前去吻她的手。母亲说:"安利柯啊!要用心哦!我也和你们用功呢!"

我高高兴兴地回家了。可是因为那位亲爱快活的先生已不在,学校也不如以前的有趣味了。

### 我们的先生　十八日

从今天起,现在的先生也可爱起来了。我们进教室去的时候,先生已在位子上坐着。先生前学年教过的学生们都从门口探进头来和先生招呼。"先生早安!""配巴尼先生早安!"大家这样说着。其中也有走进教室来和先生匆忙地握手就出去的。可知大家都爱慕这先生,今年也想仍请他教。先生也说着"早安!"去拉学生伸着的手,却是不看学生的脸。和他们招呼的时候,虽也现出笑容,额上皱纹一蹙,脸孔就板起来,并且把脸对着窗外,注视着对面的屋顶,好像他和学生们招呼是很苦的。完了以后,先生又把我们一一地注视,叫我们默写,自己下了讲台在桌位间巡回。看见有一个面上生着红粒的学生,就让他中止默写,两手托了他的头查看,又摸他额,问他有没有发热。这时先生后面有一个学生乘着先生不看见,跳上椅子玩起洋娃娃来。恰好先生回过头去,那学生就急忙坐下,俯了头预备受责。先生把手按在他的头上,只说:"下次不要再做这种事了!"另外一点没有什么。

默写完了,先生又沉默了,看着我们好一会儿,用粗大的亲切的声音这样说:

"大家听我!我们从此要同处一年,让我

们好好地过这一年吧!大家要用功,要规矩。我没有一个家属,你们就是我的家属。去年以前,我还有母亲,母亲死了以后,我只有一个人了!你们以外,我没有别的家属在世界上,除了你们,我没有可爱的人!你们是我的儿子,我爱你们,请你们也欢喜我!我一个都不愿责罚你们,请将你们的真心给我看看!请你们全班成为一家,给我慰藉,给我荣耀!我现在并不要你们用口来答应我,我确已知道你们已在心里答应我,'愿意'了。我感谢你们。"

这时校役来通知放学,我们很静很静地离开座位。那个跳上椅子的学生走到先生的身旁,抖抖索索地说:"先生!饶了我这次!"先生用嘴亲着他的额说:"快回去!好孩子!"

### 灾难　二十一日

本学年开始就发生了意外的事情。今晨到学校去,我和父亲正谈着先生所说的话。忽然见路上人满了,都奔入校门去。父亲就说:"有了什么意外的事了?学年才开始,真不凑巧!"

好容易,我们进了学校,人满了,大大的房子里充满着儿童和家属。听见他们说:"可怜啊!洛佩谛!"从人山人海中,警察的帽子看见了,校长先生的光秃秃的头也看见了。接着又走进来了一个戴着高冠的绅士,大家说:"医生来了!"父亲问一个先生:"究竟怎么了?"先生回答说:"被车子轧伤了!""脚骨碎了!"又一先生说。原来是洛佩谛,是二年级的学生。上学来的时候,有一个一年级的小学生忽然离开了母亲的手,倒在街上了。这时,街车正往他倒下的地方驶来。洛佩谛眼见这小孩将被车子轧伤,大胆地跳了过去,把他拖救出来。不料他来不及拖出自己的脚,被车子轧伤了自己。洛佩谛是个炮兵大尉的儿子。正在听他们叙述这些话的时候，突然有一个妇人发狂似的奔到，从人堆里挣扎进来，这就是洛佩谛的母亲。另一个妇人同时跑拢去，抱了洛佩谛的母亲的头颈啜泣，这就是被救出的小孩的母亲。两个妇人向室内跑去，我们在外边可以听到她们"啊！洛佩谛呀！我的孩子呀"的哭叫声。

立刻，有一辆马车停在校门口。校长先生抱了洛佩谛出来。洛佩谛把头伏在校长先生肩上，脸色苍白，眼睛闭着。大家都静默了，洛佩谛母亲的哭声也听得出了。不一会儿，校长先生将抱在手里的受伤的人给大家看，父兄们、学生们、先生们都齐声说："洛佩谛！好勇敢！可怜的孩子！"靠近一点的先生学生们都去吻洛佩谛的手。这时洛佩谛睁开他的眼说："我的书包呢？"被救的孩子的母亲拿书包给他看，流着眼泪说："让我拿吧，让我替你拿去吧。"洛佩谛的母亲脸上现出微笑。这许多人出了门，很小心地把洛佩谛载入马车。马车就慢慢地驶去，我们都默默地走进教室。

## 格拉勃利亚的小孩　二十二日

洛佩谛到底做了非拄了杖不能行走的人了。昨日午后，先生正在说这消息给我们听的时候，校长先生领了一个陌生的小孩到教室里来。那是一个黑皮肤、浓发、大眼而眉毛浓黑的小孩。校长先生将这小孩交给先生，低声地说了一二句什么话就出去了。小孩用了他黑而大的眼看着室中一切，先生携了他的手向着我们：

"你们大家应该欢喜。今天有一个从五百英里以外的格拉勃利亚的莱奇阿地方来的意大利小孩进了这学校了。因为是远道来的，请你们要特别爱这同胞。他的故乡很有名，是意大利名人的产生地，又是产生强健的劳动者和勇敢的军人的地方，也是我国风景区之一。那里有森林，有山岳，住民都富于才能和勇气。请你们亲爱地对待这小孩，使他忘记自己是离了故乡的，使他知道在意大利，无论到何处的学校里都是同胞。"

先生说着，在意大利地图上指格拉勃利亚的莱奇阿的位置给我们看，又用了大声叫："尔耐斯托·代洛西！"——他是每次都得一等赏的学生——代洛西起立了。

"到这里来！"先生说了，代洛西就离了座位走近格拉勃利亚小孩面前。

"你是级长。请对这新学友致欢迎辞！请代表譬特蒙脱的小孩，表示欢迎格拉勃利亚的小孩！"

代洛西听见先生这样说，就抱了那小孩的头颈，用了响亮的声音说："来得很好！"格拉勃利亚小孩也热烈地吻代洛西的颈。我们都拍手喝彩。先生虽然说："静些静些！在教室内不可以拍手！"而自己也很欢喜。格拉勃利亚小孩也欢喜。一等到先生指定了座位，那个小孩就归座了。先生又说：

"请你们好好记着我方才的话。格拉勃利亚的小孩到了丘林，要同住在自己家里一样。丘林的小孩到了格拉勃利亚，也应该毫不觉得寂寞。实对你们说，我国为此曾打了五十年的仗，有三万的同胞为此战死。所以你们大家要互相敬爱。如果有谁因为他不是本地人，对这新学友无礼，那就没有资格来见我们的三色旗！"

格拉勃利亚小孩归到座位。和他邻席的学生有送他钢笔的，有送他画片的，还有送他瑞士的邮票的。

## 同窗朋友　十五日

送邮票给格拉勃利亚小孩的，就是我所最欢喜的卡隆。他在同级中身躯最高大，年十四岁，是个大头宽肩笑起来很可爱的小孩，却已有大人气。我已认识了许多同窗的友人,有一个名叫可莱谛的我也欢喜。他着了茶色的裤子,戴了猫皮的帽,常说有趣的话。父亲是开柴店的,一八六六年曾在温培尔脱亲王部下打过仗,据说还拿到三个勋章呢。有个名叫耐利的,可怜是个驼背,身体很弱,脸色常是青青的。还有一个名叫华梯尼的,他时常穿着漂亮的衣服。在我的前面,有一个绰号叫作"小石匠"的,那是石匠的儿子,脸孔圆圆的像苹果,鼻头像个小球,能装兔子的脸,时常装着引人笑。他戴着破絮样的褴褛的帽子,常常将帽子像手帕似的叠了藏在口袋里。坐在"小石匠"旁边的是一个叫作卡洛斐的瘦长、老鹰鼻、眼睛特别小的孩子。他常常把钢笔、火柴空盒等拿来做买卖,写字在手指甲上,做种种狡猾的事。还有一个名叫卡罗·诺琵斯的高傲的少年绅士。这人的两旁有两个小孩,我看是一对。一个是铁匠的儿子,穿了齐膝的上衣,脸色苍白得好像病人,对什么都胆怯,永远没有笑容。一个是赤发的小孩,一只手有了残疾,挂牢在项颈里。听说他的父亲到亚美利加去了,母亲走来走去卖着野菜呢。靠我的左边,还有一个奇怪的小孩,他名叫斯带地,身材短而肥,项颈好像没有一样,他是个乱暴的小孩,不和人讲话,好像什么都不知道,可是先生的话,他总目不转睛地蹙了眉头、闭紧了嘴听着。先生说话的时候,如果有人说话,第二次他还忍耐着,一到第三次,他就要愤怒起来顿脚了。坐在他的旁边的是一个毫不知顾忌的相貌狡猾的小孩,他名叫勿兰谛,听说曾在别的学校被除了名的。此外还有一对很相像的兄弟,穿着一样的衣服,戴着一样的帽子。这许多同窗之中,相貌最好最有才能的,不消说要算代洛西了。今年他大概还是要得第一的。我却爱铁匠的儿子,那像病人似的泼来可西。据说他父亲常要打他,他非常老实,和人说话的时

候,或偶然触犯别人的时候,他一定要说"对不住",他常用了亲切而悲哀的眼光看人。至于最长大的和最高尚的,却是卡隆。

## 义侠的行为　二十六日

卡隆的为人,你看了今日的事情就明白了。我因为二年级时候的女先生来问我何时在家,到校稍迟,入了教室,先生还未来。一看,三四个小孩聚在一处,正在戏弄那赤发的一手有残疾的卖野菜人家的孩子克洛西。有的用三角板打他,有的把栗子壳向他的头上投掷,说他是"残废者",是"鬼怪",还将手挂在项颈上装他的样子给他看。克洛西一个人坐在位子里,脸色都苍白了,眼光看着他们,好像说"饶了我吧"。他们见克洛西如此,越加得了风头,越加戏弄他。克洛西终于怒了,红了脸,身子都发震了。这时那个脸很讨厌的勿兰谛忽然跳上椅子,装出克洛西母亲挑菜担的样子来。克洛西的母亲因为要接克洛西回家,时常到学校里来的,现在听说正病在床上。许多学生都知道克洛西的母亲,看了勿兰谛装的样子,大家笑了起来。克洛西大怒,突然将摆在那里的墨水瓶对准了勿兰谛掷去。勿兰谛很敏捷地避过,墨水瓶恰巧打着了从门外进来的先生的胸部。

大家都逃到座位里,怕得不做一声。先生变了脸色,走到教桌的旁边,用严厉的声音问:"谁?"一个人都没有回答。先生更高了声说:"谁?"

这时,卡隆好像可怜了克洛西,忽然起立,态度很坚决地说:"是我!"先生眼盯着卡隆,又看看呆着的学生们,静静地说:"不是你。"

过了一会儿,又说:"决不加罚,投掷者起立!"

克洛西起立了,哭着说:"他们打我,欺侮我。我气昏了,不知不觉就把墨水瓶投过

去了。"

"好的！那么欺侮他的人起立！"先生说了，四个学生起立了，把头低着。

"你们欺侮了无罪的人了！你们欺侮了不幸的小孩，欺侮弱者了！你们做了最无谓、最可耻的事了！卑怯的东西！"

先生说着，走到卡隆的旁边，将手摆在他的腮下，托起他偏下的头来，注视了他的眼说："你的精神是高尚的！"

卡隆附拢先生的耳，不知说些什么。先生突然向着四个犯罪者说："我饶恕你们。"

……

## 好友卡隆　四日

虽只两天的休假，我好像已有许多日子不见卡隆了。我愈和卡隆熟悉，愈觉得他可爱。不但我如此，大家都是这样。只有几个高傲的人嫌恶卡隆，不和他讲话，因为卡隆一向不受他们的压制。那大的孩子举起手来正要打幼小的孩子的时候，幼小的只要一叫"卡隆"，那大的就会缩回手去的。卡隆的父亲是铁道的司机。卡隆小时有过病，所以入学已迟，在我们一级里身材最高，气力也最大。他能用一手举起椅子来；常常吃着东西；为人很好，人有请求他，不论铅笔、橡皮、纸、小刀，都肯借给或赠予。上课时，不言不笑不动，石头般地安坐在狭小的课椅上，两肩上装着大大的头，把背脊向前屈着。我看他的时候，他总半闭了眼给笑脸我看，好像在那里说："喂，安利柯，我们大家做好朋友啊！"我一见卡隆总是要笑起来。他身子又长，肩膀又阔，上衣、裤子、袖子都太小太短；至于帽子，小得差不多要从头上落下来；外套露出绽缝，皮靴是破了的，领带时常搓扭得成一条线。他的相貌，一见都使人喜欢，全级中谁都欢喜和他并座。他算术很好，常用红皮带束了书本拿着。他有一把螺钢镶柄的大裁纸刀，这是去年陆军大操的时候，他在野外拾得的。他有一次因这刀伤了手，几乎把指骨都切断了。不论人家怎样嘲笑他，他都不发怒，但是当他说着什么的时候，如果有人说他"这是说谎"，那就不得了了：他立刻火冒起来，眼睛发红，一拳打下来，可以击破椅子。有一个星期六的早晨，他看见二年级里有一小孩因失掉了钱，不能买笔记簿，立在街上哭，他就把钱给那小孩。他在母亲的生日，费了三天工夫，写了一封有八页长的信，纸的四周还画了许多装饰的花样。先生常目注着他，从他旁边走过的时候，时常用手轻轻地去拍他的后颈，好像爱抚柔和的小牛的样子。我真欢喜卡隆。当我握着他那大手的时候，那种欢喜真是非常！他的手和我的相比，就像大人的手了。我的确相信：卡隆真是能牺牲自己的生命而救助朋友的人。这种精神，从他的眼光里很显明地可以看出。从他那粗大的喉音中，谁都可以听辨出他所含有的优美的真情。

## 卖炭者与绅士　七日

昨天卡罗·诺琵斯向培谛说的那样的话，如果是卡隆，决不会说的。卡罗·诺琵斯因为他父亲是上等人，很是高傲。他的父亲是个长身有黑须的沉静的绅士，差不多每天早晨都要伴着诺琵斯到学校里来。昨天，诺琵斯和培谛相骂了。培谛年纪顶小，是个卖炭者的儿子。诺琵斯因为自己的理错了，无话可辩，就说："你父亲是个叫化子！"培谛气得连发根都红了，不作声，只欷欷地流着眼泪。好像后来他回去向父亲哭诉了。午后上课时，他那卖炭的父亲——全身墨黑的矮小的男子就携着他儿子的手到学校里来，把这事告诉了先生。我们大家都默不作声。诺琵斯的父亲照例正在门口替他儿子脱外套，听见有人说起他的名字，就问先生说："什么事？"

"你们的卡罗对这位的儿子说：'你父亲是个叫化子！'这位正在这里告诉这事呢。"先生回答说。

诺琵斯的父亲脸红了起来，问自己的儿子："你曾这样说的吗？"诺琵斯俯了首立在教室中央，什么都不回答。他父亲捉了他的手臂，拉他到培谛身旁，说："快道歉！"

卖炭的好像很对不住他的样子，连连说："不必，不必！"想上前阻止，可是绅士不答应，对他的儿子说："快道歉！照我所说的样子快道歉，'对于你的父亲，说了非常失礼的话，这是我所不该的。请原谅我。让我的父亲来握你父亲的手。'要这样说。"

卖炭的越发现出不安的神情来，好像在那里说"那不敢当"。绅士总不答应。于是诺琵斯俯了头，用断断续续的声音说："对于……你的父亲，……说了……非常失礼的话，这是……我所不该的。请你……原谅我。让我的父亲……来握……你父亲的手。"

绅士把手向卖炭的伸去，卖炭的就握着大摇起来。还把自己的儿子推近卡罗·诺琵斯，叫用两手去抱他。

"从此，请叫他们两个坐在一处。"绅士这样向先生请求。先生就令培谛坐在诺琵斯的位上，诺琵斯的父亲等他们坐好了，才行了礼出去。卖炭的注视着这并坐的两个孩子，沉思了一会儿，走到座位旁，好像要对诺琵斯说什么，好像很依恋，好像很对不起他，终于什么都没有说。他张开了两臂，好像要去抱诺琵斯了，可是也终于没有去抱，只用他那粗大的手指在诺琵斯的额上碰了一碰。等走出门口，还回头向里面一瞥，这才出去。

先生对我们说："今天的事情，大家不要忘掉。因为这可算这学年中最好的教训了。"

### 弟弟的女先生　十日

弟弟病了，他的女教师代尔卡谛先生来探望。原来，卖炭者的儿子，从前是这位先生教过的。先生讲出可笑的故事来，引得我们都笑。两年前，卖炭家小孩的母亲因为儿子得了赏牌，用很大的围身裙满包了炭，拿到先生那里，当作谢礼。先生无论怎样推谢，她终不答应，等拿了回家去的时候，居然大哭了。先生又说，还有一个女人，曾把金钱装入花束中送去过。先生的话使我们听了有趣发笑。弟弟先还无论怎样不肯吃药，这时也好好地吃了。

教导一年级的小孩，多少费力啊！有的牙齿未全，像个老人，发音发不好；有的要咳嗽；有的淌鼻血；有的因为靴子在椅子下面，哭着说"没有了"；有的因钢笔尖头触痛了手叫了起来；有的把习字帖的第一册和第二册掉错了，吵个不休。要教会五十个手没有准的小孩写字，真是一件不容易的事。他们的袋里藏着什么甘草、纽扣、瓶塞、碎瓦片等等的东西，先生要去搜他们的时候，他们甚至会藏到鞋子里去。先生的话，他们是毫不听的。有时窗口里飞进一个苍蝇来，他们就大吵。夏天呢，把草拿进来，有的捉了甲虫往里面放；甲虫在室中东西飞旋，有时落入墨水瓶中，墨水溅污了习字帖。先生代小孩们的母亲替他们整顿衣装；他们手指受了伤，替他们裹绷带；帽子落了，替他们拾起；留心不让他们拿错了外套；用尽了心叫他们不要吵闹。女先生真辛苦啊！可是，学生的母亲们还要来诉说不平：什么"先生，我儿子的钢笔头为什么不见了？"什么"我的儿子一些都不进步，究竟为什么？"什么"我的儿子成绩那样的好，为什么得不到赏牌？"什么"我们配罗的裤子被钉戳破了，你为什么不把那钉去了？"

据说，先生有时受不住小孩的气闹，不觉

举起手来,终于用牙齿咬住了自己的指,把气忍住了。她发了怒以后,非常后悔,就去抚慰方才骂过的小孩。也曾把顽皮的小孩赶出过教室,赶出以后,自己却咽着泪。有时听见家长责罚自己的小孩,不给食物,先生总是很不高兴,要去阻止。

先生年纪真轻,身材高长,衣装整饬,很是活泼,无论做什么事都像弹簧样地敏捷,是个多感而温柔慈爱、容易出眼泪的人。

"孩子们都非常和你亲热呢。"母亲说。

"这原是有的,可是一到学年完结,就大都不顾着我了。他们到要受男先生教的时候,就把受过女先生教育当作羞耻的事了。两年间,那样地爱护了他们,一旦离开,真有点难过。那个孩子是一向亲热我的,大概不会忘记我吧。心里虽这样自忖,可是一到放了假以后,你看!他回到学校里来的时候,我虽'我的孩子,我的孩子'地叫着,走近他去,他却把头向着别处,照也不睬你了哩。"

先生说到这里,暂时闭了口。又抬起她的湿润的眼,吻着弟弟说:"你不是这样的吧?你是不会把头向着别处的吧?你是不会忘记我的吧?"

### 我的母亲　十日

安利柯!当你弟弟的先生来的时候,你对母亲说了非常失礼的话了!像那样的事,不要再有第二次啊!我听见你那话,心里苦得好像针刺!我记得,数年前你病的时候,你母亲恐怕你病不会好,终夜坐在你床前,数你的脉搏,算你的呼吸,担心得至于啜泣。我以为你母亲要发疯了,很是忧虑。一想到此,我对于你的将来,有点恐怖起来。你会对你这样的母亲说出那样不该说的话!真是怪事!那是为要救你一时的痛苦不惜舍去自己一年间的快乐,为要救你生命不惜舍去自己生命的母亲哩。

安利柯啊!你要记着!你在一生中,当然难免要尝种种的艰苦,而其中最苦的一事,就是失了母亲。你将来年纪大了,尝遍了世人的辛苦,必然会几千次地回忆你的母亲来的。一分钟也好,但求能再听听母亲的声音,只一次也好,但求再在母亲的怀里作小儿样的哭泣:这样的时候必定会有的。那时,你忆起了对于亡母曾经给予种种苦痛的事来,不知要怎样地流后悔之泪呢!这不是可悲的事吗?你如果现在使母亲痛心,你将终生受良心的责备吧!母亲的优美慈爱的面影,将来在你眼里将成了悲痛的轻蔑的样子,不绝地使你的灵魂苦痛吧!

啊!安利柯!须知道亲人之爱是人间所有的感情中最神圣的东西。破坏这感情的人,实是世上最不幸的。人虽犯了杀人之罪,只要他是敬爱自己的母亲的,其胸中还有美的贵的部分留着;无论如何有名的人,如果他是使母亲哭泣、使母亲苦痛的,那就真是可鄙可贱的人物。所以,对于亲生的母亲,不该再说无礼的话,万一一时不注意,把话说错了,你该自己从心里悔罪,投身于你母亲的膝下,请求赦免的吻,在你的额上拭去不孝的污痕。我原是爱着你,你在我原是最重要的珍宝。可是,你对于你母亲如果不孝,我宁愿还是没有了你好。不要再走近我!不要来抱我!我现在没有心来拥抱你!

——父亲——

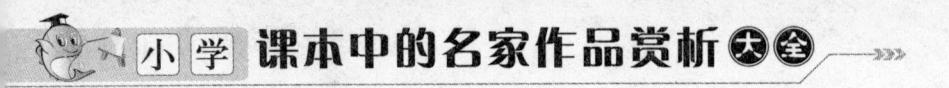

## 作品简析

　　《爱的教育》是一部极富感染力的儿童作品,它通过一个小学四年级学生写的日记,抒发了人类最伟大的感情——爱。本书讲述了无数个发生在学校和生活中的小故事,通过一个个看似渺小实则不凡的人物,对爱进行着传播。意在告诉我们:一个人从小不仅要学好各种文化知识,还要学习比这更重要的东西,那就是对祖国、对家乡、对人民、对父母、对师长、对同学、对周围所有人的爱与尊重。书中的每一个故事都让人动情,字里行间洋溢着儿童的纯真与情趣,教孩子学会为人处世,学会爱,成为一个有勇气、充满活力、正直的人、一个敢于承担责任和义务的人。